Karla Verlinden
Sexualität und Beziehungen bei den »68ern«

Histoire | Band 77

Karla Verlinden (Dr. phil.), Kinder- und Jugendpsychotherapeutin sowie Erziehungswissenschaftlerin, lehrt und forscht an der Universität zu Köln. Ihre Arbeitsschwerpunkte sind Sexualität, Gender Studies sowie Diagnostik, Therapie und Förderung von Kindern und Jugendlichen.

KARLA VERLINDEN

Sexualität und Beziehungen bei den »68ern«

Erinnerungen ehemaliger Protagonisten und Protagonistinnen

[transcript]

Bibliografische Information der Deutschen Nationalbibliothek

Die Deutsche Nationalbibliothek verzeichnet diese Publikation in der Deutschen Nationalbibliografie; detaillierte bibliografische Daten sind im Internet über http://dnb.d-nb.de abrufbar.

Umschlaggestaltung: Kordula Röckenhaus, Bielefeld
Umschlagabbildung: Die Zeichnungen der Protagonisten und Protagonistinnen erstellte Daniel Bernal-Suarez, Kolumbien 2013
Lektorat & Satz: Karla Verlinden
Druck: Majuskel Medienproduktion GmbH, Wetzlar
Print-ISBN 978-3-8376-2974-3
PDF-ISBN 978-3-8394-2974-7

Gedruckt auf alterungsbeständigem Papier mit chlorfrei gebleichtem Zellstoff.
Besuchen Sie uns im Internet: *http://www.transcript-verlag.de*
Bitte fordern Sie unser Gesamtverzeichnis und andere Broschüren an unter:
info@transcript-verlag.de

Inhalt

Danksagung | 9

Einleitung | 11
1. Forschungsstand und Forschungsdesiderate | 12
2. Fragestellung | 28
3. Aufbau der Studie | 31

I. Methodische Zugänge | 35
1. Vorausgehende Überlegungen | 35
   1.1   Biografieforschung | 35
   1.2   Das narrative Interview | 36
   1.3   Erinnerungen, Gedächtnis, Kohärenzwünsche | 42
2. Die InterviewpartnerInnen | 47
3. Transkription | 49
4. Auswertung und Interpretation der geführten Interviews: Hermeneutik –
   Lehre vom interpretativen Vorgehen | 51
   4.1   Das tiefenhermeneutische Analyseverfahren
          von Leithäuser und Volmerg | 53
   4.2   Hermeneutische Dialoganalyse nach Harald Welzer | 56
   4.3   Interpretationsparameter | 57
5. Zusammenfassung des Forschungssettings | 63

Einzelfallanalysen | 65
Miriam | 67
   1.   Biografische Daten | 69
   2.   Interviewverlauf/Postskriptum | 70
   3.   Kernaussagen in Bezug zur Forschungsfrage | 70
   4.   Ergebnisse der HDA- und THA-Feinanalyse | 78
   5.   Fazit: „Ich hätte mir gewünscht, ich wäre mehr
         die Macherin gewesen." | 130

Brigitte | 133

   1.   Biografische Daten | 135

   2.   Interviewverlauf/Postskriptum | 136

   3.   Kernaussagen in Bezug zur Forschungsfrage | 136

   4.   Ergebnisse der HDA- und THA-Feinanalyse | 142

   5.   Fazit: „Was ich nie sein wollte, war Hausfrau." | 192

Walter | 197

   1.   Biografische Daten | 199

   2.   Interviewverlauf/Postskriptum | 199

   3.   Kernaussagen in Bezug zur Forschungsfrage | 200

   4.   Ergebnisse der HDA- und THA-Feinanalyse | 209

   5.   Fazit: „Polygamie konnte viele meiner Bedürfnisse
nicht befriedigen." | 251

Thomas | 255

   1.   Biografische Daten | 257

   2.   Interviewverlauf/Postskriptum | 257

   3.   Kernaussagen in Bezug zur Forschungsfrage | 258

   4.   Ergebnisse der HDA- und THA-Feinanalyse | 267

   5.   Fazit: „Ich hab während der allerwildesten Jahre gelebt." | 315

**III. Zusammenführung der Einzelfallanalysen, Fallkontrastierung
und Diskussion | 319**

1. Das Theoriegerüst der ‚68erInnen' – Erinnerungen der Interviewten | 319

   1.1   Erinnerte Theorien Wilhelm Reichs zu Sexualität,
Ehe und Familie | 320

   1.2   Weitere Theorien und Themen der ‚68erInnen'-Bewegung
im Spiegel der Erinnerungen | 333

   1.3   Exkurs: Zur Annahme, die ‚68erInnen' hätten den Wunsch
nach einer lustbetonten Sexualität aus ihrer Auseinandersetzung
mit dem Nationalsozialismus generiert | 337

   1.4   Diskrepanz zwischen Theorie und Praxis | 342

2. (Normierte) Praxis der Sexualitäts- und Beziehungstheorien | 345

   2.1   Norm der alternativen Beziehungsführung: Wegfall des
Besitzanspruchs und des ‚bürgerlichen' Treue-Standards | 348

   2.2   Norm des Ausprobierens und Sammelns sexueller Erfahrungen
mit vielen verschiedenen SexualpartnerInnen | 350

   2.3   Norm zum Umgang mit ‚bürgerlichen' Emotionen | 351

3. Spannungsverhältnis: Sexualtheoretische Norm
    vs. individuelle Bedürfnisse und Vorstellungen | 355
    3.1   Wahrnehmung des Widerspruchs von sexualpolitischem Anspruch,
          individuellen Bedürfnissen und individuellen Vorstellungen
          von Beziehung und Sexualität | 356
    3.2   ‚Geschlecht' als Parameter des Spannungsverhältnisses | 361

VI. Fazit und Forschungsreflexion | 379
    1. Methodenreflexion | 379
    2. Zusammenfassung der Ergebnisse | 382
    3. Zukünftige Forschungsfragen | 390
    4. Resümee | 392

V. Literaturverzeichnis | 395
    Quellen | 395
    Darstellungen | 409
    Internetquellen | 461
    Unveröffentlichte Schriften | 464

Danksagung

Verschiedene Personen haben an dem Gelingen dieser Arbeit beigetragen, die ich nachfolgend würdigen möchte. Als erstes gilt mein Dank allen InterviewpartnerInnen. Ohne ihre Offenheit, ihre Erinnerungen mit mir zu teilen, hätte diese Studie nicht entstehen können.

Zu tiefstem Dank verpflichtet bin ich Frau Prof. Dr. Elke Kleinau (Historische Bildungsforschung mit dem Schwerpunkt Gender History, Universität zu Köln), die meinen wissenschaftlichen Werdegang von Beginn an wertschätzend und voller Vertrauen in mich förderte. Mit ihren Anregungen, wertvollen Hinweisen und Kommentaren konnte diese Arbeit stetig wachsen. Ebenso bedanke ich mich bei Frau Prof. Dr. Pia Schmid (Historische Erziehungswissenschaft, Universität Halle-Wittenberg) für ihre nützlichen Empfehlungen und Hinweise sowie zur Erstellung des Zweigutachtens.

Dankbar bin ich Britta Verlinden und Gabriele Jonas für ihre umfassende, unerschöpfliche Genauigkeit und respektvolle Kritik. Julia Siemoneit, Claudia Pietig sowie meinem geschätzten Kollegen Wolfgang Gippert möchte ich herzlich für ihre sehr hilfreichen Kommentare bei der Diskussion der Arbeit danken. Daniel Bernal Suarez verdanke ich die schönen Zeichnungen.

Abschließend danke ich Kornelia Verlinden, Barbara Hundt-Shaqiri und Holger Hofmann. Sie bestärkten mich in meiner Arbeit indem sie den Schaffensprozess mit Interesse und klugem Rat begleiteten. Ihnen sowie meinen Schwestern ist diese Arbeit gewidmet.

Karla Verlinden

Anmerkung: Die vorliegende Arbeit wurde an der Humanwissenschaftlichen Fakultät der Universität zu Köln unter dem Titel „Sexualität und Beziehungen im Kontext der Studierendenbewegung. Erleben – Erinnern – Verarbeiten. ZeitzeugInnen im biografischen Interview" im März 2014 als Dissertation angenommen.

Einleitung

Die Chiffre ,1968' und die mit ihr verbundene Studierendenbewegung steht im Kontext umfassender historischer Eckpunkte und Ereignissen.[1] Dabei ruft sie assoziativ wirkmächtige Bilder und Parolen ins Bewusstsein: Szenen von protestierenden Menschenmassen anlässlich des Schah-Besuchs 1967, der angeschossene Benno Ohnesorg, Protestmärsche gegen den Vietnam-Krieg, „Make Love, not War", Straßen- und Häuserschlachten mit der staatlichen Exekutive, Transparente gegen die Notstandsgesetze, Sit-ins, Go-ins und Happenings, der brennende Axel-Springer-Verlag, optisch zerzauste und antiautoritär erzogene Kinder, „Trau keinem über 30", die hochschulpolitische Forderung, die deutschen Hörsäle vom „Muff von 1000 Jahren unter den Talaren" zu befreien, zwanglose Sexualität in alternativen Kommunen, ,freie Liebe', Rudi Dutschke im überfüllten Berliner Audimax oder „Woodstock" als symbolisches Großereignis für die Sehnsucht nach einer friedlichen und zwanglosen Gesellschaftsordnung und für ein neues jugendliches Lebensgefühl.

In der Auseinandersetzung mit ,1968' treffen jedoch Interpretationen von AkteurInnen, KritikerInnen, Zaungästen, SympathisantInnen sowie nachfolgenden Generationen aufeinander.

---

1   Die historischen Prozesse rund um die Studierendenbewegung werden hier als bekannt vorausgesetzt und in der vorliegenden Studie nur schlaglichtartig angerissen. Eine chronologisch aufbereitete Untersuchung der historischen Ereignisse zwischen 1965 und 1974, die den Kontext der Studierendenbewegung prägte, findet sich im ersten Band der Reihe „Frankfurter Schule und Studentenbewegung. Von der Flaschenpost zum Molotowcocktail 1946-1995" von Wolfgang Kraushaar (1998).

1. FORSCHUNGSSTAND UND FORSCHUNGSDESIDERATE

Dem Phänomen ‚1968' und den damit in Verbindung stehenden Ereignissen, Personen und Diskursen wurden in den letzten 30 Jahren in unzählbaren Publikationen Beachtung geschenkt. Kaum eine andere Zeitspanne nach 1945 wird derart kontrovers diskutiert wie die „langen 60er Jahre" (Ruck 2000). An dem „Kampf um die Deutungsmacht" (Lucke 2008) beteiligen sich verschiedene Wissenschaftsdisziplinen und zahlreiche AutorInnen mit unterschiedlichen Motiven. Brisant erscheint der ‚Deutungskampf' auch angesichts dessen, dass viele WissenschaftlerInnen, die zu ‚1968' forschen bzw. geforscht haben, gleichzeitig ZeitzeugInnen sind und sich dem Vorwurf stellen müssen, ihre „historiographische Perspektive sei weder ‚objektiv' noch homogen, sondern von wechselnden, zum Teil konkurrierenden Konjunkturen nationaler und zunehmend auch internationaler Geschichtskulturen beeinflusst" (Siegfried 2008, S. 130). Die Deutungsmacht ist auch davon geprägt, dass viele ehemalige ‚68erInnen' zentrale „kommunikative Schlüsselpositionen" (Gassert 2010, S. 4) in Politik und Journalismus inne haben, die ihnen einen „Authentizitätsvorsprung" verschafften (ebd.). Der Politikwissenschaftler Wolfgang Kraushaar folgerte diesbezüglich: „[N]ur wer über keinerlei persönliche Beziehungen zur 68er-Bewegung verfügt, hat auch genügend Abstand, um über deren Geschichte schreiben zu können" (Kraushaar 2000, S. 13). Diese Voraussetzung findet sich u.a. in der bildungshistorischen Forschung, da sich hier zunehmend WissenschaftlerInnen der jüngeren Generationen des Themas annehmen (vgl. u.a. Baader 2008, Groppe 2008, Dehnavi 2013).

Viele Veröffentlichungen haben interpretativen Charakter. Sie fragen, was die ‚68erInnen' bewegte, beeinflusste und motivierte, was die Proteste entstehen und abflachen ließ und welche Relevanz die Studierendenbewegung für die gesamtgesellschaftliche Entwicklung Deutschlands hatte und weiterhin hat. Ein Großteil der Publikationen zur Chiffre ‚1968' ist allerdings populärwissenschaftlicher Natur – diese werden bei der folgenden Darstellung des Forschungsstandes außer Acht gelassen und sich stattdessen auf die wissenschaftliche Historisierung des Phänomens ‚1968' konzentriert.

Erste Arbeiten zur Studierendenbewegung, die in der 1980er Jahren im Vorfeld des zwanzigjährigen Jubiläums von ‚1968' entstanden, können noch als ‚unsystematische und unwissenschaftliche Beschreibungen' der Studierendenbewegung angesehen werden. Es handelt sich dabei in der Mehrzahl um Veröffentlichungen von Beteiligten der Bewegung, die ihre subjektiven Deutungen zur Entstehung der Proteste kundtun, und sich bei diesen Beschreibungen kaum weiterer Quellen bedienen (vgl. hierzu auch Dehnavi/Wienhaus 2009, S. 322). Ein großes Manko dieser Schriften ist, dass sie ‚1968' mehrheitlich als klar umrissenes, westdeutsches Phänomen mit eindeutigen Ereignissen und ProtagonistInnen sowie einem klar bestimmbaren Beginn und Abschluss erfassten (vgl. u.a. Kuckuck 1974, Eisenhardt 1975, Bauss 1977, Mosler 1982, Otto 1982, Dutschke 1983, Mündemann 1988, Becker/Schröder 2000). So wurde zumeist der Tod Benno Ohnesorgs im Juni 1967 als Beginn der Studierendenbewegung proklamiert, obgleich es bereits vor 1967 etliche große Protestveranstaltungen aus den Reihen Studierender gab (bspw. die Aktion 1. Juli gegen den Bildungsnotstand 1965 oder die Proteste gegen den Vietnamkrieg 1966). Als Ende der Studierendenbewegung wurde in den besagten Schriften zumeist die Auflösung des SDS-Bundesverbandes im Jahre 1970 proklamiert, mit der die Zersplitterung in Kaderparteien (so genannte K-Gruppen) einsetzte. Die klare zeitliche Begrenzung der Studierendenbewegung verschloss jedoch den Blick auf mögliche Vorzeichen sowie Nachwirkungen und Effekte der Bewegung bis in die Gegenwart.

Erst seit den 1990er Jahren erfassen Studien den größeren Radius der Studierendenbewegung. Seither widmet man sich der gesamtgesellschaftlichen Wirkung und den internationalen Einflüssen der Studierendenbewegung und betrachtet sie zudem in einem ausgedehnteren Zeitraum (vgl. hierzu u.a. Heinemann/Jainter 1993, Schneider 1993, Klages/Gensicke/Süssmuth 1994, Bude 1997, Kersting 1998), statt sie als kurzweilige, spontan entstandene ‚Revolte‘ zu verstehen. Dieser veränderte Blickwinkel sieht die Studierendenbewegung als eine Protestbewegung, die sich schon Jahre vor ihrem eigentlichen Ausbruch formierte,[2] von internationalen Mustern profitierte, sich aus heterogenen Personenkreisen und politischen Zielvorstellungen zusammensetzte und deren Impulse durchaus heute noch wirksam sind. Die Vielzahl an Studien, die das 'magische Datum 1968" (Brieler 1998, S. 363) wissenschaftlich erforschen und sich dabei zum Teil auf sehr spezifische Themen konzentrieren, lassen folgende Forschungsschwerpunkte erkennen: *Chroniken, Regionale Forschung, internationale Vergleiche, Wirkungsforschung, Generationengeschichte, Interviewstudien, systematische Bestandsaufnahme von Quellen der Studieren-*

---

2   Es finden sich häufig Bestrebungen, ein konkretes Jahr als unmittelbaren Auslöser jener Ereignisse zu finden, die 1967/1968 kulminierten. Jüngst datierten die Sozialwissenschaftler Robert Lorenz und Franz Walter den Beginn von ‚68' auf das Jahr 1964 (vgl. Lorenz/Walter 2014). Bspw. war bereits 1964 eine Diskussionen um die Rolle der USA im Nord- und Südvietnamkonflikt und die Friedensdebatte aufgrund des „Tonkin-Zwischenfalls" entfacht worden. Rudi Dutschke hatte bereits 1964 in der Zeitschrift „Anschlag" den Umgang westlicher Industriestaaten mit Ländern der Dritten Welt kritisiert und die Auschwitz-Prozesse ab 1963 in Frankfurt entfachten den studentischen Dialog um die Schuld der Eltern- und Großelterngeneration an den Verbrechen des Nationalsozialismus.

denbewegung, Geschlechterforschung, persönliche Rückblicke sowie *Medien, Sprache, Kunst und Kultur rund um die Studierendenbewegung.*

Im Folgenden werden jene wissenschaftlichen Veröffentlichungen angeführt, die bei der öffentlichen ‚Aufarbeitung' der Studierendenbewegung öffentliche Beachtung erfahren haben und den Diskurs zu ‚1968' maßgeblich prägten.

Die erste ausführliche *Chronik,* die breite Beachtung fand, legte der Politikwissenschaftler Wolfgang Kraushaar 1998 vor. Sie erschien in drei Bänden unter dem Titel „Frankfurter Schule und Studentenbewegung. Von der Flaschenpost zum Molotowcocktail 1946-1995". Die weit reichende Rezeption und Würdigung der Reihe von Kraushaar – auch als „Chronist der 68er-Bewegung" (Schildt 2011, S. 94) bezeichnet – wird daran deutlich, dass sich die AutorInnen der im Anschluss folgenden Studien zumeist (und zum Teil sogar ausschließlich) auf das von Kraushaar zusammengestellte Quellenmaterial stützten (vgl. u.a. Schild/Siegfried/Lammers 2000, Koenen 2001, Kießling 2006, von Hodenberg/Siegfried 2006, Blask 2008, Bernhard/Keim 2008, Horvath 2010). Kraushaar, dessen Dissertation die „Bedeutung studentischer Protestformen im Rationalisierungsprozess des Studiums" (Kraushaar 1982) fokussierte, veröffentlichte bislang acht Monographien zur Thematik ‚68' (nicht eingerechnet sind dabei seine Studien zur RAF); auch die Bundeszentrale für politische Bildung stützt sich in ihren Publikationen zur Studierendenbewegung auf sein Wissen (vgl. bspw. Kraushaar 2001).

Wenngleich Kraushaars Reihe eine einmalige dokumentarische Größe darstellt, ist auf ein entscheidendes Manko hinzuweisen: Im zweiten und dritten Band geht er lediglich auf Aspekte der Frankfurter Studierendenbewegung und ihrer Auseinandersetzung mit der Kritischen Theorie und deren Vertretern zwischen 1967 und 1969 ein. Dieser Fokus geht leider auf Kosten anderer Schauplätze, ProtagonistInnen und Perspektiven.[3]

---

3 So beschränkt sich der zweite Band mit dem Titel „Dokumente" hauptsächlich auf den bis dato weitgehend unveröffentlichten Briefwechsel zwischen Adorno, Marcuse und Horkheimer. Zusätzlich druckt Kraushaar den schriftlich ausgetragenen Streit der genannten Autoren mit Vertretern der Frankfurter Studierendenbewegung ab. Bedauerlicherweise fällt dabei die Anzahl von Quellen aus der Bewegung selbst (bspw. Flugblätter, Mitschriften von Diskussionszirkeln etc.) gering aus, was dazu führt, dass bedeutende Diskursstränge, die parallel zu dem philosophisch-soziologischen Streit verliefen, unerwähnt bleiben. Lediglich im ersten Band, der „Chronik", wird der Blick auch auf die breitgefächerten nationalen und internationalen Protestmuster geöffnet. Dennoch sucht man vergeblich nach Stimmen von nichtprominenten ‚68erInnen' sowie Quellen zur Sexualitäts- und Beziehungspraxis der ‚68erInnen'. Zudem fehlt es an Quellen von/über

Der eingeschränkte Fokus auf die bekannten westdeutschen ‚Hochburgen' der Studierendenbewegung Westberlin und Frankfurt am Main ist weit verbreitet und lässt sich nicht nur bei Kraushaar als einseitige Schwerpunktsetzung feststellen (vgl. u.a. Fichter/Lönnendonker 1977, Uesseler 1998, Kimmel 1998, Gilcher-Holtey 2001, Frei 2008). Leider bringen die meisten Studien aufgrund der wiederholenden Betrachtungen gleicher Quellen aus den Zentren der Bewegung nur wenig neue Erkenntnisse hervor.

Dass „die gängigen Darstellungen [...] sich an die bekannten und immer wieder nacherzählten Geschichten aus West-Berlin und allenfalls aus Frankfurt am Main [halten und dadurch] diese Geschichten in der ständigen Wiederholung immer mehr an Präzision [verlieren], bis alles nur noch zu einem einzigen on-dit geworden ist", bemängelte der Historiker Dietrich Hildebrandt bereits 1991. Seine Dissertation „‚...und die Studenten freuen sich!' Studentenbewegung in Heidelberg 1967-1973" konzentriert sich dagegen auf die baden-württembergische Kleinstadt. Hildebrandts innovative Studie setzte sich von den Untersuchungen ab, die selbstredend davon ausgingen, dass sich die Studierendenbewegung überwiegend in (West-)Berlin und Frankfurt abspielte. Damit begründete er die *Regionale Forschung* zur Studierendenbewegung. Sie initiierte die Recherchearbeit in kleineren Stadtarchiven zu ortsspezifischen Voraussetzungen und Ausprägungen der ‚68erInnen'-Bewegung und ihrer ProtagonistInnen und zeigte auf, dass ‚1968' auch an vielen anderen Orten der Bundesrepublik, in vielfältigen Protestaktionen und Debatten stattfand. Bislang liegen Studien zur Studierendenbewegung in München (vgl. Hemler 1999, Schubert 1999), Hamburg (vgl. Schröder 2009), Bremen (vgl. Dinné 1998), Heidelberg (vgl. Hildebrandt 1991, Nagel 2009), Münster (vgl. Becker/Schollmeier 2007), Kiel (vgl. Grabowski 2000), Braunschweig (vgl. Maaß 1998), Hannover (vgl. Berlit 2007), Nürnberg/Erlangen (vgl. Strogies 1996) sowie Bonn und Köln (vgl. Holl 1998, Bothien 2007, Kozicki 2008, Dohms/Paul 2008) vor.

Soll das Phänomen ‚1968' in seiner Vielfalt, Unterschiedlichkeit und Ungleichzeitigkeit erfasst werden, ist neben der Analyse der innerdeutschen Studierendenbewegung ein weiträumiger Blick über die Landesgrenzen hinaus erforderlich. Dass die Studierendenbewegung ein globales, transnationales Ereignis war, formulierte erstmalig die Historikerin Ingrid Gilcher-Holtey 1998 in ihrem Sammelband „1968. Vom Ereignis zum Gegenstand der Geschichtswissenschaft". Bereits der Titel unterstreicht die Notwendigkeit einer grundständigen Historisierung der Chiffre ‚1968', die ohne den Blick auf die gesamte Spanne der Entstehungs-, Konflikt-, Verlaufsstränge der Bewe-

---

Akteurinnen; so finden sich bspw. im dritten Band unter den 17 zu Wort kommenden Ehemaligen nur vier Frauen.

gung im Rahmen *internationaler Vergleiche* nicht auskommen kann (vgl. Gilcher-Holtey 2001, 2008, 20013 sowie Fink/Gassert/ Junker 1998[4]).

Auch wenn die Bände von Gilcher-Holtey zahlreiche Anregungen für Forschungen auf globaler Ebene bieten, so lassen dennoch etliche Publikationen von Forschungsprojekten zur westdeutschen ‚1968'-Zeit Bezüge zu sozialen Bewegungen außerhalb Deutschlands, die die Studierendenbewegung maßgeblich beeinflussten, vermissen. Bspw. finden sich in der 500-seitigen Monographie des Publizisten und ehemaligen SDS-Mitglieds Gerd Koenens „Das rote Jahrzehnt. Unsere kleine deutsche Kulturrevolution 1967-1977" (2001) lediglich auf drei Seiten dicht gedrängt Informationen zu Bewegungsbestrebungen anderer Länder. Koenen resümiert sogar, dass „in Wirklichkeit [...] die lateinamerikanischen Studenten [...], die italienischen Studenten [...], die tschechischen Studenten, [und] die hunderttausenden Hippies und Blumenkinder" mit den deutschen Studierenden „nur wenig oder gar nichts [miteinander] zu tun [hatten]" (Koenen 2001, S. 67f.). Der Historiker Norbert Frei stimmt Koenen teilweise zu, indem er in seiner Studie „Jugendrevolte und globaler Protest" (2008) zwar internationale Bezüge aufzeigt, dennoch aber den westdeutschen ‚RevoluzzerInnen' unterstellt, dass sie sich trotz ihrer anfänglichen „internationalistischen Emphase" letztendlich durch ihre „Selbstbezogenheit" blockiert hätten und dass es kaum zu einer globalen Vernetzung gekommen sei (Frei 2008a, S. 146). Durch diese Einschätzung missachten Koenen und Frei, dass sich die westdeutsche Studierendenbewegung durchaus sehr umfangreich an anderen Bewegungen orientierte und eine enge Vernetzung zwischen den internationalen Revolte-AkteurInnen bestand (vgl. Della Porta 1998). Diese Beziehungen mündeten bspw. in der Adaption der amerikanischen Protestkultur der Free-Speech-Movement, angefangen bei den ‚teach-ins', ‚sit-ins' oder ‚go-ins', die sie als Aktionsformen adaptierten, bis hin zu der politischen Leitidee bzw. -forderung der amerikanischen ‚Linken' nach mehr Demokratie und Partizipation (vgl. Kimmel 1998, Schulenburg 1998, Klimke/Scharloth 2008, Ebbinghaus/Henninger/van der Linden 2009). Dies belegen die Ergebnisse der Studie „Die 68er-Bewegung. Deutschland, Westeuropa, USA" von Ingrid Gilcher-Holtey (vgl. Gilcher-Holtey 2001, S. 13ff., siehe hierzu auch Della Porta 1998).

---

4   Der Aufsatzband „1968: The World Transformed" (1998), herausgegeben von den HistorikerInnen Carole Fink, Philipp Gassert und Detlef Junker enthält Analysen und Vergleiche konkreter AkteurInnenspezifika und länderspezifischer Diskussionen einzelner studentenbewegten Länder (bspw. „The Women's Movement in East and West Germany" von Eva Maleck-Lewy und Bernhard Maleck sowie „The Changing Natur of the European Working Class: The Rise and Fall of the ‚New Working Class' in France, Italy, Spain, Czechoslovakia" von Gerd-Rainer Horn).

Studien, die der *Wirkungsforschung* zugeordnet werden können, versuchen eine Darstellung der langfristigen Bedeutsamkeit und Effekte der Studierendenbewegung. Sie fragen nach ihrem Einfluss auf und ihrer Relevanz für die gegenwärtigen und zukünftigen gesellschaftlichen Entwicklungen in Deutschland sowie nach positiven und negativen Auswirkungen der besagten Zeit. Die Mehrzahl solcher Veröffentlichungen fokussiert spezifische Folgen und Nachwirkungen eines konkreten Ziels, einer konkreten Debatte oder einer Vision der ‚68erInnen'-Bewegung. Einschlägige Studien beziehen sich dabei bspw. auf den Einfluss der ‚68erInnen', auf die Reformen des Bildungssystems, den Wertewandel, die Entstehung neuer Protestformen und -bewegungen (so zum Beispiel die Umweltbewegung oder die RAF) oder die Veränderungen in der Pädagogik. Beispielhaft für eine Untersuchung aus dem Bereich der *Wirkungsforschung* lässt sich die Arbeit der Bildungshistorikerin Meike Baader nennen. Sie geht der Frage nach, inwiefern Aspekte der antiautoritären Erziehung der ‚68erInnen' noch in aktuellen Erziehungskonzepten zu finden sind. Baader kommt u.a. zu dem Schluss, dass die Erziehungsideale der Kinderladenbewegung die gegenwärtige Akzeptanz kindlicher Sexualität, die Selbstreflexionsfähigkeit der ErzieherInnen und die „Enthierarchisierung des Verhältnisses von Kindern und Erwachsenen" richtungsweisend beeinflusst haben (Baader 2008b, S. 76, vgl. auch Baader 2007, 2008a und 2011). Der Erziehungswissenschaftler Peter Büchner bescheinigt den ‚68erInnen', denen er selbst angehört, sie hätten mit ihrer kritischen Interaktion mit der älteren Generation dafür gesorgt, dass Familienhierarchien aufgebrochen worden seien und Konflikte seither demokratischer abgehandelt würden (vgl. Büchner 1991, S. 196ff.). Der Wandel vom „Befehlshaushalt" zum „Verhandlungshaushalt" sei ohne die ‚68erInnen' nicht möglich gewesen, so Büchner (ebd., S. 201).

Doch nicht nur gegenwärtige Erziehungsmodelle wurden von den ‚68erInnen' beeinflusst: Durch sie gäbe es bspw. in Deutschland ein breites Angebot an Selbsthilfegruppen, so der Politikwissenschaftler Fritz Vilmar (vgl. Vilmar 2002). Auch die Neue Frauenbewegung und andere Emanzipationsbewegungen sehen etliche Studien als Resultate der Studierendenbewegung an (vgl. u.a. Krämer/Müller 1998, Krauss 1999, Schulz 1999, Kätzel 2002, Holland-Crunz 2003, Thon 2008, Lenz 2008, Dehnavi 2013).[5] Ebenso werden Veränderungen im Schulalltag und im Ver-

---

5   Die Bilanzierungen, die die Neue Frauenbewegung als Resultat der Studierendenbewegung begreifen, beinhalten jedoch meist die Fehleinschätzung, Frauen seien erst nach dem berühmten Tomatenwurf bei der SDS-Versammlung 1968 für ihre Rechte eingetreten. Weit verbreitet ist hier die Annahme, der Protest gegen den SDS-Vorstand sei die „Geburtsstunde" (Kätzel 2002, S. 13) der Neuen Frauenbewegung gewesen (vgl. u.a. Schulz 1999, S. 99, Holland-Crunz 2003, S. 133f., Thon 2008, S. 151, Kießling 2006, S. 58). Diese Sichtweise missachtet jedoch den Umstand, dass in der Geschichte der Studie-

hältnis von LehrerInnen und SchülerInnen als Ergebnis der ‚68erInnen'-Impulse diskutiert (vgl. Gass-Bohm 2005).

Bis Ende der 1980er Jahre war die Ergebnisbilanz zu den Wirkungen der ‚68erInnen'-Bewegungen in der Regel positiv formuliert. Es wurden einseitig die gesellschaftspolitischen Erfolge der ‚68erInnen' beschrieben – meist verfasst von ehemaligen AkteurInnen. Zum 20. Jahrestag der Studierendenbewegung merkte die ehemalige Aktivistin Silvia Bovenschen zu dieser Idealisierung kritisch an: „Die Generation der Achtundsechziger bewacht das Ereignis" (Bovenschen 1988).

Erst nach und nach veränderte sich der Ton in den Bilanzierungen. Kritische Stimmen wurden lauter, die sich nicht an den Lobreden beteiligen wollten (vgl. u.a. Penvy 1988, Sontheimer 1993, Leggewie 1996). Doch dabei wird ebenfalls ein einseitig negativer Duktus deutlich: Bspw. bezichtigte der Pädagoge und Theologe Bernhard Bueb, ehemaliger Schulleiter des Internats Schloss Salem, in seinem Aufsatz „Disziplin und Liberalität: Werteerziehung und die Folgen von 1968" die Studierendenbewegung, die „Sekundärtugenden [...] Anstrengungsbereitschaft, Verzicht, Ordnungssinn, Pünktlichkeit, Sorgfalt und Verlässlichkeit" auf Kosten einer „Individualisierung" abgeschafft zu haben (vgl. Bueb 2008a, S. 49ff. sowie ders. 2006; ähnlich argumentiert Gaschke 2001). Bueb habe als Schulleiter einen Werteverfall als Nachwehen der antiautoritären Erziehungsphilosophie der ‚68erInnen' in seinem Internat hart bekämpfen müssen, um den „bürgerlichen Tugenden wieder zu Ansehen zu verhelfen" (Bueb 2008a, S. 54). Doch sobald eine vehemente Kritik an den Folgen der Studierendenbewegung erscheint, lässt eine Gegendarstellung nicht lange auf sich warten. Peter Schneider, ehemaliger ‚68er' drehte Buebs Kritik ins Positive, indem er den gegenwärtigen ‚Ungehorsam' der Deutschen als „wichtigste Errungenschaft der 68er-Bewegung in Deutschland" benennt (Schneider 2008, S. 278). Die ‚68erInnen' hätten „massenhaft – und vielleicht für immer – mit der Kultur des Gehorsams gebrochen" (ebd.).

Die Bilanz „Die letzte Schlacht gewinnen wir!" (2008), herausgegeben von dem Politikwissenschaftler Elmar Altvater, ehemaliger Aktivist im SDS und der Gruppe DIE LINKE.SDS, zog jedoch wieder ein deutliches Negativfazit. Die AutorInnen untersuchten das einstige Ziel der ‚68erInnen', den Kapitalismus zu überwinden, in Bezug auf aktuelle Wirtschafts- und Gesellschaftsdimensionen; sie erheben resümierend den Vorwurf, dass die ‚68erInnen' nicht nur ihr Ziel nie erreicht hätten, sondern sogar darüber hinaus das Gegenteil mitverantworten müssten, da sie eine Mitschuld an der Globalisierung tragen würden. Auch in dieser Veröffentlichung finden sich etliche Angriffsstellen, mithilfe derer man die sehr einseitigen Thesen in

---

rendenbewegung bereits zuvor Protestaktionen der ‚68erinnen' gegen die patriarchalischen Züge der Genossen und das verhasste ‚Establishment' stattfanden (vgl. hierzu u.a. Verlinden 2011).

Frage stellen könnte. Ein Problem der Bilanzierungs-Studien ist es, dass die Beschreibungen von Folgen und Errungenschaften der ‚68erInnen'-Bewegung nicht immer sachlich verfasst sind. Besonders jene AutorInnen von Bilanzen, die selber persönlich in die „langen 60er Jahre" in irgendeiner Art und Weise involviert waren, lassen sich häufig zu einseitig polarisierenden Pro- oder Contra-Bewertungen hinreißen: Entweder wird der Einfluss der Studierendenbewegung idealisiert und überschätzt oder aber es wird den ‚68erInnen' quittiert, dass sie ausschließlich negativen Einfluss auf das jeweilige Untersuchungsfeld hatten; Bilanzen, die einen Mittelweg finden, sind selten (vgl. Kraushaar 2008).

Desiderate im Bereich der Wirkungsforschung sind Analysen der Folgen und Effekte aus den Diskurssträngen rund um das Thema Sexualität und Partnerschaften. In den Bilanzen wird der Einfluss der ‚68erInnen' auf aktuelle Sexualitäts- und Beziehungsmodelle nur sehr oberflächlich abgehandelt bzw. er bleibt häufig auf kurze Hinweise beschränkt (bspw., dass die ‚68erInnen' eine Liberalisierung bezüglich alternativer Lebensformen beeinflussten und sich dank ihrer heutzutage eine Vielfalt an Beziehungsarrangements und Familienkonstellationen findet (vgl. u.a. Brill 1988, Wesel 2002, von Hodenberg/Siegfried 2006, Cohn-Bendit/Dammann 2007, Frei 2008, Kraushaar 2008, Schmidt 2008b, Doering-Manteuffel/Raphael 2012). Diese vereinfachten, monokausalen Erklärungen werden in der Regel nicht empirisch belegt und sie werden der möglichen Breitenwirkung des ‚68erInnen'-Slogans „Das Private ist Politisch" nicht gerecht. Neben der Kritik an den verkürzten Deutungen zum Thema Sexualität und Beziehungsgestaltung lässt sich hinsichtlich der Wirkungsforschung als großer Nachteil anführen, dass sie sich nur in seltenen Fällen auf (auto)biografisches Material stützt. Dies ist m.E. ein großes Manko, da eine Diskussion um die möglichen Auswirkungen auf private, individuelle Lebensmuster mit Hilfe der Aussagen Beteiligter sicherlich konturierter würde. Vor dem Hintergrund, dass private Erfahrenswelten Sozialisationsräume sind, die wiederum die öffentliche Sphäre mit beeinflussen, ist die Arbeit mit Narrationen zur Lebenswelt in diesem Kontext unumgänglich.

Dass sich die Interaktion zwischen den Generationen seit den 1960er Jahren in Deutschland verändert hat, wird – trotz der kontroversen Frage um die Bewertung dieser Entwicklung – u.a. der Studierendenbewegung zugesprochen (vgl. exemplarisch Szydlik/Künemund 2009). Wie sich das Verhältnis zwischen den ProtagonistInnen der Studierendenbewegung und ihren Eltern und Großeltern darstellte, analysieren Studien, die ‚1968' aus dem Blickwinkel der *Generationengeschichte* betrachten. Zumeist wird dabei der Konfliktcharakter im Verhältnis der jüngeren zur älteren Generationen beschrieben: Die Kommunikation sei hoffnungslos verfahren gewesen; man habe dem „gesetzlosen Treiben ein Ende bereiten" (Berliner Morgenpost 1968) wollen. Dass die Interaktion zwischen Jung und Alt belastet gewesen sei, wird u.a. auf die intergenerationale Thematisierung von möglicher Schuld und

Mitschuld an den Taten des Nationalsozialismus zurückgeführt (vgl. u.a. Mendel 1972, Schneider 1981, Dudek 1983, Schneider 2002, S. 180f., Radebold 2003, Schildt 2003, Seidl 2006, Moses 2007, Groppe 2011, Brunner 2011, von der Goltz 2011, Lohl 2011, Stambolis 2013).

Dass sich das Verhältnis zwischen den ‚68erInnen' und den älteren Generationen nicht ausschließlich konfliktreich gestaltete, ist dagegen ein Ergebnis des Historikers Detlef Siegfrieds. In „Time is on my side. Konsum und Politik in der westdeutschen Jugendkultur der 60er Jahre" (2006) beschreibt er, inwiefern gerade die Elterngeneration durchaus auch mit den ProtagonistInnen der Bewegung sympathisierte. Siegfried belegt anhand von Zeitungsquellen und Meinungsumfragen aus den 1960er Jahren, dass es zwar deutliche Unterschiede in den Zukunftsvisionen und Lebensstilen von Jung und Alt gegeben habe, es jedoch durchaus zu gutgesinntem Austausch zwischen den Generationen gekommen sei und viel Sympathie für die Veränderungswünsche und Visionen bekundet wurde (vgl. Siegfried 2003 und ders. 2006, S. 60ff.). Das Bild von unüberbrückbaren Differenzen und Konflikten zwischen (den) Eltern, Großeltern und ihren Kindern bzw. Enkelkindern sei überzeichnet und eine Zuspitzung, so Siegfried (ebd.).

Wenngleich beide konträren Sichtweisen mit Quellenbelegen aufwarten können, bedarf es weiterer Untersuchungen, die sowohl die Antipathie der Eltern- und Großelterngeneration gegenüber der „skeptischen Generation" (Schelsky 1957a) betreffen, als auch die Sympathie für die Ideale der ‚68erInnen'. Auch hier mangelt es noch an Narrationen, die zur Klärung der ‚Generationeninteraktion', ihren ‚Streitpunkten' aber auch Übereinstimmungen beitragen können. Dabei müsste das Bild einer homogenen ‚68erInnen'-Generation aufgelöst und ausdifferenziert werden, um analysieren zu können, welche Geburtenjahrgänge welche Themen mit den älteren Generationen aushandelten. Da sich die wenigen Analysen, die auf der Basis von Interviews den (scheinbaren) Generationenkonflikt aufarbeiten, meist auf die Vater-Kind-Dynamik beschränken (vgl. u.a. Allerbeck 1973, Märthesheimer/Frenzel 1979, Welzig 1989, Heinl 1994, Lüscher/Liegle 2003, S. 27ff.), stehen vor allem Betrachtungen der Beziehungskonstellationen Mutter-Kind sowie Großeltern-Enkel weiterhin aus.

Der Forschungsstrang *Medien, Sprache, Kunst und Kultur rund um die Studierendenbewegung* betrachtet Zweierlei: Zum einen untersucht er die mediale Gestaltungskraft der Berichterstattungen hinsichtlich der Konstituierung der Studierendenbewegung sowie deren Bewertung durch die Öffentlichkeit (bspw. durch die Springer-Presse; vgl. Aust 1993, Kraushaar 2001, Fahlenbrach 2002 und 2007, Klimke/Scharloth 2007, Liehr 2007, Seitenbrecher 2008, Vogel 2010, Meyer 2010). Dabei wird der „Medienboom" (Enzensberger 2007, S. 302), der mit Beginn der 1960er Jahre einsetzte, als Wegbereiter für den „performativen Durchbruch" (Gassert 2010, S. 38) der ‚68erInnen'-Bewegung verstanden. Bei diesem Fokus wird stets auf die Wechselwirkung des breiten massenmedialen Interesses an den Protesten und ausgewählten AkteurInnen der Studierendenbewegung hingewiesen, die sich gegenseitig befruchteten und voneinander profitierten. Hätten die großen Fernseh- und Radiosender, sowie die Presse die Aktionen und Themen der ‚68erInnen' ignoriert, hätte sich die Studierendenbewegung nicht derart ausgeprägt inszenieren und zu einem solchen Phänomen entwickeln können, so der Tenor (vgl. u.a. Fahlenbrach 2002).

Zum anderen versuchen die Studien, die die Medien, Kunst und Kultur rund um die Studierendenbewegung in den Blick nehmen, das Charakteristikum der künstlerischen Erzeugnisse der ‚68erInnen'- „Kulturrevolution" (Siegfried 2008) zu erfassen. Die wissenschaftlichen Teildisziplinen verfolgen hierbei spezifische Interessen; so widmet sich bspw. die musikwissenschaftliche Forschung der Analyse von Protestliedern und deren Einfluss auf die Populärmusik der 1960er Jahre bis heute (vgl. u.a. Durrer 2007, Gäsche 2008, Kutschke 2008, Staib 2009). Studien aus dem Bereich der Kunstwissenschaft ergründen die Kunst als Ausdrucksform des politischen Protests (vgl. u.a. Syring 1990, Schmidt 1998, Lupfer 2002, Herding 2008) und proklamieren, dass „die ästhetische Befreiung der umfassendste Sieg" der ‚68erInnen' gewesen sei (vgl. Herding 2008, S. 68). LiteraturwissenschaftlerInnen hingegen erforschen die ‚Stilmittel', und Besonderheiten in den Erzähltexten der ‚1968erInnen' (vgl. u.a. Lüdke 1977, Leise 1979, Adam 1984, Brieglieb 1993, Kamya 2005, S. 13-96, Durzak 2006). Die Sprachwissenschaft, die „1968 als sprachgeschichtliche[n] Zäsur" (vgl. Wengeler 1995, S. 383) interpretiert, untersucht vor allem den ‚Soziolekt' und die Semantik der ‚68erInnen' und wie diese als Sprachstrategie im Sinne einer „Erkennungs- und Abgrenzungssymbolik" (vgl. Steger 1983, S. 23) genutzt wurde (vgl. Stötzel/Wengeler 1995, Nail 2001, Scharloth 2007 sowie 2008, Meier 2010, Kämper/Scharloth/Wengeler 2012).

Bislang existieren nur einige wenige *Interviewstudien* zur ‚1968'-Bewegung (vgl. Mündemann 1988, Waldmann 1991, Heinemann/Jainter 1993, Bude 1995, Cohn-Bendit 2001, Kätzel 2002, Becker/Winckler 2004, Kemp 2012). Doch fehlen hier oftmals wissenschaftliche Fragestellungen, mittels derer die Ideenwelt, die subjektiven Erinnerungsmuster der ProtagonistInnen durchdrungen werden könnten. Auch findet sich in den genannten Interviewbänden keine – für die vorliegende Arbeit relevanten – Erinnerungen zu den Sexualitäts- und Beziehungsvisionen der ‚68erInnen'. Zudem weisen die wenigen Interviewstudien viele methodische Mängel auf und genügen den wissenschaftlichen Standards einer biografisch orientierten Forschung nicht. Die Interviews wurden zumeist paraphrasiert oder willkürlich gekürzt; darüber hinaus wird das Erhebungssetting der Interviews nicht transparent gemacht. Oft ist auch die Auswahl der Interviewten sehr einseitig; beispielsweise teilt Tobias Mündemann eingangs seiner Veröffentlichung „Die 68er ... und was aus ihnen geworden ist" (1988) mit, dass er 60 Interviews mit ehemaligen ‚68erInnen' geführt habe – doch nur fünf Interviews davon führte er tatsächlich mit Frauen (vgl. Mündemann 1988, S. 9). Ähnlich verhält es sich bei der Monographie „Wir haben sie so geliebt, die Revolution" (2001) Daniel Cohn-Bendits, die die er mit 20 Interviews mit internationalen Schlüsselfiguren der 1960er Jahre bestückt; nur vier dieser 20 ProtagonistInnen sind weiblich. Lediglich die Dissertation von Morvarid Dehnavi mit dem Titel „Das politisierte Geschlecht. Biographische Wege zum Studentinnenprotest von ‚1968' und zur Neuen Frauenbewegung" (2013) hebt sich von den wenig wissenschaftlichen Interviewstudien ab. Die Erziehungswissenschaftlerin ging mit Hilfe von zehn Interviews der Frage nach, welche biografischen Prozesse Studentinnen der Universität Frankfurt in den berühmten „Weiberrat" oder zum Frankfurter Frauenzentrum führten.[6]

Ein weiteres Forschungsfeld ist die *systematische Bestandsaufnahme von Quellen der* Studierendenbewegung. Ziel ist es, all jene Standorte von Quellen und Zeugnissen, die sowohl innerhalb der Studierendenbewegung entstanden oder der Theoriebildung der ‚68erInnen' gereichte, zusammenzutragen. In den letzten Jahren wurden hierzu Quellenbände veröffentlicht, die vor dem Hintergrund spezifischer Fragestellungen Schlüsseltexte der Bewegung bündeln (vgl. u.a. Wolf/Windhaus 1977, Miermeister/Staadt 1980, Weiss 1985, Otto 1989, ID-Archiv 1993, Sievers 2004, Ebbinghaus 2008, Marmulla 2011). Der thematische Schwerpunkt liegt zumeist (noch) auf Quellen rund um die AkteurInnen der Frankfurter Schule und den Diskussionen um die ‚Kritischen Theorie' (vgl. u.a. Wiggershaus 1997, Kraushaar 1998, Albrecht/Behrmann/ Bock/Homann/Tenbruck 1999, Kailitz 2007, Eitler 2009). Eine ausführliche Quellenanalyse der theoretischen Sexualdebatte der Studierendenbewegung bietet hingegen die Historikerin Dagmar Herzog in ihrer Studie „Die Politisierung der Lust. Sexualität in der deutschen Geschichte des 20. Jahrhunderts" (2005). Wenngleich Herzogs Untersuchung sehr aufschlussreich hinsicht-

---

6 Die Interviews wertet Dehnavi mit der Textsortentrennung (nach Fritz Schütze) aus und generiert so Typologien verschiedener Politisierungsmuster der Akteurinnen. Durch die Wahl auf das recht formal angelegte Interpretationssystem der Textsortentrennung gingen dabei Dehnavi jedoch wichtige Tiefenstrukturelemente der Narrationen verloren. Auch wenn sich die von der Autorin herausgearbeiteten Politisierungstypen (bspw. „Politisierung über intergenerationale Beziehungen" (S. 164ff.) oder „Politisierung durch jugendspezifische Aktivitäten in Organisationen und Kollektiven" (S. 204f.)) für weitere Studien zur Entstehung der Politisierung der ‚68erInnen' anbieten, vermisst man einen Blick in die Tiefe, da individuelle Aspekte der Interviewten aufs Minimum eingekürzt wurden. Dennoch bietet die Studie das ertragreiche Fazit, dass sich Frauen nicht ausschließlich aufgrund von Ungleichbehandlung dem ‚Weiberrat' und dem Frauenzentrum anschlossen, sondern dass es vielfältige Motivationen hierzu gab.

lich der Rezeptionsgeschichte unterschiedlicher Sexualitätsdiskurse ist und ein-
drücklich nachzeichnet, wie sich die Vorstellung von einem ‚neuen Menschen', der
seine Sexualität nicht länger unterdrückt, in die Vision einer neuen Gesellschaft ein-
fügte, so wurden diese Ergebnisse noch nicht um ZeitzeugInnen-Erinnerungen ergänzt.

Der umfassende Bestand an Quellen ist nur schwer zu greifen, doch versucht
der Band „Die Studentenproteste der 60er Jahre. Archivführer – Chronik – Bibliographie" (2000) des Historikers Thomas Becker und der Historikerin Ute Schröder
Orte aufzulisten, die Quellenmaterial zur Studierendenbewegung besitzen. Neben
den seit den 1990er Jahren gegründeten Archiven zur Studierendenbewegung –
bspw. dem Archiv des Hamburger „Instituts für Sozialforschung" mit der Sonder-
sammlung „Protest, Widerstand und Utopie in der BRD" oder dem ebenfalls in
Hamburg ansässigen „Archiv der Sozialen Bewegungen"; an der Freien Universität
Berlin befindet sich das „APO-Archiv", in Freiburg das „Archiv für soziale Bewegungen" und in Kiel das „Archiv der neuen sozialen Bewegungen" – verzeichnen
sie etliche Staats-, Stadt- und Universitätsarchive nach Bundesländern sortiert, in
denen sich große Bestände an Originaldokumenten aus der Studierendenbewegung
finden lassen. Der enorme Fundus, der erst zu geringen Anteilen wissenschaftlich
erschlossen wurde, lässt noch viele aufschlussreiche Forschungsarbeiten zu verschiedensten Themenkomplexen erwarten.

Wünschenswert wäre es, neben den hier skizzierten Forschungsbereichen Themen-
komplexe aufzugreifen, die bislang noch einer wissenschaftlichen Aufarbeitung
harren. So stehen Studien zum Thema ‚1968' in der DDR (insbesondere auch der
Vergleich zwischen Ost- und Westprotestformen)[7] ebenso aus, wie Analysen von
Narrationen ehemaliger AkteurInnen oder der Perspektiven von Nicht-AkteurInnen
auf die Studierendenbewegung. Auch ‚alltagskulturelle Praktiken' wurden bislang
keiner wissenschaftlichen Betrachtung unterzogen; die Frage, wie sich der Alltag in
Wohngemeinschaften, Kommunen, Kinderläden und anderen subkulturellen Mili-
eus gestaltete, ist bislang kaum untersucht. Zwar erkennen alle einschlägigen
‚1968'-ForscherInnen die Parole „Das Private ist politisch" als Wirkformel der Bewegung an, jedoch vermag es niemand so recht, sich dezidierter anzuschauen, wie
ebendiese Parole in die Praxis umgesetzt wurde. Lediglich zur Praxis der antiautoritären Erziehung in den Kinderläden finden sich erste Veröffentlichungen (vgl. u.a.
Baader 2007, 2008a, 2008b, 2011a, 2012a, Schmid 2008).

Neben wissenschaftlichen Veröffentlichungen gibt es eine Reihe persönlich moti-
vierter Rückblicke, die sich in das Genre der autobiografischen Erinnerungsliteratur

---

7   Hierzu bisher Müller 2008, Seitenbrecher 2008 und Wolle 2008.

einordnen lassen. Diese Schriften beteiligen sich rege an dem „Kampf um die Deutungsmacht" (von Lucke 2008), der in den Massenmedien ausgetragen wird. Aufgrund ihrer Quantität[8] bestimmen sie zumeist die öffentliche Debatte um die Bewertung von ‚1968' und überlagern die wissenschaftliche Historisierung. Und so bestimmen die publizierten ‚(Auto)Biografien' der ehemaligen ‚68er' vornehmlich die Wertungen der „langen 60er Jahre" (Ruck 2000). Dabei polarisieren die Erinnernden ihre Geschichte und verschließen den Blick auf die Ambivalenzen der Bewegung, so als gebe es nur eine von zwei Bewertungsebenen zu ‚1968': Erfolgreich oder misslungen – ähnlich, wie es hinsichtlich der Studien zur Wirkungsforschung beschrieben wurde. Entweder klagen die Ehemaligen – deren Akteursposition (‚68er-AkteurIn', ‚SympathisantIn vom Straßenrand' oder ‚Anti-68erIn') zu besagter Zeit in den Rückblicken eindeutig wird – ihre Vergangenheit in der Studierendenbewegung an (vgl. Aly 2008, Röhl 2011) oder aber sie gehen idealisierend und romantisierend vor, indem sie ausschließlich positiven Erinnerungen aufleben lassen (u.a. Baumann 1991, Dutschke 1981, Gester 2002, Langhans 2008, Schneider 2008, Teufel 2008, Enzensberger 2014). Beide Blickwinkel tragen zu der „massenmediale[n] Mythologisierung und [...] Selbststilisierungen zeitgenössischer Protagonisten" (Bartsch et. al 2008, S. 4) bei.

Beispielhaft für einseitig positive Veröffentlichungen bekannter Zeitgenossen sind die Monographien von Rainer Langhans, Bommi Baumann und Dieter Kunzelmann zu nennen. Durch ihre Memoiren in „Leisten Sie keinen Widerstand" (Kunzelmann 1998), „Wie alles anfing" (Baumann 1975/1991) und „Ich bins. Die ersten 68 Jahre" (Langhans 2008) setzen sich die ehemaligen Genossen der Kommune 1 in Szene. Als Ziel dieser Veröffentlichungen lässt sich eine Stilisierung der eigenen Akteurschaft vermuten, was jedoch nur wenig zur Entschlüsselung der Chiffre ‚1968' beizutragen vermag. Die Lektüre dieser bekannten Autobiografen erweckt den Eindruck, dass die Autoren versuchen, durch ihre Veröffentlichungen ihr Wirken zu unterstreichen und sich eine Daseinsberechtigung in der Geschichtsschreibung zu sichern. Durch diese Schriften wird ebenfalls deutlich, dass die „Deutungsschlacht" (Seiffert 2008, S. 8) um das Phänomen ‚1968' emotional hoch besetzt ist.

Nur wenige Erinnerungsschriften schaffen es, die Ambivalenz der beiden Deutungspole zusammenzuführen (vgl. u.a. Koenen 2001, Busche 2003, Wackwitz 2005, Schneider 2008, Lethen 2012). Die Veröffentlichung der zeitgenössischen Tagebücher des Schriftstellers Peter Schneider unter dem Titel „Rebellion und Wahn. Mein '68. Eine autobiographische Erzählung" (2008) bspw. wirkt im Ge-

---

8 Vgl. Mosler 1977, Dutschke 1980, Sesselmann 1987, Ali 1998, Zöllner 1998, Wolfschlag 1998, Rabehl 2002, Enzensberger 2004, Matussek 2008, Aly 2008, Baumann/Meuler 2008, Wolle 2008, Menne 2008, Reimann 2009, Brümmerloh 2012.

gensatz zu genannten Erinnerungsschriften der prominenten Kommunarden weniger selbstbeweihräuchernd. Schneider, der sich Ende der 60er Jahre im Berliner SDS engagierte, beleuchtet u.a. die Schwierigkeiten seiner Generation, eine Familie zu gründen oder er fragt sich selbstkritisch, wie es zu seiner politischen Radikalisierung kam und wie er Gewalt gutheißen konnte (vgl. Schneider 2008, S. 59). Noch mehr (Selbst-)Kritik als bei Schneider findet sich in den Rückblicken von Ehemaligen, die das so genannte „68er-Bashing" (Lohl 2009) betreiben. Der Duktus dieser Schriften ist eine polemische Diffamierung der Bewegung und ihrer AkteurInnen (vgl. Penvy 1988, Sontheimer 1993, Mann 2005, Oehler 2007, Gerwien 2007, Wehler 2008, S. 311ff., Hahne 2008, Misik 2007, Willinger 2013). Diese KritikerInnen tragen mit ihren negativen „Gegen-Erinnerungen" (Maurer 2009, S. 125) dazu bei, dass sich das einseitige Deutungsschema der Chiffre ‚1968' weiteren Perspektiven öffnet.

Auffällig bei der Menge dieser Erinnerungs-Schriften ist die Geschlechterverteilung. Die sich zu Wort meldenden, prominenten ZeitzeugInnen sind in der Mehrzahl ‚68er' bzw. ‚Anti-68er', was dazu führt, das Stimmen von Frauen (und unbekannten AkteurInnen) kaum in die Diskurs um die Studierendenbewegung einbezogen werden. Nicht nur bei den (auto)biografischen Monografien ist das Verhältnis von Autoren zu Autorinnen deutlich ungleich gewichtet. Eine kursorische Durchsicht der bekanntesten Publikationen zum Themenspektrum ‚1968' ergibt ein Verhältnis von 8:1. Der Fokus der Aufarbeitung von ‚1968' erfolgt demnach in der Regel aus der Sicht männlicher Aktivisten.[9] Vermutlich ist dieses Ungleichgewicht auch ein Grund dafür, dass zumeist von ‚den 68ern' die Rede ist und die weibliche Beteiligung damit ausgeblendet wird. Daran lässt sich ein weiteres Forschungsdesiderat ausmachen: Die begrifflichen Unschärfen. Wer die ‚68erInnen' waren/sind, ist schwer zu fassen. Durch den Diskurs der letzten 20 Jahre wurde der Begriff ‚die 68er' vielfach unterschiedlich interpretiert und zu einer politischen Identität erkoren, die tatsächlich jedoch eine verschwommene Gestalt ist, die sich aus verschiedenen Perspektiven unterschiedlich wahrnehmen lässt. Die zumeist verwendete männliche Begriffsvariante ‚68er' ist kritisch zu bewerten, da sie Frauen außen vor

---

9   In der Studie „Zwischen Mythos und Medienwirklichkeit – Eine Analyse der Darstellung und Vermittlung von ‚1968' und den Folgen im Fernsehen" untersuchte der Kommunikationswissenschaftler Alexander Göbel detailliert Fernsehsendungen, die zum Thema ‚1968' zwischen 1983 und 2001 ausgestrahlt wurden. Er konnte zeigen, dass das Geschlechterverhältnis von Talkshowgästen deutlich ungleich verteilt war, da etwa dreimal mehr Protagonisten als Protagonistinnen zu Wort kamen (vgl. Göbel 2002). Göbels Analyse reicht leider nur bis zum Jahr 2001; eine Betrachtung der Sendungen der folgenden Jahre wäre aufschlussreich.

lässt. In der Wissenschaft gibt es bislang weder eine einheitliche Definition des Terminus ‚68erInnen' noch eine präzise sprachliche Regelung.

Doch auch die Bezeichnung ‚Studentenbewegung' hat ihre Tücken. Sie ist ebenfalls nur eine generisch maskuline Bezeichnung und übersieht, dass die ‚68erInnen' keineswegs eine homogene Gruppe waren, sondern eine soziale Bewegung, die sich aus allen Geschlechtern, unterschiedlichen Jahrgängen und sozialen Backgrounds zusammensetzte. Des Weiteren muss angemerkt werden, dass Studenten und Studentinnen im Jahre 1968 nur zehn Prozent der Alterskohorte von 18 bis 25 Jahren ausmachten. Mehr als zwei Drittel der deutschen 18jährigen Frauen und Männer waren 1968 bereits berufstätig (vgl. Herrlitz/Hopf/Titze 1981, S. 157) und können demnach nicht unter den Begriff Studierende subsummiert werden. Eine empirisch fundierte Einteilung bzw. Untergliederung der Studentenschaft zu Zeiten der Studierendenbewegung gibt es bislang nicht. Dass sich die Bewegung Ende der 1960er Jahre nicht nur auf Studierende eingrenzen lässt, sondern auch SchülerInnen und ArbeiterInnen einbezog, erschwert die Suche nach einem passenden Namen. Begriffe wie „Außerparlamentarische Opposition" (vgl. u.a. Seidl 2006), „antiautoritäre Bewegung" (vgl. u.a. Brückner 1972, Kraushaar 2004), „Sammlung von Protestereignissen" (Schulz 2008) oder „massenmedial rezipierbarer Protest" (Baader 2012b) werden meist synonym genutzt, ohne allerdings eine Innendifferenzierung vorzunehmen. In dieser Arbeit sollen trotz der benannten Begriffsdilemmata die Bezeichnungen *Studierendenbewegung* und *‚68erInnen'* verwendet werden. Dies geschieht aus Mangel an geeigneten Alternativen sowie aufgrund der Tatsache, dass die für diese Studie interviewten Personen Ende der 1960er, Anfang 1970er Jahre studierten und sich selber als ‚68erInnen' bezeichnen. Da das Verständnis dessen, was die ‚68erInnen' waren bzw. sind, ein fluides Gebilde ohne feste Grenzen ist, werden im Folgenden Anführungszeichen bei dem Begriff ‚68erInnen' verwendet, um diese Umschreibungen stets als eine rhetorische Konstruktion zu markieren.

Die Historiographie ging bis in die 1990er Jahre zumeist nur den lautesten Stimmen nach und deklarierte so die Revolte als eine ‚männliche' oder – zumeist in den Überblicksbänden – als „geschlechtsneutral" (Etzemüller 2005, S. 175 und Zellmer 2011, S. 59ff.). Generell lässt sich an der Historisierungsforschung zur Studierendenbewegung kritisieren, dass nur selten Geschlecht als Variable (bspw. ‚Veränderung der Lebensformen', ‚Liberalisierung' oder ‚Politisierung') mit berücksichtigt wird. Offiziell wird in den Studien Geschlecht zwar stets ‚mitgedacht', verschwindet dann letztlich doch wieder zwischen den Zeilen (vgl. hierzu auch die Kritik bei Paulus/Silies/Wolff 2012). Erst in den letzten zwei Jahrzehnten etablierte sich die *Geschlechterforschung* im Diskursfeld ‚68'. Sie fokussiert das Geschlechterverhältnis zwischen Akteuren und Akteurinnen innerhalb der Studierendenbewegung. Auch konnte die Geschlechterforschung die Lücke der weiblichen Teilhabe am Wirken der Bewegung füllen. Erst Ende der 1990er Jahre wurde es der Fachöffentlichkeit u.a. durch die Arbeit der Historikerin Kristina Schulz allmählich bewusst, dass der Beitrag der ‚68erinnen' in der Studierendenbewegung bis dato in den meisten Studien unterschlagen worden war (vgl. Verlinden 2011, S. 89f.). Nicht nur die Quellensammlungen zu ‚68' sind lückenhaft in Bezug auf Schriften von Frauen; die ‚Frauenfrage' wird meist unter dem Stichwort „Nach der 68er Bewegung" abgehandelt (vgl. hierzu u.a. Schulz 2002, S. 77ff.). Der Anteil der Frauen an der ‚Revolte' wird bisweilen nur dann erwähnt, wenn der Beginn der Neuen Frauenbewegung auf das Scheitern der 1968er Bewegung zurückgeführt wird. Bei den Veröffentlichungen zur weiblichen Teilhabe an der Bewegung fällt auf, dass diese ausschließlich von Frauen verfasst worden sind (vgl. Doormann 1979, Knäper 1984, Holland-Crunz 1988, Nave-Herz 1989, Gerhard 1990, Bührmann 1995, Krämer/Müller 1998, Paulus/Neugebauer 1998, Schulz 1998/2002/2007, Krauss 1999, Kätzel 2005, Lenz 2005/2008/2010, Schulz 2008, L'Homme 2009, Bauer 2010, Verlinden 2011, Zellmer 2011, Dehnavi 2013); Geschlechteranalysen aus der Feder von Männern fehlen bislang gänzlich. Die amerikanische Geschlechterforscherin Lessie Jo Frazier legte mit dem von ihr herausgegebenen Aufsatzband „Gender and Sexuality in 1968. Transformative Politics in the Cultural Imagination" (2009) den Grundstein für die vergleichende Geschlechter- und Sexualitätsforschung im Kontext der Zäsur ‚1968'. In dem Band finden sich Aufsätze über Geschlechterverhältnisse und Sexualitätskonzepte der ‚68erInnen'-Bewegungen und deren Pendants in Frankreich, Mexiko, Kuba und Vietnam. Frazier fragt, wie sich Sexualität und Geschlecht in den jeweiligen Ländern vor dem Hintergrund der sozialen Protestbewegung konstituierte – diesem Sujet sollte sich in Zukunft auch aus deutscher Sicht gezielter angenähert werden.

Festgehalten werden kann: Der Forschungsstand zu ‚1968' ist umfangreich und vielschichtig. Gleichzeitig lassen sich jedoch auch mehrere Desiderate ausmachen. Zum einen reproduziert die Mehrzahl der wissenschaftlichen Veröffentlichungen, die sich an der Historisierung der Studierendenbewegung beteiligen, wiederholt bereits bekannte Bilder, Parolen, Diskurs- und Deutungsfelder und führt dabei stets dieselben ‚Gewährsmänner' und ‚Gewährsfrauen' (Dutschke, Negt, Rabehl, Baumann, Sander etc.) an. Es scheint, als hätten sich die VerfasserInnen jener Publikationen über die Deutungsschemata von ‚1968' geeinigt und zielten darauf ab, ein in sich konsistentes Abbild dessen zu entwerfen, was ‚1968' im Kern gewesen sein mag. Älteren Veröffentlichungen wird wenig widersprochen, neue ZeitzeugInnen kommen kaum zu Wort und neue Quellen harren der Erschließung. Stattdessen herrscht eine Art Konformismus unter den AutorInnen. Aus methodischer Perspektive lässt sich hinsichtlich der Forschungslage als Desiderat konstatieren, dass es bislang kaum qualitativ orientierte Forschungsarbeiten gibt und in den Quellenanalysen quantitative Methoden überwiegen. Biografische Forschung wird bislang kaum betrieben; außerdem mangelt es an AkteurInnenperspektiven außerhalb der

Bekannten. Zudem finden sich so gut wie keine Auseinandersetzungen mit den Themenfeldern Sexualität und Beziehungsgestaltung.

Mit Blick auf diese zwei skizzierten Forschungslücken – Mangel an Narrationsarbeit, fehlende Analyse zum Beziehungs- und Sexualitätskonstrukt und -alltag der ‚68erInnen' – ist das Erkenntnisinteresse und der Fokus der vorliegenden Arbeit benannt. Diese Studie möchte sich nicht an der vorherrschenden „Deutungsschlacht" um die Bewertung der Studierendenbewegung beteiligen, wohl aber Material generieren, das durchaus neue Perspektiven auf die Chiffre ‚1968' eröffnet. Durch die Arbeit mit (unbekannten) ZeitzeugInnen und ihren Erinnerungen versucht die vorliegende Studie, den bisherigen Forschungsstand um unterschiedliche Erfahrungsweisen und auch abweichende subjektive Geschichten zu erweitern.

2. FRAGESTELLUNG

Der aktuelle Forschungsstand zur Chiffre ‚1968' lässt zwei deutliche Desiderate erkennen, derer sich die Fragestellung der vorliegenden Arbeit annehmen wird: Dem Mangel an biografischen Dokumenten und der bislang geringen wissenschaftlichen Auseinandersetzung mit Themen, die dezidiert auch das private Leben und den Alltag der ‚68erInnen' und ihre neuen Lebensformen betreffen. Die „Revolutionierung der Alltagskultur" (Kraushaar 2001a, S. 237) war ein herausragendes Ziel der ‚68erInnen'. Diesem und dem daraus abgeleiteten Slogan „Das Private ist politisch" hat man sich mit Hilfe qualitativer Forschung bislang kaum angenähert. Besonders die Erforschung der Sexualitäts- und Beziehungskonstrukte der ‚68erInnen' und deren Praxis im Spiegel autobiografischer Narrationen steht noch aus.

Die ‚68erInnen' politisierten Sexualität auf besondere Weise, indem sie diese mit dem Ziel, eine neue Gesellschaft und einen neuen Menschen hervorzubringen, verknüpften. Dabei griffen sie auf psychoanalytische und soziologische Theorien zurück, die ein argumentatives Fundament für ihre Visionen boten. Um sich von der angeblich repressiven Sexualmoral der Elterngeneration abzugrenzen, forderten die AkteurInnen u.a. mit den Worten des Psychoanalytikers Wilhelm Reich eine „kollektive Atmosphäre der Sexualbejahung" (Reich 1934/1971, S. 175) und eine „sexualökonomische Selbststeuerung" (ebd., S. 47). Diese Anerkennung und das Ausleben der eigenen sexuellen Bedürfnisse sollten mit der Auflösung der ‚bürgerlichen' Monogamie einhergehen. Mit der Forderung „Raus aus [den] Zweierbeziehungen" (Kunzelmann, zit. nach Mehrmann 1967, S. 21) sollten der Besitzanspruch an die PartnerInnen theoretisch wie praktisch aufgelöst und Akzeptanz für sexuelle Nebenbeziehungen geschaffen werden. Die AkteurInnen nahmen an, dass Individuen „grausame Charakterzüge im Zustand chronischer sexueller Unbefriedigtheit" entwickelten, die wiederum Neurosen auslösen und zu autoritärer Unterwürfigkeit führen könnten (Reich 1927a/1971, S. 139). Nur der „genital befriedigte Menschen" zeichne sich durch „Milde und Güte" aus und sei immun gegen die Klauen des kapitalistischen, autoritären Systems (ebd.).

Vor dem Hintergrund dieser heute befremdlich anmutenden Vorstellung sexueller und sozialer Beziehungsgestaltung erstaunt es, dass entsprechendes individuelles Erleben bisher nur oberflächlich und bruchstückhaft beleuchtet wurde. Dass das Sujet ,Beziehungs- und Sexualitätskonstrukte der Studierendenbewegung und ihre Praxis' noch nicht aus dem Blickwinkel der *Oral History* erforscht wurde, ist schwer nachvollziehbar, da gerade die ,68erInnen' im Zweifel jene Bevölkerungsgruppe sein soll, „deren Sexualleben sich in den späten 1960er- und in den 1970er Jahren am radikalsten verändert hat" (Eder 2005, S. 405). Zudem scheinen sich WissenschaftlerInnen einig zu sein, dass die „dynamische Interaktion zwischen einem allgemeinen Trend zur sexuellen Liberalisierung und dem kämpferischen Engagement von linken Initiativen [...] entscheidenden Anteil an den gesellschaftlichen Veränderungen der siebziger Jahre" (Herzog 2005, S. 271) hatte. Doch bislang wurde die so genannte ,freie Liebe' nur als Symbol sexueller Libertinage interpretiert und nicht als lebensgeschichtlicher Aspekt, den die AkteurInnen der Studierendenbewegung untereinander mit viel biografischer Arbeit auszuhandeln hatte. Aufgrund dieses Forschungsdesiderats war es bisher auch kaum möglich, die vielfältigen Mythen und vorschnellen Urteile über vermutete Alltagspraxen der ,freien Liebe' und der „sexuellen Revolution"[10] – wie beispielsweise Gruppensex, Polygamie als Pflicht, ausgehängte Badezimmertüren, Orgasmusschwierigkeiten – mit Hilfe von Erinnerungen Beteiligter neu zu diskutieren. Besonders die Annahme, Frauen seien Opfer des „Sozialistischen Bumszwangs" (Flugblatt Frankfurter ,Weiberrat' 1968) gewesen, scheint weit verbreitet (vgl. u.a. Jäkl 1987, S. 145ff., Haffner 2002, S. 151f., Schulz 2003, Haustein 2007, S. 48ff., Reimann 2010, S. 229 ff.). Des Weiteren werden der ,freien Liebe' vermeintliche (Spät-)Folgen unterstellt: Oftmals wird der Vorwurf geäußert, die ,68erInnen' seien mit ihren „Sexualutopien" (Olles 2010, S. 18) für den Verfall der Moral (Theweleit 2001, Meves 2007, Diekmann 2007) oder die „Entmystifizierung, Enttabuisierung [...] und Banalisierung von Sexualität" (Sigusch 2005, S. 103) (mit)verantwortlich.

Eine neuerliche Auseinandersetzung mit der sexuellen Liberalisierung erscheint vor diesem Hintergrund dringend notwendig. Vor allem die wissenschaftliche Analyse der Sicht von Beteiligten scheint für eine sinnvolle und aussichtsreiche Diskussion erforderlich. Aus diesem Grund wurden im Rahmen dieser Studie Interviews mit ehemaligen ,68erInnen' geführt und deren Narrationen auf subjektive Sinn-

---

10 Der Begriff der „sexuellen Revolution" der ,68erInnen'-Bewegung ist Wilhelm Reichs Werk „Die sexuelle Revolution" (1936) entnommen, einem für die Ideen der ,68erInnen' einflussreichsten Werke.

strukturen hinsichtlich der u.a. Fragestellungen analysiert (siehe hierzu vor allem Kapitel I).

Der wissenschaftlichen Auseinandersetzung mit dem der deutschen Geschichte als historisches Ereignis zugeschriebenen ‚1968er'-Zeit fehlen dokumentierte Erinnerungen von ZeitzeugInnen, die sich nicht auf eine rückblickende Heroisierung oder Verteufelung jener Zeit beschränken. Die Arbeit mit Erinnerungen würde hier eine Annäherung an die Realität bei gleichzeitiger Dekonstruktion herrschender Mythen ermöglichen; vor allem in Bezug auf die Themen Sexualität und Beziehungsgestaltung.

Ziel dieser Dissertation ist es demnach nicht, *die* Geschichte der Studierendenbewegung nachzuerzählen oder mit überindividuellen Mustern zu deuten. Stattdessen sollen vielfältige Erfahrungen, wie sie einzelne Subjekte dieser Zeit heute erinnern, mit Hilfe von qualitativ erhobenem Interviewmaterial beschrieben und analysiert werden. Das Forschungsdesign konzentriert sich auf Erinnerungen von ZeitzeugInnen hinsichtlich des komplexen Themas Sexualität und Beziehungsgestaltung[11] und nimmt sich so der beiden Desiderate an (Mangel an *Oral History* zur Studierendenbewegung und an Forschungen zu den Sujets Sexualität und Beziehungen der ‚68erInnen'). Die narrativen Interviews wurden mit dem Erzählimpuls „Erzählen Sie mir doch bitte, was Ihnen zum Thema Sexualität in den ‚1968er'-Jahren bzw. in der Studierendenbewegung einfällt" eingeleitet.

Die Interpretation der Interviews werden durch folgende Fragen strukturiert: Was erinnern die Interviewten zum Thema Sexualität und darauf bezogener Debatten in den Kreisen der ‚68erInnen'? Welche sexualtheoretischen Kontexte und praktische Visionen finden sich in den Erinnerungen ehemaliger AkteurInnen wieder? Wie nahmen die Interviewten die Theorien auf? Fanden die alternativen Sexualtheorien eine konkrete Anwendung in der Praxis, wenn ja, wie geschah dies und was motivierte zur Umsetzung? Wie bewerten die Interviewten ihr Erleben? Beschreiben sie Chancen und Grenzen der Sexualtheorie wie auch der Praxis einer nichtrepressiven Sexualität? Welche Aspekte wurden an die jüngeren Generationen weitergegeben, welche verworfen? Aufschlussreich ist es zudem, die beiden Pole der bisherigen medialen Bewertungen zur Sexualtheorie der ‚68erInnen' mit den Aussagen der ProbandInnen in Beziehung zu setzen: Fand die sexuelle Befreiungsbewegung gleichberechtigt statt oder auf Kosten von Frauen (oder Männern)? Werden

---

11 In der Erhebungsphase der Interviews bezog sich die Fragestellung primär auf den Begriff „Sexualität". Bei der Interpretation stellte sich jedoch heraus, dass die Interviewten diese untrennbar im Kontext von Beziehungsgestaltung besprachen. Daher wurde im Schritt der Interpretation der Interviews die Fragestellung um den Themenbereich „Beziehungen" erweitert.

Leiderfahrungen beschrieben, und wenn ja: Welche Ursachen werden benannt? Unterscheidet sich die Wahrnehmung der ‚68er' von denen der ‚68erInnen'?

3. AUFBAU DER STUDIE

Die Arbeit gliedert sich in vier Abschnitte: Das Kapitel I erörtert unter dem Kapitel „Methodische Zugänge" das systematische Vorgehen und die zugrunde liegenden Theorien. Nach der Diskussion von Grundannahmen der Biografieforschung, der narrativen Interviewerhebung und -auswertung, der Rekrutierung und Auswahl der InterviewpartnerInnen, sowie von Gütekriterien qualitativer Sozialforschung wird die Annahme vorgestellt, dass Erinnerungen individuelle Konstrukte des/der Erzählenden sind. Autobiografisches Erinnern wird als ein dynamischer Prozess aufgefasst, der Vergangenheit und derzeitige Befindlichkeit vereint (vgl. Siegel 2006, S. 25), Hinweise auf die Identität des/der Erzählenden gibt (vgl. Lucius-Hoene 2004, S. 91) und sich „zukunftsorientiert" lesen lässt (Schulze 2003, S. 326). Im Anschluss werden zwei (tiefen)hermeneutische Methoden von Leithäuser/Volmerg (1979) und Welzer/Mailänder Koslov (2009) vorgestellt, die als Analyseinstrumente dienten. Für die vorliegende Fragestellung war eine Methodik erforderlich, die die spezielle Dynamik und Interdependenz des Themas sensibel aufgreifen kann, die sich aus der Wechselwirkung von gesamtgesellschaftlichen Normen und Moralvorstellungen einerseits und individuell-biografischen Entwicklungsprozessen andererseits ergibt. Diese (tiefen)hermeneutischen Verfahren ermöglichen es, die subjektiven Bedeutungsmuster und Sinnstrukturen zum politisierten ‚68erInnen'-Sexualitätskonstrukt der Interviewten hervortreten zu lassen, die zwischen alten und neuen, traditionellen und modernen Vorstellungen oszillieren. Die aufwändige Analyse über verschiedene Interpretationsebenen macht die subjektiven Erinnerungen der Interviewten nachvollziehbar und hilft, bewusste und sozial erwünschte Aussagen von unbewussten zu unterscheiden. Die individuellen Retrospektiven werden im Interpretationsprozess mit Quellenmaterial aus der in den Blick genommenen Zeit abgeglichen (beispielsweise mit Textmaterial der ‚geistigen Väter' der Sexualitätstheorie), was eine Kontextualisierung der individuellen Erinnerungen ermöglicht und über eine reine Sichtbarmachung hinausgeht. Als hermeneutische Studie mit ihrer verhältnismäßig kleinen Stichprobe beansprucht diese Arbeit keine Repräsentativität, wohl aber Exemplarität, u.a. indem sich resümierende Analogien sowie Unterscheidungen durch einen Vergleich der Aussagen hervorheben lassen. Das im Rahmen der „Grounded Theory" (Strauss/Corbin 1996) entwickelte Prinzip der „theoretischen Sensibilisierung" (ebd., S. 49f.) erfordert, dass möglichst viele verschiedene Theorien bei der Analyse von Datenmaterial auf ihre Passfähigkeit hinsichtlich des Materials untersucht und als Instrumentarium zur Generierung von

Hypothesen und Erklärungen herangezogen werden (vgl. ebd.). Nach diesem Prinzip wurden die Interpretationshypothesen abgesichert bzw. hinterfragt.[12]

In Kapitel II werden vier ausgewählte Interviews im Sinne des „kontrastiven Fallvergleichs" (vgl. u.a. Kleemann/Krähnke/Matuschek 2009, S. 95ff.) interpretiert. In diesen Einzelfallanalysen konzentriert sich die Darstellung der Erinnerungen zunächst auf das Resümee von „Kernsätzen" (Leithäuser/Volmerg 1988, S. 245ff.) bzw. Kernaussagen (so wie sie im Folgenden genannt werden). Sie bündeln, was die Interviewten Miriam, Walter, Thomas und Brigitte – die NamensgeberInnen der Narrationen – hinsichtlich des theoretischen Gerüsts und der Praxis des Sexualität- und Beziehungskonstrukts der ,68erInnen' erinnern. Anschließend wird jedes Interview mit Hilfe der „tiefenhermeneutischen Analyse" (Leithäuser/Volmerg) und der „hermeneutischen Dialoganalyse" (Welzer) detailliert untersucht. Drei Parameter bilden bei der Analyse des aufgefächerten Interviewmaterials die methodische Struktur:

1. Wie erinnern die Interviewten ihre Entwicklung zum/zur ,68erIn'?
2. An welche Aspekte von Theorie und Praxis der Sexualitäts- und Beziehungskonstrukte der Bewegung erinnern sie sich?
3. Wie stellt sich ihr Selbstbild im Kontext dieser Sexualitäts- und Beziehungskonstrukte dar?

Die Einzelfallanalysen beschreiben demnach dezidiert die Erinnerungen, die sich auf die Sexualitäts- und Beziehungskonstrukte der ,68erInnen' beziehen. Dabei wird das erinnerte Erfahrungsspektrum hinsichtlich seiner Möglichkeiten und Konflikte (auch in Bezug zu biografischen Markern) analysiert.

In Kapitel III erfolgt die Zusammenführung der Interviews. Wiederkehrende Erinnerungen und Erzähltopoi aus den vier Einzelfallanalysen werden in diesem Teil gebündelt, gegenübergestellt und kontextualisiert. Standen im zweiten Teil der Studie die individuellen Biografien und Selbstbilder der Interviewten im Vordergrund, zeigt der dritte Teil mögliche Parallelen und Differenzen auf. Hier werden die in den Interviews erinnerten Theorien und Ideologien (in Verbindung mit Originalquellen) mit den erinnerten Praxen der besitzanspruchslosen Beziehungsgestaltung

---

12 Ausgehend von der Fragestellung sowie mit Blick auf das Erkenntnisinteresse orientiert sich diese Arbeit an verschiedenen sozial- und geisteswissenschaftlicher Theorien (beispielsweise der qualitativen Sozialforschung, der Sozialpsychologie, der Psychoanalyse, der Geschlechterforschung und der Erziehungswissenschaften), um die Interpretationen der Lebensgeschichten theoretisch mehrfach abzusichern. Bei theoretischen Rückbezügen werden diese nachvollziehbar in den Interpretationskontext eingebettet und mit dem gebotenen kritischen Blick lediglich als Deutungs*möglichkeit* angesehen.

und ‚freien Liebe' mit ihren Vor- und Nachteilen kontrastiert. Etwaige aus dieser Praxis entstandene Konflikte lassen sich anschließend als Spannungsverhältnisse deuten. Der vierte Teil enthält eine Methodenkritik, die Zusammenfassung der wesentlichen Ergebnisse, sowie weiterführende Fragestellungen und Ausblicke.

I. Methodische Zugänge

1. VORAUSGEHENDE ÜBERLEGUNGEN

1.1 Biografieforschung

Ziel der Biografieforschung ist es, individuelle Erfahrungsräume im Kontext von Erinnerungen zu eröffnen. Der Erinnerungsprozess wird in der Biografieforschung auf seine Konstruktion, Deutungs- und Bewertungssysteme sowie Verarbeitungsvorgänge hin untersucht. Die Analyse von (Auto-)Biografien zeigt, wie Subjekte ihre Erfahrungen beschreiben und interpretieren und das Erzählen und Berichten dieser als „kulturelle Praxis" nutzen (Nieberle/Strowick 2006, S. 7).

Das empirische Interesse der Biografieforschung liegt in der Erschließung und der Analyse von lebensgeschichtlichen Dokumenten. Sie konzentriert sich dabei auf die Darstellung der Lebensgeschichte aus der Sichtweise der AutobiografInnen und deren (selbst erfundenen) biografischen Selbsts (vgl. Fuchs 1984, S. 9). Diese ‚Inneneinsicht' nennt der Erziehungswissenschaftler Theodor Schulze eine „Geschichte von ‚unten', [die] Geschichte der Betroffenen und des Alltags" (Schulze 1999, S. 37).

Die Sozialwissenschaftlerin Gabriele Rosenthal vertritt die Position, dass erzählte Lebensgeschichte stets eine Konstruktion sei. Dabei geht sie von zwei Grundannahmen aus. Zum einen von dem konstanten, „damals objektiv Stattgefundenen", das im Erzähl- und Erinnerungsprozess durch eigene Bewertungen und „mentale Prozesse" modifiziert werde (Rosenthal 1995, S. 17). Demgegenüber stehe die „Erfindung" einer Lebensgeschichte, die vom tatsächlich Erlebten unabhängig sei (ebd.). Beide Ansätze stehen in einer dialektischen Wechselbeziehung von „Erlebtem" und „Erzähltem", „Objektivem" und „Subjektivem" (Rosenthal 1995, S. 20). Den Forschenden könnte einer der beiden Pole aus dem Blickfeld geraten:

„Machen sich also die einen auf die einseitige Suche nach den Ereignissen, auf die die erzählte Lebensgeschichte verweist, gehen die anderen auf die einseitige Suche nach den Deutungsmustern in der Gegenwart der ErzählerInnen. Bei beiden, wenn auch von entgegengesetzten Polen aus, wird die Wechselwirkung von Vergangenem, Gegenwärtigem und Zukünftigem verfehlt. Es wird nicht gesehen, dass sich sowohl das Vergangene aus der Gegenwart und der antizipierten Zukunft konstituiert als auch die Gegenwart aus dem Vergangenem und dem Zukünftigen." (Rosenthal 1995, S. 17)

Rosenthals Annahme verschiedener Ebenen lebensgeschichtlicher Erzählungen bzw. biografischer ‚Wahrheiten' bildet die Grundlage der folgenden Interpretationen.

Jedes Individuum hat eine Biografie, jedoch ist diese eng mit der Erinnerungskultur einer Gesellschaft und eines Kulturkreises verbunden. Der Kulturwissenschaftler Jan Assmann erkennt Biografien als bedeutenden Bestandteil des „kulturellen Gedächtnisses" (Assmann 1992). Biografien fungierten als normative und formative Werkzeuge, indem sie Identitäten stiften, Gemeinsamkeiten herstellen, Unterschiede aufzeigen sowie Normen- und Wertesysteme erzeugen oder aufheben könnten (vgl. Assmann 1992, S. 142). Besonders für die Exegese neuerer Zeitgeschichte kann, da für deren historische Aufarbeitung noch ZeitzeugInnen zur Verfügung stehen, die Biografieforschung viel Ertragreiches beitragen. Wie in der Darstellung der Forschungsdesiderate bereits angeführt, finden sich in der „Deutschen Erinnerungskultur" bisher nur wenig wissenschaftliche Studien rund um das Themenfeld ‚68erInnen'. Zumeist finden sich unter der interdisziplinär arbeitenden ‚Erinnerungsforschung' individualhistorische Perspektiven und Rekonstruktionen von Vergangenheitsbildern im Kontext des Holocaust. Die Studierendenbewegung und ihre ZeitzeugInnen wurden bisher kaum in die Biografieforschung einbezogen. Dabei versprechen subjektive Positionen zur Chiffre ‚1968' vielfältige Einsichten, da die Autobiografen es vermögen, Themen neu zu beleuchten.

Ziel dieser Arbeit ist es also, die Besonderheit der komplexen biografischen Erinnerungen von ‚68erInnen' im Hinblick auf den bisher nur oberfächlich diskutierten Themengegenstand Sexualität und Beziehungen anhand geführter Interviews herauszuarbeiten. Dabei soll ein reflektiertes Verständnis der erzählten Lebensgeschichte, der Erinnerungen und individuellen Sichtweisen und Deutungen sowie der darin wahrnehmbaren Problematiken erreicht werden.

1.2 Das narrative Interview

Die Gesprächsführung mit den ehemaligen ‚68erInnen' folgte der Methode des narrativen Interviews, die auf den Bielefelder Soziologen Fritz Schütze zurückgeht. Statt die InterviewpartnerInnen mit standardisierten Fragen zu konfrontieren, ermutigt dieses Verfahren sie zur freien Erzählung (zu einem bestimmten Thema). Der/dem Interviewten steht es durch die offene Methode frei, seine/ihre Erzählung zu gestalten, und es kann mehr Datenmaterial entstehen als durch ein vorstrukturiertes Leitfadeninterview. Die offene Herangehensweise, wie sie das narrative Interview vorsieht, bietet die Chance, dass gerade diejenigen Aspekte, die in diesem Forschungskontext besonders interessieren, in den Vordergrund treten. Direkte Fragen zu Beziehungs- und Sexualitätserinnerungen würden womöglich vor allem sozial erwünschte Antworten hervorrufen und dadurch das tatsächliche subjektive Bild verzerren. Qualitative Interviewstudien zu diesen sensiblen Themen haben gezeigt, dass Interviews, die freies Sprechen ermöglichen, im Hinblick auf die latenten Sinnstrukturen der Interviewten sehr ertragreich waren (vgl. u.a. Schmidt 2008a, Bamler 2007, Matthiesen 2007).

Die fünf Phasen des narrativen Interviews

Schütze teilt das narrative Interview in fünf Phasen ein (vgl. Schütze 1983, S. 283ff.). Dieser Aufbau wird in der qualitativen Sozialforschung vielfach, auch in Adaptionen, angewendet.

Im ersten Schritt, in der „Erklärungsphase", erläutert der/die InterviewerIn dem/der InterviewpartnerIn den Ablauf des Interviews (ebd., S. 283). Der/die Befragte wird darauf hingewiesen, dass es sich um ein Interview handelt, in dem nicht unterbrochen wird und beliebig viel Zeit zum Erzählen zur Verfügung steht. Sowohl der Hinweis darauf, dass es keine Unterbrechung von Seiten der Interviewenden gibt als auch die Anmerkung, dass Gesprächspausen durchaus vorkommen und diese ruhig ausgehalten werden können, haben sich als hilfreich aus Sicht der Interviewten herausgestellt.

Anschließend wird um Erlaubnis gebeten, das Gespräch aufzuzeichnen und später anonymisiert zu transkribieren. Nach der „Erklärungsphase" folgt die „Einleitung", die den konkreten Erzählgegenstand des Interviews bestimmt und erläutert (ebd., S. 284). Im vorliegenden Fall besteht er aus dem Themenbereich ‚Sexualität der 68erInnen' und die „autobiografisch orientierte [...] Erzählaufforderung" (Schütze 1983, S. 285): „Erzählen Sie mir doch bitte, was Ihnen zum Thema Sexualität in den ‚1968er'-Jahren bzw. in der Studierendenbewegung einfällt!" Dieser sehr weit gefasste Erzählimpuls gibt Raum für jegliche Form der Beantwortung.

Die Einstiegssituation ist von besonderer Bedeutung. Entsteht eine Dynamik des freien Sprechens und der Assoziation, richtet sich die Aufmerksamkeit der Beteiligten weg vom Setting des Gesprächs hin zu den Gedanken, die den/die BefragteN beschäftigen. Hier wird die Intention des Interviews deutlich: dass es nicht um das Hervorbringen eines bestimmten Erzählinhalts geht, sondern vielmehr darum, das Individuelle und Besondere der Einzelperson abzubilden.

In der dritten Phase, der „Erzählphase", geht der/die Interviewte nun dem Erzählreiz nach und äußert sich frei zum Themengegenstand. In dieser Phase ist es wichtig, den/die SprecherIn nicht zu unterbrechen. „Die Erzählphase ist erst dann beendet, wenn dies der Befragte selber so meint." (Lamnek 1995, S. 71)

Der/die InterviewerIn sollte erst nach Ende der Freierzählung Fragen stellen, um „unklare Punkte zu klären" (Glinka 1998, S. 74). Nachfragen innerhalb des Redeflusses könnten kontraproduktiv wirken, indem sie den Gedankengang des/der Interviewten unterbrechen und so Aspekte verdrängen, die gerade entstehen. Um die Freierzählung ausnahmsweise zu unterbrechen, muss daher ein besonderer Grund vorliegen (beispielsweise wenn es die Situation aufgrund einer drohenden Traumaaktivierung erfordert) oder die Erzählung des Gegenübers versiegen. Dann kann mit Hilfe von Nachfragen der Erzählfluss wieder angeregt werden, indem der/die InterviewerIn beispielsweise auffordert, einen Sachverhalt weiter auszuführen: „Können Sie mir das bitte genauer beschreiben, wie Sie das erlebt haben?" Solche Gesprächsanreize können helfen, ‚verstummte' InterviewpartnerInnen zum Weiterreden zu animieren.

Diese sogenannten „Nachfragephase" ist die vierte Phase des narrativen Interviews nach Schütze (1983, S. 288f.). Kommt der/die Erzählende zum Ende, lässt sich das oft an einer „Erzählkoda" (Glinka 1998, S. 188) erkennen. Das ist eine Passage, in der der/die Interviewte einen Abschluss findet und die eigene Aufmerksamkeit sowie den/die InteraktionspartnerIn zurück in die aktuelle Situation holt. Eine „Erzählkoda" könnte beispielsweise lauten: „Ja, und so war das. Mmmh. So, ich denke, das war alles, was mir zu dem Thema einfällt. Wollen Sie noch mehr wissen?"

Der/die InterviewerIn kann nun Fragen stellen, die ihm/ihr im Laufe der Freierzählung gekommen sind. Diese Phase kann, muss aber nicht, unmittelbar auf das Interview folgen.

Die letzte Phase ist die der „Bilanzierung" (Schütze 1983, S. 290f.). Hier wird der/die Interviewte aufgefordert, ein Fazit zu ziehen. Diese Aufforderung hat sich im Rahmen der vorliegenden Fragestellung als sinnvoll erwiesen. Interessanterweise bündelten die GesprächspartnerInnen dabei in wenigen Sätzen eine sehr umfassende Schlussbetrachtung, die sowohl Aspekte des Selbstbildes mit Bewertungen der Erinnerungen verbindet als auch eine Kohärenz der Gesamterzählung schafft. Diesen Schlusspassagen wird sich in den Einzelfallanalysen gewidmet.

Es ist üblich, nach dem Interview ein so genanntes Interviewprotokoll zu verfassen, in dem der/die InterviewerIn Beobachtungen über das Zusammentreffen (Atmosphäre, Stimmung, Umgebung, Gedanken zur interviewten Person usw.) festhält (vgl. Küsters 2009, S. 66). Diese Protokollinhalte sind hinsichtlich der Analyse des Interaktionsprozesses von Bedeutung; die ersten Eindrücke nach dem Interview finden sich in den vier Feinanalysen wieder.

Sexualität[1] als Thema im narrativen Interview

Es ist anzunehmen, dass es Menschen, die sich in einem Forschungssetting zu ihrer Lebenswelt äußern sollen, nicht leicht fällt, sich in ihren Sprachakten nicht zu ‚zensieren'. Geht es auch noch um Sexualität, kommt es zu einer sehr ungewohnten Situation für die Sprechenden. Sexualität ist kein alltägliches Thema, es ist wie kaum ein anderes vom eigenen und gesellschaftlichen Norm- und Werteempfinden durchdrungen. Wer darüber spricht – unabhängig von der sexuellen Sozialisation – wird es durchaus als sensibles Thema verstehen. Der/die Sprechende enthüllt und verortet sich zum Thema, da Kommunikation über Sexualität eine Brücke zwischen gesellschaftlichen und individuellen Sexualitätskonzepten schlägt. Sexualität in ihrer Alltäglichkeit und in individuellen Erfahrungsspektren zu dokumentieren und anschließend zu erforschen, ist schwierig und erfordet eine geeignete Methode.

Das narrative Interview eignet sich für die vorliegende Fragestellung, da es Sinn- und Erinnerungsstrukturen eröffnen kann, die sich durch andere Verfahren, wie beispielsweise das leitfragengestützte Interview, nicht wirklich erschließen ließen. Da normative sowie scham-, und angstbesetzte Gedankenmuster die persönliche Auseinandersetzung mit Sexualität beeinflussen, könnten geschlossene Fragen und enge Vorgaben weniger freie Assoziationen und mehr sozial erwünschte und ‚zensierte' Aussagen zu Sexualität hervorbringen. Das Problem der Verzerrung ist auch in der sexualwissenschaftlichen und sexualmedizinischen Forschung ein Thema. Diese meist empirisch und quantitativ arbeitenden Disziplinen klammern Narrationen und deren ausführliche, qualitative Auswertung größtenteils aus, wobei dann viele Aspekte von Alltagserfahrungen und damit auch die historisch bedeutsame Dimension von Sexualität wegfallen. Jedoch findet auch hier seit ein paar Jahren ein „interpretative turn" (Bachmann-Medick 2006) statt; die Anzahl an beispielsweise autoethnografischen Zugängen in der (kritischen) Sexualforschung wächst (vgl. u.a. Wagner 2009, Überblick hierzu siehe Klesse 2009). Größer dagegen ist die Auswahl von Interviewstudien zum Thema Sexualität aus dem Feld der

---

1   Bei dieser Studie wurde sich dagegen entschieden, den Plural von Sexualität zu verwenden. Von Sexualitäten sprechen jüngst manche kritischen Abhandlungen, die die Vielfalt des Sexuellen mit der Mehrzahl verdeutlichen wollen (vgl. u.a. Funk/Lenz 2005, Timmermanns 2008). „Politisch soll damit den verschiedenen Formen des Begehrens – sei es schwul oder lesbisch, bi oder queer, masochistisch oder fetischistisch – ihr (Menschen-) Recht verschafft werden." (Schetsche/Schmidt 2009, S. 9) Dass der Begriff Sexualität jedoch bereits eine Art Sammelbegriff ist, der verschiedene Fragmente des Begehren bündelt, beschreiben die SexualforscherInnen Michael Schetsche und Renate-Berenike Schmidt. Sie argumentieren mit Foucault, dass, da Sexualität stets diskursiv konstituiert wird, ausnahmslos „im Sprechen über ‚die Sexualität' ein gewisses Abstraktionsniveau unhintergehbar gesetzt" sei (ebd.).

Sozialwissenschaft – eine wachsende Zahl an Studien zur subjektiven Erfahrungs-
ebene von InterviewpartnerInnen zum Thema Sexualität kommt inzwischen aus
dem Bereich der Geschlechterforschung (vgl. u.a. Bohnstädt 2011, Thielen 2008,
Schmidt 2008a, Bamler 2007, Matthiesen 2007, Müller 2006, Dannenbeck/
Stich 2005, Flaake 2001, Rosenthal 1999, Winter/Neubauer 1996, Schmidt/
Schetsche 1998, Scheuermann 1997, Fichtner 1999).

Bei vielen der hier genannten Studien mit narrativen Interviews zum Sujet Sexualität lag das Forschungsinteresse jedoch in einer spezifischen Problematik (beispielsweise sexualisierte Gewalt, Sexualität im Kontext von Religion oder Migration).

Diese Arbeit versucht, zwei Leerstellen zu füllen: zum einen narrative Interviews im Kontext der Studierendenbewegung und zum anderen narrative Interviews
rund um Sexualität ohne vorherige Problemfixierung[2].

Sprechen über Sexualität in narrativen Interviews

Verschiedene Fachdisziplinen wie Sexualwissenschaft, Linguistik und Soziologie
haben den ‚sexuellen Wortschatz' bzw. die sogenannte „Sexualsprache" (Kluge
1997, S. 7ff.) im Kontext bestimmter Medien, Situationen (öffentlich, privat) und
Gruppen (Jugendliche, Homosexuelle usw.) untersucht. Hierbei ließen sich soziale,
situative und mediale Faktoren hinsichtlich der Art des Sprechens über Sexualität
herausfiltern. Der Ort, die Intention des Gesprächs, die Beteiligten sind Beispiele
für solche Einflussfaktoren. Ein narratives Interview findet in einem öffentlichen
Raum statt, bezieht sich aber auf das subjektive Erleben und die eigene Biografie;
dabei weichen die Grenzen von Privatheit, Öffentlichkeit, Intimität, Tabu, Selbstoffenbarung und wissenschaftlichem Anspruch auf. Die wenigen qualitativen Studien,
die sich durch narrative Interviews dem Thema Sexualität annähern, kommen bei
ihrer Methodendiskussion zu dem Fazit, dass für die eigene, individuelle Sexualität
außerhalb des gesellschaftlichen Bewertungssystems oft die Sprache fehle (vgl. u.a.
Bohnstädt 2011, S. 82, Funk 2005, S. 222, Stein-Hilbers et al. 2000, S. 12). Die Anspannung, über Sexualität sprechen zu müssen, werde durch Stilmittel abgebaut, so
die Einschätzung der Medienbeauftragten der Pro Familia, Silke Schimpf:

„Der Suche nach Worten, dem Gebrauch von Euphemismen, Auslassungen, Verlegenheiten
und Schweigen stehen oftmals zur Schau gestellte Gelassenheit, demonstrative Offenheit,
herausfordernde Frivolität und provokante Obszönität gegenüber." (Schimpf 2001, S. 62)

---

2   Dass sich letzten Endes in den Feinanalysen der Interviews durchaus auch Problematiken
    der InterviewpartnerInnen ergeben, steht nicht im Widerspruch zu dieser Forderung, da
    das Forschungsinteresse zu Beginn stets den subjektiven Erfahrungen und Erinnerungen
    gilt und nicht auf Problembereiche abzielt.

Schimpf vermutet, dass „nur selten" in einer „unverfälschten, entspannten" Art und Weise über Sexualität gesprochen werde (Schimpf 2001, S. 62). Auch der Soziologe Rüdiger Lautmann schlussfolgert in seinem Aufsatz „Die gesellschaftliche Tabuisierung der Sexualität" (1987), dass das Sprechen über Sexualität eine „Syntax des monologischen Stammelns" sei (Lautmann 1987, S. 18). Die individuelle ‚Kommunikationslosigkeit' hinsichtlich des Sexuellen steht also offenkundig im Kontrast zur alltäglich gewordenen gesamtgesellschaftlichen sexualisierten Sprache. Der Grund mag darin liegen, dass das Sprechen über Sexualität stets in Diskurse, Meinungen und Differenzlinien eingebettet ist und sich gar nicht ‚rein' kommunizieren lässt. Es mangele an ‚eigenen' Begrifflichkeiten, die die individuelle Sexualität unverortet ließen, sie also keinen bestimmten Anschauungen zuordneten. „Stattdessen ergehen sich Diskurse zur Sexualität in einer gewissen Jämmerlichkeit" (Lautmann 1987, S. 20). Sexualität frei von bestimmten gesellschaftlichen Standpunkten zu verbalisieren, scheint demnach fast unmöglich, da sich der/die SprecherIn kaum von vorgegebenen Normen und Werten sowie von Ängsten vor Sanktionen lösen kann.[3] So lasse sich die eigene Sexualität nicht als ‚autonomes' Thema ihrer selbst willen kommunizieren, so Lautmann (vgl. ebd.). Da abseits der beschreibbaren Sexualpraxen die Sprache große Lücken aufweise, fragt Lautmann, wie sich beispielsweise die eigene Lust, sexuelle Angst und andere Erlebnisebenen in Worte fassen ließen, wenn diese nie thematisiert würden:

„Was in seiner wahren Gestalt nicht angesprochen werden kann, das bewegt uns als Symbol. Dies scheint die besondere Weise zu charakterisieren, wie Sexualität in gesamtgesellschaftliche und individuelle Kommunikation eingeht: Sie figuriert als Sinnbild für etwas anderes, vertritt als Zeichen ganz andere Themen als sich selbst." (Ebd.)

Lautmanns Einschätzung der Sprachlosigkeit gegenüber der Sexualität macht hinsichtlich der vorliegenden Fragestellung und ihrer Methode wenig Mut. Es scheint, als bestünden trotz der ‚offenen' Herangehensweise noch Grenzen. Ob und wie diese ungünstige Dynamik und das limitierte Repertoire der Sexualsprache in den vorliegenden Interviews eine Rolle spielen, wird ebenfalls in den Feinanalysen untersucht. Die Konsequenz aus der These zur Sprachlosigkeit gegenüber Sexuellem

---

3   Neben individueller Sprachgrenzen gibt es auch Leerstellen in der Sprache ganzer Diskursstränge, die sich dem Thema Sexualität politisch und theoretisch annähern. So bedauerte bspw. die Historikerin Hilge Landweer 1990, dass die feministische Forschung es nicht vermag, wirklich zu bestimmen, „was Sexualität eigentlich ist" (Landweer 1990, S. 82). Das geringe Repertoire an Begriffen zu Sexualität des feministische Diskurses könne bei weitem nicht all das abbilden, was Sexualität wirklich sei, weiterhin mangle es an einem „begrifflichen Instrumentarium", so Landweer (ebd.).

schien bezüglich des Interviewsettings zu sein, dass Definitionen oder Begriffsbestimmungen zu Beziehung und Sexualität nur durch die Interviewten in ihrem Erzählprozess selber entstehen konnten und nicht etwa zu Beginn des Interviews festgelegt wurden.

1.3 Erinnerungen, Gedächtnis, Kohärenzwünsche

„Lebenserfahrungen formieren sich in der Erinnerung. Aber ihre Intention ist nicht rückwärts gewandt, sondern auf die Zukunft gerichtet. Sie verbinden Erinnerungen mit Erwartung, Erkenntnis mit Interesse. [...] Die eigentliche Leistung der Lebenserfahrung besteht darin, dass sie aus der unübersehbaren Menge der Lebensmonate einige auswählt und mit Bedeutung versieht." (Schulze 2003, S. 326)

Wie bereits skizziert, können narrative Interviews keine exakte Fakten oder Realitäten[4] der Vergangenheit wiedergeben. Es ist unausweichlich, sich für diese Arbeit mit dem Vorgang des Erinnerns auseinanderzusetzen. Erinnern verbindet Vergangenheit und Gegenwart. Aus diesem Grund gibt es keine ‚echten' Erinnerungen, da das Gedächtnis ein konstruktives System ist, in dem sich Realitäten nicht einfach abbilden. Vielmehr filtert und interpretiert das Gedächtnis das Erlebte und verdichtet es zu Erinnerungen. Diesen neuropsychologischen Vorgang beschreibt der Begriff des „constructive memory framework" (Schacter 1998). Erinnern gilt dabei als ein Prozess neuronaler Verbindungen, also der Vernetzung von Nervenbahnen. Diese erstrecken sich über unterschiedliche Bereiche im Gehirn; erinnert sich der Mensch, werden diese neu formatiert: Die tatsächliche „Ersterfahrung" wird überschrieben, die Fakten – soweit es sie denn gibt – verändert (Siegel 2006, S. 36). So strukturiert das Gedächtnis sich stets neu.[5] Dabei wird es von internen und externen Faktoren beeinflusst, beispielsweise durch die Befindlichkeit zum Zeitpunkt des Erinnerns oder durch neue Erfahrungen und die gegenwärtige Bedeutungsrelevanz des Erinnerungsprozesses.

Angewendet auf das hier vorliegende Forschungssetting könnten äußere Einflussfaktoren beispielsweise die soziale Situation und Interaktionsdynamik des Interviews gewesen sein. Verbalen und nonverbalen Äußerungen oder eine (unbe-

---

4 Der grundsätzlich wichtigen Frage, ob es überhaupt *die eine* Realität gibt, soll und kann sich hier nicht gewidmet werden (vgl. hierzu beispielsweise Dewey 1929/1998).

5 Entwicklungspsychologische Studien, die familiales Reden über Vergangenheit und daran angeschlossene Erinnerungsprozesse fokussieren, beschreiben die Bedeutung des Zusammenhangs zwischen autobiografischer Erinnerung und ihrer Erzählung: So entstünden Erinnerungen meist erst durch den so genannten „memory talk", also erst dann, wenn über vergangene Ereignisse gesprochen werde (vgl. Nelson 1993 und 1996).

wusste) Erwartungshaltung der Interviewenden beeinflussten womöglich den Erinnerungsprozess des Gegenübers. Auch aus diesem Grund erscheint die Diskussion der Interaktionssituation in den Einzelfallinterpertationen sinnvoll.

Das Erinnern der ProbandInnen wird hier als ein sich ständig neu konstruierenden Prozess verstanden, der sich nicht nur auf abgespeicherte ‚Fakten' stützt, sondern auch von Erfahrungsmustern abhängt, sodass aus Erinnerungen auch Erfindungen werden können.

Auch das kollektive Gedächtnis spielt eine Rolle. Durch wiederholtes Thematisieren und soziales Standardisieren eines Gegenstands kann es passieren, dass bestimmte Erinnerungen des Individuums nicht nur durch den eigenen, sondern auch durch die Erinnerungsprozesse anderer Menschen überschrieben werden.[6]

Medien beeinflussen die gesellschaftliche Meinung und Erinnerungskultur. Vor der „Medienrevolution", die der Kommunikationshistoriker Christoph Classen in den letzten 150 Jahren festmacht, entstand das „Kulturelle Gedächtnis" allein durch mündliche Erzählungen, Rituale, Malerei und Schriften (Classen 2008, S. 1). Vor der Entstehung der Massenmedien bestanden nur wenige Möglichkeiten, sich der Vergangenheit zu vergewissern. Geschichtsschreibung als offener Prozess mit differenten Deutungszuschreibungen existierte nicht in dem Maße wie heute. Die aktuellen Interpretationen von Vergangenheit geschehen heute maßgeblich über Diskussionen und Diskurse in (auch wissenschaftlichen) Medien, die keine neutralen Vermittler von Wirklichkeiten sind, sondern eine gewisse eigene Deutungshoheit beanspruchen (vgl. u.a. von Raden 2011).

Aus Vorangegangenem folgt für die Interviewinterpretation, die ständige Thematisierung der ‚68erInnen-Bewegung' in medialen Diskursen der letzten Jahre auch zu berücksichtigen, da diese die Erinnerungen und Meinungsbildung der Interviewten beeinflusst haben könnte. Erzählungen und Erinnerungsbilder von bekannten AktivistInnen, die die Interviewten mitbekamen, könnten sich mit den eigenen Erinnerungen vermengt haben. Um diesen Prozess transparent zu machen, ist es bedeutsam, stets die mediale Präsentation des Themas ‚1968' bei den Interpretationen mit im Blick zu haben.

Zusammengefasst sind erzählte Erinnerungen von ZeitzeugInnen also Konstrukte, die durch emotionale, soziale, narrative und normative Faktoren sowie durch nach-

---

6 In einer amerikanischen Studie erinnerten sich nach einem Amoklauf an einer Schule sogar Kinder an Schüsse und am Boden liegende Klassenkameraden, die am Tag des Geschehens gar nicht in der Schule waren. Durch die vielen Gespräche konnten die Kinder nicht zwischen den eigenen Erinnerungen und denen der sozialen Bezugsgruppe unterscheiden. (Vgl. Pynoos/Nader 1989)

trägliches Wissen geformt werden und sich mitunter auf AdressatInnen beziehen. Damit sieht die Autorin das, was sie in den Interviews interpretiert, lediglich als *eine* Auffassung des/der Erzählenden über seine/ihre Vergangenheit an sowie als eine Idee, die der/die Erzählende ihr vermitteln möchte. Erst durch diese Annahme von Erinnerungskonstruktion lassen sich Einblicke in das „Fortwirken von Geschichte in aktuellen sozialen Prozessen, d.h. über die Bedeutung einer jeweiligen Vergangenheitsmodulation für die Gegenwart" gewinnen (Welzer 2000, S. 60).

Der Wunsch nach Kohärenz im Erinnerungsprozess

Erzählende stellen in der Rekonstruktion ihres Lebens meist Zusammenhänge von Ereignissen und Erlebnissen dar, die auf biografische Lernprozesse hinweisen; Lebensgeschichte ist also meist auch eine Lernbiografie (vgl. Schulze 1993, S. 23). In der Lernbiografie werden Erfahrungen, die ein Mensch mit sich selbst und anderen in einer historischen, kulturellen und sozialen Umwelt macht, als lebensgeschichtliches Lernen betrachtet, wenn sie im Selbstbild als sinnvoll erscheinen (vgl. u.a. E-carius 1999, S. 95 und 101f.). Dies stellt eine (scheinbar evaluierte) Kohärenz her, eine so genannte „explikatorische Plausibilität", die das Selbstbild und seine Erfahrungen als ‚stimmig' erscheinen lässt (Quante 2007, S. 159). Die Selbstwahrnehmung versucht meist, gemachte Erfahrungen zu einer Erfolgsgeschichte zu verknüpfen.

Die Kulturwissenschaftlerin Aleida Assmann folgert bezüglich des Kohärenzwunsches:

„Schuld und Gewissen treiben die individualisierende Erinnerung hervor, die beschönigt und verdrängt. Solcher unreinen und gebrochenen Erinnerung wird das Ideal einer reinen, direkten Erinnerung gegenübergestellt." (Assmann 2006, S. 94)

Den Prozess der Kohärenzherstellung untersucht seit den 1980er Jahren die sogenannte Narrative Psychologie (vgl. vor allem Sarbin 1986). In Deutschland ist die Vorstellung, dass Biografien auf Sinnhaftigkeit hin konstruiert werden, vor allem durch die Soziologin/Psychologin Gabriele Rosenthal sowie den Soziologen/Sozialpsychologen Harald Welzer bekannt geworden. Welzer analysierte bspw. Interviews zum Thema Nationalsozialismus und kam zu dem Schluss, dass InterviewprobandInnen stets unter dem Druck stünden, eine „gelungene Geschichte" abzuliefern; so lasse der/die ErzählerIn Teile weg oder füge andere hinzu, um „den Plot zu frisieren" (Welzer 2000, S. 55). Welzer benutzt in diesem Zusammenhang den Begriff des „Montageprinzips": „Bedeutungshaltige Bruchstücke" von Erinnerungen und Erfahrungen würden „nach ihrem sinnstiftenden und selbstbezogenen Wert zusammenfügt" (Welzer 2002, S. 38). Die beschriebenen Vorgänge könnten dabei sowohl unbewusst als auch bewusst ablaufen (vgl. u.a. Welzer 2000, S. 58ff.).

Dass der eigenen Vergangenheit meist eine positive Note zugeschrieben wird, auch um den gesellschaftlichen Erwartungen zu entsprechen, sieht die Autorin im Sinne des Konstruktivismus, der Wahrheit als individuelles Konstrukt definiert, nicht als Problem. Vielmehr bestätigt es sie in ihrer Methodenauswahl, da die (tiefen)hermeneutischen Interpretationsverfahren einen kritischen Blick auf diese Vergangenheitsbeschönigung ermöglichen. So lässt sich herausfiltern, wann die InterviewpartnerInnen beispielsweise davon ausgehen, einem gesellschaftlichen Anspruch gerecht werden zu müssen und wie sie daraufhin ihre Aussagen ‚glätten‘, oder untersuchen, inwiefern sich die InterviewpartnerInnen im Nachhinein als KritikerInnen bestimmter Ideen der Studierendenbewegung darstellen, da sie manche Aspekte und Normen aus heutiger Sicht als nicht umsetzbar und illusionär anmutend empfinden (und das, obwohl sie sich zu besagter Zeit mit den Reformgedanken identifizieren konnten).

Der Aufbau von Kohärenz für Lebenserfahrungen und Erinnerungen verfolgt jedoch nicht nur das Ziel, den eigenen Lebensweg einem/einer potentiellen ZuhörerIn als plausibel zu präsentieren. Er wird in der Entwicklungspsychologie auch als natürlicher Vorgang angesehen (insbesondere im fortgeschrittenen Erwachsenenalter, in dem sich auch meine InterviewpartnerInnen befinden). In der achten und letzten Phase des Entwicklungszyklus nach Erik H. Erikson[7] setzt sich das Individuum mit seinem bisherigen Leben auseinander und zieht Resümee. Unter dem Titel „Integrität vs. Verzweiflung" akzeptiert und betrauert der/die Zurückblickende, was er/sie im Leben geleistet hat (Erikson 1950, S. 262):

---

7 Das Stufenmodell des deutsch-amerikanischen Psychoanalytikers, der die Freud'schen Entwicklungsphasen über die gesamte Lebensspanne ausdehnte, lässt sich z.T. kritisch betrachten. In der Darstellung der Entwicklungsstufen vernachlässigt er die Veränderungsmöglichkeiten von Lebensumständen, es scheint, als strebe er eine bestimmte biografische Entwicklung als Norm an. Erikson fragte sich in seinen letzten Werken selber kritisch, ob es überhaupt noch möglich sei, die Entwicklung des Individuums als „funktionierendes Ganzes" (Erikson 1997, S. 57) abzubilden, „angesichts einer sich immer schneller verändernden gesellschaftlichen Wirklichkeit" (ebd.). Zusammenfassend zog die Autorin jedoch für die Analyse der Interviews die Konsequenz, das durchaus Konzept zur Erklärung von Übergangsphasen und besonders kritischen Lebensphasen von Erikson punktuell heranzuziehen, da es folienhaft verdeutlichen kann, inwiefern sich spezifische Prozesse im Individuum abspielen. Dieses Annahme wird bestärkt durch die Aussage des Psychologen Günther Mey, der darlegt, dass der Erikson'sche „Entwicklungsschematismus nur dann als antiquiert zu betrachten ist, wenn man diesen (zu) wörtlich nimmt" (Mey 1999, S. 75).

„Nur derjenige, der die Sorge für die Dinge und Menschen in irgendeiner Weise auf sich genommen und sich den Triumphen und Enttäuschungen angepaßt hat, die damit zusammenhängen, daß man [...] zum Ursprung anderer Menschenwesen und Schöpfer von Dingen und Ideen geworden ist – nur solch ein Mensch kann allmählich die Frucht dieser sieben Phasen ernten. Ich weiß kein besseres Wort dafür als Ich-Integrität." (Erikson 1950, S. 262f.)

Demnach kommt dem Erschaffen von Kohärenz nicht nur für die ‚Außenwirkung' eine große Bedeutung zu, sondern auch für das eigene Selbstbild. auf die „Integrität" des Erfahrenen, das leichter zu akzeptieren ist, wenn es für die Biografie Sinn ergibt.

Ein Prozess, der beim Erinnerungsvorgang und bei der Erzeugung von Kohärenz relevant ist, ist der der kognitiven Dissonanz. Er beschreibt die empfundene Diskrepanz zwischen einem eigentlichen Wunsch und dem, was (stattdessen) erfahren wird. Dieses Phänomen umschreibt die Sozialpsychologie in der Dissonanztheorie: Wenn Erleben und Verhalten eines Individuums nicht zu seinem Selbstbild passen, wird es versuchen, die diesbezügliche, unangenehme Diskrepanz zu reduzieren (vgl. Harmon-Jones/Harmon-Jones 2007). Das Unbehagen lässt sich auf unterschiedliche Weise minimieren: Das Individuum kann sein Verhalten oder die Kognitionen zu seinem Verhalten verändern, und letzteres wiederum, indem es entweder dissonante Kognitionen ausselektiert oder konsonante Kognitionen hinzufügt.[8]

In den Einzelfallanalysen wird das Wissen über Kohärenzbildung stets als Interpretationskategorie berücksichtigt und bei diesbezüglich auffälligen Passagen diskutiert werden.

---

8 Die Umformung der Kognitionen bei der kognitiven Dissonanz hat der amerikanische Sozialpsychologe Frederik Gibbons am Beispiel von Rauchern aufzeigen können: Er unterscheidet dabei zwischen „externen" und „internen" Rechtfertigungen (vgl. Gibbons et al. 1997, S. 187f.). „Externe" Gründe verändern das Verhalten bzw. heben die Dissonanz auf, indem eine Strafe oder eine Belohnung in Aussicht gestellt wird. Die „externe Rechtfertigung" ist meist der erste Schritt. Sollten sich weder Strafe noch Belohnung auftun und zu Verhaltensänderungen motivieren, so tritt die „interne Rechtfertigung" in Kraft, indem das Individuum nun seine Kognitionen zur Dissonanz modifiziert. Hat beispielsweise ein Raucher ein schlechtes Gewissen wegen seiner Sucht, gibt er entweder das Rauchen auf oder verändert seine Kognitionen diesbezüglich. Dabei würde der Raucher nun dysfunktionale Kognitionen wie „Ich könnte an Lungenkrebs erkranken" in Gedanken umformen wie „Der Filter fängt die schlimmsten Chemikalien schon ab!". Oder er tröstet sich mit dem Beispiel eines starken Rauchers, der sehr alt wurde. (Vgl. Gibbons 1997, S. 184ff.)

2. DIE INTERVIEWPARTNERINNEN

Durch mündliche Verbreitung erfuhren um die 20 ehemalige ‚68erInnen' von dem Forschungsprojekt und standen als potentielle ProbandInnen zur Verfügung, letztlich wurden mit 11 dieser Personen Interviews geführt.

In Vorinterviews wurde das Vorhaben vorgestellt und bei Interesse eine Projektskizze ausgehändigt. Diese erwähnte den konkreten Themengegenstand ‚Sexualität' noch nicht, damit sich die InterviewpartnerInnen nicht bereits Gedanken zu diesem Thema machten, die ihre Spontaneität und freie Assoziation womöglich eingeschränkt hätten. Dem Schreiben war lediglich zu entnehmen, dass Menschen, die sich den ‚68erInnen' zugehörig fühlten bzw. es aktuell noch tun, gesucht werden, um sich im Rahmen einer Promotion an der Universität Köln zum Thema „Studierendenbewegung" interviewen zu lassen. Die Anonymisierung der Interviews wurde zugesichert. Der Begriff ‚68erIn' und seine Problematik wurden bereits in der Einleitung diskutiert. Da keine klare Begriffsrahmung besteht, bietet sie Raum für eigene Interpretationen, gleichzeitig fühlten sich nur solche potentielle InterviewpartnerInnen angesprochen, die sich selbst als ‚68er' bzw. ‚68erin' identifizieren. Weitere Einschlusskriterien waren, dass sie nach 1945 geboren waren und Ende der 1960er sowie Anfang der 1970er Jahre in der BRD gelebt und studiert hatten. Der letzte Aspekt ist von Bedeutung, da sich das Projekt auf den westdeutschen Sexualitäts- und Beziehungsdiskurs beschränkt. Der DDR oder anderen Ländern wie Frankreich oder den USA, in denen es ebenfalls eine (studentische) ‚sexuelle Revolution' gab, galt das Forschungsinteresse vorerst nicht, wenngleich auch hier noch Forschungsdesiderate bestehen und sich auch mit Blick auf einen kulturellen Vergleich neue Projekte andenken lassen.

Die Interviewten sind zwischen 1946 und 1951 geboren. Dass die Stichprobe bewusst aus den Nachkriegsgeburtsjahrgängen ausgewählt war, ist der Tatsache geschuldet, dass Interviews mit jenen Menschen geführt werden sollte, die als junge Erwachsene an der Bewegung als AkteurInnen teilnahmen. Indem sie 1968 erst um die 20 Jahre alt waren, stießen sie auf die Bewegung, als diese in die Phase der „Mobilisierung" (Gilcher-Holtey 2001, S. 61) und in ein „Praktischwerden der Theorie" (ebd, S. 25) überging. Folglich hatten sie die Phase der „Kognitiven Konstitution der Bewegung" (Gilcher-Holtey 2001, S. 11) nicht als TeilnehmerInnen der Studierendenbewegung erlebt, sondern die gesellschaftlichen Entwicklungen von der Schulbank aus betrachtet. Als die Interviewten als AkteurInnen in Kontakt mit der Bewegung kamen, hatten die ‚68erInnen' bereits begonnen, sich ein theoretisches Konstrukt einer befreiten Sexualitäts- und Beziehungsgestaltung zu erarbeiten. Und da das Interesse der Studie der Alltagspraxis und der Umsetzung der sexualtheoretischen Forderungen einer offenen Beziehung galt, wird es nicht als Widerspruch angesehen, wenn die ProbandInnen der ausgewählten Feinanalysen erst

1969 oder kurz darauf studierten; zumal die neuere Forschung zur Studierendenbewegung 1969 nicht als Schlusspunkt der Bewegung sieht.

Die ‚68erInnen' in vier Interviewanalysen in Ihrer Heterogenität abzubilden, ist kaum möglich. Daher wurde sich auf die Stichprobenkohorte unter dem Vorzeichen „Studierende" konzentriert, um eine gewisse Vergleichbarkeit zu gewährleistenDen Interviewten wurde freigestellt, wo sie das Interview führen möchten. Sieben entschieden sich für einen „neutralen Ort" wie beispielsweise ein Café.[1]

Um eine Auswahl von Interviews für einen Fallvergleich treffen zu können, bedarf es „Vergleichsdimensionen" (vgl. u.a. Kelle/Kluge 2010, S. 108ff.), die diese Auswahl rechtfertigen. Folgende drei Kriterien wurden auf das Sample angelegt: 1. Selbstbezeichnung als ‚68erIn' bzw als ‚AkteurIn'[2] der Studierendenbewegung, 2. Studienbeginn während der Phase des „Praktischwerden der Theorie" (Gilcher-Holtey) sowie 3. ein ausführlicher Rekurs auf die gelebte Alltagspraxis des Beziehungs- und Sexualitätskonzeptes der ‚68erInnen'.

Mit Hilfe dieser Kriterien fiel die Wahl auf folgende InterviewpartnerInnen, deren Interview einer Feinanalyse unterzogen wurde: Miriam, Walter, Thomas und Brigitte. Die zusätzlichen Interpretationsparameter gaben der Analyse einen weiteren Rahmen.

---

1 Bei den hier analysierten Interviews war es wie folgt: Miriam und Brigitte entschieden sich, das Interview bei sich zu Hause stattfinden zu lassen, Walter verlegte es in sein Büro, Thomas schlug ein Café für das Interview vor. Die Interviews dauerten zwischen 50 Minuten und zweieinhalb Stunden.

2 Der bereits geäußerte Kritikpunkt der Autorin an der Deutungs- und Definitionsmacht bisheriger Forschung greift auch hinsichtlich des Begriffs „AkteurIn". Hier wird m.E. das Feld zu eng gefasst und nur jene Personen einbezogen, die eng im studentischen Protestmilieu verwoben bzw. seit der Geburtsstunde der Bewegung involviert waren, was etliche Personen ausschließt. Konträr zu einer begrenzten Akteursnotation wurde hier sodann die Definition von Akteurschaft im Sinne einer Selbstbezeichnung den Interviewten überlassen.

Tabelle 1: Stichprobe

	Kriterium 1: Selbstbezeichnung ‚68erIn'	Kriterium 2: Studienbeginn zwischen 1967 - 1972	Kriterium 3: Ausführlicher Bericht zu gelebten Alltagspraxen des Beziehungs- und Sexualitätskonzept	Studienfach
Ullrich (geb. 1946)	√	√	X	Geographie
Heike (geb. 1947)	√	√	X	Rechtswissenschaften
Walter (geb. 1951)	√	X	√	Mathematik
Michael (geb. 1946)	√	X	X	Chemie
Miriam (geb. 1950)	√	√	√	Grundschullehramt
Sarah (geb. 1947)	√	√	√	Psychologie
Klaus (geb. 1949)	√	√	X	Informatik, Elektrotechnik
Thomas (geb. 1947)	√	√	√	Publizistik, Geschichte, Anglistik
Ulla (geb. 1949)	√	X	√	Philosophie
Irene (geb. 1948)	X	√	√	Medizin
Brigitte (geb. 1950)	√	√	√	Soziologie, Geschichte, Lehramt

3. TRANSKRIPTION

Mit Einwilligung der GesprächspartnerInnen wurden die Interviews mitgeschnitten. Die digitalen Aufzeichnungen wurden transkribiert, wobei auf eine wortgetreue Transkription geachtet wurde. Das schließt die Kenntlichmachung von Gesprächspausen, paraverbalen Zeichen und emotionalen Kommentierungen mit ein. Die Zitate der Interviewten werden im Fließtext der Analyse kursiv vom restlichen Text abgehoben, Sätze der Interviewerin dagegen nicht. Aus Gründen der Lesbarkeit wurde der Groß- und Kleinschreibung sowie die Interpunktion in den zitierten Passagen im Sinne der deutschen Rechtschreibung gefolgt, was also nicht zwangsläufig die Akzentuierung oder Endintonation des/der SprecherIn wiedergibt.

Da es in der qualitativen Sozialforschung kein einheitliches Transkriptionsregelwerk gibt, wurde einem selbst erstellten Konzept, das sich als praktikabel erwies, gefolgt.

Tabelle 2: Transkriptionsregeln

Prosodische/sprechstrukturelle Merkmale	
kurze Pausen, Angabe in Sekunde à ein Punkt	eine Sekunde Pause (.), zwei Sekunden Pause (..) usw.
längere Pausen	(5 Sekunden Pause) usw.
Betonung durch Interviewten/r	*„dabei war **ich** es doch, die ... "*
Außersprachliche Handlungen	
Lachen oder ähnliches	bspw. (lacht)
sprachbegleitende Handlungen	(lauter werdend)
Sonstiges	
Auslassungen im Zitat	[...]
Nachträgliche Einfügungen	[Einfügung]

Beim ersten Hören der Interviews wurden Eindrücke notiert, besonders hinsichtlich der sprachlich-akustischen Dimension und ihrer Besonderheiten, da im Folgenden zumeist nur mit einer blanken Abschrift der Interviews gearbeitet wurde. Sequenzen aus den transkribierten Interviews sind in den Analysen kursiv gesetzt, um sie von anderen Zitaten abzugrenzen. Zudem sind die paraverbalen Zeichen oftmals gekürzt sowie Kommata ergänzt worden, um den Lesefluss der Interviewsequenzen zu erleichtern. Die Interviews erhielten Zeilennummerierungen, damit die zitierten Passagen leichter im Originaltranskript wiederzufinden sind. Da die Transkripte in der vorliegenden Veröffentlichung nicht anhängig sind, wurde auf die jeweiligen Zeilenverweise verzichtet.

4. AUSWERTUNG UND INTERPRETATION DER GEFÜHRTEN INTERVIEWS: HERMENEUTIK – LEHRE VOM INTERPRETATIVEN VORGEHEN

„Hermeneutische – so auch psychoanalytische – Verstehensanstrengungen werden notwendig, weil der Sinn des Gesprochenen oder des Geschriebenen nicht mehr ohne weiteres zugänglich ist. Es wird anders gesprochen als gedacht, es wird anders gehandelt als gesprochen, es wird anders angestrebt und gewünscht als gehandelt." (Leithäuser 1995, S. 281)

Im Mittelpunkt des Forschungsvorhabens standen das interviewte Subjekt und seine Sichtweisen, Erinnerungen, Kohärenzwünsche, Selbstbilder; die lebensgeschichtlichen Erfahrungen, Hoffnungen und Handlungsmöglichkeiten im Kontext der Sexualdebatte und -praxis der ‚68erInnen-Bewegung'. Das Ziel war es, die jeweiligen Sichtweisen und subjektiven Wirklichkeiten zu verstehen. Die hier angewandte methodische Grundoperation ist also das ‚Verstehen', wie es die wissenschaftstheoretische Auffassung der Hermeneutik anstrebt.

Die traditionelle wissenschaftliche Hermeneutik etablierte sich über die Jahrhunderte hinweg von einer verstehenden Wissenschaft (in der Antike Wissenschaft der Auslegung der Bibel) zu der „Kunstlehre des Verstehens schriftlich fixierter Lebensäußerungen" (Dilthey 1924, S. 332f.). Als der wichtigste Vertreter der Hermeneutik, wie sie in dieser Arbeit als Handwerkszeug verwendet wird, gilt der Theologe, Philosoph, Psychologe und Pädagoge Wilhelm Dilthey (1833-1911). Dilthey verband in seinem Verständnis der Geisteswissenschaften die Annahme, dass die Hermeneutik, das „Verstehen des Seelenlebens" zum Ziel habe und dadurch von den Naturwissenschaften abzugrenzen sei (vgl. Dilthey 1924, S. 330ff).

Das Verstehen im Kontext einer Interviewanalyse setzt voraus, dass die „Subjektivität des/der Interviewten in ihrer Vielfältigkeit und Widersprüchlichkeit" anerkannt wird (Lüders/Reichertz 1986, S. 92). Dies bedarf weiterer wissenschaftlicher Instrumente wie der Introspektion und der Empathie, wesentlich in Psychologie und Psychoanalyse[1]. Aus der engen Verknüpfung von Hermeneutik und Psy-

---

1 Oft wird der Psychoanalyse eine sozialwissenschaftsmethodische Ausrichtung abgesprochen und ihr Wirken auf therapeutische Aspekte reduziert. Dabei geben sogar schon einige kulturkritische Arbeiten Freuds Zeugnis darüber ab, dass sich Psychoanalyse und Sozialforschung durchaus kombinieren lassen (beispielsweise Freuds „Unbehagen in der Kultur" (1930)). Auch Alexander Mitscherlichs Studien integrierten die Psychoanalyse in die Sozialforschung. Die Studien des Frankfurter Instituts für Sozialforschung unter Leitung Theodor Adornos, „The Authoritarian Personality" (Adorno et al. 1950) oder „Die Unfähigkeit zu trauern" (Mitscherlich/Mitscherlich 1967), zeigen deutlich die Verknüpfung zwischen Psychoanalyse und Soziologie auf. Auch wenn die Psychoanalyse in der

choanalyse entstand die so genannte Tiefenhermeneutik, an der sich die vorliegenden Analysen orientieren. In der Tiefenhermeneutik gilt ein Verstehensansatz, der durch empathisches Hineinversetzen in Eindrücke, Wünsche, Ängste, Welt- und Fremddeutungen geprägt ist. Die hier als methodische Grundlage verwendete tiefenhermeneutische Textanalyse geht auf den Psychoanalytiker Alfred Lorenzer zurück, für den die Psychoanalyse eine interpretierende Sozialwissenschaft ist, die die „Rekonstruktion der inneren Lebensgeschichte" beabsichtige (Lorenzer 1974, S. 154). Die tiefenhermeneutische Methode entwickelte Lorenzer mit seiner ‚Metatheorie' der Psychoanalyse (vgl. u.a. Lorenzer 1986), die als eine kritische Weiterentwicklung der psychoanalytischen Grundpositionen zu verstehen ist. Dabei wendet Lorenzer die Methoden, mit Hilfe derer PsychoanalytikerInnen die Mitteilungen, Träume und Erinnerungen des Analysanden als Inszenierung bewusster und unbewusster Lebensentwürfe (Intentionen, Wünsche, Ängste, Phantasien) dechiffrieren, auch zur Analyse von Texten an (vgl. Lorenzer 1970, S. 104ff.). Um psychoanalytische Herangehensweisen zu methodologisieren, formulierte Lorenzer einige grundlegende Theoriekonstruktionen der Freud'schen Psychoanalyse um und integrierte sie zu einer neuen Theorie, in der der Interaktion eine bedeutende Rolle zugesprochen wird (vgl. Lorenzer 1971, 1972 und 1974). Der psychoanalytische Interaktionsansatz, der sich in Lorenzers tiefenhermeneutischer Methode vereint, geht – ähnlich wie der symbolische Interaktionismus – davon aus, dass Menschen allen sozialen Interaktionen einen subjektiven Sinn beimessen und sich im Medium der Sprache stets unterschwellig über individuelle Bedürfnisse, Emotionen, Erfahrungen, sozialen Erwartungen und Normen verständigen. Anders jedoch als der symbolische Interaktionismus, der davon ausgeht, dass die Motive der Akteure meist bewussten Handlungsgründen gleichkämen (vgl. Strauss 1968), erkennt und interpretiert Lorenzers psychoanalytische Interaktionstheorie auch unbewusste Motive, die sich hinter sprachlich artikulierten Symbolen wie Texten und Gesprächen verbergen.

Die Methode der Tiefenhermeneutik geht also zusammengefasst davon aus, dass der manifeste Erzählinhalt – das gesprochene oder geschriebene Wort – einen unausgesprochenen latenten Erzählsinn mit transportiert. Demnach sind Worte und das, was Menschen in einem Interview sagen, nur eine von dem/der Interviewten präsentierte und konstruierte Wirklichkeit. Der größte Teil bleibt unausgesprochen und läuft unbewusst ab. Diese unbewussten und unausgesprochenen Inhalte beinhalten zumeist Widersprüche und Irritationen, die einem Kohärenzgefühl entgegenstehen (s.o.). Eben diese Widersprüche fokussiert der tiefenhermeneutische Interpretationsansatz. Der/die Interpretierende leiste eine ‚flexible' Deutungsarbeit und

---

Sozialforschung weiterhin nicht immer als Methode anerkannt wird, wird sie in dieser Dissertation durchaus als solche betrachtet.

solle dabei, so Lorenzer, über eine hohe Bereitschaft zur Selbstreflexion verfügen (vgl. Lorenzer 1978, S. 71ff.). So sei es erforderlich, die eigene Sichtweise und Haltung im Gesprächsverlauf und bei der Analyse ständig kritisch zu hinterfragen (ebd.).

Da es keine ‚wahre' Interpretation eines Interviews geben kann, versucht die tiefenhermeneutische Methode gar nicht erst, dem Anspruch auf Objektivität gerecht zu werden. Da ihr Fokus auf der starken Involvierung der/des Interviewenden in dem Interpretationsprozess liegt, persönlicher Involviertheit und rationalem Grundmuster oszilliert, kann immer ‚nur' mit dem dem/der Interpretierenden zur Verfügung stehenden Erkenntnismittel auf die erzählte Biografie eingegangen werden. Dass die Sinnebenen der/des Interpretierenden stets auch ihre Grenzen haben und im Sinne des Konstruktivismus nicht immer alle Deutungsmöglichkeiten beinhalten können, erkennt die tiefenhermeneutische Methode jedoch nicht als Problem an. Die Subjektivität bei Annahmen und Verstehensprozessen wird vielmehr als Voraussetzung der Kommunikation und Interpretationsleistung zwischen Interviewten, Interviewenden und dem Interview(text) angesehen.

Das Verfahren der „Tiefenhermeneutischen Textinterpretation" (THA) von Lorenzer griffen Thomas Leithäuser und Birgit Volmerg auf und strukturierten es Ende der 1970er neu (vgl. Leithäuser/Volmerg 1979, 1986 und 1988). Dieses Verfahren stellt, in Kombination mit der „Hermeneutischen Dialoganalyse" (HDA) von Harald Welzer (vgl. Welzer 1993, 2000, 2003, 2008), das Interpretationsgerüst der vier Interviewanalysen dar. Eine Verknüpfung wesentlicher Perspektiven von THA und HDA erwies sich für die vorliegende Forschungsfrage als geeignetes Analyseinstrument. Bislang blieb diese Methodik in den Interviewstudien rund um das Thema Studierendenbewegung ungenutzt.

Da beide Methoden in ihrem Ertrag enorm umfangreich ausfallen, wurden sie durch Interpretationsparameter begrenzt, die aus der konkreten Fragestellung dieses Projekts entwickelt wurden und die eine spezifische Fokussierung ermöglichen. Diese Parameter werden ebenso nachfolgend dargelegt.

4.1 Das tiefenhermeneutische Analyseverfahren von Leithäuser und Volmerg

Das psychoanalytisch ausgerichtete Verfahren der THA von Thomas Leithäuser und Birgit Volmerg nimmt, neben manifesten Sinngehalten eines Textes, besonders latente Sinnstrukturen des/der Erzählenden sowie dessen „unbewusste verdrängte Konflikte" (Leithäuser/Volmerg 1979, S. 145) in den Blick. Dafür operationalisierten und systematisierten der Psychologe Leithäuser und die Sozialwissenschaftlerin Volmerg in ihrer „Anleitung zur empirischen Hermeneutik" (1979) aus der Tiefenhermeneutik eine anwendbare, praxisbezogene Methode, um eben diese latenten Sinngehalte entziffern zu können.

Die THA hat zwei Wege der Auswertung, die wiederum in verschiedene Verstehensebenen untergliedert sind. Die erste Auswertungsebene ist die so genannte „vertikale Hermeneutik" (Leithäuser 1995, S. 280). In dieser finden die ausführlichen und detaillierten Interpretationen der vier einzelnen Interviews in Einzelfallanalysen statt. In einem ersten Schritt werden der Inhalt zusammengefasst und die zentralen Themen des Interviews herausgestellt. Nach der Inhaltsangabe wird im zweiten Schritt das transkribierte Interview auf relevante, sich wiederholende Aussagen hin untersucht. Diese „Kernsätze" werden als „natürliche Verallgemeinerungen" verstanden (Leithäuser/Volmerg 1986, S. 271).

Die Suche nach „Kernsätzen" oder Kernaussagen[2] wird durch die Frage „Was erinnern die Interviewten bezüglich der Theorie und Umsetzung des Sexualitäts- und Beziehungskonstruktes der ‚68erInnen'-Bewegung?" angeleitet. Durch die Ermittlung von Kernaussagen entsteht eine Auswahl von Interviewzitaten, die durch eine Überschrift bzw. einem Zitatstück eingeleitet und anschließend anhand von Interviewpassagen belegt werden. Sie bündeln zentrale Erinnerungen und Positionen der Erzählenden. Diese werden sodann, wenn möglich, in den Kontext der ‚68erInnen'-Diskurse gebracht und durch andere Quellen ergänzt.

Die ausgewählten Interviewpassagen werden in diesem Schritt noch keiner detaillierten Analyse unterzogen, sondern dienen dazu, Grundgedanken knapp zu zentralisieren. Sie werden jedoch in den nächsten Schritten durchaus wieder aufgegriffen und ausführlicher vor dem Hintergrund der erzählten Biografie und des Selbstkonzeptes interpretiert.

Nach der Abbildung der Kernaussagen folgt die ausführliche Feinanalyse der einzelnen Interviews. Leithäuser und Volmerg entwickelten hierfür vier hermeneutische Verstehensebenen, die in der Analyse jedoch nicht schrittweise abgearbeitet werden müssen, sondern sich in einem Gesamtprozess vermengen, der sich in den Interviewanalysen im Fließtext abbildet.

Die erste Verstehensebene ist die des „logischen Verstehens" (Leithäuser/Volmerg 1979, S. 165). In ihr wird zusammengefasst, welche Themen im Interview angesprochen werden. Es wird also der „manifeste Inhalt" des Interviews erfasst (ebd.).

Die zweite Verstehensebene ist die des „psychologischen Verstehens", die die Situation und Beziehung zwischen dem/der ProduzentIn der zu interpretierenden

---

2 Auch wenn Leithäuser und Volmerg von „Kern*sätzen*" sprechen, handelt es sich nicht immer faktisch um einzelne Sätze handeln, sondern zumeist um Textpassagen, die einen ganzen Aussagenkomplex des/der Interviewten wiedergeben. „Kernsatz" mit dem Begriff ‚Kernaussage' zu ersetzen, erscheint aus diesem Grunde sinnvoll.

Aussagen und dem/der RezipientIn untersucht (vgl. Leithäuser/Volmerg 1979, S. 168). „Das psychologische Verstehen achtet also auf die Textebene, auf der sich die aktuelle Kommunikations- und Interaktionsformen darstellen." (Leithäuser/Volmerg 1979, S. 169) Hierbei ist sowohl die Gestik der GesprächspartnerInnen als auch die Art und Weise, wie miteinander gesprochen wird, von Interesse (vgl. ebd.).

Das „szenische Verstehen" ist die dritte Verstehensebene und analysiert den Interaktionszusammenhang, indem der Frage nachgegangen wird, in welcher Art und Weise (wie) worüber gesprochen wird (Leithäuser/Volmerg 1979, S. 172). Hierbei wird davon ausgegangen, dass Erzählende ihre Narrationen in Form von ,Szenen' darstellen. Ziel ist es nun, die Inszenierung solcher ,Szenen' zu interpretieren und das darin enthaltene Erzähl-„Muster" der Erzählenden ausfindig zu machen (ebd., S. 174).

Die vierte und letzte Verstehensebene ist die des „tiefenhermeneutischen Verstehens" (ebd., S. 178). Sie fokussiert das Aufdecken von Verdrängungen im Text und fragt, was im Interview nicht angesprochen wurde, obwohl es zu erwarten gewesen wäre – so sollen latente, unbewusste Intentionen entziffert werden. Basierend auf der Annahme, dass die Interaktionsfiguren Abwehrfiguren sind, wird nach Verdrängungsformen gesucht. (Vgl. ebd., S. 179f.) Verdrängungsgeschehen werden in diesem Verstehensschritt rekonstruiert und „der Sinn der Verdrängung und des Verdrängten entschlüsselt" (ebd., S. 181). Ausgesparte Inhalte wie negative Emotionen werden dabei auf ihren Nutzen für den/die Erzählende und die Interaktion hin untersucht (vgl. ebd.).

Die genannten Verstehensebenen werden jeweils auf die vier Interviews in der „vertikalen Hermeneutik" angewendet. Anschließend folgt die „horizontale Hermeneutik" (vgl. Lorenzer 1974, S. 144). In diesem zweiten Auswertungsweg werden die Interviews in einen Vergleichskontext mit den anderen Interviews gebracht und die Erinnerungen der Interviewten in ihrer Gesamtheit auf einer übergeordneten Ebene diskutiert. Elementare Kernstellen, Brüche und Konflikte in den Erinnerungen der Interviewten werden zusammengestellt und hinsichtlich der Fragestellung untersucht. Vor allem sich in allen Interviews wiederholende und als übergeordnete Interpretationsstränge darstellende Schwerpunkte werden ausführlich (und auf Vergleichs- und Differenzebene) diskutiert. Solche Schwerpunkte sind gemeinsame und unterschiedliche Erinnerungspraxen und -parameter sowie Spannungsverhältnisse (beispielsweise theoretischer „Überbau" vs. individuelle Bedürfnisse).

4.2 Hermeneutische Dialoganalyse nach Harald Welzer

Da das Interpretationsverfahren von Leithäuser und Volmerg m.E. das soziale Setting zwischen Interviewenden und Interviewten nicht ausschöpfend in den Blick nimmt, dient die Hermeneutische Dialoganalyse (HDA) von Sozialforscher Harald Welzer hier als Ergänzung. Das Analyseverfahren geht davon aus, dass sich Interview-AkteurInnen stets einen sozialen, interaktionistischen Raum schaffen. Viele Interpretationsverfahren übersähen, dass bei Interviews immer „soziale Daten" entstünden (Welzer 1998, S. 125).

Die HDA widmet sich vor allem der Frage, inwiefern ForscherInnen und Befragte das Interview und seine Aussagen gemeinsam konstruieren.

„Ähnlich wie in Alltagssituationen gibt es auch in der Forschungssituation ein implizites und explizites Wissen darüber, auf welche Art und Weise mit einem Thema umgegangen werden kann: was tabuiert ist, was offen gefragt werden kann, welches Wissen geteilt wird und mit welchen Begriffen es sich bezeichnen läßt." (Jensen/Welzer 2000, S. 3)

Die HDA möchte rekonstruieren, welche sozialen ‚Wirklichkeiten' in den Interviewaussagen stecken.

Bei der Methode Welzers werden dem transkribierten Interviewtext einzelne Passagen entnommen, die mit Blick auf die Interaktion besonders herausstechen. Diese werden dann mit Hilfe von sieben Analyseschritten systematisch und chronologisch interpretiert. Die sieben Schritte decken sich zum Teil mit der bereits vorgestellten THA; der Mehrgewinn der HDA ist der Blick auf die Interaktion.

Die sieben Analyseebenen der HDA nach Welzer[3]

Ebene 0: Kontextklärung und Bestandaufnahme des unmittelbar vorausgehenden Kontextes: Wer sind die Beteiligten? Frage nach Zeit und Ort etc. Was ist dem Sprechakt vorausgegangen (Interaktion, Fragen)?

Ebene 1: Paraphrasierung: Der Text wird umformuliert. Was sagt der/die Sprecherin gemäß dem Wortlaut? Wie spricht er/sie?

Ebene 2[4]: Subjektive Intention: Was will der/die Sprecher/in sagen? Worauf zielt die Aussage?

Ebene 3: Kommunikationsinteraktion: Diskussion der Interaktionsdynamiken während des Interviews. Wie entwickelt sich die Interaktion situativ?

---

3   Vgl. Mailänder Koslov 2009, S. 3.
4   Diese Ebene entspricht in etwa dem „logischen Verstehen" der THA.

Ebene 4: Implizite Aussagen: Welche verborgenen Informationen sind in den Aussagen enthalten? Was bringt der/die Sprecherin implizit zum Ausdruck? Inter- und Reaktionen auf vorher Gesagtes?

Ebene 5: Verallgemeinerbare Kommunikationsfiguren: Gibt es wiederkehrende Interaktions- bzw. Erzählmuster? Welcher größere Bedeutungshorizont ist enthalten?

Ebene 6: Allgemeine Zusammenhänge: Gibt es Verbindungen zu Sozialisationstheorien?

Acht Passagen der einzelnen Interviews werden mit der HDA analysiert. Diese Passagen werden dem Nachfrageteil der Interviews entnommen, da sich in der Freierzählung zumeist wenig interpretierbare Interaktion zwischen den Interviewbeteiligten abbildet. Stattdessen werden solche Passagen gewählt, die die Kommunikationsdynamik zwischen den InterviewpartnerInnen präsentieren und sich als ‚ertragreich‘ anbieten. Dies sind zumeist solche, bei denen es eine starke emotionale Beteiligung der GesprächspartnerInnen gibt, Einigkeit herrscht und/oder Irritation und Konflikte auftreten.

4.3 Interpretationsparameter

Die (tiefen)hermeneutischen Analyseverfahren bergen die Gefahr, dass sie endlose Interpretationsschleifen hervorbringen. Wendete man alle Verstehens- und Analyseebenen der Verfahren in ihrer Breite an, entsteht eine kaum zu bewältigende Menge an Datenmaterial. Daher wurde sich dafür entschieden, die tiefenhermeneutische Verstehens- und Analyseebenen der THA und HDA mithilfe eigener Interpretationsparameter einzugrenzen. Sie ‚schärften‘ den Blick der (tiefen)hermeneutischen Fragen der THA und HDA. Generiert wurden die Interpretationsparameter zum einen aus der Fragestellung und zum anderen aus den ersten Vorinterviews, in denen sich diese Parameter als dringliche Rahmungsthemen auftaten. Zusammengefasst dienen die Parameter dazu, den Fragen der THA- und HDA-Ebenen eine spezifische Richtung zu geben.

Dabei erleichterten sie auch die abschließende „horizontale Hermeneutik", da sie eine systematische Zusammenführung der vier Interviews ermöglichten.

Parameter 1: Wie erinnern die Interviewten ihre Entwicklung zum/zur ‚68erIn‘?

Bisher hat sich keine qualitative Studie der Frage gewidmet, wie ‚68erInnen‘ zu solchen wurden. Zwar erwähnen die Befragten der wenigen Interviewstudien Aspekte, die sie zur Teilhabe an der Studierendenbewegung motivierten; diese wurden jedoch nie im Kontext der Biografie analysiert.

Daher fokussiert der erste Interpretationsparameter jene Passagen der Interviews, in denen Aussagen darüber getroffen werden, wie die Erzählenden zu ei-
nem/einer (politisierten) ‚68erIn‘ wurden. Zwar kommt der Frage nach dem Weg in
die Politisierung der eigentlichen Fragestellung dieser Arbeit keine vorherrschende
Bedeutung zu, dennoch erscheint die Frage sowohl aufgrund des aufgezeigten Forschungsdesiderats als auch aufgrund der weiteren Parameter, die auf diesen aufbau-
en, gewichtig. Von Interesse ist, ob die verschiedenen Wege den Umgang mit dem
Beziehungs- und Sexualitätskonstrukt beeinflussten.

Parameter 2: Erinnerung der ProbandInnen hinsichtlich des Beziehungs- und Sexualitätskonstrukts der ‚68erInnen‘-Bewegung

Der zweite Parameter nimmt die Erinnerungen der Interviewten hinsichtlich des
Beziehungs- und Sexualitätskonstrukt der ‚68erInnen‘-Bewegung in den Blick. Er
fokussiert die Erinnerung hinsichtlich der Theorie, die das Beziehungs- und Sexualitätskonstrukts beeinflusste, und der Praxis dieses Konstrukts. Die Fragen hierzu
lauten: Welche theoretischen Ansätze lagen dem Konstrukt, der Erinnerung der Interviewten nach, zu Grunde? An welche ‚geistigen‘ Väter erinnern sie sich? Und
was erinnern die ProbandInnen hinsichtlich ihres eigenen Umgangs mit dem Bezie-
hungs- und Sexualitätskonstrukt? Ob und wie lebten sie es und wie erinnern sie diese Praxis? Wie stellte sich ihr individuelles Sexualitäts- und Beziehungskonstrukt
im Vergleich mit dem der ‚68erInnen‘ dar? Beeinflussten sich die Konstrukte?

Parameter 3: Das (erzählte) Selbstbild im Spiegel der Bewegung

Der dritte Parameter konzentriert sich auf das Selbstbild der Interviewten. Es wird
im Interpretationsprozess den Selbstbeschreibungen des/der Interviewten entnommen.

Das Selbst und das Selbstbild versteht die Autorin nicht als identische Konstrukte, sie unterscheiden sich darin, dass das Selbstbild vielmehr ein Prozess ist,
wohingegen das Selbst als etwas ‚Gesamtes‘ interpretiert wird. Die Hauptarbeit des
Selbstbilds besteht darin, das Verhalten, die Gedanken und die Emotionen des Individuums zu beobachten und daraus Schlüsse zu ziehen, wie es ‚eigentlich ist‘. Beispielsweise entwickelt sich das Selbstbild durch Vergleiche mit anderen Menschen
und Rückmeldungen durch andere.

Der Wunsch nach Kohärenz des Selbstbildes

Wie bereits diskutiert, bestimmt das Streben nach innerer Stimmigkeit und Konsis-
tenz besonders auch Narrationen. Befragte befinden sich oft in der Not, ein sinnhaf-
tes und sinnstiftendes Gesamtkonzept ihrer selbst, also ein ‚rundes‘ Selbstbild präsentieren zu müssen. Das Individuum fragt sich stets: „Wie kann ich die vielfältigen
Lebensbezüge, Rollen und Handlungsaufgaben [...] mit ihren oftmals divergieren-

den Anforderungen in meiner Person integrieren?" (Lucius-Hoene/Deppermann, 2002, S. 48, vgl. hierzu auch Gebauer et al. 2013). Kohärenzbildung ist demnach auch ein wichtiger Aspekt in der Identitätsentwicklung: „Die Stärke des Gefühls der Kohärenz hängt davon ab, welchen Sinn der Mensch seiner Lage beimisst und welche positiven Erwartungen er an das Leben hat. Identität heißt, dem eigenen Leben einen Sinn zu geben und sich in seinem Zentrum zu wissen." (Abels, 2006, S. 441)

Durch die Frage „Wie stellt sich die/der InterviewpartnerIn selbst dar, welchen Charakter, welches Temperament, welche Wesenszüge schreibt er/sie sich selbst zu, um Kohärenz zu erschaffen?" kann sich dem Selbstbild angenähert werden. Hinsichtlich der vorliegenden Fragestellung heißt es dann: „Wie erinnern und erklären sich die Interviewten auf Basis ihres Selbstbildes (kohärent) ihre Einstellung und Praxis im Kontext der Beziehungs- und Sexualreform der ‚68erInnen'?" Widersprüche, Brüche und Konflikte werden dabei nicht ausgeklammert, sondern hervorgehoben.

Die Kategorie ‚Geschlecht' im Selbstbild

Neben dem Wunsch nach Kohärenz und vielen weiteren Variablen lässt sich am Selbstbild des Individuums auch seine subjektive Verortung und Einordnung bezüglich ‚Geschlecht' und hinsichtlich Weiblichkeits- und Männlichkeitskonstrukten ablesen.[5]

---

5   Die Autorin ist sich bewusst, dass sie, wenn sie den Blick bei der Interpretation auf die Weiblichkeits- und Männlichkeitskonstrukte der Interviewten richtet, von einer Zweigeschlechtlichkeit ausgeht. Dadurch tappt sie in ihrer Untersuchung in die Falle der so genannten Reifizierung, der Alltagsannahme einer binären Geschlechterordnung. Denn „gehen Geschlechterforscher und -forscherinnen diesen bequemen Weg der forschungsstrategischen Vorsortierung zweier Geschlechter, bestätigen und verfestigen sie die Verschiedenheit von Frauen und Männern immer wieder aufs Neue." (Degele/Schirmer 2004, S. 107) Um die Reifizierung hier zu umgehen, wird der Rat versierter GeschlechterforscherInnen beherzigt, die empfehlen, „die Geschlechterperspektive in empirischen Arbeiten einzubringen und gleichzeitig die Vorstellung außer Kraft zu setzen, es gebe zwei Geschlechter. Denn nur, wenn gedankenexperimentell auf die Setzung der Differenz verzichtet wird, ist es möglich, den Konstruktionsprozessen von ‚Geschlecht' und Geschlechterdifferenz auf die Spur zu kommen." (Althoff/Bereswill/Riegraf 2001, S. 193, vgl. auch Degele 2008, S. 113ff.) Somit wird versucht, die Konstrukte von ‚Geschlecht' der ProbandInnen erst durch die Analyse hervorzubringen, die eigene Vorgehensweise stets zu reflektieren und „Wahrnehmungs- und Denkkategorien" von Brigitte, Thomas, Miriam und Walter nur „als Erkenntnismittel zu verwenden" (Bourdieu 1997b, S. 153), um zu analysieren, wie *sie* Männlichkeit und Weiblichkeit bestimmen. So greift die Auto-

‚Geschlecht' dient als „Grundlage eines zentralen Codes, demgemäß soziale Interaktionen und soziale Strukturen aufgebaut sind" (Goffman 1977/1994, S. 105). Die
„Zugehörigkeit zu einem ‚Geschlecht' [ist] die wichtigste Quelle der Selbstidentifi-
kation", konstatiert der Geschlechterforscher Michael Meuser (2006, S. 71). „Frau-
Sein und Mann-Sein unterliegen ebenso wie das Verhältnis der Geschlechter zueinander kulturellen Mustern, die in das Selbstbild einfließen und sich im Handeln
niederschlagen", bestätigt die Geschlechterforscherin Margrit Brückner (2001, S.
120) die Annahme, dass ‚Geschlecht' im Selbstbild eine zentrale Position einnimmt.

Zwar gäbe es neben der Verortung der Interviewenden hinsichtlich ‚Geschlecht'
auch Einordnungen in viele weitere soziale Kategorien (beispielsweise Ethnizität,
Klasse usw.) zu untersuchen, jedoch erscheint gerade ‚Geschlecht' im Hinblick auf
die Fragestellung entscheidender. Denn schon bei der Durchführung der Interviews
stellte sich heraus, dass die individuelle Einstellung zu ‚Geschlecht' die Umgangs-
weise der Interviewten mit den Beziehungsstrukturen, Lebensformen und Sexuali-
tätsreformen der ‚68erInnen'-Bewegung beeinflusste: Die Frage nach typisch
‚weiblichen' und typisch ‚männlichen' Verhaltenskodizes bestimmte dabei, wie die
neuen Normen der Bewegung betrachtet wurden.

Für die Analyse der Geschlechterkonstruktionen der InterviewprobandInnen
soll der ‚Doing-Gender'-Ansatz[6] herangezogen werden. Katharina Walgenbachs
Betrachtung des ‚Geschlechts' als eine „interpendente Kategorie" (Walgenbach
2007) verdeutlicht die Annahme, dass ‚Geschlecht' eine soziale Kategorie ist, die
Divergenzen und Ungleichheiten zwischen Männern und Frauen produziert und legitimiert. Zwar vollziehen sich diese sozialen Ungleichheiten in der westlichen Gesellschaft nun nicht mehr in einer eindeutigen Einteilung von Dominanz- und

---

rin das binäre Geschlechterverständnis reaktiv aus den Sprachakten der Interviewten auf.
Indem ‚Geschlecht' in Anführungsstriche gesetzt ist, soll markiert werden, dass es sich
hierbei um ein Konstrukt handelt. Ist von Geschlechtern die Rede, wird auf die Anführungszeichen verzichtet, da es die Vielzahl geschlechtlicher Schemata einbezieht.

6   Die Bezeichnung ‚Doing-Gender' geht zurück auf den für diesen Analyseansatz grundlegenden Aufsatz „Doing Gender" (1987) der beiden amerikanischen SoziologInnen Candace West und Don Zimmerman. In dem Aufsatz arbeiteten sie erstmalig heraus, dass
‚Geschlecht' in einem alltäglichen Aushandlungsprozess dargestellt und hergestellt wird.
Sozialisation, Erziehung und Biologie gelten darin nicht als die einzigen Variablen, die
die Kategorie ‚Geschlecht' beeinflussen. Dieser Ansatz unterscheidet sich von der inzwischen als überholt geltenden Differenz-Theorie u.a. dadurch, dass er nicht von feststehenden Annahmen zu Geschlechtsmerkmalen ausgeht, sondern die These vertritt, dass es
sich bei der individuellen Betrachtung von ‚Geschlecht' um einen interaktiven, dynamischen Prozess handelt. (Vgl. West/Zimmerman 1987, S. 125ff.)

Machtverteilungsverhältnissen[7], dennoch bestehen sie weiter fort, wenngleich inzwischen in einer (meist weniger deutlichen) „multidimensionalen Machtmatrix" (Walgenbach 2007, S. 62). Konstruktionen von ‚Geschlecht' seien „simultane Prozesse" und „dynamische und veränderbare Hervorbringungen", bestätigt Walgenbach die Thesen Wests und Zimmermanns (Walgenbach 2007, S. 50). Aufgrund der dynamischen interaktiven Herstellung müssten Geschlechter-konstruktionen stets in ihrem „Interaktionskontext" betrachtet werden (ebd.). Auch Raewyn Connell betont, dass die Konstruktion von ‚Geschlecht durch verschiedene „Praktiken" des Individuums geschehe (Connell 2006, S. 24ff.). Das hier zu Grunde liegende Verständnis von ‚Geschlechterpraxen' orientiert sich an dem Konzept der „hegemonialen Männlichkeit" Connells. Es beschreibt die unterschiedlichen Regulationsprozesse innerhalb der „hegemonialen Männlichkeitsordnung": Wer nicht dem kulturellen Männlichkeitsideal entspricht (beispielsweise homosexuell, nicht erwerbstätig), wird den „marginalisierten Männlichkeiten" zugeordnet (vgl. Connell 1995, S. 78ff.). Connell erkannte durch diese Theorie, dass sich die „hegemoniale Männlichkeit" nicht nur von Frauen sondern durch unterschiedliche Mechanismen der Unterordnung und Abhängigkeit auch innerhalb des eigenen Geschlechts, also von nichthegemonialen Männlichkeiten abgrenzt; wenngleich sie z.T. auch Facetten der marginalisierten Männlichkeit wiederum adaptiert und für sich zu nutzen weiß (bspw. in ‚hybriden Formen', vgl. Connell/Messerschmidt 2005, S. 844f.)). Connell differenziert zwischen marginalisierten, unterdrückten und komplizenhaften Männlichkeiten, die nicht nur durch Männer selbst sondern auch durch die Teilhabe von Frauen (bspw. durch die Praxis der Unterordnung) konstruiert und reproduziert werden (vgl. Connell 1995, S. 98, Connell/Messerschmidt 2005).[8]

---

7   ‚Geschlechterverhältnisse' beinhalten stets auch ein Verständnis von ‚Machtverhältnissen'. Macht definiert die Autorin mit Foucault als produktiven Prozess, der nicht nur rein repressiv und negativ stattfindet, sondern auch positiv gedeutet werden kann (beispielsweise als „produktive Disziplinarmacht", Foucault 1976, S. 184). In seiner Diskurstheorie bespricht Foucault Diskurse als Machtformen: Menschen bestimmten durch ihre ‚Definitionsmacht' in den Diskursen über die Wahrnehmungsmuster der TeilnehmerInnen und BeobachterInnen der Diskurse; so lasse sich die Macht der Machtträger weiter fortsetzen und verfestigen (vgl. Foucault 1976). Die Kategorie Macht in Verbindung mit ‚Geschlecht' soll in den Interviewanalysen dann thematisiert werden, wenn sie sich in den Sinnstrukturen der ProbandInnen deutlich zeigen (siehe hierzu vor allem die Interviewanalysen Brigitte und Walter).

8   Am Connellschen Konzept der „hegemonialen Männlichkeit" lässt sich durchaus Kritik üben. Etwa stellt es die binäre Zweigeschlechtlichkeit nicht in Frage und bezieht die individuellen Möglichkeiten von Konstruktion und Dekonstruktion der Geschlechtlichkeit innerhalb der Geschlechterdiskurse nicht ein. HistorikerInnen vermissen bei Connell zu-

Die Sozialforscherin Bettina Dausien, die die Konstruktion von ‚Geschlecht' in Interviews untersuchte, fand heraus, dass Frauen in Interviews ihr ‚Geschlecht' als „roten Faden" in ihre Biografie einflechten, während bei Männern „die geschlechtliche Markierung [...] kaum thematisch, weder argumentativ noch narrativ" auftauche (Dausien 2001, S. 64). Dieser Unterschied ließe sich durch die „Alltagstheorie der Zweigeschlechtlichkeit" (zuerst: Hagemann-White 1984, S. 26) begründen. Menschen setzten ‚Geschlecht' etwa mit Frau und Weiblichkeit gleich und, „während die Frau als das Geschlechtlich-Besondere gilt, wird der Mann als das Allgemeine-Menschliche angesehen, sein ‚Geschlecht' bleibt unter dieser Bestimmung verborgen" (Scholz 2004, S. 13).

Vorangegangenes bedeutet hinsichtlich der geführten Interviews, dass die Kategorie ‚Geschlecht' durch die Beteiligten aktiv (re- und de-)konstruiert wird. Wie die Interviewten ‚Geschlecht', ‚Männlichkeit' und ‚Weiblichkeit' in den Interviews konstruieren, leitet demnach diesen Interpretationsparameter ‚Geschlechtskonstruktion im Selbstbild' der Interviewanalyse an. Die Geschlechterkonstruktionen der Interviewten lassen sich auf drei Ebenen untersuchen: auf der „inhaltlichen", „formalen bzw. grammatikalischen" und „interaktiven" Ebene (Scholz 2004, S. 13). Diese Ebenen entwickelte die Soziologin Sylka Scholz in einer Interviewstudie, die Identitätskonstruktionen von Männern analysierte (ebd.). Auf der „inhaltlichen" Ebene geschehe die Konstruktion von ‚Geschlecht' durch das, *was* in dem Interview erzählt werde, z.B. durch „Hypostasierung bzw. Nicht-Thematisierung verschiedener Lebensbereiche" (Scholz 2004, S. 13). Auf der „formalen bzw. grammatikalischen" Ebene werde ‚Geschlecht' durch bestimmte Erzählpraktiken verdeutlicht, also dadurch, *wie* etwas erzählt werde (ebd.). „Interaktiv" stelle sich ‚Geschlecht' in In-

---

dem die geschichtlichen Bezüge zu mittelalterlichen und frühneuzeitlichen Gesellschaftsformen (vgl. Dinges 2000, S. 20). Connells Gedanke hinsichtlich der Auflösung der „hegemonialen Männlichkeit" erscheint zudem naiv. Connell beschreibt, dass diese möglich sei, indem die autorisierten Männlichkeiten ihre Macht freiwillig abgeben und sich so die „patriarchale Dividende" (Connell 1995, S. 100) auflöse. Doch fragt man sich, wie dies geschehen soll, wenn doch das Beibehalten von Machtverhältnissen fast nur Vorteile für die Machtträger aufweist. Michael Meusers Idee zur Aufweichung der ‚männlichen Herrschaft' erscheint da realistischer: Er plädiert dafür, durch eine breitere Thematisierung der „hegemonialen Männlichkeit" ein Bewusstsein dafür zu schaffen, wie die gegebenen Strukturen an der Reproduktion von Machtverhältnissen beteiligt sind (Meuser 2010, S. 177ff.), was dann auch die weibliche Teilhabe daran noch mehr in den Blick und in die Verantwortung nehmen würde. Trotz der berechtigten Kritik am Connell`schen Konzept, bietet es sich dennoch an, um beispielsweise die Männlichkeitsvorstellung der Interviewten näher zu beleuchten, zumal Connells Annahmen zur Herstellung von männlicher Dominanz auch als Grundannahmen in der Geschlechterforschung gelten.

terviews dar, indem die InterviewpartnerIn in der Interaktion Bezug auf das bzw. sein/ihr ‚Geschlecht' nimmt (ebd.). Diese Ebenen sollen als methodischer ‚Wegweiser' für die Geschlechterperspektive dienen, die in diesem Parameter untersucht wird.

5. ZUSAMMENFASSUNG DES FORSCHUNGSSETTINGS

Das menschliche Gedächtnissystem beruht auf einem komplexen, sich ständig neu konstruierenden Zusammenspiel hirnorganischer und psychischer Reifungsvorgänge und sozialer Entwicklungsreize. Was die befragten ‚68erInnen' erinnern, ist deshalb keine Abbildung einer ‚Wahrheit', sondern ein im Interview wachsendes Konstrukt, das auch durch die gesellschaftlichen Diskurse zum Themengegenstand sowie die Interaktionen zwischen den Beteiligten beeinflusst wird. Diese Untersuchung verfolgt das Ziel, eine schlüssige und nachvollziehbare Analyse der subjektiven Erinnerungen ehemaliger ‚1968erInnen' hinsichtlich des Beziehungs- und Sexualitätskonstrukts der westdeutschen Studierendenbewegung vorzulegen. Da „die Verhaltensweisen und Aussagen der Untersuchten nicht einfach als statistische Repräsentation eines unveränderlichen Wirkungszusammenhanges, sondern als prozeßhafte Ausschnitte der Reproduktion und Konstruktion von sozialer Realität" (Lamnek 1995, S. 25) zu verstehen sind, bietet sich zusammenfassend folgende methodologische Herangehensweise für meine Fragestellung an:

Die Erhebung orientiert sich an der Methode des narrativen Interviews (vgl. u.a. Schütze 1983). Dieses findet in einer offenen Interviewsituation statt, die lediglich durch eine Eingangsfrage eingeleitet wird. Der/die Interviewte hat durch das Nichteingreifen in den Redefluss viel Raum für vielfältige, assoziative Gedanken bezüglich der Fragestellung. Erst im Nachfrageteil stellt die Interviewerin Fragen, die zuvor offen geblieben sind, und räumt Unklarheiten aus.

Die Auswertung der Inhalte geschieht anhand der Verstehensebenen des psychoanalytisch geprägten tiefenhermeneutischen Analyseverfahrens (THA) nach Thomas Leithäuser und Birgit Volmerg. Zur Analyse der Kommunikations- und Interaktionsdynamik zwischen Interviewerin und Interviewten werden ergänzend die Analyseebenen der hermeneutischen Dialoganalyse (HDA) von Harald Welzer hinzugezogen. Zu diesen beiden Verfahren kommen flankierend drei konkrete Interpretationsparameter, die die Erinnerungen zum Beziehungs- und Sexualitätskonstrukts der ‚68erInnen' bezüglich der Theorie und Praxis und des Selbstbild der Interviewten im Spiegel ihrer Akteurschaft fokussieren.

II. Einzelfallanalysen

MIRIAM

1. Biografische Daten

1950	Geburt im ländlichen Rheinland Pfalz
1956-1964	Besuch der Volksschule
1964-1967	Klosterinternat/Pflegevorschule
1967-1969	Ausbildung zur Erzieherin
1969-1973	Studium Lehramt
seit 1974	Grundschullehrerin
1986	Geburt des Sohnes Tim

Miriam M. wurde 1950 in einem Dorf in Rheinland-Pfalz geboren und wuchs dort mit drei älteren Schwestern (geb. 1944, 1946 und 1948) und ihren Eltern auf. Miriams Vater (geb. 1913) arbeitete nach acht Jahren Volksschule als Bahnbeamter. Anfangs war er für den Verkauf von Fahrkarten zuständig, später wurde ihm die Leitung eines Streckenhäuschens übertragen, wobei er die Schranken und Signale eines Bahnabschnittes verantwortete. Miriams Mutter (geb. 1914) besuchte nach der Volksschule ein Jahr lang das Gymnasium, musste es jedoch wieder verlassen, als die Familie das Schulgeld nicht mehr aufbringen konnte. Anschließend arbeitete sie als Hausgehilfin bei einer wohlhabenden Familie. Als ihre erste Tochter zur Welt kam, wurde sie Hausfrau.

Miriam ging nach der Volksschule, im Alter von 14 Jahren, auf ein katholisches Klosterinternat, das ihr als Pflegevorschule diente. Als Siebzehnjährige zog sie in eine Großstadt am Rhein, um eine Erzieherinnenausbildung zu absolvieren. Nach Ende der Ausbildung nahm sie 1969 ein Lehramtsstudium an der Pädagogischen Hochschule in dieser Großstadt auf. Dem Beruf der Grundschullehrerin geht sie bis heute nach. Miriam bekam 1986 einen Sohn mit ihrem damaligen Freund Hendrik, der sich kurze Zeit später von ihr trennte. Seit vielen Jahren hat sie mit ihm, der inzwischen verheiratet ist und ein weiteres Kind hat, ein sexuelles Verhältnis. Miriam lebt alleine.

Miriams älteste Schwester (geb. 1944) besuchte acht Jahre lang die Volksschule, danach für zwei Jahre eine von Nonnen geleitete „Haushaltungsschule" in Internatsform und absolvierte nachfolgend eine Ausbildung zur Kinderkrankenschwester. Sie ist verheiratet, arbeitete bis zur Rente als Kinderkrankenschwester und hat einen Sohn (geb. 1973). Die zweitälteste Schwester (geb. 1946, gestorben 1993) ging nach acht Jahren Volksschule ebenfalls zwei Jahre auf eine Haushaltungsschule und im Anschluss ein Jahr auf die Pflegevorschule in demselben Kloster, das Miriam später besuchte. Auch sie wurde Kinderkrankenschwester und arbeitete bis zu ihrem frühen Krebs-Tod im Krankenhaus. Sie war verheiratet und Mutter einer Tochter (geb. 1970). Die dritte Schwester (geb. 1948) ging nach der Volksschule ebenfalls auf die Internat-Haushaltungsschule und arbeitet seit dem Schulabschluss als angelernte Kraft in einer Kunststofffabrik. Sie ist verheiratet und hat keine Kinder.

2. Interviewverlauf/Postskriptum

Miriam wurde der Autorin als potenzielle Interviewpartnerin empfohlen; sie sei Aktivistin gewesen, habe von dem Interviewprojekt gehört und könne sich vorstellen, sich interviewen zu lassen. Wie die anderen InterviewpartnerInnen wusste sie vorher nicht, dass das Interview den konkreten Themenbereich Sexualität fokussieren würde. Bei einem Telefonat wurde ein Termin für Februar 2009 vereinbart. Miriam berichtete am Telefon vorweg, dass sie sich während ihres Studiums intensiv mit den Theorien der Bewegung auseinandergesetzt und aktiv an den Diskussionen teilgenommen habe, u.a. in einer Arbeitsgruppe zu antiautoritärer Erziehung.

Das Interview fand in Miriams Wohnung statt, sie hatte Tee gekocht und man setzte sich in ihr Wohnzimmer. Am Tisch wurde sich schräg gegenüber gesetzt, Miriam schaute bei ihrer Freierzählung durch das Wohnzimmerfenster in die Bäume vor dem Haus und wirkte meist sehr konzentriert.

Während des Interviews sowie bei dessen Abschrift fiel der Autorin auf, dass Miriam ungewöhnlich laut und in emotional bedeutsamen Sequenzen aufgebracht und schnell sprach. Sie ließ sich demnach nicht in ihren Emotionen begrenzen und schien manche Situationen durch ihre Erzählung stückweise wieder zu erleben. In einigen Passagen gelang es ihr durch ihre engagierte Art zu sprechen, bei der Interviewerin eine hohe emotionale Beteiligung auszulösen. Auch dass Miriam den Personen ihrer Geschichte Vornamen gab, was keine bzw. keiner der anderen Interviewten tat, machte ihre Erlebnisse präsenter und lebendig.

3. Kernaussagen in Bezug zur Forschungsfrage

In Kernaussagen verdichten sich nach Leithäuser und Volmerg zentrale Erfahrungen, Sichtweisen, Positionen und Handlungsannahmen der Interviewten (Leithäuser/Volmerg 1988, S. 245). Sie spiegeln Aussagen wider, die sich auf die Fragestellung beziehen, veranschaulichen prägnante Themen sowie zugleich die subjektive Wahrnehmung der/des Interviewten.

Im Folgenden sind Miriams Kernaussagen zusammengefasst, die sich wiederholende Äußerungen resümieren, die sie bezüglich des Sexualitätskonstrukts der ‚68erInnen' traf. Die analytische, subjektive Ausarbeitung im Kontext der Sinnstrukturen der Probandin erfolgt im Anschluss.

1. Kernaussage: Parallele Beziehungen ohne Besitzanspruch als Beziehungspraxis

Miriam verknüpft das ‚68erInnen'-Sexualitätskonstrukt mit dem Beziehungskonzept, das sie als *„Überbau"* umschreibt. Die Frage nach Sexualität beantwortet sie immer durch ihre Ausführungen über die ‚neue' Beziehungsführung, außerhalb der Beziehungsbeschreibung spricht sie nicht über Sexualität.

Die ‚Beziehungstheorie' habe beinhaltet, dass man *„mit mehreren Partnern Beziehungen [...] gleichzeitig"* führe, da *„kein Mensch, kein Partner [...] alles bieten"* und alle Bedürfnisse seines Partners/seiner Partnerin befriedigen könne. PartnerInnen sollten sich demnach in Beziehungen am besten entfalten, wenn sie unterschiedliche, auch sexuelle Bedürfnisse mit mehreren Menschen auslebten. Dem *„Ausleben von verschiedenen Bedürfnissen"* mit verschiedenen Partnern/Partnerinnen als Beziehungsalltag kann Miriam keinen speziellen Begriff zuordnen: *„Das hatte keinen Namen"*[1]. Jedoch ist ihr die Formel *„Beziehungen sind vielfältig"* im Gedächtnis geblieben. Praktisch habe dies so ausgesehen: *„Dass man punktuell aufeinander zugeht, die Gemeinsamkeiten, die man hat, lebt und [...] völlig akzeptiert, dass die nur bestimmte Bereiche betreffen und man die anderen Bereiche mit anderen Leuten macht"*.

Dies habe zur Folge gehabt, *„dass man [...] diese Besitzansprüche da unterdrückt oder, äh, gar nicht erst entwickeln sollte"*. Bei Miriam sei dieses Ziel *„dann theoretisch im Kopf vorhanden"* gewesen und es sei ihr bewusst gewesen, dass es *„gut wäre, wenn"* sie mehrere Partner gleichzeitig habe. Dies hätte bedeutet, *„jemanden kennenzulernen, mit dem was anzufangen, [sich] dann [...] nicht einschränken auf denjenigen"*, stets *„offen zu sein, wenn was anderes kommt"* und ‚das' *„auch mit[zunehmen]"*.

Dass Miriam Beziehungen lebte, in denen es keine Besitzansprüche gegenüber dem Partner/der Partnerin geben sollte, erlebte sie als üblich; es sei *„nichts Besonderes"* gewesen. Ausgetauscht habe sie sich vor allem mit Frauen: *„Thema war's schon unter Frauen. Da war's eigentlich immer 'n Thema [...], was für 'ne Art von Beziehung man lebte."*

Bei ihren Ausführungen zum *„Überbau"* verwendet Miriam ‚Vokabeln' aus der Bewegung. Dass ihr diese nach mehr als 40 Jahren noch präsent sind, zeigt, dass sie

---

1   Da sich Miriam eigentlich der Begriffswelt der ‚68erInnen' bedient, verwundert es, dass ihr diesbezüglich, nun kein Schlagwort wie „Freie Liebe", „Polygamie" oder ähnliches einfallen mag. Man könnte meinen, dass bei dieser ‚Wortfindungsschwierigkeit' erstmals Miriams Ambivalenz gegenüber der Besitzanspruchslosigkeit deutlich wird: Während ihre Partner sich andere Sexualpartnerinnen suchten, war sie stets monogam (siehe Feinanalyse).

intensiv in den Diskurs involviert war. Das Wort „besitzergreifend" findet sich in zahlreichen Ausführungen oft rezipierter Theoretiker, die die Theorie der Studierendenbewegung prägten (vgl. dazu Kapitel III).

2. Kernaussage: Es bestand eine Pflicht zur Umsetzung des theoretischen „Überbaus".

Miriams Beschreibungen zum beziehungstheoretischen *„Überbau"* der Studentenbewegten sind divergent und ändern sich im Laufe des Gesprächs; einen Aspekt behält sie jedoch stets bei: So unterstreicht sie an mehreren Stellen, den Duktus der Besitzanspruchslosigkeit als Zwang empfunden zu haben. Sie habe zwar an dem Beziehungskonzept etwas *„Verlockendes"* entdecken können, sei stellenweise *„fasziniert"* von der Idee gewesen. Als Hauptaussage zur Beziehungstheorie benennt Miriam jedoch den von ihr empfundenen Zwang und die fehlende Freiwilligkeit für die Umsetzung des *„Überbau[s]"*. Der Anspruch, *„dass man nicht besitzergreifend ist*[2]*"*, sei zu einer Norm geworden, nach der *„man [...] diese Besitzansprüche [...] gar nicht erst entwickeln* ***sollte****"*. Der *„Überbau* ***musste*** *unbedingt gelebt werden"*, erinnert sie sich. An diesen Hilfsverben lässt sich der normative Duktus dieser Beziehungsstrategie ablesen.

Die Umsetzung der ,68erInnen'-Beziehungsidee hat Miriam unterschiedlich erlebt. Ihr erster Freund lebte das Konzept des *„punktuell [A]ufeinanderzugehen[s]"*, ohne es mit ihr ausführlicher zu thematisieren. Dieser Freund sei ein Student gewesen, der nur *„ab und zu vorbei kam"* und auf den sie *„im Grunde genommen gar keinen Zugriff"* gehabt habe.

Während sie mit ihrem nächsten Freund Markus über das Konzept nur *„debattierte"*, habe ihr darauf folgender Partner Marius dessen Umsetzung eingefordert. Miriam erinnert sich, dass Marius aus dem *„Überbau"* Verhaltensnormen abgeleitet und diese *„exzessiv"* für sich und von ihr eingefordert habe. Sie habe sich letztlich in die Ausführung der Theorie *„fast reingetrieben"* gefühlt. Diese Formulierung spiegelt erneut das normative Moment wider, das Miriam in Bezug auf die proklamierte Umsetzung des *„Überbau[s]"* empfand.

3. Kernaussage: Eifersucht war verpönt.

„[...] da mussteste ja wieder schon vorsichtig formulieren, wie du das zum Ausdruck brachtest, weil das ja eigentlich nicht [...] in dieses Schema [...] oder in diesen Katalog reinpasste."

---

2   Der Gebrauch des Wortes „ist" spiegelt Miriams Schicksalsergebenheit wider, die die aktive Suche nach Alternativen ausschließt (zumal sie derzeit ebensolche Art von Beziehung führt).

„Also, die Eifersucht wurde nicht klar thematisiert: ‚Ich bin eifersüchtig, ich will das nicht‘, weil das völlig konträr zu den Theorien gestanden hätte, die man lebte, [und es wurde dann] verdeckt Druck gemacht [und] begründet [...] mit irgendwelchen [...] Theorien".

Gefühle, die nicht zur Theorie passten, so empfand es Miriam, sollten möglichst *„nicht klar thematisiert"* werden. So ließ sich der Vorwurf vermeiden, *„kleinlich"* zu sein: *„[...] und dann konnte man nicht so kleinlich sein und wegen irgendwelcher unangenehmen Gefühle oder Eifersüchte oder sonstwas so‘n Trara erzeugen".*

Besonders *„unangenehme[...] Gefühle"* – so zum Beispiel auch *„dieses Problem mit der Eifersucht"* – hätten nicht in das *„Schema"*, in den *„Katalog"* der Theorie gepasst. Schließlich hätte das Gefühl von Eifersucht dem Konzept einer Beziehung ohne Besitzanspruch widersprochen. Eifersucht wurde von den Akteuren und Akteurinnen der Bewegung vielfach als anerzogenes Normkonstrukt der Gesellschaft angesehen, das aus dem Gefühl, alleiniges Anrecht auf den Partner/die Partnerin zu haben, entstünde (vgl. u.a. Lehnhardt/Volmer 1979, S. 150, siehe vor allem auch Kapitel III). Eifersuchtsgefühle belegten unangemessene Besitzansprüche, über die die Vernunft zu siegen habe. Dem entspricht auch Miriams wie einstudiert wirkende Aussage: *„Ich will meinen Verstand als Prinzip haben."*

4. Kernaussage: Beziehung ist, was Männer definieren.

Miriam betrachtet die ‚Beziehungstheorie‘ als *„‘ne typische Männertheorie".* Sie sei primär von Männern geprägt, etabliert und gelebt worden. Stets seien es ihre Freunde gewesen, die den Impuls, eine nichtexklusive Beziehung mit ihr zu führen, an sie herangetragen hätten: *„[...] keinen Besitzanspruch zu haben, dass jeder im Grunde [...] sich ausleben konnte (...) und ich hab da mitgespielt, also wenn das von Seiten der Männer kam".* Ihre Freunde hätten mehrere Beziehungen gleichzeitig geführt; für sie selbst *„ergab sich [dies] gar nicht".*

Auch die Thematisierung des *„Überbau[s]"* und seiner Umsetzung hätten immer Männer angeregt. Das Bedürfnis, auch andere Frauen zu treffen und mit diesen zu schlafen, hätte ihr Freund Marius *„immer wieder zum Ausdruck gebracht".* Markus, mit dem sie zuvor eine Beziehung geführt hatte, scheint dagegen keinen inhaltlichen Austausch gesucht zu haben, sondern vielmehr *„halt irgendwie so Lockerheit"*, also dass *„man nicht so eng verknüpft miteinander war [...] [und] dass man [auch] mit wem anderes unterwegs"* sein konnte.

5. Kernaussage: Es gab Ansätze zur Umsetzung der „nichtrepressiven Sexualerziehung".

Die von den ‚68erInnen' initiierte „nichtrepressive Sexualerziehung" (Kentler 1967) hat Miriam sowohl in positiven als auch negativen Adaptionen wahrgenommen.

Durch ihr Studium kam sie mit den reformierten Ansätzen von Sexualerziehung in Berührung:

> „Zu dem damaligen Zeitpunkt war ich ja an der Uni und da kam natürlich so [...] Alternativliteratur auch raus, von so Modellen [...] aus Russland oder sonstigen Pädagogen [...], das fand ich schon interessant. Und [es gab] zum Teil auch so alternative Seminare, die man so hatte."

Was die „Modelle [...] aus Russland" betrifft, die Miriam durch die Lektüre von „Alternativliteratur" kennenlernte, so könnte es sich dabei um die Theorien von Wera Schmidt handeln.[3]

An genauere inhaltliche Details erinnert sich Miriam nicht, entsinnt sich aber, das russische Modell „interessant" gefunden zu haben. Sie identifiziert sich vor allem mit der Forderung, die in jeglicher ‚68er-Sexualerziehungsliteratur' zu lesen war, kindliche Fragen zur Sexualität unverkrampft und ohne Umschweife zu beantworten (vgl. u.a. Kentler).

> „[...] ich bin ja der Ansicht, man kann nie was zu früh sagen. Entweder die Kinder verstehen es oder nicht und wenn nicht, dann ist es auch [wieder] weg [...] ich hatte immer Bilderbücher da oder [...] die [Kinder, Anmerk. KV] kamen ja auch immer mit irgendwas. [...] ich hab immer Fragen beantwortet, die dann so kamen oder halt eben in Form von Bilderbüchern, die das nahe gebracht werden, wenn man nicht fragt."

Somit übernimmt Miriam den Ansatz der „nichtrepressiven Sexualerziehung" (Kentler), indem sie Fragen der Kinder stets ehrlich und direkt beantworten und eine Sexualerziehung für „nie zu früh" hält. Die Annahme, dass kindliche Sexualität

---

3 Die Ärztin und Psychoanalytikerin Schmidt plädierte für eine „Gewährung von freier Lustbestätigung" Heranwachsender (Schmidt 1924/1926, S. 392). Sie forderte eine „Erleichterung der Sublimierungsmöglichkeiten durch Herstellung einer pädagogisch richtigen Umgebung", sowie „pädagogische Hilfe, wenn der noch nicht sublimierte Teil der Libido in der betreffenden Entwicklungsstufe zu verweilen droht" (Schmidt 1924/1926, S. 392). Schmidt war in den Kreisen der Studierendenbewegung bekannt; die Kommune II etwa veröffentlichte Raubdrucke ihres „Erfahrungsbericht[s] über das Kinderheim-Laboratorium in Moskau" (1921).

der Erwachsenensexualität ähnlich sei – wie sie in den Protokollen der Kommune II deutlich wird (vgl. hierzu Verlinden 2007) – vertritt Miriam dagegen nicht: Sie möchte klar zwischen Körperlichkeit Erwachsener und jener der Kinder trennen und zieht eine Grenze, als sie bemerkt, dass sich die „Doktorspiele" ihres Sohnes auf seinen Vater ausweiten:

> „Ich hab einmal 'ne Situation erlebt, da bin ich dann aber nicht dazwischen gegangen, sondern erst hinterher, da hab ich gesagt: ,Das möchte ich nicht!'. Der Tim spielte 'ne Zeit lang gerne Doktorspiele, 'ne. Und das ist ja okay bei Kindern, finde ich. Aber das hat der dann auch mit Hendrik gemacht. Da lag Hendrik auf dem Sofa (...) irgendwie. Und der fummelte an dem rum, an seiner Hose und so weiter und da sag ich: ,Das möchte ich nicht! Du musst' 'nen Unterschied [machen]'. Ich fand, [...] das ist 'n Unterschied zwischen Erwachsenen und Kind. (...) Dass der das gerne mit Juliane, damals die Tochter von der Monika, mit der ist er ja zum Teil auch aufgewachsen, [...] machen kann, das ist ja völlig okay, oder mit [den] anderen, mit denen er sich traf, aber nicht mit Erwachsenen. [...] das hätte ich jetzt nicht sofort begründen können so theoretisch, aber es war für mich völlig klar: Erwachsene sind was anderes. (...) Das ist mir egal, ob der Interesse hat oder Neugierde hat, das geht nicht."

Dass Miriam ihre Überzeugung, Erwachsenensexualität von kindlicher abzugrenzen, nicht auf ein theoretisches Bewusstsein beziehen kann, scheint mit Blick auf die von ihr konsumierte „Alternativliteratur" verständlich, denn gerade dort wird diese Unterscheidung aufgehoben. Die Entdeckung kindlicher Sexualität führte in der Bewegung dazu, dass die Annahmen über die Sexualität Erwachsener auf Kinder übertragen und kindliche Sexualerziehung als Befreiungsinstrument erkoren wurde (vgl. Verlinden 2007, S. 39ff.).

Auch der ,Methode', Kinder am elterlichen Beischlaf teilhaben zu lassen, kann Miriam nichts abgewinnen:

> „Und ich hatte während des Studiums [...] mal irgend so eine Arbeitsgruppe, das weiß ich noch, da trafen wir uns in XY in einer Wohngemeinschaft, das war 'ne Kommilitonin von uns, die lebte mit ihrem Mann und ihrem Sohn. Die hatten ein Zimmer zusammen, 'ne. Und die hat zum Beispiel dazu gestanden, die haben das extra gemacht, die haben zusammen geschlafen in Gegenwart des Kindes, ganz bewusst. [...] weil die das so vertrat, der sollte das mitkriegen, ,Das ist das Leben' und so weiter. Der ging dann dazwischen, das hatte man ja auch früher oft, [...] dass solche Geschichten erzählt wurden oder Filme gezeigt wurden [...] das Kind krabbelte quasi im Bett rum, während die Eltern miteinander schliefen oder mischte auch noch mit [...] so weit ging es eigentlich bei mir nicht."

6. Kernaussage: Kennenlernen des eigenen Körpers ist eine Errungenschaft der Bewegung.

Neben Ansätzen emanzipierter Sexualerziehung nutzte Miriam noch einen weiteren Punkt der reformierten Auffassungen von Sexualität der ‚68erInnen': das Abstreifen eines *„schlechten Gewissen[s]"* in Bezug zur eigenen Sexualität und Körperlichkeit.

„[...] das war eine der positiven Sachen aus der Zeit, find' ich, dass ja sehr viel in dieser Zeit über Sichselbstkennenlernen für die Frauen (...) in diese Richtung geprägt wurde. Sich selber untersuchen, die ganzen Informationen, also, das habe ich natürlich mit der Zeit mitgekriegt, das fand ich schon ganz gut. Und das machte dann, das glich das Ganze dann aus (...), fand ich (...), dass man so als Kind quasi völlig davor behütet wurde oder [...] als Kind gar keine Informationen hatte. [...] dass dann plötzlich alles offen war, der Körper ist was ganz Normales, man muss sich kennenlernen oder lernt sich kennen oder beobachtet sich, da ist nichts falsch, ich hatte auch also [...] in Verbindung mit Sexualität [...] kein schlechtes Gewissen."

Im Kontrast zur strengen christlichen Moral stand die Möglichkeit, sich und seinen Körper nun kennenzulernen. Über Treffen von Frauen, in denen es um das *„Kennenlernen"* der Weiblichkeit ging (mit Methoden, wie beispielsweise der Vagina einen Namen zu geben, sich mit ihr zu unterhalten oder sie mithilfe von Spiegel und Spekulum zu untersuchen), finden sich in der Literatur zur Frauenbewegung viele Hinweise. Besonders der Band „Hexengeflüster. Frauen greifen zur Selbsthilfe"[4] (1975), herausgegeben von der Selbsthilfegruppe eines Westberliner Frauenzentrums, entwickelte einen politisch motivierten Ansatz der Selbstuntersuchung:

„Von klein auf ist uns Scham und Abscheu vor unseren Geschlechtsorganen beigebracht worden. Nur Männer haben Zugang zu unserer Vagina; Gynäkologen üben mit ihrem Wissen über unsere Unterleibsorgane Macht über uns aus." (Ewert/Karsten/Schultz 1977, S. 10)

Die Neue Frauenbewegung differenzierte in ihrer Kritik verschiedene Ebenen (Sexualität, Reproduktion und Körper), die zuvor in einem „wechselseitigen Verwei-

---

4 Auf 30 Seiten dieser „Körperfibel" (Lenz 2010, S. 397) werden praktische Tipps zur Selbstuntersuchung gegeben. In der Veröffentlichung einer Frankfurter Frauengruppe heißt es ebenso: „Der erste Schritt dazu ist, daß wir uns selbst untersuchen können, um überhaupt zu wissen, was der Arzt so geheimnisvolles in unserem Unterleib zu sehen bekommt. Auch in Frankfurt haben wir in einer kleinen Gruppe angefangen, uns selbst zu untersuchen. Mit Spekulum, Spiegel und Taschenlampe können wir unsere Scheide, Gebärmutterhals und Muttermund selbst betrachten [...]." (Frankfurter Frauen 1975, S. 76, vgl. auch Lenz 2008, S. 105)

sungszusammenhang" gestanden und somit die „geschlossene Genusgruppe Frau in der Moderne symbolisch begründet" hätten (Lenz 2008, S. 101). Möglicherweise hat Miriam an solchen Treffen teilgenommen; zumindest scheinen sie ihr durch den Diskurs bekannt geworden zu sein. Unter der Phase „Pluralisierung und Konsolidierung" (Lenz 2008, S. 97) verortet Ilse Lenz diesen Aspekt der Neuen Frauenbewegung, indem Frauen für „sexuelle und körperliche Selbstbestimmung" ins Feld zogen:

„Zu dieser Zeit hatte kaum eine Frau die Vagina einer anderen Frau gesehen und ihre eigene bekam sie nie zu Gesicht. Für Männer ist der Blick auf den eigenen Penis alltäglich oder trivial und sie wussten oft früher als die Frauen, wie eine Vagina aussieht. Volksmund und Medizin nannten den Vaginalbereich ‚Scham' und sprachen von ‚Schamlippen' [...]. Deswegen wurde die Auseinandersetzung mit dem eigenen Körper und der Sexualität zum Schlüsselerlebnis für Frauen." (Lenz 2008, S. 103)

Die „Suche nach einer neuen weiblichen Sexualität" beinhaltete eine „Wiederaneignung des Körpers, die Kenntnis seiner Lustmöglichkeiten [und] die Entwicklung einer selbstbestimmten Sexualität im Zusammenhang mit der Herausbildung einer selbstbestimmten Identität als Frau" (Menzel 1984, S. 160).

Schlussfolgerungen

Hinsichtlich der Fragestellung dieser Arbeit ergeben sich sechs Kernaussagen aus dem Interview mit Miriam, die Thesen aus der Forschungsliteratur zu ‚1968' und den Quellen authentisieren, da Miriam sich an sie erinnert und von ihnen berichtet.

Es lässt sich keine eindeutige Positionierung Miriams zum „*Überbau*" herausarbeiten, da ihre Haltung diesbezüglich sehr ambivalent ist. So wechselt sich in ihren Darstellungen etwa die Konnotierung des Passiven mit der des Aktiven ab. Doch trotz ihrer Zwiespältigkeit zur Thematik lassen sich folgende Einstellungsmuster ihrer Erlebnisse herausfiltern:

Es gab ein neues Modell der Beziehungsgestaltung, das aus der Aufgabe von Besitzansprüchen an den Partner/die Partnerin bestand, was wiederum meist – bei Miriam zumindest von Seiten der Freunde – mit Polygamie einherging. Die Theorie erlebte Miriam hauptsächlich von Männern vertreten und umgesetzt. Gefühle von Eifersucht vermochte sie kaum formulieren, da dies „*ja völlig konträr zu den Theorien gestanden hätte*" und sie sich von „*diesen theoretischen Vorgaben [hat] lenken lassen*". So hielt Miriam diese „*kleinlichen Gefühle*" so sie sie denn verspürte, für sich. In ihrer Erzählung geht sie mehrfach darauf ein, wie gut sie Gefühle (besonders solche, die mit ihrer Unsicherheit zum „*Überbau*" einhergingen) habe „*wegstecken*" können. So wurde sie den Ansprüchen der Theorie gerecht.

Die Sexualerziehungskonzepte der ‚68erInnen' erlebte Miriam ebenfalls ambivalent. Die „*Alternativliteratur*", die sie während ihres Lehramtsstudiums kennenlernte, sagte ihr zu, und sie setzte diese insofern um, als sie eine direkte, offene Auskunft auf Fragen von Kindern zur Sexualität für sinnvoll hielt. Weiterführende sexualpädagogische Ideen wie das Beiwohnen von Kindern bei Erwachsenensexualität, empfand sie als weniger adäquat. Stattdessen hielt sie eine klare Trennung der Sexualität von Erwachsenen und Kindern für richtig und vertrat diese Annahme, die zeitweise im Widerspruch zur Mehrheitsmeinung der Bewegung stand, auch bei der Sexualerziehung ihres Sohnes.

Dass Miriam die Theorie der Studierendenbewegung noch sehr präsent in Erinnerung ist, deutet zum einen darauf hin, dass sie intensiv am (damaligen und evtl. auch aktuellen) Diskurs teilnahm. Zum anderen zeigt es, welchen tiefen Eindruck die Thematik aufgrund ihrer großen, als unsicher erfahrenen emotionalen Verflochtenheit in ihrem Leben hinterließ.

Auf Miriams Ambivalenz sowie weitere, durch die Kernaussagen aufgeworfene Fragen soll im Folgenden durch die Feinanalyse des Interviews eingegangen werden, beispielsweise wie sie die Trennung von Kopf und Gefühlen hinsichtlich ihrer Akteurschaft als ‚68erin' erinnert, was sie für Theorien, Normen und Alltagspraxen erinnert und wie diese sich im Spiegel ihres Selbstbildes darstellten.

4. Ergebnisse der HDA- und THA-Feinanalyse

Miriam beschreibt in dem Interview viele persönliche Aspekte ihres Lebens zur Zeit der Bewegung. Damit geht sie auf die Eingangsaufforderung ein, aus ihrer subjektiven Sicht zu sprechen. In der Folge skizziert sie ein sehr genaues Bild von sich, gibt Introspektionen und Reflexionen ihres Lebens wieder. Mit dieser Innenschau unterscheidet sich Miriam von den anderen Interviewten, die weniger emotionale und persönliche Beschreibungen abgeben. Miriam gewährt Einblick in einen innerpsychischen Konflikt, der in der Vorstellung einer – wie es im Folgenden genannt werden soll – Kopf-Gefühl-Dichotomie[5] aufgeht.

Ihre intendierten sowie latenten, unbewussten und verdrängten Aussagen wurden gemäß der THA- und HDA-Analysesysteme mit Hilfe der Interpretationsparameter interpretiert.

---

5 Statt des Begriffs „Verstand-Emotions-Dichotomie" wird in dieser Arbeit der Ausdruck „Kopf-Gefühl-Dichotomie" verwendet, um Miriams Affektabspaltung mit ihren eigenen Worten zu beschreiben.

Im Folgenden sollen jene Hauptthemen fokussiert werden, die sich innerhalb des Interviews als markant herausstellten und u.a. durch Wiederholungen, starke Betonung, Unklarheit und Divergenz auffielen.

4.1 Wie Miriam zu einer ‚68erin' wurde

Miriam wählt den Einstieg in das Interview, indem sie die Faktoren benennt, die dazu führten, dass sie sich mit der Studierendenbewegung auseinandersetzte und zu einer ‚68erin' wurde. In der ersten Interviewpassage beschreibt sie den Moment ihrer Internatseinschulung im Alter von 14 Jahren als den Wechsel vom Kindsein zum Erwachsensein. Sie kontrastiert ihre Kindheitserlebnisse, ihre *„Tagträumereien"* in ihrem Heimatdorf und die dort an junge Frauen herangetragenen Rollen mit ihrem Umzug in die Stadt. Während die Rollen auf dem Land ihre Gestaltungsmöglichkeit und Selbstentwicklung zu begrenzen schienen, nahm sie jene, denen sie in der Stadt, während Ausbildung und Studium sowie innerhalb der Studierendenbewegung begegnete, als eine größere *„Bandbreite an Möglichkeiten"* wahr.

Dieser logische Erzählstrang könnte die Funktion haben, den Interpretationsspielraum einzugrenzen und der Rezipientin zu erleichtern, Miriams Erklärungsmuster zu übernehmen: „Durch das Herstellen von Verbindungen und Kausalitäten in der eigenen Lebensgeschichte gelingt oft die Unterstellung einer sinnvollen Entwicklung." (Wattanasuwan/Buber/Meyer 2009, S. 363) Miriam scheint davon auszugehen, dass das Interview unter anderem auf solche Hinweise abzielt. Sie hat für sich bereits einen Grund gefunden, der ihr damaliges Verhalten erklärt, und präsentiert diese Reflexion als ihr Deutungsmuster. Deutungsmuster haben unter anderem die Funktion, eine Kohärenz der Lebensgeschichte herzustellen bzw. aufrechtzuerhalten.

In der Reihung der Argumente zeigt sich eine unbewusste ‚Erklärungsliste', die sie im Verlauf ihrer Erzählung schrittweise und chronologisch[6] durchgeht: Beginnend bei der Kindheit, gefolgt von Internatsbesuch, Erzieherinnenausbildung, Studium und den jeweiligen Menschen, die sie in diesen Lebensabschnitten prägten. Miriams Ausführungen, mit denen sie sich als ‚68erin' verortet, basieren auf einer bipolaren Erklärung und spiegeln ihre eigene Ambivalenz wider (auf die noch näher eingegangen werden soll): Zum einen beschreibt sie ein passives Moment, das sie zur ‚68erin' werden ließ, und zum anderen stellt sie dar, dass sie sich aktiv Alternativen zu den ihr bisher präsentierten Lebenswelten suchte. Einerseits lässt sich in ihrer Erzählung ein Unterton der Zufällig- und Beliebigkeit feststellen, als habe sie

---

6   Dass Interviewte ihre narrative Erzählung meist derart strukturieren, dass sie entlang ihrer biografischen Lebensgeschichte vorgehen, erklärt sich die Sozialforschung damit, dass die Befragten gelernt haben, ihr Leben chronologisch darzustellen, beispielsweise beim Verfassen eines Lebenslaufs (vgl. Schütze 1977, S. 10ff.).

nicht konkret den Kontakt zur Bewegung gesucht, sondern sei aleatorisch und ohne eigenes Bestreben ‚hineingerutscht'. Auf der anderen Seite skizziert Miriam, dass sie aktiv nach progressiven Lebensmustern gesucht habe, nach einem Gegenentwurf zu ihrer einseitigen katholischen Erziehung, die sich, wie es Miriams Beschreibung darlegt, auf Anpassung und Pflichterfüllung ausrichtete. Sie wollte eine eigene „*Richtung*" (493) finden, nachdem sie aus dem katholischen Mädcheninternat in die Großstadt gezogen war.

„Ich kam aus 'nem Dorf wo eigentlich 'ne festgelegte Rolle für Frauen für den damaligen Zeitpunkt noch war [...]. Ich hatte den Eindruck, dass ich dadurch [,dass ich zuerst auf einem] Internat und dann in [die] Stadt [...] kam, zwar in 'nem Schülerinnenwohnheim wohnte, aber trotzdem halt eben so von den Eltern weg, dass die ja im Grund gar keinen Einfluss mehr hatten, seit ich 14 war. In der Richtung, dass ich mir das irgendwie so selber [...] erarbeiten musste [und] 'ne Richtung finden musste."

Die Stadt bot ihr viele Möglichkeiten, diese alternative „*Richtung*" zu finden, die im Kontrast zu den bisherigen stand. Am Beispiel einer Kommilitonin kam sie mit einer für sie vorher fremden Art der Beziehungsführung in Kontakt.

„[...] das fing an in der Erzieherinnen[ausbildung], als ich 18 war ungefähr. Wir hatten in der Klasse eine ältere Schülerin, [...] die schon zwanzig war oder Mitte zwanzig, zu der wir so ein bisschen aufblickten, die hatte 'nen Freund – ich glaub, das war die einzige bei uns in der Klasse zu dem damaligen Zeitpunkt – der auch schon was älter war für unsere Begriffe, schon so um die 30 rum, [damit begann,] dass man überhaupt mal so in diese Richtung reinkam und dass wir dann [...] Kontakte hatten zum Teil zu Bekannten von welchen Mitschülern, die studierten, [...] die halt eben auch wechselnde oder diverse Beziehungen hatten, dass das überhaupt mal von außen [...] sichtbar war, als Bild, dass wechselnde Beziehungen möglich waren."

Und so war dann auch ihre erste Partnerschaft eine, die nicht unmittelbar dem monogamen Prinzip folgte.

„Die erste Beziehung in Anführungszeichen, wenn man da überhaupt von Beziehung sprechen kann [war] Student, mit dem ich eigentlich keine Beziehung lebte in dem Sinn, sondern der ab und zu vorbei kam. [Im] Grunde genommen [...] dass man dann was machte, aber sonst zwischendurch nicht, [so] dass ich im Grunde genommen gar keinen Zugriff auf den hatte."

Durch den ersten Freund und durch die Mitschülerin in der Erzieherinnenausbildungsklasse kam Miriam erstmalig in den Kontakt mit der ‚68erInnen-Bewegung' und deren Beziehungskonstrukt, dem „*Überbau*". Neben den Impulsen von außen suchte sie selber auch nach alternativen Lebensweisen, die ihr ebenso den Weg in die Bewegung ebneten:

„Ich mein', ich fand das auch interessant, [...] wenn ich das verglich mit Gleichaltrigen, die bei uns im Dorf weiter gewohnt haben (...) die so meiner Ansicht nach so wirklich [...] die Rollen übernommen haben, die sie von ihren Eltern [...] weitergegeben bekommen haben [...], fand ich es schon interessanter, anders zu leben. Weil [...] ich fand die Bandbreite an Möglichkeiten war viel größer, [...] der Horizont war viel weiter, es war einfach interessanter, sich damit zu beschäftigen oder einfach mehr Informationen zu haben oder zu gucken, wie vielfältig das Leben war [...], mehr zu akzeptieren auch, was möglich ist."

Miriam zeichnet sich als Neugierige, die sich von anderen Dorfbewohnerinnen abgrenzen wollte, und beschreibt im Verlauf des Interviews mehrfach die Vorstellung von einem Leben, das sie geführt hätte, wäre sie den Schritt in die Politisierung nicht gegangen. Bei dieser hypothetischen Betrachtung eines anderen Lebens rekurriert Miriam auf eine ehemalige Klassenkameradin (*„Gertrud"*), die sich konträr zu ihr entwickelt habe und die klassische Rollenzuschreibung als Ehefrau und Mutter angenommen habe. Sie wäre nun selber eine *„Hausfrau mit [...] erwachsenen Kindern und mit Enkelkindern"*, hätte sie *„zu Hause im Dorf weiter gelebt"* statt in die Stadt zu ziehen und sich der Studierendenbewegung anzuschließen.

Ihren Lebensweg, den sie trotz ihrer Kindheit auf dem Land bei katholischen, strengen Eltern beschritt, kontrastiert Miriam klar zu jenem der im Dorf Zurückgebliebenen sowie insbesondere zu Frauen, die *„die Rollen übernommen haben"*, die ihnen vorgegeben wurden. Sie selber habe es dagegen *„interessanter [gefunden], anders zu leben"*. Die Studierendenbewegung schien ihr diese Chance zu geben, wobei die Bewegung als einzige breit bekannt gewordene Möglichkeit dieser Zeit gelten kann, die ihren Akteurinnen eine Alternative zur klassischen Frauenrolle versprach. Und da bei Miriam der Wunsch nach Abgrenzung von klassischen Mustern deutlich vorhanden war, sagte ihr auch aus diesem Grund die Studierendenbewegung zu.

Aus ihrem Bericht lässt sich hinsichtlich Miriams Entwicklung zur ,68erin' folgendes Erklärungskonstrukt ablesen: Ich habe mich anders entwickeln wollen (*„mein Horizont war viel weiter"*), was einem aktiven Handeln gleichkommt und die anfängliche Beschreibung des passiven Anschlusses ergänzt. Vermutlich weicht auch deshalb mit zunehmender Redezeit ihre anfängliche Scheu, sich konkret zu der Bewegung zu positionieren, da sie ihre eigenen Impulse wiederentdeckt.

Einen Schritt weiter geht Miriam, indem sie – statt nur den Unterschied zu anderen Lebenswegen festzustellen – an sich beobachtet, dass sie über andere Lebens- und Beziehungsmuster zu *„urteile[n]"* und Menschen *„einzuordnen"* versucht. Diese Urteile bezögen sich bei ihr vor allem auf konservative Menschen, zu denen sie wegen ihrer Ressentiments *„gar nicht [erst] in Kontakt"* gekommen sei. Vorurteile gegenüber anderen Lebensweisen rechtfertigen meist die eigene; ebenso können Vorurteile, bei denen das eigene Norm- und Wertesystem mit dem Verhalten anderer abgeglichen wird, das Selbstwertgefühl steigern. (Vgl. Petersen/Six 2008) Miriam äußert jedoch auch, sich zwar im Klaren darüber zu sein, dass ihre Vorbehalte *„nicht immer gerechtfertigt"* gewesen seien; jedoch hätten ihre Vorurteile gegen konservativ eingestellte Menschen zu den Beweggründen gehört, sich der Studierendenbewegung anzuschließen. Auch heute noch identifiziert sich Miriam mit dem ‚68erInnen'-Lebensstil. Sie sei weniger progressiven Einstellungen gegenüber weiterhin *„sehr vorsichtig [...], habe Vorurteile, [...] ordne Menschen ein"*. Dass Miriam sich insbesondere von Menschen abgrenzt, welche die ihnen vorgelebten (Beziehungs)Zuschreibungen scheinbar unkritisch übernommen haben, zeigt, dass sie stereotype Klischees klar ablehnt.

Die Abgrenzung durch Vorurteile zu vertiefen, ist eine gängige Vorgehensweise gegensätzlicher Lager (vgl. Petersen/Six 2008). Auch die Studierendenbewegung untermauerte ihre Standpunkte mit Vorurteilen gegenüber anderen politischen Strömungen, um die eigene Gruppenzugehörigkeit zu stärken und gegenläufige Meinungen abzutun: Neben den berühmten provokanten Aktionen der Akteure (vgl. Kommune I), die als klare Abgrenzung von konservativen Denkweisen und der Elterngeneration galten, versicherte man sich innerhalb der Bewegung durch Berichte über das konservative, stagnierende Deutschland der eigenen Bestrebungen, alles anders machen zu wollen (Waldmann 1991, S. 118ff.).

Der Umgang mit Sexualität in Miriams Kindheit mag auch eine Rolle gespielt haben auf Miriams Weg in die Studierendenbewegung. So erlebte sie sowohl in ihrem Elternhaus als auch später im katholischen Internat einen eher repressiven Umgang mit Sexualität. Als sie bei ihrer Mutter ein von der Kirche herausgegebenes *„Aufklärungsheftchen"* fand, in dem beschrieben wurde, *„was da passiert zwischen Mann und Frau"*[7], habe sie es nicht gewagt, ihre Mutter darauf anzusprechen: *„so*

---

7   An der Art, wie Miriam den Inhalt des *„Aufklärungsheftchen"* beschreibt, wird deutlich, dass sie an dieser Stelle wie aus ihrer damaligen Sichtweise spricht, als habe sie das Heft gerade erst entdeckt. Ihre schamhafte Formulierung *(„was da so passiert")* spiegelt wider, worauf die Aufklärungsblätter in den 1950ern und frühen 1960er Jahren basierten (vgl. u.a. Koch 1970, Scarbart 1966).
In dieser und anderen Passagen des Interviews zeigt sich, dass Miriam ihren Wissensdurst selbst stillt, Informationen sammelt und Bücher als ‚Welterklärer' heranzieht. Beim Lesen sucht und findet Miriam einen intensiven Zugang zu Themenbereichen, die sie beschäftigen. Auf diesem Wege nimmt sie Realitäten wahr, mit denen sie sich intensiver auseinandersetzt als im Gedankenaustausch mit anderen Menschen. Sich (emotionalen) Themen auf rationale Art und Weise zu nähern, ist dem Diskurs mit anderen Menschen gegenüber sicherer, da es vor möglichen Auseinandersetzungen schützt. *„Also, ich habe*

weit" sei *„man damals noch nicht"* gewesen. Erst im Internat sei sie dann im Rahmen des *„Unterrichts"* sexualkundlich *„aufgeklärt"* worden.

In dieser wenig auskunftsfreudigen Umgebung in Elternhaus und Internat sah sich Miriam mit der Aufgabe konfrontiert, sich selbst *„Information[en]"* beschaffen zu müssen, da Sexualität *„nie ein Thema"*, weder zwischen ihr und ihren Eltern noch jenseits des Unterrichts, gewesen sei. Durch Sammeln von Fakten habe sie sich selber fortbilden wollen. Miriam beschreibt sich als neugierig und berichtet, einen offeneren Zugang zum Thema Sexualität gesucht zu haben; den sie im Milieu der ,68erInnen' fand. Der von ihnen proklamierte liberale Umgang mit Sexualität entsprach ihrer Einstellung und ihrer Orientierungssuche zu diesem Thema (vor allem im Hinblick auf die unverkrampften Gespräche darüber, vgl. Kernaussage 5). Gleichermaßen konnte sie ihren Informationsdrang in zahlreichen Arbeitskreisen, Lesezirkeln und Diskussionsgruppen stillen.

---

sehr zu bestimmten Zeiten hat man ja sehr häufig Bücher darüber gelesen" , *„Dass ich las was sich da in der Zwischenzeit tat in politischer Hinsicht oder bei jungen Leuten"*, *„Ähm, ich hab eigentlich, ja, ich hab eigentlich regelmäßig weiter Sachen darüber gelesen, weil die halt eben immer wieder äh, die Entwicklung, sich kennenzulernen"*, *„Aber im ich hab so ähm (...) Resümee gezogen, irgendwann habe ich mal ein Buch gelesen und da war so 'ne Frau (...) die war geschieden hatte noch mit ihrem geschiedenen Mann was zu tun und die hat mal über ihre Beziehung nachgedacht und da dachte ich, das trifft auf mich genauso zu. Die meinte, die Beziehung sei deshalb auseinandergegangen, weil sie keine Forderungen gestellt hat und das glaube ich auch."* Die letzte Sequenz ist dahingehend bedeutend, als dass in ihr deutlich wird, dass Miriam erst durch ein Buch auf einen Aspekt ihres Selbsts stößt und durch die Identifikation und den Vergleich mit der Romanfigur Reflexionsprozesse angestoßen werden. Sie fühlte sich durch das Verhalten der Protagonistin in ihrem eigenen Verhalten bestätigt und nachvollzogen. Miriams Wohnzimmer, in dem das Interview geführt wurde, ist mit vielen Bücherregalen bestückt. Sie berichtet nach dem Interview, zwei Tageszeitungen zu abonnieren und pro Woche mindestens einen Roman zu lesen. Es könnte sein, dass es sich bei dem Buch, das Miriam ,die Augen öffnete' um das viel gelesene, die Neue Frauenbewegung sehr prägende, Buch, „Häutungen" von Verena Stefans handelt. Sie beschreibt, inwiefern sie ihre eigenen Bedürfnisse missachtete und ihr Handeln stets auf die Zufriedenheit des Partners ausrichtete: „Als ich den mund endlich aufmachte, hatten sich in meinem kopf strukturen gebildet. Das schwierigste von allem, was ich formulieren lernte, war das wort nein." (Stefan 1975, S. 63) So beschreibt sie beispielsweise den Beischlaf mit Männern hinsichtlich seines (vermeintlichen) Bedürfnisses zu arrangieren: „Ich gebe mir mühe, alles richtig zu bewegen, bis er einen orgasmus hat." (Stefan 1975, S. 25)

Zusammenfassend lassen sich verschiedene Gründe anführen, warum Miriam sowohl passiv in die Bewegung hineingeriet als auch aktiv zur ‚68erin‘ wurde: Neben ihrer Kritik an einer repressiven Einstellung zu Sexualität, war es ihr Wunsch, anders zu leben, sich abzugrenzen, ihre eigene Rolle neu zu definieren. In der Studierendenbewegung konnte sie all das und darüber hinaus dazugehören, sich fortbilden, treiben und formen lassen.

Ob sie bereits zuvor oder erst durch die bewusste Wahrnehmung von Möglichkeiten den Wunsch entwickelte, anders zu sein, lässt sich anhand des vorliegenden Interviews nicht endgültig klären. Da Miriam berichtet, das Internat als *„nicht schlimm"* empfunden zu haben, ist davon auszugehen, dass sie unter den Zukunftsperspektiven, die den im Internat lebenden Mädchen zugesprochen wurden, nicht gelitten hat, im neuen, vermeintlich progressiveren Umfeld der Stadt jedoch die Chance ergriff, das ehemalige ‚Korsett‘ des Internats abzustreifen.

4.2 Umgang mit dem „Überbau" bzw. dem Sexualitäts- und Beziehungskonstrukt

Miriam kam über unterschiedliche Wege mit Theorie und Praxis der Bewegung in Berührung: Zum einen habe sie schon früh *„über Medien"* mitbekommen, dass sich etwas *„in politischer Hinsicht"* getan und *„es ‚ne Veränderung"* gegeben habe, dass sich vor allem *„junge Leute [...] abkehrten von [...] [den] Forderungen [der] Eltern oder Einstellungen oder Rollen, die ihnen eigentlich zugedacht waren, die sie aber ablehnten"*. Die Idee einer neuen Beziehungsführung habe sie außerdem als *„Thema in Filmen [und] in Theaterstücken"* wahrgenommen. Vermutlich haben Miriam die von Presse und in der Kulturdiskussion aufgegriffenen Veränderungsbestrebungen und politischen Ideen ihrer Generation mit zu ihrem Wegzug aus dem Dorf motiviert und in ihr den Wunsch geweckt, Teil der Studierendenbewegung zu werden.

In der Großstadt kam Miriam dann dank ihrer Partizipation am Diskurs innerhalb ihrer Peer Group sowie durch ihre Beziehungspraxis mit dem theoretischen *„Überbau"* in Kontakt. Von der Zuschauerposition, die sie durch das Verfolgen der Presseberichte vom Dorf und Internat aus innehatte, wechselte sie in eine Akteurinnenposition. Zuerst sei sie durch Diskussionen und Gespräche mit der neuen Form der besitzanspruchslosen Beziehungsführung in Berührung gekommen. *„[...] Es wurde halt eben immer heiß diskutiert"* und *„[...] unter Frauen [...] war's eigentlich immer'n Thema, was für 'ne Art von Beziehung man lebte"*. In ihrer ersten Beziehung als Studentin (er)lebte sie den *„Überbau"* in der Praxis. Ihr Freund Marius habe die *„Theorie"* vertreten; er sei der Ansicht gewesen, dass man *„mit mehreren [Menschen gleichzeitig] Beziehungen haben"* solle, und habe diese auch umgesetzt.

Miriam verortet sich bezüglich der Umsetzung des „*Überbaus*" in einem Spektrum zwischen aktiver Befürwortung, (eher beiläufigem) „*Mitmachen*" und kritischer Auseinandersetzung.

Die Motivation, sich der Bewegung und ihrer Theorie in Form des „*Überbaus*" anzupassen, lässt sich vor allem mit ihrem Wunsch, alternative Lebenspraxen zu leben, begründen: Hier suchte sie aktiv nach einer ihr politisch zusagenden Gruppierung. Im Kontrast zu den ihr vorgelebten Geschlechter- und Beziehungsbildern wünschte sie sich schon früh ein stärker selbstbestimmtes Lebenskonzept, das sie in der Studierendenbewegung widergespiegelt sah.

Die Gründe für ihr „*Mitmachen*", das Miriam als passiver schildert als ihre Suche nach einer politischen Bewegung, lässt sich vor allem an ihrem Gefühl, in jungen Erwachsenenjahren einen Mangel an Bildung und Lebenserfahrung empfunden zu haben, ablesen:

„*Aber in dieser Zeit hatte ich immer das Gefühl, dass ich so Defizite hatte, [so] dass ich mich informierte, dass ich Zeitschriften abonnierte, dass ich meinen Horizont erweiterte, dass ich [mich] aus diesem Defizitgefühl heraus weiterbildete*".

„*Ich hab das immer mitgemacht [...], ich denk auch, weil ich auch immer das Gefühl hatte, ich weiß nichts, ich hab Defizite und sonst was, [darum] hab' ich immer mitgemacht*".

„*Ich hatte nur das Gefühl so: So, ich hab' Defizite, ich bin in 'nem engen Rahmen aufgewachsen und die ganze Welt, die hab ich gar nicht mitgekriegt, die ganze Welt, und die muss ich überall gucken und lernen und das machen und das machen.*"

Miriam erklärt hier ihren (selbst)unsicheren Charakter als prädisponierend wirksam für ihr konformes Verhalten, sich anzupassen und mitzumachen. Aufgrund ihrer Sorge, „*Defizite*" zu haben, womöglich zu konservativ zu sein, da sie „*in 'nem engen Rahmen aufgewachsen*" sei „*und die ganze Welt [...] nicht mitgekriegt*" habe, habe sie viel nachholen und „*lernen*" wollen. Durch ihre (Selbst-)Zweifel und ihr vermeintliches Defizit an intellektueller Kompetenz und ihrer leichten Beeinflussbarkeit, habe sie sich gefühlt wie ein „*offenes Blatt, in das andere reinschreiben konnten*". Diese Verunsicherung habe sie kompensiert, indem sie sich dem „*Überbau*" bzw. der Beziehungstheorie der Bewegung anpasste und „*mitmachte*", auch um sich der Gruppe zugehörig zu fühlen. Das Wort „*mitmachen*" erscheint hier auch insofern passend, als Miriam den Duktus des Führens mehrerer sexueller Beziehungen nie selber für sich nutzte, sondern dies nur die meisten ihrer Partner taten.

Miriams Erklärungsmodell, nach dem sie sich aufgrund ihres subjektiven Mangels an Bildung und Offenheit der Bewegung und ihrem „*Überbau*" angepasst habe, lässt sich auch psychoanalytisch betrachten. Dabei würde der „*Überbau*" mit Eintritt in die Studierendenbewegung als Ersatz für das elterlich-moralische Über-

Ich fungieren und ein Moral- und Regelsystem bieten, das wiederum auch Sicherheit und Orientierung gibt.

An diese Vermutung lässt sich eine differenziertere Betrachtung des von Miriam stets verwendeten Begriffs „Überbau" anschließen, da er auch im Wortsinn eine Art Rahmen darstellt. Seinen Bedeutungsursprung hat der Begriff in der marxistischen Theorie. Der „Überbau" besteht aus den Ebenen Staat, Religion, Kunst und Wissenschaft; dem gegenüber umfasst die „Basis" die jeweiligen ökonomischen Gesellschaftsverhältnisse (Marx 1879/1970, S. 8f.). Auch Herbert Marcuse und Theodor Adorno greifen den Marx'schen Begriff „Überbau" auf (vgl. beispielsweise Marcuse 1965c, S. 103 oder Adorno 1951, S. 102). Sie verwenden ihn in seinem bildlichen Verständnis als Rahmung und Dach.[8] Es lässt sich vermuten, dass Miriam den Begriff auch eher Marcuse entlehnte als Marx und so für sie der „Überbau" die Funktion eines Daches gehabt haben. Die ideelle Meta-Ebene der Studierendenbewegung gibt somit einen Rahmen vor, an dem man sich orientieren und mit dem man sich identifizieren kann. Zwar bietet dieses „Dach" Schutz und Orientierung, zugleich versperrt es vielleicht den Blick für Alternativen. Und in eben dieser Ambivalenz bewegt sich auch Miriams Position gegenüber dem „Überbau": Einerseits erlebte sie ihn als positiv bereichernden, intellektualisierenden, handlungsvorgebenden Rahmen. Andererseits war er für sie auch mit negativen Emotionen verbunden; unangenehme Gefühle wie Eifersucht empfand sie, wenn ihr Partner mit anderen Frauen schlief. Dann spürte sie eine Differenz zwischen ihrer theoretischen Überzeugung und ihren tatsächlichen Bedürfnissen. Miriam erinnert sich, die inneren Widerstände wahrgenommen zu haben, jedoch mündeten diese nicht in einer Abkehr vom „Überbau" und seinen besitzanspruchslosen Beziehungen. Zwar zog sie sich phasenweise von ihren Partnern zurück, ohne jedoch das jeweilige Beziehungsarrangement zu beenden. Die Theorie habe sie als so „beherrschend" erlebt, dass sie ihrer vorher formulierten Kritik keine Konsequenzen folgen ließ: „So Ideen, mit mehreren Partnern Beziehungen [...] gleichzeitig, [...] dass diese Theorie so **beherrschend** wird [und] das gemacht wird, obwohl [...] die Gefühle dagegen sprechen [...] so auf die Sexualität bezogen".

An dieser Stelle verwendet Miriam nicht die erste Person Singular, sondern überträgt die Allmacht des „Überbau[s]" über Gefühle durch das Indefinitpronomen „man" auch auf andere Beteiligte. Die Aussage impliziert außerdem, dass sie durchaus am „Überbau" gezweifelt hat, da der Duktus nicht mit Gefühlen vereinbar war. So habe sie in den Beziehungen, die sie zwischen 1968 und 1975 geführt habe, v. a. „die Verlässlichkeit, das Vertrauen" vermisst, was mit der Aufgabe des

---

8   „Diese Art des Wohlergehens, der produktive Überbau über der unglücklichen Basis der Gesellschaft, durchdringt die ‚Medien' die zwischen den Herren und ihren Dienern vermitteln." (Marcuse 1965c, S. 103)

Besitzanspruchs einherging. Später berichtet Miriam, dem „*Überbau*" zunehmend kritisch gegenüber gestanden zu haben:

„*[...] ich bin [...] mit der Zeit immer mehr darauf gekommen, dass ich das nicht mehr geglaubt habe, was ich gelesen [...] habe. [...] zu bestimmten Zeiten hat man ja sehr häufig Bücher darüber gelesen [...] Dass ich mein Empfinden und meine Gefühle und so als, [...] wie soll ich sagen [,] als Richtschnur dafür nahm, dass mir diese Beziehungen diese gelebten tausend Beziehungen, die manche so haben, nicht geglaubt habe [...]. Weil ich einfach davon ausging [...] , dass jeder Mensch hat Gefühle, und diese Gefühle sind halt in unserer Gesellschaft so und so geprägt.*"

Sie spürte, dass der „*Überbau*" ihren Emotionen zuwiderlief; doch eine klare Konsequenz, etwa sich von diesen Kreisen abzuwenden, zog sie daraus nicht unmittelbar.

Wenn Miriam beschreibt, „*irgendwie mit der Zeit nicht mehr*" an das Konstrukt geglaubt zu haben, so legt dies nahe, dass sie zuvor durchaus davon überzeugt gewesen sei. Indem sie begann, ihre Emotionen als „*Richtschnur*" dafür zu nehmen, ob sie den „*Überbau*" befürwortet und ablehnt, habe sie angefangen zu hinterfragen, was ihre Kreise proklamierten. Ihre ambivalenten Gefühle wie Trauer über Zurückweisung oder Wut auf der einen und aber auch die Überzeugung von der Möglichkeit einer besitzanspruchslosen Beziehung auf der anderen Seite motivierten sie vermutlich, den „*Überbau*" kritisch zu reflektieren.

Miriams Ambivalenz ist auch im Interview spürbar: Sie möchte keine klare Position für oder gegen den „*Überbau*" beziehen. Dies kann im Zusammenhang mit dem Wunsch nach Kohärenz stehen: Würde sie sich gegen den „*Überbau*" stellen, ständen die Anekdoten, die sie bezüglich des gelebten „*Überbaus*" schildert, im Widerspruch zu ihrer Kritik daran. Diese kognitive Dissonanz (vgl. hierzu Kapitel I) löst sie jedoch im Interview auf, indem sie nachvollziehbare Argumente hervorbringt, die wie ein Lernprozess erscheinen: vom „*naiv[en]*", unkritischen Mitlaufen und dem Bedauern, zu wenig „*Macherin*" und zu sehr „*die Passive*" gewesen zu sein, hin zur Abgrenzung und Kritik.

Anfängliches „*naiv[es]*" Mitmachen

„*[Ich] bin mit Leuten ins Bett gegangen, mit denen ich [...] keine Beziehung hatte, die ich kannte, kurz, oder getroffen habe, und wo sich dann im Endeffekt [...] nichts daraus entspann. (...) Wobei ich [...] im Nachhinein [...] schon gefühlsmäßig immer davon ausging, da kann noch [...] was entspannen. Ich hatte nicht den Eindruck, dass ich das abgehakt hatte: ‚Aha, das ist 'ne Sache fürs Bett und das mache ich jetzt hier‘, sondern für mich war das schon so, dass ich da mit der ganzen Person da beteiligt war. (...) Aber es dann auch gut wegstecken konnte, wenn ich die Realität sah, dass das von der anderen Seite nicht so gewünscht wurde oder dem nicht nachgegeben⁹ wurde. [...] so naiv, sich zu denken: ‚Ach ja, das wird doch [...] bestimmt so und so laufen‘ oder ‚Das wird positiv laufen‘. (...) Oder immer irgendwelche Sachen dann anzufangen, [...] von denen man vom Kopf her [...] klar bestimmen könnte, dass das nichts wird.“*

Miriam scheint mit der Umschreibung, stets *„mit der ganzen Person [...] beteiligt“* gewesen zu sein und sexuelle Zusammenkünfte nicht bloß als *„[ei]ne Sache fürs Bett“* angesehen zu haben, klarstellen zu wollen, dass sie keine Frau für eine Nacht war. Dadurch schafft sie von sich das Gegenbild eines ‚leichten Mädchens‘, das es – statt auf eine langfristige monogame Beziehung – nur auf Sex abgesehen hat. Miriam möchte körperliche Nähe mit anderen Menschen ernstnehmen und daraus eine verbindliche Beziehung entstehen lassen. Sie berichtet, oft den Wunsch nach einer monogamen Beziehung gehabt zu haben. Doch habe sich dies häufig als nicht realisierbar herausgestellt. Diese romantische Vorstellung von Sexualität, die dem Sex geradewegs eine feste Partnerschaft folgen lässt, konnotiert Miriam selbst als *„naiv“*. Indem sie ihr Bedürfnis nach Monogamie so abwertet, wird auch deutlich, wie sehr sie sich vom Duktus der Studierendenbewegung hat beeinflussen lassen. Miriams Wortwahl deutet an, dass ihr retrospektiv der Wunsch nach einer monogamen Beziehung unangenehm ist; sie straft dabei den von ihr und dem *„Überbau“* als negativ konnotierten Wunsch nach Monogamie als unrealistisch ab. Die *„Realität“* ihrer Beziehungen sei oft gewesen, dass eine monogame Partnerschaft *„von der anderen Seite nicht so gewünscht wurde“* und somit ihrer Vorstellung von Beziehung *„nicht nachgegeben wurde“*.

Dass *„die andere Seite“* meist keine intensivere Bindung mit Miriam eingehen wollte, habe sie *„gut wegstecken“* können. Dass sie dies nicht kränkte, kann vermutlich auf ihre Kopf-Gefühl-Dichotomie zurückgeführt werden. In den zitierten Passagen wird ein asymmetrisches Verhältnis zwischen ihr und den Sexualpartnern

---

9 Der Begriff *„nachgeben“* impliziert, dass der Wunsch nach einer Beziehung wie eine Bitte an das Gegenüber herangetragen wurde. Einer Bitte kann man freiwillig folgen, was manchmal mit dem Zurückstecken eines eigenen Bedürfnisses einhergeht; mindestens aber mit einem kleinen Aufwand verbunden ist. Im üblichen Sprachgebrauch verbindet man mit der Geste des Nachgebens meist etwas Freiwilliges, eine Tat, von der man nicht gänzlich überzeugt ist, sie aber auch nicht kategorisch ablehnt; schließlich ist Nachgeben letztlich eine Form des Positionswandels. Wer nachgibt, tut etwas, das er zunächst nicht zu tun vorhatte. Miriam scheint sich in diesem Zusammenhang nicht wie eine gleichwertige Partnerin zu fühlen, da sie auf das Nachgeben des Gegenübers hoffen muss. So könnte sie in ihren Beziehungsanbahnungen gelernt haben, es nicht wert zu sein, dass sich der andere aus freien Stücken auf eine Beziehung mit ihr einlässt.

deutlich: Sie habe stets gehofft, dass sich aus den One-Night-Stands etwas *„entspinne"* und der Bettgefährte *„nachgebe"*. Diese Formulierungen verdeutlichen, dass Miriam auch hier die passive, inferiore Rolle einnimmt, statt aktiv ihr Bedürfnis einzufordern. Sie habe sich *„das Recht gar nicht zugest[anden], Forderungen zu stellen an jemanden"*. Allerdings sagt sie heute, sie hätte sich *„eh gewünscht [...], mehr die Macherin gewesen"* zu sein.

Stets verweist Miriam auf ihre eigene Naivität, wenn sie von Beziehungsmisserfolgen berichtet. Statt den Grund auch im *„Überbau"* und in den Partnern zu suchen, fokussiert sie ihre eigene Schwäche. Dabei könnte aus interaktionsdynamischer Sicht davon ausgegangen werden, dass Miriam auch Solidarität und Verständnis von der Interviewerin entgegengebracht bekommen hätte, wenn sie in ihrer Argumentationskette weniger interne und mehr externe Faktoren genannt hätte, die zum Scheitern ihrer Beziehungsvorstellungen geführt haben.

Verschiedene Bedürfnisse mit unterschiedlichen PartnerInnen

Beziehungstheoretisch argumentierte die Studierendenbewegung, so Miriam, dass *„kein Mensch, kein Partner alles bieten"* könne. Aus dem Grunde könne man sich zum *„Ausleben von verschiedenen Bedürfnissen"* verschiedene PartnerInnen suchen. Miriam schien bzw. scheint diesen konkreten Aspekt gut nachvollziehen zu können und lebt ihn auch heute noch (s.u.). Ihre Zustimmung zu der Annahme, dass ein/eine PartnerIn nicht alle Bedürfnisse befriedigen kann und man nur passagenweise Gemeinsamkeiten teilt, wird auch deutlich, als sie spontan ein Gedicht zitiert: *„[...] ich bin ich und du bist du. [...] Ich geh meinen Weg und du gehst deinen. Wenn wir uns treffen, wie schön, und wenn nicht, kann man auch nichts machen."* Miriam empfindet es als entlastend, wenn sie sich um sich kümmern kann und sich keinem Partner anpassen muss: *„Ich hatte immer die Angst, dass derjenige, [...] mein ganzes Leben überstülpt, der Partner [...]. Und dass ich quasi wie eine Marionette (...) in dem seinen Plänen quasi fungiere."* Die Proklamation des *„Überbaus"*, dass sich *„verschiedene[...] Bedürfnisse"* auch mit verschiedenen Menschen befriedigen lassen, erlebt sie als Befreiung. Sexuelle Bedürfnisse mit mehreren Partnern auszuleben, war ihr jedoch kein Anliegen. Sie führte nie sexuelle Beziehungen mit mehreren Partnern gleichzeitig.

Miriam trennt erotische Anziehung von freundschaftlichen Gefühlen für Männer. Der Gedanke, *„dass jeder sich im Grunde ausleben"* kann und dabei andere Menschen neben der festen Freundin einbeziehen kann, wurde von ihren Partnern, so berichtet Miriam, anders ausgelegt als von ihr: Für ihre festen Partner beinhaltete das Ausleben der Bedürfnisse auch Sexualität mit anderen Menschen. Und so wurde Miriams Ambivalenz zur Losung der Vielpartnerschaftlichkeit. Zum einen befürwortet sie den *„Idealzustand"* von Mehrfachbeziehungen auf platonischer Ebene; zum anderen negiert sie, dass auch sexuelle Bedürfnisse darin enthalten waren: *„[...] da fehlte die Verlässlichkeit, das Vertrauen, das war gar nicht mehr da"*. Um ihre Position zwischen den beiden Polen zu verdeutlichen, verwendet sie den Begriff „*[T]reue*":

> „*Wobei ich eigentlich ein total treuer Mensch bin, also zumindest in Beziehungen zu Frauen auf jeden Fall. (...) Und [...] zu Freunden bin ich eigentlich ein ganz treuer Mensch. (...) Ich hab auch [...] in meinen langjährigen Beziehungen, also während ich mit Bernd zusammen war, habe ich nichts nebenbei gehabt. [...] also manchmal überschnitt sich das ja. Ich war mit Markus zusammen, als ich Marius kennenlernte, 'ne. Da überschnitt sich das mal 'ne kurze Zeit und für mich war das dann so [...], dass ich ziemlich schnell wusste, zu wem ich überlaufe[10] quasi, 'ne.*"

In dieser Passage berichtet Miriam, dass sie, wenn sie in die Verlegenheit geraten sei, sich für zwei Männer gleichzeitig zu interessieren, stets – auch wenn der „*Überbau*" eine andere Vorgehensweise legitimiert hätte – rasch eine Entscheidung getroffen habe, um klare Verhältnisse zu schaffen. Auf diese Weise spricht sie sich gegen das Konzept sexueller Mehrfachbeziehungen aus und beschränkt die Idee auf platonische Freundschaften. Miriam differenziert Partnerschaften und Freundschaften nicht genauer, sondern beschreibt sich sowohl in Freundschaften als auch in Sexualbeziehungen als „*treu*".

Miriams Treuebeschreibung, insbesondere da sie sie auch auf Frauen[11] ausweitet, bekommt hier die Komponente des Ehrlichen, des Sich-Offenbarenkönnens. In

---

10 Das Wort „Überlaufen" scheint in diesem Zusammenhang eine interessante Wortwahl für diese Art von ‚Übergangsphase' zwischen zwei Beziehungen, die nicht unüblich ist. ‚Überlaufen' ist eher negativ konnotiert, es schließt die Kooperation mit dem Feind ein und die Aufgabe einer ursprünglichen Loyalität.

11 Dass sich Miriam als „*treue*" Freundin von Frauen bezeichnet, verwirrt. Man hätte erwartet, dass sie weiter darauf eingeht, dass sie auf der Partnerschaftsebene argumentieren würde. Somit ist nicht klar, ob sie ‚Treue' im Sinne des Gegenteils von Untreue, Fremdgehen, versteht oder im Sinne einer festen Freundschaft, die nichts erschüttern kann. Interessant wäre, ob Miriam die Treue, die sie gegenüber ihren Freundinnen andeutet, auch dieser Freundin hielt, die mit ihrem Freund Marius schlief: „*[...] also ich kann mich erinnern, dass der Marius zum Beispiel in der Zeit, wo wir zusammen waren ähm (...) mit 'ner Freundin von mir (...) geschlafen hat, 'ne.*" „*Ja, zum Beispiel diese Rita. Das war 'ne Exkommilitonin oder 'ne Freundin von mir.*" Dass Miriam sich nicht mehr richtig erinnert, ob es sich bei Rita um eine Freundin oder um eine Kommilitonin handelt, zeigt ihre Unsicherheit. Je nach Beziehung, wäre der Betrug unterschiedlich konnotiert. Hätte Marius mit einer Kommilitonin von Miriam geschlafen, wäre die Enttäuschung vielleicht nur einseitig auf Marius bezogen, der mit anderen Frauen schlief. Handelte es sich bei Rita jedoch um eine Freundin, so wäre Miriam womöglich von zwei Menschen, die ihr nahe

der Theorie der ‚68erInnen' galt Treue als engstirnig und konservativ-bürgerlich und wurde als eine „bürgerliche Tugend" angesehen, die es abzuschaffen galt (vgl. u.a. Betrifft: Erziehung. Ausgabe 5, 1972, S. 54 sowie Lehnhardt/Volmer 1979, S. 141). Miriam sieht Verlässlichkeit und Treue hingegen als Werte ihres individuellen Repertoires an und positioniert diese Überzeugung im Kontrast zum „Überbau", auch wenn sie diesen Bruch nicht pointiert.

Miriam grenzt sich dadurch nicht nur vom „Überbau" ab, sondern ebenso vom Verhalten ihrer Partner, die ihrerseits mit anderen Frauen schliefen, während sie mit Miriam in einer Beziehung lebten. Untreu waren ihre Freunde im Sinne des „Überbau[s]" nicht, denn Voraussetzung dafür wäre ein Besitzanspruch, den es eben nicht geben sollte.

Was die Ideologie des „Überbau[s]" betrifft, so hat Miriam eine andere Meinung, was ihre eigene Beziehungsgestaltung und die ihres Sohnes betrifft. In folgender Passage bezieht sie Stellung zu der Beziehung ihres Sohnes:

> „Der lebt jetzt mit seiner Freundin zusammen. Die [...] kannten sich schon sehr lange (...) und als sie dann 18 war [und] Abitur hatte, dann ist sie nach XY gekommen. Und seitdem [...] leben die zusammen. Also, die haben früher sehr aufeinander geklupscht, sag ich mal. Das ging mir auf den Keks, wenn die zusammen auftauchten, die waren also permanent körperlich nah. Oder Küsschen hier, Küsschen da und so weiter. Also, das ging mir irgendwann dermaßen auf den Keks, dass ich gesagt hab': ‚Das geht nicht. Wenn man in der Gegenwart von anderen ist, das geht nicht, dass man permanent an sich rumhängt und knutscht' [...]. Für mich waren die beiden DAS Paar im negativen Sinn, sag ich mal. Im Vergleich zu meinem Leben [...], die beiden hatten perfekt ihre Wohnung eingerichtet. Vom Bügelbrett bis zum geht nicht mehr, also wie so ein altes Ehepaar. [...] Jetzt [...] aber in der Zwischenzeit so, seit Dezember oder so was, [...] haben die Probleme miteinander. Und zwar, dass sie [...] wohl sagte [...], dass sie ihre Gefühle nicht mehr für ihn hat. Dass sie zwar weiter mit ihm 'ne Beziehung haben will, aber die Gefühle [...] nicht mehr hat. (...) Faktum ist, dass sie 'nen anderen Typen hat, 'ne. [...], ich weiß nicht, was sie mit ihm macht, aber [...] und dann [...] hab ich [mich] mit Tim öfter darüber unterhalten (...), aber (...) im Moment geht's wieder gut, sagt er. [...] Ja, 'ne, die sind schon länger zusammen. Die kennen sich, seit der 15 war [...] Das ist eigentlich normal, 'ne, sagt man ja: nach sieben Jahren. (...) Also, insofern wär 'ne Trennung vielleicht mal angebracht."

In dieser Sequenz verstricken sich zwei Positionen hinsichtlich des „Überbau[s]": Zum einen positioniert sich Miriam im Sinne der „Überbau"-Theorien, indem sie die vermutlich bislang monogame Beziehung ihres Sohnes als zu eng empfindet, da

---

standen, denen sie vertraut hatte, verletzt worden. Um sich vor einer erneuten Kränkung zu schützen, wird Rita schließlich als Exkommilitonin bezeichnet.

Tim mit seiner Freundin „*sehr eng verwoben*" sei. Sie findet, nach sieben Jahren Beziehung sei es „*mal angebracht*", dass sich „*DAS Paar im negativen Sinne*" trenne und seinen Besitzanspruch auflöse. Zum anderen ermahnt sie ihren Sohn, weniger Zärtlichkeiten in der Öffentlichkeit auszutauschen. Hier scheint es, als habe Miriam einen katholisch-strengen Wert internalisiert, der körperliche Nähe zwischen einem Paar ins Private verbannt. Oder aber – und das wäre eine Überzeugung, die wiederum mit dem „*Überbau*" in Einklang steht – Miriam identifiziert sich weiterhin mit den ideologischen Strömungen der ‚68erInnen‘, die sich gegen ostentatives ‚Pärchensein‘ in der Öffentlichkeit durch Händchenhalten und Küsschen aussprachen, da dies Zugehörigkeit und Exklusivität demonstriere.

Eine Abgrenzung zum „*Überbau*" im Kontext der Mutter-Sohn-Beziehung wird in ihrer Aussage hinsichtlich des „*anderen Typen*" deutlich, den die Freundin ihres Sohnes treffe. Dass die Partnerin ihres Sohnes einen anderen Mann trifft, scheint ihr nicht zu gefallen, obwohl es gemäß des „*Überbau[s]*" legitim wäre. Vermutlich möchte sie ihren Sohn vor (der Wiederholung ihrer eigenen) Enttäuschungen bewahren, zudem ist es ihr fremd, dass eine Frau eine sexuelle Nebenbeziehung eingeht.

Ob Miriam ihrem Sohn ihre Einschätzung von der Zukunft der Beziehung mitteilt, ist nicht ersichtlich – deutlich wird jedoch, dass Miriam die Freundin und insbesondere deren Verhalten gegenüber ihrem Sohn ablehnt. Hier kann sie sich leicht mit Tim identifizieren, der in eine Rolle geraten ist, in der sie in ihren Beziehungen mit Marius und Hendrik gefangen war: Jemanden zu lieben, der anderen Menschen als potenzielle Sexualpartner begegnet. Wenn man annimmt, dass die ältere Generation die jüngere jeweils bei der Realisierung von Optionen, die sie selbst nicht hatte, aktiv unterstützt, so kann Miriam Tim im Sinne eines Generationenauftrags darin bestärken, Forderungen zu stellen: die Forderung, dass seine Freundin sich entweder für Tim oder jenen „*anderen Typen*" entscheidet. Auch scheint sie zu wollen, dass Tim nicht wie sie (negative) Gefühle abspaltet, sondern sich ihrer bewusst wird. „*Also bewusst [...] thematisiert habe ich allenfalls, dass man sich über seine Gefühle klar sein muss.*"

Dadurch, dass ihr Sohn nun ihre Unsicherheit im Forderungenstellen reproduziert, vermischen sich in Miriams Appell an ihren Sohn unterschiedliche Ebenen von vergangener Beziehungserfahrung, Erinnerung und Selbstkonzept und auch Geschlechterzuschreibungen (würde Miriam anders urteilen, wäre ihr Kind eine Tochter oder hätte ihr Sohn mehrere Partnerinnen?).

Miriams Beziehungsführung im Spiegel des „*Überbau[s]*"
Bisher wurden einige Aspekte genannt, wie Miriam die Theorie zum Beziehungskonstrukt der ‚68erInnen‘ erinnert. Wie sie dieses Konstrukt lebte und praktizierte, beschreibt sie über unterschiedliche Erzählstränge, wobei die aktuell geführte Beziehung zu Hendrik den größten Raum ihrer Narration einnimmt.

Deutlich wird, dass Miriam in ihrer Zeit als Akteurin der Studierendenbewegung zwar auf der einen Seite eine verbindliche monogame Beziehung suchte, aber stets Partner fand, die jene Form der Beziehung weniger verkörperten. Es lässt sich vermuten, dass es durchaus Männer in ihrem Umfeld gegeben hätte, die ähnliche Vorstellungen von Beziehung hatten, wenngleich diese sich vielleicht eher außerhalb der Studierendenbewegung befanden.

Als Erklärung für ihr offenbar geringes Engagement, einen Partner zu finden, der ähnliche monogame Vorstellungen hatte, lässt sich zweierlei anführen: Zum einen könnte die Angst vor Kontrollverlust über ihr eigenes Leben größer gewesen sein als ihr Wunsch nach einer monogamen Beziehung. In einer solchen Beziehung hätte sie lernen müssen, Forderungen zu stellen, um sich nicht aufzugeben, statt sich nur durch die Bedürfnisse des Partners zu spiegeln. In ihrer Angst vor Autonomieverlust stellt sich Miriam vor, *„eine Marionette"* zu sein, die sich stets nach den Bedürfnissen des Partners richtet: *„Ich hatte immer die Angst, dass derjenige, äh, mein ganzes Leben überstülpt, der Partner, 'ne. Und dass ich quasi wie eine Marionette (...) in dem seinen Plänen quasi fungiere."* Da jedoch die progressive Vorstellung von Beziehungsführung ohne Besitzanspruch ebendiese Anpassung der PartnerInnen negierte, konnte sich Miriam in den ‚68erInnen'-Beziehungen einer gewissen Autonomie sicher sein.

Erste Beziehungserfahrungen scheinen diese Sorge mit geprägt zu haben (s.o.). Aufgrund des Umstands, dass es Miriam schwerfällt, Forderungen zu stellen, konnten sich ihre Partner in und mit ihren Bedürfnissen in dem Maße ausdehnen, dass sie Miriams *„Leben überstülpt[en]"*. Dass weitere Partner über ihr Leben bestimmen, dem möchte und kann Miriam entgehen, indem sie den *„Überbau"* für sich zu nutzen weiß. Wie ein Faktum stellt Miriam über sich fest: *„Ich brauch 'ne Distanz"*. Außerdem wisse sie nicht, *„wie man intensiv 'ne Beziehung lebt"*.

Mit diesen Voraussetzungen rationalisiert Miriam ihren Beziehungskonflikt. Ihr Wertesystem, das sich in einem Widerstreit zwischen katholischer Prägung aus der Kindheit[12] und reformerischen, radikalen Gedanken bezüglich monogamer, besitzhafter Beziehungsführung befindet/befand, verunsicherte Miriam. Um Kohärenz herzustellen und die kognitive Dissonanz bezüglich ihres Verhaltens gegenüber ihren Partnern abzubauen, bedient sie sich des Mechanismus der Rationalisierung (vgl. u.a. Freud 1930) indem sie rational erscheinende Gründe aus ihrem Charakter anführt. Diese Argumente scheinen aus einem Prozess der Reflexion hervorgegangen zu sein, in dem sie ihren eigentlichen Wunsch nach einer *„verlässlichen Bezie-*

---

12 Vgl. u.a.: *„Aber ich weiß, als ich ein Kleinkind war oder, äh, 'n Kind war, dass, damals war das so, das war klar, man ist später mal verheiratet, hat 'n Mann, Kinder, ich weiß, dass ich aus Katalogen ausgeschnitten hab', mir so welche Möbel, Wohnungen gedanklich eingerichtet und auf Papier geklebt habe und sonst was."*

hung" und seine Konflikthaftigkeit transformiert. Statt das Verfehlen bei den jeweiligen Partnern zu suchen, denen man anlasten könnte, Miriams Bedürfnis nach Monogamie übergangen zu haben, sucht Miriam den ‚Fehler' bei sich und findet ihn mithilfe der Rationalisierung. Diese Art der Abwehr entspricht Miriams Dichotomie sowie ihrem Drang nach einer Übermacht des Rationalen in ihrem Denken[13] am ehesten. Miriams Argumentation lässt sich entnehmen, dass sie gar nicht anders wollte und konnte, als das *„Überbau"*-Beziehungskonzept zu leben. Als Antwort auf die im Raum stehende Frage, warum sie es lebte, führt sie sowohl ihre eigene Unsicherheit bezüglich der Beziehungsführung als auch ihre Angst vor dem Autonomieverlust sowie ihre Schwierigkeit, *„Forderungen"* innerhalb einer Beziehung zu stellen, an. Und da sie nicht über die Abgrenzungsmechanismen einer *„Macherin"* verfügte sowie in der Beziehungsgestaltung passiv war, bot ihr der *„Überbau"* Schutz. Ihre Passivität erscheint hier als interne Rechtfertigung, um die kognitive Dissonanz zu erklären. Miriam ergänzt ihre passive Teilhabe am *„Überbau"* mit konsonanten Kognitionen. Diese könnten im Sinne des Subtextes des Interviews wie folgt lauten: „Zu viel Nähe wäre eh nicht gut für mich, es reicht, wenn man seinen Partner nur punktuell sieht." oder „Ich möchte mich von den strikten Rollenvorgaben abgrenzen, Partnerschaft neu erfinden." Zugleich selektiert Miriam dysfunktionale Kognitionen aus bzw. überformt sie durch neue, im Rahmen ihres Möglichen liegende, hoffungsvolle Konstruktionen. Diese könnten lauten: „Ich müsste schon mal mehr Nähe und Verbindlichkeit meines Partners einfordern können!", „Eigentlich wünsche ich mir, mehr die Macherin zu sein." Die Theorie des *„Überbau[s]"* wird ihr zusätzlich Grundlagen für ihre internen Rechtfertigungen zur Verfügung gestellt haben (z.B. die Entwicklung von Neurosen machte man an „bürgerlichen Tugenden" fest), sodass sie monogame Beziehungen überzeugt ablehnen kann.

Bisher hatte Miriam, so scheint es, auch keine Gelegenheit, eine dauerhaft monogame Beziehung zu führen, was Hand in Hand geht mit ihrem Konstrukt von Beziehung und Beziehungsfähigkeit. Das von ihr angeführte Beispiel einer monogamen Beziehung mit Bernd Ende der 1970er Jahre zeigt eine ambivalente Priorisierung von intensiven Beziehungen: *„[I]ch hatte immer das Gefühl bei Bernd, mir war das nach ner Zeit, [...] zu langweilig, ich mein', ich hab dann nicht langweilig gesagt, aber das ging mir dann irgendwie zu [...] nah."*

Miriam zögert jeweils kurz vor den beiden Adjektiven *„langweilig"* und *„nah"*, was zeigt, dass sie für ihre Gefühle in dieser Beziehung nach Worten suchen muss. Dass eine Beziehung durch Langeweile zu nah werden kann und sich ein Beziehungsabbruch wegen zu großer Nähe und Langeweile legitimieren lässt, ist ein sich

---

13   *„[...] ich will meinen Verstand als Prinzip haben."*

wiederholendes Konstrukt bei Miriam. In ihrer aktuellen Beziehung entsteht Nähe und Langeweile deshalb nicht, weil sie ihren Partner nur *„punktuell"* trifft, wie sie berichtet. Hier lebt sie auch heute noch die Ideologie des *„Überbau[s]"*, nach der das Symbiotische einer Partnerschaft in Frage gestellt und aufgeweicht wird.

Miriam lebt seit 20 Jahren in einer Beziehung, die im Muster dem ‚68erInnen-Beziehungsüberbau' ähnelt, mit dem Vater ihres Sohnes, Hendrik, der verheiratet und Vater eines weiteren Kindes ist, einer Tochter. Er hatte sich nach der Geburt des gemeinsamen Sohnes Tim von Miriam getrennt und war nach wenigen Jahren (inzwischen verheiratet) wieder an sie herangetreten, um mit ihr eine sexuelle Nebenbeziehung aufzunehmen. Bis heute treffen sie sich mehrmals im Monat; ihre Beziehung ist geheim, nur ihr gemeinsamer Sohn weiß Bescheid.

„Und [...] ich hab' ja jetzt lange Jahre lang mit Hendrik diese Beziehung, der Hendrik ist ja verheiratet, hat 'n Kind und lebt mit der Frau und dem Kind zusammen, und ich denke, dass ich das gemacht habe, ist bestimmt der Ausfluss dessen, [...] wie sich meine ganze Sexualität entwickelt hat oder wie ich die in frühen Jahren eben gelebt habe, [...] sonst hätte ich das gar nicht machen können."

Dass Miriam diese Beziehung mit Hendrik führt, begründet sie mit ihren ersten Sexualitätserfahrungen, also auch mit ihrer Einstellung zum *„Überbau"*. Hätte sie in der ‚1968er'-Zeit nicht die prägenden Erlebnisse mit der Praxis des *„Überbau[s]"* gehabt, könnte sie die sexuelle Nebenbeziehung mit Hendrik nicht führen. In der zitierten Aussage wird deutlich, dass Menschen mit einem anderen Erfahrungsschatz solch eine Beziehung, wie sie und Hendrik sie haben, nicht führen würden. Außerdem sei ihre Verbindung mit Hendrik das, was sie *„brauche"*:

„Und [...] im Grunde ist Hendrik meine dauerhafteste Beziehung. [5 Sek Pause] Und wenn ich dann Resümee ziehe, dann denk ich: ‚Ja gut, das ist wahrscheinlich das, was ich brauche!' Ich brauch' 'ne Distanz, ja, weil ich nicht weiß, wie man intensiv 'ne Beziehung lebt, sodass man zusammenlebt also [...]. Und das ist ja natürlich jetzt irgendwo so ein Idealzustand. Ich mache meinen Kram und treffe punktuell den Hendrik, 'ne. Und dann ist es schön, dann machen wir auch zusammen was, aber ansonsten kann ich mein Leben leben."

Durch diese Aussage wird die kognitive Dissonanz bezüglich der Beziehung zu Hendrik aufgelöst: Miriam sieht in der Beziehung einen *„Idealzustand"*, also ein nicht mehr verbesserbares Arrangement. Da sich in den anschließenden Statements jedoch auch Miriams Leidensdruck hinsichtlich des Status' der geheimen Geliebten bemerkbar macht, scheint es, als wolle sie mit der Pointierung des *„Idealzustand[s]"* die Kohärenz ihres derzeitigen Privatlebens herstellen. Im Sinne des „leeren Sprechens" (Welzer 2002, S. 159) geht Miriam nicht näher darauf ein, was *„das"* genau ist, was diesen Idealzustand ausmacht: eigentlich eine Beziehung mit einem verheirateten Mann, mit dem sie sich „*punktuell*" trifft. Hätte sie diese Worte gewählt, wäre der paradoxe Kontext (vor allem in Hinblick auf die von ihr durchaus wahrgenommene Kränkung) greifbarer gewesen. In ihrer Kohärenz steckt indes folgende Logik: Die Beziehung, die sie führt, wird zu dem, was sie vermeintlich braucht. Bei diesem Deutungsmuster geht sie davon aus, nur in solchen Beziehungen zufrieden sein zu können, in denen räumliche wie psychische „*Distanz*" zum Partner besteht, sodass dieser ihr Leben nicht mit seinen Bedürfnissen bestimmt.

Auch wenn Miriam das „*Ideale*" an der Beziehung hervorhebt, so berichtet sie auch von ihrem „*Unvermögen*", eine andere Art der Beziehung „*leben zu können*"; sie sucht die Schuld ausschließlich bei sich, um sich anschließend bewusst zu werden, dass auch die Beziehung zu Hendrik sie nicht erfüllt:

„*Dass ich diese Beziehung lebe, ist für mich ein Zeichen meines Unvermögens (...), Beziehung leben zu können. [...] Ich hab so im Kopf [...]: Diese Beziehung ist nicht gut, [...] insgesamt finde ich die nicht gesund für mich. [...] Ich kann es als Abhängigkeit begründen. Ich [...] liebe ihn, sag ich mal [...] und [...] ich fühle mich sehr wohl mit ihm und [...] wenn wir was zusammen machen, dann sind wir uns sehr nahe, 'ne. Und darauf möchte ich [...] nicht verzichten. Aber [...] ich (...) bewerte die ganze Sache schlecht [...], weil ich nicht das bekomme, was ich will, ich will ja eigentlich mehr. [...] Es ist ja so, dass ich von Anfang an wusste, dass da diese Frau da ist, 'ne. Insofern, dieses Wissen war so wie akzeptiert zu haben, da ist jemand fertig. Da habe ich keinen Zugriff zu, da ist der da derjenige. [...] Das ist weniger dieses Problem mit der Eifersucht, sondern eher [...] das Problem [...], zu erkennen, dass ich [...] nicht als [...] vollwertig angenommen werde. Das ist eher dieses Problem. [...] Ich mach auch immer mal wieder Schluss. Dann setz ich 'nen Punkt, [...] dass ich, äh, sage: ‚Ich möchte das nicht mehr so haben, ich ertrage nicht dieses Nichtakzeptiertwerden'. So das Gefühl hab ich, nicht akzeptiert zu werden.*"

Hier zeigt sich eine Verzweiflung, die Miriam angesichts ihrer Beziehung zu Hendrik spürt, ein Konflikt, der sie schon lange beschäftigt.

Rückblickend lässt sich eine Kränkung auf mehreren Ebenen erkennen: Zum einen ist da eine narzisstische Beschämung aufgrund der Entscheidungen, die Hendrik hinsichtlich der Familiengründung traf. Er heiratete, nachdem er sich von Miriam nach der Geburt ihres gemeinsamen Sohnes Tim getrennt hatte, eine andere Frau und zeugte mit ihr eine Tochter. Er gründete also eine Familie; dazu war es mit Miriam nicht gekommen. Frustration mag sich bei Miriam bemerkbar gemacht haben durch selbstkritische Fragen wie: ‚Wieso gründet er mit dieser Frau eine Familie und nicht mit mir?' Da sich Hendrik an der Erziehung Tims beteiligte und Zeit mit ihm verbrachte, blieb auch der Kontakt zu Miriam erhalten. Aus diesen Treffen entstand die sexuelle Nebenbeziehung, in die Miriam einwilligte.

Ihre Sorge, dass die Bindung zu Hendrik „*nicht gesund*" für sie sein könnte, beinhaltet die Bedrohung ihres Selbstwerts. Sie erlebt sich als nicht „vollwertig" in Hendriks Augen. Sie sieht sich als Randfigur in Hendriks Leben, da sie sich nur „punktuell" treffen und sie sich machtlos hinsichtlich ihrer Beziehungsgestaltung fühlt. In einer geheimen sexuellen Nebenbeziehung scheint der Handlungsspielraum begrenzt; so bestimmt meist derjenige den Zeitpunkt der Treffen, der die Beziehung geheim halten möchte. Miriam empört besonders Hendriks Tendenz, neben seiner Elternschaft auch seine Ehe zu genießen. Aus diesem Grunde sei inzwischen auch ein Punkt erreicht, an dem sie sich wieder aus der Beziehung zurückziehe:

„Also, im Moment hab ich zum Beispiel mit dem ganz wenig zu tun, weil da war im Oktober wieder so'n Punkt, wo ich wieder mal gesagt habe: ,So, jetzt reicht's. (...) Endgültig.' Weil für mich ist der, der endgültige [...] Punkt [...], wenn die Tochter [...] aus dem Haus ist quasi und der mit seiner jetzigen Frau denn [...] im Grunde wieder 'ne Paarbeziehung lebt. Für mich ist das abgehakt als Familie."

Ihre Irritation darüber, dass Hendrik nun mit seiner Frau eine „Paarbeziehung" führe, also die beiden nicht mehr nur die Elternschaft verbinde, sondern auch die partnerschaftliche Liebe, macht deutlich, wie Miriam sich bisher einredete, dass Hendrik lediglich aus väterlicher Verpflichtung bei seiner Familie bleibe. Unter dieser Bedingung hat sie sein Verhalten und ihre Position als Geliebte akzeptieren können. Die Geliebte eines Mannes zu sein, bei dem die Bedeutung als Familienvater abnimmt und die des Ehemanns wächst, kann sie sich jedoch nicht vorstellen. Den Grund für die Verschwiegenheit – zum Schutz von Hendriks Familie – konnte Miriam zuvor anerkennen. Hierbei zeigt sich eine deutliche Identifikation mit den Grundwerten einer Familie: Zusammenhalt. Dass diese Art des Zusammenhalts zwischen ihr, Tim und Hendrik vor 25 Jahren nicht zustande kam und Hendrik den Wunsch nach einer Familie mit anderen Menschen umsetzte, wird Miriams Selbstwert stark gekränkt haben. Dennoch hält sie die Beziehung zu Hendrik geheim und schützt damit mittelbar Hendriks Familienzusammenhalt. Miriam sagt, dass sie an ihre Partner keine „Forderungen" stelle, dass sie sich „das Recht gar nicht zugestehe, Forderungen zu stellen". Auch dieser Aspekt ihrer Anpassungsfähigkeit spielt in ihre Beziehungsgestaltung hinein.

Zusammengefasst schwankt Miriam in ihrer Beziehung zu Hendrik also zwischen Leidensbereitschaft, Pflichtbewusstsein, Kummer und Abhängigkeit, wenngleich sie ihren Kummer eher im Subtext äußert. Als abhängig könnte man sie etwa hinsichtlich der sexuellen Komponente beschreiben. Hier findet sie bei Hendrik Befriedigung, Vertrautheit und Verlässlichkeit.

„[...] Das hat natürlich auch damit zu tun, dass ich den schon so lange kenne, der ist mir so vertraut, 'ne. Und ich kann mir gar nicht vorstellen, jetzt auf Sexualität bezogen, [...] wie ich mit 'nem anderen Mann was anfange. [...] Der Hendrik ist **ideal** für mich, zumindest in sexu-

eller Hinsicht und [...] ich könnte mir gar nicht vorstellen, wie ich körperlich jemand nahe komme (...), also es ist nicht so, dass ich nicht interessiert wäre, also ich guck mir öfters Männer an (...) unter dem Aspekt, so vom Äußerlichen her, ‚Boah, der ist interessant', 'ne. Oder [...] attraktiv oder so was. Aber den nächsten Schritt [...] zu machen, so, [...] dann 'ne Verabredung einzugehen oder über das Quatschen hinaus körperlich (...) boah, da schüttelt's mich. Da [...] wäre [ich] sowas von unsicher, jetzt in Gedanken, ich weiß nicht, wie es wäre, wenn man jetzt in der Situation ist (...) Und der [Hendrik] ist mir so vertraut, 'ne."

Die körperliche Nähe, die Miriam zu Hendrik spürt, empfindet sie als *„ideal"*, sodass sie sich nur noch ihn als Sexualpartner vorstellen kann, da sie sich seit 20 Jahren aneinander gewöhnt haben. Diese Vertrautheit bringt Miriam jedoch auch in ein Dilemma der Abhängigkeit. Dass sie der Gedanke an Sexualität mit einem anderen Mann *„schüttelt"*, ist ein Hinweis darauf. Sie steckt in einer ausweglosen Situation: Möchte Miriam ihren Selbstwert wahren und die Kränkung von Hendrik, der sich für eine andere Ehefrau und Familie entschied, verarbeiten und bereit sein für eine verlässliche sexuelle Beziehung mit einem anderen Mann, so müsste sie erst ihre Angst vor neuen, fremden Männern ablegen. Zwar *„gucke"* sie sich Männer (und damit potenzielle Partner) an, kann sich jedoch nicht vorstellen, mit diesen Sex zu haben. Dass sie andere Männer betrachtet, zeigt, dass sie sich gedanklich durchaus von Hendrik lösen möchte. Den *„nächsten Schritt"* jedoch, dem Gegenüber sexuelle Ambitionen zu signalisieren, geht sie nicht, da sie allein die Vorstellung verunsichert (*„da schüttelt's mich"*).

Miriams Beziehung zu Männern (insbesondere zu Hendrik) wird von dem Konflikt *„Macherin"* vs. *„Passive"* und ihrer Kopf-Gefühl-Dichotomie beeinflusst. Nach der vorangegangenen Erläuterung ihrer Ambivalenz und auch Verunsicherung hinsichtlich ihrer Beziehung zu Hendrik verwundert es, dass Miriam diese Beziehung als *„Idealzustand"* beschreibt. Ihr gelingt jedoch eine positive Umdeutung der Umstände mit Verweis auf ihren Charakter, dem nur eine solche Beziehung möglich ist, da sie zum einen mehr Nähe nicht aushalten könne und zum anderen nicht wisse, *„wie man intensiv 'ne Beziehung lebt"*. Durch dieses Deutungsmuster, das die kognitive Dissonanz auflösen und Kohärenz schaffen soll, versöhnt sich Miriam auch mit ihrem Lebenskonzept.

Interaktionsdynamisch betrachtet, ergibt sich aus Miriams Schilderungen eine interessante Facette: Durch ihre Beschreibung einer passiven, angepassten, keine Forderungen stellenden Partnerin, gerät die Rezipientin in eine polarisierende Bewertung von Täter und Opfer. Es entfaltet sich anfangs das Bild von Männern als Täter, die Miriams Angepasstheit ausnutzen; Miriam erscheint als ein, zur Anpassung erzogenes Opfer, wenngleich sie selber diese Rolle nicht für sich beansprucht. Miriam stellt sich selber nur peripher als Opfer dar, da sie sich ihre Passivität selbst zuschreibt, also nur internale Gründe findet. Externe Gründe zu durchdenken, was andere Beteiligte mit einbezogen hätte, wird sie selten getan haben. Auch ihr Umfeld wird sie nur wenig dazu angeleitet haben, den Blick von den individuellen Gründen auf die äußeren zu wenden. Geht man davon aus, dass Frauen sich ihres Opferstatus auch selber schuldig machen und zu „Mittäterinnen" (Thürmer-Rohr 2010, S. 88) werden können, indem sie Ungleichheiten aufrechterhalten und Verhältnisse dulden, unter denen sie leiden, würde Miriam auch aus dieser Perspektive nicht als Opfer der Umstände angesehen werden.

Zusammenfassung

Es lässt sich festhalten: Miriam spricht sich für viele Aspekte des „*Überbau[s]*" aus. Beispielsweise beurteilt sie die Möglichkeit, verschiedene Bedürfnisse mit verschiedenen Menschen auszuleben und zu teilen, vordergründig als vorteilhaft. Außerdem teilt sie die Forderung, die symbiotische Nähe von PartnerInnen aufzulösen. Jedoch bezieht sie in ihrer eigenen Beziehungsgestaltung die Idee der sexuellen Mehrfachbeziehungen nicht ein – Nebenbeziehungen pflegten stets ausschließlich ihre Partner. Dass sie den „*Überbau*" „*mitmachte*", erklärt sie nicht nur mit ihrer Überzeugung, sondern auch mit ihrer Persönlichkeit. Sie sei kein „*Menschentyp*", der „*Forderungen*" stellt und Nähe gut aushalten könne. Zudem wisse sie nicht, wie man „*intensiv 'ne Beziehung lebt*", und befürchte in zu engen Beziehungen, dass ein Partner ihr sein Leben „*überstülp[en]*" könnte und sie bei ihren eigenen Bedürfnissen Abstriche machen müsste. Mögliche Dissonanzen, die das „*Überbau*"-Beziehungsideal mit sich bringt, verdrängt Miriam mit dem Verweis auf eben diese Charaktereigenschaften, die eine monogame Paarbeziehung scheinbar ausschließen.

Auch wenn sie sich sonst sehr positiv dazu äußert, führt Miriam auch Kritik am „*Überbau*" an. So spürte sie dennoch negative Emotionen, wenn ihre Partner mit anderen Frauen schliefen. Da es jedoch verpönt gewesen sei, solche Gefühle (insbesondere Eifersuchtsgefühle) zu äußern, habe sie jene unterdrückt und weiter „*mitgemacht*". Sie selber beschreibt sich als „*treu*" und nimmt mit Unbehagen zur Kenntnis, das sich in der Beziehung ihres Sohnes Aspekte der ‚68erInnen'-Beziehungsidee zu wiederholen scheinen.

4.3 Selbstbild

Miriam verwendet im Interview eine Vielzahl an direkten und indirekten Ich-Zuschreibungen, auch indem sie sich direkt selbst beschreibt und die erste Person Singular benutzt. Dies ist im Vergleich zu den anderen Interviews auffällig, da die anderen Interviewpartner und -partnerinnen dies nicht in dieser Bandbreite nutzten und sich auf einige wenige Selbstkonstrukte (ohne Verwendung direkter grammatikalischer Zuweisung) beschränkten. Miriam zählt diverse Charakterzüge auf, die sich zu einem Konstrukt ihres narrativen Ichs vereinen.

In Interviewsituationen, in denen der/die Befragte über sich spricht, kommt es zur Produktion eines Selbstverständnisses, mit dem versucht wird, das beschriebene Leben in einem Gesamtkonstrukt kohärent dazustellen (vgl. Kapitel I). Zugrunde liegt dem meist der Wunsch nach schlüssigen Kausalverbindungen zwischen Erlebtem und Selbstbild. Bei ihren Zuschreibungen benutzt Miriam Attribute, die sich weniger mit Selbstbewusstsein als mit Unsicherheit in Verbindung bringen lassen. Sie beschreibt sich als *„naiv"*, das Gegenteil einer *„Macherin"* und als jemand, der seine Gefühle von den rationalen Gedanken trenne und nur schwer Forderungen formulieren könne. Außerdem habe sie Angst vor Abhängigkeiten in der Partnerschaft, durch die sie den Zugang zu ihren eigenen Bedürfnissen verliere. Diese Eigenschaften, die Miriam aus ihrem Selbstbild präsentiert, lassen sich in fünf Unterthemen – Miriam als leeres Blatt, das Unvermögen, Forderungen stellen zu können, Wunsch nach Bildung, Dichotomie von rationalen und emotionalen Anteilen und Abgrenzung zu anderen Frauen – gliedern, die im Folgenden ausführlicher dargestellt werden sollen.

Miriam als leeres Blatt

„Also, ich weiß nur von mir, dass ich [...] ein ziemlich offenes Blatt war, in das andere reinschreiben konnten (...) insofern ja geprägt wurde, 'ne, durch die, mit denen ich zusammen war."

„Ich hab' heute noch das Gefühl, dass ich da noch nicht richtig gereift bin, sag' ich mal, 'ne. Dass ich [...] irgendwie immer noch so geprägt bin, ich sag' mal, [...] diese unterdrückten Gefühle oder nicht gelebten Gefühle im Grunde immer noch da sind."

*„Ja, wenn ich Hendrik und mich vergleiche. Hendrik ist auch offen, aber da habe ich das Gefühl, der ist einfach offen. Der guckt, was kommt und so weiter und wie er damit zurecht kommt. Und ich war eher, weil ich **nicht wusste**, [...] weil ich **keinen Rahmen** hatte. So 'ne andere Art von Offenheit."*

Miriam beschreibt hier zwei Aspekte ihres Selbst, die sie prägen bzw. prägten, als sie vom Land zum Studieren in die Großstadt zog: Zum einen erinnert sie sich, dass sie sich oftmals wie ein *„offenes Blatt"* fühlte und *„keinen Rahmen"* hatte. Zum anderen mangelte es ihr an der Fähigkeit, die eigenen Gefühle als Bedürfnisse zu benennen und diese zu stillen.

Miriam unterscheidet zwei Dimensionen der Offenheit, wobei sie ihre Art der Offenheit mit der ihres aktuellen Partners Hendrik vergleicht. Hendrik sei offen, indem er schaue, was komme und sich stets neu entscheide, wie er handeln möchte. Dabei entscheidet er offenbar mit Rücksicht auf seine Bedürfnisse. Sie selber besitze eine andere Art von Offenheit, die sich willenloser, entscheidungsunfreudiger darstelle und sich darin begründe, dass sie nicht wisse, was sie wolle und über *„keinen Rahmen"* verfüge, in dem sie ihre Interessen und Bedürfnisse abgesteckt wüsste.

Miriam beschreibt sich zudem als „*passiv*", „*naiv*"; grundsätzlich „*offen*", „*defizitär*" und „*distanziert*".

Die Beschreibung, ein „*offenes Blatt*" zu sein, auf das Menschen schreiben können, verweist auf passive Anteile der Persönlichkeit, ohne eigenen Willen, Wirkungsmacht und Reflexion. Die Formulierung des „offenen Blattes" erinnert an die Darstellung des „unbeschriebenen Blattes", der *tabula rasa*. Mit dieser Metapher wird in verschiedenen wissenschaftlichen Disziplinen ein neugeborener Mensch beschrieben. In der extremen Annahme des klassischen Behaviorismus kommt der Mensch lediglich mit Reflexen ausgestattet zur Welt und entwickelt sich erst durch die Einflüsse von Umweltreizen (vgl. Watson 1913, S. 158ff.). Miriams Umschreibung beinhaltet, dass sich ihr „*Blatt*" mehr durch externe Faktoren gefüllt habe als durch ihr eigenes Tun. Erinnert man sich an die Beschreibungen ihrer Kindheit, die Enge des Klosterinternats, so wird sich Miriam fürwahr wie ein unbeschriebenes Blatt vorgekommen sein, als sie in die Großstadt zog und mitten in die ‚68erInnen'-Bewegung geriet. Bevor sie vom Land wegzog, habe sie „*gar nichts mitgekriegt [von der] ganzen Welt*". Nach ihrem Umzug sieht Miriam ihrem „*engen Rahmen*", in dem sie aufgewachsen war, ein neues Umfeld gegenüber. Sie beschreibt, dass sich ihre „*Art von Offenheit*" in einem luftleeren Raum abspielte, in dem sie zunächst „*keinen Rahmen*" gehabt habe, der ihr Orientierung geboten hätte. Zuvor war sie an das feste Reglement eines Klosterinternats gewöhnt. Dies mag auch eine Erklärung dafür sein, dass sie sich nach ihrem Umzug Leute suchte, die diesen Rahmen für sie absteckten und ihr „*Blatt*" beschrieben (so wie es ihr von bisherigen Erziehungsstrukturen vermutlich auch bekannt war).

Überträgt man Miriams Wunsch nach einem „*Rahmen*" auf das Stufenmodell der psychosozialen Entwicklung von Erik H. Erikson, so wird folgendes deutlich: Die Phase, in der das Individuum erstmalig aus der Obhut der Erziehenden entlassen wird, was bei Miriam dem Zeitpunkt des Internatsabschlusses gleichkommt, manifestiert sich als eine „*natürliche* Periode der Wurzellosigkeit" (Erikson 1964/71, S. 77). Der Heranwachsende müsse in dieser fünften Phase („Pubertät und Adoleszenz") eine Krise[14] um „Identität und Ablehnung vs. Identitätsdiffusion" bewältigen. Alles, was der Heranwachsende bisher „in sich selbst zu sehen gelernt hat, muss jetzt mit den Erwartungen und Anerkennungen, die andere ihm entgegenbringen, übereinstimmen; was immer an Werten für ihn bedeutungsvoll geworden ist, muss jetzt irgendeiner universellen Bedeutsamkeit entsprechen" (Erikson 1964/1971, S.77).

---

14 Erikson beschreibt in jeder seiner acht Phasen eine Krise, die das Individuum überwinden muss, um sich weiterzuentwickeln. Die jeweilige Lösung stärkt das Individuum für die nächste Krise (vgl. Erikson 1964/71, S. 90ff.).

Miriams Selbstbeschreibung und das, was sie in sich selbst zuvor sah, vereint sich mit ihrem Konstrukt von der ländlichen Region, in der sie aufwuchs. Diese verbindet sie mit den Attributen „naiv" und „spießig". Zudem hätten ihre Eltern „ein sehr naives und enges Bild zum Glauben gehabt." Sie beschreibt, dass sie sich anfangs ihrer selbst „unsicher"[15] gewesen sei und sich nicht das Recht eingestand, „Forderungen zu stellen". Dementsprechend wird sie sich ihrem neuen Umfeld auch als „offenes Blatt" präsentiert haben; sie wollte diese Attribute abstreifen, als sie in die Großstadt zog.

Miriams Selbstverständnis kam in der neuen Umgebung der Universitätsstadt auf den Prüfstand, vor allem durch ihr neugewonnenes soziales Netzwerk. Sie glich ihr Normen- und Wertesystem mit denen der Menschen um sie herum ab; und gleichzeitig prüfte ihr Umfeld, ob sie zu ihm passte. Miriams Wunsch, ein anderes Leben zu führen, als es ihr in Kindheit und Jugend vorgelebt worden war, verwirklichte sich bei ihr durch den Anschluss an die Studierendenbewegung. Diese versprach alternative Lebensformen, kritische Reflexion von gesellschaftlichen Zuständen und neue Geschlechtervisionen. Indem sie dem „Überbau", den Gruppensymbolen und -themen zustimmte und sich ihnen anpasste, glich sie ihre Sozialisationserfahrungen mit den Erwartungen der neuen Peer Group, den ‚68erInnen', ab, wodurch sich ihr auch neue Sichtweisen auf ihr Selbst erschlossen. Nach Erikson verfestigen sich neue Aspekte des Selbstbildes dann, wenn der Mensch „eine fortschreitende Kontinuität zwischen dem empfindet, was er während der langen Jahre der Kindheit geworden ist und [...] wofür er sich selber hält und dem, wovon er bemerkt, dass andere es in ihm sehen und von ihm erwarten" (ebd., S. 78). Durch Miriams Akzeptanz in den Reihen der ‚68erInnen' entstand jene Kontinuität.

Miriams Bedürfnis, einen Rahmen zugewiesen zu bekommen, an dem sie sich orientieren kann, spiegelt auch den Wunsch nach Zugehörigkeit und sozialer Anbindung wider. Dieses Bedürfnis wird vielfach als eines der Grundbedürfnisse des Individuums angesehen (vgl. Deci/Ryan 1991, S. 243, sowie auch die Bedürfnispyramide Abraham Maslows, vgl. Maslow 1943). In ihrer „Selbstbestimmungstheorie" (Self-Determination) zeigen die Psychologen Edward Deci und Richard Ryan drei Grundbedürfnisse des Menschen auf, die als Antrieb für das menschliche Streben nach persönlichem Glück und Entwicklung fungieren: Autonomie, Kompetenz und soziale Zugehörigkeit (vgl. Deci/Ryan 1991). Auch für Erikson umfasst der Begriff der Identitäts- und Selbstbildung eine „wechselseitige Beziehung [...], als er sowohl ein dauerndes inneres Sich-Selbst-Gleichseins wie ein dauerndes Teilhaben an bestimmten gruppenspezifischen Charakterzügen umfasst" (Erikson 1954/1974,

---

15 „[...] dass ich so unsicher bin, meiner Selbst. [...] also das sehe ich [...] als Ausfluss meiner Erziehung. Was grundgelegt worden ist, äh, dass ich mir einfach selber nicht sicher bin."

S. 124). „Individuelle Identität" und „kollektive Identität" seien zwei Aspekte, die sich im Selbstbild des Individuums vereinbaren müssten, da sie sowohl selbstidentisch als auch gruppenzugehörig wirksam seien (ebd.). Dieses Gleichgewicht aus beiden Ebenen herzustellen fiel Miriam offenbar schwer, betrachtet man beispielsweise ihre ambivalente Einstellung zum „*Überbau*", den sie trotz Kritik „*mitmachte*". So passte sie sich dem vorgegebenen „*Rahmen*" der Studierendenbewegung an, gab also oftmals der Gruppenidentität und deren Anforderungen mehr Raum zur Entfaltung als ihrer eigenen Identität.

Aus interaktionsdynamischer Sicht könnte Miriams Aussage, sie sei ein „*offenes Blatt*" ohne „*Rahmen*" gewesen, auch eine Rechtfertigung darstellen, die der Kohärenz ihrer Narration dient. Da sie stets betont, „*nur mitgemacht*" zu haben, entzieht sie sich ein Stückweit der Verantwortung für ihr Handeln und schützt sich so vor Bewertungen ihres Gegenübers.

Das Unvermögen, Forderungen zu stellen

„*Keine Forderungen zu stellen, das heißt [...], offen zu sein in alle Richtungen und zu gucken: ,Ja, was bietet sich, ja, das ist gut. Nächstes Jahr ist das gut.' (...) Keine Linie zu haben, 'ne. (...) Einfach offen zu sein und im Praktizieren zu merken: ,Äh, nee, das ist nichts.'*"

„*[...] und [ich] von daher mir das Recht gar nicht zugestehe, Forderungen zu stellen an jemand, 'ne. Oder vielleicht auch [...] die Angst, dass dieser Jemand dann geht oder wenn man Forderungen stellt, dann muss [man die Karten] ja klar auf den Tisch legen, ob der Andere der Forderung [...] nachgibt und bereit ist oder sagt: ,Nee.' Vielleicht aus dem Grunde ja nicht*".

„*[...] aber ich selber habe keine Forderungen gestellt. Ich hab das immer mitgemacht. (...) jo, immer, denk auch, weil ich auch immer das Gefühl hatte, ich weiß nichts, ich hab Defizite und sonstwas*".

Obwohl Miriam mit ihrem „*offen[en]*" Charakter auch den Gedanken von Freiheit verbindet, die ihr Wahlmöglichkeiten lässt und Flexibilität erlaubt, und so diesen Wesenszug, den sie zuvor negativ konnotierte (s.o.), positiv umdeutet, finden sich in den Passagen, in denen sie ihr Unvermögen, Forderungen stellen zu können, beschreibt, durchaus unsichere Bewertungen.

Wenn Miriam über das Thema ,Einfordern' spricht, betont sie die negativen Komponenten wie Unklarheit und Angst. Sie hatte Angst davor, Forderungen zu stellen und zu vertreten, die sie überdies von ihren Bedürfnissen hätte ableiten müssen, was ihr nicht gelang, da sie sich ihren Gefühlen gegenüber als „*verschwommen*" erlebte: „*[...] aber im Grunde genommen mir gar nicht im Klaren zu sein, was ich überhaupt will. [...] Keine Forderungen zu stellen, das heißt ja erst mal selber verschwommen zu sein.*" Dass sie keine Forderungen an ihre Partner stellt, begründet Miriam zum einen mit ihrer Unzulänglichkeit („*ich hab' Defizite*") und zum anderen mit ihrer Sorge, man könne ihren Forderungen nicht nachkommen und sie sogar verlassen („*vielleicht auch die Angst, dass dieser Jemand dann geht*"). Ihre Einschätzung, ihre Forderungen und Bedürfnisse seien ihre Erfüllung im Grunde nicht wert, spiegelt eine negative, dysfunktionale Konstruktion ihres Selbst wider. Sie könnte lauten: ‚Ich habe nicht das Recht, Forderungen zu stellen. Gibt der Partner nicht nach und geht er nicht auf mich und meine Bedürfnisse ein, zeigt er mir dadurch, dass ich als Mensch unwichtig bin.' Mit Forderungen verbindet Miriam demnach zum einen die Vorstellung, dass ihnen entweder stattgegeben wird oder nicht – sie also nicht verhandelbar sind –, und zum anderen das Risiko der Zurückweisung.

Miriam erklärt sich ihr fehlendes Durchsetzungsvermögen damit, nicht zu wissen, was sie wolle, da ihr Inneres „*verschwommen*" sei. Diesem Zustand von Kopf-Gefühl-Dichotomie soll an anderer Stelle noch genauere Betrachtung zukommen. Zuvor ist noch von Bedeutung, dass Miriam beschreibt, dass sie sich ihrer selbst nicht sicher sei. Dies führt sie auf ihre Erziehung zurück: „*dass ich so unsicher bin, meiner selber [...] das sehe ich als Ausfluss meiner Erziehung.*" Vermutlich wird sie aufgrund dieser Unsicherheit ihrer selbst auch schwerer spüren können, was sie eigentlich braucht, um daraus Forderungen an ihre Mitmenschen abzuleiten. Hinweise und ähnliche Erklärungsmomente finden sich mehrfach im Interview: Miriam erlebt sich nicht ganz bei sich und ihren Gefühlen, agiert in ihren Beziehungen stets bezogen auf (implizite) Verhaltensaufforderungen des Partners und hält sich für nicht wertvoll genug, etwas einzufordern und aktiv in zwischenmenschliche Prozesse einzugreifen. Miriam hat für sich erkannt, dass diese Anpassung und ihre „*verschwommen[e]*" „*Offenheit*" Konsequenzen in Hinblick auf die Beziehungsqualität hat:

> „*[...] aber ich selber habe keine Forderungen gestellt. Und [...] ich bin überzeugt davon, dass, wenn man das nicht tut (...), dann wird man auch immer auf 'ner bestimmten Oberfläche [...] miteinander zu tun haben, weil, da wird sich ja nichts Richtiges klären.*"

Hier beschreibt Miriam eine fehlende Tiefgründigkeit in ihren Beziehungen; den Grund für diesen Mangel sucht sie (erneut) bei sich. Sie verhindere den Aufbau von Nähe, da sie sich „*nicht im Klaren [ist, was sie] überhaupt will*". Dass ihre Beziehungen oberflächlich blieben, sei demnach ihrem Unvermögen geschuldet, Gefühle zu spüren und aus diesen Bedürfnisse zu formulieren. Diesen Dualismus beschreibt der Psychologe Marshall Rosenberg ebenso, wie Miriam es empfindet: „Gefühle und Bedürfnisse sind nicht voneinander trennbar. Bedürfnisse werden durch Gefühle sichtbar, erkennbar. Darin liegt die Bedeutung von Gefühlen." (Rosenberg 2004, S. 17)

Wüsste Miriam um ihre Gefühle, wüsste sie von ihren Bedürfnissen, könnte daraus Forderungen ableiten und diese mit ihrem Partner klären, dabei würden sich ihr, so vermutet sie, tiefere Ebenen mit dem Partner auftun.[16]

Aus Vorangegangenem ließe sich folgendes Beziehungskonstrukt ableiten: Könnte Miriam benennen, was sie fühlt, und daraus Appelle an ihren Partner ableiten, zu denen dieser dann Stellung bezieht, würde sie eine tiefgründigere, verlässlichere Beziehung führen. Durch diese Forderungen würde sie sich jedoch angreifbar machen, da Reaktion oder Rücksichtnahme ausbleiben oder anders ausfallen könnten als erwartet. Solch eine Kränkung oder Überforderung versucht Miriam zu vermeiden, indem sie Forderungen erst gar nicht stellt.

„*Forderungen stellen*" ist in Miriams Beziehungskonzept also eng verbunden mit einem Gefühl von riskanter Nähe. Durch das Formulieren eigener Bedürfnisse mache man sich, so Miriams Auslegung, verwundbar und abhängig. Um Zurückweisungen zu entgehen, gewöhnte sich Miriam an, ihre Forderungen oder Bedürfnisse nicht kundzutun bzw. zu verbergen.

Hieraus ergibt sich wiederum ein Konstrukt bezüglich Nähe und Distanz in Beziehungen, das sich in ihrem Umgang mit der „*Überbau*"-Beziehungsidee niederschlägt. In der Psychoanalyse sind Nähe und Distanz grundlegende Paradigmen bzw. der Umgang damit ein Dilemma für das Individuum (vgl. u.a. Freud/Breuer 1896/1974), mit dem es sich schon in den ersten zwei Lebensjahren in der Übergangsphase zwischen dyadischer und objektaler Existenz auseinandersetzt. Diese Phase dauert Wochen bis Monate und führt im Kleinkind zu widersprüchlichen Wünschen: Der Wunsch nach Verschmelzung weckt Angst vor Abhängigkeit und kann mit Ich-Verlust verbunden sein, der Wunsch nach Unabhängigkeit weckt Trennungsangst und ruft die Angst vor Objektverlust hervor (vgl. Mahler 1975). Diese Krise aus Wegstoßen und Wieder-Anklammern mit Beginn im 16. Lebensmonat nennt die psychoanalytische Bindungsforscherin Margaret Mahler „Wiederannäherungskrise" (Mahler 1975, S. 104). „Inwieweit und auf welche Art und Weise der Wiederannäherungskonflikt (auf)gelöst wurde, lässt sich am späteren Umgang mit diesen grundlegenden menschlichen Dilemmata und der daran gebundenen Angst ablesen." (Tyson/Tyson 2001, S. 114)

Nimmt man die tiefenpsychologische Theorie als mögliches Erklärungsmodell für Miriams Fähigkeit oder Wunsch, Beziehungen ohne intensive Nähe und Verbindlichkeit zu führen, so werden einzelne Aspekte nachvollziehbar. Mithilfe der

---

16 Die fehlende Tiefgründigkeit ihrer Beziehungen lässt sich m.E. jedoch nicht einzig und allein mit Miriams (scheinbarem Fehl-)Verhalten begründen. Denn auch den jeweiligen Partnern ließe sich vorwerfen, dass sie nicht die nötige Sensibilität besaßen, Miriams Unsicherheit aufzufangen und sie dazu zu ermutigen, Bedürfnisse zu äußern.

Bindungstheorie John Bowlbys[17] wird auch Miriams „internal working model" (Bowlby 1969) bzw. „internales Arbeitsmodell" deutlich. Es beinhaltet die inneren Skripte zu Bindung und Beziehung, und wird maßgeblich durch die Bindung zu den Eltern geprägt (vgl. v.a. Bowlby 1969). Die Beziehung zu ihren Eltern hat auch Miriams „internal working model" geprägt, das sich in ihren späteren Bindungserfahrungen widerspiegelt. Bindungsrepräsentationen konstituieren die Bindungsqualität des Individuums und beeinflussen wiederum die Bindungssysteme der Lebenszeit, so die Bindungstheoretiker (vgl. Brinsch 1999, S. 124ff.). Der Schluss liegt nahe, dass Miriams Bindungsskript entscheidend ihren Umgang mit dem „Überbau" beeinflusst hat. Da ihr im Interview eine besondere affektive Bedeutung zukommt, lohnt sich ein genauerer Blick auf Miriams Beziehung zu ihrer Mutter. Miriam schönt ihre Ausführungen über die Erziehungserfahrung mit ihrer Mutter nicht:

„[...] meine Mutter [war] auch [...] sehr distanziert [...], da [lief] gefühlsmäßig wenig. [Sie] war immer mit irgendwas beschäftigt. [...] meine Mutter, ich denke mir, von wegen, weil ich sage, mit den Gefühlen trennen, das war die, für mich [...] die Prägende da. (...) Die hat schon [...] Gefühle nicht gelebt. Überhaupt nicht. [...] ich beschuldige sie nicht, aber so ist es. Ich seh' das einfach als Faktum, warum ich da so 'ne starke Trennung mache, weil das so da reingekommen ist. (...) Wie man heute, ich mein', was knuddelt man heute mit den kleinen

---

17 Der britische Kinderpsychiater und Psychoanalytiker John Bowlby kann als Pionier der psychologischen Bindungstheorie angesehen werden (vgl. u.a. Grossmann/Grossmann 2009, S. 11). Bowlby leitete aus seinen Studien unterschiedliche Faktoren ab, die die Bindung von Mutter und Kind beeinflussen. Auch wenn Bowlbys Thesen in neuerer Forschung um weitere Bezugspersonen neben der Mutter erweitert wurden (vgl. Chambers 2000, S. 318ff.), lassen sich seine Grundannahmen auf Miriams Bindungsskripte übertragen, um mögliche Indikatoren für ihr später gelebtes Beziehungskonstrukt zu identifizieren. Bowlbys Bindungstypen lauten: sichere Bindung, unsicher-vermeidende Bindung, unsicher-ambivalente Bindung, desorganisiert/desorientierte Bindung (vgl. Bowlby 1959, S. 415ff.). Die Ebenen, auf denen sich die jeweilige Bindung zwischen Kind und Mutter abspiele, beeinflusse wiederum späteres Bindungsverhalten mit den eigenen Kindern bzw. Bindungspersonen, so das Ergebnis der Forschung zu Bindunsgsstilen (vgl. u.a. Main/Kaplan/Cassidy 1985). Als Hauptelemente einer sicheren Bindung werden emotionale Unterstützung und Wertschätzung des Kindes durch den Elternteil genannt. Die Bindungsqualität wird zumeist mittels der so genannten „Fremden Situation" gemessen. Die Reaktion des Kindes (Ausdrucks- und Verhaltensmuster) auf das Weggehen der Mutter und die Anwesenheit einer fremden Person wird als Indikator für die Bindungsqualität interpretiert. Weitere Informationen zur Bindungsqualität von Eltern und Kind werden aus dem ausführlichen Adult Attachment Interview generiert (vgl. Ainsworth et. al 1978).

Kindern rum und so was, daran kann ich mich überhaupt nicht entsinnen, nichts. Da ging's immer nur um Arbeit."

„Das war bestimmt ein anstrengendes Leben. (...) Aber ich glaube, (...) ist mein Urteil oder mein Vorurteil, die hatte weniger Freude in ihrem Leben. Die hat das Leben vorwiegend als Anstrengung empfunden".

Miriam erinnert ihre Mutter als wenig emotional, dafür streng religiös und stets arbeitend. Sie habe das Leben *„vorwiegend als Anstrengung"* empfunden und *„weniger Freude"* gehabt.

Die Art und Weise, wie Miriam über ihre Mutter spricht und wie sie diese in ihrer Kindheit wahrgenommen hat, ist auffällig. Im Interview wandeln sich Miriams Erzählungen von einer kindlichen Perspektive zu einer erwachsenen, rationalen. Anfangs berichtet Miriam erst von der Gefühlskälte der Mutter, um anschließend verständnisvoll zu resümieren, wie *„anstrengend"* das Leben für sie gewesen sein muss. In den Sequenzen wird deutlich, dass Miriam in der Distanz ihrer Mutter eine mögliche Erklärung für ihre eigene Kopf-Gefühl-Dichotomie sieht. So scheint sie letztere von ihrer Mutter gelernt bzw. abgeschaut zu haben: Diese habe ihre *„Gefühle nicht gelebt"*. Miriam beschreibt weiter, dass sie sich nicht an körperliche Nähe in der Beziehung zu ihrer Mutter erinnern kann. Andere Aspekte, etwa dass die Mutter immer beschäftigt gewesen sei, erklärt sich Miriam damit, dass das Leben für Frauen halt *„anstrengend"* gewesen sei. Miriam spricht nicht von Kränkung; vielmehr zeigt sie Verständnis für das Verhalten ihrer Mutter und resümiert versöhnlich: *„Die hat das Leben vorwiegend als Anstrengung empfunden, 'ne. (...) Aber das Leben war anstrengend, aber so war das ja früher für die Frauen."* Hier wird die rationale Erwachsenenperspektive deutlich. Die kindliche Sichtweise, dass ihre Mutter vielleicht nicht genug mit ihr spielte oder kuschelte, wird so relativiert und begründet. In der Folge verwehrt sich Miriam gegen eine Pathologisierung: *„[...] ich würd' jetzt nicht sagen, dass die krank war oder psychisch krank oder sonstwas"*. Indem sie das Verhalten ihrer Mutter mit äußeren Umständen begründet, stellt Miriam wieder Kohärenz her, vielleicht auch um die Liebe ihrer Mutter nicht in Frage zu stellen. Ihr Deutungsmuster lautet: ‚Meine Mutter konnte mir deswegen keine überschwängliche Liebe entgegenbringen, da sie zu einer Zeit gelebt hat, in der das Leben für Frauen anstrengend war.' Dies impliziert jedoch auch, dass Zuneigung einem Kraftakt gleichgekommen und Nähe für ihre Mutter mit Aufwand verbunden gewesen wäre.

Bei Miriams Mutter könnte es sich um eine Frau gehandelt haben, die sich ihrer Tochter nicht immer in herzlicher und emotional verbindlicher Weise näherte.[18] Sie

---

18 Von ihrer Position als jüngstes Kind berichtet Miriam nicht. Der Geschwisterplatz geht meist mit verschiedenen Zuschreibungen einher (etwa: „unsere Große", „der Kleine",

war Hausfrau und scheint sich, wenn sie die Hausarbeit erledigt hatte, Miriam zufolge weitere Aufgaben gesucht zu haben, wodurch sie sich weniger „quality time"[19] mit ihrer Tochter verbringen konnte:

„Und [...] wenn ich so mich erinner', als Kind, mit Spielen oder Freude oder Lachen, da seh'
ich immer meinen Vater. Sonntags zusammen spielen, [...] wir haben viele Brettspiele und
so'n Kram gemacht, 'ne. [Und] immer seh ich meinen Vater dabei. Nie meine Mutter, meine
Mutter war immer mit irgendwas beschäftigt. Immer irgendwie – und wenn's mit Stricken
war, wenn se sonst nichts zu tun hatte am Wochenende oder sonntags".

Miriams Vater steht hier im Kontrast zu Miriams Mutter: Auch wenn er wochentags arbeitete, nahm er sich sonntags Zeit für die Töchter (oder anders gedeutet: er vermied die Hausarbeit). Die Mutter habe sich dagegen stets eine Beschäftigung gesucht. Die Möglichkeit, dass ihre Mutter vielleicht strickte, da die Familie Kleidung brauchte oder um sich zu entspannen,[20] lassen Miriams Aussagen nicht zu. Was hier

---

„der Nachzügler"). Die Bedeutung der Position in der Geschwisterreihe für die Persönlichkeit und Lebensgestaltung des Kindes wird seit mehr als 100 Jahren empirisch untersucht (vgl. Schütze 1989, S. 311). An die Position des so genannten „Nesthäkchens" knüpft sich oft die Erwartung einer größeren Zuneigung und besonderen Aufmerksamkeit der Eltern (vgl. Grundmann 1992, S. 115f.).

19 Mit „quality time" ist jene Zeit gemeint, in der Menschen sich anderen mit besonderer Aufmerksamkeit widmen. Vor allem im angelsächsischen Raum schließt das die Forderung an Eltern ein, mehr qualitativ hochwertige Zeit (Spielen, Ausflüge, andere gemeinsame Aktivitäten) mit ihren Kindern zu verbringen. (Vgl. u.a. Galuske 2007, S. 15)

20 Interessanterweise geht Miriam an keiner Stelle des Interviews auf die finanzielle Situation der Familie ein. Wäre Miriam sich der monetären Lage ihrer Familie bewusst gewesen, hätte sie eventuell das Stricken der Mutter als Notwendigkeit erkannt, und weniger für eine unnötige Tätigkeit gehalten, die die Mutter vom Spielen mit ihren Kindern abhält. Vielleicht strickte Frau M. Kleidung für ihre Töchter, um Geld zu sparen. Doch diese Möglichkeit zieht Miriam nicht als Erklärung heran. Mit Hilfe der Bahn-Beamtenbesoldungstabellen aus den 1950er und 1960er Jahren lässt sich einschätzen, was Miriams Vater in seiner Position als Schrankenwart und Fahrkartenverkäufer verdiente. Im besten Fall hatte er Besoldungsstufe A7, was beispielsweise im Jahr 1956 ein Brutto-Monatsgehalt von 300 DM bedeutet hätte. Das Gehalt variiert je nach Dienstjahren. Wenn Miriams Vater die Stelle als Bahnbeamter direkt nach dem Krieg annahm, kann im Beispieljahr 1956 von elf Dienstjahren ausgegangen werden. Hinzu kamen Kindergeld und Familienzuschlag (vgl. Information des öffentlichen Dienstes 2010). 1956 lag das Durchschnittsbruttoeinkommen eines westdeutschen Arbeitnehmers bei 231 DM. Demnach lag der Verdienst von Miriams Vater, von dem die siebenköpfige Familie lebte,

das Beziehungs- und Bindungsskript beeinflusste, ist, so Miriams Eindruck, dass sich ihre Mutter zuerst mit anderen Dingen (wie Arbeit) befasste, bevor sie sich ihr und ihren Bedürfnissen widmete. In ihrem Erlebnishorizont kümmerte sich die Mutter zwar um die Grundbedürfnisse ihrer Tochter, brachte aber darüber hinaus wenig Zeit für Kuscheln und Spielen auf. Als Konsequenz hat sich in Miriam möglicherweise ein dysfunktionaler Glaubenssatz in ein Bindungsschema verwandelt, in dem sich ambivalente Gefühle bezüglich ihr nahe stehenden Menschen zeigen: Miriam fühlte, dass sie und ihre Bedürfnisse in Beziehungen nicht die höchste Priorität des Anderen sind. Und dieses Muster aus der Kindheit wird sich auf die Beziehungsqualität in der Erwachsenenzeit ausgewirkt haben: Im Subtext berichtet sie von ihrer Angst in Partnerschaften, Zurückweisung erfahren zu müssen, sollte sie ihre Emotionen verbalisieren. Dies deutet darauf hin, dass sie ihre Bindungen aufgrund ihrer in der Kindheit erlebten Bindungsqualität auf einer Ebene des Selbstschutzes verharren ließ.

Hinsichtlich Miriams Nähe-Distanz-Dilemmas in zwischenmenschlichen Beziehungen scheinen auch ihre Bindungserfahrungen in der Adoleszenz bedeutsam. Für Jugendliche und ihre Eltern wesentliche Beziehungsschritte ging Miriam nur teilweise, da sie während ihrer dreijährigen Internatsausbildung im Alter von 14 bis 17 Jahren nur in den großen Ferien bei ihrer Familie war. Als elementare Dimensionen, die in der Beziehung zwischen Jugendlichen und Eltern ausgehandelt und ausagiert werden, benennt der Pädagoge Helmut Fend beispielsweise Kommunikationsqualität, Präsenz, negative Affektivität, Machtbehauptung, Normunklarheiten, Erwartungsunsicherheit, Überbehütung und Autonomieeinschränkung (vgl. Fend 1998, S. 81). Solche Aushandlungsprozesse, die meist der Abgrenzung und Ablösung dienen, würden mit Eltern bzw. Bezugspersonen in der Jugend hauptsächlich im geschützten häuslichen Rahmen erprobt und bereiteten auf das Erwachsenenalter mit anderen Herausforderungen vor, so Fends These.

Möglicherweise hat Miriam gerade diese Erprobungs- und Abarbeitungsdynamiken mit ihren Eltern nicht immer erleben können. Die Nonnen des Klosterinternats, das Miriam als sehr rigide beschreibt, lassen sich m.E. nicht als adäquater Ersatz für die elterliche Autorität ansehen, die für den beschriebenen Ablöse- und Abgrenzungsprozess im Fend'schen Sinne wichtig ist. Die strengen Strukturen des In-

---

knapp über dem Durchschnitt. Vermutlich hat Miriams Familie, da sie auf dem Land sicherlich Eigenanbau betrieb, keinen Mangel erlebt. Da Miriams Erzählung keine Aussagen über die finanzielle Lage und davon abhängige vor- oder nachteilige Erlebnisse trifft, kann davon ausgegangen werden, dass Miriams Familie weder in Reichtum noch in Armut lebte. Ungeachtet der tatsächlichen, nicht rekonstruierbaren wirtschaftlichen Situation der Familie ist von Bedeutung, dass Miriam das arbeitssame Verhalten der Mutter nicht mit einer Not erklärt, sondern subtil auf sich bezieht.

ternats werden den (Ver-) Handlungsspielraum der Jugendlichen kleingehalten haben. Zwar lassen sich Aspekte wie Autonomieeinschränkung und Machtbehauptung auch im Gleichaltrigenverband erfahren, jedoch ist auch der diskursive Umgang mit wahrgenommenen Autoritäten ein wichtiger Faktor in der Abgrenzung und der Selbstwert- und Autonomieentwicklung des Individuums. Da Miriam beschreibt, dass es ihr besonders schwer falle, *„Forderungen zu stellen"*, scheint sie in ihrer Jugend die Grenzziehung vielleicht nicht ausreichend erprobt zu haben. Natürlich sollen an dieser Stelle nicht InternatsschülerInnen generell erschwerte Entwicklungsmöglichkeiten unterstellt werden. Jedoch erscheint in Miriams Einzelfall diese Erklärung, insbesondere hinsichtlich ihres Themas *„Forderungen stellen"*, durchaus plausibel.

Zusammengefasst interpretiert Miriam ihre Schwierigkeit, in Beziehungen *„Forderungen zu stellen"*, als von zwei Aspekten beeinflusst: Zum einen kenne sie ihre Bedürfnisse oftmals nicht. Zum anderen habe sie Angst vor Zurückweisung bzw. davor, dass ihren Forderungen *„nicht nachgegeben"* werden könnte. Zwar differenziert Miriam bei diesem Dualismus nicht Ursache und Wirkung, aber sie erkennt, dass beide Aspekte ineinandergreifen und sich gegenseitig bedingen.

Dieses innere Deutungsmuster ergänzt sich durch äußere Blickwinkel: Sowohl Miriams Bindung zu ihren Eltern und den Nonnen im Internat als auch die jeweilige Erziehung haben Miriams Bindungs- und Beziehungsverhalten geprägt. Dass sie keine Forderungen stellen kann oder möchte und sich den Bedürfnissen des Partners unterordnet, mögen frühere Bindungserfahrungen und Erziehung begünstigt haben. Die Abgrenzungsprozesse und Umbrüche der Adoleszenz konnte Miriam aufgrund ihres Internatslebens nur wenig mit den Eltern ausagieren. Dies könnte ihre Anpassung in Partnerschaften mitbedingt haben.

Wunsch nach Bildung

Miriams Teilnahme an der Studierendenbewegung hatte vielfältige Gründe, von denen einige bereits behandelt wurden. Ein Grund war ihr Wunsch, sich weiterzubilden und (vermeintliche) Defizite aufzuarbeiten. Die Bewegung wirkte auf Miriam wie eine intellektuelle Elite. Diesem Aspekt ist der folgende Abschnitt gewidmet.

Bildung wurde in Miriams Familie besondere Bedeutung beigemessen: Ihre Mutter legte Wert auf eine gute Ausbildung ihrer vier Töchter und sorgte dafür, dass alle über die Volksschule hinaus weiter Unterricht genossen, indem sie Haushaltungsschulen[21] und Pflegevorschulen besuchten und die Möglichkeit erhielten,

---

21 Heute bezeichnet man Haushaltungsschulen eher als hauswirtschaftliche Berufsfachschule. In ihrer Abschlussmöglichkeit sind sie in der mittleren Qualifikationsebene angesiedelt. Einrichtung und Lehrplan der öffentlichen Haushaltungsschulen bestimmte erstma-

das (Fach-)Abitur zu erlangen. Die Töchter der Familie M. sollten nicht nur ange-
lernt, sondern in Berufen ausgebildet werden, was zu Beginn der 1960er Jahre etwas Besonderes war. Statistiken aus den jeweiligen Jahren zeigen, dass bis Mitte
der 1960er Jahre nur wenige Mädchen Abitur machten.[22]

Als bürgerliche Familie der unteren Mittelschicht (der Vater Beamter im unteren Dienst mit gesicherter Stelle, die Mutter Hausfrau) mag Familie M. das Ziel gehabt haben, alle Bildungschancen zu ergreifen, die für ihre Kinder zur Verfügung
standen. Bildungsansprüche wurden durch die „Bildungsexpansion"[23] der 1960er
leichter erfüllbar, die Bildungsbeteiligung aller sozialen Schichten wuchs. Das Wissen um Bildung als Wegbereiter sozialer Aufstiegschancen war nicht zuletzt durch

---

lig 1924 der preußische Minister für Handel, Gewerbe und öffentliche Arbeiten, Wilhelm
Siering (vgl. Herrmann 2006, S. 119). Es ließen sich unterschiedliche Abschlüsse erreichen, die sich nach der Dauer der Ausbildung richteten: Die Absolventinnen der einjähri-
gen Haushaltungsschule erwarben die Berechtigung „zum Eintritt in ein Seminar für
technische Lehrerinnen oder in andere Lehrgänge zur Ausbildung von Lehrerinnen der
Hauswirtschaftskunde oder der weiblichen Handarbeiten sowie ferner den Nachweis der
so genannten fachlichen Berufsschulung der angehenden Haushaltspflegerinnen und
Wohlfahrtspflegerinnen" (Herrmann 2006, S. 121).

22 In der Kohorte 1950 (der ganzen BRD) besuchten noch 70% von Mädchen nur die Volks-
bzw. Hauptschule (vgl. Faulstich-Wieland/Nyssen 1998, S. 165f.). Aus historischen Daten des Statistischen Landesamts Rheinland-Pfalz lässt sich entnehmen, dass nur 3% der
Frauen aus dem Geburtenjahrgang 1950 Abitur machten (vgl. Statistisches Landesamt
Rheinland-Pfalz 2007, S. 19).

23 Der Begriff „Deutsche Bildungsexpansion" umfasst Verbesserungen im westdeutschen
Bildungssystem seit Mitte der 1960er Jahre: Im Zusammenhang mit sinkenden Wirt-
schafts-Wachstumsraten, einem internationalen Bildungsvergleich und mit steigenden
Qualifikationsanforderungen in der Arbeitswelt wurde ein steigender Bildungsbedarf erreicht und somit ein leichterer Zugang zu höheren Bildungswegen gefordert. Vor allem
die Schrift „Bildung ist Bürgerrecht. Plädoyer für eine aktive Bildungspolitik" (1965) von
Ralf Dahrendorf verknüpfte die Forderung nach breitgefächerter Bildung mit der Forderung nach Chancengleichheit. Die Schulpflichtzeit wurde verlängert und ein neuntes
Schuljahr wurde eingeführt. Während zuvor Schulgeld und Studiengebühren anfielen,
wurden zunehmend Ausbildungs- und Stipendienhilfen eingeführt. Die Bildungsbenach-
teiligung von Mädchen und jungen Frauen wurde zunehmend als gesellschaftliches Problem anerkannt (siehe dazu Studie von Helge Pross „Über die Bildungschancen von Mädchen in der Bundesrepublik" 1969) und Mädchen wurden als bevorzugte Zielgruppe der
neuen Bildungsmaßnahmen der Bildungsreform adressiert. (Vgl. Geißler 2008, S. 279ff.)

die Forschung des Soziologen Helmut Schelsky[24] einer breiteren Masse bekannt geworden und eventuell auch Antrieb für den berufsorientierten Bildungsweg, den Miriams Eltern ihr zudachten.

Die eigene Bildungsgeschichte hat großen Einfluss auf die Ansprüche, die Eltern an ihre Kinder stellen. Die qualitative Studie „Bildung und gesellschaftliches Bewusstsein" aus dem Jahr 1966 von Willy Strezelewicz, Dietrich Raapke und Wolfgang Schulenberg hat gezeigt, dass zu Beginn der 1960er Jahre fast die Hälfte der erwachsenen Bevölkerung Westdeutschlands sich von „Bildung und den damit verbundenen Möglichkeiten der Lebensführung ausgeschlossen" fühlten (Strezelewicz/Raapke/Schulenberg 1966, S. 577). Aus ihrer eigenen Unzufriedenheit entwickelte diese Elterngeneration den Anspruch: „Die Kinder sollen es einmal besser haben" (vgl. Ebd., siehe auch Friebel 2000, S. 32, Osterland 1978, S. 274). So war es auch der Wunsch von Miriams Eltern, ihren Töchtern eine Ausbildung zuteilwerden zu lassen, die sie selbst nicht hatten.

Wie bereits erwähnt, wurde die Haushaltungsschule, die Miriam drei Jahre lang besuchte, von Nonnen geleitet. Da diese Zeit Miriams Entwicklung stark geprägt hat, lohnt sich die Frage, wie Klosterschulen Mitte der 1960er Jahre geführt wurden.

Die Ethnologin Gertrud Hüwelmeier hat in ihrer historisch angelegten Studie zu den „Lebenswelten von Ordensfrauen" (2004) auch nonnengeführte Haushaltungsschulen untersucht. Die schulgeldfreien Internate dienten bis in die 1950er Jahre meist der „Überbrückung der Lebensphase zwischen dem Schulabschluss, in der Regel im Alter von 14 Jahren, und dem Zeitpunkt der Eheschließung" (Hüwelmeier 2004, S. 157f.). Die Ausbildung genoss einen guten Ruf, sie galt als „Eintrittskarte für eine gute Anstellung" (Hüwelmeier 2004, S. 157).

„Für manche Arbeitgeber war es in den 1950er Jahren noch wichtig zu wissen, dass die ‚Haushaltshilfen' aus katholischen Elternhäusern kamen. Und wer dann noch bei ‚Schwestern' gelernt hatte, konnte fast sicher sein, eine vergleichsweise gute Anstellung zu finden." (Hüwelmeier 2004, S. 157)

Die einstige Dienstmädchenausbildung wurde jedoch Ende der 1950er Jahre reformiert und fokussierte anschließend Pflege- und Heilberufe. Es herrschte ein „strenges Reglement" mit „strikt vorgegebenen Tages- und Arbeitsabläufen". In den

---

24 Helmut Schelsky hatte bereits 1957 die Bedeutung von Schulbildung für die Zukunft eines Menschen hervorgehoben: Die Schule sei zur „ersten und damit entscheidenden, zentralen sozialen Dirigierungsstelle für die zukünftige soziale Sicherheit, für den zukünftigen sozialen Rang und für das Ausmaß zukünftiger Konsummöglichkeiten" geworden (Schelsky 1957, S. 17).

1960er- und 1970er-Jahren galt die Ausbildung als Vorbereitung für eine Lehre in der Kranken-, Kinder- oder Wohlfahrtspflege, die teilweise nicht vor dem 21. Geburtstag begonnen werden durfte (vgl. Hüwelmeier 2004, S. 158). Als eine solche Überbrückungs- bzw. Vorbereitungsphase kann die Zeit angesehen werden, in der Miriams ältere Schwestern die Haushaltungsschule besuchten, da beide anschließend eine Ausbildung zur Kinderkrankenschwester absolvierten. Die dritte Schwester arbeitete später als angelernte Kraft in einer Kunststofffabrik. Miriam wählte zunächst einen ähnlichen Bildungsweg wie ihre Schwestern und absolvierte eine Ausbildung zur Erzieherin. Anschließend nahm sie die Planung ihres weiteren Bildungsweges selbstbestimmt in die Hand. Mit ihrem Anschluss an die Studierendenbewegung entschied sie sich während ihrer Ausbildung zur Erzieherin, noch zu studieren und Lehrerin zu werden. Und so erlebte sie die Wertigkeit von Bildung nicht mehr nur fremdbestimmt, sondern aus eigenem Interesse geleitet. Miriam betont im Interview mehrmals, dass sie ihr Hinzulernen und ihre selbst initiierte Fortbildung als bedeutsam für ihre Entwicklung einstuft. Mit ihrem Lehramtsstudium erreichte Miriam einen Bildungsgrad, der in ihrer Kernfamilie zuvor nicht erreicht worden war. Sie war also eine Studentin der ersten Generation.

Neben extrinsischen Motiven (Wert von Bildung in der Familie, Anspruch der Eltern, intellektualisierte Studierendenbewegung), werden sie auch intrinsische Aspekte, die sich selbstverständlich durch die extrinsischen bedingen und umgekehrt (vgl. dazu v.a. Gage/Berliner/Bach 1996, S. 337ff.), hinsichtlich ihrer Wissbegierde und ihres Bildungswegs beeinflusst haben. Besonders das von ihr oft thematisierte subjektive Defizit („*ich war nicht gebildet genug*") wollte sie durch ihr Studium ausgleichen. Zusätzlich „*informierte*" sie sich und wollte ihren „*Horizont erweiter[n]*". Sie sei immer schon „*sehr kopflastig*" und „*sehr interessiert*" daran gewesen, sich „*weiterzubilden*".

Hier wirkt Miriams Konstrukt der Kopf-Gefühl-Dichotomie als Motor für ihren Drang, sich weiterzubilden. Schon in dem Begriff „*kopflastig*" verbirgt sich wortwörtlich die Last des Kopfes, was demnach nicht nur positive Assoziationen hervorruft. Dennoch soll der Kopf weiter mit Informationen gefüllt werden und Miriam so von dem Gefühl ‚entlasten', ungebildet zu sein.

Der im Kontext dieser Arbeit bedeutsamste intrinsische Grund für Miriams Bildungsweg ist der ihres politischen Interesses im Sinne Hartmut von Hentigs: „Alle Bildung ist politische Bildung." (Hentig 2007, S. 10)

„Weil ich denke, ich war nicht gebildet genug. [...] und von daher natürlich zwangsläufig über Medien oder so mitbekam, dass es 'ne Veränderung war. Dass ich las, was sich da in der Zwischenzeit tat in politischer Hinsicht oder bei jungen Leuten, dass die sich abkehrten [...] von ihren übernommenen oder anerzogenen [...] Forderungen von den Eltern oder Einstellungen [...]."

Bevor sich Miriam an den Debatten der Studierendenbewegung beteiligte, suchte sie zunächst Zugang zur öffentlichen Meinung in Zeitungen und anderen schriftlichen Medien. Erst nachdem sie sich einen Überblick verschafft hatte, näherte sie sich der Bewegung als Akteurin. Dies zeigt zum einen ihre Sorge, durch Unwissenheit aufzufallen und sich diskreditieren zu können. Zum anderen kann ihre Lektüre natürlich auch von echtem inhaltlichem Interesse zeugen.

Miriams Bildungs-Bewusstsein schlug sich auch in ihrer Studienfachwahl nieder: So nimmt sie beruflich als Lehrerin die Verantwortung auf sich, für die Bildung Heranwachsender Sorge zu tragen. Durch diesen Beruf hob sie ihren eigenen Bildungsanspruch auf eine gesellschaftliche Ebene. Den Studienergebnissen der Erziehungswissenschaftlerin Eva Treptow über „Bildungsbiographien von Lehrerinnen und Lehrern" (2006) zufolge ist der Wunsch, „Menschen zu bilden", primäres Motiv für die Wahl des LehrerInnenberufes (Treptow 2006, S. 9).

Auch das studentische Milieu wird Miriams Wunsch nach einer akademischen Laufbahn mitgeprägt haben. Die Akteure und Akteurinnen der Bewegung hatten zu Beginn (bevor eine „proletarische Wende"[25] dafür sorgen sollte, dass die ‚Revolution' auch vom Arbeitervolk mitgetragen werden sollte) durchaus Vorurteile und Ressentiments gegenüber Nicht-AkademikerInnen. Diese werden in einigen studentenbewegten Quellen deutlich. So heißt es beispielsweise in der Autobiografie Inga Buhmanns über ihre Freundin Nora: „Nora hatte es in diesem intellektuellen Frankfurter Milieu besonders schwer, da sie keine Studentin war, sondern als Tippse arbeitete" (Buhmann 1998, S. 240). Und auch Rudi Dutschke soll in einer Rede die „Intellektualisierung des Proletariats" gefordert haben (Metken 1976, S. 7).

Aus Vorangegangenem lässt sich resümieren, dass Miriams Bildungsbiografie und ihr davon abhängiges Selbstbild unmittelbar ihren Umgang mit der Studierendenbewegung prägten. Sie fühlte sie sich „defizitär" und versuchte, ihre Wissenslücken zu schließen. Aus diesem Anspruch erwuchs möglicherweise auch Miriams Wunsch, sich beruflich für die Bildung von Kindern einzusetzen und ihrer „Kopflastig[keit]" ein Ventil zu verschaffen.

---

25 Die „proletarische Wende" der studentischen Bewegung begann mit den Septemberstreiks 1969 in Ruhrgebiet und Saarland. Fortan fokussierten bestimmte kommunistische Gruppen die Kombination aus Arbeitermilieu und Studierendenbewegung, um eine gemeinsame Revolution herbeizuführen. Mit dem Leitspruch „rein in die Betriebe" versuchten Aktivistinnen und Aktivisten, ArbeiterInnen als Verbündete zu gewinnen (Schmidt 2008, S. 168).

Dichotomie vs. Zusammenspiel von rationalen und emotionalen Anteilen/ Ratio vs. Emotio

Miriams Thema „*Trennung von Kopf und Gefühl*" zieht sich wie ein roter Faden durch das Interview und soll im Folgenden als eine Art ‚Grundkonflikt' genauere Betrachtung erfahren, der ihren Umgang mit dem normativen „*Überbau*" der ‚68erInnen'-Bewegung stark beeinflusste. Miriam geht davon aus, ihren Verstand von ihren Gefühlen abspalten zu können – und diese Überzeugung, so wird sich herausstellen, hat ihr den Umgang mit dem „*Überbau*" erleichtert. Im Interview benutzt Miriam den Begriff „Gefühl" 48 mal. Es ist damit ein auffällig häufig verwendetes Substantiv. Die hohe Anzahl zeigt, wie wichtig die Sinnstrukturen des Worts für Miriam sind.

„*Und dass ich eigentlich ziemlich von Anfang an sehr kopflastig da war.*"

„*[...] dass ich das einfach wegtue und mich beherrschen lasse [...] von dem Gehirn.*"

„*[...] immer dieses Nebenmirstehen, dass mir schon klar war, ja, das ist doch diese Theorie und ta ta ta, ich will meinen Verstand als Prinzip haben, ich will meine kleinlichen Gefühle überwinden*".

Im letzten Satz nennt Miriam ihr Ziel, mit dem Verstand über ihr Handeln entscheiden zu wollen und dabei ihre Gefühle zu „*überwinden*".

Der Begriff „*kopflastig*" steht bei Miriam für ihre „*Trennung von Kopf und Gefühl*". Offenbar hält sie diese Dichotomie für einen Teil ihres Charakters, der auch verantwortlich ist für ihr Unvermögen, Bedürfnisse zu spüren und zu äußern. Wie Miriam ihre Gefühle „*wegtu[t]*", soll im Folgenden auf zwei Ebenen untersucht werden. Zunächst werden ihre subjektiv berichteten Erfahrungen beschrieben, anschließend mögliche Erklärungen gesucht.

Eine konkrete, ausführlich geschilderte Situation – die einzige Anekdote im ganzen Interview, in der Miriam jemanden in wörtlicher Rede zitiert – verdeutlicht, inwiefern Miriam ihre Gefühle verdrängt und sich vom „*Gehirn beherrschen*" lässt. In dieser Szene, die sie als „*vorbildlich für [ihre] Trennung*" von Kopf und Gefühl beschreibt, sieht sie, wie ihr damaliger Freund Hendrik im Gespräch mit einer anderen Frau deren Arm streichelt. Im ersten Moment fühlt sie sich schlecht, ist empört, möchte ihrem Freund am liebsten eine „*runterschlagen*", doch dann setzt ihre „*Trennung von Kopf und Gefühl*" ein und sie rationalisiert die Erfahrung. Hendrik sei schließlich „*ein Antatscher*" und sein Verhalten „*normal*", außerdem habe sie (durch die Normen des „*Überbau[s]*") gelernt, dass „*man nicht so kleinlich sein und wegen irgendwelcher unangenehmen Gefühle oder Eifersüchte [...] so ein Trara erzeugen*" sollte. Für Miriam ist dieser Moment eine typische Situation, in der sie ihre Gefühle nicht thematisiert, sondern „*wegsteck[t]*", da der Kopf ihr Verhalten bestimmt. Sie beschreibt, dass eine Aussprache nach dem Erlebnis unmöglich gewesen sei, da die Gefühle nicht mehr vorhanden gewesen seien („*das war wie weg*"). Sie hätten sich erst *„Wochen später"* in einem ruhigen Moment wieder bemerkbar gemacht. Dann habe sie mit Hendrik die Szene *„noch mal aufge-rollt"* und die *„Forderung"* an ihn gestellt, solch ein Verhalten in Zukunft zu unterlassen. Das von Miriam angesprochene *„beherrsch[ende] [...] Gehirn"* scheint in dieser Sequenz eins zu sein mit dem theoretischem *„Überbau"*, sodass sie sich in einer Situation, in der sie sich unwohl fühlt und ihre Gefühle vermutlich einer Äußerung bedurft hätten, dermaßen mit dem *„Überbau"* identifiziert, dass sie diesen über ihre Emotionen stellt, die sich in aggressiven Gedanken widerspiegeln *(„dem müsste ich mal jetzt eine runterschlagen"*). Dieses Verhalten scheint v.a. dann bedenklich, wenn Ideen, die von außen an ein Individuum herangetragen werden („Du sollst nicht eifersüchtig sein!") die eigenen Gefühle derart unterdrücken, dass sie gar nicht mehr wahrgenommen werden. Der *„Überbau"* erinnert an ein Dogma (siehe Kernaussage 3), dem man sich nicht widersetzen kann.[26]

Noch am Tag des Interviews schien Miriam emotional sehr involviert, so benutzte sie nicht nur Worte, sondern auch Gesten: Während der Schilderung berührte sie über den Tisch hinweg meinen Arm wie Hendrik damals den der anderen Frau. Mit diesem Körperkontakt beabsichtigte sie vielleicht, deutlich zu machen, wie unpassend die Geste von Hendrik gewesen sein muss. Es könnte Miriams Bedürfnis gewesen sein, dass die Interviewerin ihre Empörung und ihre spätere Reaktion – die Situation mit Hendrik zu besprechen und eine Forderung zu stellen – besser nachvollzieht.[27] In einer weiteren Passage berichtet Miriam von ihrer Fähigkeit, Eifersuchtsgefühle zu verdrängen:

„Also, ich kann mich erinnern, dass der Marius zum Beispiel in der Zeit, wo wir zusammen waren [...] mit ner Freundin von mir (...) geschlafen hat, 'ne. Und als ich das erfuhr, das waren auch so Sachen, (...) dass ich dann, okay, die Ruhe bewahrte".

---

26 Einige Quellen berichten von Versuchen, ,kleinliche' Gefühle zu therapieren. Mit der Konfrontation auf einem „heißen Stuhl" sollten Zwänge und bürgerliche Relikte abgelegt werden, während diese Form der „Gruppentherapie an die Belastungsgrenze der Teilnehmenden ging" (Sager 2008, S. 64, siehe ebenso Kommune 2, 1969).

27 Durch den Körperkontakt verlässt Miriam auch die Sachebene der Erzählung. Daraus ergeben sich ein paar hypothetische Fragen: Hätte Miriam die Szene auch erwähnt, wenn sie einem männlichen Interviewpartner gegenüber gesessen hätte? Wenn ja, hätte sie Hendriks und ihr Verhalten anders beschrieben? (Schließlich geht sie davon aus, dass es sich beim „Überbau" um eine „typische Männertheorie" handelt.) Hätte sie einem Mann ebenfalls demonstrativ den Arm gestreichelt? Welche Reaktion hätte sie von einem Mann erwartet?

In dieser Situation, die einige Jahre vor der Szene mit Hendrik geschah, *„bewahrte"* Miriam Ruhe, d.h., sie teilte Marius ihren Unmut nicht mit. Vermutlich liegen auch hier die Gründe wieder in einer Rationalisierung und Intellektualisierung mit Hilfe des *„Überbau[s]"*. Dass das vergleichsweise harmlose Streicheln eines Armes eine heftigere Reaktion bei ihr hervorruft als der Beischlaf ihres Partners mit einer gemeinsamen Freundin, irritiert. Eigentlich wäre in der weiter zurückliegenden Situation eine tiefere Enttäuschung erwartbar. Der Unterschied in Miriams Reaktion mag darin begründet sein, dass Miriam bei letzterer unmittelbar anwesend und außerdem bereits Jahre älter war. Es scheint auch so, als sei ihr in dieser Situation die Verdrängung des Eifersuchtsgefühl nicht gänzlich gelungen, so dass es sich später Bahn bricht. Vielleicht erweckte das Streicheln in Miriam auch den Eindruck einer besonderen Form der Annäherung und Gedanken daran, wie die Nähe zwischen den beiden aussehen könnte, wenn sie nicht anwesend wäre.

Dass Miriam die Szene mit Hendrik später bespricht und somit anders handelt als in der Situation, in der Marius mit ihrer Freundin schlief, könnte zusätzlich Indiz dafür sein, dass sie ihren Gefühlen inzwischen mehr Bedeutung beimisst. Ebenso lässt sich anführen, dass sie mit Hendrik, dem Vater ihres Kindes, eine längere und damit qualitativ sicherlich andere Beziehung verbindet als damals mit Marius. Es kann jedoch auch zu einer Art Verschiebung gekommen sein: Die Wut, die sie bei Marius' Untreue vermutlich empfand, könnte sich in der Szene, die sich nach Tims Geburt abspielte, mit Hendrik zusätzlich entladen haben, zumal sie bei Hendrik auch davon ausgehen muss, dass er nicht nur mit ihr, sondern auch mit seiner Frau Sex hat. Neben der Wut werden auch Miriams Erfahrungen mit Zurückweisung eine Rolle gespielt haben. Wie am Beispiel der Mutter-Kind-Bindung bereits angesprochen, hat sich Miriam mit ihren Bedürfnissen oftmals nicht wahrgenommen, sondern zurückgewiesen gefühlt.

In der Situation mit Marius *„bewahrte"* Miriam zunächst *„Ruhe"* und besprach ihre Gefühle nicht mit ihm. Dennoch kam es zu einer Konsequenz:

„Und als ich das erfuhr, das waren auch so Sachen, (...) dass ich dann, okay, die Ruhe bewahrte einerseits, [...] aber andererseits: 'Okay, wenn das so ist, dann [...] reduzier ich jetzt mal die Häufigkeit des Zusammenseins mit dir."

Miriam zieht sich, vermutlich aus Kränkung und zum Selbstschutz, von Marius zurück.[28] Zudem erspart sie sich auch, künftig Bedürfnisse, etwa den Wunsch nach

---

28 Eine andere Erklärungsmöglichkeit bietet eine Erziehungsstrategie, die Miriam erlebt haben könnte: die Bestrafung mit ‚Liebesentzug'. Dass Miriam die Zeit mit Marius reduzierte, erscheint ansatzweise paradox. So berichtet Miriam von sich, keine Forderungen stellen zu können, so mag sie auch Marius gegenüber nicht die Forderung nach Monoga-

Kontinuität und Treue, zu formulieren, und behauptet so ihren Selbstwert. Dieses Verhalten heißt in der Sozialpsychologie „Selbstwerterhaltung": Wird das Selbstkonzept (hier: „Ich bin es wert, dass man nur mich liebt und eine monogame Beziehung mit mir führt!") durch das Verhalten eines anderen Menschen, der einem nahesteht, infrage gestellt, so lässt sich der Selbstwert über drei Reaktionen aufrechterhalten (vgl. Tesser 1988): Distanz zu der Person aufbauen (weniger Kontakt zu Marius), Distanz zum Selbstkonzept aufbauen („Ich bin es also doch nicht wert, dass Marius nicht mit anderen Frauen schläft.") oder Mechanismen entwickeln, um die Person sowie die Aspekte des Selbstkonzepts miteinander in Einklang zu bringen (beispielsweise einen Kompromiss finden zwischen Kränkung und Selbstkonzept: „Wenn Marius mit anderen Frauen schläft, ändert dies nichts an seinen Gefühlen für mich."). Miriam entscheidet sich, Marius seltener zu treffen. Die vermutlich empfundene Ohnmacht darüber, dass ihr Freund mit „'ner Freundin" schläft, spaltet sie mit ihrer Kopf-Gefühl-Dichotomie ab und wandelt sie in Distanz um, statt Marius zur Rede zu stellen. Was sind nun mögliche Erklärungen für Miriams Dichotomie?

Die Emotionspsychologie geht auf Grundlage neurobiologischer Erkenntnisse davon aus, dass Emotion und Kognition nicht unabhängig voneinander funktionieren können (vgl. Coleman 1997, S. 48). Auch die Untersuchungen des Neurologen Antonio Damasio konnten die Einheit von Verstand und Gefühl nachweisen (vgl. Damasio 2000 und 2013).[29] Verstand und Gefühl stehen demnach in einem sich gegenseitig ergänzenden Verhältnis zueinander. Miriam geht hingegen davon aus, dass ihr eine Trennung gelingt, und hält diese auch für ein erstrebenswertes Ziel.[30]

---

mie geäußert haben – dennoch bestraft sie ihn anschließend, indem sie sich zurückzieht. Marius hätte ahnen sollen, was er falsch gemacht hat. So bremst sich Miriam mit ihrem Verhalten, ihre Beziehung nicht zu diskutieren, selbst aus: Sie sagt nicht, was sie sich wünscht, zieht sich jedoch zurück, wenn ihr Partner nicht so handelt, wie sie es sich erhofft.

29 Seine Studien haben gezeigt, dass bei Menschen mit einem Schaden im Bereich des präfrontalen Kortex die Regulierung emotionaler Prozesse gestört ist. Die PatientInnen waren nicht mehr in der Lage, rational begründete Entscheidungen zu treffen, da sie nicht mehr auf ihre emotional wirksamen Hirnbereiche zurückgreifen konnten (vgl. Damasio 2000).

30 Die Vorstellung, dass Emotionen den Verstand bedrohen, ist so alt wie die Erkenntnis, dass es Emotionen gibt. In der europäischen Antike und im Mittelalter hielten die meisten Denker Emotionen an sich für etwas Negatives, Unsteuerbares, Sinnliches. Emotionen schob man entweder die Verantwortung für alles Leiden auf der Welt zu oder stellte sie als mit aller Macht zu bekämpfenden Widersacher der Vernunft dar. In der deutschen Aufklärung verglich Immanuel Kant (1724-1804) Gefühle sogar mit einer Geisteskrankheit (vgl. Ulrich/Mayring 1992, S. 18f.).

Eine interessante Erklärung für Miriams *"kopflastig[e]"* Prozesse bietet das von Anna Freud entwickelte Konzept des Abwehrmechanismus „Intellektualisierung" (Freud 1937/2003, S. 154ff.). In diesem bezieht sich die Psychoanalytikerin auf die Technik des Individuums, die der Separation und Isolation der Affekte dient, also eine Dissoziation von Gedanken und Gefühlen zum Ziel hat. Neue, dem Heranwachsenden durch die Latenzzeit vorerst unbewusste Triebvorgänge sollen durch „Intellektualisierung" kontrolliert werden (ebd., S. 159). Anna Freud sieht einfache Formen der „Intellektualisierung" als unumgänglichen Schritt der geistigen Entwicklung Heranwachsender an; als eine der „allgemeinsten, frühesten und notwendigsten Erwerbungen des menschlichen Ichs" überhaupt (ebd. S. 158). Intellektuelle Leistungen – als neue Aufgabe innerhalb und nach der Latenzzeit – stellten durch abstrakte Kognitionen (z.b. Abwägen unterschiedlicher Entscheidungen, Metaebenen usw.) eine Neuerung der Denkprozesse Heranwachsender dar. Zu einem Abwehrmechanismus werde dieser Entwicklungsschritt, wenn das Individuum dann ausschließlich den unpersönlichen, rationalen Zugang zu emotionalen Erfahrungen wähle und subjektive und affektive Aspekte ausklammere. Leider nennt Anna Freud keine Aspekte, die diesen Abwehrmechanismus begünstigen. Es lässt sich jedoch vermuten, dass aus der normalen Intellektualisierung des Heranwachsenden dann ein Abwehrmechanismus wird, wenn er die Triebansprüche nicht klärt und sein Ich nur durch eine „Intellektualisierung" vor dem Es zu schützen weiß. Jean Laplanche und Jean-Bertrand Pontalis führen im „Vokabular der Psychoanalyse" (1972) aus, dass die „Widerstandsform Intellektualisierung" sich bei Menschen meist dadurch bemerkbar mache, dass diese sich nur „in rationalen und allgemeinen Formulierungen" über Probleme und Konflikte äußerten und diese zum Teil sogar bereits „zusammenhängend rekonstruieren" (Laplanche/Pontalis 1972, S. 233). Der Vergleich von „Intellektualisierung" und „Rationalisierung"[31] liegt nahe. Der Unterschied ist jedoch, dass als Ziel der „Intellektualisierung" angesehen wird, Affekte „auf Distanz zu halten und zu neutralisieren", während die „Rationalisierung" Affekte durchaus wahrnimmt, aufgreift und rational begründet und/oder „ideell rechtfertigt" (Laplanche/Pontalis 1972, S. 234).

Beide Abwehrmechanismen lassen sich bei Miriams *„Trennung von Kopf und Gefühl"* hinsichtlich der Vorgaben des *„Überbau[s]"* beobachten: Zum einen spart sie im Sinne der „Intellektualisierung" in ihrer Erzählung an bedeutenden Stellen ihren Affekt aus, beispielsweise bei ihrem Wunsch nach Verbindlichkeit in Beziehungen[32] oder ihrer Eifersucht, als ihr Partner sich anderen Frauen zuwendet. Zum

---

31 Rationalisierung meint den meist unbewussten Vorgang, in Konflikt stehende Triebe, Wünsche, Motive und Werte zu bewältigen, auszugleichen und zu kompensieren (vgl. Freud 1915/1964 sowie Laplanche/Pontalis 1984, S. 29ff.).

32 *„[...] fehlte natürlich die Verlässlichkeit, das Vertrauen".*

anderen bedient sich Miriam der „Rationalisierung", indem sie ihren Emotionen und empfundenen kognitiven Dissonanzen bereits Erklärungskonstrukte vorwegschickt und diese als Tatsachen präsentiert, beispielsweise *„Ich brauch 'ne Distanz"*. So wird aus dem, was sie hat, das, was sie zu brauchen scheint. Das Rationalisieren, Intellektualisieren und Relativieren von Gefühlen scheint für Miriam (anfangs) nicht mit Leidensdruck einherzugehen, im Gegenteil sagt sie: *„Das macht mir mein Leben manchmal leichter"*. Daher fiel es ihr offenbar auch nicht schwer, die ‚68erInnen'-Kritik am äußern *„unangenehme[r] Gefühle[...]"* zu internalisieren.

Miriams Affektdämpfung bzw. Kopf-Gefühl-Dichotomie könnten sozialisationsspezifische Aspekte bedingt haben. Die Entwicklung eines anpassungsfähigen Charakters, der seine Gefühle wenig thematisiert, steht u.a. im Zusammenhang mit dem Erziehungsstil und dem Verhalten von Vorbildern wie Bezugspersonen. Miriams Eltern legten vermutlich Wert darauf, dass man sich und seine individuellen Bedürfnisse zurückzunehmen habe und das Äußern von Emotionen wenig erwünscht sei. Die Art, wie Miriam ihre *„distanziert[e]"* Mutter beschreibt, legt den Schluss nahe, dass sie sich im Sinne des Modelllernens unter anderem bei ihr die Unterdrückung von Gefühlen abschaute. Erziehungsziele wie Anpassung und Zurückhaltung waren in den 1950er und 1960er Jahren sehr üblich, wie zeitgenössische Studien über die Haltung Erwachsener zu Erziehungsfragen zeigen.[33] Der Soziologin und Pädagogin Yvonne Schütze zufolge mussten beispielsweise „gefühlsbetonte Elemente" in der Nachkriegserziehung[34] Erziehungszielen wie „Solidari-

---

33 Das Allensbacher Institut für Demoskopie befragte Eltern in einer Längsschnittstudie zu ihren Erziehungszielen. 1967 gaben noch fast zwei Drittel (61%) der Befragten an, dass sie das Ziel, „sich in eine Ordnung [zu] fügen, sich an[zu]passen", als sinnvoll erachten (Institut für Demoskopie Allensbacher). Im Vergleich waren es 1983 nicht einmal mehr die Hälfte (46%); insbesondere die jüngere Generation lehnte dies ab (ebd.). Interessanterweise gaben in der Wiederholung dieser Umfrage 1991 und 2006 von 2065 Befragten zwischen 16 und 44 Jahren jeweils um die 75% als ein wichtiges Erziehungsziel an, den Kindern beizubringen, „sich durchzusetzen, sich nicht so leicht unterkriegen zu lassen" (Bundesministerium für Familie, Senioren, Frauen und Jugend 2006, S. 9). In einer anderen Studie fragte das Institut für Demoskopie im Jahr 1960 auch den Aspekt der körperlichen Züchtigung, etwa durch Lehrer und Lehrerinnen, ab. Hier gaben 50% der Eltern an, dass sie nichts dagegen hätten, das Verbot der Prügelstrafe grundsätzlich wieder aufzuheben; nur 41% waren der Meinung, es sollte verboten bleiben (vgl. Institut für Demoskopie Allensbach 1960, S. 3). 64% der befragten Eltern hielten eine „pädagogische Ohrfeige" für sinnvoll, wenn der Schüler oder die Schülerin diese „verdient" habe (ebd.).

34 Als Nachkriegszeit bezeichnet man die Jahre 1945 bis 1949. Auch wenn Miriam erst 1950 geboren wurde, werden Miriams Eltern sie wohl ähnlich wie ihre drei älteren

tätsfunktion", „Leistungsbereitschaft" und „Opferwilligkeit" weichen (Schütze 2002, S. 71). Dies könnte eine weitere Erklärungskomponente im Hinblick auf Miriams *„Trennung von Kopf und Gefühl"* sein. Emotionen galten als Luxus, den man sich aufgrund drängenderer Probleme (beispielsweise Finanznot, Besatzung[35] usw.) nicht leistete. So erlebte Miriam vermutlich schon im Verhalten ihrer Eltern, und älterer Geschwister, dass man sich mit seinen Gefühlen zurück zu nehmen habe.

Aspekte, die Miriams Dichotomie ausmachen, finden sich jedoch nicht nur in zwischen-menschlichen, sondern auch in sozioökonomischen und geografischen Sozialisationsbedingungen, in denen sie aufwuchs. Das Leben in einem ländlichen Milieu bzw. „auf dem Dorf"[36] brachte Sozialisationsbedingungen mit sich, die in den 1960er Jahren einen Wandel vollzogen. Durch die Veränderung der Erwerbsmöglichkeiten, den Rückgang der Landwirtschaft als Haupterwerb, die wachsende Mobilität der Bevölkerung entstand ein weites Geflecht an sozialen Bezügen von DorfbewohnerInnen[37], das die „sozialisatorische und kulturelle Überschaubarkeit sowie Geschlossenheit" und somit die Eckpfeiler des dörflichen Lebens aus den 1950er Jahren ablöste (Becker 1997, S. 258). Das zuvor übersichtliche Dorf geriet in ein Spannungsfeld von Tradition und Modernisierung. Dennoch spricht man bis heute von „ländlichen Gesellschaften" als „enge soziale Gefüge" (Bohler 2005, S. 228), in denen sich Bewohner und Bewohnerinnen gegenseitig kennen und dadurch auch „soziale Kontrolle" (Wurzbacher 1954a, S. 135) ausüben können. Dies spiegelt sich auch in den Aussagen dreier weiterer Interviews wider, in denen die InterviewpartnerInnen berichten, wie viel Wert ihre Eltern darauf gelegt hätten, was die Menschen aus dem Umfeld von ihnen hielten. So zitiert Sarah – eine Interviewprobandin – ihre Eltern mit einem Satz, den sie als Tochter mehrfach gehört habe,

---

Schwestern erzogen haben. So lässt sich Schützes Theorie zum Eltern-Kind-Verhältnis in der Nachkriegszeit durchaus auf Miriam anwenden.

35 Die Regionen um Rhein und Mosel standen von März bis Juli 1945 unter Besatzung amerikanischer Alliierter. Von Juli 1945 an schuf dann die französische Besatzungsherrschaft neue Verwaltungsstrukturen und gründete im August 1946 Rheinland-Pfalz (vgl. Mack 2001, S. 7), wo Miriams Familie lebte.

36 Für den Begriff ‚Dorf' gibt es keine klare Definition. Als Abgrenzung zur Stadt lässt er sich für den Ort, in dem Miriam bis zu ihrem 14. Lebensjahr lebte, verwenden. Ihr *„Dorf"* war ein Ort mit weniger als 10.000 Einwohnern, von denen die meisten von der Landwirtschaft lebten.

37 Die Vielfalt der sozialen Schichten reichte von Personengruppen mit geringem Einkommen oder Arbeitslosen bis zu gut ausgebildeten und finanziell abgesicherten DorfbewohnerInnen in hohen Positionen (vgl. Becker 1997, S. 191).

wenn sie sich nicht angemessen verhalten habe: „Was sollen denn die Nachbarn denken?" (Interview Sarah)

Andererseits lässt sich der Dorfgemeinschaft auch Positives abgewinnen. Gerhard Wurzbacher beschreibt beispielsweise, wie „die Nachbarschaft als Ausgleichsfaktor gegen Vereinzelung und Anonymisierung" fungieren konnte (Wurzbacher 1954a, S. 112). Das Leben auf städtischem, eng besiedeltem Raum ist dagegen mehr durch Anonymität geprägt. Wurzbacher forschte neben der Frage nach Familienleitbildern im Jahre 1954 auch speziell zum „Dorf im Spannungsfeld industrieller Entwicklung". Er führte noch weitere Faktoren auf, die das Leben in nichtstädtischen Regionen in den 1950er Jahren prägen würden: enge verwandtschaftliche Bande „als Klammer zur Heimat und Gesamtgesellschaft" (ebd., S. 75), eine ausgeprägte „Bindung der Bevölkerung an die Institution Kirche" (ebd., S. 183) sowie die Teilhabe an politischen Prozessen, z.B. im Gemeinderat (vgl. ebd., S. 274ff.).

Neben elterlichem Erziehungsstil, Bindungserfahrungen und dörflichem Milieu werden auch die katholische Erziehung im Klosterinternat sowie die besondere Bedeutung der Religion in Miriams Umfeld einen Beitrag zur Entwicklung ihrer Kopf-Gefühl-Dichotomie geleistet haben. Diesbezüglich resümiert der Psychiater Gunther Klosinski, der aus tiefenpsychologischer Sicht „Religiosität als Chance und Hindernis der Persönlichkeitsentwicklung" (2005) untersucht, dass religiöse Erziehung dann indoktriniere, „wenn sie mit einem absoluten Wahrheitsanspruch aufwartet[e] und kritische Rationalität und Dialogfähigkeit insbesondere in der Pubertät verhindert[e]" (Klosinski 2005, S. 24). Werde Religion absolutistisch an junge Menschen herangetragen und keine kritische Auseinandersetzung gestattet, könne sie zu einem „negativen Selbstwertgefühl" beitragen, gerade wenn es sich um einen Glauben an einen vergeltenden Gott handle, dessen Rache man fürchte (Klosinski 2005, S. 24): „Religiöse Erziehung wird dann zum Risiko, wenn sie repressiv und affirmativ wird: Sie passt sich an die heranwachsende Generation und an die bestehenden Verhältnisse an und entfremdet sie von ihren eigenen Bedürfnissen und Interessen." (Klosinski 2005, S. 24f.)

Betrachtet man hierzu nun die Reaktion von Miriams Mutter auf die *„Abkehr vom Religiösen"* ihrer Tochter, so wird deutlich, wie tief der Glaube an einen strafenden Gott in dem Denken der Mutter verankert war:

„Und später hat sie dann immer so vorgeworfen, [...] [die Großstadt] sei der Verderb gewesen. Wenn sie es noch mal zu tun gehabt hätte, hätte sie mich nicht dahin gelassen. (...) Ja, vielleicht war das nur 'ne Entschuldigung für sie, kann auch sein. (...) Weil da hat sie ja alles, vor allem die Abkehr vom Religiösen und so weiter, das hat die dann ja alles über einen Kamm geschoren, 'ne. (...) Die fühlte sich dann ja persönlich haftbar vor Gott, nehm' ich an, dass dann so ein Produkt rauskam wie mich [sic!]".

Darüber, wie die strenge Gläubigkeit, die Miriam zu Hause und im Klosterinternat erlebte, Miriam beeinflusste, lässt sich nur spekulieren. Anhand der zitierten Sequenz wird jedoch deutlich, dass es bei Miriam mit Wegzug in die Großstadt und dem Anschluss an die Studierendenbewegung zu einem Bruch mit dem Glauben kam. Für diese *„Abkehr"* fühlte sich Miriams Mutter verantwortlich, was deutlich macht, wie wichtig Religiosität für sie ist.[38]

Dass Miriam ihren Glauben reflektierte, lässt sich sicher auch mit ihren Erfahrungen im Klosterinternat begründen. Die „Kampfansagen an die Kirche" (Herzog 2005, S. 182) und die Ablehnung der „bürgerlichen Religion" (Hage 2007, S. 116), die von der Studierendenbewegung ausgingen, werden dann weitere inhaltliche Argumente für Miriams *„Abkehr"* geleistet haben.

Die streng religiöse Erziehung im Internat kann auch Miriams Affektdämmung beeinflusst haben. Studien haben gezeigt, dass die Affektebene des Individuums in Internaten und ähnlichen Institutionen oftmals unterdrückt wurde und wird (vgl. Gonschorek 1979, Kupfer 1971, Thiersch 1973 und 2006, S. 95ff.). Der Erziehungswissenschaftler Hans Thiersch ging 1973 davon aus, dass Heranwachsende in der „Totalität" des Internats sich nur schwer „mit sich selbst arrangieren" könnten, da ihnen „kein individuelles Lebensfeld, kein eigener Raum, kaum Besitz, keine eigene Zeit, keine Einsamkeit zugemutet wird" (Thiersch 1973, S. 56f.). So lerne der Internatsschüler „ein institutionsspezifisches Verhalten, in dem seine Möglichkeiten reduziert und abgestumpft werden, und das, was er draußen brauchte, verkümmert" (ebd.).[39] Johann Stangl beschrieb in seiner Studie „Das annullierte Individuum"

---

38 Der Psychoanalytiker Hartmut Radebold beschreibt, wie sich Kriegserfahrungen im Individuum und seinen seelischen Vorgängen manifestieren. Er hat beobachtet, dass Kriegsüberlebende einen starken religiösen Zugang besitzen. Durch den Glauben lasse sich die Dramatik des Krieges leichter ertragen und erklärbar machen (vgl. u.a. Radebold 2005). Der Glaube von Miriams Mutter könnte sich durch ihre Kriegserlebnisse verstärkt haben. Miriams Abkehr vom Glauben mag sie ihr nie verziehen haben, was in Miriam durchaus auch Schuldgefühle hervorgerufen haben könnte, da ihre Mutter sich dann hinsichtlich ihrer Erziehungsziele wie Dankbarkeit, Gläubig- und Frömmigkeit, Anpassung an Regeln und Gebote wenig erfolgreich gefühlt haben mag. Der Begriff „Produkt" (Produkt = Werk des Teufels?), den Miriam verwendet, um auszudrücken, wie ihre Mutter sie sah, umschreibt etwas Liebloses, Gegenständliches; wohl kaum eine Umschreibung für einen Menschen, den man wertschätzt. Dies bestätigt zusätzlich die Gefühlskälte, die Miriam bei ihrer Mutter wahrnimmt.

39 Nicht nur Internate boten den Gefühlen des Individuums wenig Raum. Das gesamte Schulsystem der BRD in den 1950er und 1960er Jahre hielt eine strenge Ordnung und Disziplinierung der Schüler und Schülerinnen für eine Grundvoraussetzung für ein gelungenes Lernklima. Beispielsweise stellte 1965 Ralf Dahrendorf in seinem opus mag-

(1988), dass Internate lediglich auf „Reglementierung und Disziplinierung" angelegt seien und der Erziehung „nicht das Bemühen um die Mündigkeit des zu Erziehenden zugrunde liegt, sondern die Anpassung an gesellschaftliche Normen" (Stangl 1988, S. 253).

Miriams Alltag in einem katholischen Mädcheninternat kann also von strengen Regeln und dem Gebot des Gehorchens geprägt gewesen sein, wohingegen die Emotionen der Einzelnen wenig von Bedeutung waren. Die Haushaltungsschulen und die Pflegevorschule, die Miriam und ihre Schwestern besuchten, unterschieden sich – neben dem religiösen Einschlag – vor allem dadurch von privaten Internaten, dass ihre Eltern kein Schulgeld zahlen mussten, da die Schülerinnen im Kloster arbeiteten und somit Schlafplatz und Essen selber erwirtschafteten. So kam Miriam früh in Kontakt mit normativen Sanktionen und lernte, sich anzupassen und geltenden Regeln unterzuordnen. Vielleicht fiel es ihr dadurch auch leichter, sich dem Regelwerk des *„Überbau[s]"* anzupassen. Dass Emotionen der Schülerinnen in dem Klosterinternat weniger eine Rolle spielten als Leistung und Anpassung, ist anzunehmen. Miriams Fähigkeit, die eigenen Bedürfnisse von außen gesetzten Regeln unterzuordnen, kann die Internatszeit demnach verstärkt haben.

Miriam empfindet hinsichtlich ihrer Kopf-Gefühl-Dichotomie eine große Ambivalenz. Die Angst, dass diese gar pathologisch sein könnte, wird in folgender Aussage spürbar: *„als wenn ich psychisch krank wäre [...] dass ich das einfach wegtue und mich beherrschen lasse von dem, von dem Gehirn".* Hier bekommt das *„Gehirn"* eine bedrohliche Komponente und Miriam fürchtet, dass dies aus dem Blickwinkel eines/einer ExpertIn als *„psychisch krank"* gelten könnte.[40]

---

num „Gesellschaft und Demokratie in Deutschland" eine Bestandsaufnahme von Gesellschaft, Politik und Geschichte (West-)Deutschlands zusammen. In dieser Veröffentlichung betonte er, inwiefern in Deutschland Konflikte durch eine Disziplin, die über das notwendige Maß hinausging, unterdrückt worden seien (vgl. Dahrendorf 1965, S. 170ff.). In Schulen herrschten autoritäre Zustände und die Rollen zwischen dozierender/m LehrerIn und still rezipierenden SchülerInnen seien hierarchisch verteilt. Der Autoritätsanspruch des/der Lehrers/in ließe wenig Raum für Diskussionen und Einwände. (Vgl. ebd., S. 175ff.)

40 Da Miriam weiß, dass ihr Gegenüber eine angehende Kinder- und Jugendlichenpsychotherapeutin ist (sie fragte eingangs, was die Interviewerin „mal werden möchte"), kommt diesem Satz eine besondere Bedeutung zu. Aufgrund ihres Berufes, psychischen Schwierigkeiten therapeutisch zu begegnen und Hilfe zur Selbsthilfe zu erteilen, erwartete sie vermutlich, dass dieser Aussage besondere Beachtung geschenkt wird. Auch wenn Miriam sich wohl keine Heilung versprach, so zählte sie möglicherweise doch auf das wissenschaftliches, praxisnahes Verständnis für solche seelischen Vorgänge der Interviewerin. So konnte sie sich sicher sein, dass die Interviewende in ihrer Arbeit mit man-

In anderen Aussagen jedoch versöhnt sie sich mit ihrer Dichotomie, indem sie auch Vorteile darin sieht und so die kognitive Dissonanz auflöst, die sich ergibt, wenn sie sich fragen muss, ob sie *„psychisch krank"*[41] sei:

„Das macht mir mein Leben zwar manchmal leichter, finde ich, [...] weil ich immer ein sehr gleichmäßiger Mensch war, 'ne. (...) So im Leben. Im [...] Leben (...) ich hab' nicht so extreme Höhen und nicht so extreme Tiefen. (...) Also [...] das erleichtert das Leben, kann man so sagen."

Ihre Fähigkeit, Affekte abzuspalten, mache ihr Leben *„leichter"*, so Miriam. Sie sei dadurch ein *„gleichmäßiger Mensch"* ohne *„extreme Höhen [und] Tiefen"*. Die Tiefenpsychologie geht allerdings davon aus, dass erst durchlebte emotionale *„Höhen und Tiefen"* den aktiven Austausch mit den Affekten initiieren. Gerade durch die Wahrnehmung der Affekte komme es zu deren Klärung und einem Gleichgewicht des Ichs, argumentiert die Psychoanalyse (vgl. u.a. Erikson 1959). Erikson sieht es als Hauptaufgabe im Leben des Individuums an, die (emotionalen) Krisen,

---

nigfaltigen Störungsbildern zu tun hat, aufgrund ihrer Berufsethik keine Vorurteile diesbezüglich habe und ihre Selbstoffenbarung zu keiner Stigmatisierung führen wird. Vielleicht erhoffte sie sich auch von ihr als Expertin eine Art Entlastung, was nicht unüblich ist; so gehört es meist zu den einleitenden Worten, wenn PatientInnen in der Klinik vorstellig werden, ihnen zu versichern, dass man bereits viele andere mit den gleichen Schwierigkeiten erlebt habe. Damit soll ihnen die Angst genommen werden, besonders (und womöglich unheilbar) krank zu sein.

41 Interessanterweise spricht Miriam die Sorge, dass jemand *„psychisch krank"* sein könnte, während des Interviews zweimal an. Zum einen in der beschriebenen Sequenz, in der sie ihre *„Trennung von Kopf und Gefühl"* beschreibt. Zum anderen, als sie von ihrer Mutter erzählt. Hier möchte sie den Eindruck verhindern, ihre Mutter sei aufgrund ihrer Überforderung *„psychisch krank"* gewesen: *„Die hat das Leben vorwiegend als Anstrengung empfunden, ne. (...) Nicht dass die, ich würd jetzt nicht sagen, dass die krank war oder psychisch krank oder sonst irgendwas [war]"*. Die vorauseilende Defensive weist jedoch darauf hin, dass sich Miriam bereits Gedanken zu dem Thema gemacht hat. Dass sie nicht möchte, dass jemand ihre Mutter für psychisch krank halten könnte, zeigt, dass dies für sie unangenehm wäre. Dass Miriam meines künftigen Berufsbildes gewahr war, könnte sie für die Bedeutung solcher Aussagen sensibilisiert haben. Vielleicht nahm sie an, dass die Interviewerin durch ihre tägliche Arbeit mit seelischen Störungsbildern, schnell ein Urteil fällen würde. Die Diagnose einer psychischen Krankheit verursacht bei den Betroffenen und ihrem Umfeld oftmals ein Gefühl von Scham. Hilfe anzunehmen ist in diesem Fall in unserer Gesellschaft vielfach (noch) beschämend. Vielleicht möchte Miriam aber auch verdeutlichen, wie reflektiert und offen sie mit ihrer Affektabspaltung umgeht.

die die acht Entwicklungsphasen mit sich bringen, zu lösen und zu überwinden. Diese Abwechslung von Krise und Lösung mache sich eben durch das Erleben von Höhen und Tiefen bemerkbar (vgl. Erikson 1959).

Es ist deutlich geworden, dass die Momente, in denen Miriams „Gehirn" sie „beherrscht" mit Rationalisierung und Intellektualisierung einhergehen. Zudem konnte gezeigt werden, dass biografische Aspekte wie Erziehung und Modelllernen sowie der „Überbau" mit seiner Norm, der zufolge Eifersucht und ähnlich negative Emotionen hinsichtlich der Polygamie-Idee nie „klar thematisiert" werden, zu Miriams „Trennung von Kopf und Gefühl" beitrugen.

(Weibliche) Geschlechterkonstruktion/Abgrenzung zu Frauen aus ihrem früheren Umfeld, die den vorgegebenen Rollenvorstellungen nachgingen

Wie die Biografieforscherin Bettina Dausien beschreibt, fädeln Frauen in ihre Narrationen ihr ‚Geschlecht' als „roten Faden" ihrer Biografie ein (Dausien 2001, S. 64). Bei Miriam ist es ähnlich: Sie bezieht aus ihrem ‚Geschlecht' einen wichtigen Motivationsaspekt für ein alternatives Leben – jenseits des traditionellen Frauenbilds. Mit Hilfe der Studierendenbewegung, deren Mitglieder alternative Beziehungs- und Lebenskonzepte durchdachten und ausprobierten, gelang ihr die Abgrenzung zu einem Frauenbild und dessen gesellschaftlichen Zuschreibungen, die sie nicht verkörpern wollte. Auf den zwei Ebenen „inhaltlich" und „formal" (vgl. Kapitel II sowie Scholz 2004, S. 13) bezieht sich Miriam auf ihr ‚Geschlecht' und zeichnet an ihm ihre Entwicklung nach. Formal spricht sie ihr ‚Geschlecht' an, indem sie sich selbst als „Frau" (u.a. 204/331/944) in Abgrenzung zum Mann bezeichnet und auch von der Interviewerin als Frau gesehen werden möchte.

Inhaltlich thematisiert Miriam ihr ‚Geschlecht', indem sie anhand dessen ihr Leben erzählt – vom Dorfmädchen mit dem Traum, später zu heiraten und Kinder zu haben, zur unverheirateten, selbstbestimmten Stadtfrau:

„[...] die übliche Rolle, die hatte ich sowieso nicht im Kopf jetzt. Als Kind schon, och joa, heiraten, Kinder bekommen. Als Kind, kann ich mich daran erinnern, dass ich da so manchmal so Tagträumereien ausdachte."
„Deine Rolle als Frau war definiert."
„Ich bin sicher, wenn ich bei uns zu Hause im Dorf weiter gelebt hätte, dass ich heute 'ne Hausfrau mit Kindern, mit erwachsenen Kindern, mit Enkelkindern oder so [wäre]. [...] es war halt so 'ne Mischung, dass man immer mal wieder an bestimmten Stellen andere Menschen traf, die andere Sachen machten oder lebten oder man beobachtete oder 'n bisschen näher mitbekam (...) und [...] den Überbau, quasi was bei den Medien mitbekam und was man annahm, weil es einem passte oder [...] weil es so toll klang oder weil ich dem nacheifern wollte, 'ne, im Zuge meiner Weiterentwicklung"
„Ich kam aus 'nem Dorf, wo eigentlich 'ne festgelegte Rolle für Frauen für den damaligen Zeitpunkt noch war, 'ne. [...] ich hatte aber den Eindruck, dass ich dadurch, erst mal in 'nem

Internat und dann in der Stadt und [...] mit 17 hier nach XY kam, zwar in 'nem Schülerin-
nenwohnheim wohnte, aber trotzdem halt eben so von den Eltern weg, dass die ja im Grunde
gar keinen Einfluss mehr hatten, seit ich 14 war. In der Richtung, dass ich mir das irgendwie
so selber [...] erarbeiten musste, oder so 'ne Richtung finden musste."
„*Dass ich las, was sich da in der Zwischenzeit tat in politischer Hinsicht oder bei jungen*
Leuten, dass die sich abkehrten von [...] ihren übernommenen oder anerzogenen [...] Forde-
rungen von den Eltern oder Einstellungen, Rollen, die ihnen eigentlich zugedacht waren, die
sie aber ablehnten, [...] das habe ich schon mitgekriegt".

Miriam distanzierte sich von der Dorfgemeinschaft und emanzipierte sich von den
dort proklamierten Geschlechterzuschreibungen, indem sie in die Stadt zog und dort
die neuen Beziehungs- und Lebensideen der Bewegung aufgriff. Der „*Überbau*"
mit den Ideologien und Leitbildern der Studierendenbewegung halfen ihr, sich vom
Konstrukt ‚Hausfrau und Mutter' abzugrenzen. Vor allem die Idee, das Liebesleben
außerhalb einer Ehe oder einer monogamen, festen Beziehung zu gestalten, hat
Miriam maßgeblich geprägt. Die Partnerschafts- und Lebensideale der ‚68erInnen'
boten ein Gegenkonzept zu den dörflichen „*Rollen, die [einem] zugedacht waren*".

Miriam sah an diese Rollen Erwartungen wie Heiraten, Kinderkriegen und
Haushalt geknüpft, denen sie sich nicht anpassen wollte. Diese spiegeln das (konservative) Frauenbild und das Geschlechterverhältnis der 1950er Jahre in der BRD
wieder.[42]

Wie Frauen im traditionellen Geschlechtergefüge zu leben haben, erfuhr Miriam
bei ihrer Mutter. In ihrer Erzählung schreibt Miriam ihrer Mutter eine Hausfrau-
enidentität zu; sie sei stets im Haushalt beschäftigt gewesen. Zusätzlich zum Nega-
tivbeispiel der Mutter vergleicht sich Miriam auch mit ihrer Freundin Gertrud, als
Abgrenzungsfigur aus der eigenen Generation.

---

42 Studien der Frauenbilder der 1950er und 1960er Jahre beschreiben stets ähnliche Aspekte. Neben Schönheit spielen vor allem Küche, Kinder, Kleider und Kirche eine Rolle.
Diese „vier Ks" erwähnte bereits Clara Zetkin Anfang des 20. Jahrhunderts (vgl. Bock
2005, S. 152). Betty Friedan beschrieb 1963 das konservative Frauenbild der 1950er Jahre als „Weiblichkeitswahn" (Feminine Mystique) und prangerte damit insbesondere die
Ideologie der Häuslichkeit an (vgl. Friedan 1963/1970). Jedoch dürfen die stereotypisierten Zusammenfassungen nicht als Realität angesehen werden, denn sie beruhen meist lediglich auf der Analyse von Quellen, die die Wirklichkeit nicht exakt abbilden. So vermuten Gender-ForscherInnen, dass es durchaus weibliche Bestrebungen nach alternativen
Rollenbildern gab, sich dieser Prozess jedoch „hinter dem Rücken der Zeitgenossen vollzogen haben muss" (von Oertzen 1999, S. 16).

„[...] also [...] meine spießige Freundin Gertrud, [...] bei der war's eher so umgekehrt, [...] das war ja das, was sie wollte. [...] [D]iese übliche Rolle, die man so hatte als Frau. (...) Und die hat sie gelebt.[...]Die hatte 'n anderes Bild, die hatte die Rolle von zu Hause mitbekommen und die blieb auch in dieser Rolle [...]. Die jeweiligen Männer, bis wohin die gingen, die ließ sich auch gar nicht mit so (...) Bestimmten ein oder so."

Miriam nennt Gertrud stellvertretend für das konservative Frauenbild, das sich durchaus in ihrer Generation wiederfand. Gertrud ließ sich, im Gegensatz zu Miriam, auf *„bestimmte[...]"* Männer gar nicht ein, die ihr eine Umsetzung des *„Überbau[s]"* abverlangt hätten. Gertrud verkörperte die Rolle, die sie *„von zu Hause"* mitbekommen hatte und orientierte sich nicht an neuen Modellen. Von Gertrud und von ihrer Mutter wollte sich Miriam unterscheiden. Sie wollte sich nicht nur als Hausfrau und Mutter verwirklichen, sie studierte, arbeitete, um sich und ihren Sohn zu finanzieren, und lebte nach zwei Partnerschaften lieber allein.

Sich von anderen Lebenswelten und vor allem der älteren Generation abzugrenzen, sieht Erik Erikson als einen wesentlichen Entwicklungsschritt im Übergang von der Adoleszenz zum Erwachsenenstadium an (vgl. Erikson 1968/1998, S. 132ff.). Die Abgrenzung bestehe meist darin, alternative Konzepte auszuprobieren; wobei dies nicht immer in Konflikten mit der Elterngeneration münden müsse. Konflikte mit ihren Eltern beschreibt Miriam nicht genauer. Bis auf die Tatsache, dass ihre Mutter den Umzug in die Stadt als *„Verderb"* ansah, wirkt es so, als wolle/müsse Miriam Konflikte mit ihren Eltern nicht hervorheben. Erikson sieht im Aufeinandertreffen verschiedener Wertesysteme eine gelungene Dynamik, die

„als vitaler Generator im Prozess der gesellschaftlichen Entwicklung [wirkt], denn die Jugend kann ihre Loyalität und Energien sowohl in der Bewahrung dessen widmen, was fortfährt, sich echt anzufühlen, wie auch der revolutionären Korrektur dessen, was seine regenerative Bedeutung verloren hat" (Erikson 1968/1998, S. 127).

So stand auch Miriam 1968 zwischen Tradition und Neuentwurf; sie entschied sich für letzteren.

Die in der Studierendenbewegung diskutierten Frauenbilder werden Miriam sehr visionär erschienen sein und ihren Wunsch bestärkt haben, anders zu leben als ihre Mutter und Gertrud. Außerhalb der Studierendenbewegung boten sich jungen Frauen nur wenig alternative Frauenbilder an. Die Erziehungswissenschaftlerin Vera King kommt zu dem Schluss, dass „in den 50er- und 60er-Jahren [...] junge Frauen [...] noch wenige weibliche Vorbilder im öffentlichen Raum bzw. Mütter [hatten], die andere als traditionelle Wege eingeschlagen haben" sowie „oft ungünstige Bedingungen in der Adoleszenz und geringen Entwicklungsspielraum" (King 2006, S. 144).[43]

Wie Miriam die Angebote für weibliche Akteurinnen der Studierendenbewegung, sich und das eigene ‚Geschlecht' zu gestalten, wahrnahm und erlebte, inwiefern sie einen Raum für Gestaltung erkannte oder ob sie eventuell sogar enttäuscht war ob des vielleicht doch geringeren Handlungsspielraums als den, den sie sich erwartet hätte, berichtet sie im Interview nicht. Konkrete Ansätze und Gedanken aus der Frauenbewegung finden sich nicht in Miriams Interview, auch eine Kritik an männlichkeitsdominierten Hierarchien äußert Miriam nicht; sie verortet sich nicht als Akteurin in der Frauenbewegung. Im Interview diskutiert sie ihren Wunsch nach alternativen Lebenskonzepten nicht auf einer politischen, gesamtgesellschaftlichen, sondern vielmehr einer privaten, persönlichen Ebene: Ihr fehlten Rollenangebote; in ihrem familiären und nachbarschaftlichen Umfeld auf dem Land fand sie keine Vorbilder.

Zu guter Letzt ist Miriam ihrem Bedürfnis nach einem neuen Lebensmodell nachgegangen: Es unterscheidet sich wesentlich von dem ihrer Mutter und dem ihrer Freundin Gertrud. Statt in einer Kleinfamilie lebt sie eine individuelle Selbstverwirklichung als alleinerziehende Mutter, finanziell unabhängige Lehrerin in einer Beziehung mit einem verheirateten Mann, auf den sie keinen Besitzanspruch erhebt. Doch dass sie dieses Konzept durchaus mit Unsicherheit lebt, zeigt ihren Wunsch, *„mehr die Macherin"* zu sein. Denn in den Beziehungen zu Männern ist sie es, die sich deren Regeln anpasst. Es lässt sich mutmaßen, dass diese Unterordnung mit ihrem Männlichkeitskonstrukt in Verbindung steht und sie von einer männlichen Machtstellung ausgeht. Die Konflikte, die sie mit Männern beschreibt, ließen sich im Kontext des Geschlechterverhältnisses dahingehend interpretieren, dass sie sich machtlos fühlte ob der Selbstverständlichkeit, mit der ihre Partner über die Gestaltung der Beziehung bestimmen. Sie zieht sich zurück, wenn ihr diese Machtlosigkeit in konkreten Situationen deutlich wird und geht nur selten in die Diskussion mit ihrem Partner über diesen inneren Konflikt. Miriams mögliche Annahme einer Geschlechterdifferenz in Paarbeziehungen, in der der Mann die Beziehungsgestaltung definiert, spiegelt sich auch in der Sequenz, in der sie schildert,

---

43 Eine spannende Analyse zu Frauenbildern in der Werbung der 1950er und 60er Jahre hat die Kulturwissenschaftlerin Nicole M. Wilk verfasst. „Die ges(ch)ichtslose Frau – Überlegungen zum Verlust von weiblichen Vorbildern in der Werbung" beschreibt unter anderem die Stilistik der Werbung, die die „neue Hilflosigkeit der Frau" zu etablieren und Frauen zwischen „Verführerin und Heimchen am Herd" zu verorten versucht, was einem „Rückfall in althergebrachte Rollenmuster" gleichkam (Wilk 2008, S. 50ff.). Werbung habe in dieser Zeit „Heile-Welt-Phantasien" bedient, in denen Frauen nur zwei essentielle Sorgen hätten: „Was sie anziehen und was sie kochen" (ebd., S. 66).

dass die Freundin ihres Sohnes die Beziehung zu ihm in Frage stelle und einen anderen Mann treffe. Dies empört sie – es lässt sich mutmaßen, dass sie dies nicht nur aufgrund der Tatsache empört, da ihr Sohn der Leidtragende dieser Situation ist, sondern weil es eine Frau ist, die eine mögliche sexuelle Nebenbeziehung führt.

5. Fazit: „Ich hätte mir gewünscht, ich wäre mehr die Macherin gewesen."

Bezogen auf die Forschungsfrage der vorliegenden Studie legt Miriam den Fokus ihrer Erzählung auf das Beziehungs- und Sexualitätskonstrukt der ‚68erInnen' und wie sie dieses erinnert. Sie benutzt dafür den Begriff des theoretischen *„Überbaus"*, nach dem es keinen *„Besitzanspruch"* auf den/die PartnerIn gibt. Dieses Beziehungsideal erinnert Miriam sehr deutlich. Es setzt sich von traditionellen Beziehungskonstrukten ab, indem es Beischlaf mit anderen Menschen legitimiert, da ein Partner bzw. eine Partnerin alleine nicht alles bieten könne. In Miriams Darstellung zeigt sich, wie eng verwoben das Selbstkonzept der Akteure und Akteurinnen mit der Möglichkeit einer praktischen Umsetzung dieser Theorie ist. Bei der vorliegenden Diskussion um Miriams Umgang mit dem *„Überbau"* wurden vielfältige Aspekte ihres Selbstbildes und ihrer Sozialisation angeführt. Miriam selbst beschreibt ihren Umgang damit immer im Spiegel ihrer Persönlichkeitsstruktur; die Kopf-Gefühl-Dichotomie begleitet dabei leitmotivisch ihre biografische Erzählung. So wird der *„Überbau"* zu einem ambivalenten Konstrukt, demgegenüber sie zwischen aktiv und passiv, Unsicherheit und Selbstbehauptung schwankt. Miriams Dichotomie hilft ihr, Kohärenz herzustellen und so eine „Gesamtgestalt der Lebensgeschichte" (Schütze 1984, siehe auch Kapitel I) hervorzubringen. Ihre *„Trennung von Kopf und Gefühl"* fungiert als allumfassende Erklärungskategorie hinsichtlich ihrer Beziehungsgestaltung gemäß des *„Überbau[s]"*. Miriams Erzählung, die sich kommunikationsstrategisch oft auf einer argumentativen Meta-Ebene (vgl. Rosenthal 2005, S. 139) abspielt, spiegelt ein großes Bedürfnis nach Kohärenz wider. Kohärenz wird von Miriam dann hergestellt, wenn sie innere Konflikte zwischen ihren Bedürfnissen und ihrem (scheinbar) widersprüchliches Verhalten auflösen muss. Sie möchte ihr Handeln für ihr Gegenüber verständlich machen. Unterstellt man Individuen, dass sie wollen, dass das Umfeld das Bild teilt, das sie selbst von sich haben, so will Miriam der Interviewerin von ihren Selbstannahmen überzeugen und die Ambivalenzen auflösen. Der Aufwand, den sie betreibt, um ihr Leben nachvollziehbar darzustellen, impliziert, dass Miriam damit rechnet, dass man ihr Handeln in Frage stellen könnte. Hinsichtlich dieser Option, dass sie alternativ hätte handeln können, hat Miriam ein Fazit für sich gezogen. Denn angesprochen auf ein Resümee zu ihrer Zeit als ‚68erin', legitimiert sie ihr gelebtes Leben abschließend damit, dass sie keine *„Macherin"* sei. So schließt sich der argumentative Kreis ihrer Narration.

„Also, für mich ist es okay so, wie es gelaufen ist. Ich bin nicht unzufrieden [und] ich trauere nicht irgendetwas Nichtgelebtem nach [...] Oh doch, außer dem, dass ich sage, dass ich mir gewünscht hätte, schon, dass ich [...] mehr die Macherin gewesen wäre. Sagen wir mal so, aber anderseits, das ist so 'n Gedanke, der an mir vorbeifliegt, ich weiß ja genau, ich war's vom Typ her nicht. Ich war ja 'n bestimmter Menschentyp, insofern hätte es ja gar nicht zu mir gepasst. Meine ganze Persönlichkeit wäre eine andere gewesen."

Miriam führt aus, dass sie *„nicht irgendetwas Nichtgelebtem"* nachtrauere (Hervorhebung KV). Diese doppelte Verneinung beinhaltet, dass es durchaus etwas anderes gegeben hat, das sie hätte leben können. Vielleicht wäre es eine andere Form von Beziehungsführung gewesen. Durch die getroffene Aussage, dass ihr Leben *„okay"* verlaufen sei, möchte Miriam vermitteln, dass sie nichts bereue. Doch mit Blick auf ihre Wortwahl entsteht ein konträrer Eindruck zu ihrer Zufriedenheit (bzw. *„Nicht-Unzufriedenheit"*). Einerseits erscheint die Verwendung des Adjektivs *„okay"* als Resümee der gesamten Biografie wenig emotional und fast wertneutral, da es weder *„gut"* noch *„schlecht"* bedeutet. Andererseits steht diese Aussage in Einklang mit ihrer Schlussfolgerung, sie sei ein Mensch, der keine *„Höhen und [...] Tiefen"* kenne und auch daher den *„Überbau"* *„gut mitmachen"* konnte. Dieser Selbstdarstellung galt der wesentliche Anteil ihrer Erzählung: der Beschreibung ihrer Kopf-Gefühl-Dichotomie und daran geknüpften Erklärungskategorien. Dazu kommt vor allem ihr Wunsch, kein traditionelles Frauenbild zu verkörpern, sondern ihren Partnern das Gefühl zu vermitteln, keinen Besitzanspruch auf sie zu haben, obwohl sie sich nach einer Beziehung mit *„Verlässlichkeit [und] Vertrauen"* sehne. Das nachvollziehbar gemachte Ergebnis dieser Auseinandersetzung entbindet Miriam von ihrer Verantwortung, da sie *„vom Typ her"* nicht die Ressourcen hatte, eine *„Macherin"* zu werden. Sie habe nie gewusst, was sie will, und sich deshalb von Ansagen anderer leicht beeinflussen lassen. Daraus ergibt sich ein Argument, das als absolutes Deutungsmuster erscheint und sich nur schwer anzweifeln lässt: Durch ihre Kopf-Gefühl-Dichotomie habe sie keine Forderungen aus ihren Gefühlen und Bedürfnissen ableiten können und so den *„Überbau"* (z.T. ungewollt) umgesetzt. Dass ihre Wesensart eigentlich nicht zum „Überbau" passte, hat die Analyse gezeigt.

Diese Resümee-Passage zum Ende des Interviews ist das Produkt eines Reflexionsprozesses, der während der Erzählung in Miriam stattfand. So lässt sich ein Strang der Erkenntnisse und Reflektionsarbeit durch das Interview nachzeichnen, der in der Erkenntnis mündet, keine *„Macherin"* gewesen zu sein. In diesem Fazit subsumiert sie alle Aspekte der in ihrer Erzählung angesprochenen Ambivalenzen, Erfahrungen, Kränkungen, Erlebnisse und (scheinbar) unabänderlichen Bedingungen zu einer individuellen Konklusion. Diese Erkenntnis und andere Deutungsmuster wurden in der vorliegenden Analyse um die Interpretation von Miriams Erinnerungen an ihre Sozialisations- und Bindungsfaktoren (Beziehung zur Mutter, religiöse Moral usw.) und andere soziale Strukturen (beispielsweise die Erziehung im Klosterinternat) erweitert und auch unter dem Gesichtspunkt der Anpassung und Beziehungsgestaltung beleuchtet.

Die politische Norm, von der sie – rational gesehen – überzeugt war, stellte Miriam über ihre eigenen Beziehungswünsche und -bedürfnisse. So wurde der innere Konflikt zwischen dem individuellen Bedürfnis nach Monogamie und dem „*Überbau*" zugunsten der ‚68erInnen'-Theorie entschieden. Dass Miriam den „*Überbau*" in ihren Beziehungen umsetzte, lässt sich jedoch nicht nur mit einer starken Identifikation und Überzeugung begründen, sondern erklärt sich auch mit dem bereits analysierten Selbstbild Miriams, in dem sie sich als Mitläuferin, die ihre Emotionen vom Verstand trennt charakterisiert. Zudem beschreibt sie, dass sie zu viel Nähe in festen Beziehungen überforderte.

Miriam erlebte die Umsetzung des reformierten Sexualkonstrukts als ambivalent; folglich kann nicht von einer unkritischen Internalisierung der Theorie gesprochen werden. Dennoch entsteht der Eindruck einer Frau, die vom Sexualitätskonstrukt der ‚68erInnen' nicht immer profitiert hat.

BRIGITTE

1. Biografische Daten

1950	Geburt in einer Großstadt, NRW
1956-1964	Besuch der Volksschule
1964-1969	Besuch eines Mädchengymnasiums, Abitur
1969-1975	Lehramtsstudium: Sozialwissenschaft und Germanistik
1975-1985	Ausübung des Lehrerinnenberufs
1978	Berufsbegleitendes Studium der Geschichtswissenschaften
1989	Promotion
1998	Habilitation
seit 1998	Professorin an einer Universität in Deutschland

Brigitte P. wurde 1950 in einer nordrhein-westfälischen Großstadt geboren und wuchs dort mit ihrem Bruder und ihrer Schwester (Zwillinge, geboren 1951), ihren Eltern (Ziehvater, geboren 1905, Mutter geb. 1918) und den Großeltern auf. Brigitte beschreibt ihre Herkunft als *„herunter-gekommene[s] Großbürgertum"*, ihre Eltern, die in großem Wohlstand aufgewachsen seien, hätten *„die Nachkriegssituation"*, in der sich die finanzielle Lage beider Familien verschlechtert habe, *„nie verarbeite[n]"* bzw. *„verkrafte[n]"* können. Brigittes Vater nahm nach dem Abitur ein Jurastudium auf, das er jedoch abbrach. Als Student war er Mitglied einer Studentenverbindung. Nach Abbruch des Studiums arbeitete er als kaufmännischer Angestellter in den Firmen seiner *„Corpsbrüder"*. Brigittes Mutter verließ das Mädchengymnasium mit der mittleren Reife und machte anschließend eine Ausbildung zur Gymnastiklehrerin; den Beruf übte sie bis kurz vor ihrem Tod aus.

Brigitte besuchte ein Mädchengymnasium, an dem sie 1969 das Abitur absolvierte. Im Anschluss zog sie von zu Hause aus, um in einer nordrhein-westfälischen Großstadt Lehramt zu studieren. 1975 erlangte sie das zweite Staatsexamen mit Auszeichnung und arbeitete sodann zehn Jahre lang im Schuldienst an Gymnasien und Gesamtschulen in NRW. Nebenbei engagierte sie sich in der Schulreform-Bewegung. Ende der 70er Jahre begann sie weiterführend ein Studium der Geschichtswissenschaften an einer Universität in NRW, an der sie zeitweise als Oberstudienrätin im Hochschuldienst tätig war. Nach ihrer Promotion erhielt Brigitte ein Stipendium und habilitierte Ende der 1990er Jahre. Anschließend folgte sie einem Ruf an eine deutsche Universität. Brigitte lebt alleine, sie ist unverheiratet und befindet sich in einer Beziehung mit einem verheirateten Mann. Sie hat keine Kinder.

2. Interviewverlauf/Postskriptum

2008 lernte die Autorin Brigitte auf einer Tagung kennen. Man unterhielt sich über das Dissertationsvorhaben. Brigitte zeigte großes Interesse an der Thematik und bot sich als Interviewpartnerin an, da sie zu besagter Zeit studiert und sich in der Bewegung engagiert habe. Es wurde ein Interviewtermin vereinbart, der einige Wochen später an einem Sonntag auf Brigittes Wunsch hin in ihrer Wohnung stattfand.

Brigittes Freierzählung, die sie sogleich ohne Anfangsschwierigkeiten begann, wurde durch zwei Telefonanrufe unterbrochen, die Brigitte annahm. Sie verließ nicht den Raum, sondern stellte beim letzten Anruf das Telefon sogar auf Lautsprecher, sodass die Interviewerin nicht umhinkam, die Gespräche mitzubekommen. Im ersten Telefonat zeigte sich Brigitte als engagiertes Mitglied einer Kommission ihrer Universität und im zweiten als protegierende Professorin und erteilte dem Studenten an der anderen Leitung wohlwollend Rat. Nachdem sie aufgelegt hatte, berichtete Brigitte, wie schwierig die Zusammenarbeit mit diesem Studenten sei und dass sie sich freue, dass er nun endlich sein Studium beende. Nach den Unterbrechungen ging Brigitte wieder in die Freierzählung über und griff ohne Mühe den roten Faden auf.

Die Freierzählung endete nach 45 Minuten. Anschließend zeigte sie ihre auf mehrere Räume der Wohnung verteilte Literatursammlung sowie Fotografien.

Die Interviewstimmung war sehr freundlich, Brigitte schien über das Interesse an ihrer Biografie erfreut und vertraute der wissenschaftlichen Methode. Brigittes Erzählstil wirkte sehr offen und ehrlich; im Nachfrageteil versuchte sie, alle Fragen spontan zu beantworten. Das Interview erreichte sein Ende, als Brigitte eine letzte Geschichte über ihre Mutter ausführte und spürbar machte, dass das Interview nun zum Ende gekommen sei. Nachdem sie auch keine neuen Impulse setzte, wurde das Interview nach drei Stunden beendet.

3. Kernaussagen in Bezug zur Forschungsfrage

1. Kernaussage: Eine Veränderung der Gesellschaft geht nur über den Wandel von Sexualität.

„Dieser Aufbruch hat für mich immer geheißen, das gesamte Leben zu ändern. Das war immer schon klar. Und dazu gehörte immer auch schon Sexualität."

„[...] ich habe viel aus der Bewegung gelesen, die wir damals Sexpol nannten [und] die einen Zusammenhang [...] hergestellt hat zwischen Sexualität und Politik. Und ich war völlig von den zentralen Thesen dieser Zeit überzeugt."

Brigitte verortet sich hier als Anhängerin der Sexpol-Debatte. Außerdem betont sie, der *„Aufbruch"* zu einem neuen Leben sei untrennbar mit einer Befreiung der Sexualität einhergegangen. Sie betrachtet diese Auflösung der Unterdrückung als notwendiges Ziel sowohl der Bewegung als auch ihrer eigenen Entwicklung. Dass ein gesellschaftlicher Umbruch nur durch reformierte Sexualität entstehen könne, war einer der grundlegenden Gedanken innerhalb der gesamten Bewegung und kein spezifisches Sexpol-Phänomen.

Diese Kernaussage veranschaulicht, dass sich die Ziele der Bewegung durchaus auch als Vorsätze und Maxime einzelner AkteurInnen darstellten und in intrinsische Aspirationen (persönliches Wachstum usw.) übergingen. Durch die klare Positionierung Brigittes für eine Veränderung des Lebens wird deutlich, dass sie das Politikum der ‚68erInnen' nicht nur oberflächlich thematisierte, sondern auch in ihr subjektives Spektrum zu übertragen und zu integrieren versuchte.

2. Kernaussage: Sexualität ist Teil seelischer Gesundheit. Unterdrückt man sie, entsteht ein „autoritärer Charakter". Die „monogame Einehe" ist wider der menschlichen Natur.

„Dass eine ähm Unterdrückung oder Verdrängung der Sexualität zu einem autoritären Charakter führt und entsprechende politische Folgen hat. Von daher [...] war immer klar: Sexualität muss [...] ausgelebt werden und ist Teil der Gesundheit."

„[...] diese Einehe. Das ist eine Zurichtung, davon bin ich überzeugt, dass es eine Zurichtung ist, die irgendwie, ich glaube, dass diese Theorie[n] völlig zutreffend sind [...], die sagen: ‚Wir sind eigentlich (...) nicht äh unbedingt ähm (...) von Natur aus so ausgerichtet, dass wir eine monogame Einehe mit Kindern führen wollen, sondern wir werden so zugerichtet, weil es im Interesse des Staates liegt."

Brigitte reproduziert Annahmen und Schlagworte, die sie als *„zentrale Thesen der Zeit"* erinnert. Die Theorien ‚geistiger Väter' sowie ihrer Vermittler und Vermittlerinnen werden hier in Brigittes Aussagen zusammengefasst. Mit Verwendung des Begriffs „autoritärer Charakter", den Erich Fromm prägte, erinnert sie neben den Sexpol-Thesen auch Inhalte der Frankfurter Schule.

Brigittes Annahme, nach der eine polygame Triebausstattung zur angeborenen, ‚natürlichen Grundausstattung' des Menschen gehöre und demnach Monogamie diesen genetischen ‚Fakten' gegenüberstehe, war common sense der Studierendenbewegung. Die ‚Zwangsmonogamie' innerhalb der *„Einehe"* sei wider die menschlichen Triebe, so die MonogamiekritikerInnen, die sich bei dieser These Wilhelm Reich als theoretischen Argumentationslieferant heranzogen (vgl. Kapitel II). Reich ging davon aus, dass sich ein sexuell freier Mensch niemals aus eigenem Bestreben auf eine monogame Beziehung beschränken würde (Reich 1936/1971, S. 50). Vielmehr ‚erziehe' der Staat, der die Familie zum Fortbestand des politischen Systems benötige, das Individuum durch die autoritären Gefüge der Familie zur Ehefähigkeit und Monogamie (vgl. ebd.).

3. Kernaussage: Die Theorie musste nicht eins zu eins umgesetzt werden. Die praktische Theorieumsetzung war den AkteurInnen freigestellt.

„Von daher war [...] immer klar: Sexualität muss gelebt werden, muss ausgelebt werden und ist ein Teil der Gesundheit. Aber es lief dann meistens so, dass man sich in Gruppen traf und zusammen das Kapitel besprach (...) und äh engagiert diskutierte, dass man eigentlich [...] die Individualität überwinden müsse und dass man sich in Gruppen sexuell äh entfalten sollte ähm und ähm dann ging man nach Hause und las das Kapitel noch mal nach und ging dann alleine ins Bett. Das war eigentlich so[1] die ähm die Situation der Zeit. [...] politische Bewegung ist, ist ein Stück Theorie in meinem Leben, die aber nicht (...) unmittelbar umgesetzt werden muss oder kann. Es [...] waren verschiedene Ebenen der Realität."

„[...] ich hatte nicht so die Vorstellung, das muss ich jetzt so praktizieren, wie es da steht. (...) So unmittelbar war, war es nicht."

„Und deswegen sag ich immer, ich hab's schon spielerisch wahrgenommen, dieses alles mal lesen und hören und erfahren. Und ob ich's dann so mache ist dann 'ne zweite Frage. So war irgendwie meine Einstellung dazu."

Brigitte erinnert sich, dass die zentrale Annahme, dass Unterdrückung oder Verdrängung der Sexualität zu einem „autoritären Charakter" führe und *„politische Folgen"* nach sich ziehen könne, in den Diskussionsgruppen, an denen sie teilnahm, nur theoretisch behandelt wurde und keine praktischen Konsequenzen hatte. Brigitte differenziert hier zwei *„Ebenen der Realität"* innerhalb der Theorieauseinandersetzung: Auf der einen Ebene sei die Theorie durch die AkteurInnen als sinnvoll und nachvollziehbar besprochen und deren Umsetzung geplant worden. Auf der anderen Ebene habe man jedoch auch ohne die zuvor theoretisch besprochene Praxis agieren können. Man habe das Sexualitätskonstrukt also theoretisch als gut nachvollziehbar empfunden; ob und wie sich aus ihm jedoch Konsequenzen ableiteten, habe sich jeweils im individuellen Entscheidungsrahmen abgespielt, so Brigitte. Der Schritt von der Theorie in eine Praxis sei kein direkter, unumgänglicher gewesen; die Theorie habe auch gut nur auf einer Diskurs- statt auf einer Handlungsebene verbleiben können. Wie man sich der Theorie annäherte, habe nur der eigene Wille und das eigene Ermessen bestimmt, so Brigitte.

Sie erlebte demnach keinen Zwang zur Umsetzung und nutzte die *„Freiheit"*, die sich ihr bot, selber *„spielerisch"* zu entscheiden, inwiefern sie die Theorie praktisch in ihr Leben integrieren mochte. Durch ihre Aussagen konterkariert Brigitte jene Annahmen, es sei deutlicher Druck auf die Akteurschaft ausgeübt worden (ein

---

1 An dieser Stelle schmunzelt Brigitte, was von ihrem Verständnis für die Ironie in ihrer Aussage über das widersprüchliche Vorgehen der Sexpol-Gruppe zeugt. Dass nämlich die Diskussion über ein „neues Leben" und die dazugehörige Praxisidee allein durch gemeinsames Sprechen nicht zu Veränderungen führt.

„Zwang zum Agieren" (Kätzel 2002, S. 97)), sich der praktischen Umsetzung der Theorien anzuschließen, wolle man wahrhaftig zur Bewegung dazugehören (vgl. u.a. Kätzel 2002, S. 97, Aly 2008 sowie Interview Walter, Thomas, Miriam). Brigitte erinnert sich gegensätzlich: Eine Praxis auf Basis der Sexualtheorien sei kein Muss gewesen – man habe selber über seine Theorieumsetzung bestimmen können.

4. Kernaussage: Männer litten mehr als Frauen unter einem „Sexualzwang".
„Wenn heute gesagt wird, dass sich Frauen in der 68er-Zeit [...], in traditionelle Rollen haben drängen lassen von ihren Kommilitonen, dann kann ich da überhaupt nicht zustimmen. Habe ich nicht so wahrgenommen."

Brigittes Auffassung zufolge waren Individuen selbst verantwortlich für ihren Umgang mit den Sexualitäts- und Beziehungskonstrukten der ‚68erInnen'. Diese Annahme aus Kernaussage 3 konkretisiert sie, indem sie die oft proklamierten ‚Opfer' der Bewegung – Frauen – als für ihr Schicksal alleinverantwortlich erachtet. Die Klagen der ‚68erinnen' empfindet sie als übertrieben, Frauen hätten stets einen persönlichen Ermessensspielraum gehabt (siehe Kernaussage 3). Männer seien deutlich stärker von Zwang und Druck betroffen gewesen:

„[Das] Frauenleben finde ich eigentlich immer noch sehr toll und ungeheuer chancenreich [...], ich kann zum Teil dieses Gejammer der selbsternannten Frauenbewegung überhaupt nicht nachvollziehen ähm und meine eben immer, dass es ähm die Probleme einer konkreten kleinen sozialen Schicht sind, die, die sich sehr, sehr herrisch für allgemein erklären und überhaupt nicht sehen, dass ähm andere das so nicht haben. Also ich denke, dass Männer auch in dieser 68er-Zeit ganz anders Zwängen [...] ausgeliefert waren ähm weil viele Interviews ja auch dann zeigen, dass, dass Männer diesen Sexualzwang, diesen Druck [...], das Ausleben auch viel massiver wahrgenommen haben als Frauen."

Mit dieser Kernaussage äußert Brigitte, was Ulrike Heider als „historische Lüge" bezeichnet (Heider 1988, S. 19): Hätten Frauen sich (sexuell) ausnutzen und unterdrücken lassen, so sei dies immer ein „ein Problem derer [gewesen], die über sich [haben] verfügen lassen." (Heider 1988, S. 19). Brigittes Überzeugung hinsichtlich weiblicher Eigenverantwortlichkeit, die die Entstehung dieser Kernaussage mit prägt, wird an anderer Stelle genauer beleuchtet werden.

5. Kernaussage: Es herrschte ein gewisser Druck, die Pille zu nehmen.
„Ja, eine Abhängigkeit hat es wahrscheinlich gegeben oder ganz sicher gegeben dann von der Pille und die habe ich auch so wahrgenommen. Und dem habe ich mich dann auch gefügt. Die Pille [...] eröffnete einfach die Möglichkeit, jederzeit sich selbst verfügbar zu machen. Die Pille drückte also für mich das aus ‚Ich will. Ich will Sex.' Ich nahm sie, obwohl ich gar keinen Sex hatte. [...] und [...] immer wieder zwischendurch ärgerte ich mich [...]: ‚Wa-

rum nehme ich eigentlich diese Pille? Die belastet meinen Körper.' Das war ja relativ früh klar. ‚Sie kostet was!' Ich hatte kein Geld, ich studierte ja von Bafög. [...] aber [...] sie war auch wieder umgekehrt, sie war auch dieses Zeichen äh wenn ich die nehme, bin ich schon ein Stück, ich brauch das gar nicht 100% zu realisieren, das ist nicht das Zentrale, sondern, indem ich mir die Freiheit nehme, die Pille zu nehmen, ähm, sage ich mir und meinem Körper ‚ich will nicht schwanger sein!' (...) Diese ‚ich will nicht schwanger sein' hieß (...) ‚ich will (...) studieren.'"

Auch wenn Brigitte zuvor über den vermeintlichen „*Sexualzwang*" berichtete, Frauen hätten weniger darunter gelitten als Männer, beschreibt sie nun, dass Frauen durchaus ‚Opfer' der Verhütungsdiskussion gewesen seien. Sie hätten unter Druck gestanden, die Pille nehmen zu müssen. Auch Brigitte betrachtet/e die Einnahme der Pille mit gemischten Gefühlen. Sie wägte als junge Frau die Vor- und Nachteile ab und nahm letztlich die Pille ein, um nicht schwanger zu werden. Die Sorge, eine Schwangerschaft könne ihr Studium gefährden, wog schwerer als die Nebenwirkungen und die Kosten der Pille.

Dass der Pillendiskurs der „langen 60er Jahre" (Ruck 2000), Frauen unter Druck setzte, die Pille zu nehmen, um das reformierte Sexualitätskonstrukt umsetzbar zu machen, lässt sich in vielen (biografischen) Quellen nachlesen. Aus den Reihen der Neuen Frauenbewegung wurde dieser Druck dann kritisch reflektiert. Auch Helke Sander erinnert sich wie Brigitte daran, dass sie die Nebenwirkungen der Pille verunsicherten.

„Die Pille habe ich schon in Finnland gefressen. Ich war 1961 eines der frühen Versuchskaninchen und hatte immer Herzschmerzen. Im Aktionsrat gab es noch keine Diskussion über gesundheitliche Probleme. [...] Doch die Pille hat unheimlich viel verschleiert, weil gesunde Frauen ein Medikament nehmen müssen, um Sexualität mit einem Mann zu haben. Das haben wir analysiert und deswegen zum Teil andere Forderungen entwickelt, als sie in dieser Abtreibungskampagne von 1971 gegen den §218 aufgestellt wurden. [...] Zum Beispiel haben wir die Pille auf Krankenschein abgelehnt. Wir haben gesagt, ‚das kann nicht die Lösung sein, weil es ein schädliches Medikament ist! Wir müssen die ganze sexuelle Kultur angucken und so lange forschen, bis es unschädliche, nicht medikamentöse Verhütungsmittel gibt.'," (Sander zit. nach Kätzel 2002, S. 175f)[2]

---

2 Auch in dem berühmten feministischen Roman „Häutungen" (1975) von Verena Stefan befasst sich die Hauptfigur mit den Nachteilen der Pille. „Wenn ich verhüte, werde ich noch kränker, als ich es schon bin. Um mit einem mann schlafen zu können, muß ich patientin werden [sic!]." (Stefan 1975, S. 72) Stefan war an dem „Frauenhandbuch 1" der Gruppe „Brot und Rosen" über „Verhütung und Abtreibung" (1972) beteiligt.

Auch in der Studie „Liebe, Lust und Last: Die Pille als weibliche Generationserfahrung in der Bundesrepublik Deutschland" (2008) der Historikerin Eva-Maria Silies, in der mit acht Frauen aus drei Generationen Interviews geführt wurden, finden sich ähnliche Erfahrungen (vgl. Silies 2008).

Die feministische Gruppe „Brot und Rosen" diskutierte neben den gesundheitlichen Folgen der Antibabypille auch ihre Auswirkungen auf das Geschlechterverhältnis. Sie betonten, dass die Pille die Erwartungen von Männern an Frauen symbolisiere, permanent und direkt zur Verfügung zu stehen (vgl. Brot und Rosen 1972). Reaktionen von Männern zu diesem Vorwurf finden sich in den Quellen der Bewegung kaum. Als eines der wenigen Beispiele ließe sich das SDS-Mitglied Volker Böckelmann anführen. Auch er erkannte die Pille als ein „repressives Prinzip" der Gesellschaft (Böckelmann 1964/1976, S. 228). Er wies 1964 in der linksradikalen Zeitschrift „Anschlag" darauf hin, dass die Pille lediglich „den Schein der Freiheit" verstärke, also „nicht befreiend, sondern repressiv" wirke (ebd.). Die Pille verhindere die Emanzipation der Frau, da Frauen durch die tägliche Einnahme auf ihre Mutterschaftsfunktion reduziert würden (vgl. ebd., S. 226f.).

Diese reflexive Sicht kann als Ausnahme gelten, die meisten Quellen, in denen sich männliche Akteure der Studierendenbewegung zur Pille äußern, sind deutlich weniger emanzipiert und ‚aufgeräumt'. So appellierten beispielsweise 1968 die Verfasser des studentischen Magazins „FU Spiegel" an ihre Leserinnen, die Pille einzunehmen und empfahlen eine Reihe von Ärzten, die die Pille auch an Unverheiratete verschrieben (vgl. Abholz/Dräger/Witt 1968, S. 24). Andere Verhütungsmittel seien „sexualfeindlich", da sie mit „umständliche[m] Hantieren" verbunden seien (ebd.). Die Verfasser des Artikels „Lautloses Platzen" stritten zudem alle negativen Nebenwirkungen der Pille ab und beschwerten sich über die Zweifel und das Zögern der Genossinnen hinsichtlich der Pille – dies laufe konträr zu der Sexualreform, die die Bewegung anstrebe (vgl. ebd.):

„Manche Frauen halten es für ein Argument, wenn sie einwenden, die Pille könne ihre Persönlichkeit verändern; so wird z.B. gesagt: ‚Ich möchte ich selbst bleiben!' Abgesehen davon, daß auch das lautlose Platzen eines Präservativs oder die Lektüre der BILD-Zeitung die Persönlichkeit verändern, soll die Pille ja etwas ändern: sie soll die Angst vor dem Geschlechtsverkehr beseitigen. Die Skepsis gegenüber der Pille steht für die allgemeine Angst vor der Entproblematisierung der Sexualität." (Abholz/Dräger/Witt 1968, S. 24)

Zudem unterstrichen die Autoren ihr männliches Erleben: Kondome seien lustfeindliche Utensilien (vgl. ebd.). Die Quellen unterstreichen Brigittes Erinnerung des Zwangs, die Pille zu nehmen.

Schlussfolgerungen

Brigitte engagierte sich in der Studierendenbewegung vornehmlich in einer Sexpol-Gruppe, deren Theorien sie auch 40 Jahre später noch im Interview knapp skizziert. Von den inhaltlichen Annahmen, die sich um den Reich'schen „Charakterpanzer" (Reich 1933) und die Triebauslebung drehen, war bzw. ist Brigitte überzeugt. Für sie war fundamental, dass ihre Politisierung auch über ihre Sexualität geschehen müsse.

Gedanklich wendete Brigitte die Sexpol-Thesen auf ihr Leben an, eine praktische Umsetzung empfand sie jedoch nicht als zwingend erforderlich. Der „Theoriehintergrund" habe ihr zwar Antworten für ihr Alltagsleben gegeben, ihr geholfen, die eigenen „Bedürfnisse zu verstehen", eine direkte Umsetzung der Theorie habe sie allerdings nicht als zwingend notwendig angesehen; auch von außen habe sie keinerlei Druck bezüglich einer praktischen Implementierung erfahren. Sie habe vielmehr einen „spielerischen" Umgang mit den Theorien entwickelt und dabei die Theorien nur gedanklich behandelt. Ihr Sexual- und Beziehungsverhalten hätten weniger die Theorien als vielmehr ihre eigenen Bedürfnisse beeinflusst, denen sie mehr Bedeutung beimaß.

Brigitte beschreibt, Akteure und Akteurinnen hätten die Möglichkeiten gehabt, ihren eigenen Umgang mit den Theorien zu entwickeln, es habe keine Handlungsvorschriften oder -normen gegeben; sie habe keinerlei „Zwänge" oder „Druck" gespürt. Außerdem möchte sie mit dem Vorurteil aufräumen, Frauen seien in „traditionelle Rollen" gedrängt worden. Männliche Mitstreiter wären vielmehr diejenigen gewesen, die unter „Zwängen" wie beispielsweise dem „Sexualzwang" gelitten hätten. Die einzige Einschränkung ihrer Autonomie habe sie bei dem Thema Verhütung gespürt, da sie sich hier trotz ihres Widerwillens gegenüber der Pille einer Einnahme „fügte" und sich als von ihr abhängig empfand.

4. Ergebnisse der THA- und HDA-Feinanalyse

4.1 Wie Brigitte zu einer ‚68erin' wurde

Voruniversitäre Politisierung

Brigitte berichtet, auf unterschiedlichen Ebenen in ihrem Leben bereits vor ihrem Eintritt in die Studierendenbewegung politisch interessiert gewesen zu sein. Sie charakterisiert sich im Interview durchweg als politisches Subjekt. Sie habe im Alter von 14 oder 15 Jahren das dichotome Geschlechterverhältnis hinterfragt, was der Beginn ihres politisch kritischen Denkens gewesen sei.

„[...] ich hab mich informiert über dieses Buch, das in letzter Zeit auch viel besprochen worden ist, ‚Die Frau als Hausärztin', das lag auch bei uns irgendwo im Schrank [...] und dort

habe ich mich informiert über ähm körperliche Unterschiede und welche Folgen sie dann haben. Und ich weiß, dass mich da dieser Satz furchtbar geärgert und aufgeregt hat. Dass in der Sexualität die Frau der passive Teil sei und der Mann der Aktive. Und das habe ich mit 14, 15 gelesen und gedacht ‚Wieso eigentlich? Das sehe ich überhaupt nicht ein.'"

Anhand der stereotypen Beschreibung von männlicher Aktivität und weiblicher Passivität in sexuellen Sphären, missbilligte Brigitte den Dualismus der Geschlechter. Diese Kritik ist vor dem Hintergrund ihres Alters und der daran angeschlossenen Entwicklungsphase beachtlich; zumal in dieser Entwicklungsperiode der Jugendphase Geschlechterstereotypisierungen zumeist unkritisch aufgenommen werden (vgl. u.a. Eckes 2010, S. 178ff.). Bei Brigitte stießen die Geschlechterzuschreibungen von aktiv=männlich und passiv=weiblich jedoch auf Widerstand und initiierten früh eine Dekonstruktion dieser Geschlechterpolarität. Sie *„informiert[e]"* sich über *„körperliche Unterschiede"*, um ihren Gegenargumenten eine Grundlage zu schaffen. Schließlich entwarf sie für sich ein alternatives Konstrukt, das sich auch in dem Interview in ihren Selbstbeschreibungen finden lässt. In diesem Gegenkonstrukt kreiert sie sich als (sexuell) aktiv und autonom, was verdeutlicht, inwiefern sie die Kritik an der Geschlechter-Dichotomie anpasste, indem sie sie in ihrer Biografie aufzulösen versuchte. Der erste Schritt ihrer kritischen Auseinandersetzung mit eindimensionalen Gesellschaftsnormen geschah also über das *„[I]nformieren"*; die Lektüre und Recherche, und lässt sich als Initialzündung einer politischen Einstellung verstehen. Den zweiten Schritt ging Brigitte, als sie sich um eine Mitgliedschaft beim SDS bewarb, vermutlich auf der Suche nach Anschluss an Gleichgesinnte und nach politischen Themen.

„[...] ich war auch schon vor dem Abitur entschlossen, dass ich in politischen Gruppen arbeiten wollte. Ich habe schon als Unterprimanerin an den SDS geschrieben und gefragt, ob sie auch schon Schüler und Schülerinnen (...) aufnehmen. Da habe ich gar keine Antwort gekriegt, ähm, und ein Jahr später habe ich noch mal hingeschrieben, da kriegte ich zur Antwort ‚Ja, wenn du dann anfängst mit dem Studium, dann kannst du dich bei uns mal [...] blicken lassen'".

Als Studentin nahm sie dann an Sexpol-Diskussiongruppen teil. Besonders die Lektüre bestimmter Werke trieb ihre Politisierung voran. Dass Brigitte in ihren Büchern einen wichtigen Wegbereiter ihres kritischen Bewusstseins erkennt, spiegelt sich auch in der großen Bedeutung, die sie ihren Büchern beimisst, wider. In jedem ihrer Zimmer der Wohnung sind die Wände mit vollen Bücherregalen bestückt. Auch während des Interviews weist Brigitte auf ihre zahlreichen Bücher bzw. ihre ‚gut sortierte' Bibliothek hin und schlägt eine kleine Führung durch ihre Wohnung zu verschiedenen, thematisch sortierten, Bücherregalen, vor. Die Bücher bringt sie stets in ihren studierendenbewegten Bezugsrahmen (u.a. *„Standardlektüre [...] der*

Kritischen Theorie"), und präsentiert sie so auch als Beweis ihrer Zugehörigkeit zur Bewegung. Dass sie sich von der enormen Ansammlung an ‚1968'-Büchern noch nicht getrennt hat, zeigt, wie symbolträchtig sie für Brigitte und ihre Politisierung sind. Die Bücher stellen die Bedeutung von Brigittes Zeit als ‚68erin' heraus und unterstreichen ihr Interesse an der Theorie sowie ihre Position als Akteurin.

Neben dem inhaltlichen Interesse an sexualpolitischen Themen gefiel Brigitte, dass man mit einer Thematisierung von Sexualität in der Öffentlichkeit durchaus auch provozieren konnte:

> *„[...] es hatte auch so die Funktion von, man war in einem Alter wo's einfach sowieso geil war über Sexualität zu lesen und in einen Laden zu gehen und zu sagen ‚Ich möchte die „Funktion des Orgasmus"' und dann oooohhh dieses Gesicht von diesem Verkäufer, das wars schon wert, dieses Buch. "*

Ihre Motivation, politische Akteurin zu werden, sei auch durch bestimmte Familienmitglieder direkt und indirekt bestärkt worden, erinnert sich Brigitte. Beispielsweise seien ihr das politische Interesse und Engagement ihrer Großeltern und deren Lebensführung stets ein Vorbild gewesen.

> *„[..] mein Großvater war immer ein sehr ähm mutiger Mann [..] Ich bin stark beeinflusst worden durch diesen ungeheuer progressiven Großvater, der also tagtäglich mit seiner linken Kritik an dieser ähm ähm Nachkriegszeit aufwartete, übrigens grade auch an der Sexualpolitik (...) ständig Kritik übte. [..] Ich denke, dass mein Großvater mich beeinflusst hat, eher unbewusst, dass (...) ich komm sowieso aus einer eher extravaganten Familie. Die dazugehörige Großmutter [...] drückte mit ihrer ganzen Wildheit und Freiheit sowieso etwas aus, was ich da ähm was ich immer auch als vorbildlich gesehen hab. Meine Großeltern waren beide auch sexuell sehr frei. "*

Der Großvater habe als kritischer, *„progressiver"* Kommunist und die Großmutter mit ihrer *„Wildheit und Freiheit"* das rebellische Moment in Brigitte gefördert und ihr den Weg in eine linke politische Richtung gewiesen. Jedoch prägte auch die konträre Seite ihre Familie ihr politisches Bewusstsein: Denn ihre Mutter sowie ihr schulisches Umfeld erlebte Brigitte nicht als positive Verstärker ihrer gesellschafts- und sozialkritischen Interessen – was wiederum ihre Eigeninitiative weckte. Auch die angespannte Beziehung zum Ziehvater[3] habe bei ihr dazu beigetragen, Willens-

---

3 Im Folgenden soll der Begriff *„Ziehvater"* verwendet werden, da Brigitte den Begriff für den Mann ihrer Mutter verwendet, der sie bis zu ihrem Abitur wie eine Tochter großzog. Diese Bezeichnung beinhaltet in ihrem Ursprung, dass sich der Zieh- bzw. Pflegevater bewusst ist, dass es sich bei dem Kind nicht um sein eigenes handelt. Ob ihr Ziehvater

stärke und Selbstreflexion hinsichtlich (politischer) Entscheidungen zu entwickeln. Der Ziehvater habe nämlich linkspolitisches Denken *„völlig abgelehnt"*. Diese *„Ablehnung"* habe sie *„zum Teil befreit [und in ihr] so 'ne Trotzreaktion hervorgerufen und auch wieder große Sicherheit"*. Indem sie ihren Ziehvater als politisch passiv erlebte, sei sie umso mehr darin bestärkt worden, alles *„noch mal zu durchdenken"*; so entschied sie sich oft, genau das zu tun, was *„gegen seinen [...] Rat"* gestanden habe – *„ich hab's quasi als Entscheidungshilfe empfunden, [...] diesen Protest meines Vaters."*

Zusammengefasst erinnert Brigitte sowohl Charakterzüge von sich (Neugierde, Kritikbewusstsein, Abgrenzungswünsche usw.) als auch familiäre Einflüsse (sowohl Vorbildfunktion und Unterstützung der Großeltern als auch Ablehnung durch den Ziehvater, die Reaktanz hervorrief) als anfängliche Wirkfaktoren für ihre Entwicklung zu einer ‚68erin'.

Gemeinschaftsgefühl der Bewegung als Anreiz, aktiv zu bleiben

Nach ihrem in der Schulzeit noch ausgebremsten politischen Interesse bot sich Brigitte mit Beginn des Studiums die Gelegenheit zur Partizipation an einer politischen Bewegung. Dabei erkannte sie, dass es viele Gleichgesinnte gab. Dies bestärkte Brigitte, sich in der Studierendenbewegung einzubringen – neben der Möglichkeit, ihr politisches Interesse zu verwirklichen, genoss sie das kollektive Gefühl, das von den ‚68erInnen'-Kreisen ausging. Berichtet sie von ihrer Mitarbeit in der Sexpol-Gruppe, so verwendet sie vielfach den Begriff *„wir"*, der sie als Mitglied einer Gemeinschaft beschreibt, der sie sich zugehörig fühlt. Das kollektive ‚Wir-Gefühl' dieser Gemeinschaft habe dazu geführt, dass Brigitte sich *„geborgen"*, frei und selbstbestimmt gefühlt habe. *„[...] das gesamte Studium war weitgehend selbstbestimmt, vollzog sich in Arbeitsgruppen selbstbestimmt."* In ihrer studentischen Arbeitsgruppe wurde das kollektive Gefühl (‚wir StudentInnen') auch durch die Abgrenzung zur *„älteren Generation"* deutlich:

„Ich hab jahrelang mich nicht mit Menschen unterhalten, die 5 Jahre älter waren als ich (...), weil [...] es keine Kontakte mehr gab zur älteren Generation, ähm, schon gar keine ernstzunehmenden mehr, die mich irgendwie ähm beeinflusst hätten. Es war ja ein totaler Bruch und die Vorstellung, ich will durch neues lesen und erproben will ich (...) alles selbst bestimmen und, und selbst erkunden".

---

darüber Bescheid wusste, dass Brigitte nicht sein leibliches Kind war, spekuliert sie selber noch: *„Ja ja, das hat er wohl geahnt, das glaub ich auch. (....) Er hat uns quasi alle so latent enterbt."*.

Brigitte erhoffte sich auch durch die Abgrenzung zur „*älteren Generation"*, autonom alles „*selbst erkunden"* zu können, unabhängig von älteren Erwachsenen. Diese Abgrenzung verdeutlicht auch der Slogan „Trau keinem über 30", ein gängiges Erinnerungsmotiv in historischen Betrachtungen zu den ‚68erInnen'. Brigitte identifizierte sich damit, wertete jedoch nicht die ältere Generation im Gesamten ab – wie es der zitierte Leitsatz eigentlich suggeriert – sondern differenziert, indem sie sich hauptsächlich von ihrer Elterngenerationen abgrenzte, aber ihre Großelterngeneration durchaus positiv betrachtete.

Akteurin der ‚68erInnen'-Bewegung zu werden – sei es durch Selbststudium oder durch Teilnahme an sexualpolitischen Arbeitsgruppen – ermöglichte Brigitte, ihren früh gehegten Wunsch nach Politisierung zu verwirklichen. So kam ihr das Engagement in der Bewegung wie ein ‚Befreiungsakt' gegenüber ihrem Ziehvater und einengenden Strukturen wie z.b. dem Mädchengymnasium vor. Als sie während ihre Studiums Gleichgesinnte kennenlernte, durch diese ein energetisches ‚Wir-Gefühl' entstand und sich ihr die Möglichkeit bot, sich in Gruppen politisch auszutauschen, wuchs ihre politische bzw. „*intellektuelle Identität"*, wie sie es nennt.

4.2 Umgang mit dem Sexualitäts- und Beziehungskonstrukt

Da Brigitte bis zum Interviewtermin nicht wusste, dass sich das Interview auf Sexualität beziehen würde, ist unwahrscheinlich, dass sie sich im Vorfeld auf Schlagworte und Sätze vorbereitete. Umso eindrucksvoller ist, dass Brigitte in ihrer Erzählung immer wieder Begriffe und Leitsätze aus der Bewegung benutzt, was darauf hinweist, wie stark ihr der ‚68erInnen'-Sexualdiskurs präsent und wie überzeugt sie von bestimmten Thesen ist.

„*Und ich war völlig von den zentralen Thesen dieser Zeit überzeugt."*
„*Ich glaube, dass diese Theorien völlig zutreffend sind".*
„*[...] ich möchte nicht nur irgendeine politische Theorie ich möchte nicht nur begreifen, was der Imperialismus ist oder so, der Weltimperialismus und was er bewirkt (...) sondern ich möchte mein gesamtes Leben vollständig bis in alle Details und Einzelheiten anders fundieren, neu fundieren. Das war eindeutig meine Absicht. (...) immer schon."*

Indem Brigitte angibt, dass sie die Theorien für „*völlig zutreffend"* halte und auf Grundlage dieser ihr Leben habe „*neu fundieren"* wollen, unterstreicht sie ihre intensive Auseinandersetzung mit den Thesen und manifestiert erneut ihre Teilhabe am ‚68erInnen'-Diskurs. Durch die Verwendung des Präteritums deutet sie jedoch auch an, dass sie zwar zu Zeiten der Bewegung von den Theorien „*völlig"* überzeugt gewesen sei, heute jedoch Distanz zu den Theorien aufgebaut hat.

Brigitte unterscheidet bei ihrer Erzählung zwei Arten des Umgangs mit den Theorien. Auf der einen Seite beschreibt sie allgemein betrachtet, dass sich aus den Gruppendiskussionen nicht zwangsläufig eine praktische Umsetzung ableitet musste. Auf der anderen Seite erinnert sie, dass sie jene Thesen, von denen sie besonders überzeugt war, in ihr Handeln einfließen ließ. Ihren eigenen Umgang mit den Theorien unterscheidet sie demnach in ihrer Erzählung von der kollektiven Erfahrung der ‚68erInnen'-Kreise, in denen sie sich bewegte.

Die bereits in der dritten Kernaussage angesprochenen *„Ebenen der Realität"* hatten für Brigitte im Kontext der Sexpol-Theorien Relevanz. In den Kreisen, die diese Theorien diskutierten, war sie aktiv; die *„zentralen Thesen dieser Zeit"* hätten ihr Einblick in ihre *„Bedürfnisse"* verschafft:

> *„[...] das Schlüsselerlebnis 68 [...] hat uns den Theoriehintergrund geliefert, den wir brauchten, um unsere Bedürfnisse zu verstehen.[...] dass Sexualität für mein Leben [und] für meine Gesundheit, für mein Wohlergehen ungeheuer entscheidend [...] [...] [und] auch immer mit sozialen Folgen verbunden ist".*
>
> *„[...] wobei irgendwie dann so Momente auftauchten, wo man [...] wusste ja, es ist entspannend und man kann danach besser arbeiten".*

Hier findet sich die These Wilhelm Reichs wieder, der in „Genitalität in der Theorie und Therapie der Neurose" (1927) proklamiert, dass „sexuelle Unbefriedigtheit [...] auf die Dauer die Arbeitsfähigkeit" (Reich 1927a/1980, S. 222) behindere. Und indem sich Brigitte erhofft, durch einen sexuellen Austausch *„besser arbeiten"* zu können, scheint sie diese Annahme für sich nachvollzogen und umgesetzt zu haben.

Brigitte überprüfte die Theorien also an sich selbst und erinnert resümierend, dass Sexualität eine positive Wirkung auf Geist und Seele, und koitierte Sexualität eine *„entspannende"* Funktion. Dabei ist ihr wichtig zu erwähnen, dass sie dies jedoch stets auf freiwilliger Basis, ohne normativen Druck, getan habe. Die Forderung nach einer allumfassenden Theorieumsetzung sei in ihren Kreisen nicht formuliert worden; sie habe autonom entscheiden können, welchen Einfluss sie der Theorie in ihrem Alltag beimaß.

Und so erkannte sie es auch nicht als Problem, als sie bemerkte, dass ihr Bedürfnis nach Autonomie möglicherweise in Konkurrenz zur Umsetzung einer bestimmten These stand:

> *„[...] ich hatte in den ersten Jahren zum Teil die Vorstellung, eigentlich könnte ich mehr Sex haben. [...] diese Angst, wenn ich mich jetzt ernsthaft (...) verliebe und binde, dann könnte [...] ich mich [...] gedrängt sehe[n], mein Studium aufzugeben und einen Haushalt zu be-*

gründen [, hielt mich ab]. Und das wollte ich nicht. Und das war mir schon klar, dass das irgendwie in Richtung Charakterpanzer[4] (...) geht. "

Brigitte zog also einem Verlust ihrer Autonomie einen „Charakterpanzer" (kurzfristig) vor.

Interessanterweise sieht sie bei dieser Entscheidung nur zwei konträre Entwicklungslinien: Entweder sie verliert ihre Autonomie und wird an einen *„Haushalt"* gefesselt oder sie ist frei, entwickelt jedoch einen *„Charakterpanzer".* Indem sie sich für die Autonomie entschied, stellte sie die eigene Entwicklung und den Wunsch nach Selbständigkeit über die praktische Konsequenz aus der Reich'schen Theorie. Zwar habe sie verstanden, *„dass man eigentlich [...] die Individualität überwinden müsse",* um die Theorie praktisch umzusetzen. Jedoch habe ihr Wunsch nach Autonomie über diesem Ziel gestanden.

Eine mögliche Erklärung, warum Brigitte trotz ihrer Überzeugung bezüglich der Nachteile eines „Charakterpanzers" ihre Autonomie schützen möchte, findet sich in ihrer Biografie. Hier spielt nämlich die *„Bedrohung dieses Hausfrauendaseins",* welche noch ausführlich bei der Thematisierung Brigittes' Selbstbilds aufgerollt wird) ein bedeutende Rolle. Dieser *„Bedrohung"* wollte Brigitte entgehen, indem sie versuchte, sich nicht zu *„verliebe[n]".* Während des Studiums hatte sie zwischenzeitlich die ‚68erInnen'-Losung von Mehrfachbeziehungen gelebt. Doch dabei hatte sie Beziehungen mit Partnern geführt, die das Angstbild des *„Hausfrauendasein[s]"* unterstrichen, indem sie versuchten, sie in ein ‚traditionelles' Weiblichkeitsmuster zu drängen. Daraufhin verwarf Brigitte die ‚68erInnen'-Theorie von Mehrfachbeziehungen (oder allgemein die Idee einer Beziehung) wieder. Sie entging also dem *„Hausfrauendasein",* indem sie sich in den „Charakterpanzer" flüchtete.

---

4 Den Begriff „Charakterpanzer" entwickelte Reich, um den Umgang des Individuums mit seinen Abwehrmustern zu umschreiben (vgl. Reich 1933/1970). Konflikte, die das Individuum nicht verarbeiten könne und daher auf Abwehrreaktionen zurückgreifen müsse, entständen, so Reich, meist aus ungelösten Ambivalenzen aus der Kindheit – zumeist seien dies Widersprüche zwischen Triebwünschen und moralischen Repressalien, die neurotische Charakterstrukturen bedingen könnten (vgl. ebd. sowie ebd. 1925/1977, S. 255ff.). Um die Ausbildung eines Charakterpanzers abzuwenden, entwickelte Wilhelm Reich ein (gesellschaftliches) Befreiungskonzept: Die durch sexuelle Unterdrückung ausgelösten Neurosen ließen sich demnach über eine veränderte Sexualpolitik, Liberalisierung und Reform sexueller Normen, Befreiung der Sexualerziehung aus ihrem repressiven Duktus (vgl. Verlinden 2007), sowie einem Umdenken bezüglich Ehe- und Beziehungsgestaltung verhindern.

Brigitte benutzt hier die Theorie des „Charakterpanzers" von Wilhelm Reich (Reich 1933/1970). Dabei interpretiert sie ihn jedoch anders: Reich erkannte im „Charakterpanzer" etwas Starres, ein Ergebnis des Sozialisations- und Sexualrepressionsprozesses. Brigitte nimmt dagegen an, dass sie selber entscheiden kann, wann sie in ihrem „*Panzer blieb*" (beispielsweise um Ruhe vor Männern zu haben, und um sexuell inaktiv zu sein) und wann sie ihn ablegte.

„Dass ich mich da irgendwie gepanzert habe. (...) Das hat schon 'ne Rolle gespielt [...] Oder dass ich (...) mich bestimmten Weiblichkeitsvorstellungen auch äh entzogen hab', dass ich also die [...] Flirtmechanismen zum Teil verweigert habe, aber das wechselte immer bei mir. Also es gab da Phasen, wo ich offen war, wo ich dachte, jetzt will ich mal wieder einen Partner haben, einen suchen. Wo ich zu Feten ging und mir einen mitgenommen habe und da gab's auch Phasen, wo ich dachte, so das kann ich jetzt überhaupt nicht brauchen, Schluss, aus, dicht [...]. Jetzt zieh ich mich auch ganz langweilig an, damit nur keiner irgendwie mich äh irritieren könnte und und ich rufe sozusagen (...) äh keinen Mann aufs Tapet. Ich (...) bleib in meinem Panzer. "

In dieser Passage umschreibt Brigitte, wie ihr „*spielerischer*" Umgang mit der Theorie stattfand. Sie entschied stets selbst aktiv, wann sie die Theorie und wann ihr Bedürfnis nach Ruhe zum Leitbild ihres Handelns nahm. Sie instrumentalisierte demnach die Theorien, indem sie sie nur als bedeutsam ansah, wenn sie zu ihren Bedürfnissen passten – die Handlungsmaxime galt eher der Sicherung ihrer Freiheit denn einer politischen Idee. Wenn Brigitte es für erforderlich hielt, habe sie sich „*verweigert*", „*dicht*" gemacht und den Rückzug in ihren „*Panzer*" angetreten. Somit geriet das eigentliche Ziel Wilhelm Reichs – Aufsprengung des Charakterpanzers – in den Hintergrund, wenn Brigitte Gefahr drohte, durch andere Menschen in ihrem Kurs „*irritiert*" zu werden. Dabei beschreibt sie ihren Rückzug in ihren „*Panzer*", der sie vor anspruchsvollen Partnern schützte, als geplanten Gegenakt. Im „*Panzer*" erlebte sie sich dann weniger „*offen*", was sie mit einer Absage an „*Weiblichkeitsvorstellungen*" verband. Um die Männer von sich fern zu halten, habe sie sich unattraktiv und ,unweiblich' machen müssen. Die negativen Aspekte, die Reich dem „Charakterpanzer" zuschrieb, erschienen Brigitte demzufolge weniger bedrohlich als die Folgen einer Partnerschaft oder der Verlust ihrer Freiheit.

Dass Brigitte sich im Zweifelsfalle eher für die Durchsetzung ihrer individuellen Belange entschied, anstatt für eine Theorieumsetzung wird auch in folgenden Passagen deutlich:

„[...] in den [damaligen Partner] war ich sehr verliebt und wir hatten auch eine kurzfristige Beziehung (...), die von mir aus ging. Und ähm äh und irgendwann wurde der mir zu nervig. Der blieb dann einfach in meiner Wohnung abends so und ähm (...) kam vom Mittags gleich wieder zu mir und dann hab ich ihm gesagt, dass ich das so nicht will, dass ich das (...) so

nicht fortsetzen kann. (...) Und dann hat er auch so argumentiert ‚Ja aber, wir wissen doch, nicht-repressive Entsublimierung ist wichtig'. (...) ‚Nee, also', hab ich gesagt: ‚Nicht mit mir.' [...] dass ich meine Freiheit bedroht gesehen habe".

„[...] wenn ich mich da mal so einfangen lasse[...], dann ist es aus mit mir. Das war klar. Das will ich nicht, also muss ich mir die Freiheit wahren, also muss ich da irgendwie [bei] meiner Triebbefriedigung [...] Abstriche machen [...] muss ich's [...] einrichten, wie's für mich gut ist."

„Also diese Spannung, die für mich Sexualität ausmacht, die muss [...] aus der Neugierde und [...] aus dem Unbekannten und und offenbar aus dem Geheimen [kommen]. Aus dem, was eben nicht alle wissen und nicht wissen sollen [...]. Von daher war für mich die, diese Vorstellung, die ganze WG liegt in einem Bett gemeinsam, äh, nie lockend. [...] Die Zeit, wo ich in einer WG lebte [...], da habe ich meine Sexualität außerhalb der WG ausgelebt [...] und dort wurde mir vorgeworfen, dass gerade im Sinne des 68er-Geistes, dass das, ich doch verpflichtet sei und dass es gemeinsam sein müsste und mmmmh ich habe die, diese Logik nicht eingesehen und habe mich dem verweigert."

Hier widersetzt sich Brigitte zum einen dem politischen Anspruch der MitbewohnerInnen, Sexualität innerhalb der Wohngemeinschaft auszuleben und zum anderen der Forderung ihres Freundes, die Beziehung zugunsten einer *„nicht-repressiven Entsublimierung"* fortzuführen. Dieses Argument scheint wenig effektiv im Vergleich zu Brigittes Wunsch nach Unabhängigkeit; das politische Ziel der *„nicht-repressive[n] Entsublimierung"*[5] weiter zu führen. Doch beide sexualpolitischen Ideale möchte Brigitte nicht verwirklichen, da sie dadurch ihre *„Freiheit bedroht"* sah. Damit setzt sie den Wert ihrer *„Freiheit"* höher an als den ihres bzw. eines politischen Anspruchs.

Brigittes Bedürfnis nach Autarkie ließ sich durch den ‚68erInnen'-Beziehungsdiskurs um Polygamie und Beziehungsführung ohne Besitzanspruch leichter umsetzen als in einer monogamen Zweierbeziehung. Sie gibt an, *„auch immer polygam gelebt"* zu haben. Da sie jedoch 21 Jahre lang mit einem Mann eine Beziehung führte, in der sie selbst monogam war, erscheint diese Aussage inkorrekt. Den Wi-

---

5   Die Wortkonstruktion, die Brigitte von ihrem Freund zitiert, ist eine Komposition aus den zwei unterschiedlichen Begriffspaaren „repressive Entsublimierung" (Reiche 1968) und „nicht-repressive Sublimierung" (Marcuse 1965b, S. 179) der ‚68erInnen'-Sexualtheorien. Sublimierung wurde als ein Ziel angesehen, Entsublimierung galt es dagegen zu verhindern (siehe Kapitel I). Demnach ist das Argument Brigittes Freundes, der durch die Beziehung mit ihr eine „nicht-repressive Entsublimierung" umsetzen möchte, eine Art ‚Fehlinterpretation' der Theorie Herbert Marcuses. Inwiefern Brigitte ihren Freund falsch zitiert oder er wirklich diese Theoriebegriffe durcheinander mischte, lässt sich letztlich nicht klären.

derspruch thematisiert sie jedoch nicht. Warum sie die polygame Beziehungsführung bevorzugt, erklärt sie mit ihrer Familiengeschichte: *„[...] meine Fähigkeit zur Polygamie [hängt] eben damit zusammen [...], dass ich eben diese Großeltern als sehr positiv erfahren hab".* *„Meine Großeltern waren beide auch sexuell sehr frei."* In dieser Aussage ist die Annahme enthalten, dass es sich bei Polygamie um eine Art *„Fähigkeit"* handle, die man erwerben bzw. nachahmen könne. Nach dieser These hat Brigitte ihre *„Fähigkeit zur Polygamie"* von ihren Großeltern erworben, da diese ihr eine polygame Beziehung vorlebten.

Zusammengefasst identifizierte sich Brigitte mit mehreren Aspekte der ‚68erInnen'-Theorie der polygamen Beziehungsführung. Kam es jedoch zur praktischen Umsetzung, so entschied sie sich im Zweifelsfall stets für ihre *„Freiheit".* Nicht nur das Beziehungskonstrukt der ‚68erInnen' betrachtete Brigitte abwägend, auch manche Ideale einer ‚richtigen' Sexualität schaute sie sich kritischer an.

Kritik an Theorie I: Masturbation vs. Reich'sche Theorie

„Am besten ging's immer allein. [...] Also ich hatt', hatte auch nie die Vorstellung, also mit diesem Mann muss ich jetzt [zum] Orgasmus kommen. Ich hab oft Männer benutzt so zum Aufheizen und hab es dann quasi (...) an Sexualität später dann selber alleine gemacht. Die Einstellung gehabt, so im Grunde weiß ich als Frau doch am besten wie's geht und ähm. [lacht] Das, das gehörte aber auch sozusagen zu dem Geheimwissen. (...) Dass man das nicht so ernstnehmen, also dies dieser Zwang, man muss nur mit diesem Mann sofort einen Orgasmus haben (...). Das klappte meistens nicht (...) und das habe ich aber auch nicht als so bedrohlich wahrgenommen (...) ähm (...), sondern eben dann schnell gedacht, na ja, die die die ich sag' ja immer Spannung ich nehm's als Spannung wahr ganz stark, die die Spannung, die ich mir verschaffen kann äh die die diese erotische Spannung, die nehm ich mir und sozusagen, die Triebabfuhr (...) äh, die verschaffe ich mir dann am besten selber und am einfachsten."

Nicht nur auf der inhaltlichen Ebene ist diese Passage interessant; auch interaktionsdynamisch ist sie von Bedeutung: Wie Brigitte über Selbstbefriedigung spricht, zeigt, wie selbstbewusst und sicher sie sich diesbezüglich fühlt, wenngleich sie auch bei dieser Passage lachen muss. Vor dem Hintergrund ihrer Akteurschaft als ‚68erin' lässt sich vermuten, dass sie sich mit dem in der Studierendenbewegung verbreiteten Ideal der Offenheit noch identifiziert. Über die eigene Sexualität frei zu sprechen, galt als Mittel, um sich von der anerzogenen Scham zu befreien. Wer frei über Sexualität sprechen könne, befreie seine Sexualität und somit sich selbst (vgl. u.a. Bott 1970, S. 55, Kommune II 1969, S. 11, Eitler 2007, S. 241).

Auf der Inhaltsebene verdeutlicht Brigitte, dass sie es nicht als Muss ansieht, mit dem Partner zum Höhepunkt zu kommen. In ihrer Argumentation wird deutlich, dass sie sich mit der Forderung der VertreterInnen der nichtrepressiven Sexualer-

ziehung nach Befürwortung der Masturbation (vgl. Kentler 1969, S. 32ff. und Verlinden 2007, S. 64) identifiziert. Jedoch wurde in diesem Postulat zumeist nur die
Masturbation von Kindern und Jugendlichen unterstützt und der strenge gesellschaftliche Moralkodex angeprangert, der diese bisher negierte. Onanie von Erwachsenen wurde meist weiterhin als eine sexuelle Spielart angesehen, die die
‚richtige Sexualität‘ mit einem anderen Menschen nicht unmittelbar ersetzen könne.
Wilhelm Reich resümiert: „Die Onanie [...] ist außer in pathologischen Fällen einzig und allein Ersatz des mangelnden Geschlechtsverkehrs." (Reich 1936/1971, S.
98) Reich hatte sich zwar nicht gänzlich gegen Onanie ausgesprochen, jedoch drü-
cke sich laut seiner Einschätzung eine ‚gesunde‘, (neurosen)freie Sexualität in part-
nerschaftlichem Geschlechtsverkehr aus. Und so warnte er besonders Jugendliche,
die noch weniger Möglichkeiten zum Geschlechtsverkehr hätten, vor zu häufiger
Onanie: „Die Gefahr einer Neurose wächst dann mit der Dauer der onanistischen
Befriedigung." (Reich 1936/1971, S. 122)

Indem Brigitte das Postulat der Erwachsenenonanie als ‚Ersatzhandlung‘ ablehnt, kritisiert sie Reich, von dessen Thesen sie sonst „überzeugt" war und mit
welchen sie sich „identifziert[e]". Sie erlebte ihre Masturbation als selbstbestimmt
und sah sie nicht als Ersatz, sondern als Ergänzung oder Abschluss des Geschlechtsverkehrs mit einem Partner bzw. als „Triebabfuhr" der partnerschaftlichen
Sexualität an.

Kritik an Theorie II: Klitoraler vs. vaginaler Orgasmus
Der Nestor des Sexualitätskonstrukt der ‚68erInnen‘ Wilhelm Reich hielt den klito-
ralen Orgasmus für weniger ‚reif‘ als den vaginalen (Reich 1924/1977, S. 224ff.).
Frauen, die (‚nur‘) klitorale Orgasmen erlebten, verharrten auf einer infantilen Vor-
stufe weiblicher Sexualität, so Reich. Die Klitoris interpretierte er als vermeintlich
„männliches Organ" (ebd.).

„Nun bestehen aber bei der Frau mit Klitorisorgasmus starke psychische Gegenbestrebungen
aus dem Männlichkeitskomplex, sich dem männlichen Partner zu geben, die, wenn sie stark
genug sind, einen Teil libidinöser Wünsche von der Teilnahme an der orgastischen Entladung
ausschließen und häufig zu Konflikten vor, während und nach dem Akte führen." (ebd.)

Die „orgastische Potenz" – seine Vision als Gegenmittel für psychische Störungen
– könne sich bei Frauen nur dann entfalten, wenn sie „die Klitoriserotik unterdrücken" und sie durch „die vaginale" ersetzten (ebd., S. 226).

In den Quellen zum Sexualitätskonstrukt der ‚68erInnen‘ finden sich zunächst
keine skeptischen Gegenstimmen zu dieser These. Erst die Neue Frauenbewegung
griff diese These sehr kritisch auf und initiierte eine Debatte um den „Mythos des
vaginalen Orgasmus" (Koedt 1974, siehe auch Kapitel III). Dabei diskutierte sie
auch den penetrativen Sex als Untermauerung der „hegemoniale[n], religiös über-

höhte[n] Geschlechterideologie" (Lenz 2010, S. 395). Die KritikerInnen gingen davon aus, dass der vaginale Orgasmus eine Erfindung des Patriarchats sei, um reinen Penetrationssex zu legitimieren (vgl. Koedt 1974). Brigitte geht im Interview auf Reichs Orgasmus-Differenzierung wie folgt ein: *„[...] diese These [...] von dem klitorialen Orgasmus habe ich nie geglaubt [...]. [Also dass] diese Vorstellung vom vaginalen Orgasmus nicht zutreffend sei und es im Grunde doch immer ein klitoraler sei"*.

Durch diese Aussage dämpft Brigitte die Einwände der KritikerInnen ein und distanziert sich von der feministischen Gegenannahme. Sie habe dies Gegendarstellung *„nie geglaubt"* und halte *„diese Vorstellung vom vaginalen Orgasmus [...] und [dass] es im Grunde doch immer ein klitoraler sei"* für *„nicht zutreffend"*. Es lässt sich festhalten, dass Brigitte sich im Erleben ihres Orgasmus' weder von der männlichen Sexualnorm (Penetrationsduktus, vaginaler Orgasmus) noch von der feministischen Norm (Politisierung des Orgasmus) beeinflussen lässt. Sie legt vielmehr ihren eigenen Maßstab als richtungsweisend an, da sie für sich am besten wisse, wie sie sich einen Orgasmus verschaffe. Durch diese Sexualpraxis vertritt Brigitte einen Standpunkt, der zwischen einer Kritik des Reich'schen Sexualkonstrukts als auch der Abgrenzung von der feministischen Penetrationsdebatte oszilliert: Sie negiert auf der einen Seite Wilhelm Reichs Annahme, dass Masturbation eine ‚Ersatzhandlung', ein Übermaß an Masturbation schädlich und der vaginale Orgasmus ‚gesünder' sei als der klitorale. Andererseits glaubt sie nicht, dass der vaginale Orgasmus eine Erfindung sei.

Kritik III: Heteronormativität der ‚68erInnen'
„Mit ‚ner Frau habe ich nur einmal ‚nen Kontakt gehabt. (...)'s war auch ‚ne gute Freundin, auch viele Jahre später [...] die ich da wieder gesehen hab (...), [da] war ich schon Lehrerin. Und da waren wir irgendwie so begeistert über unser (...) neues Zusammentreffen und ich wohnte bei ihr diese Nacht in XY, dass wir da so gesagt haben so, na gesagt haben wir nicht, aber (...) getan. Einfach mal so das Ausprobieren (...), was dann auch gut war. (...) Sie hatte dann danach auch ‚nen langfristigen lesbischen Kontakt (...) mit ‚ner anderen Frau. [...] Das probiert man auch mal aus. "

Brigitte berichtet in dieser Passage von ihrer sexuellen Erfahrungen mit einer Frau. Dass sie dieses homosexuelle Erlebnis als Besonderheit darstellt, wird deutlich, da sie betont, dass dies *„nur einmal"* vorgekommen sei. Die Umschreibung, man probiere das *„auch mal aus"*, bestätigt den Charakter der Einmalig- und Zufälligkeit. Dass sie betont, dass diese Erfahrung *„dann auch gut war"*, klingt, als sei sie darüber überrascht, als habe sie zuvor wenig über mögliche schöne Facetten lesbischer Sexualität nachgedacht. Die Erfahrung wertet sie als ein ‚natürliche' Sache, als gehörten homosexuelle Erfahrungen zu jeder Sexualität dazu. Auch lässt Brigittes

Wortwahl vermuten, dass sie sich selbst nicht als homosexuell versteht, sondern dieses Erlebnis als einen Moment homosexueller Neugier innerhalb ihrer Heterosexualität deutet.

Glaubt man einigen (sexual)wissenschaftlichen Betrachtungen über die ‚68erInnen', so entsteht oftmals der Eindruck, es habe eine „Heteronormativität in der Studierendenbewegung" gegeben, so lautet zumindest der Titel einer Studie (Micheler 1999). Demnach stünde Brigittes Einstellung zu ihrem gleichgeschlechtlichen „*Kontakt*" im Gegensatz zu einer ‚68erInnen'-Heteronormativität. Der Historiker und Germanist Stefan Micheler fand in seiner Quellenstudie etliche Hinweise auf Homophobie und heterosexuelle Norm in Texten Adornos und Reichs. Die Befreiung von Sexualität schien – so resümiert Micheler – nur für heterosexuelle Menschen zu gelten. Auch andere Autoren attestieren den ‚68erInnen' „Homophobie" (vgl. Roth/Rucht 1991, S. 142ff., Koch 1986 und Holy 1998). Die Ablehnung homosexueller Lebensweise ist besonders vor dem Hintergrund der gesellschaftlich-rechtlichen Strömungen zu besagter Zeit bedeutsam (Reformen des §175 in den Jahren 1969 und 1973) und zeigt, dass eine rechtliche Liberalisierung nicht mit einer absoluten Akzeptanz und Toleranz einhergeht.

Micheler fand auch in Quellen aus den direkten Reihen der Studierendenbewegung Hinweise auf Heteronormativität. Durch die Durchsicht von Flugblättern, Broschüren und Zeitschriften sowie durch die Analyse von Zeitzeugeninterviews kam er zu dem Schluss, dass „homosexuelle Männer und Frauen in der Studierendenbewegung stigmatisiert und diskriminiert" worden seien und es „nur wenig Raum gab, als gleichgeschlechtlich orientierter Mann oder als gleichgeschlechtlich orientierte Frau offen zu leben" (Micheler 1999, S. 77 und S. 98). In den studentischen Debatten über eine Befreiung der Sexualität nahm Homosexualität keinen Stellenwert ein, das Thema war tabuisiert und man vermied, sich zu outen.[6] Im Hamburger StudentInnenmagazin „uni-life" wurden 1969 in einer Umfrage der homosexuelle Geschlechtsakt als „Pseudo-Bums" bezeichnet (vgl. Micheler 1999, S. 80). Das Stigma „schwul" wurde von Studierenden benutzt, um politische Gegner zu denunzieren und bloßzustellen.[7] In einem Artikel aus dem Kursbuch 17 über

---

6 So bekannten sich auch berühmte SDS-Funktionäre und prominente ‚68er' wie Hans-Jürgen Krahl und Günter Amendt erst Jahre später zu ihrer Homosexualität. In „Sexfront" (1970) thematisierte Amendt auf vielen Ebenen die Gleichwertigkeit von Homosexualität und benannte die Schwierigkeiten von Outing und Partnersuche. U.a. fiel das Buch aufgrund dieser Ausführungen der Zensur zum Opfer: Es glorifiziere die Homosexualität, so der Vorwurf (vgl. Amendt 1977, S. 21).

7 In einem Flugblatt der Kommune 1 zu einem Prozess heißt es beispielsweise: „Im Saal herrscht Bambule, Richter und Staatsanwalt sind Schwule." (Langhans/Teufel 1968, S. 145) Auch wenn sich in den Quellen der Bewegung meist die Negation männlicher Ho-

antiautoritäre Erziehung heißt es, man müsse verhindern, dass bei Kindern „autoritäre Charakterstrukturen, Homosexualität, sadomasochistisches Verhalten", „charakterologische Deformationen" und „neurotische Reaktionsbasen" aus einer „falschen Lösung des Ödipuskomplexes" entständen (Dermitzel 1969, S. 186). Diese erzieherischen Konsequenzen leiteten die antiautoritären Erzieherinnen und Erzieher von den psychoanalytischen Theorien ab, die in Homosexualität etwas Pathologisches erkannten und sogar die Entstehung von Neurosen mit Homosexualität zu erklären versuchten (vgl. hierzu Nölle 2004, S. 219ff.). In marxistischen Gruppen galt Homosexualität als „dekadentes Laster des Bürgertums" (Roth/Rucht 1991, S. 143). Erst dank der Neuen Frauen- und Schwulenbewegung wurde Homophobie öffentlich diskutiert.

Auch wenn die sexuelle Befreiung, die die Studierendenbewegung propagierte, also eher auf eine heterosexuelle Befreiung abzielte, erkannte Brigitte in ihrer persönlichen Befreiung auch die Möglichkeit, Sexualität mit Frauen auszuprobieren. Somit grenzt sie sich von der studierendenbewegten Homophobie ab und sah die Losung einer selbstbestimmten Sexualität auf alle Varianten der sexuellen Ausrichtung anwendbar an. Indem sie sich nicht der Heteronormativität ihrer Bewegung anschloss, formuliert sie implizit eine Kritik an der „verbrämten Homosexualität" (Roth/Rucht 1991, S. 143) der ‚68erInnen'.

An diesem Beispiel wird nochmals deutlich, dass sich Brigitte mit den Sexualtheorien der Studierendenbewegung kritisch auseinandersetzte und sie nur in dem Maße für sich nutzte, wie sie für ihre Lebensvorstellung und Bedürfnisse nutzbar war. Auch wenn sie von einigen Theorien der Bewegung stets „überzeugt" gewesen sei, schloss das für sie den „spielerisch[en]" Umgang mit den Theorien nicht aus. Entscheidungen hinsichtlich Beziehungsgestaltung und Sexualleben traf Brigitte zumeist im Sinne ihres Bedürfnisses nach Autonomie statt im Sinne der Theorie.

4.3 Beziehungs- und Sexualitätskonstrukt

Dekonstruktion der traditionellen Geschlechterdichotomie
von aktiv und passiv
Brigittes Umgang mit ‚Geschlecht' prägt eine dekonstruierende Art. Insbesondere hinterfragt sie die Vorstellung, Männer seien das aktive und Frauen das passive

---

mosexualität finden lässt, so finden sich auch Ablehnungen gegenüber weiblicher Homosexualität. Auf dem berühmten „Schwänze-Flugblatt" des „Frankfurter ‚Weiberrats'" findet sich der Verweis, dass Genossen das Wort „lesbisch" als Schimpfwort benützten (vgl. Frankfurter ‚Weiberrat' zit. nach Lenz 2010, S. 63).

‚Geschlecht'. Bereits als Pubertierende erkannte sie diese Darstellung als Stereoty-pisierung. Der Polarisierung von männlich=aktiv und weiblich=passiv verweigerte sie sich bereits vor Beginn ihrer eigenen sexuellen Erfahrungen mit Partnern. Ihre Kritik an der Geschlechterzuschreibung setzte sie danach weiter fort. So berichtet sie, dass sie auch als Schülerin geschlechterdifferente Verhaltensweisen und Zu-schreibungen als *„albern"* und *„nervig"* erlebte:

„[...] man musste also irgendwelche Jungsklassen treffen und dann saßen da immer kichernd auf der einen Seite der Mädchenhaufen [...] und so etwas nachdenklich auf der anderen Seite der Jungenhaufen. Und ich fand das immer ungeheuer nervig und ich [...] hab das als Flirt-zwang empfunden und man musste dumm rumgrinsen und sich präsentieren. [...] Dieses Tanzstundenverhalten fand ich furchtbar albern. Ich war (...) sehr interessiert daran, mich (...) intellektuell entwickeln zu können und ich hab das Gefühl gehabt, und wenn ich solchen Jungen begegne, dann kann ich solche Gespräche nicht führen [...], die erwarten was ganz anderes. (...) Und dann ging es sehr schnell auch um Sexualität und diese Fummelei von schwitzigen Jungenhänden auf mir fand ich immer furchtbar nervig und ärgerlich."

Brigitte empfand die arrangierten Begegnungen mit Jungen alles andere als span-nend; sie mochte sich nicht dem Verhalten des *„Mädchenhaufen[s]"* anschließen, da ihr dies zu stereotyp bzw. *„zu nervig"* erschien, da dieses auf die sexuelle Rei-zung der Jungen abzielte. Sie hätte sich lieber einen anderen Umgang gewünscht; mehr *„Gespräche"* als *„Fummelei"*. Auch wenn sie diese Treffen retrospektiv als *„albern"* beschreibt, so ist der Druck von außen und daran gekoppelte Anforderun-gen an sie als ein passives, *„dumm rum grinsen[des]"* Mädchen auch heute noch spürbar. Was Brigittes Absage an diese Forderungen bezüglich ihres ‚Geschlechts' für einen Kraftakt bedeutete, lässt sich durch das Bild der *„schwitzigen Jungenhän-de"*, die sie *„ärgerlich"* abwehren musste, nur erahnen.

Auch in späteren Szenen spielt Brigittes Erwartung von einer Umdeutung und Umkehrung des Aktiv-Passiv-Themas eine besondere Rolle. In Partnerschaften und anderen sexuellen Zusammenkünften nahm Brigitte beifolgend das aktive Muster an.

„[...] ich bin die, die Beziehungen herstellt. [...] immer schon war mir klar, [...] dass ich eine völlig unabhängige freie [...] dominante Frau bin, die sich [...] ihre Geliebten nimmt. [...] Von daher (...) war für mich (..) klar, Sexualität (...) geht von mir aus und ich nehme sie mir".
„Ja, wobei irgendwie dann so der Moment auftauchte, wo man man wusste ja, es ist entspan-nend und man kann danach auch besser arbeiten, 'ne. Das war dann auch schon mal der Fall, ja [...], dass ich mir also dann jemanden so irgendwie, in der ESG wurde immer gefeiert und da konnte man immer ziemlich kurzfristig [...] jemand aufreißen."

Mochte Brigitte in sexuellen Kontakt zu Männern treten, so musste sie bloß auf Veranstaltungen einen Mann „aufreißen". Durch diese Beschreibungen wird Brigittes Aktivität und Eigeninitiative deutlich. Zudem erinnert Brigittes Wortwahl stark an eine machistische Sprechweise, da die Umschreibung (Frauen) „aufreißen" meist von Männern benutzt wird, um ihr Flirtverhalten auszuschmücken (vgl. u.a. Trömel-Plötz 2004, S. 64ff.). So dreht Brigitte nicht nur handlungstechnisch den Spieß von passiv und aktiv um, indem sie sich Sexualität nimmt, wann sie möchte, sondern auch sprachlich, indem sie einen männlich-sexistischen Sprachgebrauch – der in seiner ursprünglichen Bedeutung sogar gewalttätig anmutet – auf die Männerwelt anwendet. Auch durch ihre Umschreibung, sich einen Mann zum Sex zu „nehmen", reduziert und funktionalisiert diesen auf seine Körperlichkeit und sein ‚Geschlecht'. Wogegen sich emanzipierte Frauen wehren, nämlich wenn sie jemand auf ihr ‚Geschlecht' reduziert und nur als „Sexobjekt" wahrnimmt, setzt Brigitte somit hier in gegensätzlicher Richtung selbst um.[8]

Brigitte umschreibt und charakterisiert ihr aktives Verhalten als „dominant" und berichtet, dass die Männer, die sie anziehend fänden, dies auch an ihr mochten: „Ich hab' ja auch immer nur so Männer, die [...] mich offenbar dann doch als sehr dominant wahrnehmen die mit 'ner dominanten Frau bereit sind zu leben." Dass andere Menschen sie als dominant wahrnehmen, motivierte Brigitte, diesen Aspekt in der Figur der Domina in ihrer Sexualität auszuprobieren.

„Domina zu spielen, hab' ich auch mal ausprobiert. (...) Und weil man mir eben immer sacht, ich sei so dominant (...) hab ich gedacht, vielleicht ist das irgendwie in mir (...) aber [zu] Gewalt habe ich überhaupt keine, überhaupt keine Beziehung".

Durch dieses Experiment spitzt Brigitte den Hinweis des Frauenratgebers zu, den sie in ihrer Jugend las, wenngleich sich diese Spielart nicht als passend für sie herausstellt.

Doch nicht nur in sexuellen Sphären beschreibt Brigitte ihre Aktivität und Eigeninitiative. In unterschiedlichen Sequenzen, in denen sie über ihre Beziehungsgestaltung spricht, betont sie ihre Selbstbestimmung innerhalb ihrer Partnerschaften.

---

8   Wenngleich Brigitte das Passiv in Aktiv im traditionellen Geschlechterverhältnis umwendet, lässt sie sich nicht als eine Pro-Matriarchat-Feministin bezeichnen. Der Pro-Matriarchat-Feminismus fordert die Umkehrung der Machtverhältnisse (vgl. u.a. Laugsch 1995). Dieser Forderung würde Brigitte wohl nicht zustimmen. Vielmehr gehört sie der Riege an, die eine Gleichheit der ‚Geschlechter' fordert, auch wenn sie hierbei Frauen als die Hauptverantwortlichen zum Erreichen dieses Ziels ansieht, da von ihnen und ihrer Willensstärke Veränderungen ausgingen (siehe Selbstbild).

„[...] und (...) wenn sich herausstellte, dass ähm die Vorstellung der Männer irgendwie in die Richtung ging, mich irgendwie ans Haus zu binden oder in eine feste Beziehung hineinzudrücken oder wenn die anfingen, sich in meiner Studentenbude breit zu machen (...) oder wenn die mir gar ihre dreckigen Klamotten anzuvertrauen gesuchten [lacht] dann war für mich der Punkt erreicht, wo ich so eine Beziehung sofort abgebrochen habe."

„Ich war verliebt, ja, aber [...] in dem Moment wo mir jemand so nervig wurde, dass ich da meine [...] Freiheit bedroht gesehen habe, dann war da auch die Liebe vorbei."

„[...] mein Lebenspartner äh ist vor [...] fünf Jahren gestorben und ähm nach [...] seinem Tod bin ich ja auch erst nach G. gezogen, weil klar war, ich muss mich irgendwie (...) anders orientieren. Aber es gab immer schon in der Nachbarstadt einen anderen Professor, von dem mir klar war, dass, wenn irgendwann meinem Geliebten etwas passiert, dann gäbe es noch diesen dort in der Nachbarstadt und den gab's dann also auch und den gibt's auch heute noch. So dass ich im Grunde dieselbe Konstruktion fortgesetzt habe, jetzt mit einem Kollegen, den ich mir aber auch schon vorher ausgesucht hatte."

Brigitte ist die also diejenige, von der stets Beziehungsangebot und -ende *„ausgehen".* Sie stellt aktiv *„Beziehungen her[...]"* und legt den Verlauf von Beziehungen fest. Männer, die im Vorfeld als potenzielle Partner eigenmächtig sondiert werden, werden von ihr *„genommen".* Stellt sich eine Beziehung für sie als unbefriedigend heraus, so wird sie von ihr beendet statt in einer gemeinschaftlich geklärten Aktion. Für den Verlauf dient ihre *„Freiheit"* als Parameter.

Dass Brigitte Beziehungen beendet, sobald der Partner *„nervig"* wird, deutet darauf hin, dass sie davon ausgeht, dass, sobald sich die Beziehung in eine für sie ‚falsche' Richtung bewegt, sie die Beziehung auf schnellstem Wege beenden müsse. Diese Annahme schließt eine Verhandlungsebene von Beziehungsdynamiken aus, in der Ängste und Wünsche besprochen und ausgehandelt werden. Brigitte möchte über ihre *„Freiheit"* nicht verhandeln. Aktive Beziehungsgestaltung bedeutet für sie demnach nicht, in Verhandlungen mit dem Partner zu treten, sondern durch rigorose Schlussstriche im Alleingang möglichen (faulen?) Kompromissen zu entgehen und die eigene Autonomie zu wahren. Und so kann sie auch das Verhalten ihres Partners nachvollziehen, der sich trennt, als seine ehemalige Freundin von ihm mehr Verbindlichkeit einfordert.

„Er hatte [...] diese Freundin äh vor mir, die hat eben [...] von ihm verlangt, dass er sich scheiden ließ und die wollte wirklich die Ehe mit ihm. (...) Und das hat er wiederum als so bedrohlich empfunden, dass er dann diese Beziehung abgebrochen hat. Mir war immer schon klar: Dieser Mann [...] ist irgendwie konservativ im Kern und er wird diese Familie nicht verlassen. Und ich hab nie irgendwie versucht, ihn dazu zu bewegen, dass er seine Familie verlässt oder [...] sich scheiden lässt oder so."

Interessanterweise ist Brigitte durch dieses indirekte Regelwerk ihres Freundes (‚Keine Forderungen stellen!') nun eher passiv denn aktiv und arrangiert sich mit diesem Wunsch. Dass er eine Beziehung beendete, nachdem die ehemalige Partnerin eingefordert hatte, dass er sich scheiden lasse, kann Brigitte vermutlich aufgrund ihres eigenen Wunsches nach Freiheit gut nachvollziehen.

Brigittes Beziehungsmodell, in dem sie die *„geheime Geliebte eines Genies"* ist, wird im Folgenden noch genauer analysiert. In diesem Analyseabschnitt galt der Fokus jenen Handlungsspielräumen, in denen Brigitte die dichotome Aufspaltung von geschlechtlicher Aktiv-Passiv-Zuschreibung umdreht und versucht, sie im Sinne ihres Autonomiewunsches zu dekonstruieren.

Bedrohung der Unabhängigkeit durch Mutterschaft

Brigittes alles überragendes Ziel – die Wahrung ihrer Autonomie – wurde bereits durch die Ausführung ihrer Beziehungsgestaltung betrachtet. Dass dieses Ziel auch ihre Lebensplanung hinsichtlich Kindern betrifft, wird im Folgenden deutlich.

„Es ging schon darum, ein Examen zu machen, ein Staatsexamen zu machen, unabhängig zu sein (....) das, das war mir klar. Und es war mir klar, wenn ich mich [...] ernsthaft verliebe und wenn ich mich auf [...] eine Hausfrauenrolle einlasse und, und, und wenn ich früh Kinder bekomme, dann könnte dieses Ziel gefährdet sein. Das, das war mir klar und das war bedrohlich."

„Ich weiß auch nicht, wie das mit diesem Ideal zusammenhängt oder zusammenpasst, dass ich ja eigentlich auch immer Kinder hätte haben wollen. Aber da hatte ich mir irgendwie vorgestellt, zusammenleben und Kinder haben (..) aber nicht heiraten. Also ich hab' Heiraten immer als [...] unsäglichen Zwang empfunden."

Brigittes Zweifel, dass eine Mutterschaft ihre intellektuelle Entwicklung hätte gefährden können, spiegelt sich in diesen Passagen sowohl auf der inhaltlichen als auch auf der sprachlichen Ebene wider. Im Gegensatz zu ihrem sonst sehr glattem Redefluss, stockt sie in dieser Passage, was sie emotional bedeutsam macht (*„und, und, und wenn ich früh Kinder bekomme"*). Die Ambivalenz, die auf affektivem Level bei der Entscheidung gegen Kinder eine Rolle spielte, wird auch in der Art und Weise spürbar, wie zögerlich sie über dieses Thema spricht,[9] und wie sie die Entscheidung gegen Kinder letztlich rational, vernunftgemäß begründet. In den

---

9   An zwei Stellen ignoriert Brigitte die Frage der Interviewerin nach ihrem Kinderwunsch. Bei der ersten Frage greift Brigitte schnell erneut nach einem Foto, auf dem ihr verstorbener Partner abgelichtet ist. Bei der nächsten Nachfrage überhört sie erneut die offene Frage (*„das mit dem Kinderkriegen"*) und verweist stattdessen auf weitere Literatur (*„im Keller"*), die sie der Interviewerin noch zeigen wolle.

Passagen, in denen Brigitte von möglicher Mutterschaft berichtet, fokussiert sie zwei Argumente sachlicher Art, die begründen, warum sie keine Mutter geworden ist: Zum einen gehörten Kinder unabdingbar in eine Ehe, der sie sich als *„Zurichtung"* verweigerte; zum anderen sieht sie die Kombination von Mutterschaft und Studium als aussichtslos an. Dass im Abwägungsprozess des Für und Wider des Kinderkriegens durchaus auch emotionale Aspekte eine Rolle spielen, wird im Interview nur subtil deutlich und werden durch den Topos, nach dem Kindern nicht in ihr Leben gepasst hätten, überformt. Die ,traditionellen Lebensentwürfen' sonst sehr kritisch gegenüberstehende Brigitte erstaunt hier mit dem Argument, dass außerhalb einer Ehe keine Kinder gezeugt werden sollten. Und da für sie Mutterschaft unmittelbar mit einer Ehe in Verbindung steht, die wiederum unweigerlich mit einer Hausfrauenrolle verknüpft steht, die Brigitte ja vermeiden möchte, schließt sich für sie durch folgende argumentative Kausalkette eine Mutterschaft aus:

Kinder = Ehe = Hausfrauendasein = Autonomieverlust/Unterwerfung/Ohnmacht.

Ihre konservative Annahme, Kinder gehörten nur in eine Ehe, wirkt befremdlich, da sie sich an vielen Stellen des Interviews von der ,bürgerlichen' Moral und der *„monogamen Einehe"* abgrenzt (vgl. hierzu vor allem Kernaussage 2). Brigittes Verständnis von Familie ist demnach untrennbar mit einer Ehe verknüpft und mit der Ehe wiederum das scheinbar unabwendbare *„Hausfrauendasein"*. Mit dieser Annahme schließen sich für Brigitte also Freiheit und Familie aus. Brigitte misst Familie auf kuriose Weise eine Bedeutung bei, die ihr die ,68erInnen' mit ihrer politischen Einstellung eigentlich absprechen wollten (vgl. u.a. Reichs Annahme von Familie als „Fabrik autoritärer Ideologien und konservativer Strukturen" [Reich 1933/1971, S. 88 f.]).

Somit ergibt sich m.E. eine paradoxe Argumentation: Dadurch, dass sie keine Kinder außerhalb der Ehe zeugen möchte, ist sie wiederum Fürsprecherin der Institution Ehe, die sie eigentlich als „Zurichtung" negiert. Durch diesen Widerspruch – sich einerseits als ,68erin' zu charakterisieren und sich andererseits Kinder außerhalb einer ehelichen Partnerschaft nicht vorstellen zu können – kann es bei der Kinderfrage zu keiner kompromisshaften Lösung kommen, da hierbei zwei moralische Grundprinzipien (,Nein zur Ehe' und ,Keine Kinder ohne Trauschein') unvereinbar wirken. Oberhand gewann bei dieser Abwägung letztlich ihr Bedürfnis nach Selbständigkeit. Die Vorstellung, auch ohne Trauschein Mutter zu werden, wird Brigitte vermutlich durchaus abgewogen haben; jedoch äußert sie sich nicht dazu. Ihre Argumentation enthält einen wissenschaftlichen Begründungsduktus, subjektive, biografiebewegte Begründungen kommen weniger zum Tragen.[10] Vielmehr konzen-

---

10 Beispielsweise könnte ihre Erfahrung als ,Kuckuckskind' ein biografischer Grund für ihre Vorstellung sein, Kinder sollten nur innerhalb einer Ehe gezeugt werden. Auch wenn sie ihren Status als uneheliches Kind erst im Erwachsenenalter erfuhr, so lässt sich an-

triert sie sich auf eine theoretisch-ideelle Begründung mit Verweis auf ihr Autonomie-Bedürfnis; dass eventuell ihre Partner kein Interesse daran hatten, mit ihr ein Kind zu zeugen, spricht Brigitte nicht an.

Brigittes Absage an eine Mutterschaft aufgrund der Sorge, Kinder könnten den Abbruch ihres Studiums herbeiführen, ist mit Blick auf die Situation studierender Mütter Anfang der 1970er Jahre nachvollziehbar. Jungen Müttern fiel die Vereinbarung von Studium und Kind zu Brigittes Studienzeiten tatsächlich schwer, da es Unterstützungsmaßnahmen für Studentinnen mit Kind, wie es sie heute gibt, zu Brigittes Studienzeit noch nicht gab. Zum Beispiel stand in den 1960er Jahren in der BRD nur einem Drittel aller Kinder zwischen drei und sechs Jahren ein Kindergartenplatz zur Verfügung (vgl. Grossmann 1987, S. 97). Aus diesem Mangel an Betreuungsplätzen entstanden die ersten Kinderläden auf Initiative von (studierenden) Müttern und anderen Frauen der ‚68erInnen'-Bewegung.[11]

Neben strukturellen und finanziellen Gründen, die die Vereinbarkeit von Kindern und Studium erschwerte, werden auch andere, ambivalente Gefühle und Gedanken die Auseinandersetzung mit der ‚Kinderfrage' beeinflusst haben. Passend beschreibt diese Mutter-Ambivalenz, die stets an das weibliche ‚Geschlecht' gekoppelt sei, die Erziehungswissenschaftlerin Barbara Schaeffer-Hegel. Sie sieht in ‚der Weiblichkeit' unwandelbar eine double-bind-Situation, in der Frauen per genus in eine Zwickmühle von Verzicht gerieten. Würden sich Frauen für Kinder entscheiden, fände ein Verzicht auf eigene Bedürfnisse und Wünsche statt. Fällten sie

---

nehmen, dass sie diese Tatsache in unbewusster Hinsicht dahingehend prägte, dass sie sich der Vorstellung von der moralischen Ordnung verschrieb. Brigittes Sorge, ein uneheliches Kind zu gebären, ist vor Hintergrund dieser biografischen Besonderheit verständlich und zeigt, dass es ihr weniger um die gesellschaftliche Akzeptanz unehelicher Kinder geht, denn um die Position des Kindes als eines aus einer (intakten) Ehe. Dass Brigittes Fokus mehr auf dem Kind liegt als auf gesellschaftlichen Zuschreibungen, wird hinsichtlich des gelockerten öffentlichen Blicks auf uneheliche Kinder seit Ende der 1960er Jahre nachvollziehbar. Zu Brigittes Studien- und späteren Berufszeit war ein stigmatisierendes Bild des unehelichen Kindes sowie der unverheirateten Mutter als ‚gefallenes Mädchen' schon nicht mehr so allgegenwärtig. Die wachsende Akzeptanz unehelicher Kinder Ende der 1960er Jahre lässt sich auch mit ihrem wachsenden Anteil in Deutschland zeigen. So gingen beispielsweise 1969 etwa 6,6% aller Kinder, die in Deutschland geboren (und gemeldet) wurden, aus nichtehelichen Gemeinschaften hervor. Mit den Jahren stieg der Anteil unehelich geborener Kinder an (z.B. 1970: 7,23%, 1977: 9%, 2009: 32%) und ist in der heutigen Gesellschaft nichts Ungewöhnliches mehr.

11 Zu den Zuständen (beispielsweise die Erzieher-Kind-Relation von 52 Kindern auf eine Fachkraft), die in deutschen Kindergärten Ende der 1960er Jahre herrschten, und wie diese Notlage die Kinderläden entstehen ließ, siehe vor allem Baader 2007, 2008, 2011.

eine Entscheidung gegen Nachwuchs, fände ein Verzicht auf den Status des ‚Weiblichen' statt (vgl. Schaeffer-Hegel 1996, S. 63ff.). Beim Abwägen beider Verzichtsoptionen entschied sich Brigitte klar für die Absage an das ‚Frauenleitbild' bzw. den weiblichen Aspekt, dem sie sich ohnehin „verweigert[e]".

Es gab in der ‚68erInnen'-Bewegung jedoch auch Frauen, die das Mutterleitbild als Politikum nutzten. Helke Sander beispielsweise sah in Müttern „politische Personen", denen die Möglichkeit gegeben werde, neue Lebensformen politisch zu erproben (Sander 1978, S. 38). Die Akteurinnen der Kinderladenbewegung erkannten in der Politisierung von Mutterschaft das Potenzial, die Gesellschaft für Ungerechtigkeit, Doppelbelastung, überfüllte Kindergärten usw. zu sensibilisieren (vgl. Frohnhaus 1994, S. 102ff.).

Auch wenn sich zeitlich gesehen nach Brigittes Studium immer vielfältigere Lebensformen und Individualisierungsprozesse ergaben, blieb ihre Entscheidung gegen Kinder bestehen. Der Wandel hätte Brigitte die Option auf ein Leben geboten, in dem sie ihre Ansprüche – Mutterschaft und Karriere, uneheliche Partnerschaft, Ausklammerung der „Hausfrauenrolle" und Beibehaltung der Autonomie – hätte integrieren können. Ob sie dieses Konzept in Erwägung zog, führt Brigitte nicht aus, vielmehr stellt sie kohärent dar, dass Kinder sich nicht in ihr Leben integrieren ließen.

Bedrohung der (intellektuellen) Entwicklung durch Partnerschaft

„Ich erinnere mich so an erste Liebesbeziehungen (...), wenn Männer bei mir [...] auf meiner Bude waren, ich nahm die mit zu mir, [...] und [wenn] ich [...] feststellte, die hatten welche Wünsche, die ich nicht erfüllen möchte (..) dann hab ich mich sehr deutlich verweigert.[...] mir war dann klar, wenn ich mich (...) in den ersten Semestern gleich ernsthaft verliebe, dass dann mein Studium möglicherweise ernsthaft gefährdet sei. [...] Ich will meine intellektuelle Identität bekommen. Das war für mich das Zentrale. [...] Also zum Beispiel im Examen. Da war mir klar, so dieses Jahr muss ich jetzt (...) ranklotzen, da kann ich keinen Mann brauchen."

„Es war schon irgendwie 'ne gewisse [...] Angst, wenn ich mich jetzt ernsthaft äh (...) verliebe und binde, dann könnte es in diese Richtung gehen, dass ich mich äh (...) gedrängt sehe, mein Studium aufzugeben und einen Haushalt zu begründen oder so etwas. Und das wollte ich nicht."

Während andere ProbandInnen die bereichernden, positiven Aspekte von Partnerschaft erwähnen und in nahen sozialen Kontakten die Erfüllung eines Grundbedürfnisses sehen, konzentriert sich Brigitte auf die möglichen negativen Folgen. Ihre Sorge gilt besonders besitzergreifenden Partnern, in die sie sich „ernsthaft verlieben" könnte. Für sie birgt eine Beziehung mit solchen Charakteren die Gefahr, ihr Studium beenden zu müssen und in der Entwicklung ihrer „intellektuelle[n] Identi-

tät" gehemmt zu werden. Um dies zu verhindern, beendet sie Partnerschaften, sobald ein Partner ihr Freiheitsbedürfnis und ihre Entwicklung behindert.

Brigittes Sorge, die sie in ihrem Studium umtrieb, dass eine enge Partnerschaft oder Ehe ihre intellektuelle Weiterentwicklung blockiere, findet man auch in Quellen der Bewegung: Im Kursbuch 17 (1969) beschreibt „Hanna B., 26 Jahre, Studentin, verheiratet mit einem Wissenschaftler, 1 Kind" ihre Bedenken (Runge 1969, S. 70):

> „Studieren wollt' ich auf jeden Fall, mein Mann hat mich auch dabei unterstützt. Wir hatten ein Beispiel vor Augen, die auch geheiratet haben, weil ein Kind kam. Die Frau hatte studiert, hörte dann aber auf, und verblödete allmählich, muß ich sagen." (Runge 1969, S. 70)

Auch eine Studie der Soziologin Hannelore Gerstein aus dem Jahre 1965 zeigt, dass viele Studentinnen ihr Studium abbrachen, nachdem sie geheiratet hatten (vgl. Gerstein 1965, S. 198f.).[12] Der von Gerstein angesprochenen Variable der „Verheiratung", die in den meisten Fällen zu einem Studienabbruch der Frauen führte,

---

12 In ihrer Studie an der Universität Bonn gaben 42 Prozent der befragten Studentinnen ihr Studium im Untersuchungszeitraum (1950-1960) frühzeitig auf (Gerstein 1965, S. 42ff.). Als der häufigste Grund wird der Eintritt in eine Ehe angeführt. Gerstein führt daneben auch Faktoren der Persönlichkeit sowie familiäre und wirtschaftliche Gründe für den Studienabbruch an: Herkunft aus einem „stärker akademisch- und oberschichtsorientierten sozialen Bereich", „Verheiratung", „physische und psychische Überbelastung" sowie „finanzielle Schwierigkeiten" (Gerstein 1965, S. 108f.). Auch wenn Gersteins Ergebnisse etwa zehn Jahre vor Brigittes Studienbeginn erhoben wurden, so lassen sich die darin identifizierten Variablen auf Brigittes Angst vor einem Studienabbruch anwenden. Die Möglichkeit, durch ihren Partner in eine „Hausfrauenrolle" oder Mutterschaft gedrängt zu werden, was ihr Staatsexamen „gefährdet" hätte, schien ihr „bedrohlich" realistisch. Aus dieser Bedrohung zog sie die Konsequenz, die Beziehung zu Partnern sofort abzubrechen, die sie „irgendwie ans Haus zu binden" versuchten. Jedoch tragen ebenso die „Ideologie" und die „Sozialstruktur" an den Universitäten ihren Teil zum Abbruch des begonnen Hochschulstudiums bei (Gerstein 1965, S. 63). Die „Ideologie", die sich negativ und demotivierend auf die Studentinnen auswirke, prägte besonders eine geringe Wertschätzung und offene „Diskriminierung" durch Kommilitonen, Dozenten und Professoren (Gerstein 1965, S. 88f.). („Unsichtbare') Diskriminierungsmechanismen an Hochschulen wurden in den 1970er Jahren zunehmend von der Neuen Frauenbewegung thematisiert. In dem Interview äußert sich Brigitte nicht zu negativen Erfahrungen im Unialltag. Sie betont vielmehr den intensiven Austausch mit Gleichaltrigen und Gleichgesinnten in Arbeitsgruppen – eine geschlechterdifferente Perspektive nimmt sie dabei nicht ein.

entging Brigitte durch ihre Beziehungsabbruch-Praxis. Eine andere von Gerstein identifizierte Variable für den Studienabbruch junger Studentinnen betrifft die finanziellen Sorgen. Diese hatte Brigitte ebenfalls. Da ihr Vater ihr Studium nicht finanziell unterstützte, beantragte sie Bafög. Da diese Hilfe nur für die Regelstudienzeit gilt, bestand auch ein zeitlicher Druck, was wiederum Brigittes Sorge vor beengenden und zeitraubenden Partnerschaften bestärkt haben mag.

Das Ziel, ihre *„intellektuelle Identität"* zu erreichen und dies mit einem Studienabschluss zu demonstrieren, könnte auch als Geschlechterdekonstruktions-praxis von Brigitte gedeutet werden. Mit einem erfolgreichen, selbst organisierten und ohne Unterstützung durch die Familie erreichten Hochschulabschluss dekonstruiert sie als unabhängige, studierte Frau überholte stereotype Zuschreibungen, die sie bezüglich intelligenter Frauen in ihrer Kindheit und Jugend aufgriff. Frauen wurden – und werden auch heute noch (vgl. u.a. Alfermann 1993, S. 301ff.) – meist erst durch überragende Leistungen als intelligent anerkannt. Studien zeigen, dass sich viele Menschen intellektuelle Errungenschaften von Frauen meist mit Fleiß und/oder Glück statt mit ‚tatsächlichem' Intellekt erklären (vgl. u.a. Clemens 1986, S. 150, Schlüter 1992, S. 318). Die geringe Anerkennung weiblicher Wissenschaftsleistungen während der Studierendenbewegung beschrieb Elisabeth Schwarzhaupt – von 1961-1966 erste Ministerin (für Gesundheit) im deutschen Parlament – sehr passend: „Wir Frauen müssen das Doppelte leisten, um die Hälfte von dem zu erreichen, was die Männer schaffen." (Schwarzhaupt 1967 zit. nach Scherb 2002, S. 277) Und da Brigitte es zu ihrem Ziel erklärte, sich *„intellektuell [zu] entwickeln"* und (gesellschaftliche) Anerkennung als kluge Frau zu erfahren, schloss sie die dieses Ziel potentiell gefährdende *„Liebe"* aus ihrem Alltag aus. Ihre Biografie zeigt, dass sie dieses Ziel erreicht hat: Sie ist Professorin an einer deutschen Universität, anerkannte Wissenschaftlerin in ihrem Forschungsbereich und Herausgeberin mehrerer Zeitschriften.

Die wahrgenommene Bedrohung ihres Bildungswegs und ihrer Karriere durch Partner- oder Mutterschaft lässt sich mit Blick auf den Zeitgeist sowie Brigittes Erfahrungen (fehlende Unterstützung der Eltern, Unzufriedenheit der Mutter, übergriffige Partnerschaften) nun leichter nachvollziehen.

Brigitte als *„Zweitfrau"* und *„geheime Geliebte von [...] einem Genie"*

„Es gab für mich so zwei Möglichkeiten, die ich mir hätte vorstellen können [...] seit 66, wie ich eigentlich leben wollte. Das eine war so die Vorstellung von Parteizentrale. Ich wollte [...] in einem Haus mit einem politisch engagierten Mann leben und wollte viele Kinder haben und ich hatte mir vorgestellt, zu uns kommen alle und für mich war immer klar, dass ich [mir] dann äh auch sexuelle Freiheiten nehmen würde [...]. Das war die eine Möglichkeit. Und die andere Möglichkeit [...] war immer die [...] geheime Geliebte von irgendeinem Genie zu sein. (...) Und das ist eigentlich die Möglichkeit, die ich dann realisiert habe später."

*„Verantwortung tragen [,] Essen kochen, [...] einen Mann in meine [...] Wohnung lassen
oder Teile meiner Freiheit aufzugeben und, das habe ich nie gewollt. [...] dass ich mich in
Männer verliebt habe, die ihrerseits schon verheiratet waren, das fand ich immer gut (...). Ich
hab' auch immer die Regel aufgestellt ,Es reicht, wenn einer verheiratet [...] in einer Beziehung ist, es müssen nicht beide verheiratet sein, schon gar nicht miteinander' [...]; ich hab
mir immer verheiratete Männer gesucht, ähm, und habe die, äh, in bestimmten zeitlichen Abständen getroffen. (...) So hab' ich mit meinem (...) vorletzten Partner gelebt, 21 Jahre lang,
er war mein Professor. Wir haben uns (...) alle drei, vier Wochen [...] getroffen und zwei,
drei, vier Tage zusammen im Hotel verbracht."*

*„Ich [habe] mich in dieser Rolle sehr gut gefühlt [...]. Ich hab' sie einmal für mich als gut be-
funden, weil ich [...] mit einem Mann einmal die Erfahrung gemacht habe, dass es besser sei,
die Zweitfrau zu sein als die Erstfrau. Bei dem war ich immer die Hauptfrau und der hatte
immer Freundinnen neben mir (...) und das fand ich so nervig, dass ich irgendwann mal be-
schlossen habe, eigentlich ist es besser die Zweitfrau zu sein (...), weil die Erstfrau die Hauptfrau, die hat sozusagen die Mühen und den (...) Ärger am Leib, nicht aber die Zweitfrau, das
fand ich immer gut und entlastend. [...] dass ich mich als geheime Geliebte am besten realisieren kann [...] als Zweitfrau [...] neben einem Intellektuellen."*

*„Ich [...] hab' irgendwie immer so sehr gekriegt, was ich wollte. [...] wenn wir uns trafen,
dann hatte ich ihn ganz. (...) Und das waren dann drei, vier Tage und das hat mir gereicht.
[...] und ansonsten haben wir täglich telefoniert und [bei] meinem jetzigen Partner ist es so,
wir mailen uns täglich und das ist so eine ungeheure Zuwendung und Aufmerksamkeit und
eben Intensität (...), und dann eben alle drei, vier Wochen so ein Zusammensein. Im Hotel
[...], das entspannt mich auch, keine Ordnung machen müssen. Gerade dieser anonyme
Raum, den [...] finde ich ungeheuer positiv. (...) Also 'ne Beziehung zu haben (...) auf Distanz,
getrennte Wohnungen zu haben [...] zu wissen, er hat außer mir noch eine Partnerin, die für
seine konservativen Bedürfnisse zuständig ist und diese auch gesichert erfüllt (...) es ist für
mich die richtige Konstellation."*

In diesen gesammelten Sequenzen beschreibt Brigitte das Beziehungskonzept, wie
sie es für sich als *„optimal"* empfindet. In dieser *„Konstellation"* mit sich als Ge-
liebter könne sie sich am besten *„realisieren"* und ihre Autarkie und Selbstbestimmung im Alltag blieben erhalten. Das als bedrohlich wahrgenommene *„Hausfrauendasein"* umgeht Brigitte mit dieser Beziehungsführung dahingehend, dass sie die
Hausfrauentätigkeiten und Erfüllung der *„konservativen Bedürfnisse"* des Mannes,
was *„Mühen und Ärger"* mit sich brächte, der *„Erstfrau"* bzw. der Ehefrau des
Partners überlässt.

Der amerikanische Psychoanalytiker Abraham Maslow untersuchte in den
1970er Jahren verschiedene Persönlichkeits- und Beziehungstypen. Ein von ihm
entwickelter Persönlichkeitstypus ist die „self-actualizing person". Diese Persönlichkeit zeichnet sich laut Maslow durch einen starken Drang nach Selbstverwirklichung und Autonomie aus (Maslow 1970, S. 149ff.). Aus seinen ausführlichen Ein-

zelfallstudien folgert Maslow, dass „self-actualizing persons" sich in ihrem Potenzial schnell von „Anderen behindert" („may actually be hampered by others") fühlen (Maslow 1970, S. 162). Zudem sei ihnen inneres Wachstum und Selbstverwirklichung oft wichtiger als Liebe und Interaktion (ebd.). Sie erlebten innere Bestätigung und Zufriedenheit eher durch sich selbst als durch Zuspruch von anderen: „The determinants of satisfaction and of the good life are for them now innerindividual and not social." (Maslow 1970, S. 162). Dieses Persönlichkeitsmuster lässt sich in Brigittes Beziehungsgestaltung wiedererkennen; zu enge Partnerschaften behinderten ihre Entwicklung, so ihre Sorge. Daher entschied sie sich für eine Beziehungspraxis, bei der die Interaktion mit ihrem Partner seltener stattfindet.

Dieses Muster entstand m.E. aus ihren ersten negativen Beziehungserfahrungen, die ihre Angst vor Einschränkungen wachsen ließen. Aus diesen kristallisierte Brigitte für sich letztlich ein optimales Beziehungskonzept heraus: Die Verwirklichung als „Geliebte [...] von irgendeinem Genie", das sie nur „alle drei, vier Wochen" sieht.

Dass die Selbstverwirklichung als „Zweitfrau" leichter gelingt als als „Erstfrau", trägt Brigitte wie einen Beziehungsratschlag vor: „[...] das hat sich so absolut bewährt, ich kann's auch nur empfehlen [...] es ist das Ideale [...] so eine Kombination zu finden, finde ich ausgesprochen ideal."

Hier preist Brigitte auf der interaktionistischen Ebene ihre Beziehungsführung (sowie die Verlegung von Sexualität „ins Hotelzimmer"[13]) als „ideal" an und möchte der Interviewerin als Vertreterin einer jüngeren Frauengeneration dieses Muster nahelegen. Dabei stellt sich die Frage, ob sie darauf abzielt, dass sich alle jungen Frauen so vor dem vermeintlich freiheitsberaubenden Muster der Hausfrau schützen sollten. Dies würde beinhalten, dass sie der jüngeren Frauengeneration unterstellt, sie würden keine Aushandlungsprozesse hinsichtlich Aufgabenverteilung und Gleichberechtigung führen (können/wollen). Ebenso scheint sie davon auszugehen, dass diese Art der Beziehungsführung für jede Frau geschaffen und „ideal" wäre. Dass es auch Menschen gibt, die das Leben als „Geliebte" als weniger erfüllend erfahren, bleibt bei ihrem Ratschlag außen vor.[14] Die von Brigitte für ihr Be-

---

13 Brigittes Beziehungsmuster der Geliebten (und Muse) eines Intellektuellen erinnert an Simone de Beauvoir und Jean-Paul Sartre. Über die Beziehung der feministischen Schriftstellerin und des Philosophen ist bekannt, dass sie ihre intimen Treffen auch auf den neutralen Boden von Hotels verlegten und in getrennten Haushalten lebten; beide führten noch andere amouröse Beziehungen, sahen sich jedoch als Paar an (vgl. van Rossum 1998).

14 Nimmt man ihre Aufforderung wörtlich, drängt sich die Frage auf, wann sich dieses Beziehungsschema erschöpfen würde bzw. wer noch die Aufgaben der „Erstfrau" über-

ziehungsmodell angeführten inneren (Angst vor Verlust ihrer Autonomie) und äußeren Gründe (scheinbar manifeste Geschlechterstrukturen und Aufgabenverteilung
in Ehe und Familienleben), funktionalisiert sie also auf der interaktionistischen
Analyseebene als Anregung für andere Frauen. Brigittes Rat hätte, in ihrem Argumentationsgerüst gedacht, die positive Folge der ‚Schadensabwehr‘ und besserer
Beziehungsbedingungen für jungen Frauen. Folgten sie Brigittes Vorbild, könnten
Frauen ihre „*intellektuelle Identität*" und ihre „*Freiheit*" voranbringen statt sich
den „*konservativen Bedürfnissen*" des Mannes unterzuordnen.

Durch diese Beziehungsempfehlung bringt Brigitte auch im Sinne der Kohärenz
ihre Beziehungswelt als „*Ideal*" hervor. Da erfordert die Frage der Interviewerin,
ob Brigitte nie „wirklich eine ernsthafte Beziehung geführt" habe, eine rechtferti-
gende Antwort. Die Frage beinhaltet eine Einteilung von Beziehungsstilen durch
die Interviewerin, der zufolge eine ‚Geliebten-Beziehung‘ weniger „ernsthaft" ist
als eine „*monogame Zweierbeziehung*". Dieser vorurteilsbehafteten Annahme wird
Brigitte wohl oft gegenüber gestanden haben. Dies wird darin deutlich, dass sie sich
im Verlauf des Interviews für ihre Beziehungsführung rechtfertigt bzw. sie deduktiv
als die passendere für sich (und andere freiheitsbewusste Frauen) aufzeigt. Mit Fragen zu ihrem Lebens- bzw. Beziehungskonzept (beispielsweise die Frage, wieso sie
sich keinen ‚richtigen Partner‘ sucht, keine Kinder möchte und alleine lebt) wird sie
sich öfters konfrontiert gesehen haben, weshalb sie als Antwort darauf ihr Argu-
mentationskonstrukt parat hat, das sich mit inneren und äußeren Gründen gegen die
Forderung ihres Umfeldes nach einer ausschließlichen Partnerschaft richtet. Diese
Norm spürte Brigitte:

„*[...] ich habe auch nie meine Sexualpartner irgendwo präsentieren können.*"
„*[...] und das war aber auch immer wieder, zwischendurch ärgerte ich mich [über] diese[...]*
Frage, muss man einen Freund haben, [...] ist man nur dann ein erfülltes Wesen, wenn man
einen Freund hat?"

Inwiefern Brigitte sich dem gesellschaftlichen verqueren Bild konkret entziehen
musste, nach dem „die Frau ohne Mann nur noch als lächerliche Figur, bestenfalls
tragische Gestalt" (Strobl 1993, S. 21) angesehen wird, ist dem Interview nicht zu
entnehmen. Da sie, wie sie berichtet, nie einen Partner der Öffentlichkeit hat vorstellen können, wird sie nach außen wie eine alleinlebende Singlefrau gewirkt und
sich mit stereotypen Bildern der Gesellschaft zu Unverheirateten auseinandergesetzt
haben müssen. Unverheiratetsein wurde bis in die 1970er Jahre als „defizitäre Lebensform" angesehen (Baumgarten 1997, S. 32). Erst durch die Pluralisierung seit

---

nehmen würde, wenn sich alle Frauen Brigittes Rat zu Herzen nähmen und sich als
„*Zweitfrau*" verwirklichten.

Ende der 1960er Jahre habe sich das öffentliche „Mißtrauen" gegenüber Unverheirateten (nur sehr) langsam verflüchtigt (ebd). „Frauen, die aus freiem Entschluß, gezwungenermaßen oder resigniert allein lebten, befanden sich stets in einer schwierigen, da nicht vorgesehenen Situation. Schamlos, wenn sie von ihren Reizen lebten, sitzengeblieben, wenn sie keine besaßen – eine alleinstehende Frau erregte auf jeden Fall Mißtrauen", so das Fazit der Studie „Hagestolz und Alte Jungfer. Entwicklung, Instrumentalisierung und Fortleben von Klischees und Stereotypen über Unverheiratetgebliebene" (1997) der Historikerin Kathrin Baumgarten (ebd, S. 303).

Auch die Feministin Ingrid Strobl beschreibt, wie das Unverständnis der Gesellschaft auf weibliche (Ehe-)Partnerlosigkeit aussieht und wie Frauen darauf ‚reagieren':

„Eine Frau ohne Mann ist eine Frau, die von keinem Mann begehrt wurde und damit eine Frau ohne Wert. Bekennt sie sich zu ihrer Entschließung gegen die Besitzansprüche eines Mannes, wird sie, egal ob sie tatsächlich lesbisch lebt oder nicht, als Lesbierin bekämpft. Dem Hagestolz, dem Junggesellen, der sich ‚seine Freiheit bewahrt', entspricht kein weibliches Pendant. Auf weiblicher Seite gibt es lediglich das Mauerblümchen, die Verlassene, die alte Jungfer. Die Frau in der Männergesellschaft bedarf, um als ‚vollständiger Mensch' anerkannt zu werden, nicht nur des Mannes, sondern auch des Kindes. Die Frau ohne Kind wird wie die Frau ohne Mann bemitleidet oder verhöhnt: Sie gilt als unfruchtbar – also bedauernswert oder als widernatürlich, also verachtenswert. Sie verstößt in jedem Fall gegen die Norm, und dieser Normverstoß wird wo nicht geahndet so doch immer registriert. Die Frau ohne Kind steht wie die Frau ohne Mann unter permanentem Legitimationsdruck. So wird die Frau ohne Mann, ohne Kind, ob sie es will oder nicht quasi automatisch zur Rebellin. Sie kann versuchen, diesen grundlegenden Normverstoß ‚wiedergutzumachen', indem sie sich in allen anderen Lebensbereichen der Norm, den Gesetzen der Gesellschaft unterwirft. Sie kann sich aber auch aus der Rebellion gegen die Fundamente der Norm entwickeln zur Kämpferin gegen die Gesellschaft, die die Norm setzt und bewahrt." (Strobl 1993, S. 21f.)

Wendet man Strobls These auf Brigitte an, lassen sich Parallelen erkennen. Brigitte inszeniert sich mehrfach als „Rebellin" (ebd., S. 23), um ihr autonomes Lebenskonzept zu verteidigen. Sowohl Brigittes negativ besetztes Bild der Hausfrau und ihrer Aufgaben, die sie als wenig erstrebenswert empfindet, als auch ihre Kritik an der Ehe als „Zurichtung", unterstreichen den politischen Anspruch, den Strobl in der „Rebellion" der Unverheirateten gegen die gesellschaftliche Norm zur ehelichen Gemeinschaft sieht. Die Vehemenz, mit der sich Brigitte von (verheirateten) Hausfrauen abgrenzt, kann das Ende eines langen Wegs der Rechtfertigungen gegenüber ihrer Umwelt sein. Denn bis heute wird dieser Beziehungsstatus zum Anlass genommen, ‚Ursachenforschung' zu betreiben, ihn zumindest aber kritisch zu beäugen.[15]

Der Wunsch nach Kohärenz ist im Subjekt meist sehr stark. Widersprüche, die die Kohärenz gefährden könnten, werden aus dem Grund meist negiert bzw. minimiert (vgl. kognitive Dissonanz). Hinsichtlich ihres Beziehungskonzepts versucht Brigitte Nachteile des Lebens als *„Zweitfrau"* außen vor zu lassen. So stellt sie negativen Affekten (für sie besonders deutliche) Vorteile gegenüber, z.b. die Tatsache, dass sie nie heiraten musste. Wie Brigitte die Ambivalenz gegenüber den Ehefrauen ihrer Partner schmälert, machen folgende Passagen deutlich:

„[...] vielleicht hab ich dann auch immer (...) die ungeteilte Liebe [...] bekommen. Also dass ich nie irgendwie andere Frauen als äh bedrohliche Konkurrenz wahrgenommen hab."

„[...] ich hab ja die anderen Frauen, die waren ja anonym im Hintergrund, zum Teil gar nicht gesehen oder erlebt. Aber ich hab es eben akzeptieren können, dass [...] die Männer, mit denen ich (...) eine ungeheur emotionale Beziehung eben hatte [,] nebenher noch für andere Zwecke 'ne andere Frau hatten (..) und das hat ja im Grunde die Liebe noch gestärkt, so lange klar war, ich bin die Geliebte (...) also die, die die Liebe kriegt, kann doch die andere in einem drummen Haushalt sich realisieren."

Die Relevanz und Bedeutung der Ehefrauen schmälert Brigitte, indem sie davon ausgeht, dass sie die ‚wahre' Liebe ihres Partners erhält. Die *„Erstfrau"* stecke *„in einem drummen Haushalt"*, wo sie den Mann bediene, wohingegen sie selbst die schillernde Geliebte sei, der die Liebe des Mannes wirklich zukomme. Aus ihren wenigen Aussagen, die Brigitte konkret zu den Ehefrauen ihrer Partner trifft, lässt sich herauslesen, wie gering ihr Bedürfnis nach einer (nicht abwertenden) Auseinandersetzung mit ihnen ist. Solange die Ehefrauen *„im Hintergrund"* bleiben, haben sie keine emotionale Bedeutung. Sie werden z.T. sogar derart ins Unbewusste verlagert, dass sie inexistent werden – so bezeichnet sich Brigitte beispielsweise einmal als *„Witwe"* ihres verstorbenen Partners und spricht sich so einen Status zu, der eigentlich den Ehefrauen verstorbener Männer vorbehalten ist. Mit dieser Zuordnung widerspricht sie indirekt auch ihrer Ablehnung der Ehe. Jedoch ergibt sich

---

15 Zumeist sind kinderlose Frauen einem Rechtfertigungsdruck ausgesetzt, da die Entscheidung gegen eine Familie bzw. gegen Kinder, ‚bloß' aus eigenen Bedürfnissen heraus, nicht vorurteilsfrei akzeptiert wird. Die Pädagogin Jutta Hartmann belegte dieses Phänomen in ihrer Studie „Vielfältige Lebensweisen" (2002) und resümiert: „Gesellschaftlich gesehen, gelten Lebensentwürfe jenseits von Familiengründung als Abweichung. Kinderlosigkeit bei Frauen wird mit Karrierismus, Verantwortungslosigkeit oder Kinderfeindlichkeit assoziiert." (Hartmann 2002, S. 237)

aus dieser fälschlichen Selbstbezeichnung ein Gewinn – sie löst indirekt die Spannung des Status der *„geheimen Geliebten"* auf und ersetzt die eigentliche Witwe.

Wenn Brigitte die Ehefrauen ihrer Partner nicht (unbewusst) verleugnet, beschreibt sie sie negativ; dabei bedient sie sich eines stark stereotypisierten Geschlechterschemas: Zum einen müssten sie herhalten, um die *„konservativen Bedürfnisse"* des Mannes zu befriedigen und zum anderen erhielten sie nicht die ‚wirkliche' Liebe ihres Ehemannes, denn *„ungeteilte Liebe"* des Mannes sei ihr vorbehalten (gewesen). Dass diese Ehefrauen die alltäglichen Hausfrauentätigkeiten übernehmen, sich also um die *„konservativen Bedürfnisse"* des Mannes kümmern und *„Verantwortung"* übernehmen, entbindet Brigitte selbst von einer (vermeintlichen) Pflicht und befreit sie von ihrer vielfach angesprochenen Sorge vor Autonomieverlust.

Als Brigitte angibt, sie habe *„kein [...] Mitleid"* mit den Ehefrauen, vermisst man Solidarität oder Wertschätzung. Dass sie als Eindringling und Störquelle der Ehe mögliche Leiderfahrung, Kränkung und Verletzungen verursacht, thematisiert Brigitte nicht.[16] Einen gedanklicher Perspektivwechsel, angeleitet durch die Frage, wie sich die Ehefrau des Partners fühlte, machte Brigitte vermutlich nicht. Da sie von diesem *„Arrangement"* überzeugt war und es auch moralisch nicht für verwerflich hielt, wird sie es auch als ihr ‚Recht' angesehen haben, Beziehungen mit verheirateten Männern zu führen. Schließlich halte sie ja auch nichts von der *„Zurichtung"* Ehe und den daran angeschlossenen Arrest in einem *„drummen Haushalt"*, den sie dann lieber den Ehefrauen überließ.

Hätte sich Brigitte intensiver mit den *„Erstfrau[en]"* befasst, wären ihr vielleicht Zweifel an ihrem Konstrukt gekommen, nur sie erfahre *„ungeteilte Liebe"*. Hinter der wiederholten Abwertung der Ehefrauen verbirgt sich wohl eine Taktik des Selbstschutzes und der Kohärenzbildung: Würde sich Brigitte klarmachen, dass ihre Partner durchaus liebevolle Beziehungen zu ihren *„Hauptfrau[en]"* pflegten, so müsste sie sich vermutlich mit negativen Kränkungs-Affekten befassen und ihr Beziehungskonstrukt evtl. hinterfragen. Sie scheint zu glauben, dass ihre Partner ihre *„Erstfrauen"* weniger liebten als sie. Dies lässt auf einen Verdrängungsprozess schließen, der die Intensität einer Ehebeziehung ausblendet. Da nicht bekannt ist, ob Brigittes Partner ihr eventuell auch vermittelten, dass sie Brigitte mehr liebten als ihre Ehefrauen, lässt sich nicht gänzlich erklären, ob diese Annahme nur ein Konstrukt zum Selbstschutz und zur Kohärenzaufrechterhaltung ist oder vielleicht

---

16 Sie berichtet sogar das Gegenteil – sie habe mit der Ehefrau eines Partners später ein *„gutes Arrangement"* einrichten können. *„Ich war ja auch dann dabei, als er starb. Wir haben's ja irgendwie geschafft, diese letzte Phase [...] ganz gut gemeinsam irgendwie zu bewältigen. Seine Frau hat dann irgendwie akzeptieren können, dass ich da war. [...] Das habe ich als sehr [...] gutes Arrangement empfunden."*

(auch) ein von ihren Partnern forciertes Gefühl, um Brigittes Zweifeln zuvorzukommen.

Als Brigitte an anderer Stelle darauf hingewiesen wird, dass viele Menschen in
einer Zweierbeziehung und Ehe durchaus Glück und Selbstverwirklichung finden,
entgegnet sie: *„Ich habe ja nun auch immer 'ne glückliche Zweierbeziehung gehabt.“* Hier wird erneut deutlich, dass Brigitte die Ehefrau ihres Partners komplett
ausblendet bzw. sie nur als *„anonym im Hintergrund“* wahrnimmt. Wörtlich genommen handelt es sich bei ihren langen Partnerschaften mit verheirateten Männern
nicht um Zweierbeziehungen, auch wenn sie es durch die *„ungeheuer emotionale
Beziehung“* stets so empfunden hat. Indem Brigitte unterstreicht, *„auch immer 'ne
[...] Zweierbeziehung“* gehabt zu haben, konterkariert sie die von ihr angeführte
‚68erInnen'-Theorie, in der es galt, die *„monogame Zurichtung“* eines Paares aufzulösen.

*„[...] diese Einehe. Das ist eine Zurichtung, davon bin ich überzeugt [...] ich glaube, dass
diese Theorien völlig zutreffend sind [...], die sagen, wir sind eigentlich (...) nicht [...] von
Natur aus so ausgerichtet, dass wir eine [...] monogame Einehe mit Kindern führen wollen,
sondern wir werden so zugerichtet, weil es im Interesse des Staates liegt [...] und ich glaube,
dass mit dem Absterben des Nationalstaates wir diese Zurichtung überwinden.“*

Auch die ‚68erInnen'-Forderung, die Besitzansprüche an den/die PartnerIn aufzugeben, spricht Brigitte an. Sie betont, nie versucht zu haben, ihren langjährigen
Partner *„dazu zu bewegen, dass er seine Familie verlässt oder [...] sich scheiden
lässt“*. Brigittes Abneigung der Ehe lässt sich sowohl rational-argumentativ
(‚68erInnen'-Theorie über die Ehe) als auch lerngeschichtlich (Biografie der Mutter
(s.u.) und Position als *„Geliebte“*) erklären.

Betrachtet man nun die langjährigen Beziehungspartner Brigittes genauer, so
lässt sich feststellen, dass sie alle dasselbe Männerbild darstellen: Sie sind älter als
Brigitte und Hochschulprofessoren, forschen in gleichen oder zumindest ähnlichen
Fachgebieten wie sie und strahlen aufgrund ihres Status eine gewisse Autorität aus.
Brigitte erklärt, dass für sie *„immer nur ältere Männer und studierte Männer“* in
Frage gekommen seien, da man sich nur mit denen habe *„unterhalten können“*. In
Brigittes Ausführungen nehmen die Männer einer älteren Generation (einer ihrer
Professoren, ihr Großvater, ihre Partner) die Gestalt eines unkritisch überhöhten
„Genies“ an und stehen den stark abwertenden Beschreibungen des *„Versager“*-
Vaters gegenüber.

Mit der (traditionellen) psychoanalytischen Theorie ließe sich Brigittes Part-
nerwahl erklären. Die Psychoanalytikerin Melanie Klein beschreibt beispielsweise,
dass Töchter, die eine ambivalente Beziehung zu ihrem Vater haben, sich einen
Partner suchen, der verkörpert, was sie bei ihrem Vater vermissten (vgl. Klein
1962/2006, S. 234ff.). So wird Brigitte in ihren Partnern, die durch ihren Status eine

gewisse Autorität innehatten, das Gegenteil ihres Ziehvaters gesehen haben; den erinnert sie nämlich als *„Versager und Waschlappen"*, der *„nie [...] ein Intellektueller"* gewesen sei.

Sexualitätskonstrukt

Brigitte berichtet in ihrer Narration offen und unbefangen von ihrer Sexualpraxis. Von ihrem *„lesbischen Kontakt"* und dem *„Ausprobieren"* des Domina-Rollenspiels berichtet sie mit dem Selbstverständnis, das in der Studierendenbewegung als wichtiges Gut erkannt wurde. Brigittes Erzählungen ihrer Sexualität geben zudem Zeugnis ihres Selbstbilds ab, dem Bild einer selbstbewussten, unabhängigen Frau, der kein Thema unangenehm ist. Viele von Brigittes Annahmen zur Sexualität sind durch die ,68erInnen'-Theorie geprägt (sowohl in Übereinstimmung als auch in Dekonstruktion) und wurden bereits analysiert (*„Triebabfuhr"*- und Entspannungsfunktion, Masturbation, Orgasmus usw.). Ein bisher nicht thematisiertes Moment ist der ,intellektuelle Faktor', den Brigitte mit Sexualität in Beziehung setzt.

„Und das (...) Entscheidende ist [...] für mich eigentlich die fachliche Bindung. Es waren immer nur Fachkollegen, die fachlichen Gespräche, [...] ohne die stellt sich bei mir auch keine erotische Spannung ein. Erotische Spannung hängt für mich ganz stark mit [...] Sprache und mit [...] Gedanken zusammen [...]. [So] wie mich auch (...) bestimmte Dinge, die mich interessieren, richtig sexuell anmachen. Ich empfinde auch [,] mir etwas anzueignen [als] sexuell erregend. Und auch befriedigend [...]. Ich würd' sagen, dass ich irgendwie [...] eine eigene Form von Sexualität entwickelt hab' (...) die weit über rein körperliche Sexualität hinausgeht. Die (...) Formen von [...] Spannung, Neugierde, die sich entfaltet, die sich umsetzt, die befriedigt in [...] den verschiedensten [...] Bereichen [...], [ist] fester Bestandteil".

Durch die Verknüpfung von sexueller *„Spannung"* und intellektuellem Austausch schließt Brigitte aus, sexuelle Befriedigung mit jemandem zu erfahren, der ihr nicht auf einer bestimmten intellektuellen Ebene begegnet. Diese Erweiterung der körperlichen Dimension von Sexualität um eine geistige, erlebte Brigitte in den langjährigen Partnerschaften mit ihren *„Genies"*. Die intellektuelle und *„fachliche"* Übereinstimmung mit ihren Partnern hebt Brigitte als besonderes Moment ihres Sexualitätskonstrukt hervor, das sich im Laufe ihrer Erfahrungen entwickelte. Anfangs war diese Dimension offenbar noch nicht so bedeutend. Indem sie sexuelle Intimität mit intellektuellem Austausch vermengte, entwickelte sie ein Intimitätsverständis, das als Unterscheidungskategorie für ihre sexuellen Erfahrungen gelten kann, die sie als junge Studentin sammelte und die sie mit ihren langjährigen Partnern erlebte. Während sie in ihrer Studienzeit Beziehungen vermied, die ihre *„intellektuelle Identität"* gefährdet hätten, erkannte sie später, dass sich innerhalb einer festen Partnerschaft auch Möglichkeiten zu einer intellektuellen Reifung ergeben können. Die intellektuelle Verschmelzung hielt Brigitte sodann für bedeutsamer als die körperliche Verschmelzung; und so definiert sie ihre Sexualität abschließend als eine *„Form"*, die *„weit über rein körperliche Sexualität"* hinausgehe.

Im Sexualitätskonstrukt der Studierendenbewegung ist die Idee der intellektuellen Gemeinsamkeit der SexualpartnerInnen nicht enthalten. Die Forderung, sich sexuell zu betätigen statt Triebbestrebungen repressiv zu „entsublimieren" (Marcuse), beinhaltete keine Ausführungen über die (persönliche oder intellektuelle) Gemeinsamkeiten der SexualpartnerInnen. Der Geschlechtsverkehr sollte Triebe abbauen und Neurosen abwehren; eine geistige Verschmelzung wurde nicht thematisiert. Brigittes Konstrukt von ‚geistiger' Sexualität beinhaltet also eine Form der intellektuell-spirituellen Intimität, die die Studierendenbewegung nicht direkt anstrebte, aber auch nicht ausschloss.

4.4 Selbstbild
Neben den bisher analysierten Selbstbeschreibungen, in denen sich Brigitte etwa als *„aktiv"*, *„politisch interessiert"*, *„dominant"* darstellt, sollen im Folgenden die Elemente zum Tragen kommen, die Brigittes Selbstbild durch eine Abgrenzung von Negativbildern und durch eine Identifikation mit positiv konnotierten Menschen prägen. Diese Abgrenzungs- und Identifikationsprozesse erfahren ihre Dynamik aus Brigittes Beziehung zu ihren Eltern und Großeltern und beeinflussten auch die Entwicklung ihres Selbstkonzeptes und ihre Erinnerung an den Umgang mit dem Beziehungs- und Sexualitätskonstrukt der ‚68erInnen'. Daher fokussiert der folgende Interpretationsabschnitt vor allem Brigittes Beziehungen. Hier spielt immer auch ihr Geschlechterkonstrukt eine Rolle. Wie sie ‚Geschlecht' konstruiert, dekonstruiert und in ihr Kohärenzmuster einflicht, beeinflusst ihre Bewertung von Menschen und die Beziehung zu ihnen.

Für die Interpretation der Beziehungen zu ihren Eltern und Großeltern wird sowohl auf die Annahme Bowlbys zum „internalen Arbeitsmodell" zurückgegriffen als auch auf die psychoanalytische These, dass „Charakterbildung und zukünftige Beziehungen [...] auf den frühen Beziehungen zu beiden Eltern" (Litwin 1992, S. 195) basieren.

Weibliche Eigenverantwortlichkeit
„Irgendwie find' ich, wir Frauen sind selber verantwortlich für unsere Rollen in der Gesellschaft und wer sich in eine solche Rolle drängen, äh, lässt, wird es wohl so wollen."
„Frauenleben finde ich eigentlich immer noch sehr toll und ungeheuer chancenreich [...]. Ich kann zum Teil dieses Gejammer der selbsternannten Frauenbewegung überhaupt nicht nachvollziehen [...] und meine eben immer, dass es [...] die Probleme einer konkreten kleinen sozialen Schicht sind, die, [...] sich sehr [...] herrisch für allgemein erklären und überhaupt nicht sehen, dass [...] andere das so nicht haben. Also, ich denke, dass Männer auch in dieser 68er-Zeit ganz anders Zwängen [...] ausgeliefert waren [...], weil viele Interviews ja auch

dann zeigen, dass [...] Männer diesen Sexualzwang, diesen Druck, man muss jetzt das [...]
ausleben, auch viel massiver wahrgenommen haben als [...] Frauen."

Brigitte unterstreicht, dass die Gesellschaft Frauen viele Chancen zur Selbstverwirklichung biete und es an jeder Frau selbst liege, diese zu nutzen. Sie hat kein
Verständnis dafür, dass Frauen sich über bestimmte *„Rollen"* beschweren, in die
sich ihrer Auffassung nach haben drängen lassen. Am Beispiel des *„Sexual-*
zwang[s]"[17] macht sie dies deutlich: Männer seien mehr als Frauen dem *„Sexual-*
zwang" ausgesetzt gewesen und hätten auch mehr darunter gelitten. Damit spricht
Brigitte weiblichen Erleben von Gruppendruck die Existenz nahezu ab, was auch in
der Wortwahl deutlich wird, wenn sie die Negativerfahrungen von Frauen auf
„Jammern" reduziert. Männern hingegen gesteht sie zu, unter dem Druck und dem
Zwang gelitten zu haben.

Diese Passage wirft die Frage auf: Wenn es einen *„Sexualzwang"* gegeben hat,
wieso sollten ihn Männer mehr gespürt haben als Frauen? Brigittes Meinung lässt
sich vor dem Hintergrund ihrer generellen Abgrenzung zur Neuen Frauenbewegung
werten (s.u.). Dadurch, dass sie mehr ‚Opfer' auf männlicher Seite sieht, widerspricht sie den (meist feministischen) Veröffentlichungen, die betonen, Frauen sei-
en (die einzigen) Opfer des von Männern ausgeübten *„Sexualzwangs"* geworden.
Wieso tut sie dies? Eine mögliche Antwort liegt in Brigittes Anspruch an Frauen.
Sie erwartet, dass Frauen ihre Chance auf Autonomie nutzen und sich den Anforderungen anderer entziehen oder diese zumindest flexibel ausgestalten. Mit denen, die
dies nicht täten und die Chancen von Eigenmächtigkeit bezüglich ihrer *„Rollen in*
der Gesellschaft" ungenutzt ließen, habe sie *„kein[...] Mitleid"*. Mit dieser Überzeugung blendet Brigitte m.E. gesellschaftliche Unterdrückungsmechanismen aus,
die den Raum zur Selbstbestimmung schmälern. Auch Machtprozesse, die die
Chancen von Individuen blockieren, bezieht sie bei ihren Überlegung nicht mit ein.

---

17 Der von Brigitte verwendete Begriff *„Sexualzwang"* kommt aus der Medizin und dient
als veraltete Umschreibung der so genannten „Hypersexualität" (umgangssprachlich als
Sexsucht bekannt). In Quellen der Studierendenbewegung findet sich das Wort nicht.
Brigitte führt als Quelle für ihren Vergleich der Leiderfahrung von Männern und Frauen
Interviews an, in denen sie gelesen habe, dass Männer *„auch"* unter einem Druck – dem
„Sexualzwang" – *„dieser 68er-Zeit"* gelitten hätten. Jene narrativen Interviews, in denen
Männer berichten, sexuellem (Leistungs-)Druck ausgeliefert gewesen zu sein, konnten
trotz intensiver Recherche im Zusammenhang um ‚1968' nicht gefunden werden. Viel-
mehr findet man in qualitativen Studien aktueller Männlichkeitsforschung Ergebnisse, die
Druck und Erwartungsängste „sexueller Leistungskriterien" von Männern beschreiben
(vgl. u.a. Meuser 2010, S. 88), ohne jedoch den Kontext ‚68' zu erwähnen.

Sie stellt sogar das Vorhandensein des Patriarchats und (dessen) „*Macht und Herrschaft*" gänzlich in Frage.

„*Ich habe an das Patriarchat nie geglaubt. [...] ich versteh ja auch nie, was Macht und Herrschaft ist. Ich verstehe es einfach nicht. (...) Sag' ich auch immer meinen Studis, immer wenn die Herrschaft [ansprechen]. Ich tu dann mein Bestes, es zu erklären, aber ich bin da einfach total auf Foucault geflogen, der Herrschaft völlig anders erklärt hat. (...) Das [ist] wirklich ein Denken aus dem 19. Jahrhundert [...], dieses polare [Denken] von Über- und Unterordnung [war] nie real [...], wie wir wissen. [...] Wir werden eigentlich erst zu (...) Unterworfenen, indem wir den anderen [als] überlegen akzeptieren. Das sind so Gedanken von Foucault, die mich sofort überzeugt haben oder wo ich [...] dachte, so habe ich das eigentlich immer schon wahrgenommen. Ich habe das noch nie verstanden. Wem sollte ich denn ausgeliefert sein oder (...) unterworfen sein? [Na]türlich hab ich mir dann überlegt ,täusch ich mich [...] über, über Dinge hinweg, [...] die es eben doch gibt? Aber [...] je mehr ich Geschichte mache, desto mehr bin ich überzeugt, dass wir wirklich (...) auch mit dieser ganzen polaren Geschlechterwelt, dass wir also eine Konstruktion des 19. Jahrhunderts immer noch gedanklich fortsetzen, die längst überholt ist. (...) Und die es die ganzen Jahrhunderte davor nicht gegeben hat. [...] Die Unterdrückung der Frau in der Geschichte ist ja eine Erfindung des 19. Jahrhunderts.*"*

Brigitte glaubt nicht, dass Frauen aufgrund ihres Geschlechts Unterdrückung ausgeliefert sind. Sie versteht Macht als nur dann präsent, wenn sich jemand freiwillig unterwirft, indem sie die Macht des Unterdrückenden „*akzeptiert[en]*". Die Unterdrückung interpretiert Brigitte als „*eine Erfindung*" und negiert so Ungleichheiten der Machtverhältnisse. Und da sie selbst keine Diskriminierung aufgrund ihres ‚Geschlechts' oder als Mutter oder Ehefrau verspürt hat, sieht sie auch keinen Handlungsbedarf. Brigittes Behauptung, es gebe keine wirkliche Unterdrückung von Frauen, lässt sich mit dem Begriff „moderner Sexismus" (Swim 1995) umschreiben, der Anschauungen umfasst, die die fortgesetzte Diskriminierung von Frauen in unserer Gesellschaft leugnen.[18] Paradoxerweise behauptet Brigitte einerseits, es gäbe keine ungleichen Machtverhältnisse, erzählt jedoch auf der anderen Seite, dass

---

18 Thomas Ecke übersetzte 1998 die amerikanische Skala „Ambivalent Sexism Inventory" (1996) von Peter Glick und Susan Fiske. Die deutsche „Skala zur Erfassung des ambivalenten Sexismus" wurde sodann in unterschiedlichen Studien von ProbandInnen ausgefüllt. Aussagen wie „Heutzutage werden Frauen im Berufsleben fair behandelt" und „In den westlichen Ländern ist Gleichberechtigung von Frauen schon lange verwirklicht" wurden dabei zumeist als zutreffend bewertet (vgl. Eckes/Six-Materna 1998). Solche Aussagen gelten als „moderner Sexismus" (ebd.)

es für unterdrückte Frauen genügend historische Beispiele gebe, wie sie mit Machtungleichheit umgehen könnten.

„Und die Frauenrolle, Frau im Haus und so, und deswegen ist mir wichtig zu zeigen, es hat immer schon gegen diese Zuweisung ‚Frau im Haus‘ [...] Tendenzen gegeben."

„Ich habe vorhin schon gesagt, in der Mystik ging es eher um historisch vergleichbare Bewegungen [...], die andere Angebote machten,[...] wie man als Frau lebt. Also die Antwort, dass man als Frau sich nicht über den Mann definiert, die habe ich natürlich aus dem Mittelalter."

„[...] wo ich ja auch genügend Identifikationsangebote aus der Vergangenheit habe (..), um zu sagen, das war nicht immer so und das muss nicht so sein und es gibt Entwürfe [...], mit denen ich mich auseinandersetzen kann."

Es habe in der Geschichte genügend *„Angebote"* für Frauen gegeben, sich der Unterordnung der Männer zu entziehen. In diesen Sequenzen legt Brigitte die Verantwortung für Ungleichheiten zwischen den ‚Geschlechtern‘ erneut in die Hände der Frauen. Setzten sich Frauen intensiver mit der *„Vergangenheit"* auseinander, wäre das Aufbrechen von ungleichen Geschlechterverhältnissen – die sie ja eigentlich leugnet – möglich. Ob vielleicht beide ‚Geschlechter‘ gleichermaßen aktiv mitwirken müssen, um Gerechtigkeit zu erreichen, bedenkt Brigitte bei ihrer Argumentation nicht.

In Diskussionen mit Studierenden, so berichtet sie, falle ihr meist negativ auf, dass die (in ihren Augen falsche) Annahme der *„Dominanz des Mannes"* in unserer Gesellschaft den Studierenden als feststehende Tatsache geläufig sei. So berichtet sie aus ihren Seminaren:

„[...] und da hab ich den Eindruck, dass die Studis sich an einem Männerbild abarbeiten, das ich überhaupt nicht kenne. Da geht's also immer wieder [...] um Connell und [...] diese Dominanz des Mannes und immer geht es um Unterwerfung und Macht und [...] Auslieferung und ich [habe] denen schon mehrfach gesagt: ‚Wo ist das denn? Wo nehmen Sie das denn wahr?‘, [...] [so dass] ich am Schluss sage: ‚ich glaube Ihnen kein Wort!‚. Das ist glaub ich einfach nicht, dass das für sie wirklich so die zentralen Probleme sind die sich stellen.‘ Und dann kommt meistens raus ‚Ja, das hat meine Oma erzählt.‘ [...] Und das finde ich sehr bedenklich und ich [...] versuch dann immer zu sagen: ‚Nehmen Sie doch Ihre eigene Geschichte. Nehmen Sie wirklich Geschlecht so wahr in unserer Gesellschaft?‘(...) und meistens kommt dann raus (..) ‚Nee, eigentlich nicht.‘"

Hier wird deutlich, wie sehr Brigitte von ihrer These überzeugt ist, dass es *„Unterwerfung und Macht"* in unserer Gesellschaft nicht gebe – sie erkennt es als ein Lernziel ihrer Studierenden an, dies ebenfalls zu erkennen und einzusehen, dass Geschlechterungleichheiten in ihrem Erfahrungsspektrum nicht wirklich existierten. Es könnte kritisch angemerkt werden, dass Brigitte den Studierenden im Sinne ihrer eigenen Überzeugung eine ‚falsche' Realität nahelege und so „modernen Sexismus" zementiere. Es wäre zu wünschen, dass Brigitte ihre Überzeugung reflektiert, ihre Vorbildfunktion gegenüber den Studierenden wahrnimmt und sie motiviert, Geschlechter- und Machtstrukturen gezielter zu benennen und sich mit diesen auseinanderzusetzen.

Interessanterweise berichtet Brigitte kurz nach ihren Ausführungen von der Nichtexistenz „*männlicher Dominanz*", wie sie einmal Zeugin von häuslicher Gewalt wurde und dem anschließenden Loyalitätskonflikt der Frau.[19] Wenn nicht in dieser Szene, wo sonst könnten sich ihr ungleiche Machtverhältnisse, von denen sie behauptet, dass diese nicht existierten, deutlicher präsentieren?

Abwertung der Neuen Frauenbewegung

Die Theorie, es gebe keine Diskriminierung von Frauen, spiegelt sich auch in Brigittes Auseinandersetzung mit der Neuen Frauenbewegung wider. Der Emanzipationsbewegung spricht sie sowohl die Dringlichkeit ihrer politischen Forderungen als auch ihre Erfolge ab.

„Und ich würde heute sagen, dass die ähm die Frauenbewegung eher der kleinbürgerliche Teil war (...) den ich als kleinbürgerlich wahrgenommen habe das waren [...] die Hausfrauen. Die Hausfrauen, die darum kämpften ob nicht auch am Sonntag der Mann auch mal mitspülte und äh diese Bewegung habe ich immer als ausgesprochen verächtlich empfunden. Was sicherlich damit zusammenhing, dass ich weder zu Hause ähm (...) noch dann auch in der Art wie ich mich entwickelte äh so etwas je erlebt habe oder je erstrebenswert (...) ähm empfunden habe und von daher brauchte ich es auch nicht überwinden, weil ich es eigentlich nie als als reales Phänomen wahrgenommen habe."

„ich finde [...] Frauenleben [...] eigentlich immer noch sehr toll und ungeheuer chancenreich und [...] von daher auch immer wieder mein Selbstcredo. Ich kann zum Teil dieses Gejammer der selbsternannten Frauenbewegung überhaupt nicht nachvollziehen [...] und meine eben

---

19 *„Ich weiß noch, wie zum ersten Mal da im Haus irgendwann eine heulende Frau durch das Haus lief und blutend im Gesicht und rief ‚Holen Sie die Polizei! Holen Sie die Polizei!' und wir haben die Polizei geholt und dann kam ein Mann etwas hilflos hinter ihr her ‚Komm doch, ist nicht so schlimm'. Die war verprügelt worden. So was hatte ich noch nicht mitgekriegt, dass in Ehen wirklich solche Krisen sein können. [...] Und als dann die Polizei kam, ich hab' das überhaupt nicht verstanden, [...] hab' ich gesagt ‚Wieso macht die denn jetzt 'nen Rückzieher?' und ich wollte sie immer wieder da rein [...] in die Wohnung lotsen und ich habe diese Frau dann auch angeschrien: ‚Was ist denn nun los? Wir haben doch jetzt die Polizei geholt. Sie sind doch verprügelt worden! Sie müssen ins Krankenhaus!'. ‚Nein, nein nein, jetzt doch nicht.' (...) Und über die Geschichte habe ich ganz lange nachgedacht".*

immer, dass es [...] die Probleme einer konkreten kleinen sozialen Schicht sind, die die sich
sehr sehr herrisch für allgemein erklären und überhaupt nicht sehen, dass [...] andere das so
nicht haben."

In Brigittes Bewertung der Neuen Frauenbewegung vermischen sich ihre Abneigung der *„Hausfrauenrolle"*, ihr Konstrukt von Eigenverantwortlichkeit und ihre
Verleugnung von Unterdrückungsmechanismen. Die Akteurinnen der *„selbsternannten*[20] *Frauenbewegung"* reduziert sie auf *„Hausfrauen"* bzw. auf Angehörige
des *„Kleinbürgertums"*,[21] die lediglich zum Ziel hätten, dem *„Zwang von gepflegter Häuslichkeit"* zu entkommen. Brigitte reduziert dadurch die eigentlich sehr breit
gefächerten Debatten der Neuen Frauenbewegung (beispielsweise die zunehmende
„Doppelbelastung", bessere Chancen auf dem Arbeitsmarkt und die Forderung nach
„Lohn für die Hausarbeit" Bock 1976, S. 27f.) nur auf eine wenige *„kleinbürgerliche"* Themen wie den Abwasch.

Die Verallgemeinerung der Neuen Frauenbewegung als eine *„kleinbürgerliche"*
Bewegung der *„Hausfrauen"*, wirkt für eine Historikerin wie Brigitte undifferen-
ziert. Sie scheint ein so starkes Bedürfnis zu haben, sich von der Neuen Frauenbewegung abzugrenzen, dass sie mögliche Gemeinsamkeiten übersieht, etwa die For-

---

20 Durch diese Formulierung spricht sie der Bewegung ab, sich selbst als eine Bewegung
   benennen zu dürfen. Von wem, wenn nicht von den AkteurInnen einer Bewegung selbst,
   sollte der Name gewählt werden? In dieser Aussage zeigt sich einmal mehr Brigittes
   Hohn über die Neue Frauenbewegung.

21 Dass die Akteurinnen der Neuen Frauenbewegung nur *„Hausfrauen"* waren, entspricht
   nicht der Realität. Die Aktivistinnen kamen aus unterschiedlichen Lebens- und Berufs-
   formen. Gerade die Bewegung um §218 nennt Ilse Lenz eine „Volksbewegung" und
   „Massenbewegung" (Lenz 2010, S. 393 und 395), was der Einschätzung Brigittes, nur
   bürgerliche Frauen seien Akteurinnen der Neuen Frauenbewegung gewesen, widerspricht. Brigittes Antipathie zum *„Kleinbürgertum"* kann auf zwei Arten erklärt werden:
   Zum einen lässt sich vermuten, dass sie sich mit der Theorie Wilhelm Reichs identifizieren konnte, nach der das Kleinbürgertum die stützenden Säulen des herrschenden Systems ist. „Da das Kleinbürgertum die Hauptstütze der autoritären Ordnung ist, liegt ihm
   besonders viel an dessen ‚Sittlichkeit' und ‚Reinhaltung' und von den ‚Einflüssen des
   Untermenschentums' [dem Proletariat, Anmerk. KV]". (Reich 1943a/1971, S. 102).
   Reichs Kritik am Kleinbürgertum richtet sich vor allem an seine Sexualmoral und die
   Mechanismen, das Proletariat machtlos zu halten. Zum anderen unterstreicht Brigitte mit
   ihrer abwertenden Einstellung zum Kleinbürgertum ihre eigene Herkunft. Sie berichtet
   nämlich an mehreren Stellen, dass sie dem *„Großbürgertum"* entstammte. Das *„Großbürgertum"* beschreibt sie dabei als progressiver als das Kleinbürgertum, denn das habe
   sich noch an traditionellen *„Geschlechterrollen"* orientiert.

derung nach einer „Selbstbestimmung über den eigenen Körper" (vgl. Lenz 2010, S. 666). Diese Forderung nach einer reformierten Abtreibungspolitik beinhaltete viele Aspekte, die sich auch in Brigittes Bedürfnis nach Autonomie wiederfinden. Vor dem Hintergrund ihrer Abwägung zwischen Mutterschaft und geistiger Entwicklung müsste Brigitte sich mit der Bitte um Abschaffung des Paragraphen 218 identifiziert haben können, da hinter dieser Forderung auch die Selbstbestimmung der Frauen hinsichtlich potenzieller Mutterschaft stand. Insgesamt erinnert Brigittes Wunsch nach Freiheit und Entscheidungsgewalt über ihre Lebensgestaltung an die Begehren der Neuen Frauenbewegung, auch wenn sie diese hier verleugnet.

Abgrenzung zu weiblichen Lebensläufen

Brigittes Lebensmodell bewegt sich in ihrer Erzählung zumeist antizyklisch zum *„traditionellen Rollenschema"*. Um diese Entwicklung (nachträglich) zu stärken und zu begründen, bezieht sie sich sowohl auf Negativbilder als auch auf Vorbilder, die diese Entwicklung beeinflusst hätten.

In manchen Abschnitten verortet sich Brigitte deutlich als Frau und hebt in jenen Passagen dann die Besonderheit des *„Frauseins"* und ihre Zugehörigkeit hervor (*„wir als Frauen"*). Jedoch überwiegt die Abgrenzung von ‚weiblichen Lebensmustern'. Am deutlichsten geschieht dies durch die Abgrenzung zur Haus- und Ehefrau, zu der Brigitte sich als ‚Gegenfigur' zeichnet, da sie sich von ihr am klarsten unterscheiden möchte. Schon in Brigittes Wortwahl spiegelt sich ihr Abgrenzungswunsch wider, indem sie über *„die Frauen"* und *„die Hausfrau"* spricht und damit das Subjekt Frau als Masse verallgemeinert, indem sie ihr das Demonstrativpronomen „die" zuschreibt. Von dieser Masse möchte sie sich abgrenzen und unterstreicht stets ihr ‚Anderssein' und was sie von *„den Frauen"* unterscheide.

In ihrer Erzählung entwickelt sie zwei Erklärungsstränge hinsichtlich der Abgrenzungsfolie *„Hausfrau"*. In einem Erzählstrang wertet sie in einer allgemeinen Argumentation ein Frauenbild ab, das ihr als in der Ehe und den gesellschaftlichen Erwartungen gegenüber zu angepasst und *„kleinbürgerlich"* erscheint. Hierbei geht sie z.T. stereotypisierend vor. In dem anderen Erzählstrang arbeitet sie sich an der real-konkreten Gestalt ihrer Mutter als Symbol eines Frauenbildes ab und kontrastiert ihre Biografie mit der eigenen. Da Brigittes Erzählungen dabei durchgehend auf die Differenz der Beziehungs- und Lebenskonzepte von ihr und ihrer Mutter verweisen, lohnt sich ein ausführlicher Blick auf die Mutter-Tochter-Beziehung.

Brigittes Mutter in der Hausfrauenrolle als Negativvorbild

Bevor sich Brigitte der Darstellung ihrer Beziehung zur Mutter zuwendet, beschreibt sie es als ‚natürlichen' Zeitgeist, dass sich ihre Generation von ihren Müttern und deren Geschlechterrollenentwürfen abgrenze: *„Wir sind nicht mehr wie unsere Mütter"*.

Mit der Präsens-Formulierung und der Verwendung des kollektiven „*wir*" impliziert Brigitte, ihre Generation habe in ihren Lebensentwürfen bereits neue Möglichkeiten verwirklicht, die nun wie ein messbares Ergebnis feststünden und sich nachvollziehen ließen. Historische Quellen belegen, dass es sich bei Brigittes Generation nicht um die erste handelt, die sich von den mütterlichen und anderen weiblichen Leitbildern zu verabschieden suchte (vgl. hierzu u.a. Nave-Herz 1989). Die Idee eines eigenen, weniger ‚weiblich-traditionellen' Lebensmodells ließ sich jedoch seit den 1960er Jahren leichter und vielfältiger umsetzen, da die veränderte Teilhabe von Frauen am gesellschaftlichen Leben außerhalb des familiären Spektrums dies ermöglichte. Nichts von dem, was Brigittes Mutter ihrer Tochter in ihren ‚weiblichen Funktionen' vorlebte, mochte Brigitte in ihrem Leben wiederholen, da sie die Konflikte ihrer Mutter erkannte:

„*[...] in der Ferne [war] immer die Bedrohung, dieses Hausfrauendasein [...], das Gefängnis meiner Mutter. [Und] wenn ich mich da mal so einfangen lassen, dann ist es aus mit mir. Das war klar. Das will ich nicht, also muss ich mir die Freiheit wahren.*"

„*Ja, mir hat nie jemand gesagt, wen ich heiraten müsste, mit wem ich leben müsste und ich habe mich auch nie dem gefügt. (..) also sie war ja, sie war ja der Part, der eben in der Ehe die konservativen Bedürfnisse des ungeliebten Mannes erfüllt hat.*"

„*[...] es war nicht der Mann ihrer Träume [und] nicht der Mann ihres Lebens, aber die Familie hatte es von ihr verlangt, dass sie bei ihm bleibt (...) und [...] Kinder groß zieht, etwas, was [...] sie nie wollte und sie hat es mit einem solchen Hass verweigert [...], der mich wahrscheinlich doch geprägt hat. ‚So will ich nicht leben. So mit einem ungeliebten Mann in einer Familie. Das will ich nicht.'*"

„*Deswegen war mir meine Großmutter näher als meine Mutter, weil sie schon eher etwas realisiert hatte [und] auf einem Weg war, der dann eben historisch abgebrochen wurde. Und meine Mutter wurde dann in eine Rolle gedrängt, sie hatte nicht die Chance wie meine Großmutter, so frei zu leben, sondern sie lebte unfreier.*"

„*Meine Großeltern waren beide auch sexuell sehr frei. [Sie lebten] mit Partnerwechseln und [haben sich] mit verschiedenen anderen [...] Partnern [...] vergnügt [...]. Ich hab das immer positiv gesehen, weil meine El-, meine Großeltern für mich immer ein solche[s] zusammengehöriges Paar waren, dass ich [...] Partnerwechsel, von denen da berichtet wurde, [...] niemals irgendwie als bedrohlich [...] empfunden habe.*"

„*[Ich konnte mir] Freiheiten [...] nehmen, die [...] meine Mutter sich zumindest nicht genommen hat, die [...] meine Großmutter auch hatte.*"

Frau P. fungierte in ihrer Position als Mutter, Ehe- und Hausfrau als Negativbild für Brigitte, deren Muster (Akzeptieren des „*Hausfrauendaseins*", Verharren in einer unglücklichen Ehe) sie auf keinen Fall wiederholen möchte. Jedoch erkennt Brigitte auch, dass die Möglichkeiten der Mutter durch äußere Zwänge begrenzt waren. Durch einen Perspektivwechsel sieht Brigitte die unterschiedlichen Sozialisations-

und Gesellschaftsfaktoren und versteht die Biografie ihrer Mutter, wenngleich sie diese als nicht nachahmungswürdig bewertet.

Ihrer Mutter stellt Brigitte ihre selbstbestimmte, *„frei[e]"* Großmutter als Vergleichsfolie gegenüber. Sie habe die *„Freiheiten"* leben können und sich nicht an bestimmten Frauenleitbildern orientiert. Durch die klare Polarisierung der Lebensmodelle von Großmutter (selbstbestimmt) und Mutter (fremdbestimmt) erkannte Brigitte früh, mit welchem Frauenbild sie sich eher identifiziert.

Da sie selber keinen gesellschaftlichen Druck erlebte, der sie in den bestimmten *„Part"* der Ehefrau hätte drängen können, verfügte Brigitte über mehr Entfaltungsmöglichkeiten. Ihre Mutter sei so *„sozialisiert"* worden, dass sie sich als Ehefrau den gesellschaftlichen Erwartungen und Normen entsprechend anpasste. Sie selber habe demgegenüber ihre Chancen wahrgenommen, anders zu leben, und so die *„Bedrohung des Hausfrauendaseins"* umschifft. Dass die Vision von sich selbst als *„Hausfrau"* Brigitte bedrohlich vorkam, wird auch auf der sprachlichen Ebene und der Wortwahl offenkundig. Ihre drastischen Formulierungen wie *„Bedrohung"* und *„Gefängnis"* wirken aggressiv und ausweglos und veranschaulichen Brigittes Wunsch nach einer alternativen Biografie.

Inwiefern ihre Mutter an ihrem *„Hausfrauendasein"* verzweifelte und sich manchen Aufgaben verweigerte, wird in einer Anekdote deutlich, die Brigitte amüsiert erzählt.

„Weihnachten war's am schönsten. Dann kam irgendwann mal die Frage ‚Was wollt ihr denn essen?' und dann sachte mein Vater vorsichtig ‚Ja, doch ein Tier. Irgendwie ein Tier.' Meine Mutter war weitgehend vegetarisch. (..) Ja, und dann ging meine Mutter in den Supermarkt und griff irgendwie [...] in die Tiefkühltruhe und griff irgendwas da raus und steckte es, so wie es war [...] mitsamt der Plastikfolie und den Innereien [...] in den Ofen, stellte auf höchste Stufe und ging ihrer Wege. (...) Und ‘n paar Stunden drauf war [...] die Katastrophe da und es (...) stank aus der Küche und meistens ging mein Vater schon vorsichtig gucken. ‚Was ist wieder passiert?' Und dann musste das Tier immer weggeworfen werden [...] und meine Mutter schimpfte über die Zumutung. [...] Und dann gab's halt Würstchen oder so. Ich fand das dann immer irgendwie toll [,] diese Show, die sie veranstaltet. [...] Er [Brigittes Ziehvater, Anmerk. KV] war ja so erzogen worden, ‚So was darf ich meiner Frau eigentlich gar nicht zumuten. Das ist ‘ne Schande.' [...] Dass er sich dann bei mir entschuldigte, dass er sie den Haushalt machen ließ. (...) Also das fehlende Dienstpersonal war seine Verantwortung."

Durch eine inszenierte *„Show"* von Unvermögen verweigerte sich die Mutter einer traditionellen Hausfrauenaufgabe, dem Kochen. Frau P. verstand die Forderung, (Fleisch) zu kochen als *„Zumutung"* und inszenierte *„Katastrophen"*, so dass sich letztlich ihr Mann bei ihr entschuldigen musste, da er der Familie kein Dienstpersonal zur Seite stellen konnte. Brigitte betont im Verlauf des Interviews mehrfach, dass sie sich bestimmten Ansprüchen verweigere. Das Verhalten der Mutter, das Brigitte in dieser Anekdote als *„toll"* hervorhebt, wird für ihre Tochter vorbildhaften Charakter gehabt haben, sodass sie diese Verweigerungshaltung adaptierte. Jedoch war die Verweigerung der Mutter für Brigitte nicht immer derart präsent oder amüsant. Brigitte erlebte als Kind und Jugendliche eigentlich öfter und deutlicher die Verzweiflung der Mutter und wie sehr sie unter ihrem *„Gefängnis"* und den daran angeknüpften *„inneren Konflikte[n]"* litt.

„Ich erinner' mich zum Beispiel, als ich ein Kind war, hat meine Mutter mir mal mit so 'nem komischen Gesicht so 'nen Brief gezeigt und gesagt ‚Guck mal hier'. [...] das fand ich so witzig, da hatte jemand seine Hand in schwarze Tinte getaucht und [...] dazu geschrieben ‚Ist schön hier! Komm!' [...]. Und ich sachte zu meiner Mutter: ‚Das ist aber doch schön und witzig, dass muss aber ein toller Mann sein. Warum fährst du denn da nicht hin?' Und dann [sagte] sie [...] irgendwie so: ‚Ich hab' doch euch [...] Kinder'. Und da habe ich meiner Mutter schon immer gesagt ‚Du benutzt uns als Ausrede. Fahr! [...] Fahr!' Aber mir ist natürlich jetzt klar, dass das wieder mal so'n Versuch (...) von meinem leiblichen Vater war, sie zu gewinnen und dass sie es ausgerechnet auch mir gezeigt hatte, damit ich irgendwie teilhaben konnte an ihrem inneren Konflikt. (...) Aber so einen Konflikt habe ich dann ja nie gehabt."

In dieser Sequenz stellt sich Brigitte als diejenige dar, die ihre Mutter *„schon immer"* ermutigt habe, ihren Bedürfnissen nachzugehen und nicht ihre Kinder als *„Ausrede"* zu benutzen, den *„Geliebten"* nicht treffen zu können. In dieser Darstellung scheint Brigitte den *„Konflikt"* ihrer Mutter durchaus nachvollziehbar und legitim zu finden und auch als Argument für ihr späteres Beziehungskonzept anzuführen (*„Aber so einen Konflikt habe ich [dann ja] nie gehabt."*).

Brigitte argumentiert losgelöst von (vermeintlichen) kindlichen Verlassensängsten für das Wohl und die *„Freiheit"* ihrer Mutter und appelliert an sie, ihre Verantwortungsgefühle abzulegen und sich mit dem *„tollen Mann"* zu treffen und ihren Handlungsspielraum zu nutzen. In dieser Sequenz wird deutlich, dass Brigitte sich wenig solidarisch und loyal ihrem Ziehvater gegenüber verhält. Sie empfindet den Gedanken, dass sich ihre Mutter mit einem anderen Mann trifft, nicht als verwerflich bzw. spürt keine Verpflichtung, die Ehe zwischen ihren Eltern zu schützen. Stattdessen forciert sie, dass ihre Mutter sich ihre *„Freiheit"* nimmt. Die *„extremen Spannungen"*, die sie mit ihrem Ziehvater ausagierte, bahnen sich in dieser Szene insofern ihren Weg, als Brigitte ihre Mutter ermutigt, zu einem anderen Mann zu fahren. Aufgrund der zitierten Wortwahl lässt sich davon ausgehen, dass sich diese Szene in ihrem Jugendalter abspielte und dass sich Brigitte in dieser Phase durchaus hätte ausmalen können, was zwischen diesem Mann und ihrer Mutter bei einem Treffen passieren könnte. Mit Blick auf die durchweg positiv erlebte polygame Beziehung der Großeltern sah Brigitte eine mögliche Affäre ihrer Mutter wohl auch nicht als Bedrohung an.

Zusammengefasst beschreibt Brigitte ihre Mutter in ihrem Liebes-Dilemma als Opfer, das sich moralischen Konventionen anpasst und ihrem Geliebten nur heimlich begegnen kann. Diese Heimlichkeit macht Brigitte ihrer Mutter jedoch nicht zum Vorwurf, da sie auch die Grenzen der Situation, in der ihre Mutter die Verantwortung gegenüber ihren Kindern über den Wunsch nach Zweisamkeit mit ihrem Geliebten stellt, akzeptiert und sie auch dafür bewundert, wie sie es doch schafft, ihre „*Freiheit*" ein Stück weit durchzusetzen.[22]

---

22 „*[...] mein leiblicher Vater hat desertiert. Er war kommunistischer Schriftsteller und er ist vom Heer desertiert und er hat überlegt: ,Wo geh' ich hin?' und [...] er hat sich an meinen Großvater erinnert, der eben ein Linksintellektueller war und an meine Mutter. Und meine Großeltern [und] meine Mutter waren eben ausgebombt in XY und waren aufs Land gezogen in YZ und dort (...) ist mein Vater aufgetaucht und hat Steinchen ans Fenster geworfen und [...] er hat um Aufnahme gebeten und mein Großvater war immer ein sehr [...] mutiger Mann [...] und der hat ihn dann aufgenommen und dort [...] hat er jahrelang gelebt und [so] den Krieg überlebt. Und dann ist eine Schwester meiner Mutter, die (...) Krankenschwester war beim Heer, [...] aus Russland zurückgekommen und hat dieses Idylle [sic!] sich angeguckt und hat einen Wutanfall gekriegt und hat gesagt ,Was erlaubst du dir hier? Dein Mann ist im Krieg an der Front und du liegst hier mit deinem Geliebten im Bett, der außerdem noch ein Deserteur ist [und] Kommunist, ein Linker.' Und sie hat [...] verlangt, dass mein (...) leiblicher Vater (...) ausgeschlossen [...] werden musste. Es hat dann eine ganz raffinierte Aktion gegeben. Ein befreundeter Arzt (...) hat ihm dann eine Kugel ins Bein genäht und hat ihn irgendwo auf dem Feld angeblich gefunden und in ein Lazarett gebracht, wo er dann tatsächlich eben auch ähm überlebt hat. (...) Und meine [...] Mutter hat [...] diesen Druck durch [...] diese Schwester nie verarbeitet, sie war immer schon immer feindlich dieser Schwester gegenüber [...] ein Leben lang. Ich hab' eigentlich nie verstanden warum, jetzt wusste ich es endlich (...) und meine Mutter ist dann zu diesem Geliebten zurückgekehrt (...) ist zwar in ihre Ehe zurückgegangen aber sie hat [...] immer diesen, viele Jahre und Jahrzehnte lang [...] diesen Geliebten [...] getroffen, ist [...] zu ihm gefahren. (...) Nachdem meine Mutter mir das erzählt hat, er lebte in ZZ [,] sind wir zusammen nach AB gefahren und [...] haben uns [...] diesen Ort angesehen, [in dem] meine Mutter mit diesem Geliebten [...] sich heimlich getroffen hat. Ich erinner' mich, dass meine Mutter oft weg war und nicht da war und nicht erreichbar war [...] und sachte ,Ich geh mal eben'. Diese Freiheit [sich] eben genommen hat und im Nachhinein ist mir eben klar, dass sie immer [...] diesen Geliebten [traf].*"
Brigitte berichtet in dieser Sequenz von der Liebe ihres leiblichen Vaters und ihrer Mutter, aus der sie hervorging. In der Schilderung wird eine starke Identifikation mit der Mutter deutlich. Brigitte solidarisiert sich mit ihr gegen die Tante, die das Liebes„*idyll*" der Mutter gefährdete. Durch die wörtliche Rede, die sie verwendet, wird Brigittes emotionale Involviertheit spürbar, so, als wäre sie dabei gewesen und hätte die Stimme der

Der Einfluss, den die Biografie der Mutter auf Brigittes Geschlechterkonstrukt und damit auch auf ihren Umgang mit der Polygamie-Idee der ,68erInnen' hatte, lässt sich mit Hilfe der Psychoanalyse beleuchten. Die Psychoanalytikerin Dorothy Litwin untersuchte, inwiefern die Entwicklung und Einstellung bei Mädchen zu ihrer „Geschlechtsrolle" auf der Schwelle zum Erwachsenenalter u.a. auch in Auseinandersetzung zu der Mutter geschieht (Litwin 1992, S. 194). So nähmen besonders Konflikte mit der Mutter, die aus deren Umgang mit Geschlechtszuschreibungen resultierten, eine bedeutende Rolle ein. Die Tochter reflektiere das Verhalten, die Anpassung und Aufbegehren der Mutter und leite Konsequenzen für ihr eigenes Geschlechterbild ab (vgl. ebd.).

Aus den vorangegangenen Ausführungen ist dieser Aspekt der Mutter-Tochter-Beziehung deutlich geworden: Brigitte erkannte bei ihrer Mutter einen *„inneren Konflikt"*, der sich aus dem Widerspruch zwischen Bedürfnis (eine Beziehung mit ihrer wahren Liebe zu führen) und gesellschaftlichem Anspruch an ihr ,Geschlecht', das von dem Konstrukt der treuen Ehefrau und Mutter getragen wurde, speiste. Ihre Mutter veranschaulichte ihrer Tochter ihre Unzufriedenheit hinsichtlich ihrer ,weiblichen' Funktionen und die daraus resultierenden Konflikte durch die Anpassung an das ,traditionelle' Frauenbild. Die *„Konflikte"* ihrer Mutter wollte Brigitte in ihrer Biografie keinesfalls wiederholt sehen und verhinderte von Beginn an, dass sie im gleichen *„Gefängnis"* landete. Aus der miterlebten Verzweiflung und den Konflikten der Mutter zog Brigitte Konsequenzen für ihre Lebensgestaltung und schloss bestimmte Lebenskonzepte per se aus. Diese leitet sie in ihrer

---

Tante gehört. Retrospektiv steht immerhin Brigittes Zeugung auf dem Spiel, denn hätte die Schwester der Mutter sich mit ihren moralischen Grundsätzen durchgesetzt, wäre Brigitte vermutlich nie geboren worden. Die Mutter wird hier dafür bewundert, dass sie stückweise in *„Freiheit"* lebte. Indem ihre Mutter, obwohl sie in einer Ehe gebunden war, ihre *„Jugendliebe"* regelmäßig heimlich traf, habe sie sich die *„Freiheit eben genommen"* – den gesellschaftlichen, gesetzlichen Konventionen und Regeln zum Trotz. Sich mit einem kommunistischen Deserteur einzulassen, ist ein mutiger Akt und wird durch den moralischen Zeigefinger der Tante unterstrichen. Die Schwester der Mutter vertritt in diesem Zusammenhang die ,konservative' Moral und die der Kirche (beispielsweise das sechste Gebot „Du sollst nicht ehebrechen."). Auch an anderer Stelle berichtet Brigitte, dass ihre Tante eine repressive Moral verkörperte: *„[...] die immer auch meinen Großvater angegiftet hat, da ging es auch um die freie Liebe, was der mal praktiziert hatte."* Und dass ihre Mutter einen (mutigen) Weg fand, ihrem Bedürfnis nach Nähe zu ihrem Geliebten nachzugehen und ein Kind mit ihm zu zeugen, rechnet Brigitte ihr hoch an. Diesbezüglich bringt sie ihr Achtung entgegen und erlebt sie als Vorbild.

Erzählung zumeist mit Sätzen ein, die mit „ich will"[23] beginnen, worin sich ihr starker Wunsch und Wille verdeutlicht:

> *„Ich will keinen bürgerlichen Haushalt haben. [...] ich will [...] alles selbst bestimmen und [...] selbst erkunden. [...] ich will auf gar keinen Fall [...] eine Zweierbeziehung, die mich irgendwie in ein traditionelles Rollenschema drängt. [...] Ich will meine intellektuelle Identität bekommen."*
>
> *„So [wie meine Mutter] will ich nicht leben. So mit einem ungeliebten Mann in einer Familie. Das will ich nicht."*

Durch diese klar formulierten Ziele und ‚Antiziele' deutet Brigitte die negativ erlebten Leitbilder von Ehefrau und Mutter um. Statt Ehefrau wurde Brigitte also *„geheime Geliebte"*, das *„Hausfrauendasein"* modifizierte Brigitte in ein selbstbestimmtes Leben in einem Singlehaushalt. Mutterschaft konzipierte sie um, in dem sie sich anderen Bereichen widmete, die ihre Aufmerksamkeit benötigten (Politik, Reisen, Karriere usw.).

Brigitte hat diese Ziele für sich klar formuliert und zurückblickend ist ihr deren Umsetzung gelungen. Durch ihre Biografie umging sie das *„Gefängnis"* der Ehe mit einem *„ungeliebten Ehemann"* in einem *„bürgerlichen Haushalt"*. Auch ihr Studium beendete sie ohne Unterbrechungen; dem Examen ließ sie eine überdurchschnittliche Bildungskarriere folgen. Mit dem Wissen zu den Punkten, die sie in ihrem Leben NICHT wollte, markierte sie ex negativo als ‚Antiziele'. Diese basieren auf Brigittes Bewertungsmuster und begründen sich u.a. in den bereits dargestellten Abgrenzungstendenzen zu ihrer Mutter. Jedoch hat sie nicht nur die klare Abgrenzung zum mütterlichen Leben gesucht, sondern durchaus auch Dinge als nachahmungswürdig empfunden, etwa das Leben als *„heimliche Geliebte"*: *„[...] und ich weiß jetzt, dass ich eben unbewusst ein Muster reproduziert hab', was meine Mutter auch gelebt hat. Meine Mutter hat es aber nicht so offen leben können."*

Abgrenzung zum stereotypen Bild der „Hausfrau"

Die ambivalente Einstellung zu ihrer Mutter ist nur ein Aspekt in Brigittes Auseinandersetzung mit Geschlechterzuschreibungen. Neben ihrer Mutter, die sie im Interview als konkretes Beispiel heranzieht, grenzt sich Brigitte auch von weiteren

---

23 Mit dem Verb *„wollen"* ist verbunden, dass etwas deutlich angestrebt wird, der Wunsch nach etwas vorhanden ist. Brigitte formuliert diese Sätze als Quintessenz aus Erfahrungen heraus, die sie bei ihrer Mutter oder anderen Frauen erlebte und für sich ins Gegenteil verkehren mag. Die Verwendung des Präsens verdeutlicht, dass der Wunsch weiterhin präsent ist und fast wie ein Mantra in Erinnerung an die Vorsätze und Ziele wiederholt wird.

„*Hausfrau[en]*" ab, um ihre Abneigung zur Ehe zu unterstreichen. Besonders die Frauen ihrer Partner werden dabei beleuchtet – diese seien naiv, wenn sie erwarteten, im Ehe- und Familienleben Glück zu finden:

„*[...] das ist ja die Illusion zu meinen, dass in dieser Form des Zusammenlebens wirklich die Emotionen erfüllt würden.*"

„*[...] diese Art von Realisierung im Hause [...] kenn' ich nicht und ist für mich kein Ziel (....) und ich denke, [...] dass diese Frauenrolle (..) sehr stark aus dem Kleinbürgertum kommt und [...] sich reproduziert. Dieser Zwang von gepflegter Häuslichkeit und [...] [die] Emotionen [werden] darüber gelegt. Das ist der große Bluff oder die große Lüge, auf die so viele reinfallen. (...) Dass [...] die meinen, dass sich die traute Harmonie in diesen Häusern entfalte. [Dass sich] die wahre Liebe [...] dann einstellt, wenn man das dann auch so macht. [...] nein, das habe ich nie geglaubt.*"

Die „*Illusion*" bzw. „*Lüge*", auf die Hausfrauen reinfielen, wird laut Brigitte von der falschen Hoffnung getragen, dass sie in der Ehe „*Liebe*" und „*Harmonie*" erführen. Diese Annahme lässt sich im Kontext Brigittes' Kohärenzbedürfnisses und der damit verbundenen kognitiven Dissonanzarbeit entschlüsseln. Brächte nämlich eine Ehe und das Leben als Hausfrau tatsächlich „*wahre Liebe*" und „*traute Harmonie*" hervor, so wäre Brigitte als Alleinlebende und „*geheime Geliebte*" von der Erfahrung dieser Gefühle ausgeschlossen. Um sich vor dieser Erkenntnis zu bewahren, identifiziert Brigitte diese Emotionen als Trugschluss, um die Kohärenz aufrechtzuerhalten. Ruft man sich in Erinnerung, dass Brigitte sich zu Beginn ihres Studiums durchaus hat vorstellen können, gemeinsam mit einem Mann und Kindern zusammenzuleben, wird es in ihrem Leben einen Punkt gegeben haben, an dem sie sich von dieser Möglichkeit verabschiedete. Trauergefühle, enttäuschte Erwartungen, die dabei eine Dissonanz hervorgebracht haben könnten, gleicht Brigitte in ihrem Überzeugungskonzept (auch mit Hilfe der ‚68erInnen'-Theorien) mit ihrer alternativen Lebens- und Beziehungsführung als „*das Ideale*" aus und negiert andere Konzepte durch ihre konsonanten Kognitionen.

Um Kohärenz hervorzubringen, bedient sich Brigitte wieder moderner Sexismen, Verallgemeinerungen und Stereotypisierungen[24] und wertet verheiratete Frauen ab, indem sie sie auf ihre Funktionen im Haushaltes reduziert. Der Psychologe Thomas Eckes benennt unterschiedliche Funktionen von Geschlechterstereotypen (vgl. Eckes 2008). Eine Funktion sei die „Inferenz", die die „Reduktion der Unsicherheit durch Schlüsse auf nicht direkt beobachtbare Merkmale (auch Erklärungen, Vorhersagen, Verallgemeinerungen)" beabsichtige (Eckes 2008, S. 168). In ihrer

---

24 „Unter Stereotypisierung wird die Anwendung stereotypgestützten Wissens auf konkrete Personen verstanden." (Eckes 2008, S. 165)

negativstereotypen, zumeist eindimensionalen Sichtweise auf ihr ‚Feindbild Hausfrau' lässt sich u.a. auch eine Projektion individueller Spannungen Brigittes vermuten. Um der Entwertung der Hausfrau in der eigenen Selbstinszenierung zu entgehen, muss Brigitte folglich dazu different leben; z.b. in Gestalt der „Geliebten eines Genies". Intrapsychisch könnte sich demnach in dieser deutlichen Abgrenzung und Stereotypisierung auch eine unterdrückte, unverarbeitete Eifersucht auf die „Erstfrau" ihrer jeweiligen Partner katalysieren. Ebenso wird ihre Identifikation mit der Biografie der Mutter deutlich, die zeitlebens unter der „Hausfrauenrolle" litt. Die Psychologinnen Insa Fooken und Inken Lind bestätigen diese These:

„Die negative Bewertung des Lebens der eigenen Mutter scheint dazu zu führen, daß weniger stark ein traditionelles Geschlechterrollenbild entwickelt wird oder veranlaßt zumindest zu der Überzeugung, das eigene Leben nicht ‚so' wie das der Mutter zu gestalten." (Fooken/Lind 1994, S. 108)

Aus interaktionistischer Perspektive kann Brigittes Abwertung des Hausfrauenkonstrukts auch als Warnung für ihr Gegenüber gewertet werden. Vor ihr sitzt eine junge Frau, der das ‚Schicksal' eines Hausfrauenlebens noch bevorstehen könnte – der gut gemeinte Ratschlag, sich davor in Acht zu nehmen, irgendwann die „konservativen Bedürfnisse" des Partners als „Erstfrau" befriedigen und einen „drummen Haushalt" führen zu müssen, erscheint dabei implizit.

Abgrenzung zum Ziehvater/Identifikation mit dem leiblichen Vater
Das Wissen um die eigenen biologischen Wurzeln wird in der Psychoanalyse als ein starkes Bedürfnis in der Identitätsentwicklung beschrieben. Erik Erikson nennt dies die „psychohistorische Dimension der Identitätsbildung" (Erikson 1975/1977, S. 17).
    Brigitte erfuhr erst als über Vierzigjährige davon, dass der Mann ihrer Mutter nicht ihr leiblicher Vater war. Die daraus resultierende Verwirrung über die eigene Identität zeigt sich in der großen Bedeutung, die Brigitte diesem Erzählstrang im Interview beimisst. So nimmt ihr Ziehvater in ihrer Erzählung einen prominenten Platz ein. Die Bedeutung ihrer zwei Väter wird auch formal deutlich; das Wort ‚Vater' fällt in dem Interview 33 Mal und gehört damit zu einem der sehr oft verwendeten Substantive des zweistündigen Interviews. Ihr Ziehvater hat über 18 Jahre ihrer Biografie begleitet und geprägt. Dabei muss bedacht werden, dass sich durch die spätere Erkenntnis, dass zu ihm keine genealogische Verbindung besteht, sein Bild nachträglich verändert haben könnte und durch Brigittes (vermutlich ambivalente) Emotionen ‚überarbeitet' wurde. Herr P. wird in ihrer Erzählung stark abgewertet, während der nun als leiblicher Vater bekannte Mann idealisiert wird.

„Ich habe meinen Vater eben [nur] als einen solchen Versager und Waschlappen [...] wahr-nehmen können und ich hab' also auch die Erfahrung gemacht, er kann mir nichts sagen, er kann mich nicht bestimmen, kann mir nichts verbieten und ich bin auch auf ihn überhaupt nicht angewiesen. (...) Und seine Deutungsmuster sind für mich (...) nicht entscheidend."

„Und er war ja eben doch sehr konservativ [...] und war ein verhinderter Playboy [...]. Er hat sich sein Leben so vorgestellt, dass er ab und zu mal in die Fabrik fährt und irgendwas unterschreibt (...) und nun musste er selber sehen [...]. Es war nichts mehr da und er hat sich als kaufmännischer Angestellter durchgeschlagen [...]. Er hat nie einen Abschluss gemacht, er hatte keinen Beruf. [...] Er [war] dann [...] immer und immer jammernd um diese verlore-nen Millionen. Also, er war kein Vorbild und er hat uns keine Orientierung gegeben."

„[...] mein Vater hat mich immer unter Tränen gebeten, ich müsste ihm verzeihen, dass er seine Frau den Haushalt machen lassen müsste, weil doch nun die Katastrophe der Pleite über uns schwelte und so. Und das fand ich auch wieder lächerlich."

„[...] dass [ich nicht seine Tochter war] hat er wohl geahnt, das glaub ich auch. (....) Er hat uns quasi alle so latent enterbt. [...] er war wesentlich älter als meine Mutter [...] und er hat ihr irgendwie alles überschrieben [...]. Aber es war irgendwie klar: Die Kinder kriegen nichts, sondern es muss alles für die Frau da sein. Und [...] als ich anfing zu studieren, ist er frühzeitig in den Ruhestand gegangen (...) und ich hab' [das] eigentlich [...] damals auch schon als sehr aggressiv empfunden, weil andere Eltern nahmen noch zusätzlich Jobs an, um ihren Kindern im Studium zu helfen, aber mein Vater ging einfach frühzeitig in Ruhestand. Oh, das fand ich eigentlich unverschämt, als ich anfing zu studieren und die beiden anderen rückten ja auch noch nach. (...) Also, er hat sich dieser Aufgabe [...] ‚Ich muss jetzt Kinder irgendwie in den Beruf hineinführen', hat er sich einfach entzogen. Dann dieser Bruch mit mir, da war klar, ‚Ja, du hast jetzt dein Abitur und jetzt sieh zu!' und (...) im Nachhinein denk' ich, dass das schon irgendwie ein Zeichen war ‚Ich bin nicht mehr für euch zuständig'. (...) Ich bin nicht der Vater. (...) Das ist nicht mein Ding.'"

Brigitte stilisiert ihren Ziehvater als *„Versager und Waschlappen"*, da er ihrer An-sicht nach auf mehreren Ebenen versagte. Ihre Distanz zu ihm wird formal darin deutlich, dass sie ihn beim Nachnamen nennt; sie bezeichnet ihn als *„Herr P."* – hier wurde nicht der Nachname zwecks Anonymisierung gekürzt, sondern durch Brigitte selber verkürzt. Während sie von ihrer Mutter als *„Mutti"* oder *„Mutter"* spricht, wird ihr Ziehvater in Passagen, in denen sie ihn als selbstmitleidigen *„Herrn"* darstellt, auf eine höfliche Anrede und die Initiale seines Nachnamen ver-kürzt. Für Brigittes Abwertung ihres Ziehvaters lassen sich unterschiedliche Gründe nennen. Zum einen verkörpert er, was Brigitte – u.a. auch aufgrund ihrer ‚68erIn-nen'-Politisierung – ablehnte: Kapitalismus, Doppelmoral, Selbstmitleid usw. Dass er seine Wut und Trauer über den Verlust des Familienvermögens mit den Kindern teilte, zwang Brigitte zu einer Beurteilung dieses *„Jammerns"*. Sie hält ihn für sei-ne Situation selbst verantwortlich, was Verständnis oder Mitleid erschwert.

Zum anderen passt er nicht zu ihrem Konstrukt von ‚Männlichkeit', da er nicht deutlich die Facetten der hegemonialen Männlichkeit repräsentiert – hier an diesem Beispiel Brigittes sieht man die Co-Akteurschaft von Frauen bei der Aufrechterhaltung und Reproduktion der hegemonialen Männlichkeit. Für Brigitte müssen Männer bestimmte Aspekte verkörpern: Sie sollten beruflich erfolgreich und einflussreich sein, intellektuell und finanziell gut situiert. Ihre Partner sowie die Männer, von denen sie positiv spricht (Großvater, leiblicher Vater) entsprechen diesem Schema. Dem Ziehvater hingegen spricht sie enttäuscht seine Männlichkeit ab: Der Studienabbruch und sein fehlender Karriereehrgreiz stehen im Kontrast zu ihrem eigenen Ziel, sich eine *„intellektuelle Existenz"* aufzubauen. Menschen, die auf eine erfolgreiche Karriere zurückblicken und bei den Eltern das Gegenteil feststellen, reagieren darauf mit Enttäuschung, wie die Soziologin Renate Liebold in ihrer Biografiestudie „'Meine Kinder fragen mich schon lange nichts mehr'. Die Kehrseite einer beruflichen Erfolgsbiografie" (2005) feststellte. Sie zeigte, dass Befragte mit berufsorientierter und erfolgreicher Biografie beim Thema Vater-Kind-Beziehung das Scheitern des Vaters in den Vordergrund rücken (vgl. Liebold 2005, S. 89 ff.).

Hinsichtlich Brigittes Einschätzung, ihr Ziehvater sei beruflich ein *„Versager"* gewesen und habe die Familie nicht mit Wohlstand ausstatten können, lässt sich feststellen, dass diese Einschätzung ebenfalls auf einer hegemonialen Geschlechterordnung beruht. Durch den Anspruch an das ‚Familienoberhaupt' als Ernährer, reproduziert Brigitte die traditionell geschlechtliche Aufgabenverteilung in der Familie (auch wenn die Möglichkeiten ihrer Mutter, die Familie zu versorgen, begrenzt waren). Dass Brigitte die Versorgeraufgabe als rein männliche definiert, steht im Kontrast zu ihrer eigenen Biografie, da sie für sich selbst sorgt.

Dass ihr Vater sie auch als Studentin nicht unterstützte, empört Brigitte. Sie fühlte sich von ihm in ihrer Bildungsaspiration boykottiert und aus ihrem *„Elternhaus"* geworfen:

„Ich musste ja 68 mein Elternhaus verlassen, es war ein totaler Bruch mit meiner Familie, mit meinem Vater [...], weil ich Soziologie studieren wollte (...) und ich hab' dieses [...] Studium durchgesetzt [...] und ich hab' mich mit meinem Vater nie mehr versöhnt [...]. Ich hab' dann die Tatsache, dass es zu einem total[en] Bruch mit meinem Vater kam [...], auf unterschiedliche Art und Weise verarbeitet. [Diesen] Rausschmiss aus meinem Elternhaus [bewertete ich] als Befreiung und als ‚Der kann mich mal' und ‚Der hat mir sowieso nichts zu sagen' [...], aber [...] grad in den letzten Jahren, denke ich, dass ich da doch auch viel versäumt habe, [...] was [ich] ihm [...] auch irgendwie [...] auch übel nehme, dass er meine Entwicklung und meinen Weg so wenig hat akzeptieren können. Das hat sich dann auch in den nächsten Jahren gehalten, er war auch gegen (...) den Beruf, Lehrerin zu werden [...], Beamtin zu sein. Das hat er völlig abgelehnt [,] was mich wiederum zum Teil befreit hat [und] immer so 'ne Trotzreaktion hervorgerufen [hat] und [mir] auch wieder große Sicherheit [gab], weil ich sah [,] ich bin gezwungen, es noch mal zu durchdenken und noch mal [...]

zu überlegen und zu entscheiden und wenn ich es dann tue, dann tue ich es gegen seinen [...]
Rat [...] und dann kann ich [...] nur tun, weil ich es wirklich muss. [...] ich hab's quasi als
Entscheidungshilfe empfunden [...], diesen Protest meines Vaters."

Zwar belastete Herr P.s Verhalten die Beziehung zu seiner Tochter, doch Brigitte
deutet retrospektiv die mangelnde Zuwendung positiv um, indem sie annimmt, sich
auch aufgrund ihrer Rebellion gegen seine Eigensinnigkeit gut entwickelt zu haben.
Dass der Ziehvater den Studienwunsch seiner Ziehtochter wenig förderte, mag
zum einen an der damals noch verbreiteten Einstellung gegen Frauen an den Universitäten liegen[25] und zum anderen auch in einem Konkurrenzdruck begründet
sein, da die Tochter ihn mit einem Studiumabschluss ‚überholen' würde. Auch Pierre Bourdieu beschreibt eine „Rivalität zwischen Vater und Tochter im Feld des Beruflichen oder der kulturellen Leistungen einschließlich der ambivalent erlebten
Möglichkeit, dass die Tochter den Vater im eigenen Terrain übertreffen könnte"
(Bourdieu 1997a, S. 655).

„Das zentrale Element des väterlichen Erbes besteht zweifellos darin, den Vater als denjenigen, der in unseren Gesellschaften die Abstammungslinie verkörpert, fortleben zu lassen [...].
In vielen Fällen muss man sich hierfür vom Vater unterscheiden, ihn übertreffen und in ge-
wissem Sinne negieren." (Bourdieu 1997, S. 651)

Die Bourdieu'sche Theorie lässt sich mit psychoanalytischen Annahmen verbinden,
um Brigittes Konflikt mit ihrem Ziehvater genauer zu entschlüsseln. So beschreibt
beispielsweise die Psychoanalytikerin Christa Rohde-Dachser, die Beziehung von
Vater und Tochter präge meist eine „Doppelbotschaft" des Vaters: Mit der Botschaft ‚Sei wie ich!', ‚Sei stärker, klüger, tüchtiger als ich!'" fördere der Vater den
Ehrgeiz und das Selbstbewusstsein der Tochter und binde sie dadurch an sich
(Rohde-Dachser 1990, S. 312). Der Wunsch der Tochter, zu sein wie der Vater
bzw. seine Ziele zu ihren zu machen, bringe wiederum eine andere Botschaft des
Vaters hervor: „‚Bleib immer meine Tochter! Verzichte auf eigene Lebensziele!'"
(ebd.). Diese neue Forderung bedürfe der Loyalität der Tochter, den Vater nicht zu
überragen (ebd.). Doch da sich Brigitte keineswegs als „Papatochter" (ebd.) ver-

---

25 In seiner Habilitationsschrift „Probleme der deutschen Universität" schrieb der Arzt und
    Psychologe Hans Anger 1960: „Die Universität ist Männersache, das ist kein Beruf für
    Frauen. Früher war der Hochschullehrer ganz etwas Hohes, heute kommen sogar schon
    Frauen auf die verrückte Idee, Hochschullehrer zu werden." (Anger 1960, S. 656) Er
    stützte seine These mit Ergebnissen einer Umfrage unter Kollegen und Professoren, die
    sich mit 24 Prozent gegen ein Frauenstudium aussprachen und zu 36 Prozent Frauen als
    Kolleginnen ablehnten (vgl. Anger 1960, S. 477 sowie Kleinau 2013).

steht und ihr Handeln nicht von Zustimmung und Wertschätzung des Vater abhängig macht, wird sie die zweite Botschaft des Vaters nicht ‚gehört' haben. In ihrer Erzählung wird vielmehr eine enge Bindung zur Mutter deutlich, für die sie sogar zur Komplizin gegen den Ziehvater wird, indem sie sie ermuntert, sich mit ihrer „*Jugendliebe*" zu treffen. Die veränderte Herausforderung an den Ziehvater, dass seine Tochter zum einen nicht seine leibliche Tochter ist und diese ihn außerdem akademisch überholen wird, wird „*Herr[n] P.*" gekränkt haben. Nach Vera King, die der Tochter im konventionellen Geschlechterverständnis die Funktion der „Trösterin und Kompensatorin väterlichen Schmerzes" (King 2006, S. 150) zuspricht, erfüllt Brigitte ihre Rolle nicht, ebenso wenig der Vater, der die Entwicklung seiner Tochter offenbar kaum unterstützt. Dass Brigitte und Herr P. sich nicht mit den jeweiligen Bedürfnissen des anderen identifizieren konnten, liegt wohl auch daran, dass sie keine „postkonventionellen Geschlechter- und Elternbeziehung" (King 2006, S. 151) aufbauten. Beide erkannten sich noch in traditionellen Geschlechtermustern: Während Brigitte dem Ziehvater Versagen in seiner männlichen Ernährerrolle vorwirft, möchte der Ziehvater ihr keine emanzipierte Politik- und Bildungskarriere zubilligen.

Durch die Darstellung der Konflikte mit ihrem Ziehvater sowie ihre Beschreibung seines Charakters entwirft Brigitte einen männlichen Negativ-Prototyp, der sich aus Stereotypen speist. Ihm gegenüber stellt sie zwei positiv konnotierte Familienmitglieder – den Großvater und den Geliebten ihrer Mutter. Der Großvater und ihr leiblicher Vater verkörpern konträre ‚männliche' Aspekte, mit denen sich Brigitte identifizieren kann. Sie kontrastiert Eigenschaften des leiblichen Vaters, von dem sie erst als erwachsene Frau erfuhr, mit denen des Vaters, der ihre Kindheit und Jugend begleitete.[26]

---

26 Dies geschieht nicht auf direkte Art, sondern weniger direkt im fließenden Erzähl- und Argumentationsstrang. Mit ihrem leiblichen Vater identifiziert sich Brigitte stark, erkennt Gemeinsamkeiten, spricht liebe- und respektvoll von ihm. Als sie als Erwachsene die Identität ihres leiblichen Vaters erfuhr, entwickelte sie ein starkes Interesse, ihn kennenzulernen, so dass sie sich in Archive setzte und seine Veröffentlichungen zusammentrug. Den leiblichen Vater beschreibt sie wie folgt: „*[...] mein leiblicher Vater hat (...) unter anderem Marionetten-Theater geschrieben für Kinder [...]. Er war kein großer Autor, aber er war [...] Redakteur einer kommunistische Tageszeitung und hat ziemlich viel geschrieben so kleinere Sachen, Bücher herausgegeben.*" Vom Vater und vom Großvater beeindruckt zeigt sich Brigitte hinsichtlich ihrer politischen Meinung und Einstellung zum Nationalsozialismus, ihrem starken Freiheitswillen, ihrem Intellekt und künstlerischem Talent. Dem gegenüber stellt sie den ‚faulen', angepassten, „*konservativen*" Ziehvater, der an der Front gedient hatte. Dass ihr leiblicher Vater Deserteur war, bewundert Brigitte. Seine Fahnenflucht erkennt sie als heroisches Verhalten. Einige Quellen der

Die Identifikation mit ‚männlichen' Attributen und die drastische Abgrenzung vom Stereotyp der Hausfrau sind wiederkehrende Elemente in Brigittes Geschlechterkonstrukt. Ihr starkes Bedürfnis nach Autonomie und Selbstverwirklichung sieht sie durch ein traditionelles Frauenbild gefährdet, doch statt ein alternatives Weiblichkeitskonzept zu entwickeln, bedient sie sich jener Merkmale, die in einem stereotypen Geschlechterdenken oft als ‚männlich' gelten: *„dominant"*, durchsetzungsfähig, autonom und karrierebewusst (vgl. u.a. Altstötter-Gleich 1999, S. 211, Eckes 2010, S. 171ff.) – jene Aspekte, die sie bei ihrem Ziehvater vermisste. Zwar möchte Brigitte vermitteln, dass sie eine scheinbar ‚neutrale' Mitte in der binären Geschlechterordnung für sich fand, jedoch lässt sich konstatieren, dass sie letztlich bei der Suche nach einem Gegenkonzept zu weiblichen Geschlechterklischees bei einer ‚männlich' interpretierbaren (traditionellen) Geschlechterentwurf landete. Auch indem sie Mutterschaft ablehnte und damit jenen Aspekt subtrahierte, der ihr weibliches ‚Geschlecht' vom männlichen abhebt, wird ihr Lebenskonzept ein ‚männliches'. Zudem finden sich in ihrem Interview keine Sequenzen, in denen sie sich von Männern ihrer Generation abgrenzt. Durch ihre Beziehungsarrangements, in denen die Ehefrauen ihrer Geliebten nicht über die sexuellen Nebenbeziehungen ihrer Männer Bescheid wussten, begünstigt sie einen Aspekt des traditionellen Geschlechterverhältnisses: die bürgerliche Doppelmoral. Brigitte fand keine Alternative, ihre Sorge vor Autonomieverlust auf der Geschlechterebene zu verarbeiten als durch die Identifikation mit ‚männlichen' Entwürfen, wodurch sie mögliche Potenziale, die Geschlechterhierachien und -muster zu verändern, nicht wahrnahm.

5. Fazit: „Was ich nie sein wollte, war Hausfrau."

Brigittes Darstellung zu ‚1968' und der Theorie von Sexualität und Beziehung ist – wie sich auch bei den anderen Interviews herausstellte – maßgeblich von ihrem Selbstbild und dem Bedürfnis nach Kohärenz geprägt. Als roter Faden der Erzählung stellte sich Brigittes Bedürfnis nach Autonomie heraus. Theorie und Praxis des Sexualitäts- und Beziehungskonstrukts der ‚68erInnen' unterstützten diesen Freiheitsdrang.

In Brigittes Akteurschaft als ‚68erin' waren bestimmte Personen ihrer Biografie Schlüsselfiguren, da sie entweder in Form von Negativbeispielen (Ehefrauen, Zieh-

---

Studierendenbewegung befürworten die Desertion. Flugblätter, die auch über Berliner Kasernenzäune geworfen wurden, forderten amerikanische Soldaten auf zu desertieren, um dem Vietnamkrieg ein Ende zu bereiten (vgl. Seibert 2008, S. 127f.). Anhänger des Antimilitarismus sahen im Desertieren die einzig ‚politisch korrekte' Reaktion. In den letzten Jahrzehnten entstanden einige Deserteur-Denkmäler in Deutschland, um an den Mut derjenigen zu erinnern, die sich nicht am Zweiten Weltkrieg beteiligen wollten.

vater, z.T. auch die Mutter) oder Vorbildern (Großvater, Großmutter, leiblicher Vater) ihren Weg ebneten. Daneben war es auch die ‚68erInnen'-Theorie, besonders deren Annahmen zu Ehe, Beziehung und Sexualität, die ihr einen *„Hintergrund"* boten, um ihre *„Bedürfnisse zu verstehen"*. Die Aktualität ihrer Identifikation mit den Sexualitäts- und Beziehungstheorien der Bewegung wird auch in ihrem konsequent umgesetzten Lebens- und Beziehungskonzept deutlich, das sie als das *„Ideale"* deutlich macht.

Auch Brigittes (De-)Konstruktion von ‚Geschlecht' beeinflusste ihren Wunsch nach Politisierung. Ihr Verständnis von ‚Geschlecht' bestimmt auch ihren Umgang mit Theorie und Praxis der ‚68erInnen': Zum einen dekonstruiert sie ‚traditionelle' Geschlechtscharakterzuschreibungen (Männer seien aktiv, Frauen passiv), zum anderen akzentuiert und unterstreicht sie wiederum Erwartungen an Männlich- und Weiblichkeit – sowohl durch die Darstellung des negativ konnotierten Bilds der Hausfrau als auch durch weitere stereotypgeleitete Geschlechtermarkierungen. Dabei scheint auch immer wieder eine Abgrenzung zu feministischen Überzeugungen durch. Weitere Abgrenzungsprozesse spiegeln sich in Brigittes Erzählung in Gegensatzpaaren wider (etwa arm vs. reich, Kleinbürgertum vs. Großbürgertum).

Um eine Kohärenz ihrer Biografie herzustellen, lässt Brigitte in ihre Erzählung durchgängig ihr Streben nach Autonomie einfließen, das ihr Verhalten stets motiviert habe. In kleinen Erfolgsgeschichten berichtet Brigitte davon, wie sie sich beständig normativen Erwartungen *„verweigerte"*: So habe sie gesellschaftliche Erwartungen an sie als Frau (Mutterschaft, Ehe) ebenso abgelehnt wie manche Erwartungen an sie als ‚68erin' (etwa Transparenz der gelebten Sexualität, Masturbation als Ersatzhandlung, Abwertung homosexueller Erfahrungen usw.). Auch familiäre Erwartungen und Hoffnungen (Studienfach, Ehe, Kinder usw.) enttäuschte sie bewusst zugunsten ihres gewählten Lebenskonzepts. Die Sexualtheorie der ‚68erInnen' adaptierte sie nur insofern, wie sie in ihr individuelles Lebenskonzept passte. Sie setzte sich zwar in Arbeitsgruppen mit der Theorie und einer möglichen Umsetzung auseinander, wandte beispielsweise das Postulat des Charakterpanzers hypothetisch auf sich selbst an, entschied sich jedoch im Konfliktfall stets für ihre Selbstbestimmung. Auf theoretischer Ebene identifiziert sich Brigitte bis heute mit den Forderungen und Thesen der Studierendenbewegung, jedoch erkennt sie auch deren Grenzen in der praktischen Umsetzung. Bewusst wie unbewusst konterkariert Brigitte einige Reich'sche Annahmen bezüglich Heteronormativität, Masturbation und weiblichem Orgasmus. Da es ihr durch ihre Reflexion und Abgrenzung gelangt konstant ihre Autarkie zu wahren, resümiert sie über ihr bisheriges Leben: *„Ich fand es gut. Ich denk', das hab' ich richtig gemacht."*

Dass sie sich für ein weniger ‚traditionelles' Lebenskonzept entschied, begründet Brigitte nicht nur mit ihren eigenen Wünschen und Bedürfnissen, sondern auch mit theoretischen Annahmen (beispielsweise mit der *„monogamen Einehe"* als *„Zu-*

richtung" des Staates). Durch diese argumentative Herangehensweise gerät manches Mal die emotionale Erfahrung in den erzählerischen Hintergrund. Mögliche Inkongruenzen, Brüche und Leiderfahrungen versteckt sie hinter Stärke, Selbstsicherheit und theoretischer Deduktion; sie lassen sich nur im Subtext erahnen. Kommunikationsdynamisch wiederholt sich etwa, dass Brigitte emotional bedeutsame Szenen aus ihrer Biografie nur andeutet und nicht näher ausführt. Wenn sie sich dabei ,ertappt', gerade von einer relevanten Erfahrung zu berichten, beendet sie die Erzählung rasch mit einer induktiven Ausführung zum Thema, indem sie das Erlebnis in einen Gesamtzusammenhang stellt und aus dem eigenen Erfahrungsspektrum herauslöst. Indem Brigitte Theorien darstellt und verschiedene theoretische Positionen diskutiert, werden subjektive Erfahrungen verdrängt, insbesondere wenn sie das Thema offenbar nicht weiter vertiefen möchte (oder kann). Auf der theoretisierenden, rationalen Ebene scheint sie sich wohler zu fühlen als bei der Beschreibung ihrer Emotionen. An persönliche Beispiele schließt Brigitte meist eine verallgemeinernde (,68erInnen'-)Theorie an, mit der sie ihr Verhalten (wenn auch nie offen und absichtsvoll) begründet und in einen argumentativen, kohärenten Kontext stellt. So nutzt sie die Theorien der Studierendenbewegung, um ihre Beziehungsführung zu verteidigen und andere Beziehungsformen – vor allem die Ehe – abzulehnen; wobei ihre Rezeption der Reich'schen Theorien selektiv ist. Die Normen der Studierendenbewegung fungieren bis heute als Argumentationsgerüst für ihre Biografie, die sich von der ,weiblichen Normalbiografie' abhebt.

In der Ehe – als negativer Fixpunkt eines gemeinsamen Lebenskonzepts von Mann und Frau – sieht Brigitte eine Illusion, ein Trugbild, in dem die Beteiligten (vor allem die Ehefrauen) kein Glück fänden. Im Einklang mit der ,68erInnen'-Kritik interpretiert Brigitte die Ehe auch als eine Institution für naive, schwache Frauen, die sich auf die Bedürfnisbefriedigung der Männer konzentrieren. Haus- und Ehefrauen, die (nur) für die *„konservativen Bedürfnisse"* ihres Mannes zuständig seien, dienen Brigitte durchweg als Abgrenzungsbilder, womit sie ihre Entwicklung als konträr zum (klein)bürgerlichen Leben skizziert. Mit den sich wiederholenden Abgrenzungen und Negationen von Ehe und dem *„Hausfrauendasein"* schärft Brigitte die Kontur ihres eigenen Profils. Insbesondere durch ihre negative Skizzierung von Hausfrauen tradiert Brigitte Weiblichkeitsklischees im Sinne eines ,modernen' Sexismus. In ihrer Erzählung lehnt sie vielfach Verhaltensweisen ab, die sie als weiblich definiert, würdigt ,traditionelle' Weiblichkeitsmuster herab und reduziert die Neue Frauenbewegung auf eine Hausfrauenbewegung. Zugleich identifiziert sie sich mit ,männlichen' Stereotypen und Lebensentwürfen. Ihr Lebenskonzept als unverheiratete Frau mit einem verheirateten Mann als Partner scheint ihre Alternative zu dem abgewerteten Konzept von Ehe und Haushalt zu sein, das ihre *„intellektuelle Identität"* gefährde. So könne sie selbstbestimmt ohne gemeinsamen Alltag leben.

Unterdrückten Frauen und möglichen feministischen Defizit-Hypothesen setzt sie ihre Biografie als politisch engagierte, beruflich erfolgreiche und autonome Frau entgegen und lehnt die Annahme ab, Frauen seien Opfer des Patriarchats. Hingegen behauptet sie, Unterdrückung sei eine Erfindung des 19. Jahrhunderts. Seien Frauen unfrei, so ihre Überzeugung, sei dies von den Frauen hausgemacht, da sie sich nicht genügend abzugrenzen wüssten. Sie berichtet, selber nie Erfahrungen der Benachteiligung und Ungleichbehandlung gemacht – was sich durch die Interviewanalyse stellenweise widerlegen ließ –, sondern ihr *„Frauenleben"* vielmehr als *„chancenreich"* und *„leichter"* (als das von Männern) erlebt zu haben. Dies überträgt Brigitte auf alle Frauen und differenziert hierbei nicht, dass es durchaus gewisser Charaktereigenschaften und Unterstützungsmomente bedarf, um Frausein als leicht und chancenreich zu empfinden wie sie; nicht jede Frau kann sich so erfolgreich abgrenzen.

So beinhaltet Brigittes Konstrukt von Geschlechterverhältnissen folgende Aspekte: ihre Abneigung eines bestimmten Frauenbildes; die Forderung an ‚ihr' Geschlecht, die Chancen auf Freiheit zu nutzen und eigenständig die Geschlechtermarkierungen der Gesellschaft aufzusprengen (indem man sich mehr an ‚männlichen' Charakterzuschreibungen orientiert); das Leugnen von Machtstrukturen sowie die Dekonstruktion der dichotomen Annahme von aktiv = männlich und passiv = weiblich bei gleichzeitiger Identifikation mit ‚männlichen' Lebensentwürfen.

Mit Hilfe dieses Geschlechterverständnisses und der ‚68erInnen'-Beziehungsreform entwickelte Brigitte für sich ein passendes Beziehungskonzept, nach dem sie stets autonom leben konnte und nicht der Gefahr ausgesetzt war, in ein *„Hausfrauendasein"* *„gedrängt"* zu werden oder durch eine Mutterschaft ihren Bildungsweg zu gefährden. Die Beschreibung ihrer Beziehungsführung wird durch ihre Erzählung zum Dogma stilisiert, als Gegenkonstrukt zum abgewerteten Muster der Hausfrau, legitimiert durch die ‚68erInnen'-These, die Ehe sei eine *„Zurichtung"*. Dieser Dogmatismus festigt ihre Kohärenz als *„völlig unabhängige, freie, dominante [...] Frau"*, was sie darüber hinaus als das *„Ideal"* zur Nachahmung empfiehlt.

WALTER

1. Biografische Daten

1951	Geburt in einer westfälischen Kleinstadt
1969	Abitur
1969-1970	Zivildienst im Krankenhaus
1970-1977	Studium Mathematik und Physik an einer Universität in NRW
1980	Promotion
1977-1993	wissenschaftliche Mitarbeiterstelle an einer Universität in NRW
seit 1993	Professur an einer Universität in NRW

Walter N. wurde 1951 in einer Kleinstadt in Westfalen geboren, er hat einen Bruder (geb. 1945). Walters Vater (geb. 1921) machte nach der Volksschule eine Schlosserlehre, geriet im 2. Weltkrieg in Gefangenschaft und wurde unter der Bedingung freigelassen, sich in einer großen Zeche im Ruhrgebiet als Betriebsschlosser zu verpflichten, wo er schließlich Vorarbeiter wurde. Im Alter von 43 Jahren erkrankte Herr N. schwer und wurde Frührentner. Walters Mutter (geb. 1926) absolvierte nach der Volksschule eine Ausbildung als technische Zeichnerin. Walter erinnert sich, dass sie gerne aufs Gymnasium und anschließend an die Universität gegangen wäre, jedoch der Gymnasialbesuch *„damals für Frauen halt nicht vorgesehen"* gewesen sei. Nach der Hochzeit war Frau N. Hausfrau bis zur Erkrankung ihres Mannes. Daraufhin arbeitete sie bis zu ihrer Pensionierung als Pfarrsekretärin. Er habe seine Eltern aus einem *„ländlich-katholischen Hintergrund"*, so Walter, als *„sehr bildungsorientiert"* erlebt.

Walter schrieb sich nach seinem Zivildienst an einer Universität im Rheinland ein, um Mathematik und Physik zu studieren. Nach seiner Promotion arbeitete er erst als wissenschaftlicher Assistent an einer Universität, dann für eine Computerfirma und anschließend bei einem großen Automobilhersteller. Zwischenzeitlich habilitierte er und Anfang der 1990er folgte er dem Ruf an eine Universität in NRW, an der er bis heute forscht und lehrt.

2. Interviewverlauf/Postskriptum

Den Kontakt zu Walter stellte eine Arbeitskollegin her, die berichtete, dass sie sich bereits mehrfach über „ihre Zeit als 68erIn" unterhalten hatten. Sie fragte ihn, ob er bereit wäre, eine Doktorandin in ihrem Interviewprojekt zu unterstützen, was er bejahte. Daraufhin ließ die Autorin ihm das einseitige Kurzexposé zukommen, um ihn über das Vorhaben zu informieren.

Als Interviewort wählte Walter sein Büro aus. Er hatte sich für das Interview zwei Stunden Zeit genommen. Man saß an einem langen Konferenztisch, statt an dem daneben stehenden Schreibtisch, nebeneinander. Das hatte zur Folge, dass sich nicht in einer typischen Professor-StudentIn-Konstellation (Professor hinterm Schreibtisch, StudentIn davor) positioniert wurde. Walter trug einen Anzug und machte einen seriösen Eindruck. Sein Büro war formell eingerichtet; große Pflanzen, an der Wand hing ein expressionistischer Kunstdruck.

Das Interview dauerte 115 Minuten. Bei der Verabschiedung sagte er, dass er für weitere Fragen gerne zur Verfügung stehe. Die Gesprächsinteraktion wird in einem Unterkapitel ausführlicher betrachtet werden.

3. Kernaussagen in Bezug zur Forschungsfrage

1. Kernaussage: Besitzansprüche in Beziehungen sollten durch die Akzeptanz von polygamen Verhaltens des/der PartnerIn ersetzt werden. Unterdrückte Sexualität zieht negative Folgen nach sich.

„Damals gab's die [...] Diskussion darüber [...], dass man Besitzansprüche stellte [und] mit sexuellen Beziehungen verbinden würde und dass der bürgerliche Anspruch darin bestünde, eben den Partner zu besitzen und davon müsse man sich ja unbedingt befreien."

„[und dann war es ein] beliebtes Thema [,] ob sie sich befreien, von [den] bürgerlichen Besitzansprüchen auf den Partner. Also das war auch 'ne Zeit lang so'n Thema, wenn dann jemand [...] jemand anderes betrogen hatte, dann war die Überlegung: Muss man das überhaupt zur Kenntnis nehmen oder ernstnehmen oder kann man sich auch anders damit auseinandersetzen? ‚Alles kein Problem' oder ‚Geht mich gar nichts an, ja!' Das war [...] so der gesellschaftliche Anspruch. Das muss einen eigentlich gar nicht angehen. Ganz richtig gesund ist, wenn man damit überhaupt kein Problem hat."

„Ja, man darf das [Eifersuchtsgefühl, Anmerk. KV] in so 'nem gewissen Sinne nicht zulassen. Die sozialen Normen war [sic!] ja, dass [Eifersuchtsgefühle] nur der eingeschränkte Bourgeois hat [...]. Man hat sich ja selbst längst davon gelöst."

„Da musste man sich ja vor allem befreien. Befreien von den ganzen Zwängen [...]. [Ich] kann mich noch erinnern, da war ich beim Zivilersatzdienst im Krankenhaus (...) und da trat auch einer der Zivilersatzdienstleistenden auf, das war so ein Späthippie [,] der war damals schon ein bisschen älter [...] und der erklärte [, dass] alles, was irgendwer als Problem hatte [,] immer mit unterdrückter Sexualität [zusammenhänge]. Da hatten wir einen, der war so'n bisschen (...) schüchtern [und] zurück [...] in seinem Sozialverhalten. Wenn er wieder [...] erläuterte, er hätte Kopfschmerzen, dann sachte der: ‚Das kommt alles von der unterdrückten Sexualität! Du musst dich befreien!'"

Walter erinnert besonders zwei Aspekte der Sexualitäts- und Beziehungstheorie: zum einen die Annahme, dass Unterdrückung von Sexualität körperliche Folgen

nach sich ziehe, und zum anderen die Kritik am *„Besitzanspruch"* an den/die PartnerIn. Dass einem der/die PartnerIn gehöre, sei als *„bürgerliches"* Denken entlarvt
worden. Stattdessen sei polygames Verhalten der PartnerInnen als ‚natürlich' anzu-
sehen (*„das muss einen eigentlich gar nicht angehen"*). Eifersucht, erinnert sich
Walter, habe man laut *„soziale[r] Norm"* nicht zulassen dürfen, da diese *„nur der
[...] eingeschränkte Bourgeois"* empfinde. Walter fasst zusammen, dass nur als
„gesund" galt, wer ebensolche Gefühle nicht äußerte und seine Sexualität auslebte.

Walter stellt das Verdrängen von Eifersuchtsgefühlen und Besitzanspruch in
keinen theoretischen Kontext. Auf Wilhelm Reich oder andere ‚68er'-Theoretiker
beruft er sich in diesem Zusammenhang nicht.

Die Zuordnung von eifersuchtsfreiem Verhalten als *„gesund"* und leidvolle
Emotionen bei polygamem Verhalten des Partners als ‚krank', *„bürgerlich"* und
„bourgeois", schaffte eine Vorgabe, an der sich die Reaktion auf polygames Verhalten messen ließ. Soziale Anerkennung durch das studierendenbewegte Umfeld
erfuhr laut Walter nur, wer keine Zweifel an der Polygamie äußerte.

2. Kernaussage: Die Theorien wurden am eigenen Verhalten „erforscht".
*„Ich mein', ich hab' das natürlich sofort erforscht [...]. Wir haben das sofort erforscht, ob
das so ist. (..) Ja, nach 'ner Zeit [...] finden Sie so allerlei Bestätigung, natürlich auch bei
sich selber [, so] dass Sie [...] den Eindruck haben ‚Ja, wahrscheinlich ist da schon was
dran!'„*

Walter und sein Umfeld überprüften die Theorie *„sofort"* am eigenen Verhalten. In
der Tatsache, dass er in seiner *„sozial verarmten Zeit"* als Zivildienstleistender unter Kopfschmerzen litt, sah Walter einen Beleg für die Annahme, Unterdrückung
von Sexualität habe körperliche Folgen.

*„[...] ich glaube, das ist etwas (...), was mich dann auch 'ne Zeitlang irgendwie bedrängt hat,
[...] dieses Gefühl (...), dass wahrscheinlich mit mir irgendwas nicht in Ordnung sein kann,
weil ja auch [...] Generationen vorher [...] sich auf [...] bestimmte Repressionen, bestimmtes
Umgehen und so weiter geeinigt hatten und mir das jetzt anerzogen hatten und ich konnte ja
gar nicht glücklich und zufrieden sein und gelöst und normal, ja. [...] damals war ich 18, 19
[da habe ich mich] damit beschäftigt, rauszubekommen, ob [...] ich jetzt [...] öfter unter
Kopfschmerzen leide als andere."*

Belege für die Repressionshypothese sah Walter in seiner Erziehung: Sich an repressive Strukturen anzupassen, sei ihm *„anerzogen"* worden. Die Befürchtung,
unbewusst und gegen den eigenen Willen bis dato etablierte repressive Tendenzen
zu tradieren und dadurch seinen Körper und seine Seele zu gefährden, wird hier
sehr deutlich. Dass diese Befürchtung Raum in seinen Gedanken als junger Mann

einnimmt, zeigt seine (kognitive) Involviertheit in den Theoriediskurs der ‚68erInnen'.

3. Kernaussage: Die Theorie entwickelte einen „normativen Charakter", das ‚unnatürliche' Verhältnis zu Sexualität der ‚68erInnen' belastete die AkteurInnen.

„*[Ein] selbstverständliches Verhältnis zur Sexualität, [...] damit haben wir es uns schwergetan.*"

„*Viele aus meiner Generation [haben die] Notwendigkeit gesehen [...], ihre Sexualität einzuordnen als richtig oder falsch.*"

„*Und diese Dinge, die haben dann zum Teil [...] sehr schnell 'nen normativen Charakter [bekommen].*"

„*[...] insofern fand ich die Diskussion gar nicht so richtig befreiend, sondern das war neuer Zwang, der jetzt entstand.*"

„*[...] die öffentliche Forderung, die war eher etwas schablonenhaft, [...] man darf also irgendwelche Gefühle nicht haben, man [...] sollte keine Einschränkungen haben, es war aber auch nicht*
so klar, was man denn nun so sollte und könnte."

„*[Auf der anderen Seite] entstand schon 'ne gewisse Freiheit [...] [und] die haben wir dann versucht [,] aufs Weiteste auszudehnen [...]. Zum Teil ja auch im Grotesken. Es durfte ja möglichst nicht unter der Decke passieren, ne, das war dann geradezu verboten.*"

Walter führt aus, dass die ‚68erInnen' kein entspanntes, „*selbstverständliches*" Verhältnis zur Sexualität hätten aufbauen können,[1] da in „*Diskussionen*" der ‚68erInnen' eine Norm entstanden sei, nach der Sexualität sich in „*richtig oder falsch*" einteilen ließ und die mit dem Zwang einherging, seine Zugehörigkeit zur Bewegung durch Akzeptanz des poylgamen Verhaltens des/der PartnerIn ständig im Gespräch mit anderen unter Beweis stellen zu müssen.

Der Historiker Sven Reichardt bestätigt Walters Erinnerung mit dem Resümee seiner Studie über Kontaktanzeigen in alternativen Zeitschriften der 1960er und 1970er Jahre. Die AkteurInnen der Studierendenbewegung hätten nicht nur das

---

1   Wobei sich die Frage aufdrängt, ob es überhaupt möglich ist, ein „*natürliches, selbstverständliches Verhältnis zur Sexualität*" aufzubauen. Neben politischer Beeinflussung des sexuellen Bereichs wirkt auch die generelle öffentliche Thematisierung von Sexualität und ihren komplexen Entwicklungsschritten (angefangen bei der Reinlichkeitserziehung) auf das individuelle Sexualitätskonstrukt (vgl. auch hier Foucaults Thesen des Sexualitätsdispositivs in Foucault 1983). Eine „*selbstverständliche*" individuelle Sexualität, wie Walter sie im ‚68erInnen'-Diskurs vermisste, ist womöglich eine Illusion.

Recht gehabt, „selbstverwirklicht zu leben, sondern umgekehrt auch die Pflicht, über sich Rechenschaft abzulegen" (Reichardt 2010, S. 289).

Dass man in Diskussionen mit anderen ‚68erInnen' immer wieder habe beweisen müssen, theorietreu und von der polygamen Idee überzeugt zu sein, erinnert auch Jörg Bopp. Der ehemalige 68er vergleicht diese Praxis sogar mit einem „Verhör" oder einer „Inquisition":

„Damals gab es in den Diskussionen [...] bohrende Fragen nach dem ‚politischen Stellenwert', dem ‚gesellschaftlichen Bezug'; dazu das Verhör, ob eine Haltung ‚bürgerlich', ‚systemkonform', ‚angepasst', ‚konsumfaschistisch' sei. Manche Diskussion wurde zur Inquisition, durch die man die Anderen bei der Abweichung von der Theorie ertappen wollte" (Bopp 1984, S. 132).

Walter erinnert sich jedoch auch, dass die nach außen vertretene Zustimmung zur Polygamiepraxis den eigentlichen Gefühlen oft widersprochen habe. Obwohl es dazugehört habe, *„überhaupt kein Problem"* in den sexuellen Nebenbeziehungen der PartnerInnen zu sehen, habe er *„immer nur Leute gesehen, die damit [doch ein] Problem"* gehabt hätten. Sein Umfeld habe demnach nicht immer aufgrund politischer und theoretischer Überzeugung das Sexualitäts- und Beziehungskonstrukt befürwortet, sondern häufig auch nur, um dazu zu gehören. Auch Sabine Goede, ehemaliges Mitglied der Kommune „Subversive Aktion", bestätigt Walters Erinnerung. Sie beschreibt die Umsetzung der Theorien der ‚68erInnen' als „Heuchelei", die mehr aus Gruppendruck denn aus Überzeugung stattgefunden hätten (Goede 1976, S. 466).

Walter beschreibt, dass der normative Duktus die Einteilung der Sexualität in *„richtig oder falsch"* legitimierte und für die AkteurInnen sodann als ‚Bewertungssystem' diente. Als *„richtig"* galt Sexualität, die frei gelebt wurde und in polygamen Settings stattfand. Als *„falsch"* interpretierte man ‚prüde', *„bürgerliche"* Sexualpraktiken, metaphorisch das, was *„unter der Decke passierte"*, so Walter. In dem oft überzogenen ‚68erInnen'-Konstrukt der ‚bürgerlichen Sexualität' fand diese nur in Ehen und zumeist nur zur Fortpflanzung statt: Die „sexualfeindliche Bourgeoise" (Kursbuch 17/1969, S. 137) sei lust- und freudlos und Geißel ihrer konservativen Moral.

4. Kernaussage: Die Theorie spiegelte nicht die „Lebenswirklichkeit" wider und setzte sich über manche emotionalen Bedürfnisse hinweg.

„[Auf] der anderen Seite, wenn man dann ein bisschen dahinter guckte, dann war da mehr verbale Kraftmeierei, dahinter steckte dann in der Regel gar nichts, so dass ich eigentlich (...) den Zwiespalt deutlich so erlebt hab': Da hat sich 'ne ganze Diskussion irgendwie von der gesellschaftlichen Realität völlig abgelöst [...]. Da gibt's überhaupt keinen Zusammenhang.

[...] Das, was die Menschen wirklich bewegt hat und mich bewegt hat [,] das spielte da ir-
gendwie nur entfernt eine Rolle [und] war wirklich gar nicht abgebildet. [...] es war von ir-
gendwelchen Leuten, die irgendwelche Probleme hatten oder sehen wollten, [eine] erzwun-
gene [und] aufgezwungene Diskussion"

„[...] ist zwar 'n interessantes Thema [...] aber es hat eben [...] mit der Lebenswirklichkeit
nicht so viel zu tun."

„Na ja, das hat eben schon gezeigt [...], dass die Lebenswirklichkeit komplizierter aussieht,
[...] dass man manche Bedürfnisse gar nicht so ohne weiteres äh (...) verändern kann."

Walter schildert, was die ‚68erInnen' *„wirklich"* bewegt habe, sei nicht in den theoriegeleiteten Diskussionen präsent gewesen. Die Theorien hätten nicht *„die Le-*
benswirklichkeit" der Akteurschaft wiedergegeben. Für ihn hätten sich zwischenmenschliche Bedürfnisse *„komplizierter"* dargestellt, als es die Theorien beschrieben. Walters Einschätzung nach hätten diejenigen, die die „neuen Verkehrsformen"[2] als ihre übliche Beziehungs- und Sexualitätspraxis ausgaben, nur *„Kraftmei-*
erei" betrieben, ohne die Theorien tatsächlich umzusetzen. Walters Kritik an der
Theorie und ihrer Umsetzung betrifft vor allem das Ausklammern individueller Bedürfnisse:

„Ja, und dass wir aber emotionale Bedürfnisse haben, dass Sexualität dann auch wiederum
etwas mit Geborgenheit zu tun hat oder dass man 'ne Grundlage für Beziehung bekommt,
über die man manche emotionale Dinge überhaupt erst mal transportieren kann, was man
sonst vielleicht in Beziehungen sonst überhaupt nicht formuliert [...]. Mein Eindruck war,
dass [...] das öffentliche Bild, das politisch korrekte Bild, das da vertreten wurde, das war ir-
gendwie in dem Sinne defizitär. Da fehlte einfach was dran. Da fehlte das, was eben [...] viele
meiner Bedürfnisse befriedigte."

„[...] ich [war] den großen Teil meiner Zeit damit beschäftigt, tatsächlich einen großen Teil
meiner Gefühle wiederzufinden. [Aber] die waren da nicht, die kamen da nicht vor, die waren
vorher unterdrückt, die durfte ich nicht haben und die waren danach unterdrückt und die
spielten keine Rolle in der Diskussion."

Walter beschreibt die Theorien als *„defizitär"*, da sie sich über Emotionslagen hin-
wegsetzten. Die emotionalen Bedürfnisse der Individuen seien darin ein Stück weit
verleugnet worden, was dazu geführt habe, dass, wer theoriekonform sein wollte,
diese *„unterdrücken"* musste.

---

2   Der Begriff stammt aus der Bewegung (vgl. Kursbuch 17) und wurde später übernommen
    (vgl. beispielsweise zur Lippe 1975, S. 228; Voßberg 1979, S. 109 und 423.

5. Kernaussage: Die Theorien wurden von ‚Egoisten' als Legitimation genutzt, um eigene Interessen durchzusetzen.

„Ja, es liegt ja auf der Hand, nicht? Ich mein, was machen Sie, wenn Sie Ihren Partner be-
trogen haben, dann erklären Sie ihm doch irgendwas Vernünftiges dazu hinterher [...]. Und
wenn Ihnen [...] dazu etwas in die Hände gerät, [wonach] ohnehin [...] falsch [sei,] dass man
so Ansprüche hat, da[nn] ist das ein gutes Argument. [...] letztendlich [wurden] solche Dinge
instrumentalisiert. Natürlich von Leuten, weil sie sich damit, sagen wir mal, ihre Nischen
bauen können oder ihre Interessen sichern können."

„[...] wenn Sie es ganz egoistisch betrachten, haben Sie gar kein Problem damit. Aber wenn
Sie das nicht ganz egoistisch betreiben, dann erleben Sie das ja irgendwie mit."

„[...] wenn man ganz egoistisch ist, dann hat man kein Problem damit, dann nimmt man ein-
fach die Vorteile und fertig. [...] [aber] die meisten, [...] werden ja nicht so egoistisch sein,
sondern schon [...], sagen wir mal, Interessen der anderen wahrnehmen und [...] damit um-
gehen. Denn erleben Sie das auch als Zwang [...], müssen da dauernd etwas tun und Sie wis-
sen ja auch dass Sie da jemanden verletzten. [...] man muss damit umgehen, [...] man [kann]
nicht einfach sagen ‚Gut, mir egal, 'ne.' [...] Also mindestens irgend 'ne blöde Argumentation
haben ‚Hab ich doch gelesen!'"

Man habe als ‚68erIn' *„sehr libertin"* leben und dazugehören wollen, habe manche Empathie ausklammern und *„sehr egoistisch"* leben müssen, so Walter. Denn die polygame Idee habe sich zumeist nur unter Ausklammerung möglicher Emotionen der anderen Beteiligten umsetzen lassen. Um den Emotionen etwas Rationales ent-gegensetzen zu können, seien die Theorien *„instrumentalisiert"* worden. Walter führt an, dass manche ‚68erInnen' den politischen Anspruch als Trittbrett genutzt hätten, um ihre sexuellen Bedürfnisse zu verwirklichen. „Egoisten" hätten die The-orien wie eine Art Freifahrtschein genutzt, auch wenn sie andere *„verletzten"*. Wal-ter nimmt in den zitierten Passagen keine Differenzierung des Geschlechts vor. Möglicherweise hat er es so wahrgenommen, dass sowohl Männer als auch Frauen mit den Theorien ihr polygames Leben legitimierten. Mehrere Quellen bestätigen, dass die politischen Ideologien den ‚68erInnen' als Vorwand dienten, sich viele Ge-schlechtspartnerInnen zu suchen. Es sind zumeist ehemalige Akteurinnen, die be-schreiben, dass dies vor allem Männer gewesen seien:

„Ich habe eigentlich schnell erkannt, dass viele Leute ihre eigenen Unzulänglichkeiten mit Ideologien kaschierten. Sie lebten zum Beispiel ihre eigene Geilheit aus, sagten aber, es wäre ein Zeichen der Befreiung vom kapitalistischen Besitzdenken, mit vielen Frauen zu schlafen." (Adrian zit. nach Kätzel 2002, S. 241)

Die Feministin Marie-Theres Knäpper beschreibt rückblickend, dass sich bei eini-gen ‚68ern' Egoismus und Begierde hinter der Ideologie der „neuen Verkehrsfor-men" versteckten:

„Verdinglichte Bedürfnisse, die vorher von bürgerlichen Konventionen in Schach gehalten wurden, drangen nun ins Handeln durch, statt – wie eigentlich intendiert – abgeschafft zu werden. Statt repressionsfreie Sexualität zu praktizieren, wurden ‚Haremsbedürfnisse‘ ausgelebt" (Knäpper 1984, S. 14).

Die von Walter als egoistisch eingestufte Durchsetzung eigener Bedürfnisse unter dem „ideologischen Mäntelchen" (Voßberg 1979, S. 173) der Theorien, findet sich in manchen Quellen der ‚68erInnen‘ sogar als direkte Aufforderung. So sah Wolfgang Dreßen, SDS-Mitglied, im Ausleben egoistischer Wünsche die einzige Möglichkeit zur Revolte (vgl. Dreßen 1968, S. 13). Wenn man sich ein Beispiel an der französischen Studentenrevolution nähme, könne man „der verdinglichten Herrschaft" etwas entgegensetzen (ebd.):

„Die französischen Studenten haben begriffen, daß sie nur dann ein wirksames Beispiel werden können, wenn sie in ihrem eigenen Bereich den Kampf konsequent beginnen. Der Egoismus der Kämpfenden traf das System direkt. Denn er zeigte den anderen gesellschaftlichen Gruppen die menschlichen Möglichkeiten jenseits des Systems." (Dreßen 1968, S. 13)

Die Annahme, dass viele AkteurInnen der Bewegung egoistisch seien, wurde bereits zur Zeit der Studierendenbewegung diskutiert. Profilierte PsychoanalytikerInnen setzten sich mit der Psyche und auch im Speziellen mit dem vermeintlichen Egoismus der Studierenden auseinander (vgl. Psyche 1970, Heft 7). Auf Initiative von Alexander Mitscherlich widmete das Fachblatt „Psyche" im Jahr 1970 der Studentenrevolte eine eigene Ausgabe. Mitscherlich hatte zuvor seine KollegInnen aufgefordert zusammenzutragen, was sie „von den Motivationen der Rebellen oder Protestierenden zu verstehen" glaubten, und dadurch „Gedanken zur weiteren Erforschung" hervorzubringen (Mitscherlich 1970, S. 511).[3] Der Psychoanalytiker Erich Simenauer beschrieb daraufhin seine Therapieerfahrungen mit den „Proteststudenten" (Siemenauer 1970, S. 526ff.). Was deren egoistisches Verhalten betrifft, attestierte Siemenauer seinen ‚68erInnen‘-PatientInnen „narzisstische Züge" (ebd.). „Sie richten unbewusst fortwährend den Hauptteil ihres Interesses auf ihre eigene Person" (Siemenauer 1970, S. 527).

Eine Erklärung für dieses egozentrische Phänomen lieferte in derselben „Psyche"-Ausgabe die Analytikerin Margarete Fries. Sie begründete den Egoismus der

3   Kritisch anmerken lässt sich hier die implizite Annahme Mitscherlichs, bei den ProtestlerInnen seien generell Pathologien zu finden. Die PatientInnen der PsychoanalytikerInnen wurden so zu ‚Forschungsobjekten‘, denen eine Fehlentwicklung unterstellt wurde. Auch wenn Mitscherlich als Sympathisant der ‚68erInnen‘ galt (vgl. Frei 2008b, S. 7), lässt sich seine Aufforderung als eine Pathologisierung der AkteurInnenschaft interpretieren.

,68erInnen' mit einem Erziehungsversagen der Eltern (vgl. Fries 1970, S. 524ff.).
Durch überprotektives Verhalten hätten diese ihre Kinder zu ichbezogenen Wesen
herangezogen und sie „keine Frustrationstoleranz" und „Realitätsprüfung" gelehrt
(Fries 1970, S. 525). Solche Charaktere fänden in der Protestbewegung Gelegenheit, ihren Narzissmus zu befriedigen, so eine weitere Einschätzung aus dem psychoanalytischen Lager: „Das Mitmarschieren, die Aufstände, Zusammenstöße mit
der Polizei usw. unter den Fernsehkameras [ist für die ProtestlerInnen] sehr erregend und narzißtisch befriedigend" und bestätige sie in ihren „Omnipotenzphanta-
sien" (Washington 1970, S. 531).

Und auch Jahrzehnte später wurde den ,68erInnen' Egoismus bescheinigt. So
resümiert der einstige ,68er' Cordt Schnibben in einem protokollierten Gruppenge-
spräch von Ehemaligen, dass sie alle „zunächst einmal [...] wirklich knallharte Egoisten" gewesen seien (Schnibben zit. nach Hannover 2007, S. 66). Auch Götz Aly,
der seiner Generation in seinem Buch „Unser Kampf" (2008) kaum etwas Positives
abgewinnen kann, beschreibt die Studierendenbewegung als „ein juste milieu von
Egomanen" (Aly 2008, S. 12). Und die Grünen-Bundestagsabgeordnete Christine
Scheel gratulierte 2006 der Studierendenbewegung, der die 1956 geborene Pädagogin nicht angehörte – ironisch zu ihrem „Triumph" in „Egoismus und Egozentrik"
(Scheel 2006, S. 193).

Die Liste denjenigen, die die ,68erInnen' des Egoismus bezichtigen, ließe sich
weiter fortführen.[4] Walters Eindruck ist also keine Einzelerfahrung. Allerdings kann
auch angenommen werden, dass diese medial sehr präsente Perspektive auch Walters Erinnerung beeinflusst hat.

---

4   Unter den Stichworten ,68erInnen' und Egoismus findet man vor allem Vorwürfe von
    Seiten weniger liberaler, populärwissenschaftlicher Veröffentlichungen. Sie werfen den
    ,68erInnen' vor allem vor, durch ihren Egoismus traditionelle Tugenden und Ideale wie
    Familie und Monogamie zu demontieren (vgl. u.a. Mann 2005, Pevny 1988). Der Philo-
    soph Klaus Oehler, der sich schon 1968 durch die Proteste der Studierenden an seinem
    Lehrstuhl der Universität Hamburg gestört fühlte, avancierte zu einem entschiedenen
    Gegner der Bewegung. In seinem Memoiren bezeichnete er die AktivistInnen als Narziss-
    ten: „So gesehen war die 68er-Bewegung eine spezielle Art des Narzißmus. Für den radi-
    kalen Egoisten nimmt letzten Endes alles die Form der Provokation oder der Beleidigung
    des Selbst an, und alles meint hier alles, was von diesem Selbst verschieden ist, was an-
    ders ist." (Oehler 2007, S. 227) Allerdings ist der Vorwurf älterer Generationen, die Ju-
    gend sei egoistisch, ein häufiges Phänomen (vgl. Keupp 2000, s. 6ff.).

6. Kernaussage: Die Geschlechter waren gleichermaßen ‚Opfer' der Polygamiedebatte.

„Man sollte nicht meinen, dass das jetzt für die Männer [...] besonders einfach war, 'ne? (...) Die mussten sich auch nach der Decke strecken und da eben anders sein. (...) Ja, für die Frauen war das eher so, dass sie [...] sich [...] wie ein Opfer gefühlt haben. [...] das kann ich auch [...] anders sehen. Ich habe mich auch oft als Opfer gesehen. [...] da würde ich sagen, da ha[ben] sich Frauen genauso (...) gut berechtigt gefühlt [...], den Partner zu betrügen, mich zu betrügen in der Zeit [...]. Also, das habe ich auch nicht als Spaß empfunden [...]. Also, insofern würde ich sagen [...], als Opfer habe ich mich da auch gesehen."

Bezüglich der polarisierenden Frage, welches ‚Geschlecht' mehr unter der Polygamiepraxis gelitten habe, vertritt Walter keine klare Seite. Er erinnert es so, dass sowohl Männer als auch Frauen die polygame Norm nutzten und damit ihre PartnerInnen verletzten.

Schlussfolgerungen

Walters Erinnerungen an die ‚68erInnen'-Sexual- und Beziehungstheorie beziehen sich auf zwei Aspekte: Sexuelle Befreiung könne nur stattfinden, wenn in Beziehungen der Besitzanspruch aufgegeben werde, und eine Unterdrückung sexueller Wünsche führe zu körperlichen Leiden.

Walter nahm *„diese Diskussion"* um die reformierte Beziehungsführung als *„defizitär"* wahr. Sie habe versucht, ein normatives Gefüge zu entwickeln, das Sexualität und Beziehung in *„richtig"* und *„falsch"* einordnete. Der *„zeitaufwendige",* allgegenwärtige Diskurs habe dadurch das repressive Moment, das die ‚68erInnen' der Gesellschaft vorwarfen, in neuer Aufmachung reproduziert. Die neuen Normen hätten ein *„natürliches, selbstverständliches Verhältnis zur Sexualität"* verhindert.

Walter fühlte sich durch den *„normativen Charakter"* der Theorien verunsichert und versuchte sie nachzuvollziehen, indem er sich und sein Sexualverhalten *„erforscht[e]".* Doch dies führte dazu, dass er die Theorie als *„nicht zielführend"* dekonstruierte. Sie habe die *„Lebenswirklichkeit",* Dynamik und Bedürfnisse der Menschen verfehlt und sich nicht mit Gefühlen vereinbaren lassen.

In seiner argumentativen, reflexiven Rückschau führt Walter an, dass unter der Sexual- und Beziehungsnorm Frauen wie Männer gelitten hätten. Wirklich profitiert hätten nur *„Egoisten",* die die Polygamie-Theorien als Grundlage für ihre sexuelle Freiheit nutzten.

4. Ergebnisse der HDA- und THA-Feinanalyse

4.1 Interaktion

Bevor das Interview der Feinanalyse unterzogen wird, soll auf die außergewöhnliche Interaktion eingegangen werden. Schon während des Interviews und später bei dessen Transkription stachen Interaktionsmomente heraus, die das methodische Vorgehen dahingehend beeinflussten, dass von der Abfolge – erst Freierzählung, dann Nachfragen – abgewichen werden musste.

Walter hatte vor dem Interviewtermin per E-Mail ein Kurzexposé erhalten, das das Forschungsinteresse des Projektes (die Desiderate rund um ‚68‘) grob umreißt. Dass sich das Interview auf die Themen Sexualität und Beziehungen konzentrieren würde, ging daraus nicht hervor. Nachdem Walter über die konkrete Fragestellung und die Vorgehensweise informiert wurde, wurde mit seiner Zustimmung das Diktiergerät eingeschaltet. Walter merkte als erstes an, dass es sich bei Sexualität ja um ein *„schwieriges Thema“* handle. Außerdem wollte er erneut bestätigt wissen, dass die erhobenen Daten anonymisiert würden. Mit der Frage *„Okay, was soll ich Ihnen erzählen?“* ließ er sich dann auf die Interviewsituation ein. Als ihm kurz darauf bewusst zu werden schien, dass in dem Interview vor allem seine subjektive Erfahrungen und erlebte *„Details“* von Interesse sind, geriet seine Erzählung ins Stocken. Als Walter von der Interviewerin aufgefordert wurde, noch einmal nachzudenken, wurden seine Bedenken größer. Er könne nicht *„frei[...]“* über Sexualität sprechen: *„Dafür kenne ich Sie zu wenig“*.[5]

Auch wisse er nicht, *„in welchem Kontext“* das Interview und dessen Analyse ablaufe; ihm fehlten noch Information über die Fragestellung und Methodik des Dissertationsprojekts. Es schien auch, als vermisse er einen Beleg der wissenschaftlichen Qualifizierung der Interviewerin. Da diese jedoch davon ausgegangen war, Walter habe diese Informationen dem Kurzexposé entnommen, überraschte sie seine Skepsis, die auch den Interviewverlauf beeinflusste und die Interviewerin in ih-

---

5 Dass er aufgrund seiner Zweifel nicht ungehemmt über Sexualität sprechen könne, entschuldigt Walter an dieser Stelle durch die Art der Beziehung. An anderer Stelle gibt er für diese Beziehungsdistanz ein weiteres Beispiel. Er spreche nämlich durchaus unter anderen Vorzeichen (beispielsweise mit seinem Sohn) über Sexualität. *„Das [...] Gespräch zum Beispiel mit meinem Sohn ist völlig anders, auch mit seinen Freunden, ne. (...) Das ist dann schon anders, das ist dann schon auch lockerer und freier, also das hängt zum Teil damit zusammen, dass ich Sie nicht gut kenne.“*. Mit dieser Aussage wird Walters Bedürfnis deutlich, den Eindruck zerstreuen zu wollen, er habe generelle Schwierigkeiten mit diesem Thema. Dieser Passage ist außerdem zu entnehmen, dass Walters Manschetten durchaus mit dem ‚Geschlecht‘ der Interviewerin in Verbindung stehen könnte – denn bei männlichen Gesprächspartnern öffne er sich leichter bei sexuellen Themen.

rer Rolle als Forscherin verunsicherte. Sie geriet in die Position, Walter Zeugnis über ihr Wissen und ihre Wissenschaftlichkeit abliefern und Zweifel an der Forschungssituation ausräumen zu müssen. Indem sich die Interviewerin zu einem kleinen, monologischen Vortrag hinreißen ließ, der sie als wissende Forscherin darstellen sollte, wurde Walters Freierzählung unterbrochen. Walters Misstrauen akzeptierte die Interviewerin durch dieses Vorgehen und passte ihm den Interviewverlauf an. Es erschien wichtig, seine Zweifel nicht zu negieren, um das Interview nicht auszubremsen. Als Walter sein Bedürfnis äußerte, mehr auf der Metaebene über die Forschungsfrage und -methode zu diskutieren, trat das Interview in einen Dialog ein und die Freierzählung wurde beendet. Indem dieser Bruch von der Interviewerin gestattet wurde, verließ sie den üblichen Pfad der Methode, in der sich der Nachfrageteil erst an die Freierzählung anschließt. Um an auswertbares Material zu kommen und dennoch Walters Bitte entgegenzukommen, beantwortete sie ihm knapp seine Fragen und stellte ihm fortan Fragen, um zurück zum Thema zu führen. Dadurch setzte die Interviewerin sein Bedürfnis nach Lenkung über die Methode. Zudem bot sie ihm an, zu entscheiden, ob er eine Frage beantworten wolle oder nicht. Walters Nachfragen, die auf weitere Informationen über das Vorgehen abzielten, verwunderten, da davon ausgegangen wurde, sowohl das Exposé als auch die informative Einleitung zu Beginn des Treffens hätten ihn ausreichend über das Forschungssetting aufgeklärt.

Dadurch, dass Walter zu Beginn des Interviews das Vorgehen beeinflusste und zunächst vom *„schwierigen Thema"* Sexualität ablenkte, zeigte er der Interviewerin deutlich, dass er sich nicht vollends (para- und nonverbal) öffnen wolle, was den Themengegenstand anbelangte. So eine Situation hatte die Interviewerin bei den bis dahin geführten Interviews noch nicht erlebt. Walter sprach die Schwierigkeit als erster Interviewpartner konkret an. Dabei löste er die Unsicherheit, indem er sie konkret benannte. Seine Bedenken, mit Unbekannten über Sexualität zu sprechen, blieben während des ganzen Interviews als eine Art Grundposition immanent wirksam. Dies äußerte sich darin, dass es ihm leichter fiel, auf allgemeiner, argumentativer Ebene zu erzählen, was sich etwa in der gehäuften Verwendung des unbestimmten Fürworts ‚man' bemerkbar machte. Wenngleich klar war, dass er meist von sich als narrativer Person spricht, benutzte Walter das erste Personalpronomen „ich" sehr selten.

Wie sich noch in der Interviewinterpretation herausstellen wird, orientierte sich Walter an Aufbau und Erhalt von Grundwerten wie Treue, Verlässlichkeit, Nutzen und Kontrolle. Sein Wunsch, die Kontrolle über das Interview zu erlangen und zu wahren, wird auch in seinen Gegenfragen und Zweifeln sowie darin, dass er stets eine Distanz zu emotionalen Themen aufbaut, deutlich. Walters rationaler Kommunikations- und Interaktionsstil spiegelt sich auch in der Dynamik des Interviews wider. Er spricht (vor allem anfangs) rhetorisch; seine Erzählung spielt sich zumeist auf der argumentativen Metaebene ab, wirkt kohärent durchdacht und weist ein für sich geschlossenes Reflexionskonstrukt zu seiner Zeit als ‚68er' auf. Wenn er bestimmte Aspekte seiner Erinnerung nicht weiter ausführen will, lässt er sie durch „leeres Sprechen" (Welzer 2002, S. 159) offen.[6] Besonders Begriffe, die affektive Zustände beschreiben, füllt er nicht mit Substanz. In solchen Sequenzen fällt zusätzlich auf, dass Walter lachen muss. Dieses Lachen, das meist kein herzhaftes, spontanes Lachen zu sein scheint, kann auf Unsicherheit hinweisen. Besonders an Stellen, in denen er sich an Situationen erinnert, die er negativ erlebte, muss er lachen, was letztlich wie eine Bewältigungsstrategie erscheint. So lacht Walter etwa, als er sich erinnert, wie er ‚betrogen' wurde. Auch in der Passage, in der er beschreibt, dass sich seine Bedürfnisse nicht in den theoriegeleiteten ‚68erInnen'-Beziehungen wiederfanden, muss er lachen. Ein heiteres Moment lässt sich in diesen eigentlich bedrückenden Schilderungen jedoch nicht finden, was die These stützt, dass das willkürliche Lachen der Abfuhr unangenehmer Emotionen dient.

Auch die wissenschaftliche, rationale Sprache in Walters Erzählung wirkt oft unpassend, insbesondere wenn er zwischenmenschliche Interaktionen beschreibt und dafür Begriffe wie „brauchbares Instrument", „Spannungsfeld", „Unfall", „unter Kontrolle kriegen" und „pragmatisch" bzw. „Pragmatismus" gebraucht. Sexuelle Erfahrungen umschreibt Walter ebenfalls nur mit dem rational-wissenschaftlichen Terminus „Sexualität"; er verwendet keine umgangsprachlicheren, emotional aufgeladenen Begriffe. Zudem konkretisiert er hier nichts, sondern berichtet nur sehr verallgemeinernd. Neben der sprachlichen Ebene unterstreicht Walter auch auf der Inhaltsebene anhand eines Beispiels – das als Eingangsanekdote fungiert – seine Grundannahme, dass Sprechen über Sexualität stets „schwierig" sei. So berichtet er, dass er in seiner Kindheit erlebte, wie sexuelle „Übergriffe" des Pastors tabuisiert wurden. Zusammengefasst wird durch die jene Passage deutlich, dass Walter die Verwirrung, Ambivalenz und Sprachlosigkeit im Kontext von Sexualität als Klima seiner Kindheit internalisierte, sich dessen jedoch bewusst ist und diese Tatsache indirekt als Erklärungsmuster für seine Unsicherheit anbietet. So resümiert er auch bezüglich seiner sexuellen Sozialisierung, „dass man sich im Zwei-

---

6 Beispielsweise wird nicht klar, was Walter mit „Geborgenheit" verbindet, die er vermisste. Die Begriffe Polygamie oder Eifersucht verwendet er nicht, sondern umschreibt sie auf Nachfragen als „das". Eine greifbare Begrifflichkeit umgeht er jedoch vor allem, wenn es um sein eigenes Verhalten geht, wenngleich er es mit der Umschreibung ‚man' entpersonifiziert: „[...] das war insofern aufregend, als dass man jetzt kurz in 'ne andere Umgebung kam, kurzfristig viele neue Leute kennenlernte, neue Beziehungen entstanden, auch sexuelle Beziehungen entstanden (...) und [hier räuspert Walter sich] jetzt ganz häufig zur Zeit eben das auftrat, äh, Beziehungen finden, in Konflikte geraten, weil man gleichzeitig jemand anderes findet."

felsfalle doch an einer möglichst distanzierten, rationalen, am besten an einer bio-logischen oder medizinischen Betrachtung" des Sexuellen orientiere. Und wie zum Beweis seiner Überzeugung von dieser These spiegelt sich diese Annahme in seiner Sprachpraxis wider, was Walters eingangs äußerte: Sexualität ist ein *„anstrengendes"* und *„ein schwieriges Thema"*.

Walters Interaktion im Interview lässt sich neben seiner Unsicherheit bezüglich des Themas auch im Spiegel von Autoritäts- und Machtdimension interpretieren. Walter ist Professor an einer großen Universität, seine alltägliche Arbeit sieht vor, dass er Gespräche mit jungen Menschen leitet, etwa in Prüfungs-, Seminar- und Vorlesungssituationen. Nun sah er sich mit der für ihn ungewöhnlichen Situation konfrontiert, dass eine Promotionsstudentin ihn bittet, von sich persönlich zu berichten und das zum Thema Beziehungsführung und Sexualität. Diese außergewöhnliche Interview-Konstellation verließ sowohl den ihm bekannten universitären, ‚wissenschaftsrationalen' Rahmen und verkehrte das für ihn übliche Autoritätsverhältnis ins Gegenteil. Walters Skepsis gegenüber der wissenschaftlichen Methode ist seine erste Reaktion auf diesen Rollentausch. Es scheint, als hätten mehr Informationen über das Forschungssetting es ihm erleichtert, seine übliche Position des Lehrenden und Vermittelnden abzutreten.

Der Positionswechsel wird auch in jener Sequenz deutlich, in der die Interviewerin Walter auffordere, doch „noch mal nachzudenken" und wieder in die Freier-erzählung einzusteigen. Dieser Appell liest sich hier wie der einer Lehrerin, die ihren Schüler motiviert. Solch eine Situationen ist für Walter vermutlich ungewöhnlich, normalerweise ist er es, der in seinem Büro seinen Gegenüber ermutigt, Fragen zu beantworten und „noch mal nachzudenken". Dass Walter sich in der Rolle des Befragten nicht sehr wohl fühlt, zeigt sich auch darin, dass er Gegenfragen stellt, die von ihm als antwortgebende Erzählperson ablenken und so die Interviewsituation zu einem Dialog transformieren.

Die Soziologin Cornelia Helfferich entwickelte durch ihre Interviewstudien Theorien über Machtstrategien von Erzählpersonen. Mit diesen Theorien Helf-ferichs könnten Walters geäußerten Zweifel an Themengegenstand und Methode sowie sein Vorgehen, Gegenfragen zu stellen, als Machtgebaren interpretiert werden. Helfferich geht davon aus, dass, „auch wenn die prinzipielle Konfiguration Er-zählperson- Interviewende/r bereits geklärt" sei, im Interviewprozess selbst immer weiter „Macht- und Führungsaspekte ausgehandelt" würden (Helfferich 2011, S. 136).

„Erzählpersonen können in unterschiedlicher Weise Macht demonstrieren, z.B. durch Versuche, die interviewende Person dazu zu zwingen, ihr Konzept zu verlassen, z. B. durch Verlassen der Interview-Erzähl- bzw. Frage-Antwort-Ebene durch Rückfragen [...] an die Intervie-wende/den Interviewenden." (Helfferich 2011, S. 137)

In Walters Wunsch, die von übliche Reihenfolge (erst Freierzählung, dann Nachfrageteil) zu ändern, sowie in seinen Gegenfragen und seiner Skepsis hinsichtlich des Interviewprojekts, zeigen sich jene Machtdemonstrationen, die Helfferich beschreibt. Walter möchte sich seine Macht- bzw. Führungsposition als Professor (oder als Mann?) zurückerobern und dabei gleichzeitig sein Unbehagen über den Rollentausch und die damit verbundene Machtverschiebung auflösen.

Indem Walter jedoch das Interview mit dem Satz *„Ich habe ja auch was dabei gelernt."* beendet, versöhnt er sich schließlich mit der ungewöhnlichen Situation. So scheint das Treffen für Walter letztlich im Sinne einer Kosten-Nutzen-Abwägung gelohnt zu haben.

4.2 Wie Walter zu einem ,68er' wurde

Walter erkennt sich als ,68er', macht jedoch deutlich, dass er der theoretischen *„Diskussion"* um offene Beziehungsformen sehr ambivalent gegenüberstand und gegenübersteht. Dass er in der ,68erInnen'-Szene aktiv war, wird auch in seiner Sprache deutlich, da er Begriffe aus dem Diskurs verwendet (vgl. vor allem *„Repression"* oder *„bürgerliche Besitzansprüche")*. Da Walter diese Theoriebegriffe als erster aufgreift und sich nicht auf zuvor Gesagtes der Interviewerin bezieht, lässt sich davon ausgehen, dass die Ausdrücke in seinem Wortschatz fest verankert sind, was ebenso auf seine Involviertheit in den Diskurs hinweist.

Wie bereits aus den Kernaussagen hervorgeht, bezieht Walter eine kritische Position zur ,68er'-Theorie und grenzt sich ein Stückweit von der gesamten Bewegung ab. Seine Sympathie bzw. Antipathie zur Studierendenbewegung spiegelt sich in abwechselnden Personalpronomen *„wir"*, *„sie"* und *„man"* wider. Es markiert entweder Distanz oder Nähe zur Bewegung. In Passagen, in denen er sich abgrenzt, verwendet er *„sie"* und *„man"*, um sich als Einzelperson herauszunehmen. In der Beschreibung positiver Aspekte seiner Zeit als ,68er' verwendet er dagegen das gemeinschaftliche *„wir"*, um seine Zugehörigkeit zur Bewegung zu verdeutlichen. Diesen Sprechakt ehemaliger ,68erInnen' beobachtete auch der Soziologe Heinz Bude in seinem Interviewband „Das Altern einer Generation" (1995). Für ihn liegt der Grund für die Verwendung des *„wir"* darin, „dass das Ich die imaginäre Gruppe der Gleichaltrigen braucht, um sich seiner besonderen Lage im historischen Gesamtprozess zu versichern" (Bude 1995, S. 39).

Durch das *„wir"* definiert Walter seine Akteurschaft und Teilhabe an Diskussionen und praktischen Umsetzungsversuchen der Theorien. Von Arbeitskreisen, Demonstrationen und ähnlichen ,revolutionären Praktiken' berichtet er nicht, was seine Akteurschaft aus seiner Sicht nicht schmälert – er findet sich in der Beschreibung ,68er' wieder. Im Interview äußert er sich kaum über andere politische Sujets der Bewegung; das Ziel einer Veränderung der Gesellschaft im Sinne von kommunistischen und sozialistischen Ideen erwähnt Walter beispielsweise nicht.

Der rote Faden der Erzählung Walters ist sein Weg und seine Entwicklung mit der und durch die Bewegung. Diesen Weg erzählt er chronologisch, beginnend bei seiner Kindheit, in der er bereits mit der „Tabuisierung" von Sexualität konfrontiert wurde, über seine anfängliche kritische Auseinandersetzung mit den Theorien bis hin zu seiner Abkehr von der Bewegung und Rückbesinnung auf seine Bedürfnisse. Diese Schritte liefen zumeist parallel zu einschneidenden Veränderungen in seinem Leben ab (Studienbeginn, Berufseinstieg, Ehe), die seine Akteurschaft als ‚68er' prägten und seine Reflexion der Bewegung beeinflussten.

Walter war in seiner Jugend nicht mit politischem Engagement in Berührung gekommen. Seine Eltern hatten ihm vorgelebt, Konfrontationen zu scheuen bzw. politisch und gesellschaftlich relevante Dispute zu vermeiden. Dies ist jener Sequenz zu entnehmen, in der Walter berichtet, dass die sexualisierte Gewalt, ausgehend von den Kirchenhäuptern, innerhalb der Familie wenig thematisiert worden sei.[7] Durch das Schweigen seiner Eltern erlebte Walter sie wenig konfrontativ, angepasst und, wie auch seine übrige Umgebung, als sexualrepressiv. Dies beeinflusste seine ‚68er'-Politisierung dahingehend, dass er es später als befreiend erlebte, dass die ‚68erInnen' Sexualität ohne Tabus diskutierten.

„[...] in der späteren Schulzeit [war] mein Bild [...] so [:] Da gab es also die heimische Umgebung, die sehr stark [...] eingeschränkt war und die das Thema tabuisierte und da gab's irgend 'n Stück Literatur [...] oder manchmal als Film oder manchmal in [...] Diskussionen sichtbar, [wo alles] völlig anders war, das war so richtig binär. Ne, zwei völlig getrennte Welten."

---

7   *„Zum Thema Sexualität [...] fällt [mir] die (...) relative (...) Enge zu dem Thema [ein]. Das Ausmaß der Tabuisierung in den [...] späten 50er und frühen 60er Jahren. [...] Meine Eltern [...] sind katholisch. (...) Wir hatten keine enge, aber (...) doch 'ne gewisse Beziehung zur Kirche. (...) Ich war auch Messdiener. (...) Und das Thema tauchte zum Beispiel auf, im Kontext [...] der Kirche. (...) Da [8 Sekunden Pause] [...] gab es damals Probleme [...] mit (...) Nötigung [...] in der Pfarrei [durch] Übergriffe des Pastors [...]. ich weiß nur dass er irgendwann am Ende versetzt wurde [...]. Na ja, es gab eben um einige [...] Jungs herum so ein paar Diskussionen und dann Aufregung auf Seiten der Eltern. [...] Ja, interessant war aber, wenn man vergleicht, wie damals darüber gesprochen wurde und wie heute über so was gesprochen wird. [...] damals [war] der vorherrschende Eindruck, für jemanden in meinem Alter, ich war damals 14, 15 [,] da passiert irgendwas Komisches, Problematisches, man weiß nicht genau was, es wird nicht genau ausgesprochen, es wird nicht genau beschrieben, ja, aber irgendwie [lacht] nicht gut [...]. Aber so richtig sprechen kann man auch nicht, möchte man auch nicht, darf man auch nicht, muss auch Rücksicht nehmen auf [...] andere, [...] letztendlich [auch] auf die Täter. Das war schon 'ne interessante, andere Art, darüber zu reden."*

„ich hatte auch Probleme damit, ich war auch so, wenn man in in diesem Sinne [...] von den Tabuisierungen eingeschränkt ist."

Walters *„katholisch[e]"* Eltern vertraten dagegen eine repressive Sexualmoral und Sexualerziehung und lebten ihm eine tabuisierte Einstellung zu Sexualität vor. Sie hätten keine Position bezogen, als die Vorfälle der sexualisierten Gewalt in der Kirche bekannt geworden seien; dieses Thema sei nie zur Sprache gekommen. Die Tabuisierung des Themengegenstands sexualisierter Gewalt ist auch in Walters aktueller Erzählung noch präsent, indem er trotz seiner Bestürzung nur verschleiernde, fast bagatellisierende Begriffe wie *„Nötigung"* oder *„Problem"* verwendet. Das Sprechverbot schien damals derart rigide gewesen zu sein, dass Walter bis heute die Ausdrücke ‚sexualisierte Gewalt' oder ‚sexueller Missbrauch' nicht mit den *„Übergriffe[n]"* des Pastors in Verbindung bringt.

Walter beschäftigt, dass durch die Tabuisierung der *„Übergriffe"* das Leid der Betroffenen verschwiegen wurde und vor allem Rücksicht auf die *„Täter"* genommen worden sei. Es sei der Eindruck entstanden, dass *„die Opfer selber schuld"* seien und sie ihr eigenes Leid *„provozierten"*. Diese Sequenz verdeutlicht, inwiefern Sexualität und dabei insbesondere auch die ‚dunkle Seite' von Sexualität sowohl bei Familie N. als auch gesamtgesellschaftlich in den 1950er Jahren in der so genannten „Prüderie der Adenauer-Zeit" (Tönnesen 1995, S. 593) zum Tabu erklärt wurden. Diese ‚Sprachlosigkeit' prägte Walters sexuelle Sozialisation. Er hielt seine eigenen sexuellen Erfahrungen vor den Eltern geheim, sie hatten ihn im Vorfeld oft mit dem Kuppeleiparagraphen gewarnt:

„Ja [...], meine erste Erfahrung, der erste Kuss, [der] musste sorgfältig geplant sein, das war nicht so einfach. [Der] fand statt (...) bei uns zu Hause, wohlgeplant, als meine Eltern [...] lange genug nicht da waren. [...] Ja, und das spielte auch ‘ne Rolle, dass meine Eltern [...] irgendwann mit dem Punkt [an]kamen ‚Nicht bei uns hier zu Hause wegen dem Kuppeleiparagraph!' [...]. Ich hatte mal ‘ne Freundin, die aus Berlin kam und [...] die sollte dann bei uns vorübergehend wohnen, das war Thema [und] sie wurde dann vorübergehend bei Verwandten einquartiert. "

Auch seine wechselnden Partnerschaften im Studium erwähnte er gegenüber seinen Eltern nicht, da das für sie *„ein Problem"* gewesen wäre, die polygame Praxis ihres Sohnes zur Kenntnis zu nehmen, dies hätte nur eine unnötige *„unangenehme Diskussion"* nach sich gezogen. Er hätte seine wechselnden Partnerschaften rechtfertigen müssen, da es nicht in das Bild seiner Eltern gepasst hätte. Ob Walters Eltern überhaupt wussten, dass Walter die Ansichten der ‚68erInnen' zeitweise vertrat und sich zeitweise als Akteur dieser Bewegung verstand, ist nicht bekannt.

Das Sprechverbot über sexuelle Themen, das Walter als Jugendlicher ambivalent empfand, prallte nun mit Einstieg in den Zivildienst auf eine Welt, in der sich über Sexualität durchaus unterhalten wurde. Dies fand großen Anklang bei ihm, so dass er sich an den Auseinandersetzungen und *„Diskussion[en]"* zu Sexualität beteiligte. Im Studium erkannte er dann, dass es verschiedene Arten der sexuellen Sozialisation gab:

„Ich habe Kommilitonen gehabt, die aus ähnlich eingeschränkten Verhältnissen kamen und die selber schon Probleme hatten [...] und dann wiederum ihre eigenen Vorstellungen [...] hatten, Sexualität einzuschränken, [...] das zu tabuisieren, nicht zu sehr darüber reden [...]. Aber auf der anderen Seite auch Leute, die aus einem ganz anderen Hintergrund kamen und die dann auf eine ganz offene Weise damit umgingen."

Walter differenziert hier zwei Arten von Kommilitonen: solche, die wie er in sexuell repressiven, *„eingeschränkten"* Verhältnissen aufgewachsen waren, und solche, die eine liberalere Sexualerziehung erlebt hatten und demnach einen anderen Zugang zu den sexuellen Forderungen der Bewegung hatten.

Die Tabuisierung von Sexualität in seiner Kindheit und Jugend kann zusammenfassend als ein Grund für Walters Weg in die Studierendenbewegung angesehen werden; dass die AktivistInnen frei über Sexualität sprachen und Sexualität mit Idealen verknüpften, reizte ihn sehr. Ein weiterer Grund für seinen Eintritt in die Studierendenbewegung ist der, dass Walter sich während seiner Zivildienstzeit einsam fühlte. Er bezeichnet diese Zeit nachträglich als eine *„sozial verarmte Zeit"*. Er sei *„aus der Schule, aus der Umgebung rausgerissen"* worden und habe dann in der neuen *„Krankenhausumgebung [...] nicht so viel Kontakt"* zu anderen jungen Menschen gehabt. Das Fehlen sozialer Zuwendung kompensierte Walter, indem er sich auf sein kommendes Studium vorbereitete, das er auf sich *„zu rollen"* sah.[8] Walters soziale Unsicherheit nach seinem Auszug aus dem Elternhaus schien ein passender Nährboden für die ‚Sexualrepressions-These', mit der er durch einen Kollegen im Zivildienst erstmalig in Berührung kam.

---

8   *„[...] weil ich eben auch gleichzeitig versuchte, ein bisschen [...] schulisch auf der Höhe zu bleiben, weil ich sah ja das Studium auf mich zu rollen und [...] ich hatte ein bisschen Sorge, wenn ich [...] anderthalb Jahre nichts tue, dann komm ich einigermaßen verblödet in die Uni und muss dann alles nachholen. [...] das war 'ne Zeit, da hab ich [...] tagsüber gearbeitet und abends studiert."*

„[...] kann mich noch erinnern, da war ich beim Zivilersatzdienst im Krankenhaus (...) und da trat auch einer der Zivilersatzdienstleistenden auf, das war so ein Späthippie[9] (...), der war damals schon ein bisschen älter (...) und der erklärte (...) alles, was irgendwer als Problem [habe, habe] immer mit unterdrückter Sexualität [zu tun]."

Der ältere Kollege beeindruckt Walter mit den Theorien. Zum einen wurde endlich über das Thema gesprochen, zum anderen mag Walter sich an die sexuellen Übergriffe des Pastors erinnert haben, der vielleicht aufgrund des Zölibats auch an *„unterdrückter Sexualität"* litt. Vor Hintergrund dieser Erfahrung leuchteten Walter die Theorien ein.

Zusammenfassend haben Walters Teilnahme am Sexualdiskurs der ‚68erInnen' zwei Faktoren motiviert: Zum einen lässt sich seine Sozialisation und deren sexualtabuisierende, *„eingeschränkte Verhältnisse"* anführen. Walter lehnte die Tabuisierung ab und erlebte die offene Kommunikation der ‚68erInnen' über Sexualität als positiven Gegensatz. Zum anderen war Walter in seiner Zeit als Zivildienstleistender und Student einsam und suchte Anschluss. Diesen fand er in der Bewegung, durch die er mit einem überzeugten ‚68er' in Kontakt kam. Walters Interesse an der ‚68erInnen'-Sexualitätstheorien war anfänglich groß, so dass er sich vornahm, sich eingehender damit zu beschäftigten.

4.3 Umgang mit dem Sexualitäts- und Beziehungskonstrukt

Walter steckt seinen Umgang mit dem Sexualitäts- und Beziehungskonstrukt in dem Interview durch einen Beginn und ein Ende ab. Im Vergleich mit den drei anderen InterviewpartnerInnen distanziert sich Walter am deutlichsten von den Theorien der Bewegung. Diese Abgrenzung war jedoch ein Prozess, der im Folgenden eingehender beleuchtet werden sollen.

Prüfung der Theorien: Suche nach Belegen
Der *„Späthippie"* hatte Walter darauf hingewiesen, dass sich alle *„Problem[e]"* mit *„unterdrückter Sexualität"* erklären ließen; ein Aspekt aus Wilhelm Reichs Neurosenlehre. An einem anderen Zivildienstleistenden, der als *„schüchtern"* und gehemmt *„in seinem Sozialverhalten"* beschrieben wird, belegte der ältere Kollege

---

9   Dass Walter seinen Kollegen aus seinem Zivilersatzdienst als einen *„Späthippie"* bezeichnet, ist verwunderlich. Walter war im Jahre 1969 Zivilersatzdienstsleistender und wer damals als Hippie bezeichnet wurde, erhielt nicht den Zusatz ‚spät', da Hippies zu besagter Zeit ein aktuelles Erscheinungsbild war. Der Begriff *„Späthippie"* wurde erst Jahre nach der Bewegung als Konstrukt verwendet, für jene Hippies, die ihre Akteurschaft heute noch verkörpern. Die Bezeichnung ist also eine nachträgliche Zuschreibung oder bezieht sich auf das Alter des Kollegen.

diese Theorie. Die Aufforderung des Kollegen, sich von der Unterdrückung zu *„befreien"* beeindruckte Walter dahingehend, dass er sodann auch bei sich Belege suchte, ob er *„Repressionsopfer"* sei. Und sogleich fand er *„allerlei Bestätigung"* dafür: Wenn er *„Kopfschmerzen"* hatte, glaubte Walter Hinweise auf unterdrückte Triebe bei sich zu finden. Diese ‚Entdeckung' berichtet er bedeutungsvoll in vier Sequenzen des Interviews und sie scheint eine sehr markante Erinnerung bezüglich seiner Theorieauseinandersetzung zu sein.[10] Er fragte sich, ob er *„öfter Kopfschmerzen"* habe als andere, und ob das den sexuellen Tabus in seiner Kindheit und Jugend geschuldet sei. Sexualität sei ja *„in der Schulzeit [...] [sowie in der] heimische Umgebung [als] Thema tabuisiert"* gewesen.

Die Suche nach Belegen der Theorien erlebte Walter als sehr *„anstrengend"* und mühsam.

„[...] das war schon 'n Stück [...] Belastung für den Einzelnen, weil man dauernd sich mit der Frage beschäftigt ‚Ist das in Ordnung, wie du dich verhältst? [...] Du bist garantiert krank, Opfer der Unterdrückung, irgendwie benachteiligt und irgendwas stimmt hier nicht.'"
„Ich fand das eher anstrengend, dass man damals dauernd mit irgendwelchen [...] Vorgaben [...] leben musste. Weil das führte dazu, dass Sie dann dauernd überlegen müssen, hat das überhaupt 'ne Bedeutung für mich oder ist das eher irrelevant. [...] weil ja vorher so darüber gesprochen wurde, dass vorher alles falsch war und unterdrückt und [...] deformiert und dann musste man sich halt fragen, leide ich darunter unter Krankheit X."
„[I]ch glaube, das ist etwas, was mich dann auch 'ne Zeit lang irgendwie bedrängt hat, [...] dieses Gefühl, dass wahrscheinlich mit mir irgendetwas nicht in Ordnung sein kann, weil ja auch [...] Generationen vorher [...] sich auf [...] bestimmte Repressionen [...] und so weiter geeinigt hatten und mir das jetzt anerzogen hatten und ich konnte ja gar nicht glücklich und zufrieden sein und gelöst und normal."
„Viele Dinge laufen ja sonst ganz normal und dann hat man 'ne Zeit lang [...] Stress mit der Freundin und man denkt ‚Um Himmels Willen, wahrscheinlich liegt das daran, dass ich so [...] repressiv [und ein] Repressionsopfer bin!'"

Walter spürte einen großen Druck, herauszufinden, ob er sich bereits sexuell befreit habe oder noch *„Repressionsopfer"* sei.

---

10 Da Walter sich auf körperliche Folgen fokussiert, rückt die Reich'sche Annahme, nach der Triebunterdrückung vor allem seelische Folgen habe, in den Hintergrund. Als dies im Interview zur Sprache kommt, bringt Walter erneut *„Kopfschmerzen"* und *„Verspannungen"*, also rein körperliche Symptome, als Beispiel an.

Einordnung in ‚normal' und ‚anormal'

Die ‚68erInnen' hatten mit Hilfe der Sexualtheorien vorgegeben, was als „*normal*" und was als „*krank*" galt, und diese Einteilung verwirrte Walter.

Sein Wunsch, sich in die die zweipolige Einordnung „*normal*" und unnormal einzuordnen, findet auch aktiv im Erzählprozess statt, als sich Walter fragt, ob er in seiner Theorieauseinandersetzung „*normal*" vorgegangen sei oder nicht.

„*Es gibt eigentlich wenig Auseinandersetzung dazu, ne. (...) Das man irgendwo nachlesen könnte, wie andere das empfunden haben, so dass man auch mal prüfen kann, war da[s] irgendwie normal, was man da (...) oder war das ungewöhnlich?*"

Entwicklungspsychologische Forschungen beschreiben, dass Heranwachsende in der Phase, in der ein „sexuelles Selbst-Konzept" entwickelt werde, empfänglich für ‚Leitlinien' seien, mit Hilfe derer sie ihre Entwicklung abgleichen und sich in der „sozialen Ordnung" wiederfinden (Stein-Hilbers 2000, S. 70).[11] Die Frage, ob sich eigene sexuelle Einstellungen als konform, als ‚normal' oder ‚anormal' zur Peer Group und Gesellschaft darstellen, gilt als eine der Herausforderungen auf dem Weg zum sexuellen Selbstverständnis eines Menschen (vgl. ebd.).

Die Skizze der ‚68erInnen' zur unterdrückten Sexualität war demnach die „soziale Ordnung", mit der Walter sein „sexuelles Selbst-Konzept" abglich. Ob Walter jedoch die Schablone selbst wählte, ist retrospektiv nicht zu beantworten. Heute erinnert er hauptsächlich, einen gewissen (äußeren) Zwang erlebt zu haben, die Theorien auf sich selbst anzuwenden. „*[...] und dann musste man sich halt immer fragen, leide ich darunter.*"

In Walters Biografie lässt sich der Wunsch nachzeichnen, Dinge stets rational und pragmatisch verstehen und erklären zu können. Dieser Charakterzug soll im Folgenden als Walters ‚Forschergeist' beschrieben werden. Dem Bedürfnis, klare Zusammenhänge zu erschließen, logische Schlüsse zu ziehen und nachvollziehbare Ergebnisse zu erzielen, konnte Walter letztlich mit seinem Studienfach Mathematik nachgehen. Im Hinblick auf die ‚68erInnen'-Sexualtheorien wollte Walters ‚Forschergeist' ebendiese nachweisbar machen.

Mit Voranschreiten dieses Prüfprozesses zweifelte Walter jedoch an der wissenschaftlichen Nachweisbarkeit der Theorien. „Man forscht danach, man findet keine

---

11 „Im Verlauf ihrer Sexualitäts-Entwicklung bilden Individuen eine Art sexuelles Selbst-Konzept aus, eine Vorstellung darüber, wie sie selber sexuell empfinden und reagieren und in welcher Weise sie damit in der sozialen Ordnung des Geschlechterverhältnisses zu verorten sind." (Stein-Hilbers 2000, S. 70)

klaren (..) Ergebnisse [dann denkt man] ‚Ja, es könnte sein, wahrscheinlich [ist es] doch nicht so schlimm. (...) Viele Dinge laufen ja sonst ganz normal."

Erfahrungen mit polygamen Beziehungsstrukturen: Walter als ‚Opfer'

Ein zweiter Schritt Walters Theorieauseinandersetzung begann mit seinem Studium. Nachdem er gedanklich die Repressionsthese geprüft hatte, ging er nun in die praktische Umsetzung des Beziehungsideals der ‚68erInnen' über. Als sich sein Freundeskreis um weitere ‚68erInnen' erweiterte, kam er mit dem Sujet der *„bürgerlichen Besitzansprüche"* in Kontakt. Diesbezüglich sind ihm vor allem Gespräche in Erinnerung geblieben, in denen es darum gegangen sei, anderen zu verdeutlichen, dass man keine Exklusivitätsansprüche an den/die PartnerIn habe und *„überhaupt kein Problem"* darin sehe, wenn er/sie polygam lebe. Hatte er zuvor nur sein eigenes Erfahrungsspektrum mit den Sexualtheorien abgleichen können, erweiterte sich seine Sicht nun um Dimensionen, die er auch in gelebten Beziehungen *„erforsch[en]"* konnte. In seiner Zivildienstzeit hatte Walter keine sexuellen Verbindungen gehabt. So gestaltete sich sein Studienbeginn als Umbruchphase, in der er viele soziale Kontakte knüpfte und sexuell aktiv wurde.

Walters wissenschaftliches Paradigma, die Theorien zu erproben und auf Sinnhaftigkeit zu prüfen, gestaltete sich nun schwieriger, da andere Menschen daran partizipierten und ein ‚offizieller' common sense gepflegt wurde:

„[D]ann war die Überlegung: Muss man das überhaupt zur Kenntnis nehmen oder ernst nehmen oder kann man sich auch anders damit auseinander setzen? ‚Alles kein Problem' oder ‚Geht mich ja gar nichts an, ja!'. Das war sowas wie, da war so der gesellschaftliche Anspruch, das muss einen eigentlich gar nichts angehen, ganz richtig gesund ist, wenn man damit überhaupt kein Problem hat."

In seinem studentischen Umfeld nahm Walter an der *„Diskussion"* teil und bemerkte die Schwierigkeiten, die die Norm, Polygamie permissiv gegenüberzutreten, bei anderen auslöste.

„Auf der anderen Seite, wenn man dann ein bisschen dahinter guckte, dann war da mehr verbale Kraftmeierei, dahinter steckte dann in der Regel gar nichts. [...] Ich hab' aber ehrlich gesagt immer nur Leute gesehen, die damit 'n Problem hatten."

Walter schätzt, dass diese nach außen formulierte Anpassung trivial gewesen sei, denn eigentlich hätte sich kaum jemand mit der besitzanspruchlosen Beziehung wohlgefühlt. Nach außen stellen die ‚68erInnen' ihr Verhalten im Sinne der Norm dar, um angepasst zu sein; dahinter habe jedoch nicht immer eine wirkliche Identifikation mit der Norm gestanden. Da er selber *„die Diskussion"* um offene Beziehungen als *„anstrengend"* und *„nicht zielführend"* empfand, vermischen sich hier

Walters eigener Konflikt mit dem Beziehungskonstrukt und seiner Wahrnehmung, auch andere hätten damit Schwierigkeiten gehabt. Seine Schwierigkeiten und die der anderen AkteurInnen mit der *„Diskussion"* subsumiert Walter in dem Begriff *„Spannungsfeld"*, indem sich laut Walter die Theorieauseinandersetzung der ‚68erInnen' abgespielt habe.

Dennoch lebte Walter anfangs in seinen wechselnden und z.T. gleichzeitig ablaufenden Partnerschaften die Beziehungstheorie, ohne die aufkommenden *„Konflikte"* in einer Kritik an der Theorie aufzuarbeiten. Eine Ambivalenz zwischen Beziehungsideal und eigenen Bedürfnissen erkannte Walter erst, als die Nebenbeziehungen aus dem Ruder liefen und er in *„Konflikte"* geriet, da er *„betrogen [wurde] oder [das] selber macht[e]"*. An dieser Stelle lacht Walter; ein Zeichen seiner Unsicherheit. Der Begriff ‚Betrug' zeigt in diesem Zusammenhang einen Widerspruch auf: Der Begriff ‚Betrügen' war im Kontext der offenen Beziehungen nicht vorgesehen, galt als antiquiert und war im „alternativen Milieu geradezu verschwunden" (Conti 1984, S. 177). Das Betiteln des Führens mehrerer Sexualbeziehungen als Betrügen und Fremdgehen wurden als Symbole *„bürgerlicher Besitzansprüche"* verstanden, die es ja eigentlich abzuschaffen galt. Wer sich als *„betrogen"* ansah, fühlte sich um Recht, Anliegen oder Besitz beraubt. Jedoch hatte der Partner bzw. die Partnerin im Sinne der Theorie eben kein Besitzrecht auf den/die andereN. Dass Walter den Begriff ‚Betrug' gleichwohl verwendet, zeigt zum einen seinen Zwiespalt zwischen Theorie und Emotionen und verdeutlicht zum anderen, dass ihm die klassische monogame Verbindlichkeit einer Beziehung mehr zusagte. Dadurch argumentiert er konträr zur ‚68erInnen'-Theorie. Dass Walter den Begriff ‚Betrug' jedoch nur ungern nutzt, da er sich vermutlich des ‚Beigeschmacks' bewusst ist, zeigt sich darin, dass er ihn im Interview nur vier Mal verwendet und mehr auf ‚Stellvertreter' dieses Wortes zurückgreift. Indem er die Worte ‚Betrug' und ‚Untreue' durch abstrakte Beschreibungen wie beispielsweise *„das"* und *„damit"* ersetzt, umgeht er eben jene Begriffe, die innerhalb des Theoriediskurses verpönt waren. Mit dem unkonkreten *„das"* umgeht er im Sinne des „leeren Sprechens" (Welzer, s. Kapitel I) eine ausführlichere Benennung und eine eigene Position. Seine Unsicherheit hinsichtlich der Begriffe interpretiert die Autorin größtenteils mit der von ihm selbst dargestellten Norm, sich nach außen entspannt hinsichtlich sexueller Aktivitäten der PartnerInnen zu zeigen. Diese scheint ihn aktuell noch zu beeinflussen, da er die negativ konnotierten, als ‚bürgerlich' entlarvten Begriffe zu vermeiden versucht.

Walter schildert im Interview nur eine einzige Erfahrung ausführlich, in der er mit Eifersuchtsgefühlen bzw. Enttäuschung darüber konfrontiert wird, nicht der einzige Mann im Leben einer Frau zu sein. Diese Sequenz mutet zwar relativ harmlos an, dennoch nimmt diese Erfahrung für Walter eine emotional bedeutsame Rolle ein, da sie den Beginn seines Kritikbewusstseins bzgl. des Polygamie-Konstrukts der ‚68erInnen' einleitete:

„Angefangen, so [...] das Bild, das ich davor [bekommen] hatte, zu kritisieren [...], das war richtig anstrengend. (..) Da gehen Sie mit jemandem abends ins Kino, [und es] kommt so 'ne Beziehung richtig in Gang und am nächsten Tag (...) sacht Ihnen die Dame: ‚Ach, ich hab 'nen anderen Freund'.[12] Da ringen Sie mit Ihren bürgerlichen Besitzansprüchen, ne."

Auch in dieser Sequenz spricht Walter die Interviewerin direkt an (*„Da ringen Sie mit Ihren bürgerlichen Besitzansprüchen"* usw.). Die Interviewerin soll sich die Situation vor Augen führen, um seine Reaktion bzw. seine Enttäuschung nachzuvollziehen, und sich mit ihm identifizieren. Dadurch delegiert Walter eine Bestätigung für seine Bewertung der Situation an die Interviewerin. Die emotionale Bedeutung dieser Situation wird auch darin deutlich, dass Walter die Frau in wörtlicher Rede zitiert; gerade so, als habe er die Worte noch in den Ohren. In seiner Enttäuschung über die Absage der jungen Frau wurde sich Walter seiner *„bürgerlichen Besitzansprüche"* gewahr, von denen er sich im Sinne der Theorie ursprünglich befreien wollte. Doch da es ihm nicht gelingt, seinen Besitzanspruch einfach zu verdrängen, beginnt er die Theorie zu kritisieren.

Interessanterweise führt Walter diese Szene als ein Beispiel für seinen *„Zwiespalt"* mit den ‚68erInnen'-Theorien an. Doch ließe sich diese Erfahrung auch außerhalb des ‚68erInnen'-Kontextes betrachten und zwar als eine gewöhnliche Situation zwischen zwei Menschen, in der einer kein Interesse an einer Partnerschaft hat. Seine Bekannte sagt schließlich nicht: „Ich habe noch einen anderen Freund" (also „Du wärst der zweite") sondern: „Ich habe einen anderen Freund", was genauso gut heißen kann, „Ich will keinen neuen." Mit Blick auf die Theorie hätte die *„Dame"* durchaus zwei Beziehungen führen können. Doch hatte sie vielleicht kein Interesse, eine Beziehung mit Walter und dem anderen Mann zu führen. Dass es auch andere Gründe für eine Beziehungsabsage geben könnte, die ihn betrafen und nicht die Beziehungsidee der ‚68erInnen', scheint Walter nicht reflektiert zu haben. Vor dem Hintergrund des Beziehungsideals der Bewegung war niemand nach einem Kinobesuch zu einer Beziehung verpflichtet. Walter projiziert die Absage der Frau alleinig auf das Theoriegerüst der ‚68erInnen' und setzt diese Erfahrung symbolhaft als Auslöser seiner Theoriekritik.

Für Walter war durch den gemeinsamen Kinobesuch die Beziehung zwischen ihm und der Frau *„in Gang"* gekommen und damit hatte sie ihm eine Art Verspre-

---

12 An dieser Stelle lacht Walter. Dies mag entweder dadurch begründet sein, dass er die Situation aus heutiger Sicht tatsächlich amüsant findet oder es zeigt sich erneut das Muster von Verdrängung, mit dem Walter negative Erinnerungen und Emotionen ‚weglacht'.

chen für eine monogame Beziehung gegeben, die nicht eingehalten wurde. Walters Wut und Verletzung wird darin deutlich, dass er die Frau ironisch als *„Dame"* bezeichnet. Wie Walter innerhalb der Situation auf die Absage reagierte, beschreibt er nicht. Interessant wäre zu wissen, ob er ihr seine Enttäuschung mitteilte und dadurch das kolportierte Bild konterkarierte, in dem es den/die anderen *„eigentlich gar nichts angehe"*, wenn der/die PartnerIn eine Nebenbeziehung hat. Schließlich erlebte sich Walter in dieser Erfahrung als (vermeintliches) ‚Opfer' der Beziehungsdiskussion der Studierendenbewegung, was ihn dazu anleitete, die Beziehungstheorien und -ideale zu hinterfragen und zu dekonstruieren.

Erfahrungen mit Polygamie: Walter in einer *„Dreiecksbeziehung"*

Walter beansprucht jedoch nicht nur die Rolle des ‚Betrogenen' und ‚Opfers' für sich. In einer Sequenz berichtet er, das Ideal der besitzanspruchslosen Beziehung für sich genutzt zu haben. Hier beschreibt er, wie er einmal mit zwei Frauen zur selben Zeit sexuelle Beziehungen pflegte.

„Oder es [...] war [...] häufiger so, dass es wie ein Unfall passiert[e], dass Leute da rein geraten (...), weil Beziehungen in die Krise geraten oder anfangen und dann stellt man fest, das war vielleicht doch nicht so 'ne geschickte Überlegung [, und] das alte Verhältnis kommt wieder in Gang, dann hat man natürlich ein Problem, dann muss man gucken, wie man damit umgeht [...] Na ja, das, äh, ich könnte mir vorstellen dass diese Art von Unfall häufiger passiert ist. Und äh (....) gut, dann muss man sehen, wie man so was mit Anstand überlebt und da wieder rauskommt, ne, also, wie man damit umgeht, ohne dass man sich selber oder andere beschädigt. (...) Was nicht so ganz einfach ist."

„Hatte ja gerade erzählt, mir ist da auch mal so ein Unfall passiert, weil mir eine Beziehung in eine Krise geriet und dann eine andere zustande kam [...] Dann entstand da so eine Dreiecksbeziehung und [...] man ist dann konfrontiert damit, dass [einem das] eigentlich [...] ja nichts ausmachen [soll], man muss schon damit fertig werden können. (...) Es ist [...], wenn man's ernsthaft betreibt, gar nicht einfach, weil [...] muss man sich auch klar werden über die [...] Emotionen, die man bei den anderen erzeugt."

Walter beschreibt, dass die *„Dreiecksbeziehung"* zufällig, im Sinne eines *„Unfalls"*, entstand. Betrachtet man die Begriffe *„Dreiecksbeziehung"* sowie *„Unfall"* genauer, so erscheinen sie unsachgemäß im Kontext des von Walter beschriebenen Beziehungsumstands. Zum einen kann Walters ‚Doppelbeziehung' nicht als eine *„Dreiecksbeziehung"* bezeichnet werden, da dies voraussetzen würde, dass alle drei Beteiligten im Einvernehmen eine Beziehung mit jeweils beiden PartnerInnen führen.[13] Zum anderen umschreibt auch der Begriff „*Unfall*" den Umstand nicht passend, da er suggeriert, die Beziehung sei zufällig entstanden und nicht gezielt eingeleitet worden. Die Mehrfachbeziehung als „*Unfall*" zu illustrieren, könnte Walter wiederum entlasten, würde im Hinblick einer Schuldfrage des ‚Betrügens' diskutiert werden. Der Begriff „*Unfall*" würde dann Walter von der Verantwortung für die Beziehungskonstellation freisprechen und bezüglich der daraus entstandenen „*Komplikationen*" und negativen Emotionen bei den Beteiligten entlasten. Der Begriff „*Unfall*" erscheint auch dahingehend unpassend, da er nicht nur Zufälligkeit suggeriert sondern auch nicht umfassen kann, dass Beziehungen zumeist im eigentlichen Sinne aufgrund von Gefühlen füreinander geschlossen werden und nicht mehr oder weniger schicksalshaft entstehen. Da Walter vor dieser Passage negativ von ‚Betrug' spricht, muss er sich nun selbst dem Vorwurf stellen, dass er durch seine „*Dreiecksbeziehung*" stets eine der beiden Frauen mit der jeweils anderen ‚betrog'. Vor diesem Hintergrund scheint die verzerrende Beschreibung „*Unfall*" zum einen Legitimation und zum anderen Mittel, die Kohärenz aufrechtzuerhalten. Schließlich wirft Walter den polygamen AkteurInnen der Bewegung vor, egoistisch zu sein (siehe Kernaussage 5). Um dieser Zuschreibung und dem Vorwurf des Egoismus zu entgehen, stellt er im Sinne der Kohärenz das Anbahnen der „*Dreiecksbeziehung*" als eine zufällige Begebenheit dar, in die er hineingeraten sei. Dabei war er es, der sich, als seine Beziehung „*in die Krise*" geriet, einer anderen Frau zuwendete und kurz darauf „*das alte Verhältnis wieder in Gang*" brachte. So entstand die Gleichzeitigkeit der Beziehungen durch seine Initiative. Mit Verweis auf die vermeintliche Zufälligkeit der Beziehung sowie mit dem abschließenden Urteil, diese Konstellation sei „*nicht so 'ne geschickte Überlegung*" gewesen, deutet Walter an, dass die Beziehung mit zwei Frauen nicht aufgrund der ‚68erInnen'-Theorie entstand – auch wenn er die Beschreibung in diesem Kontext tätigt. So schien seine „*Dreierbeziehung*" weder auf die „*Befreiung der bürgerlichen Besitzansprüche*" abzuzielen noch sonst wie (sexual)politisch motiviert gewesen zu sein.

Aus seiner Erzählung wird nicht deutlich, ob Walter die ‚68erInnen'-Theorie als argumentative Grundlage für die Gespräche mit seinen beiden Freundinnen nutzte bzw. ob er zu dem Zeitpunkt die Theorie der Besitzanspruchslosigkeit vertrat und nur aus heutigem Erinnerungsblickwinkel seine Identifikation mit den Theorien herunterspielt. Schließlich war der Verweis auf die Theorie eine Methode seines Umfelds, um mögliche Konflikte aufzulösen und polygames Verhalten zu legitimieren.

Walter entzog sich schließlich der „*Dreierbeziehung*" (und damit der Forderung nach Polygamie) aus zweierlei Gründen: Zum einen stellte sie sich als zu „*an-*

---

13 An anderer Stelle verwendet Walter den m.E. passenderen Begriff, um sein doppeltes Verhältnis mit zwei Frauen zu umschreiben – „*Dreierbeziehung*".

strengend" und *„kompliziert"* heraus. Zum anderen wusste er nicht, wie er mit den aufkommenden ‚Komplikationen' umgehen sollte. Ihm fehlte es an Handlungsanweisungen, um beiden Frauen gerecht zu werden:

„[...] dann erleben sie das ja irgendwie mit und [...] das heißt, [...] sie müssen auch Vorkehrungen treiben [und] da[s] zumindestens so weit ein[...]dämmen wie möglich, also irgendwie deutlich [...] machen, dass sie keine Unterschiede machen. Aber natürlich machen Sie Unterschiede, das ist ja unrealistisch. (..) Diese ganzen Komplikationen, die dann entstehen im Alltag [...], die fand ich einfach unangemessen anstrengend und vor allem deshalb, weil sie kein Problem lösen [...]. Weil [...] ich nicht der Meinung war, dass wir von zwei Partnern mehr haben, als von einem Partner."

„[D]as ist dann zu Ende gegangen, weil ich das viel zu kompliziert fand. [...] Der praktische Gesichtspunkt, dass das ganze Leben zum Problem wurde, [...] und dass das anfing, eben [auch] andere Lebensbereiche, wie Studium zum Beispiel, zu behindern, weil [...], wenn Sie intensiv studieren, haben Sie nicht mehr so schrecklich viel Zeit. [...] Manche Menschen [finden] das zwar interessant, sich mit solchen Beziehungen zu beschäftigen. Ich fand das nicht so interessant, ich fand das [...] einerseits spannend, andererseits aber auch [...], ja [...] es löste [halt] kein richtiges Problem [...]. Ja, es machte das Leben nicht besser, es machte es nur komplizierter [...]. (..) Dann [...] musste [man einen] Schnitt [...]. machen."

Mit einem rationalen Abwägungsprozess wurde sich Walter der Anstrengung im Verhältnis zum Ertrag der doppelten Beziehungsführung bewusst und entschied, dass er dies so nicht fortführen wolle. Er erinnert sich an die Schwierigkeit, die ihm seine moralischen Bedenken bescherten, die ihn an seine individuellen Normen und Werte wie *„Treue und Verlässlichkeit"* erinnerten. Diesen Widerspruch aus Walters gelebtem polygamen Verhalten und seinem grundsätzlichen Werte- und Tugendverständnis beschreibt Walter mit den *„Probleme[n]"*, die auftauchten, sich in negativen *„Emotionen"*[14] äußerten und sogar Gefahr liefen, sein Studium *„zu behindern"*.

---

14 Auf die *„Probleme"* und *„Emotionen"*, die in der bzw. durch die *„Dreiecksbeziehung"* entstanden, geht Walter nicht näher ein. Zwar wird seine Überforderung mit der Situation deutlich, jedoch bleibt unklar, welche *„Emotionen"* im speziellen damit verbunden waren. Als die Interviewerin nach der Emotion „Eifersucht" fragt, greift Walter den Begriff auf, jedoch nennt er keine andere Emotion. Interaktionsdynamisch betrachtet umgeht Walter dadurch, dass er sich nur auf eine ‚soufflierte' Emotion bezieht, selbst andere Gefühle anbringen und konkretisieren zu müssen. Jedoch illustriert Walter in seiner Erzählung latent Emotionen: Besonders Gefühle der Unsicherheit und Verletzung können durch die Feinanalyse herausgearbeitet werden. Diese finden sich beispielsweise in der Beschreibung der Absage der Frau, von der er sich nach einem Kinobesuch eine Bezie-

Walter erlebte die Beziehungssituation also als unbefriedigend und suchte nach Lösungen *„wie man so was mit Anstand überlebt"*. Indem Walter sich an dieser Stelle hinter dem Begriff *„man"*, versteckt', wird erkennbar, dass er sein Verhalten im Kontext der *„Dreierbeziehung"* retrospektiv nicht gutheißt und seine Verantwortung hierzu wieder durch das abstrakte Indefinitpronomen verbal verschleiern möchte. Es fällt auf, dass Walter keine emotionalen Aspekte dieser Beziehungen beschreibt. Was für Gefühle (außer dass die Verbindung mit zwei Frauen *„kompliziert"* gewesen sei) empfand Walter? Fiel ihm die Entscheidung schwer, die Beziehung zu beenden? Wie reagierten die Frauen? Solche emotionalen Aspekte spart Walter in seiner Erzählung aus. Er bezieht sich vielmehr auf Beschreibungen des *„anstrengenden"* Charakters und der *„Konflikte"*, die diese Beziehungen mit sich brachten.

Walters Kritik an der ‚68erInnen'-Sexualitäts- und Beziehungstheorie
Dass Walter die *„Dreiecksbeziehung"* bzw. die offene Beziehungsform als *„anstrengend"* und *„kompliziert"* erinnert, begründet er auch damit, dass es ihm an Handlungsmustern gefehlt habe. Dass es keine Vorlagen und Verhaltenshinweise für eine realitätsnahe Beziehungspraxis und für den Umgang mit den dabei entstehenden negativen *„Emotionen"* gegeben habe, kritisiert er an der ‚68erInnen'-Beziehungsidee:

„Und [...] diese Erfahrung, dass eben solche Dreierbeziehungen eben sehr viel Aufwand erzeugen, weil dauernd [...] alle möglichen [...] unangenehme[n] [...] Emotionen entstehen. Und ich mein', das dauert irgendwie, [bis] man das [...] unter Kontrolle krieg[t], weil auch die Verhaltensweisen in solchen Beziehungen in der Gesellschaft [...] nicht vorgelebt werden, die muss man alle selber erfinden."

An musterhaften Verhaltensweisen hätte Walter sich in Bezug auf seine Beziehungskonflikte orientieren wollen, ob dies jedoch seine grundlegenden Zweifel an der Theorie ausgeräumt hätte, mag man in Frage stellen. Dass es der Bewegung an Vorbildern und klaren Verhaltenskodizes mangelte, bemerkte auch Reimut Reiche, als er 1968 schrieb: „Die antiautoritäre Bewegung der Schüler und Studenten leidet an einem Mangel an rational akzeptablen und gleichzeitig emotional ansprechenden Identifikationsvorbildern im eigenen Land." (Reiche 1968, S. 102)

---

hung versprochen hatte, in der Schilderung, dass ihn auch andere Frauen *„betrogen"* hätten, er sich als *„Opfer"* fühle sowie in der Beschreibung seines Insuffizienzgefühls zu Beginn des Studiums. Positive Gefühle lassen sich in Walters Interview weniger leicht ausmachen. Dass Walters Akteurschaft in ihm mehr negative als positive Emotionen auslöste, verstärkt seine Abgrenzung zu den ‚gefühlskalten', *„egoistisch[en]"* ‚68erInnen'.

Die durch das Beziehungschaos ausgelösten Emotionen wollte Walter vermeiden, wenn er schon nicht wusste, wie er sie *„unter Kontrolle"* kriegen konnte. Dass auch andere ,68erInnen' mit den aufkommenden Emotionen überfordert waren, zeigt die Erinnerung des ,Alt-68ers' Alfred Bast:

„Es war eine Aufbruchsstimmung und natürlich total durchmischt [...], z.b. mit der so genannten freien Sexualität in Allianz mit verklemmten Strukturen, die ja nicht weg sind, wenn man sie mit Wünschen und Parolen überklebt. So entstand ein ziemliches Chaos, ein Innenraum, der vollgestopft war mit wilden Emotionen, romantischen Wünschen, surrealistischen Perspektiven, halbgaren Visionen und jeder Pauschalkritik, die allen Widerspruch als reaktionären Widerstand abtat." (Bast zit. nach Krumm/Krumm 2001, S. 89)

Die von Bast dargestellten „wilden Emotionen" spürte auch Walter. In seiner Reflexion der Beziehungsnorm und den damit gemachten (negativen) Erfahrungen, erkannte er, dass es der Idee der besitzanspruchslosen Beziehung an Realitätsbezug mangelte. Sie habe *„die Lebenswirklichkeit"* nicht abbilden können und so sei der Beziehungs- und Sexualitätsdiskurs einer realitätsfernen, *„aufgezwungenen Diskussion"* gleichgekommen, die zudem sehr normativ dahergekommen sei (siehe 3. Kernaussage).

„Und das war, das war für mich das, das äh Schwierigste, ja auch mit diesen ganzen Ansprüchen von außen fertig zu werden."
„Ich glaube, ein Teil der Befreiung bestand darin, dass man anfing, eben selber Sicherheit zu gewinnen und anfing, das alles eben ein bisschen zu ignorieren und (...) dann nicht mehr so wichtig [zu nehmen]."
„Ich glaube, dass [...] nachher für [...] mich [...] persönlich als Verarbeitung da herauskam, [dass] ich irgendwann aufgehört [habe,] mich damit zu beschäftigen, weil [...] ich das als nicht zielführend empfand [...]. Und damit hat das auch im Wesentlichen für mich persönlich so 'ne Art Abschluss gefunden."

Dem normativen Druck des Diskurses entzog sich Walter, als er für sich genügend Gegenargumente gesammelt hatte und gegenüber *„der Diskussion"* dahingehend an *„Sicherheit"* gewonnen hatte, dass er sie dekonstruieren und für sich als *„nicht zielführend"* einstufte.

Walters *„politisch korrekte Bild"* der ,68erInnen' widersprach nämlich seiner Wahrnehmung von *„Grundwerte[n]"* wie *„Geborgenheit"*, *„Treue und Verlässlichkeit"*, die für ihn die *„Grundlage für Beziehung"* darstellen. Walters Bedürfnisse, die er in diesen *„Grundwerte[n]"* innerhalb eines traditionellen Beziehungsarrangements charakterisiert sah, wurden durch die Theorien der ,68erInnen' nicht angesprochen. *„[...] da fehlte das, was eben vvvv viele meiner Bedürfnisse befriedigte"*.

Walters Wunsch nach Monogamie und Verbindlichkeit in einer Partnerschaft wurde aus Sicht der ‚68erInnen' als bürgerliches Bedürfnis stigmatisiert. Bis zu seinem Bruch mit der Bewegung glaubte Walter, diese Beziehungswünsche verdrängen bzw. geheim halten zu müssen, da es schließlich galt, *„kein Problem damit zu haben"* bzw. die Ambivalenzen nicht offen zu thematisieren. Walter geriet dahingehend in einen Konflikt, dass er sich fragte, ob seine Bedürfnisse nach *„Treue und Verlässlichkeit"* legitim seien.[15]

Da sich Walters Bedürfnisse nicht mit der ‚Gefühlsnormierung' (beispielsweise Verbot von Eifersucht) der ‚68erInnen'-Theorie vereinbaren ließen, konnte in ihm keine Übereinstimmung von ‚personaler' und ‚kollektiver' Identität als ‚68er' entstehen. Er richtete seinen Blick von der Theorie zurück in sein Innenleben und stellte fest, dass er seine Bedürfnisse bedeutsamer einstufte als politische Ziele.

Walter setzte demnach seine Bedürfnisse als Maßstab seiner Rolle in der Studierendenbewegung. Zum Ende seines Studiums kam neben seinen Emotionen ein anderer Faktor hinzu, der seinen kritischen Blick auf das Beziehungs- und Sexualitätskonstrukt bestärkte – er sah sich nun als *„erfolgreicher Bestandteil der Gesellschaft"* und dadurch in seinem bisherigen Handeln bestätigt.

„[...] in dem Maße, indem ich mich als Mensch fertiger fühlte und sicherer wurde und (...) das Studium zu Ende ging, [ich] Ergebnisse erreichte und wirklich nicht mehr diesen Zustand hat[te], wo alles falsch sein kann, was man tut, weil es führt ja alles zu nichts und man ist der totale Verlierer [...]. Das war halt weg, diese ganze Unsicherheit hörte auf, man sah, [...] man hatte was geschafft und [...] war ja ein erfolgreicher Bestandteil der Gesellschaft geworden und irgendwie kann das alles nicht völlig verkehrt sein, was man tut und man überträgt dann, glaub ich, vieles so auf andere Gebiete auch von der Sexualität. [Ich] habe [...] dann, glaube ich, eher das, was ich [...] als richtig empfand, eher auch für richtig gehalten."

In dieser Passage wird sichtbar, inwiefern Walters Vorstellung von Selbstwirksamkeit seinen Umgang mit den politischen Theorien der ‚68erInnen' beeinflusste. Selbstwirksam empfindet er sich, wenn er sich seines Platzes in der Gesellschaft sicher ist, etwa indem er für seine Leistung Zuspruch bekommt. Seine Selbstunsicherheit vor und während seines Studiums, die ihn zweifeln ließ, ob er *„der totale Verlierer"* sei und ob *„alles falsch sei[...]"*, was er tue, überwindet Walter, als er sich als *„fertiger"* Akademiker wie ein gleichwertiges, produktives Mitglied der Gesellschaft empfindet. Vorher hatte ihn das Sexualitätskonstrukt verunsichert und an sich zweifeln lassen, jedoch bestätigte ihn nun sein beruflicher Erfolg darin, sich

---

15 Die Ambivalenz zu seinen Bedürfnissen wird auch in Walters Sprache deutlich. So stottert er beispielsweise an jener Stelle, an der er erstmalig beschreibt, dass seine Bedürfnisse in den Theorien nicht abgebildet wurden.

von den Normen der Bewegung abzugrenzen und „*traditionelle*" Werte zu fokussieren, wenngleich er sich vorstellen kann, dass seine ehemaligen MitstreiterInnen der Bewegung darin einen Rückschritt erkennen würden.

„Ich fand das sehr schwierig, so weit zu kommen, so weit mit sich aufzuräumen, dass ich mir selber eingestehen konnte, es sind solche einfachen pragmatischen Gründe, [...] die aber letztlich [...] mein Verhalten steuern. [...] natürlich kann man sagen ja, [...] ,Hat sich im Endeffekt nicht befreit, [...] ist also hängen geblieben in diesen ganzen [...] falschen Vorstellungen und [...] hat es nie gelernt, richtig daran Spaß zu haben, [...] aber [...] er ist an der Stelle zurückgeblieben und hat sich also dann für die traditionellen [...] Einschränkung auf die Berufswelt [...] entschieden.'"

„Ich hab [mich] dann eben au[f] diese[...] anderen Rollenbestandteil[e] wie zum Beispiel, Ernährer sein zu müssen, eine Familie versorgen zu können, [konzentriert]. Und das auch mit einer gewissen Verlässlichkeit zu tun, Sie müssen ja auch die ökonomischen Verhältnisse klar machen, wenn Sie jemanden heirate[n], 'ne Frau heirate[n], die ein Kind bekommt und die dann natürlich [...] zumindest zeitweise [...] von einem abhängig ist [...], dann [...] muss man natürlich auch 'ne Verlässlichkeit der Versorgung garantieren. Das sind nicht nur 'ne ökonomische Versorgung, das ist auch eine emotionale, soziale [...]. Ja, und man selber hat auch eben [...] solche Erwartungen, wie da[...] eben eine gewisse soziale, emotionale Stabilität entsteht."

In der ersten Sequenz zitiert Walter imaginäre Vertreter der ,68erInnen'-Beziehungsnorm, die Walter vorhalten könnten, er habe sich durch die Abkehr von der reformierten Sexualitäts- und Beziehungsvorstellungen nicht wirklich „*befreit*", sei zu „*falschen Vorstellungen*" zurückgekehrt und wieder bei der Illusion von „*traditionellen*" Werten angelangt. Statt einer gesellschaftlichen Neuordnung, Abschaffung des Kapitalismus sowie repressiver Familienstrukturen und Befreiung des Individuums von gesellschaftlichen Zwängen, strebte Walter nun durch seine Karriereambitionen eben diese Ordnungen an, die die ,68erInnen' ablehnten. Seine ,neuen' Ziele waren, neben dem Wunsch „*erfolgreicher Bestandteil der Gesellschaft*" zu werden und „*Ergebnisse zu erreichen*", mit einer Frau „*eine feste, zuverlässige Beziehung*" zu führen, sie zu „*heiraten*", zu „*versorgen*" und mit ihr eine Familie zu gründen.

Dem offenen Beziehungsmuster der ,68erInnen', das Walter als emotional nicht befriedigend, als „*zeitaufwendig*" und „*viel zu kompliziert*" erlebte, stellte er die Alternative einer „*verlässlichen*", monogamen Beziehung gegenüber. Da diese im Gegensatz zu den ,68erInnen'-Annahmen stand, markiert dieser Überzeugungswechsel auch den Abschluss von Walters Zeit als ,68er'. Zusammenfassend beendete er seiner Akteurschaft sowohl aus „*praktischen Gesichtspunkten*" als auch aus emotionalen Gründen. Indem Walter mehrfach berichtet, dass eine besitzanspruchslose Beziehung seine Bedürfnisse und Emotionen nicht erfüllte, ist seine Argumentation für sich kohärent. Zudem geht er als eine Art ,moralischer Sieger' aus seiner Auseinandersetzung mit der ,68erInnen'-Theorie hervor, da er nachweisen wollte, dass sie sich nicht mit emotionalen Bedürfnissen verbinden lasse und daher *„nicht zielführend"* sei.

Als Walter dies für sich erkannte, kehrte er der Bewegung den Rücken, verlegte seine Beziehungsarbeit zurück ins Private und entledigte sich der politischen Dimension. Zudem bescheinigte er der *„Diskussion"* um die Beziehungsreform, außerhalb *„der gesellschaftlichen Realität"* stattzufinden. Mit dem Kern der ,revolutionären' Theorien der Bewegung konnte sich Walter also nicht (mehr) identifizieren. Mit Darstellung der ,Fehler' der Beziehungs- und Sexualtheorie grenzt er sich im Verlauf des Interviews sowohl von den Annahmen zur ,freien Liebe' als auch von der Akteurschaft generell ab, der er einen *„egoistischen"* Nutzung der Theorie vorwirft.

4.4 Selbstbild

Walters Verständnis von ,Geschlecht' bedarf einer ausführlicheren Betrachtung, da es in enger Verbindung mit seiner Auseinandersetzung der ,68erInnen'-Theorie steht. Auf den drei Ebenen „inhaltlich", formal" und „interaktiv" (vgl. Kapitel I sowie Scholz 2004, S. 13) konstruiert er im Interview die Kategorie ,Geschlecht'.

Binäres Verständnis eines festgeschriebenen Geschlechterverhältnisses
Auf der „inhaltlichen" und „formalen" Ebene (Scholz 2004, S. 13) definiert Walter ,Geschlecht' sehr archaisch, hierarchisch und stereotypgeleitet. In seiner implizit vermittelten Geschlechtertheorie geht Walter von einem Unterschied der Geschlechter aus und charakterisiert sie als binär: ,männlich' und ,weiblich'. Dabei schreibt er ihnen stereotype Eigenschaften zu, die er als biologisch determiniert begreift.

„Dass zum Beispiel Männer Beschützerinstinkte haben, dazu aber Frauen brauchen, die natürlich auch irgendwie 'ne Art von [...] Schutznotwendigkeit [und] Schutzbedarf signalisieren [...] das [...] gehört zum Rollenverhalten dazu [...]. [...] emotional (...) sind wir [...] halt vor 50 Jahren entstanden und die Bedürfnisse sind drin und ich kann doch meine Emotionen nicht mehr ändern, die sind so."
„[...] das sind die Bedürfnisse, die Emotionen, die eine Rolle spielen. [...] dann sind Sie achtzehn, dann sind die emotionalen Bedürfnisse da. Die können sich nicht mehr ändern. [...] mein Eindruck war, die kann man nicht mehr so ohne Weiteres ändern. [...] ich weiß nicht, vielleicht sehen die Psychologen das anders."

Walter geht a priori von einer festgeschriebenen, manifesten Ausstattung der ,Geschlechter' aus. Das ,männliche Geschlecht' habe *„Bedürfnisse"*, die in der Kindheit entstünden – hierbei wird der Entstehungsprozess (beispielsweise Sozialisation,

Erziehung usw.) nicht als etwas durchaus Veränderbares erkannt. Die Bedürfnisse von „*Frauen*" ließen sich mit denen der Männer verbinden. Walter geht davon also aus, (geschlechtsbezogene) Bedürfnisse seien konstant und nicht veränderbar. Um einem möglichen Irrtum zuvorzukommen, äußert Walter jedoch den Zweifel, ob „*die Psychologen das anders*" sehen. Hier ist anzumerken, dass die Anlage-Umwelt-Frage der ‚Geschlechteremotionen' in unterschiedlichen Wissenschaftsdisziplinen weiterhin noch sehr kontrovers diskutiert wird (vgl. beispielsweise Bischof-Köhler (2006) im Kontrast zu Butler (1997)).

In der Frauen- und Geschlechterforschung werden die Möglichkeiten von Wandel und Dekonstruktion geschlechterstereotyper Konstrukte nicht mehr in Frage gestellt (beispielsweise durch Gendertrainings, Auflösen vergeschlechtlichter Strukturen in der Gesellschaft usw.). In Walters Aussagen findet sich diese Annahme nicht: Er beschreibt in dieser Passage (festgeschriebene), stabile, geschlechtsbezogene Bedürfnislagen und übersieht dabei, dass es sich bei jeder Annahme von ‚Geschlecht' um eine eigene Konstruktionsleistung handelt. Da Walter ‚Geschlecht' jedoch nicht als ein Konstrukt auffasst, ist seine geschlechterreflexive Praxis im Interview nur gering, wenngleich er die Arbeit an den „*Rollen*" der Geschlechter durchaus als Praxis anerkennt: „*[D]ie Frauen beschäftigen sich intensiver mit ihren Rollen.*" Indem Walter nur Frauen ein Reflexionsvermögen hinsichtlich ihrer „*Rollen*" einräumt, tätigt er eine weitere Geschlechterzuschreibung.

Die geringe Entwicklungsmöglichkeit, die Walter den ‚Geschlechtern' einräumt, mag u.a. darin begründet sein, dass er sich grundsätzlich nicht mit der gesellschaftlichen Entwicklung, die auf eine Auflösung der Geschlechterdifferenzen abzielt, anfreunden möchte.

„*Also, im Moment find' ich [...] haben wir ja eine Position, in der die Frauenrolle [in der] Gesellschaft [und] öffentlich also sehr positiv dargestellt wird. Männer werden in Filmen häufig in Beziehungen [...] eingeschränkt dargestellt, manchmal als die Deppen [und] Frauen sind die tollen Helden, die das alles ganz patent lösen. Und [...] wenn man sich also das Rollenbild ansieht, dann fragt man sich häufig heute: ‚Was kann 'ne Frau eigentlich an 'nem Mann interessant finden [...]?' Da frag' ich mich manchmal [...], wenn ich mir das öffentliche Bild anseh': ‚Wie ist das überhaupt denkbar, dass sich 'ne Frau auf 'nen Mann einlässt? Wozu macht die das überhaupt?' (...) Kinder kriegen kann man anders auch, das geht ja mittlerweile medizinisch [...]. Also insofern [...], dann frag ich mich, (...) ‚Hat man mit der [...] Gleichberechtigung das Kind mit dem Bade ausgeschüttet? [...] Hat man eigentlich (...) Dinge, die wir emotional mit den Rollen brauchen (...) gleich mit beseitigt?' Weil [...] die sind [...] ja [...] politisch nicht korrekt, weil die entsprechen nicht dem öffentlichen Bild. Dass zum Beispiel Männer Beschützerinstinkte haben, dazu aber Frauen brauchen, die natürlich auch irgendwie 'ne Art von [...] Schutznotwendigkeit, Schutzbedarf signalisieren. [...] das [...] gehört zum Rollenverhalten dazu [und] ist wahrscheinlich ein wichtiger Kick in den Beziehungen. Wenn jetzt aber die Frauen ihre Rolle so ausgestalten, oder wenn sie öffentlich so diskutiert werden, [dass sie] völlig gleichberechtigt [sind und] genauso wenig Schutz [...] wie Männer [...] brauchen, 'ne, dann geht was bei uns verloren."*

Was in Walter Unbehagen hinsichtlich der Gleichberechtigung auslöst, ist offenbar die Gefahr, nicht gebraucht zu werden und sich unnütz zu fühlen. Auch missfällt ihm das medial gezeichnete (negativ konnotierte) Alternativbild des Mannes, das von seinem traditionellen Männlichkeitskonstrukt abweicht: Männer als *„die Deppen"*. Hinter dieser Annahme steckt erneut Walters Gedanke, dass Geschlechterbilder konstante Figuren seien, sich durch die Medien in den Köpfen unwiderruflich einbrennen und nicht dekonstruieren ließen.

Die Gleichberechtigung der Geschlechter bewertet Walter jedoch vor allem als einen Fehler, da sie sich über *„Emotionen"* und *„Bedürfnisse"* der Geschlechter hinwegsetze. Walter unterstreicht mit dem Argument ,Vernachlässigung der festgeschriebenen Emotionen' erneut, was auch seinen Bruch mit den ,68erInnen'-Theorien initiierte: einen von ihm subjektiv empfundenen Missstand, der – statt neu ausgehandelt – aufgehoben werden muss.

Würden die ,natürlichen' Unterschiede zwischen Mann und Frau aufgelöst, könnte ein *„wichtiger Kick"* in der Beziehung zwischen Mann und Frau verlorengehen und, weiter gedacht, ,der Mann' sogar überflüssig werden, so Walters Sorge. Männer würden ,Opfer' der Gleichberechtigung, denn ihnen ginge etwas *„verloren"*, wenn es keine traditionellen Geschlechterzuschreibungen durch die Aufteilung ,starkes' vs. ,schwaches' ,Geschlecht' mehr gäbe, sondern vermehrt selbstbewusste Frauen, die die ,männlichen' Bedürfnisse und Emotionen nicht mehr berücksichtigten. Solch ein ,männliches' *„Bedürfnis"* sei etwa, einer Frau *„Schutz"* zu bieten oder mit ihr Kinder zu zeugen – doch diese Bedürfnisse entsprächen seit der Gleichberechtigung nicht mehr *„dem öffentlichen Bild"* und gälten als *„politisch nicht korrekt"*, so Walters Beobachtung. Durch die Haltung, die Gleichberechtigung fordere sein ,Geschlecht' als ,Opfer', legitimiert Walter seine (latent) sexistischen Stereotypisierungen, auf die er als rhetorisches Mittel zurückgreift, um an die ,Urbedürfnisse' der ,Geschlechter' zu appellieren und die Gleichberechtigung als negative Entwicklung darzustellen. Wie genau die Gleichberechtigung den (vermeintlich angeborenen) ,männlichen' Beschützerinstinkt ausschalte, erklärt Walter nicht. Hätte sich Walter eingehend mit den Forderungen zur Gleichberechtigung auseinandergesetzt, würde in sein Konstrukt von Emanzipation wohl einfließen, dass die Gleichberechtigung keine direkte Umkehr der Machtverhältnisse oder eine ,Gleichmacherei' der Geschlechter zum Ziel hat.

Indem Walter bemängelt, das Bild des ,starken Geschlechts' weiche auf, reproduziert er die von Katharina Walgenbach angesprochene „Machtmatrix" (Walgenbach 2007, S. 62), die eine hierarchische Geschlechterdualität beschreibt. In dieser nimmt sich das ,männliche Geschlecht' als ,mächtiger' und ,dominanter' als das ,weibliche' Geschlecht' wahr, da ihnen durch größere Kraft mehr Macht zustehe, und Frauen besser davon profitieren, statt sich selbst als patent zu erleben und die Hilfe und den Schutz des Mannes abzulehnen. Durch seinen Gesamttenor verortet sich Walter klar in seiner Position gegen eine Nivellierung bestehender Geschlechterverhältnisse und unterstreicht den Geschlechterdualismus.

Walter im Gefüge der „hegemonialen Männlichkeit"
als *„erfolgreicher Bestandteil der Gesellschaft"*
Walters stereotypisierte Auffassung dessen, was Mann und Frau innerhalb ihres ‚Geschlechts' für eine *„emotionale Ausstattung"* und Bedürfnisse haben, lässt sich m.e. auch mit der Theorie über soziale Rollen von Alice Eaglys erklären. Die US-amerikanische Sozialpsychologin geht davon aus, dass Menschen Geschlechtern besonders jene Eigenschaften und Merkmale zuschreiben, von denen sie ausgehen, dass diese für ihre ‚sozialen Rollen' typisch seien. Demnach entstünden stereotype Zuschreibungen stets im Zusammenhang mit den Anforderungen an ‚das Geschlecht' aus dem Familien- sowie Berufsleben (vgl. Eagly/Wood/Diekman 2000). Auch über zehn Jahre nach Erscheinen dieses in der Geschlechterforschung als einer der wichtigsten Texte gehandelten Artikels wird diese These bekräftigt.

„Wärme/Expressivität als Kerninhalt des Frauenstereotyps ergibt sich daraus, dass Frauen überwiegend die Hausfrauenrolle bzw. Berufsrollen mit eher niedrigem Status (z.b. Grundschullehrerin, Krankenschwester) ausüben; Kompetenz/Instrumentalität folgt entsprechend daraus, dass Männer überwiegend die Ernährerrolle bzw. Berufsrollen mit eher hohem Status (z.B. Manager, Rechtsanwalt) ausüben." (Eckes 2010, S. 180)

Dass Walter seine Stereotype ebenfalls eng an geschlechtliche Berufs- und Familienerwartungen anlehnt, wird in folgenden Interviewpassagen deutlich:

„Ich lebte mit der Erwartung, mit der Vorstellung, ich muss Geld verdienen, um [ei]ne Familie zu ernähren. [...] meine Frau ist berufstätig [,] auch vollständig, nicht irgendwie halb oder eingeschränkt und [...] die verdient genauso viel wie ich. Für sie ist zum Beispiel denkbar, dass sie sagt ‚Ach, wenn ich 60 bin, dann habe ich keine Lust mehr zu arbeiten, dann höre ich damit auf!' (..) Das ist für mich gar nicht denkbar, diese Vorstellung wäre mir nie gekommen [...]. Selbstverständlich arbeite ich, bis ich 65 bin, das ist [...] im Rollenbild so vorgesehen."
„Ich hab' dann eben auch aus diesem (..) anderen Rollenbestandteil, wie zum Beispiel Ernährer sein zu müssen, eine Familie versorgen zu können [...], und das auch mit einer gewissen Verlässlichkeit zu tun, Sie müssen ja auch ökonomische Verhältnisse klarmachen, wenn Sie jemanden heiraten, 'ne Frau heiraten, die ein Kind bekommt und die dann natürlich [...] zumindest zeitweise [...] von einem abhängig ist [und] dann muss man natürlich auch [ei]ne Verlässlichkeit der Versorgung garantieren. Das [ist] nicht nur 'ne ökonomische Versorgung, das ist auch eine emotionale, soziale und so weiter."

Für Walter beinhaltet seine *„Rolle"* als Mann, der *„Ernährer"* zu sein und seiner Familie eine *„ökonomische Versorgung"* garantieren zu müssen. Daran wird deutlich, dass Walter dies als einen fast unumgänglichen Anspruch von außen begreift. Zudem habe seine Familie auch *„emotionale"* und *„soziale"* Erwartungen an ihn. Die Darstellung seiner Frau, die mit dem Gedanken spielt, früher als gewöhnlich in Rente zu gehen und ihm dadurch die alleinige Verantwortung für den Verdienst überlassen würde, untermauert sein Verständnis von Mann und Frau, in dem er als Mann als ‚Hauptenährer' fungiert; wenngleich seine Frau auch eine Rente beziehen wird. Walter definiert seine Geschlechtsidentität deutlich über seine Bildungs- und Berufskarriere.[16]

Mit dem Konzept der „hegemonialen Männlichkeit" von Raewyn Connell (vgl. Kapitel I) lässt sich Walters Wunsch nach Teilhabe an Machtprozessen in der Gesellschaft durch den Arbeits- und Berufssektor erklären. Als Universitätsprofessor nimmt er eine höhere Stellung innerhalb des Machtgefüges der „hegemonialen Männlichkeitsordnung" ein und genießt Prestige und Autorität. Indem Walter seinen Wunsch, *„erfolgreicher Bestandteil der Gesellschaft"* zu werden, unterstreicht und in Kontext zu seinem ‚Geschlecht' setzt – beispielsweise durch den Kontrast zu seiner Frau – verknüpft er seine biografischer Konstruktion von Männlichkeit mit seinem Anspruch, an Machtprozessen teilzuhaben, was ihm letztlich durch seine akademische Karriere gelang. Erwerbstätigkeit ist nach Raewyn Connell eine der drei Strukturebenen, in denen sich Geschlechterverhältnisse und „hegemoniale Männlichkeit" reproduzieren und manifestieren (vgl. u.a. Connell 1995, S. 73ff.). Indem Walter eine hohe Position in der „hegemonialen Männlichkeitsordnung" einnimmt und der Abstand zu der „marginalisierten" Männlichkeitsgruppe der Nichterwerbstätigen sehr deutlich ist, entspricht er unverkennbar dem kulturellen Männlichkeitsideal (vgl. Connell 1995, S. 78ff.). Walters hoher Leistungsanspruch, der sein Konstrukt von Männlichkeit beeinflusst, beinhaltet, dass ein Mann hart für eine Karriere zu arbeiten und seine Familie zu ernähren habe. Für ihn sind dadurch nur Männer, die einem geregelten Erwerbsleben nachgehen und die *„Ernährer"*-Position einnehmen können, *„erfolgreicher Bestandteil der Gesellschaft"*.

Eben dieses Ziel, produktives Mitglied der Gesellschaft zu werden, verlangte Walter ein hohes Leistungsniveau ab, was ihn Verzicht üben ließ. So war es ihm beispielsweise während des Zivildienstes wichtig, sich in den Abendstunden auf

---

16 Vgl. beispielsweise *„[...] in dem Maße, in dem ich mich als Mensch fertiger fühlte und sicherer wurde und (...) das Studium zu Ende ging, [ich] Ergebnisse erreichte und wirklich nicht mehr diesen Zustand hat[te], wo alles falsch sein kann, was man tut, weil es führt ja alles zu nichts und man ist der totale Verlierer [...]. Das war halt weg, diese ganze Unsicherheit hörte auf, man sah, [...] man hatte was geschafft und [...] war ja ein erfolgreicher Bestandteil der Gesellschaft geworden."*

sein Studium vorzubereiten. Gleichermaßen kann er sich heute nicht vorstellen, vorzeitig in den Ruhestand zu gehen. Aus seiner Leistung zieht Walter seinen ‚männlichen' Selbstwert. Nach Connells Konzept der „hegemonialen Männlichkeit" lässt sich Walters Leistungsdenken als Wunsch nach Verfestigung seiner ‚Männlichkeit' und Dominanz im Arbeitsbereich sowie der Beibehaltung der traditionellen, geschlechtsspezifischen Arbeits- und Aufgabenverteilung verstehen: Er selbst würde nicht früher in den Ruhestand gehen, dies seiner Frau jedoch zugestehen. Durch die Frage bezüglich des Vorruhestandes konstruiert Walter wieder Geschlechterunterschiede und grenzt das ‚Männliche' vom ‚Weiblichen' ab. Walters berufliches Ideal, so lange zu arbeiten, wie es die Gesellschaft erwartet, kann u.a. als Regulations- und Messgrad für sein Männlichkeitskonstrukt gelten. Mit der Aussage, seine Frau verdiene *„genauso viel"* wie er, widerspricht er allerdings seiner Darstellung als (alleiniger) *„Versorger"* und *„Ernährer"* seiner Familie. Indem er angibt, seine Frau verdiene genauso viel wie er als Hochschulprofessor, kann von der Position als alleiniger *„Ernährer"* nicht mehr die Rede sein, denn dann ist davon auszugehen, dass sie, wenn sie die Hälfte der Familieneinnahmen generiert, auch die Hälfte der Rechnungen übernimmt.

Vor allem jedoch unterstreicht Walter seine Zielstrebigkeit und Bildungskarriere (Promotion und Habilitation) und pointiert als wichtige Errungenschaften seiner Biografie seine Stellung im Sinne der „hegemonialen Männlichkeit". Seine Position als Vater[17] oder Ehemann nimmt dagegen deutlich weniger Raum in seiner Erzählung ein. Durch die betonte Darstellung seiner Verantwortung als *„Ernährer"* seiner Familie unterstreicht Walter seine Position als „Arbeitsmann" (Baur/Luedtke 2008, S. 90). Dieser Begriff entstammt einer Studie der Universität Eichstätt-Ingolstadt unter der Leitung von Siegfried Lamnek und Nina Baur zum Thema „Das Bild des Mannes in der Gesellschaft" (2008). Die Ergebnisse der Interviewstudie stellten die enorme Bedeutung der Erwerbsarbeit für die befragten 270 Männer heraus. Baur und Luedtke resümieren: „Dieser Aspekt des Arbeitsmannes, seine soziale Funktion für die Kleingruppe Familie, wird also (immer noch) als

---

17 Die Beziehung zu seinem Sohn wird nur in einer kurzen Passage des Interviews auf Nachfrage hin angesprochen. In Gesprächen mit seinem nun erwachsenen Sohn werde ihm der Unterschied im Umgang mit Sexualität deutlich; die jüngere Generation spreche ‚freier' über Sexualität als seine es getan bzw. gekonnt habe. In diesem Vergleich von seiner Generation und der seines Sohnes wird der Nachkomme zum Vergleichsgegenstand in Walters Erzählung. Eine Beschreibung der Kindheit des Sohnes, seines Aufwachsens und der gemeinsamen Beziehung findet sich in dem Interview nicht.

konstitutiv für ‚Mann' gesehen. Anders gesagt: (Familien-)Einkommen durch (Er-
werbs-)Arbeit gilt immer noch als ‚männliche Form der Fürsorge'." (Ebd., S. 90f.)[18]
Dass der Beruf im Definitionsprozess von Männlichkeit Relevanz hat, konnte
auch Sylka Scholz in einer sozialwissenschaftlichen Studie belegen. Die Soziologin
arbeitete aus 24 narrativen Interviews mit (ostdeutschen) Männern heraus, inwiefern sie ihre Männlichkeit mithilfe ihrer Berufstätigkeit konstruieren.

„Die Fokussierung von Berufsarbeit ist die zentrale Praxis der biografischen Konstruktion
von Männlichkeit und Identität. In den Erzählungen werden geschlechtsgebundene berufliche
Identitäten rekonstruiert und zugleich ‚berufliche Ideale' entworfen, die aus der normativen
Verknüpfung von Männlichkeit und Erwerbsarbeit folgen." (Scholz 2004, S. 256)

Diese Studien soziologischer Männlichkeitsforschung verdeutlichen, dass Walters
Verknüpfung von Erwerbsarbeit und Männlichkeitskonstrukt ein übliches Phänomen zu sein scheint.

„Verlässlichkeit" und Verantwortung im Spiegel der Geschlechter
Neben seinen direkten und indirekten Beschreibungen von ‚männlichen' und ‚weiblichen' Idealen und Leitbildern, erörtert Walter auch sein Ideal von ‚männlich-
weiblicher' Beziehungsführung, das sich wiederum an dem – wie er es selbst nennt
– „traditionelle[n]" Geschlechterbild orientiere.

„[...] und man selber hat auch eben [...] solche Erwartungen, wie [...] eine gewisse soziale,
emotionale Stabilität entsteht, damit man sich anderen Dingen widmen kann und ich würd'
sagen, ich hab' das als sehr entlastend [...] empfunden, das war etwa [...] die Zeit, kurz nach

---

18 Aus der Studie lässt sich außerdem schließen, dass die Interviewten Erwerbsarbeit mit ihrem Männlichkeitsbild verknüpfen. 96 % der befragten Männer gaben an, dass es ihnen
wichtig (83% sogar sehr wichtig) sei, eine bezahlte Arbeit zu haben (vgl. Baur/Luedtke
2008, S. 87). 74% der Männer gaben an, dass sie arbeiteten, um ihre Familie zu ernähren
(ebd., S. 90). Erwähnenswert ist auch, dass sich bei den Ergebnissen generationale Unterschiede festmachen ließen: Je älter die befragten Probanden waren, desto eher sahen sie
die Ernährer-Funktion als eine ihrem ‚Geschlecht' zugeschriebene Aufgabe an (vgl.
Baur/Luedtke 2008, S. 98). Dass die Studie sich ‚nur' auf westdeutsche Männer bezog,
muss nicht negativ bewertet werden; die Ergebnisse konnten für ostdeutsche Männer reproduziert werden, betrachtet man beispielsweise die Studie von Sylka Scholz (vgl.
Scholz 2008, s.o.). Warum jedoch noch im Jahre 2006 für das Studiendesign eine Unterscheidung zwischen Ost und West gemacht wurde, wurde nicht nachvollziehbar geklärt.
Auch die Frage, ob sich Frauen ebenfalls über ihre bezahlte Arbeit definieren, ist eine
Leerstelle dieser Studie.

meiner Promotion. (...) Das habe ich als sehr entlastend empfunden, dass ich [...] dann jemanden hatte, auf den ich mich einigermaßen verlassen konnte und der auch so die Vorstellung hatte, nicht so viel Stress und doch eher so eine traditionelle Verlässlichkeit. (...) Das ist dann befreiend in dem Sinne, als dass man jetzt Zeit bekommt, sich anderen Dingen zu widmen."

Walters „*Erwartungen*" von „*Verlässlichkeit*" und „*Stabilität*", die seine Frau und er durch unterschiedliche Aufgaben in der Ehe hervorbringen sollen, stehen im Kontext seines Geschlechterkonstrukts. Während er sich für die finanzielle Versorgung als verlässlich erweisen möchte, indem er an seiner beruflichen Karriere bastelt, soll seine Frau ihm dahingehend zur Seite stehen, dass sie ihn „*entlastet*" und ihm keinen „*Stress*" bereitet. Da zu dieser Zeit sein Sohn geboren wurde, meint Walter mit dem Wort „*Stress*" womöglich die Kinderpflege und -erziehung. Hier zeigt sich eine klare Geschlechteraufteilung nach dem traditionellen Familienmodell und daran wiederum auch die Verbindung von Macht und Verantwortung in der Stellung des Vaters und „*Ernährer[s]*" als ‚Familienoberhaupt'. Interessanterweise spricht Walter, wenn er von seiner Ehe spricht, auch nie von einem „wir" als semantischer Markierung für eine Beziehung, was darauf hindeuten könnte, dass er sich nach außen als alleiniger Repräsentant seiner Familie empfindet.

Die Akzentuierung seiner ‚männlichen' Verantwortung für seine Familie wird mit Blick auf Walters biografischen Kontext verständlicher. Walter erlebte in seiner Kindheit durch die Erkrankung seines Vaters eine Verschiebung der in den 50er Jahren zumeist üblichen Arbeitsteilung[19], da seine Mutter aus finanzieller Not erwerbstätig sein musste. Diese Konstellation könnte Walters Fokussierung auf die ‚männliche' Versorgerposition maßgeblich geprägt haben. Das Arrangement, in dem seine Mutter als Sekretärin die Rente des Vaters aufbessern musste, könnte Walter als unumgängliche ‚Notlösung', jedoch auch als ‚unnatürlich' wahrgenommen haben – so dass für ihn zu Beginn seiner Ehe festzustehen schien, dass er seine Familie stets selbst ernähren und versorgen wolle, so lange ihm dies möglich sei.

Zur Heirat fühlte er sich erst befähigt, als er sich als produktives Mitglied der Gesellschaft empfand und sein Platz in der hegemonialen Rangfolge gesichert war. In der Ehe kommt dann nicht mehr die hegemoniale Männlichkeit zum Tragen,

---

19 Bis zur Eherechtsreform 1977 war eine Erwerbstätigkeit einer Frau abhängig von der Zustimmung ihres Ehemanns. So hieß es 1957 noch in der Einleitung zum zivilrechtlichen Teil des „Gleichberechtigungsgesetzes": „Es gehört zu den Funktionen des Mannes, dass er grundsätzlich der Erhalter und Ernährer der Familie ist, während die Frau es als ihre vornehmste Aufgabe ansehen muss, das Herz der Familie zu sein." (Bundesministerium für Jugend, Familie, Frauen und Gesundheit 1978, S. 9)

sondern die so genannte ‚männliche Dominanz', die dem Ideal der hegemonialen Männlichkeit im familiären Binnensystem entspricht (vgl. Meuser 2010, S. 103).

„Die Ehe ist der Ort, an dem dem Mann die dominante Position zugewiesen ist, so daß er – idealiter – zumindest in einem Lebensbereich die Suprematie erhält, die dem Ideal der hegemonialen Männlichkeit zufolge seine kulturelle Bestimmung ist." (Meuser 2010, S. 103)

Das ‚männliche' Machtbestreben bzw. die gesicherte Position im hegemonialen Männlichkeitsgefüge sei dabei unbewusst der Grund eines Ehewunsches, so der Gender-Forscher Michael Meuser. Inwiefern Walter in seiner Ehe bewusst die Suprematie bzw. seine ‚männliche' Dominanz einfordert oder stabilisiert bzw. inwiefern sich seine Frau dieser Macht unterordnet oder beide Machtverhältnisse miteinander aushandeln, lässt sich mit dem Interview nicht klären. Dennoch wird im Subtext seiner Narration deutlich, dass er von seiner Frau „erwart[et]", dass sie ihm den Rücken freihält und seine Karriereambitionen unterstützt.

Die Aufgaben, die Walter seiner Frau zuteilt, bilden jene Bedürfnisse ab, die er während seines Studiums und seiner Zeit als ‚68er' in Beziehungen vermisste: „Verlässlichkeit" sowie „Stabilität". Diese Bedürfnisse beeinflussten sicherlich seine Entscheidung für eine Ehe, da er mit ihr Attribute wie Sicherheit, Monogamie und Langfristigkeit verband – Eigenschaften, die seine Frau verkörpern sollte – und für die er sich im Gegenzug als „Versorger" der Familie anbot. Möglicher „Stress", der ihn von seiner Karriere und „anderen Dingen" abgehalten hätte, wäre in einer außenehelichen, womöglich polygamen Beziehung, nicht durch die Partnerin abgeleitet worden, so Walters Überzeugung. Die Ehe bot ihm im Gegensatz zu seiner studierendenbewegten Zeit demnach Ruhe und schenkte ihm ein selbstwirksameres Selbstbild, da er nun Versorger und Ernährer war, wie es seinem „traditionellen" Bild von Familie entsprach. In der Ehe gibt es für ihn kein Hin und Her und keinen theoretischen „Überbau" (Brigitte), der ihn, wie in seiner Studienzeit, verunsichern konnte; die Zukunft war vorhersehbar, in der Ehe sah er endlich den Sinn von Beziehungen verkörpert. Die Auseinandersetzung mit alternativen Lebenskonzepten, die Walter stets als „anstrengend" und „kompliziert" erlebt hatte, fand mit der Ehe ihr Ende, da sich das Konzept von Ehe letztlich für Walter als ‚sicher' darstellte und ihm eine klare Passform (im Geschlechtergefüge) bot, in die er sich einfügen konnte.

Walters Leistungs- und Verantwortungsdenken kann erweiternd mit Hilfe der Sicht auf familiäre Umstände analysiert werden. Sein Vater war aus Krankheitsgründen seit seinem 44. Lebensjahr kein „erfolgreicher Bestandteil der Gesellschaft" mehr. Dass dieser Einschnitt im Leben der Familie N. Walters Leistungsdenken und Geschlechterbild prägte, ist anzunehmen. Das klassische Arbeitsmodell, das Walter bis zum seinem 14. Lebensjahr mitbekam, erfuhr eine Wende. Wie krisenhaft sich diese Situation zuspitze, ist nicht bekannt, jedoch liest sich aus Walters Aussagen, dass er dem männlichen ‚Geschlecht' die Aufgabe zuspricht, die *„Versorgung [der Familie] garantieren"* zu müssen. Dass Walter diesen Auftrag, den sein Vater frühzeitig aufgeben musste, annahm, lässt sich auch mit familiensystemischen Theorien beleuchten. Begriffe wie „Ausgleichsbewegungen" (Bleckwedel 2009, S. 89) und „Ordnung von Stellvertretern" (Adamaszek 2011) verdeutlichen, dass ein Kind den ‚Auftrag' eines Elternteils übernehmen bzw. beenden muss. Laut dieser Theorie hätte Walter implizit oder sogar formuliert die Aufgabe des Vaters erhalten, ein langes, erfolgreiches Erwerbsleben zu führen, seine Familie zu versorgen und seine Frau vor der Alleinverantwortung zu schützen.

‚Männliche' vs. ‚weibliche' Sexualität
Nicht nur auf der Ebene der Arbeits- und Aufgabenteilung innerhalb der Ehe knüpft Walter *„Erwartungen"* an die Geschlechter – auch hinsichtlich seines Sexualitätskonstrukts trifft er Geschlechterzuschreibungen. Am deutlichsten tritt dies bei seiner dichotomen Annahme von ‚männlicher Dominanz und Aktivität' und ‚weiblicher Passivität' zu Tage.

Angesprochen auf die *„Rolle der Frau [...] im Bereich der Sexualität"* wird Walter unsicher. Es wird deutlich, dass dies kein leichtes Thema für ihn ist, was sich auch im Sprachbild widerspiegelt.

„Das habe ich eher passiv erlebt, ne. In der Zeit war ich, war meine Vorstellung zunächst, äh, sah ich mich schon im Wesentlichen konfrontiert damit, die aktive Rolle zu übernehmen [,] sowohl die Initiative als auch die Gestaltung. [...] ich könnte mir vorstellen, dass daher auch so Erwartungen kommen, dass die Frauen sich, dass die Frauen stärker aktiv sein sollten. (..) Das hat dann aber, wie gesagt, auch andere (...). Das kollidiert dann auch wieder (...), ich weiß nicht, vielleicht ist das heute für junge Leute anders. [Acht Sekunden Pause] Ich könnte mir vorstellen, ich weiß gar nicht, wie ich darauf reagieren würde, ich habe mir das nie so überlegt, weil (...) man wählt sich seine Partnerinnen natürlich auch so aus, wie es passt, ja. Aber wenn ich mir vorstelle, mit jemandem konfrontiert zu sein, der sehr agg..., 'ne Frau, die sexuell sehr aggressiv auftritt, ob ich nicht dann zum Beispiel irritiert wäre (..) und wahrscheinlich rätseln würde, wie ich das jetzt interpretieren muss. (...) Weil (...) nech, ich würde das nicht als Bedrohung meiner Rolle verstehen, aber es entspricht nicht meinen Erwartungen. Ja. (.) Würde mich fragen, muss ich das anders interpretieren? Ich würde nach dem Grund fragen."

In dieser Passage wird erneut Walters traditionelles Verständnis der Geschlechter deutlich. Frauen, die gegen seine Vorstellungen sexuell aktiv bzw. *„aggressiv"* vorgehen, fallen aus dem Raster seines Weiblichkeitsbildes – sie würden ihn *„irritier[en]"*. Seine *„Erwartung"* an weibliche Sexualität beruht auf einem Konstrukt, in dem Frauen passiv und abwartend seien und das Signal des Mannes benötigen, um aktiv zu werden. Frauen, die sich bei einer sexuellen Annäherung anders verhalten, bringen ihn zum „*Rätseln*". Dieser Verunsicherung geht die Annahme eines (männlich strukturierten) Regelwerks des Sexuellen voraus; werden diese Regeln bzw. Geschlechterzuschreibungen nicht eingehalten, verunsichern Walter die geschmälerte, ‚männliche', hierarchische Dominanz und der daraus resultierende Ordnungs- und Kontrollverlust. So werden bei ihm auch sprachlich sexuell aktive Frauen gleich zu sexuell „*aggressiv[en]*" Frauen. Seine Verunsicherung kompensiert Walter sogleich, indem er sagt, er würde Frauen, die von dem passiven Muster abweichen, direkt nach „*nach dem Grund*" dafür fragen.

Auch das weiblich-aktive Verhalten im Kontext der ‚68erInnen'-Mehrfachbeziehungen empfindet Walter als „*falsch*"[20]. Durch das Wort „*falsch*" wird Walters normatives Konstrukt einer sexuell-passiven Weiblichkeit deutlich, und damit die Herabsetzung jener Frauen, die sich das Recht auf Mehrfachbeziehungen auf Grundlage der Theorie nahmen. Mit dieser Einordnung in „richtig" und „falsch" zeigt sich Walters Frauenbild, das im Gegensatz zu einem emanzipierten Frauenbild steht. Widersprüchlich scheint hier, dass sich Walter auf der einen Seite gegen das „*Schablonenhaft[e]*" der Bewegung ausspricht, in dem seine „*Generation [...] die Notwendigkeit gesehen habe [...] ihre Sexualität einzuordnen als richtig oder falsch*", und auf der anderen Seite selbst eine schablonenhafte Einordnung von richtig und falsch vornimmt.

Diesen „*falschen Frauen*" stellt Walter seine Ehefrau als für ihn richtige Frau gegenüber, die ihm monogam zur Seite stehe und ihm den Rücken für seine Karriereambitionen freihalte. In dieser Kontrastierung wird die Unterscheidung von ‚Treue' und ‚Untreue'/‚Betrügen' in Walters Arrangement der Geschlechter deutlich. Dies erscheint in Form der „sexuellen Doppelmoral" (vgl. u.a. Haeberle 1983, S. 175f.), in der sexuelle Aktivität von Männern anders bewertet wird als die von Frauen. Walter bezeichnet seine parallel stattfindenden sexuellen Beziehungen nicht als „*falsch*", wohingegen Frauen, die eine ähnliche sexuelle Praxis leben, von ihm als „*falsch*", also von der Norm abweichend, bezeichnet werden. So reproduziert Walter die traditionelle Moral und Vorstellung, nach der Frauen zur Treue zu einem bzw. ihrem Mann verpflichtet seien, während das männliche ‚Schürzenjägertum' als „Kavaliersdelikt" gilt (vgl. u.a. Frevert 1995, S. 209).

Walter sieht jedoch seine Geschlechterstereotype als unveränderbar an, schließlich seien „*die Bedürfnisse und Emotionen*" der Geschlechter als „*nicht mehr än-*

---

20 Vgl. „*Also insofern würde ich sagen, ne, als Opfer habe ich mich da auch gesehen. Und auch verärgert in dem Sinne, dass man sagt ‚Komm, diese ganze Diskussion? Die Leute verhalten sich danach, was soll denn das? Warum verhält sich ausgerechnet meine Freundin danach?' und mir dann auch noch brühwarm erzählen und mir sagen ich solle mich nicht so anstellen, ne. (...) Ja (...), können Sie schon mit Ihrem Schicksal hadern. [...] Ich hab wohl die **falschen** Frauen erwischt.*" (Hervorheb. KV)

der[bar]". Darin wird deutlich, dass Walter keine kritische Verhandlung von Geschlechtszuschreibungen anstrebt. Im Gegenteil empfindet er die (weibliche) Emanzipation als fragwürdig (*„mit der Gleichberechtigung das Kind mit dem Bade ausgeschüttet"*), da sie das Ende ‚männlicher‘ und ‚weiblicher‘ Bedürfnisse und Emotionen nach sich ziehe.

Mit seiner Heirat beendete Walter seine Akteurschaft als ‚68er‘ und kehrte zurück zu seinem traditionellen Verständnis von Beziehung. Es ließ sich herausarbeiten, dass sich Walter erst im ‚klassischen‘ Gefüge einer Ehe wohlfühlte, da diese ihm sowohl Monogamie, *„Verlässlichkeit"* als auch die Sicherheit im hegemonialen und männlichen Dominanzgefüge bot.

‚Geschlecht‘ auf der Interaktionsebene des Interviews

Dass Walter seine Geschlechterzuschreibungen als plausibel und politisch korrekt versteht, wird daran deutlich, dass er sie für aussprechbar hält. Das Diktiergerät hält ihn nicht davon ab, seine Kritik an der Emanzipation zu äußern, sich für das Tradieren stereotyper Geschlechtskonstrukte auszusprechen und mithilfe einer Kosten-Nutzen-Abwägung alternative Beziehungskonzepte in Frage zu stellen. Dass Walter diese Überzeugung so deutlich vertritt, zeigt, dass er sich hier nicht einer vermeintlich sozial erwünschten Antwort verpflichtet sieht, sondern seine ‚wahre‘ Meinung zu Geschlechterverhältnissen preisgibt, wenngleich seine Sprachpraxis (mit Augenzwinkern und Lachen) deutlich macht, dass er sich durchaus anderer Meinungen bewusst ist. Sein Lachen könnte man als Taktik interpretieren, mit der er seine fatalistische, stereotype Haltung abzuschwächen versucht. So scheint er sich seiner stereotypen Zuschreibungen von *„typisch Mann"* und *„typisch Frau"* durchaus als möglicherweise politisch nicht korrekt bzw. nicht ‚geschlechtersensibel‘ bewusst zu sein.

„[...] heute würde man sagen ‚Typisch Mann, die Frauen beschäftigen sich intensiver mit ihren Rollen und legen sich das besser aus und machen das besser, während Männer, die haben da keine Lust drauf, [lacht] die wollen lieber, äh, jagen gehen, Auto fahren.'"

Hier rechtfertigt und akzeptiert Walter zugleich das ‚männliche‘ Festhalten an Geschlechterstereotypen als ‚typisch‘ und natürlich und somit entschuldbar. Durch die soziale Zuschreibung, es sei ‚typisch männlich‘, ‚Geschlecht‘ nicht zu de- und rekonstruieren, legitimiert Walter gleichzeitig seine eigene Stereotypisierungspraxis. Dass sein zuschreibendes Verhalten dabei als ‚rückständig‘ und gar sexistisch gedeutet werden könnte, versucht er mit dem selbstironischen Gestus aufzulösen bzw. möglicher Kritik durch eine angedeutete Selbstreflexion nach dem Motto „Ich kann nicht aus meiner Haut" hervorzukommen.

Den symbolischen Gehalt der Kategorie ‚Geschlecht‘ sowie das Verständnis dafür, dass Geschlechterverhältnisse in und durch Diskurse konstruiert und tradiert werden, erkennt Walter zwar an, jedoch ist ihm der Schritt suspekt, selber Dekon-struktionen von ‚Geschlecht' zu initiieren. Die Tatsache, dass das Sprechen über Geschlechterverhältnisse diese neu hervorbringen bzw. verfestigen kann, ist Walter bewusst, und trotz dieses Wissens sieht er es als nicht zielführend an, diesen Pro-zess zu reflektieren und transparenter zu machen. In seiner Gesamterzählung wird deutlich, dass eine solche Auseinandersetzung mit und die Arbeit an Geschlechter-konstrukten ihm *„zu anstrengend"* wäre. Und auch in seiner Formulierung – Frauen *„legen sich [ihre Rollen] besser aus"* – scheint ein genereller Zweifel an ‚weibli-cher' Geschlechterreflexion enthalten. Wenig wertschätzend sagt er damit aus, dass Frauen sich ihr ‚Geschlecht' zurechtlegten – ein Akt, der eine effektive Reflexion einer vermeintlichen Realität nicht beinhaltet, denn wenn etwas ausgelegt wird, ge-schieht dies zumeist unter inkorrekten, auf den eigenen Vorteil abzielenden Vorzei-chen. Ist dies als ein Vorwurf gegenüber weiblicher Reflexionsarbeit hinsichtlich ‚Geschlecht' zu interpretieren? Vor dem Hintergrund seines Zweifels an der Gleichberechtigung wirkt Walters Theorie, nach der es einfacher und weniger *„an-strengend"* wäre, würden sich Frauen und Männer an *„den festen Rollen"* orientie-ren, die ihnen vorgegeben würden und diese nur *„historisch übernehmen"*, nach-vollziehbar.

Was eine „interaktive" Aushandlungsebene von Interviews betrifft, beobachtete die Soziologin Sylka Scholz Folgendes: Sie ließ in ihrer Studie sowohl Männer als auch Frauen die Interviews führen und stellte dabei fest, dass die Aushandlungs-ebene von ‚Geschlecht' nur dann beobachtbar sei, wenn beide Gesprächspartner männlich waren (vgl. Scholz 2004, S. 163).[21]

---

21 „Gegenüber männlichen Interviewenden werden Gemeinschaft(en) und Differenz(en) hergestellt; die Geschlechtszugehörigkeit der weiblichen Interviewenden wird hingegen kaum aktualisiert. In der Interaktion zwischen den männlichen Interviewpartnern wird Männlichkeit durch Prozesse der Gemeinschafts- und Differenzkonstruktion zwischen den Interviewpartnern ‚gemacht' und oft mit einem Anspruch auf Dominanz verknüpft [...]. Formal erfolgt dies in Abenteuergeschichten und Storys. Die interaktive und formale Ebene der Männlichkeitskonstruktion sind in dieser Hinsicht eng miteinander verknüpft. In den Interviews der Interviewerinnen hingegen rekonstruieren die befragten Männer ih-re Geschlechtszugehörigkeit vor allem auf der inhaltlichen Ebene und der formalen Ebe-ne. [...] Es lässt sich schlussfolgern, dass die Geschlechtszugehörigkeit der männlichen interviewenden als eine Ressource für die Konstruktion von Männlichkeit fungiert, wäh-rend dies bei den Interviewerinnen nicht der Fall ist. [...] Für die Konstruktion von Männ-lichkeit ist die Herstellung von Gemeinschaften und Differenzen zwischen den Männern ausschlaggebend, auf Frauen hingegen wird kaum Bezug genommen." (Scholz 2004, S. 259f.)

Dass die Autorin Scholz' Ergebnis nicht bestätigen kann, zeigt dieses (so wie andere im Rahmen dieser Arbeit geführten) Interview. Die Art und Weise, wie Walter seine Annahmen von ‚Geschlecht' präsentiert, deutet nicht darauf hin, dass er dies nur mit einem männlichen Interviewer ausgehandelt hätte. Eine „männliche Gemeinschaft" (Scholz 2004, S. 163) muss m.E. nicht gegeben sein, um Geschlechterzugehörigkeit zu thematisieren. Es lässt sich jedoch nicht ausschließen, dass Walter Aspekte in seiner Erzählung aussparte, da ihn eine Frau interviewte. Allerdings verortet sich Walter sehr deutlich indirekt wie direkt in seiner Erzählung als ‚männlich' und stellt diesem Konstrukt das Konstrukt ‚weiblich' gegenüber. Es ergeben sich sowohl auf der von Scholz differenzierten „inhaltlichen" als auch auf der „formalen" Ebene genügend Hinweise auf Walters Geschlechterkonstruktionen, die er, allein dadurch, dass er sie anspricht, für die interaktive Ebene bedeutsam macht. Die für ihn feststehenden beiden ‚Geschlechter' des Interviewsettings (Interviewerin = weiblich, Interviewter = männlich) bringt er in einem direkten Vergleich zur Sprache, indem er den Geschlechterunterschied durch die ungleichen gesellschaftlichen Sichtweisen kontrastiert. So werde *„die Frauenrolle sehr positiv gesehen"* und würden Männer *„als die Deppen"* dargestellt und Frauen als seien *„die tollen Helden, die das alles ganz patent lösen"*. Durch diese Aussage spricht Walter unmittelbar das ‚Geschlecht' der Interviewerin an; welche Reaktion er durch diese Aussage hervorrufen möchte, ist unklar. Vielleicht erwartet er, dass ihm entweder widersprochen wird und sein vermeintlich falscher Eindruck durch die Interviewerin, also eine Frau, revidiert wird. Oder aber Walter erhofft sich, dass ihm beigepflichtet wird, sich also auf die Aussage argumentativ eingelassen wird und man sich auf ein gemeinsames Feindbild – die ‚männlichkeitsverhöhnende' Gesellschaft – einigt. Doch dies geschieht nicht. Ebenso wenig reagierte die Interviewerin auf die folgende Passage: *„Da frag' ich mich manchmal, wenn das die Männer sind, nich, also, wenn ich mir das öffentliche Bild anseh', wie ist das überhaupt denkbar, dass sich 'ne Frau auf 'nen Mann einlässt? Wozu macht die das überhaupt?"*

Da die Interviewerin in dem Interview auf diese Differenz und den m.E. sehr polemisch geführten Diskurs über die „Jungen und Männer als Verlierer" (vgl. u.a. Faudis 2001, Gesterkamp 2004, Neckel 2006, v. Hollstein 2008) der Gesellschaft nicht einging, bleibt Walters Kommunikationsstrategie ohne Ergebnis. Die stereotypen Zuschreibungen wirkten während des Interviews selbst jedoch weniger provokant als in der Transkriptions- und Analysephase; denn zum Zeitpunkt des Interviews wurden die Zuschreibungen an ‚weiblich' und ‚männlich' lediglich in den Kontext von Walters emotionaler ‚Bedürftigkeit' und Abgrenzung zu ‚1968' interpretiert und zeigten ihren Gesamtzusammenhang erst in der Feinanalyse.

Zusammenfassend lässt sich festhalten, dass die Beziehungs- und Sexualitätstheorien der Studierendenbewegungen Walter keine konstruktiven, reflexiven Anregungen hinsichtlich seiner Geschlechtszuschreibungen boten. Er sah seine Emotionen und Bedürfnisse nicht in den alternativen Beziehungsbildern verkörpert. Dabei hatte ihn vor allem die polygame Lebensweise verunsichert, da sie nicht seinem traditionellen Geschlechterbild, in dem sich die Frau als verlässliche, monogame Partnerin erweist, entsprach. Eine Reflexion seiner stereotypen *„Erwartungen"* mutete ihm *„kompliziert"* und *„anstrengend"* an. In einer Ehe sah er dann seine Annahmen bezüglich der Geschlechter verkörpert: Nachdem er sich seine Position (*„fester Bestandteil der Gesellschaft"*) in der hegemonialen Männlichkeitsordnung geschaffen und dadurch bereit war für seine ‚Rolle' als *„Ernährer"*, ging er eine Ehe ein. Dafür suchte und fand er eine Frau, die wiederum seine Annahmen zu ‚Weiblichkeit' verkörperte (beispielsweise *„Treue und Verlässlichkeit"*). Indem seine Vision der Familie und Ehe mit Hilfe der traditionellen Geschlechterzuschreibungen aufging, sah er sich in seinen Annahmen bestätigt. Heute wirft er der Bewegung und ihren Theorien vor, sie habe nicht die ursprünglichsten, den ‚Geschlechtern' zugehörigen Emotionen, Bedürfnisse und Erwartungen in der alternativen Lebensweise einbeziehen können. Und so sei auch die Gleichberechtigung der Geschlechter mit Vorsicht zu betrachten.

Es ließ sich zeigen, dass Walters Konstrukt von ‚Geschlecht' seine Einstellungen und sein Festhalten an seinem stereotypen ‚Geschlechterkonstrukt' bedingte und sich auf seinen Umgang mit den ‚68erInnen'-Theorien und Praxen auswirkte.

Walters Identifikation mit der Ehe und den Wertvorstellungen seiner Eltern
In seiner Erzählung entwickelt Walter die Darstellung eines Konflikts zwischen ihm und den Theorien der ‚68erInnen', der durch den Widerspruch seiner Werte mit denen der Bewegung entstanden sei. Als seine *„Grundwerte"*, die konträr zu den Theorien der Bewegung standen, nennt Walter *„Geborgenheit"* sowie *„Treue und Verlässlichkeit"*. Sie stellen für ihn die *„Grundlage für Beziehung"* dar und er vermisste sie in den Beziehungen der ‚68erInnen'.

Die Bedeutung der Werte *„Geborgenheit"*, *„Treue und Verlässlichkeit"*, die Walter in Beziehungen als Grundvoraussetzung ansieht, lassen sich wieder durch seine Familienbiografie erklären. In der Familie werden die Wurzeln für Werte durch den Erziehungsprozess im Individuum gelegt (vgl. Keupp et al. 1999). *„Treue"* und *„Verlässlichkeit"* spielten bei Familie N. eine bedeutende Rolle in der Familiengeschichte, da Walters Mutter ihrem Mann, als dieser mit 44 arbeitsunfähig wurde, die *„Treue"* erwies und als ‚verlässliche' Versorgerin der Familie auftrat, als sie mit 39 erneut einer Berufstätigkeit nachgehen musste. Das als Ideal interpretierte Leitbild traditioneller Geschlechterverteilung der 1950er Jahre wurde durch diese Verantwortungsverschiebung und die neue Funktion der Mutter als Geldverdienerin aufgebrochen. Auch wenn natürlich ein Anstieg der Frauenerwerbstätigkeit mit Ende der 1950er Jahre in Westdeutschland zu verzeichnen war, so war die Konstellation, dass die Ehefrau die Allein- oder Hauptverdienerin war, vermutlich ungewöhnlich; jedoch gab es durch die Krankheit des Vaters einen legitimen, nach außen vertretbaren Grund für diese ‚Verantwortungsverschiebung'. Und so musste Walter auch nicht seine Geschlechterzuschreibung von Mann = Ernährer umformulieren, da ein äußerer Grund die Verantwortungsverschiebung zwischen seinen Eltern ausgelöst hatte und nicht etwa ein Gleichberechtigungsansatz. Walter bekam den Wert der *„Verlässlichkeit"* in der Ehe seiner Eltern als sehr bedeutsam vorgelebt und internalisierte ihn als hohes Gut. Auch in seiner eigenen Ehe steht dieser Wert an oberster Stelle, so präsentiert er sich seiner Frau und seinem Sohn gegenüber ebenfalls als ‚treuer' und ‚verlässlicher' Versorger. Demnach sieht Walter die Werte, die er in seiner Kindheit als für die Familie als tragende Stütze erlebte, als tradierbar und erhaltenswürdig an.

Dass Walter sich insgesamt in seinem Beziehungskonzept nach seinen ‚Ausflügen' in die ‚68erInnen'-Beziehungstheorie auf das traditionelle Ehekonzept seiner Eltern zurückbesinnt, weist darauf hin, dass er deren Ehe als befriedigend und erstrebenswert erlebte.[22] Und so empfindet er auch den Wertewandel durch die reformerischen Gedanken der ‚68erInnen' als eine *„Bedrohung"*, da er alles in Frage stellt, das Walter Sicherheit im Beziehungssetting suggerierte:

„Und [...] gleichzeitig [...] mussten wir Abschied nehmen von Zuverlässigkeit. Und [...] von solchen Werten wie Treue, das spielte plötzlich keine Rolle mehr. Ja, und das [...] empfindet man dann als Bedrohung [...], da wird man gewissermaßen aus dem Paradies verjagt."

Walters starke Identifikation mit seinen Eltern, ihrem Lebenskonzept und ihren Wertemustern geht so weit, dass er ihre Beziehung im Vergleich zu den Partnerschaften der ‚68erinnen' als befriedigender einstuft. So wertete Walter auch die Annahme, Sexualität in bürgerlichen Ehen sei eingeschränkt, als überzogen und stellt die Ehe seiner Eltern als durchaus ‚frei' dar. *„Also, das schien auch bei meinen Eltern durch, [...] dass man gewisse Hürden überschaffen musste, also man musste verheiratet sein, dann war das Leben anders [...], dann hatte man schon 'ne gewisse Freiheit."*

Mit diesem Vergleich stellt Walter dar, dass seine Eltern bzw. die Elterngeneration durchaus selbstbestimmte Sexualität leben konnten. Hierdurch möchte er die sexuelle Freiheit, die die ‚68erInnen' anstrebten, als realistischen Alltag in einer

---

22 Im deutlichen Gegensatz dazu steht Brigittes Erfahrung mit der Ehe ihrer Eltern, aus der sie die Konsequenz zog, nicht zu heiraten. Sie erlebte die Ehe ihrer Eltern als *„Katastrophe"* – eine Wiederholung dessen in ihrer eigenen Biografie schien ihr wenig nachahmenswert.

,bürgerlichen Ehe' erkennen. Mit dieser Hypothese reduziert Walter den ,Dringlichkeitswert' des ,68erInnen'-Sexualitätsbefreiungsziels.[23]

Der in der Sozialwissenschaft als notwendig proklamierte Entwicklungsschritt von Abgrenzungsprozessen Heranwachsender gegenüber den Norm- und Wertvorstellungen der Eltern (vgl. Keupp 1999) fand bei Walter zwar statt, endete jedoch nicht in einer Neuverortung zwischen alten und neuen Werten. Walter lebte in seiner Studienzeit teilweise gegensätzliche Werte, mit denen er seine Eltern nicht konfrontierte, sondern die er ihnen in seinem polygamen Lebenswandel ,verschwieg'. Er gibt an, er habe mit seiner Beziehungspraxis (rasch wechselnde, z.t. parallel laufende Partnerschaften) seine Eltern nicht *„belasten"* wollen.[24] Dass er seinen Eltern seine wechselnden Partnerinnen nicht vorstellte, kann als Zeichen dafür gewertet werden, dass er ambivalent zu seiner Beziehungsführung stand und sich nicht derart mit der Beziehungstheorie der ,68erInnen' identifizierte, dass er sie vor seinen Eltern hätte verteidigen können oder wollen. Folglich werden Walters Eltern ihren Sohn weniger als Rebell und mehr als ,braven' Sohn angesehen haben, da er sie nicht mit den (vorübergehenden) Unterschieden seiner und ihrer gelebten Beziehungswerte konfrontierte. Letztlich lebte und lebt Walter die Beziehungswerte seiner Eltern, statt neue Werte zu entwerfen, die aus einem Gemenge traditioneller und alternativer Werte hätten entstehen können. Dass Walter nicht das Beste beider

---

23 In einer Passage verhöhnt Walter auch das von ihm als überzogen erlebte Überschreiten scheinbarer sexueller Grenzen der ,68erInnen'. Diese Sequenz entstand im Gespräch mit der Interviewerin und entsprang nicht der Freierzählung. Als Walter sich über den Freiheitsdrang der ,68erInnen' mokiert – sie hätten ihre sexuelle Freiheit nicht in dem radikalen Maße durchsetzen und dabei gleichzeitig ,lächerliche' Normen entwickeln müssen – pflichtet die Interviewerin ihm bei und nimmt seine ironisierte Kritik auf. Daraufhin fühlt sich Walter bestätigt und spinnt den Gedanken weiter. So gibt Walter mit dem Hinweis auf die Lächerlichkeit der Normen an, dass Sexualität beispielsweise *„nicht unter der Decke"* haben stattfinden dürfen. Damit bringt Walter den Freiheitsgedanken auf eine Ebene, in der die Ziele als unnötig erscheinen, da sie bereits im privaten Rahmen ohne gesellschaftliche Einschränkungen umgesetzt worden seien. Bei dieser Annahme betrachtet Walter jedoch nicht die diesen Normen zugrunde liegenden Idee der ,68erInnen', die sich nicht nur auf eine neue sexuelle Praxis, sondern auf die gesamte Umformulierung zwischenmenschlicher Dimensionen (Stichwort „Aufbrechen der Zweierbeziehung") und den Gedanken einer politisch reformierten Gesellschaft bezog.

24 *„Ja klar, also, für meine Eltern war das ein Problem. Also, ich hab' meine Freundinnen nicht alle mitgenommen. (...) Die wenigsten habe ich mit nach Hause genommen, weil [...] das hätte garantiert [...] unangenehme Diskussionen erzeugt. [...] da war ich sehr pragmatisch. Ich dachte ,Gut, was soll ich sie damit belasten?'"*

Wertesysteme kombiniert, mag damit zusammenhängen, dass ihm dies zum einen als *„anstrengend"* erschien und ihm zum anderen möglicherweise auch für die Verkörperung der ‚revolutionierten' Werteannahmen Vorbilder fehlten. So lieferte die Ehe ihm jene *„Standardantworten"*, an denen es der Bewegung ihm zufolge gemangelt habe.

Walters Bruch mit den ‚68erInnen'-Theorien steht im Zusammenhang mit seinen Werten und seinen Bedürfnissen. Seine *„Grundwerte"* – die er in seiner Kindheit und Jugend durch unterschiedliche Institutionen (Familie, Freundeskreis, Schule, Medien usw.) internalisierte – siegten letztlich über die durch die Studierendenbewegung angebotenen neuen Werte. Begriffe wie *„Treue und Verlässlichkeit"* wurden durch den „Überbau" aus den Beziehungsdimensionen subtrahiert. In seinem Abgrenzungsprozess wurde Walter deutlich, dass sich seine Emotionen bzw. seine Werte nicht mit denen der Bewegung vereinbaren ließen. Dass Walters Ansprüche an Beziehungen in seiner Altersgruppe allerdings nichts Ungewöhnliches darstellten, zeigen die Ergebnisse der Studie „Studentensexualität" von Gunter Schmidt aus dem Jahre 1968. Daraus geht hervor, dass sich 90 Prozent der befragten Studierenden eine feste, monogame Beziehung wünschten (vgl. Schmidt 1968, S. 393ff.). Mit Hinweis auf diese Zahl lässt sich auch Walters Aussage, es sei ihm in seinem Studium fast nicht möglich gewesen, eine feste, monogame Freundin zu finden – *„ich hab wohl die falschen Frauen erwischt"* – als inszeniertes ‚Opfertum' interpretieren. Walter war nicht alleine mit seinem Bedürfnis nach einer monogamen Zweierbeziehung; er scheint die „richtige" Partnerin schlichtweg nicht auf Anhieb gefunden zu haben.

Betrachtet man nun den Zusammenhang zwischen Walters Wertvorstellungen und seinen Emotionen[25], wird sein Umgang bzw. sein Bruch mit dem polygamen Beziehungskonstrukt der Bewegung noch deutlicher. Emotionen und ihre Wahrnehmung nehmen im Individuum stets eine identitätsstiftende Rolle ein; sie sind „elementare Bestandteile der Prozesse, mit denen Menschen ihrer Welt Sinn verleihen und ihre sozialen Beziehungen und Verhältnisse zu Institutionen gestalten" (Eckart 2009, S. 10).

Walters ‚emotionale Ausstattung', mit der er auf die Beziehungstheorie der Studierendenbewegung traf, wurde durch deren Normierungstendenzen, die seinen Bedürfnissen oftmals widersprachen, stark in Frage gestellt. Er hatte Zweifel, ob seine Bedürfnisse und Emotionen ihn wohl als *„Repressionsopfer"* entlarvten und er sich

---

25 Die Geisteswissenschaft bedient sich bzgl. des Sujets Emotion – z.T. auf verwirrende Art und Weise – unterschiedlicher Begriffe. Emotion, Affekt und Gefühl werden oft synonym gebraucht. An dieser Stelle soll der Begriff Emotion verwendet werden, da er m.E. sämtliche Komponenten (affektive, kognitive, verhaltensspezifische) beinhaltet, die sich für die vorliegende Fragestellung anbieten.

mehr anstrengen müsse, sich von diesen zu „*befreien*". Erst als er sich der Widersprüche bewusst wurde, konnte er den Zugang zu seinen Emotionen „*wieder[...]finden*".

„*[...] ich den großen Teil meiner Zeit damit beschäftigt, tatsächlich einen großen Teil meiner eigenen Gefühle wiederzufinden. Nee, die waren da nicht, die kamen da nicht vor, die waren vorher unterdrückt, die durfte ich nicht haben und die waren danach unterdrückt und die spielten keine Rolle in der Diskussion.*"

In den Theorien der ‚68erInnen' habe es „schlechte und falsche Gefühle – wie Scham, Eifersucht und Neid" (Frevert 2010, S. 326) gegeben, beschreibt auch die Emotionsforscherin Ute Frevert. Wer sie empfand, hatte dies zu verheimlichen, um nicht als ‚bürgerlich' etikettiert zu werden. Die „Gefühlsstandards" der Neuen Linken „generierten einen hohen Konformitäts- und Anpassungsdruck, denen sich Gruppenmitglieder nur durch ‚exit' (Albert Hirschmann) entziehen konnten." (ebd., S. 327) Diesen „Ausgang" suchte Walter letztlich am Ende seiner Auseinandersetzung mit den ‚68erInnen'-Theorien, da auch er den Widerspruch zwischen seinen Emotionen bzw. Bedürfnissen und Theorieanforderungen nicht aufzulösen vermochte.

Schaut man sich die von Walter im Interview geäußerten Emotionen genauer an, so fällt auf, dass sie von ihm sprachlich nicht ausdifferenziert werden. Er formuliert nicht gezielt Sätze wie „dann fühlte ich mich ..." oder „das empfand ich als ...". Vielmehr bringt er seine Emotionen zum Ausdruck, indem er sie en passant einfließen lässt, und zwar nur in einem argumentativen Zusammenhang. Dies könnte in seinem Wunsch begründet sein, Dinge stets rational einzuteilen; denn sein Bedürfnis, alle emotionalen Geschehen in ein rationales Raster, eine mathematische Formel zu fassen, die den Ertrag eines Aufwandes berechnet, ist eine seiner Verarbeitungs- und Bewältigungsstrategien. „*Es muss [...] zum Aufwand passen*", lautet hierzu sein Credo. Diese Strategien erleichtern es ihm, sich manchen Konflikten und Dissonanzen emotional zu entziehen und sie für sich als unlogisch oder „*zu kompliziert*" oder „*zu anstrengend*" abzulehnen.

Dass Walter stets Vor- und Nachteile, Einsatz- und Ertragsbedingungen abwägt, beeinflusste seine Theoriereflektion maßgeblich und ‚erlaubte' ihm, die für ihn irrationalen Aspekte der Theorie herauszufiltern und in einen Vergleich zu seinen Bedürfnissen zu stellen. Somit bewahrte Walters kritischer ‚Forschergeist' ihn vor der „*grotesken*" Sexual- und Beziehungstheorie, die ihn auf theoretischer Ebene überforderte und bei der praktischen Umsetzung emotional verwirrte.

Neben dem Hinweis auf seine Kosten-Nutzen-Abwägung im Umgang mit den Theorien lässt sich die Verbindung von Wertesystem und Emotionen beleuchten. Emotionen lassen sich als ein starkes Empfinden von Werten deuten. Dass „Emotionen Werturteile fundieren" (vgl. Vendrell Ferran 2008, S. 203), findet m.E. auch bei Walter statt. Diese Erkenntnis der Emotionsforschung bietet sich als mögliche Erklärung für seinen Bruch mit den ‚68erInnen'-Theorien an. Nachdem Walters Wertesystem und dessen Entstehung bereits beleuchtet wurde, lassen sich nun diese Ergebnisse mit seinen im Interview geschilderten Emotionen analytisch zusammenführen. Geht man davon aus, dass in einer emotionalen Verortung stets ein Wert- oder Normcluster enthalten ist, so ließen sich Walters Emotionen, die er hinsichtlich der Sexual- und Beziehungstheorie der ‚68erInnen' erlebte (Verletzung, Eifersucht, Wut, Verwirrung usw.), als Reaktion auf die differenten Wertvorstellungen der ‚68erInnen' interpretieren.

Die negativen Emotionen wurden ausgelöst, da er seine Beziehungswerte durch das Beziehungskonstrukt der ‚68erInnen' negiert sah. In der Sozialisationstheorie besteht ein Zusammenhang zwischen angenehmen Emotionen und internalisierten Werten. Das bedeutet, dass das Verhalten des Individuums stets danach strebt, solche Werte umzusetzen, mit denen es positive Emotionen verbindet; Verhalten, das dagegen wider internalisierter Werte läuft, löst negative Emotionen aus (vgl. u.a. Mühler 2008).[26] So entstanden auch in Walter unangenehme Emotionen, als er sich durch seine (passive wie aktive) Involviertheit in das Beziehungskonstrukt der ‚68erInnen' gegen seine internalisierten Normen (verfestigt durch die starke Identifikation mit dem Wertesystem seiner Eltern) verhielt. Diese negativen Emotionen galt es für ihn wahrzunehmen, zu analysieren und – letztlich – durch einen Bruch mit der Bewegung aufzulösen.

Die psychoanalytische Affektlehre geht davon aus, dass die meisten emotionalen Vorgänge unbewusst ablaufen, da sie eine Funktion des Ichs seien (vgl. Tyson/Tyson 2009, S. 114). Wenn Emotionen bewusst werden, wirken sie dann für das Ich als eine Art Signal, das zumeist ein Handeln auslöst, so die These (vgl. ebd). Walters negative Emotionen, die aus seinen Erfahrungen mit dem polygamen Beziehungskonstrukt der ‚68erInnen' und der Gegensätzlichkeit zweier Wertesysteme entstanden, wurden mit der Zeit für ihn sehr deutlich bewusst, so dass er sich zu einer Verhaltens- und Einstellungsveränderung entschied.

Demnach wurden seine Gefühle für ihn zum ‚Mittel der Erkenntnis' über die von ihm als Konvention erlebten ‚neuen', normativen Werten. Seine Sozialisationserfahrungen hatten ihm als befriedigende, ‚richtige' Beziehung eine monogame, „verlässliche" Partnerschaft vermittelt; diese hatte er in seinem Wertesystem internalisiert. In Konfrontation mit den ‚68erInnen'-Theorien, die in der Ehe und in mo-

---

26 Es „bildet sich eine feste Verbindung zwischen Werten und Normen einerseits und positiven Affekten andererseits. Diese Verbindung wirkt als ein Selbstbelohnungsmechanismus. Die Übereinstimmung zwischen dem Handeln einer Person und ihren Überzeugungen führt zur Generierung positiver, angenehmer Gefühle, während eine Nichtübereinstimmung graduell unangenehme Gefühle hervorruft." (Mühler 2008, S. 152).

nogamen Beziehungen eine repressive Gesellschaftsnorm verkörpert sahen, kam es bei Walter zu einer unsicheren Phase der Neuorientierung, die sein bisheriges Konzept von Beziehungen in Frage stellte. Er wendete sich nach einigen negativen Erfahrungen von den Theorien ab, da sich sein individuelles Konzept von Beziehungen und die daran angeschlossenen Bedürfnisse nicht mit den Theorien und Annahmen der ,68erInnen' vereinbaren ließen. Das alternative Konzept von Beziehungen schien seine *„emotionalen Bedürfnisse"* nicht befriedigen zu können. Die nachgezeichnete Bedeutungsverschiebung, durch die er seine eigenen Empfindungen über den politischen Ansatz stellte, zeichnet Walter im Interview als einen besonders wichtigen Entwicklungsschritt. Durch die Darstellung dieses Prozesses sowie seine emotionale Arbeit im Zusammenhang mit den auslösenden Faktoren bringt Walter die Kohärenz in seiner Geschichte mit den ,68erInnen'-Theorien hervor.

Negative Emotionen – die er als *„Verletzung"* identifizierte – wurden bei Walter dann ausgelöst, als Frauen, denen er sich verbunden fühlte, ihn mit anderen Männern *„betrogen"*. Diese Emotion von Eifersucht und Verletzung sei *„normal"* bei den AkteurInnen gewesen, erinnert sich Walter, jedoch sei dies weder ,damals' noch aktuell offen thematisiert worden. Dass er von seinen negativen Emotionen berichtet, ordnet er sodann als etwas Besonderes ein:

„[...] Insofern würd' ich sagen, ich kann mir schon vorstellen, dass viele Männer vielleicht [...] das dann auch wiederum verdrängen wollen, wie sie das betrifft [...], das ist die Verletzung. [...] deswegen könnte ich mir auch gut vorstellen, dass viele das einfach verdrängen [...] und sagen, ,steh drüber'."

Dass es einen Graben zwischen den individuellen Wünschen, Bedürfnissen, Emotionen und dem Sexualitätskonstrukt der Bewegung gab, der im Abgrenzungsprozess sichtbar wurde, erkennt Walter als einen positiven Effekt, von dem jüngere Generationen heute profitierten.

„Aber ich glaube, in dem Sinne hatten wir wirklich eine sexuelle Revolution [...]. Weil das ist die Frage, die man sich heute stellt ,Wie fühle ich mich wohl?' Und die Frage haben wir uns halt scheinbar irgendwie nicht stellen können. Und ich habe das in meiner persönlichen Lebensgeschichte erfahren, das ist die Befreiung, sagen zu können ,Okay (...) was soll [...] der ganze Stress? Ich hab noch 'n paar andere Dinge zu tun!' [...] Den Mut zu haben, zu sagen 'Okay, aber mein primäres Ziel ist es jetzt, beruflich Erfolg zu haben!'. [...] Ja, das kann schon sein, dass das in dem Sinne heute auch jüngere Generationen in dem Sinne wirklich befreit [...], dass sie sich wirklich fragen können ,Wie sehe ich das?'"

Zu dieser Erkenntnis kommt Walter im letzten Abschnitt des Interviews. Nach der Freierzählung ging das Interview in eine Art Diskussion über, und angeregt durch die These der Interviewerin, dass bei jüngeren Generationen nun zumeist nur noch das eigene Wohlbefinden Richtschnur für das Verhalten sei und dass dieses nicht mehr durch politische Forderungen motiviert sei, zieht Walter diesen Vergleich zwischen seiner und jüngeren Generationen. Letztere nähmen nun ihren persönlichen ‚Bedürfnis-Gradmesser' zur Leitlinie ihres Verhaltens, indem sie sich stets fragten, wie sie zu bestimmten Anforderungen ständen, bevor sie sich anpassten. Dagegen habe sich seine Generation diesen Fokus auf eigene Bedürfnislagen erst durch Konflikte und Ambivalenzen erarbeiten müssen. Jüngere Generationen litten jedoch durchaus unter Überforderung hinsichtlich eines Drangs nach Vielfalt, so Walter weiter. Durch dieses Fazit lässt sich eine Entwicklung in Walters Sicht auf seine ‚68erInnen'-Zeit nachzeichnen. Wertete er anfangs kategorisch die meisten Reformaspekte der Bewegung ab, so findet zum Ende eine durch das Gespräch ausgelöste Umdeutung seiner Erfahrung statt. Mit dem Hinweis, dass die jüngeren Generationen es auch nicht leichter hätten, interpretiert Walter seine Erleben im Kontext von ‚1968' neu:

„[...] ja, das habe ich 'ne Zeitlang auch so empfinden, das passte ja auch zu dem Alter, ich mein', wenn man dann manchmal sieht, was man da für Möglichkeiten hat und man empfindet das ja auch ein Stück [als] Freiheit, was man da genießt. [...] Man könnte jetzt fast sagen, wenn ich mir das so im Vergleich ansehe, da würde ich fast meinen, das war eher [...] verhältnismäßig einfach dann."

Mit den neuen Argumenten, die die Schwierigkeiten heutiger Heranwachsender beschreiben, schließt Walter zum Ende des Interviews Frieden mit seiner Zeit als ‚68er'. Er kommt zu dem Schluss, in dieser Zeit wichtige Erkenntnisse über sich erlangt und nicht nur negative Erfahrungen gemacht, sondern auch seine Freiheiten genossen zu haben. Durch den direkten Vergleich mit den jüngeren Generationen deutet er seine bis dato geäußerten Leiderfahrungen in den tröstlichen Gedanken um, dass die nachfolgenden Generationen es auch nicht leicht habe. Seine inhaltliche Kritik an den Sexualitäts- und Beziehungstheorien der Studierendenbewegung tastet er jedoch in diesem argumentativen Zusammenhang nicht an.

5. Fazit: „Polygamie konnte viele meiner Bedürfnisse nicht befriedigen."

Walters narrative Biografie erhält einen Spannungsbogen durch die Beschreibung seines Umgangs mit den ‚68erInnen'-Theorien[27], die er wie eine Art Entwicklungs-

---

27 Walter beschränkt sich in seiner Erzählung auf jene Aspekte der ‚68erInnen'-Theorie, die ein alternatives Beziehungskonzept sowie ein neues Verständnis von Sexualität betrafen.

geschichte aufbaut: Sie führt von der Tabuisierung von Sexualität in seiner Kindheit über seine eigene Evaluation und Erforschung der ‚68erInnen'-Thesen an sich selbst sowie gelebten polygamen Beziehungen ohne „Besitzansprüche" schließlich zu seiner Abkehr von dieser Praxis. Seine subjektive Erinnerung an seine ‚68er'-Akteurschaft oszilliert zwischen der Darstellung seiner eigenen Unsicherheit zu Beginn des Studiums, unbefriedigten Bedürfnisse, negativen Emotionen und der stetigen Frage, inwiefern er die Beziehungsnorm der Bewegung umzusetzen vermochte.

Den verschiedenen Stationen seiner Auseinandersetzung mit dem Sexualitäts- und Beziehungskonstrukt der Studierendenbewegung widmet sich Walter argumentativ und interpretativ. Sein Meinungsbild zu seiner Zeit als ‚68er' wirkt kohärent verbunden und soll durch die Darstellung der Entwicklungsschritte für die Interviewerin als plausibel zugänglich gemacht werden. Walter präsentiert sich in seinen Aussagen zur Umsetzung der Theorie der ‚68erInnen' streckenweise als reflektiert-rationaler ‚Entlarver', der Widersprüche und Fehlentwicklungen aufdeckte, beispielsweise das „egoistische" Verhalten der ‚68erInnen' oder dass die Thematik „nicht zielführend" gewesen sei. Sein Fokus auf die Kehrseiten des Beziehungs- und Sexualitätskonstrukts der ‚68erInnen' zielt darauf ab, seinen Bruch mit der Bewegung kohärent und nachvollziehbar erscheinen zu lassen.

Seinen Werdegang rund um die Chiffre ‚1968' präsentiert Walter in zwei Schritten. Zunächst kam er wie zufällig und durch äußere Anregungen mit den Beziehungs- und Sexualitätstheorien der Studierendenbewegung in Kontakt. Durch den Passus der Zufälligkeit wirkt Walter nicht als von Grund auf politisch interessierter ‚68er', der sich aktiv auf die Studierendenbewegung und ihre alternativen Theorien und Lebenskonzepte einlässt, sondern vielmehr als ‚passiver' Mitläufer.

Der erste Schritt seiner Auseinandersetzung mit der Theorie betrifft eine gedankliche Evaluation der Reich'schen Thesen zu den Folgen sexueller Unterdrückung. Er „[er]forschte" während seines Zivildienst die These, sexuelle Unterdrückung bringe körperliche Krankheiten hervor, und fand dafür „allerlei Bestätigung". Da Sexualität in seiner Kindheit stark tabuisiert wurde, wirkte die offene Thematisierung und Diskussion des Sexuellen durch die Bewegung faszinierend. Mit Beginn des Studiums ergänzte sich Walters theoretische Auseinandersetzung dann um eine praktische Umsetzung. Er lebte vorübergehend polygam und führte Mehrfachbeziehungen im Sinne des besitzanspruchslosen Beziehungsideals. Diese Beziehungsform habe einen „normativen Charakter" gehabt, was ihm erschwert habe, sich mit Abstand und ohne „Zwang" auf diese Art der Beziehungsführung einzulassen, so Walter. Er erinnert sich an einen Druck, nach dem er den Ansprü-

---

Der Grundgedanke der Bewegung – Hervorbringung eines freien Menschen und einer alternativen Gesellschaftsform – beschreibt Walter nicht.

chen und Normen stets habe positiv gegenüber stehen müssen, um sich nicht als „*kleinbürgerlich*" verdächtig zu machen. Dazu habe beispielsweise das Verleugnen von Schwierigkeiten, die man hinsichtlich der polygamen Praxis wahrnahm, gehört. Der „*Zwang, alles anders zu machen*", habe ihm sodann abverlangt, dass er „*Abschied nehmen*" musste von „*Werten wie Treue und Verlässlichkeit*". Besonders jene Forderung der Theorie erlebte Walter als problematisch, die sich auf den ‚Verzicht von Besitzanspruch' bezog; so habe er sich oftmals als „*Opfer*" gefühlt, da er zugunsten des Idealismus seine Bedürfnisse vernachlässigen musste.

Als roter Faden seiner Erzählung nutzt Walter die Darstellung des Konflikts zwischen seinen eigenen Bedürfnissen und Theorien und Praxis der ‚68erInnen'. Die Interviewanalyse konnte zeigen, dass seine Emotionen, die dem besitzanspruchslosen Beziehungsmodell konträr gegenüberstehen, mit seinem Beziehungsbzw. Geschlechterkonstrukt zusammenhängen. Er erlebte die praktische Umsetzung der Theorie alternativer Beziehungen vor allem als „*anstrengend*", da er oft mit seinen „*bürgerlichen Besitzansprüchen ringen*" musste. Diese Besitzansprüche waren zwar in den ‚68erInnen'-Kreisen verpönt, symbolisierten für Walter jedoch, was er eigentlich anstrebte: eine „*traditionelle*" monogame Beziehung, die in einer Ehe und Familiengründung mündet, in der er als Mann die Verantwortung des „*Ernährers*" übernimmt. Walters Vorstellung von „*festen Rollen*" und „*Bedürfnissen*" der Geschlechter ließen sich nicht mit den Ansätzen der ‚68erInnen' vereinen. Alternative Beziehungs- und Geschlechterkonzepte waren demnach nie Walters Ziel – so betrachtet er auch die gesellschaftlichen Bestrebungen hinsichtlich einer Geschlechtergleichberechtigung mit Skepsis. Die Analyse hat Walters Bedürfnisse als Abbilder seiner Emotionen und Geschlechterkonstrukte herausgearbeitet, die sich an einer stereotypen Geschlechterdichotomie orientieren. Ebenso ließ sich zeigen, inwiefern biografische Sozialisationsstrukturen seine „*Erwartungen*" an die Geschlechter prägten.

So konkurrierten vor allem Walters Erwartungen an eine Beziehung („*Treue und Verlässlichkeit*") und an ‚Geschlecht' (Mann = aktiv, versorgend, leistungsstark; Frau = passiv, dem Mann den Rücken freihaltend) mit den Theorieforderungen der ‚68erInnen'. Diesen Widerspruch, der sich bei Walter vor allem durch unbefriedigte Bedürfnisse äußerte, löste Walter zum einen durch biografische Ereignisse (Eheschließung, Erreichen einer hohen Position im hegemonialen Machtgefüge als „*erfolgreicher Bestandteil der Gesellschaft*") und zum anderen durch die rationale Evaluierung der Theorien (Rational-Choice) auf. Das traditionelle Lebenskonzept einer monogamen Ehe mit Kindern und Karriere, dessen sich Walter letztlich besann, verkörpert das deutliche Gegenkonstrukt zu der ‚68erInnen'-Beziehungsvision. Der Prozess der Zuwendung zum kapitalistischen Leistungssystem, der monogamen Ehe und Familiengründung sowie der Fokussierung auf Bildungstiteln geht hier mit dem Ende seiner Zeit als ‚68er' einher.

Zum Schluss des Interviews resümiert Walter, wenngleich er zumeist die Nachteile der Beziehungsreform der Studierendenbewegung betont, dass seine Generation im Vergleich mit den jüngeren Generationen mehr *„Freiheit[en]"* genossen habe.

THOMAS

1. Biografische Daten

1947	Geburt in einer Kleinstadt in NRW
1966	Abitur
1966-1967	Zivildienst
1967-1973	Studium an zwei Universitäten NRWs, Abschluss Magister Artium
seit 1973	Nationale und internationale Lehraufträge an Universitäten und Volkshochschulen, später Leiter einer Volkshochschule
2004-2009	Promotion, anschließend Professur an einer Fachhochschule in Bayern
seit 2009	Professur an einer Universität im Ausland

Thomas D. wurde 1947 in einem Dorf in NRW geboren und lebte dort bis zum Abitur, das er auf einem Jungengymnasium absolvierte, mit seiner zwei Jahre jüngeren Schwester und seinen Eltern (Vater geb. 1900, Diplom Ingenieur, Mutter geb. 1918, Sekretärin). Er studierte nach seinem Zivildienst ab 1967 an zwei Universitäten in NRW und schloss 1973 das Studium mit dem Magister Artium ab; seine Fächerkombination enthielt unter anderem das Fach Neuere Geschichte. 1974 bekam Thomas seinen ersten Lehrauftrag im Bereich Film an einer Universität in NRW, 1976 war er für zwei Jahre Volkshochschuldozent in einer Stadt NRWs. Von 1978 bis 1983 nahm Thomas wieder Lehraufträge an einer Universität wahr, um ab 1983 als Dozent an einer Fachhochschule im Süden Deutschlands tätig zu werden. Nebenbei lehrte er an Universitäten im Ausland und engagierte sich für Filmprojekte. 1972 heiratete Thomas das erste Mal, dieser Ehe entstammt sein Sohn, der 1975 geboren wurde. Kurz darauf kam es zur Trennung. Inzwischen ist Thomas zum zweiten Mal verheiratet und hat eine Tochter (geb. 1997). Mit Tochter und Ehefrau lebt Thomas heute im Ausland.

2. Interviewverlauf/Postskriptum

Auf einer Tagung zum Thema ‚1968‘ entstand der Kontakt mit Thomas. Das Gespräch kam auf das Thema des Dissertationsprojekts, woraufhin er sich als Interviewpartner anbot. Einige Wochen später wurde ein Interviewtermin vereinbart. Auf Thomas‘ Wunsch hin fand das Treffen in einem Café statt. Die Aufschrift seines T-Shirts („Ich bin nicht alt – ich bin ein Klassiker") bot sich für erste Interpretationen hinsichtlich seines Selbstbildes an. Thomas wünschte sich, dass man sich duzt, um „ein Gespräch auf Augenhöhe" zu führen. Die Stimmung war von Beginn an entspannt. Es fiel Thomas leicht, der Aufforderung zu folgen, seine Erlebnisse im Kontext von Sexualität und ‚1968' zu schildern. Die Freierzählung dauerte knapp 15 Minuten. Anschließend forderte Thomas die Interviewerin auf, ihm Fragen zu stellen. Der Nachfrageteil dauert etwa anderthalb Stunden. Insgesamt erstreckt sich das Treffen auf 140 Minuten.

3. Kernaussagen in Bezug zur Forschungsfrage

1. Kernaussage:Die ‚sexuelle Revolution' fand nicht allein aufgrund der ‚68erInnen' statt, sondern war vielmehr das Ergebnis allgemeiner Liberalisierung.

„*[...] ich denke also insgesamt [...], dass die Zeit 'n bisschen was gelöst hat (...) von den zu konservativen Sachen und ich find, dass das heute alles [...] natürlicher geworden ist und [...] sicherlich war ein Anstoß in der damaligen Zeit, das ist ganz eindeutig, weil die Zeit war damals so, dass ganz viele [...] Tabus gebrochen, neue Dinge angedacht wurden, die vorher undenkbar waren, neue Wege eingeschlagen wurden [...]. Aber ich glaube nicht, dass (...) primär die sexuelle Befreiung irgendwo 'ne Geschichte gewesen ist, die mit 68 zu tun [hat], sie ist aber in den Medien immer wieder hochgespielt worden. Medien machen das ja immer gerne. [...] das wurde hochstilisiert, aber [...] ich glaub nicht, dass die Realität wirklich so war, wir haben mit ganz anderen Sachen noch gekämpft (...) Wann [...] müssen die Mädchen abends zu Hause sein? Es war viel, viel profaner und auf 'ner viel einfacheren Ebene (...) aber wie gesagt (...), steter Tropfen höhlt den Stein und (...) bestimmte Prozesse [sind] einfach angestoßen worden [...] und [haben] sich weiterentwickelt.*"

Thomas beschreibt in der zitierten Sequenz die Diskrepanz zwischen der medialen Inszenierung einer sexuellen Freiheit junger Menschen und seiner tatsächlich wahrgenommenen „*Realität*". Für ihn sei das Zusammentreffen mit „*Mädchen*" viel „*profaner*" abgelaufen, als die von den großen deutschen Medien kolportierte Darstellung der promisken ‚68erInnen'. Es sei kompliziert gewesen, überhaupt „*Mädchen*" treffen zu können, da diese größtenteils unter strenger Beobachtung der Eltern gestanden hätten.

Thomas möchte neben dem Widerspruch von medialer Inszenierung und seiner erinnerten „*Realität*" darauf hinweisen, dass nicht nur die AktivistInnen der Studierendenbewegung die „*sexuelle Befreiung*" initiiert hätten, sondern dass diese auf vielfältige „*Prozesse*" zurückzuführen sei. Die gesellschaftliche Abkehr von „*konservativen Sachen*" habe nicht nur die Programmatik der ‚68erInnen' geebnet, sondern gesamtgesellschaftliche Liberalisierungstendenzen angestoßen. Zwar hätten die ‚68erInnen' bestehende Tabus, die die Sexwelle und allgemeine Liberalisierung seit dem Zweiten Weltkrieg noch nicht aufgegriffen hatten, zur Diskussion gestellt, die sexuelle Liberalisierung habe sich jedoch vor allem mit der „*Zeit [...] gelöst"* und sei nicht allein auf das Wirken der Studierendenbewegung zurückzuführen.[1]

2. Kernaussage: Die Theorie erschien plausibel, vernachlässigte aber mit ihrer „mechanischen" Sichtweise auf Sexualität die Gefühle.

„*Ich hab also den Reich [gelesen] und der hatte natürlich schon einiges, [...] dass man also selber merkte, man ist ein ausgeglichenerer Menschen, wenn man [...] zu seiner Sexualität gekommen war. Aber [...] ich war dann schon eher auf das Gefühl aus. [...] ist mir irgendwo ein bisschen zu mechanisch die ganze Geschichte [...]. Also [...] ‚Okay, das brauch' ich jetzt, damit mein Hormonhaushalt okay ist und mein Kopf okay ist und so was'. Das war eigentlich nur so [...] 'n Nebeneffekt. Also ich mein', man hat's natürlich gesehen, man wusste in Männergesellschaften, Armee oder so was, wie solche Sachen sind, [dass] Triebunterdrückungen dazu führen, [dass] Aggressionen und [...] sogar Weltkriege [...] entstehen können und so, das hat man natürlich schon gesehen.*"

In der Reproduktion der Thesen der ‚68erInnen' erinnert sich Thomas an Schlagworte der Bewegung („*Triebunterdrückung"*, „*Aggressionen"* usw.) und verdeutlicht so seine Teilhabe am Diskurs. Die von Thomas erinnerten Thesen zur „*Triebunterdrückung"* stammen nicht nur von Wilhelm Reich, wie er annimmt, sondern wurden ebenso von Arno Plack, Erich Fromm und anderen Mitgliedern der Frankfurter Schule diskutiert (vgl. Fromm/Horkheimer/Marcuse 1936 und Plack 1968).

Thomas beschreibt, dass er die Theorie Wilhelm Reichs zum Triebabbau teilweise nachvollziehen konnte. Besonders die Annahme, nach der das Aufstauen von Hormonen zu „*Aggressionen"* führe, ist Thomas in Erinnerung geblieben. Man habe gewusst, dass in reinen „*Männergesellschaften"*, in denen keine Möglichkeit zum Triebabbau bestand, ungelebte Sexualität „*Aggressionen"* und „*sogar Weltkriege"* auslösen könne.

Gewalt als Folge unterdrückter Triebregungen nennt Thomas nur im Zusammenhang mit dem männlichen ‚Geschlecht'. In den Theorien zur Sexualität der

---

1 Diese Einschätzung ist weit verbreitet und wird in der Diskussion um die Errungenschaften der Studierendenbewegung breit diskutiert. Jene, die den ‚68erInnen' ihre Wirkkraft auf dem Weg zur sexuellen Liberalisierung der Gesellschaft absprechen möchten, verweisen meist auf die bereits Anfang der 1960er Jahre entstandenen ‚Sexwelle' und der daraus resultierenden allgemeingesellschaftlichen Akzeptanz des Themas Sexualität. Demzufolge habe die Studierendenbewegung selber nicht viel erreicht und sich lediglich an den bereits stattfindenden Abbau strenger Sexualmoral angehängt. „Sie [die ‚68erInnen', Anmerk. KV] forderten etwas, was ohnehin passierte; sie stießen nur, was ohnehin fiel", so das Resümee des Politikwissenschaftlers Claus Offe (Offe 1998, S. 552).

‚68erInnen' wurde Frauen, die aufgrund der repressiven Moral Lust und Trieb unterdrückten, nachgesagt, nicht mit Aggressionen, sondern mit Frigidität zu reagieren. Diese geschlechterdifferente Annahme zur Triebunterdrückung findet sich im Großteil der theoretischen Ausführungen wieder, aus denen die Studierenden ihr Wissen über Triebunterdrückung im Zusammenhang mit destruktivem Verhalten zogen. Adorno, Plack und Reich thematisierten zumeist die ‚männliche' Verschiebung der Triebregungen in aggressives Verhalten und die ‚weibliche' in frigide Neurosen (vgl. u.a. Adorno 1937, S. 543, Plack 1968, S. 151ff. und 274, Reich 1927a/1969 , S. 172). Thomas beschreibt, dass *„ausgeglichenerer"* sei, wer *„zu seiner Sexualität gekommen"* sei; auch sei sein eigener *„Kopf" „okay"*, wenn er seine Sexualität nicht unterdrücke. Für ihn bestätigt das die Theorie.

Wenngleich Thomas die Grundidee der Theorie durch eigenes Erleben nachvollziehen konnte, erschien sie ihm *„mechanisch"* und er vermisste in ihr *„Gefühl"*. Für eine gefühllose Betrachtung von Triebbefriedigung bringt Thomas folgendes Beispiel:

„Ich erinner' mich, wir hatten einen Kollegen im Studium, [...] der war also auch mal für 'nen Schocker gut, [...] der hat sich vor die Mensa hingestellt [...] und hat an alle Mädchen vor dem Mittagessen Flugblätter verteilt. Er suchte also 'ne ‚progressive Genossin zum Triebabbau' und [...] der Vater [sic!] hatte natürlich keine gefunden. Aber er stellte sich hin und drückte [den Mädchen die Flugblätter in die] Hand und [...] das hat ja was total Mechanistisches irgendwo, kein bisschen [von] Spaß [oder] Gefühl."

Hier möchte Thomas zeigen, wie sich eine direkte Umsetzung der Reich'schen Theorien gestalten ließ, die den *„Triebabbau"* ohne *„Gefühl"* und gar ohne *„Spaß"* anstrebt. Das *„Mechanistische"*, so Thomas' Vermutung, ließ diese Aktion scheitern.

Diese unpersönliche Herangehensweise – die Suche nach einem Sexualpartner bzw. einer Sexualpartnerin per Flugblatt – erinnert beispielsweise an die Suche nach einem/r UmzugshelferIn. Dass Sexualität die emotionale, intime Bedeutung abgesprochen und das sexuelle Erleben auf das vermeintlich politische Ziel ohne zwischenmenschliche Vorbedingungen reduziert wird, ist für Thomas *„mechanistisch"* bzw. paraphrasiert: emotions- bzw. seelenlos.

Das unpersönliche Gesuch von Thomas' Kommilitone war keine provokante Einzelaktion, wie andere Beispiele zeigen. In Kontaktanzeigen aus studentenbewegten Magazinen tauchen ähnliche ‚Bewerbungen' auf, in denen sich – zumeist Männer – im Dienst der Befreiung zum Sex anbieten. Im Magazin „agit 883" findet sich in der Rubrik der Kontaktanzeigen 1969 beispielsweise folgender Aufruf eines Lesers: „Welches geduldige Mädchen (17-20 J.) ist bereit, mir aus meiner Sexualnot u. damit bei der Überwindung d. bürgerlich-repressiven Fesseln meiner Umgebung zu helfen. Versuch wird nicht ganz einfach sein." (Agit 833 1969, S. 3) Der Quelle ist nicht zu entnehmen, wie erfolgreich solche Gesuche ausgingen.

In einem Schreiben einer Frankfurter Frauengruppe wird deutlich, dass nicht nur Thomas die mechanische bzw. maschinelle Sicht auf Sexualität kritisiert. Der Text beschreibt die Unfähigkeit der ‚68erInnen', zärtlich miteinander zu sein und spiegelt Thomas' Stellungnahme zur mechanischen Perspektive auf Sexualität wider: „Man macht es eben aggressiv, erniedrigt sich gegenseitig, trennt Emotionalität und Sexualität und ‚bumst' wie die Maschinen kräftig drauf los." (Flugblatt „Psychische Verelendung und emanzipatorische Selbständigkeit" 1974 zit. nach Herzog 2005, S. 286) Auch Reimut Reiche kommentiert in „Sexualität und Klassenkampf" (1968) die mechanische Sichtweise Wilhelm Reichs: „Die ökonomische, physiologische und utopische Funktion, die Reich der Sexualität auf dem Wege zur Befreiung des Menschen zugewiesen hat, mag an vielen Stellen unerträglich mechanistisch [erscheinen]." (Reiche 1968, S. 11) Reiche forderte, diesen mechanischen Duktus aufzulösen und „die qualitative Differenz zwischen quantitativ erhöhtem sexuellen Freiheitsspielraum und wirklicher sexueller Freiheit" neu zu diskutieren (Reiche 1968, S. 11f.).

3. Kernaussage: Die Umsetzung der Sexualitätstheorien gelang nur durch Transparenz bei den Beteiligten.

„[...] die meisten Leute können das nicht verknabbern [...] ich weiß nicht, was man sich damit beweisen will, also entweder man ist zusammen und dann ist man auch zusammen oder man sacht von Vorhinein man ist nicht zusammen und dann ist es auch okay. Aber nicht so nach dem Motto: ‚Ja. Okay, wir sind zusammen', aber in Wirklichkeit [lebt man nicht monogam, Anmerk. KV]. Weil das endet letztlich damit, dass irgendwie einer oder beide verletzt sind und das ist nicht Sinn der Sache."

„Irgendwann hat man sich dann total selber (...) überschätzt und hat gedacht [,] man kann halt alles haben. [...] Irgendwo ist dann halt immer so 'ne Grenze und irgendwann fängt man an, Leuten weh zu tun und sie zu verletzen und das ist dann der Punkt, so lange es für beide okay ist, ist es gut, da kann man also alles machen [...] aber wenn einer drunter leidet, das kannste [...] nicht bringen. Das [...] funktioniert einfach nicht."

„[...] ich habe mich meistens versucht drum zu bemühen [...], [...] dass es keine Verletzungen gab. Verletzungen in dem Sinne, [...] dass man gleich wusste, wie so die Sachlage ist [...]. Das ist jetzt [ein] one night stand oder [...] [wir] können [...] mal sehen wie sich das hier entwickelt. Oder das ist 'ne längere Geschichte, aber dass [...] von vornherein bestimmte Sachen gleich [klar] waren."

Die polygame Beziehungsform der ‚68erInnen' sei nur dann umsetzungsfähig gewesen, wenn die Beteiligten sich über die Form der Beziehung im Klaren und damit einverstanden gewesen seien, so Thomas. Erst wenn man sich gemeinsam für eine

lose, polygame Beziehung entschieden und diesbezügliche Abmachungen getroffen
habe, ließen sich „*Verletzungen*" vermeiden. Nur so sei es möglich gewesen, das
Beziehungsideal der ‚68erInnen' zu leben.

Im weiteren Verlauf der Analyse wird sich jedoch herausstellen, dass die Annahme, polygame Beziehungen funktionierten allein durch rationale Absprachen
und dem Einverständnis der Beteiligten, nicht immer zutrifft. Nicht immer reichte
die bloße Zustimmung der Beteiligten, um die ideologische Konstruktion zu sexuellen Außenbeziehungen ohne „*Verletzungen*" zu überstehen.

**4. Kernaussage: In den studentenbewegten Kreisen
herrschte eine männliche Hegemonie mit ‚traditionellen'
Geschlechterzuschreibungen.**

*„Der Mann war noch mehr der Pascha damals. Also das war eindeutig, das kann man schon
sagen und ich denke, dass die Mädchen damals was wegstecken mussten. Diese ganzen Geschichten [beeinflussten], dass überhaupt diese Frauenbewegung kam, [...] dass die das erste
mal aufgemuckt haben, gesagt haben ‚Hier, komm, wir drucken nicht nur eure Flugblätter
und stellen euch hier den Kaffee hin, wenn ihr diskutiert und politisiert, so geht's nicht'. Das
ist schon, das ist schon ein echtes Thema, 'ne. Und das ist niemandem aufgefallen, das war
halt so. Das war jetzt nicht mal böse gemeint, wie ich das mitgekriegt habe, das war halt einfach so. Das war zu Hause auch so, Papa hatte das letzte Wort und und, äh, Mama war [...]
ordentlich."*

In dieser Sequenz beschreibt Thomas seine Wahrnehmung der Geschlechterverhältnisse in der Zeit, als er ein junger Mann war. In den Kreisen der ‚68erInnen' sei die
Autorität wie in den Ehen ihrer Eltern aufgeteilt gewesen – nach dem klassischen
Prinzip der männlichen Dominanz. Aus der Tatsache, dass die ‚männliche' Autorität auch in der Studierendenbewegung vorrangig gewesen sei und für die Genossinnen nur niedere Aufgaben wie Kaffeekochen und Flugblätterdrucken vorgesehen
gewesen seien, sei die Neue Frauenbewegung entstanden. Die ‚68erinnen' wollten
sich nicht mehr unterordnen.

Durch seine Darstellung reproduziert Thomas hier die Sichtweisen auf die un-
terlegene Position von Frauen, die lediglich Zuarbeiten verrichteten, ohne am revolutionären Prozess teilzuhaben. Diese Position findet sich in etlichen Betrachtungen
der Studierendenbewegung (vgl. Einleitung), und auch Thomas erkennt im Kaffeekochen das Symbol für die geschlechterdifferente Arbeitsteilung der Bewegung und
den Auslöser für die Neue Frauenbewegung. Dass Frauen nur wenig verantwortungsvolle Aufgaben zuteilwurden, erklärt Thomas mit dem Zeitgeist („*Das war
halt einfach so.*"). Seine Generation habe die Geschlechterpositionen der Elterngeneration kopiert („*das war zu Hause auch so*"). Erst mit der Neuen Frauenbewegung, als Frauen dann „*das erste Mal aufgemuckt*" hätten, sei es zu einer Neuorientierung der ‚Geschlechter' gekommen.

Neben der geschlechtsspezifischen Aufgabenteilung in der politischen Arbeit erinnert sich Thomas, Frauen bzw. *„Mädels"* hinsichtlich ihrer sexuellen Aktivität unterschiedlich bewertet zu haben:

> *„Wir haben damals auch noch ziemlich stark irgendwie Mädchen [...] unterteilt, in die, mit denen man's machen konnte. Man wollte das ja gerne, aber so angesehen waren die dann halt ja doch nicht. Und auf der anderen Seite [...] die Mädels, die [...] man heiratet. [Diese] beiden extremen Positionen [gab es.]"*
>
> *„Man hatte so'n paar Tricks, so'n paar Mädels, die man sich auch so empfohlen hatte zum Ausprobieren."*

„Mädchen" sei immer einer von zwei *„extremen Positionen"* zugeteilt worden, in die Männer Frauen allgemein „unterteilt" haben: Zum einen habe es Frauen gegeben, *„mit denen man's machen konnte"* und *„mit denen man ins Bett"* ging, die also wechselnde Geschlechtspartner hatten (und dadurch eigentlich das Sexualitäts- und Beziehungskonstrukt der ,68erInnen' lebten). Zum anderen habe es die Kategorie von Frauen, mit denen man monogam lebt und die man schließlich *„heiratet"*.

Die ,68er' (und ,68erInnen'?) identifizierten sich, so scheint es, noch über diese Doppelmoral bzw. stereotype Geschlechterzuschreibungspraxis. Das Widersprüchliche daran ist, dass sich das Stigma eines ,leichten Mädchens', das sexuell aktiv und selbstbestimmt lebt, nicht mit dem Duktus der sexuellen Befreiung der Bewegung vereinbaren lässt. Denn um sexuelle Freiheit und unbedingte Triebauslebung zur Abwehr jeglicher Repression umzusetzen, bedurfte es auch Frauen; und ebensolche haben sich Männer untereinander *„empfohlen [...] zum Ausprobieren"*, erinnert sich Thomas. Die polygam lebenden Frauen liefen jedoch Gefahr, dass ihnen ,flittchenhaftes' Verhalten unterstellt wurde. Diesen Widerspruch verdeutlicht ein weiteres Beispiel: *„Mädchen, die die Pille nahmen, da wusste man doch schon gleich, in den Kreisen 'grrr, die will was. (...) Die ist leichte Beute (..) sonst würde die ja nicht die Pille nehmen.'"*

Auch hier manifestiert sich die Polarisierung von Frauen in gut und nicht *„so angesehen[e]"*, *„leichte Beute"*, in einer widersprüchlichen Annahme zur Pille: Zum einen forderte es der gute Ton der Bewegung, dass Frauen die Pille einnahmen, um sich sexuell frei zu fühlen und über ihre Gebärfunktion autonom zu entscheiden (siehe vor allem Brigittes fünfte Kernaussage), zum anderen machten sie sich durch ihre Einnahme wiederum verdächtig, *„leichte Beute"* zu sein. Beide Weiblichkeitskonstrukte – ,leichtes Mädchen' und ,reine' Frau – werden in der Feinanalyse noch genauer betrachtet werden, da sie ein zentraler Aspekte in Thomas' Geschlechterverständnis sind.

5. Kernaussage: Die sexuelle Liberalisierung der Gesellschaft brachte den Wandel des sexuell-passiven Frauenbildes mit sich.

„[Es wird] immer so getan [...], als [hätten] Frauen oder Mädchen keine sexuellen Bedürfnisse [...], was sie aber durchaus haben. [...] Nicht nur der Mann, der jetzt also immer das Mädchen verführt oder der Junge, der das Mädchen verführen muss [...]. Das Mädchen [konnte] von sich aus nicht[s] tun, man musste ja dann immer sagen ‚Der hat mich ja verführt‘ [...] ‚Ist ja nicht meine Schuld. Er hat ja nur die richtigen Knöpfe gedrückt und dann konnte ich nicht anders.‘ [...] Aber da[nn später] lief's halt genau umgekehrt und das fand ich [...] ‚ne total befreiende Entdeckung.“

Thomas beschreibt in dieser Passage ein in den 1960er Jahren noch weit verbreitetes Bild der ‚traditionellen‘ Sexualdichotomie, das sich auch an die zuvor diskutierten Passagen anschließt: Mit dem Argument eines naturgemäßen Unterschieds der ‚Geschlechter‘ wurde Männern der aktive und Frauen der passive Part in der Sexualität zugeschrieben (sogar per Gesetz)[2].

Diese Anschauung habe sich jedoch mit der fortschreitenden sexuellen Liberalisierung verändert, erinnert sich Thomas. Frauen wären durchaus aktive Anteile an der Gestaltung von Sexualität zugestanden worden, da man erkannt habe, dass sie eigene sexuelle Bedürfnisse und Wünsche hätten. Den Wandel von einem sexuell passiven Frauenleitbild zu einem sexuell aktiven erlebte Thomas positiv, die *„Entdeckung"*, dass *„Frauen oder Mädchen"* eigene *„sexuelle Bedürfnisse"* hätten, sei für ihn *„total befreiend[...]"* gewesen. Durch die Liberalisierung hätten sich Frauen nun nicht mehr als Opfer der Verführungskünste des Mannes inszenieren müssen, sondern ihre eigenen Wünsche und Bedürfnisse äußern und ausleben können. Das ‚Verstecken‘ der eigenen Bedürfnisse hinter der Verführung eines Mannes ist ein Aspekt ‚traditioneller‘ Sexualmoral. Es beschreibt den Umgang von Frauen, die einen Ehemann suchten und jungfräulich bleiben sollten/wollten, jedoch von Männern mit dem Versprechen einer Heirat entjungfert wurden. Wurden sie anschließend fallen gelassen, konnte sich die nun nicht mehr jungfräuliche Frau damit rechtfertigen, dass der Mann sie mit seinem falschen Versprechen verführt habe. Um dem ‚leeren‘ (Heirats-)Versprechen entgegenzuwirken, wurde 1900 der so genannte Kranzgeld-Paragraph (§ 1300, BGB) installiert, nach dem eine entjungferte Frau, die von ihrem Verlobten letztlich doch nicht geheiratet wird, Schadensersatz fordern konnte. Der Paragraph wurde 1957 abgeschafft; Thomas Einschätzung nach

---

2 Das Bundesverfassungsgericht beschrieb 1957 im Text des §§ 175 f. StGB die Unterschiede der Sexualität von Mann und Frau wie folgt: „Die körperliche Bildung der Geschlechtsorgane weise dabei dem Mann und der Frau verschiedene Funktionen zu: Dem Manne eine mehr bedrängende und fordernde, der Frau eine mehr hinnehmende und zur Hingabe bereite Funktion." (Bundesverfassungsgericht 1957, S. 411)

hätten Frauen jedoch erst nach der Studierendenbewegung letztlich *„mehr Selbst-bewusstsein"* gehabt und sich *„aktiv ihre Partner ausgewählt"*, so Thomas. Diese Zeit habe der Wandel der traditionellen Sexualmoral beansprucht.

Jedoch wünschten sich schon die ‚geistigen Köpfe' der Studierendenbewegung die sexuelle Eigeninitiative und Autonomie von Frauen. Wilhelm Reich proklamierte bereits in „Die Massenpsychologie des Faschismus" (1934), dass sich, neben vielen anderen Aspekten (Auflösung der Kleinfamilie usw.) auch der Blick auf Frauen ändern müsse: Sie sollten „als Sexualwesen" anerkannt und nicht nur als „Gebärerin" betrachtet werden (Reich 1934a/1971, S. 50). Nur ein erweiterter Blick auf die Sexualität von Frauen ermögliche die Freisetzung der Sexualität und die Steigerung des menschlichen Lustgewinns (vgl. ebd.).

Arno Plack forderte nicht nur Männer auf, ihr Denken gegenüber weiblicher Sexualität zu verändern, sondern auch Frauen, „in sich selber einen Wandel der Gesinnung" zu vollziehen und eine Position zu ihren sexuellen Bedürfnissen einzunehmen – erst dann sei eine sexuelle Gleichberechtigung möglich (Plack 1968, S. 167). Thomas' Beobachtung, nach der sich Frauen und junge Mädchen passiv verhielten und ihre Lust hinter der Initiative des Mannes ‚versteckten', wird durch Plack bestätigt und gleichzeitig kritisiert. Nach ihm sollten Frauen „aufhören, sich in der Rolle eines Opfer zu gefallen, das [sich] männlicher Gier und Lüsternheit [...] ausgesetzt findet" (ebd.). Frauen müssten lernen, eigenes Begehren zuzugeben und zu zeigen (ebd.).

6. Kernaussage: Das Ende des polygamen Lebenswandels kam mit Aids.

„Obwohl, ich muss sagen [...], dass es viel freizügiger [war,] bis zu Aids."

„[...] auch 'ne Frau hat ein sexuelles Bedürfnis und [...] das ist (...) gekommen im Laufe der Zeit, es ist eigentlich immer besser geworden (...) bis [...] zu Aids."

„Ich nehm' an, diese ganzen Aids-Geschichten und alles, was dazu gehört, dass die schon 'ne Menge wieder verändert haben [...], es ist halt nicht mehr nur (...) Friede, Freude, Eierkuchen."

Thomas geht davon aus, dass die Verbreitung von HIV und Aids der ‚sexuellen Revolution' ein Ende bereitet habe; diese Annahme wird vielfach vertreten (vgl. u.a. Giddens 1992, S. 219, Siefer 1988/2011, S. 264).[3] Es wird angenommen, dass die Angst vor dem Virus polygames Sexualleben ausschließe und nur Monogamie Schutz vor der Infektionskrankheit biete. Auch die bundesweiten *„safer sex"*-

---

3 Es gibt tatsächlich pessimistische Stimmen aus religiös-extremistischen Lagern, die sogar die Entstehung des HI-Virus den ‚68erInnen' anlasten. Sie hätten Gott durch ihr polygames, lasterhaftes Leben derart erzürnt, dass er HIV geschaffen habe, um die „lustbetonte Zivilisation" zu bestrafen (Huntemann 2006).

Kampagnen der 1980er Jahre warnten mit Ausrufungszeichen vor promiskuitivem Verhalten: „In jedem Sexualkontakt mit unbekannten oder oft wechselnden Partnern steckt die Gefahr einer Aids-Ansteckung!" (zit. nach Barth 1987, S. 114) Indem öffentliche Kampagnen sexuelle Treue als Schutz vor Aids anpriesen, ließ sich das Virus als „anachronistisches Argument für eine Ordnung der Paare, wie sie der christlichen Moral entspricht", nutzen und Treue „als funktionale Größe" und Schutz darstellen (Barth 1987, S. 116).

Ob diese Botschaft ankam, untersuchte 1987 der Sexualwissenschaftler Martin Dannecker. Er befragte drei Jahre nach Ausbruch der Krankheit eine repräsentative Stichprobe von 1000 Menschen, ob sie Angst vor Aids hätten und ob sich ihr Sexualverhalten seit der Immunschwächekrankheit verändert habe. Weniger als die Hälfte der jungen Menschen gab an, dass sie ihr Sexualverhalten vor dem Hintergrund von Aids verändert hätten: „Die Mehrzahl ist keineswegs vorsichtiger geworden. Lediglich knapp 20% haben ihr Sexualverhalten geändert." (Dannecker 1987, S. 295) Was die Konstrukte Monogamie und Treue heute betrifft, so lassen diese sich nicht mehr mit den Konstrukten aus der ,68erInnen'-Zeit vergleichen. Junge Menschen leben seit den 1970ern in kürzeren Beziehungsphasen und sind in ihnen ,treu' („serielle Monogamie"), wobei SexualpartnerInnen auch schneller als Beziehungs- partnerInnen definiert werden; zwischen den Beziehungen pflegen sie als Single unverbindliche Sexualkontakte (Schmidt 2000b, S. 127). Studien, die die Anzahl der SexualpartnerInnen erheben, können zeigen, dass auch die Anzahl der Ge- schlechtspartnerInnen über die Generationen nach 1984 nicht abgenommen, son- dern eher zugenommen hat (vgl. u.a. Schmidt/Dekker 2000, S. 73f.). Somit scheint die Angst vor Aids sich nicht direkt auf die Anzahl von SexualpartnerInnen sondern eher auf das Verhütungsverhalten auszuwirken.

Was letztlich das Ende der ,sexuellen Revolution' hervorbrachte, lässt sich nur multifaktoriell erklären. Aids ist einer der Gründe. Zwar beeinflusste die Krankheit die „gesamte Auffassung von Sexualität" sowie das Sexualverhalten Hetero-, Ho- mo- und Bisexueller hinsichtlich Verhütung und Auswahl der SexpartnerInnen, je- doch nicht auf die Anzahl dieser (vgl. auch Herzog 2005, S. 306).

Schlussfolgerungen

Thomas hinterfragt zuerst das öffentliche Bild, nach dem die ,68erInnen' Sexualität und Beziehungsformen im Alleingang reformierten. Er spricht ihnen lediglich Im- pulse zu und erkennt vielmehr allgemeingesellschaftliche Liberalisierungstenden- zen der 1960er Jahre. Thomas stellt den medialen Beschreibungen studentischer Po- lygamie (s)eine Realität gegenüber, die sich viel „profaner" dargestellt habe.

Thomas konnte sich mit Wilhelm Reichs Theorie zum Triebabbau und der Frankfurter Schule identifizieren. Partnerinnen für die Umsetzung dieser Theorie zu finden, habe sich jedoch kompliziert dargestellt, zum einen, da die Theorie nur eine

„*mechanische*" Perspektive ohne „*Gefühl*" bot, und zum anderen, weil viele ‚68erInnen' noch nach dem traditionellen Bild der passiven Frau ohne eigene sexuelle Bedürfnisse sozialisiert waren. Dies änderte sich Thomas zufolge mit der voranschreitenden Liberalisierung der Sexualität und dem polygamen Duktus. Allerdings ging mit dieser Entwicklung nicht zeitgleich automatisch eine Auflösung der Doppelmoral einher; so habe auch Thomas selbst sexuell aktive Frauen kritisch beäugt und mit dem Stempel des ‚leichten Mädchens' versehen. Die moralische Bewertung sexuell aktiver Frauen hinkte den Idealen der Bewegung hinterher.

Für das Gelingen einer polygamen Beziehungspraxis, erinnert sich Thomas, sei eine Übereinkunft der Beteiligten über dieses Arrangement stets Voraussetzung gewesen sei. Nur die Zustimmung der Beteiligten und eine Transparenz über den aktuellen Beziehungsstatus habe „*Verletzungen*" verhindern können. Was das Geschlechterverhältnis der ‚68erInnen' betrifft, seien Frauen im Kreis der AktivistInnen wenig verantwortungsvolle Aufgaben zugekommen. Mit dieser Erinnerung bildet Thomas jene Meinung ab, die in der zumeist negativen (‚Opfer'-)Rolle weiblicher AkteurInnen innerhalb der Studierendenbewegung und in der wachsenden Unzufriedenheit darüber den Beginn der Neuen Frauenbewegung sieht. Als Gründe für die weibliche Benachteiligung führt Thomas an, dass sich die Studierenden noch stark an den elterlichen Beziehungs- und Geschlechterleitbildern orientiert hätten, in denen Macht und Aufgaben klar patriarchisch verteilt gewesen seien.

4. Ergebnisse der HDA- und THA-Feinanalyse

4.1 Interaktion

Inszenierung als sexuell kompetent

Thomas entwickelt sein Sexualitätskonstrukt im Interview stark über seine eigene Erfahrungswelt und sexuelle Praxis. Er inszeniert sich mehr als die anderen InterviewprobandInnen als sexuelles Wesen und richtet seine Erzählung stellenweise auf das Ziel, seine Offen- und Unbefangenheit hinsichtlich seiner Sexualität deutlich zu machen. Dies vermittelt er besonders durch seine Sprache, durch die er sehr detailreich seine sexuellen Erfahrungen anekdotenhaft schildert.

Die Vorstellung von sich als sexuellem Wesen nimmt für Thomas in seiner Erzählung einen bedeutenden Handlungsstrang ein. Und so knüpft er den roten Faden seiner Narration passagenweise entlang seiner sexuellen Sozialisation. In seiner Kindheit sei er ein cleverer, selbständiger, frühreifer Junge gewesen und habe sich schon früh durch Lektüre ‚fortgebildet'.[4] Das Aufwachsen im Dorf habe sein sexu-

---

4 „*Ich hatte das längst aus der Literatur zusammengesucht*".

elles Selbstverständnis geprägt. So habe er mit Freunden „*um die Wette mastur-biert*" und Tiere beim Sex beobachtet. Auch wenn Sexualität im Gleichaltrigenbe-reich „*kein besonderes Thema*" gewesen war, seien Gespräche darüber mit Er-wachsenen (Mutter und Lehrer) noch von einer umständlichen, konservativen Auf-klärungspraxis geprägt gewesen. Die dazu im Kontrast stehende Offenheit der ‚68erInnen' bezüglich Sexualität bemerkte Thomas als sehr positiv; er sah sich in seiner selbstverständlichen Herangehensweise an das Thema bestätigt. Und eben-diese Charakteristika des offenen, selbstverständlichen Kommunizierens über Se-xualität projiziert er in die Interviewsituation hinein. So weicht auch der Duktus der animalischen, selbstverständlich naiven Sexualität seiner Kindheitsbeschreibung im Laufe des Interviews einem Duktus erwachsener Spielarten. Indem er ausführlich beschreibt, welche sexuellen Erfahrungen er mit seinen „*Sexpartnerinnen*" sam-melte und welche sexuellen Fantasien er hat. „*Ich stell mir immer vor okay, wie meine Frau mit 'ner anderen Frau im Bett ist also, ist ja auch 'n typisches Männer-ding, ne.*"

Für ein außerhalb des privaten Raums stattfindendes Interview redet Thomas sehr offen über Sexualität. Was die Intention diesbezüglich betrifft, lässt sich mut-maßen, dass er sein sexuelles Selbstverständnis präsentieren und sich als unver-klemmt geben möchte, da er stets betont, dass ihm ein verklemmter Umgang mit Sexualität zuwider ist. Mit seiner detailreichen Darstellung teilt Thomas der Adres-satin – und den vermeintlichen LeserInnen des Interviews – zwei Dinge mit: Zum einen demonstriert er sich als Vertreter der von ihm zuvor proklamierten ‚68erIn-nen'-Errungenschaft, dem gelockerten Umgang mit Sexualität. Zum anderen veror-tet er sich durch seine offenen Schilderungen zu sexuellen Themen und Praxen ein Stück weit als interessierter Liebhaber. Als Folge drängt sich bei der Betrachtung der Passagen, in denen er seine sexuelle Praxis ausführt, der Gedanke auf, dass Thomas viele Aussagen mit Blick auf ihre Wirkung formuliert. Als Beispiel sei sein Verweis darauf zu nennen, dass er die Reich'schen Annahmen für zu „*mechanisch*" halte und gefühlsbetonte Sexualität bevorzuge. Die Betonung des Wunsches, eine emotionale Ebene für sexuelle Kontakte als Grundvoraussetzung zu haben, unter-streicht eine Distanz von dem Bild des ‚Mannes, der nur das eine will', von dem er sich mehrfach abzugrenzen versucht. Gleichzeitig berichtet er oftmals, wie potent er sei. Jene Passagen werden unter dem Gesichtspunkt seines Geschlechterkonstrukts eingehender beleuchtet. Für die Interaktionsebene ist Thomas' argumentative De-monstration seiner Potenz vor allem daher erwähnenswert, da er möglicherweise befürchtet, dass seine Potenz angezweifelt werden könnte, zumal die Beschreibun-gen seiner sexuellen Aktivität ungefragt berichtet werden.

Die Schuldfrage

Ein Erzählstrang handelt von einer „*Dreiecksbeziehung*", die Thomas eine Zeit lang führte, als er neben seiner Ehefrau ein sexuelles Verhältnis mit einer Studentin pflegte. Bei diesen Erzählungen schwingt im Subtext stets eine Schuldfrage sowie ein daran anknüpfender Rechtfertigungswunsch mit. Das Streben danach, seine Position zu erklären und seine Verantwortung für die negativen Begleiterscheinungen dieses Beziehungskonstrukts abzustreiten, ist für die Interaktionsdynamik von besonderer Bedeutung. Denn die Freiheit, die Thomas sich im Kontext des ‚68erInnen'-Sexualitäts- und Beziehungskonstrukts mit seiner sexuellen Nebenbeziehung nahm, führte zum Scheitern sowohl seiner Ehe als auch seiner Nebenbeziehung und letztlich auch seiner Abkehr von der Idee einer polygamen Beziehungsführung.

Die (nicht gestellte) Frage nach der Schuld und dem Auslöser der negativen Folgen des Beziehungsexperiments möchte Thomas im Interview vorwegnehmen, indem er sich durch seine Erzählpraxis indirekt argumentativ entlastet und der Interviewpartnerin sowohl seine Beweggründe für die Mehrfachbeziehung als auch für die Beendigung dieser darstellt. So habe er zum einen den sexuellen Reizen der Studentin nicht widerstehen können und sie habe zum anderen sein Bedürfnis nach sexuellen Abenteuern geteilt und ihn dadurch an sich gebunden.

„[...] ich habe eine Studentin [...] kennengelernt. Das war ziemlich am Anfang, wie ich da nach XY kam. Die Frau war klassisch, die Frau war toll [...]. Studenten haben mir geholfen [...] und hab[en] gestrichen [...] und [...] sie kam also im Mantel an und hatte nichts drunter. (...) Ich war der einzige, der das mitgekriegt hat."
„Aber das war halt toll [,] weil mit ihr hab ich neue Sachen gemacht, die ich von vorher nicht kannte. Also wie gesagt, angefangen von dem Pelzmantel mit nichts drunter (...) ich hab das erste mal mit ihr im Leben dabei geraucht [...], Joints und so was, und ich fand: ‚wow (...)', fühlte mich göttlich dabei, sie sich auch und (...) wir ham (..) Dreier gemacht mit zwei Mädchen und solche Sachen, also alles mögliche da ausprobiert."

Thomas' ausführliche Darstellung der sexuellen Anziehungskraft der Studentin sowie der Möglichkeiten, die sich durch die Beziehung mit ihr boten, seine sexuelle Neugierde auszuleben, wirkt als Entlastung seiner Verantwortung.[5] Die Beschreibung seiner Bemühungen, für das Beziehungsarrangement das Einverständnis aller Beteiligten einzuholen, soll ihn zusätzlich entlasten. Somit können alle, die dem Arrangement zustimmten, für die Entwicklung der *„Dreiecksbeziehung"* auch als mitverantwortlich angesehen werden.

---

5   Besonders die Szene mit dem Pelzmantel soll die Verführungskünste der jungen Studentin belegen, denen sich Thomas nicht erwehren konnte. Sie wirkt jedoch konstruiert und fast wie eine Szene aus einem Film, beispielsweise wie Catherine Deneuve in „Belle de Jour" (1967) oder wie die „Venus im Pelz" (Verfilmung 1969), mindestens jedoch wie eine atavistischer Topos, eine verwirklichte Männerphantasie.

Eine weitere Lösung der Schuldfrage bietet Thomas, indem er sich als geläutert darstellt und seine Gefühlslage detailliert ausbreitet. Dabei lässt seine eigene Misere die der anderen Beteiligten in den Hintergrund rücken, als habe nur er *„das Schlimmste"* im Nachhinein erleiden müssen.

„[...] das waren heiße Zeiten. Ja. Da ist auch meine erste Ehe dran kaputt gegangen. Irgendwann hat man sich dann total selber (...) überschätzt und hat gedacht [,] man kann halt alles haben. Ja okay, man hat's gehabt, gut, but [...] so what? (...) Irgendwo ist dann halt immer so 'ne Grenze und irgendwann fängt man an, Leuten weh zu tun und sie zu verletzen und das ist dann der Punkt, so lange es für beide okay ist, ist es gut, da kann man also alles machen und das geht dann bis in die in die Sexualität oder was rein, aber wenn einer drunter leidet, [...] kannste das [...] nicht bringen."

„[...] und irgendwann war ich dann halt auch nicht mehr so [...] dran beteiligt [an der Idee von Mehrfachbeziehungen, Anmerk. KV], vor allem nach meiner ersten Ehe, wo ich gemerkt hab, ich hab einfach viel Scheiß gebaut, wo ich gedacht hab, [...] das ist es einfach nicht wert [wenn] dann [...] totale Verletzung[en] von Menschen [entstehen] und dass du deine Primärbeziehung damit in den Sand setzt."

„Die ganze Woche zu Hause war es ein Krampf und [...] bei der Freundin wars dann hinterher auch ein Krampf. Sie sagt: ,Wieso denn, wenn sie's doch schon genau weiß und alles, wieso dann nur eine Nacht und können wir nicht mal am Wochenende?' Weißte, so diese üblichen Spielchen [...] und dann irgendwann ist [...] natürlich alles explodiert. [...] Also ich weiß, das Schlimmste war dann, nachdem die Partnerschaften vorbei waren [...], dass man mit einem mal 'ne Verlustangst entwickelt, die man (...) vorher nicht gehabt hat. Nach dem Motto ,Okay, jetzt ist die, die Frau weg, das ist total in die Binsen gegangen, das ganze Leben bricht zusammen, (...) Kind und alles.' [...] man war selber angeschlagen und (...) hat sich die Wunden geleckt [...] und [man wurde durch] die Verlustangst [...] mit einem mal dann [...] eifersüchtig und ich hab mir damals schon gedacht, das ist ja Schwachsinn irgendwo, aber dann guckte man immer schon doppelt genau hin und [...] dann denkste dir irgendwo ,Guck, und das[6] haben Frauen verdammt häufiger erfahren als Männer, 'ne? [...] [6 Sekunden Pause] Weil Forderungen kann man immer leicht stellen, aber [...] wenn man das aus [der eigenen] Position heraus macht ist ja auch okay, aber (...) wie ist es mal andersrum?"

---

6   Mit *„das"* umschreibt Thomas durch „leeres Sprechen" (Welzer 2002, S. 158). Emotionen der Kränkung, die seine Frau und seine Freundin erlebten, ohne sie benennen zu müssen. Indem Thomas hier die negativen Emotionen und seine polygame Praxis mit *„das"* so unkonkret umschreibt, umgeht er das Problem, konkret auszusprechen und zu benennen zu müssen, wie sich die beiden Frauen gefühlt haben. Würde er *„das"* in Worte fassen, würde womöglich die implizite Frage nach der Schuld für *„das"* aufkommen.

Die Beschreibung seiner Reue („*einfach total Scheiß' gebaut*") und seines Leids („*Verlustangst*") weckt Verständnis und löst Mitleid beim Gegenüber aus und schwächt das vermeintlich negative Urteil über das Scheitern der Beziehungen ab. Indem er erläutert, dass er selber auch „*Verletzungen*" erlitt und seine „*Wunden lecken*" musste, die er zuvor bei anderen ausgelöst haben könnte, zeigt er, aus dieser Erfahrung gelernt und die Konsequenz gezogen zu haben, sich nicht mehr „*daran*" zu „*beteilig[en]*". Dass Thomas in diesen Sequenzen seine eigenen Gefühle konkret und ausführlich benennt, ist für das Interview besonders, da es die einzigen Sequenzen im Interview sind, in denen Thomas überhaupt ausführlich auf sein Gefühlsleben eingeht; dadurch erscheinen seine Ausführungen ehrlich. Die Emotionen der anderen Beteiligten kommen dagegen nur kurz bis gar nicht vor. Dies könnte wieder in dem Ziel, die Schuld von sich abzuwenden, begründet sein, denn würde Thomas die gesamte Palette der Emotionen des Beziehungsabbruchs bei den Beteiligten beschreiben, böte er womöglich mehr ‚Angriffsfläche' für Kritik der Zuhörerin. Umso deutlicher stellt er sich selber als Opfer der Umstände dar. Die Folge, dass er unter Eifersucht und „*Verlustangst*" litt, sich also das Blatt wendete und er etwas empfand, was seine Ehefrau und Freundin während der „*Dreiecksbeziehung*" womöglich gespürt haben, unterstreicht seine geläuterte Einsicht.

Durch seinen Perspektivwechsel, in dem er sich in die Frauen hineinversetzt, die sexuelle Nebenbeziehungen ihrer Partner „*verdammt häufiger erfahren [haben] als Männer*", entwickelt er Verständnis und Mitgefühl für Frauen, die unter dem Missverhältnis der Doppelmoral litten. Da die Interviewerin/Autorin als Frau ebenso darunter leiden könnte, dass mehr Männer als Frauen sexuelle Nebenbeziehungen neben der Primärbeziehung führten, verbündet sich Thomas durch diesen Perspektivwechsel mit dem weiblichen ‚Geschlecht' und prangert die ungleich verteilte Nutzung der polygamen Idee auch in Namen seines Gegenübers mit an.

Thomas leitete für sich aus dieser Erfahrung eine neue Beziehungsnorm ab, die sexuelle Nebenbeziehungen neben der Primärbeziehung ausschließt; durch dieses ‚Überschreiben' der alten Polygamie-Norm und seiner allgemeinen Reue und Leiderfahrung entlastet er sich von seiner vermeintlichen Schuld. Argumentativ ließe sich von den RezipientInnen seines Interviews nach seiner geschilderten Einsicht, sich mit der „*Dreiecksbeziehung*" „*überschätzt*" zu haben, sowie seiner Läuterung nur schwer ein Vorwurf entwickeln.

Auch sprachlich reflektiert sich Thomas' Bedürfnis, sich von der Verantwortung des missglückten Beziehungsexperiments freizusprechen: Er benötigt mehrere Anläufe, um sich zu verteidigen, verwendet z.T. ungegenständliche Worte und Rhetorik. Dies könnte als unbewusste Strategie fungieren, um sich nicht als direkt identifizierbare alleinverantwortliche Person zu präsentieren. Würde Thomas beispielsweise öfter das passende Pronomen verwenden, würden Sätze wie „*Irgendwie hat man sich dann total selber (...) überschätzt*" und „*irgendwann fängt man an, Leuten weh zu tun*" direkt wie ein Schuldeingeständnis klingen, nämlich wie folgt: „Irgendwie hab ich mich dann total selber überschätzt" und „irgendwann fing ich an, Leuten weh zu tun". Auch der Begriff „*Leute*" verschleiert die eigentlichen Betroffenen (seine Frau und seine Freundin) – durch den allgemein gehaltenen Begriff „*Leute*" werden sie entpersonifiziert. Die undefinierbare Masse, die sich hinter dem Wort „*Leute*" verbirgt, wirkt harmloser als eine Aufzählung der konkret betroffenen drei bzw. (rechnet man den Sohn hinzu) vier Menschen, die in den Bruch der „*Dreiecksbeziehung*" involviert waren. Die namentliche Nennung würde den Betroffenen eine Bedeutung und einen Platz einräumen, der wiederum bei der Rezipientin die Perspektiven ebenjener eröffnen und dadurch Thomas' isolierte Beschreibungen seines Leids erweitern würde.

Thomas' Annäherung an die ‚Schuldfrage' kann auch im Kontext gesellschaftlicher Hintergründe betrachtet werden. Die Scheidung fand noch unter jenem Ehe- und Familienrecht statt, in dem das Schuldprinzip über offizielle Scheidungen entschied. Da die Trennung aufgrund von Thomas' Verhalten stattfand und er aus dieser Perspektive als Schuldiger hervorging – unabhängig davon, ob das Familiengericht dies letztlich auch so formulierte – , wird sein Bedürfnis, die Schuldfrage kohärent zu bearbeiten, die Beschreibung dieses Lebensabschnitts geprägt haben.

Die Auflösung der Schuldfrage und die Darstellung seiner Abkehr von der Idee der Mehrfachbeziehungen können als wichtige Aspekte in Thomas' Erinnerungsarbeit rund um seine Zeit als ‚68er' herausgestellt werden, denn hier wird in besonderer Weise sein Wunsch nach Kohärenz deutlich. Er schaut ambivalent auf seine „*heißen Zeiten*" zurück, möchte sich gleichzeitig von negativen Entwicklungen, die auf sein Verhalten zurückzuführen wären, freisprechen und dadurch akzeptieren, wie alles ablief. Um dies zu erreichen, bereitet er seine Erfahrungen so auf, dass sie (für ihn) kohärent erscheinen.

Inszenierung als ‚Prof zum Anfassen'

Thomas möchte seinem Gegenüber im Gespräch auf Augenhöhe begegnen, Ratschläge erteilen und sich fernab ‚verkrampfter' Höflichkeitsdistanz unterhalten. So bot er der Interviewerin beispielsweise direkt zu Beginn der Interviewsituation das ‚Du' an und umarmte sie am Ende des Interviews. Die Grenze zwischen öffentlicher und privater Sphäre verwischt auch in jener Situation, in der Thomas ein Geheimnis mit der Interviewerin teilen möchte:

T: „*[...] jetzt verrat ich dir noch was, aber nur, wenn du das ausmachst.*" [deutet auf das Diktiergerät]
KV: „Erzähl mir das nachher."
T: „*Mmmh, okay.*"

Die zitierte Passage unterstreicht Thomas' Wunsch, sich als sexuell aufgeschlossen darzustellen, denn bei dem Geheimnis, das er dringlich mitten im Interview loswerden wollte, handelte es sich um seine Teilnahme an einer Kunstaktion, bei der er sich offenbar für eine Bekannte nackt ablichten ließ. Indem er das Geheimnis, das er für unpassend für das offizielle Interview hielt, mit der Interviewerin teilen möchte, soll sie zur Vertrauten gemacht und eine private Atmosphäre geschaffen werden. Geheimnisse schaffen Bündnisse und verpflichten zu Loyalität und Solidarität (vgl. hierzu Keller 2007, S. 59ff.). So hätte Thomas wieder mit Blick auf die implizit mitschwingende Schuldfrage die Solidarität seines Gegenübers vergrößern können. Interessanterweise nutzt Thomas dieses Geheimnisangebot genau zu dem Zeitpunkt, in dem sich das Interview um die *„belastet[e]"* Situation dreht, die zwischen ihm und seiner Freundin geherrscht habe, nachdem sich die *„Dreiecksbeziehung"* auflöste. Von den negativen Emotionen, auf die Thomas an dieser Stelle näher hätte eingehen können, lenkt er damit ab, hin zu etwas Positiverem, Geheimnisvollerem.

Dass Thomas auch in seiner Kommunikation als Universitätsdozent Augenhöhe zwischen sich und den Studierenden erreichen möchte, wird in verschiedenen Passagen seiner Erzählung deutlich. Er inszeniert sich in den Sequenzen, in denen er aus seinem Lehralltag berichtet, als ‚Prof zum Anfassen'. Er beschreibt, dass er sich mit ihnen über Sexualität, Pornografie und Partnerschaft unterhalte und suggeriert so eine ungezwungene Kommunikation, die über die übliche Dozenten-Studierenden-Kommunikationspraxis hinausgeht. Zudem trete er auch (ungefragt?) als Beziehungsratgeber auf; so warne er Studierende u.a. davor, sich zu früh monogam zu binden.

Eine andere Komponente von Thomas' Inszenierung als ‚Prof zum Anfassen' besteht in der Schilderung seiner Beziehung mit der Studentin (s.o.). Dass er sich als *„junger Herr Professor"* auf eine Beziehung mit einer Studentin einlässt, könnte als Ausnutzung seiner Autorität ausgelegt und somit als moralisch verwerflich angesehen werden. Seine Unsicherheit hinsichtlich solch einer möglichen Verurteilung wird darin deutlich, dass er ein Unrechtsurteil vorwegnimmt und schnell anfügt, dass die *„Mädchen"*, mit denen er Sex gehabt habe, *„ja auch volljährig"* gewesen seien. Dieser Einwurf wäre wohl nicht nötig gewesen, hätte er nicht die Asymmetrie der Beziehungen im Blick gehabt. M.E. wurde die Grenze schon zu dem Zeitpunkt überschritten, als Thomas sich Studierende nach Hause einlud, um von ihnen seine Wohnung streichen zu lassen.

4.2 Wie Thomas ein ‚68er‘ wurde

Kritik an ‚verschleiernder‘ Sexualerziehung und repressiver Sexualkodizes
Thomas erkennt verschiedene Aspekte, die seine Politisierung als ‚68er‘ beeinflussten. Vor allem habe es vor seiner Studienzeit Einflussfaktoren gegeben, die früh seine Kritik an repressiver Sexualmoral prägten. Thomas vermisste in seiner Kindheit und Jugend eine ungezwungene Kommunikation über Sexualität. Sowohl seine Eltern als auch seine LehrerInnen hätten nicht vermocht, auf angemessene Art und Weise mit Heranwachsenden über Sexualität zu sprechen. Die familiäre und schulische Sexualaufklärung sei sehr *„klassisch“* abgelaufen:

„Meine Mutter hat's dann also dann wirklich auf die klassische Art [mit] so Umschreiben versucht und [...] meine Schwester hat sie dann nur gefragt ‚Ja und wann lernen wir denn jetzt richtig? Wir wissen genau, wie das geht und so‘ und [...] meine Mutter ist wahrscheinlich zusammengebrochen und mir war [das] eher nur peinlich, ich hatte das längst aus der Literatur zusammengesucht. Und [...] mir [war] also nur noch peinlich dabei. Aber sie meinte, sie müsste das jetzt [...] tun, sie hat es gut gemeint, aber [es war] längst (...) der Dampfer abgefahren natürlich. [...] ich habe längst andere Bücher gelesen. Von Henry Miller bis zu sonst was.“

„Du lieber Gott, mit was für einen Schwachsinn haben die einen vollgestopft, was absolut nichts mit der Realität zu tun hatte.“

„[...] wir hatten einen Lehrer der war ganz gut, da konnten wir Fragen stellen, auch anonym, die hat der beantwortet. Und dann hat er irgendwann mal den klassischen Satz gesagt und [der] hat es dann bis zur Schülerzeitung gebracht ‚Aber meine Herren, der Religionsunterricht ist doch keine erotische Bastelstunde‘ [...] . [...] aber wie gesagt, wir haben auch gerne die Bibel gelesen und man kannte die einschlägigen Bibelstellen im Alten Testament von Hesekiel bis sonst was. [...] es ist (...) heute betrachtet [...] schon insofern verklemmt, dass man sich ausgerechnet Aufklärung aus der Bibel holen muss.“

Die Aufklärungsbemühungen seiner Mutter und seines Religionslehrers seien *„zu spät“* gekommen, erinnert sich Thomas. Vor allem die Bemühungen seiner Mutter hätten zudem auf eine falsche Art und Weise stattgefunden und das Vorwissen ihrer Kinder unterboten.

„[...] ich bin aufm Dorf großgeworden und [da] wars 'n bisschen anders. Gut, die Schweine haben's miteinander getrieben, die Kühe haben's miteinander getrieben [und] wir Jungs haben um die Wette masturbiert, wer am weitesten ejakulieren konnte.“

Da die Kinder schon aus Beobachtungen und eigener Praxis über Sexuelles Bescheid wussten, war das sexualerzieherische Bestreben der ErzieherInnen wenig erfolgreich. Die kindliche Neugierde und Unbefangenheit, die Thomas erinnert, steht hier im deutlichen Kontrast zu der mangelnden Vermittlungskompetenz der Erwachsenen. Den sexuell motivierten Aktionismus verbindet Thomas mit einer Natürlichkeit, die *„aufm Dorf"* unter Kindern genauso zum Alltagsbild gehört habe wie kopulierende Schweine und Kühe. Gerade dass Erwachsene es nicht vermochten, trotz der Allgegenwärtigkeit von Sexualität eine offene Kommunikation darüber zu führen und sich an die *„verklemmt[e]"* Gesellschaftsmoral hielten, nach der man Kinder und Jugendliche vor diesem Thema so lang wie möglich bewahrt, ärgerte Thomas. Doch nicht nur moralischen Ansprüchen habe sich sein Umfeld in der Sexualerziehung angepasst. Auch auf – in seinen Augen unsinnige – Gesetze, etwa den Kuppeleiparagraphen, habe man gepocht, auch wenn man selbst nicht davon überzeugt war. Diese *„Doppelmoral"* konnte Thomas als Jugendlicher und junger Erwachsener nicht nachvollziehen.

„Ich bin ja groß geworden [...] in 'ner (...) Generation [und] das war auch noch im Studium so, du durftest ja keinen Besuch nach 10 Uhr haben. (...) Die Eltern haben natürlich darauf geachtet, dass du nie irgendwo alleine im Zimmer warst – meine Eltern waren relativ liberal, muss ich sagen [...], aber trotzdem, das war [...] 'ne schwierige Kiste."

„[...] die Autoritäten, wie auch immer schwammig die waren, Vermieter, Eltern, Lehrer, die haben da schon noch irgendwo drauf bestanden [...]. Das ging nicht. Die haben zwar immer gesagt: ,Uns ist das ja egal, aber die Nachbarn.' Das war also immer das [...,] unter dem man sich dann verkrochen hat. Das war also offensichtlich tatsächlich 'n Problem, 'ne. [...] Und also: ,Mir ist's eigentlich egal, das müssen Sie aber verstehen, Herr M. (...) Sie können nach 22 Uhr nicht noch Damenbesuch aufm Zimmer haben, wir kriegen sonst Probleme mit den Nachbarn!'. Puh (...). Ja ja, das war, das war wirklich [...] Doppelmoral."

Thomas erinnert sich an eine große Kluft zwischen *„Realität"* und gesellschaftlich proklamierter Moral. In diesen Passagen wird deutlich, dass Thomas seine Eltern als an die Gesellschaft angepasst erinnert, sie hätten darauf geachtet, dass er nie alleine mit einem Mädchen auf dem Zimmer war. Auch in anderen Kontexten symbolisierte der Vater den Kontrast zwischen Gesetz und Wirklichkeit.[7] Thomas durch-

---

7   Den Verweis auf Gesetze machte sich Thomas' Vater auch jenseits des Themas *„Damenbesuch"* zu Nutze: *„[...] meine Schwester und ich [waren] uneheliche Kinder [...] und das heißt, das Jugendamt hat drauf geachtet, dass wir ordentlich erzogen wurden und das konnte mein Vater natürlich immer ganz gut als Argument [...] gebrauchen, wenn da irgendwas lief und so: ,Lasst euch nicht erwischen, wenn das Jugendamt kommt dann werdet ihr mal eurer Mutter weggenommen und dann kommt ihr ins Erziehungsheim' und so was alles. [...] Formaljuristisch hatte [er] wahrscheinlich recht gehabt,' ne, obwohl das wahrscheinlich keiner mehr gemacht hat in der damaligen Zeit. Aber das war*

schaute die Absurdität der Sexualmoral und wollte sich ihr nicht anpassen. Dementsprechend hielt er sich nicht an die Moralkodizes und widersetzte sich ihnen.

„1964 ‚Das Schweigen' von Ingmar Bergman, das war ein Riesending. Wir haben uns da alle reingeschummelt. [...] wo der Pfarrer vorm Projektor stand und mit dem Hut das also abgedunkelt hat, damit die armen äh Gemeinde äh Schäfchen da irgendwo nicht verdorben werden."

Als der schwedische Film „Das Schweigen" 1963 in die deutschen Kinos kam und wegen mehrerer Sexszenen erst ab 18 Jahren freigegeben wurde (vgl. Gregor/Patalas 1973, S. 221ff.), hielt Thomas sich nicht an diese Altersgrenze und schlich sich im Alter von 15 Jahren ins Kino. Und als Reaktion auf das Verbot, keinen *„Damenbesuch"* zu Hause zu empfangen, verlagerte Thomas seine sexuellen Abenteuer ins Freie. *„[...] das konnteste alles natürlich nicht zu Hause treiben, du musstest raus ins Feld, Wald und Wiese fahren."*[8] Die Kluft zwischen der gelebten Praxis und dem moralischen Zeigefinger der Öffentlichkeit verlangte Thomas einige Heimlichtuerei ab. Er erinnert sich, dass beim Regelbruch erwischt zu werden Konsequenzen nach sich zog.

„Ja, 's war 'ne harte Zeit, muss ich einfach sagen. Wenn man sich so zurück erinnert [...]. Kamen die Mädels abends [eine] Viertelstunde später nach Hause, als wie das mit den Eltern abgemacht war, ham se vierzehn Tage Stubenarrest gehabt und man durfte nicht mit ihnen ausgehen."
„Einer bei uns musste in der Elften das Gymnasium verlassen. Warum? Weil er Vater geworden war. Da wurde er vom Gymnasium geschmissen. (...) Das war natürlich ganz schlimm."

Aus Angst vor diesen Konsequenzen wurden z.T. schwerwiegende Entscheidungen getroffen.

„Ich hab 'ne Freundin gehabt, die war [...] relativ jung [...] und die ist aber mit jemandem zusammen gewesen, der offensichtlich nicht ganz so rücksichtsvoll war [...], sie ist dann gestorben [...] an ner verpfuschten Abtreibung [...]. Es war sehr schwer, irgendwo [an] Verhütung [zu kommen] [...]. Abtreibung [...] war ja noch schwer verboten [...] und wenn's dann

---

natürlich die dicke Keule ‚Jetzt benehmt euch ordentlich, weil ihr seid hier nicht in 'ner normalen Familie'."

8   Dass sexuelle Interaktion ins Freie verlegt wurde, erinnert auch der Verleger Klaus Wagenbach in einem Interview: „Die fünfziger Jahre waren eine Ära der Autorücksitze. Wenn man mal ein Ding drehen wollte, war der Autorücksitz der einzige Ort, wo das ging." (Wagenbach zit. nach Beyer/Hage 2010, S. 110)

irgendwie passiert war, dann sah es halt ziemlich übel aus. Und bei ihr isses also offensicht-
lich schief gegangen [...] und die Eltern haben, so lange ich mit denen Kontakt hatte [...], das
vollkommen weggeblendet und sich selber was vorgemacht [...] und wollten das einfach nicht
wahrhaben."

Dieses „*traumatische*" Erlebnis verdeutlichte Thomas einmal mehr die Grenzen der
Sexualmoral und motivierten ihn zu seiner konträren Haltung. Die verpfuschte Abtreibung und das Leugnen der Eltern symbolisieren das Tabu und das Stigma des
‚gefallenen Mädchens'.

In seinen Eltern und dem Vermieter seiner Studentenwohnung, die mit Verweis
auf den Ruf bei „*den Nachbarn*" und auf den Kuppeleiparagraphen Zusammenkünfte zwischen ihm und jungen Frauen verboten, in der Gesamtgesellschaft, die
junge Menschen vor sexuellen Situationen bewahren wollte sowie in dem Tod einer
Freundin sah Thomas die „*Doppelmoral*" der repressiven, realitätsfernen, traditionellen Sexualmoral der 1960er Jahre verkörpert. Durch den Wunsch nach Abgrenzung wuchs sein kritischer Blick auf jene Gesellschaftsstrukturen, die der Doppelmoral zugrunde lagen; dadurch wurde sein erster Schritt in die Studierendenbewegung geebnet.

Aneignung sexueller Themen durch Lesen
Neben den Aktionen, in denen sich Thomas der Sexualmoral widersetzte, suchte er
auf diskursiver Ebene Anregungen zur Kritik an ihr. Und so eignete er sich in Er-
mangelung von Hilfestellungen der Erwachsenen im Eigenstudium Wissen zur Sexualität und deren Diskussion an.

„Ich hab also den Reich gelesen. [und] ich hab ja den Kinsey-Report als einer der Allerers-
ten[9] *überhaupt gelesen da drüber. Da hab ich dann viel von gelernt wie das so ist und kannte*
gleich die Zahlen."
„Ich hatte ja längst andere Bücher gelesen. Von Henry Miller bis zu sonst was. [...] Also, ich
hab den den äh Nancy Friday 'Angst vorm Fliegen' und solche Geschichten äh die hat man
natürlich alle gelesen."

Durch die Aufzählung von Henry Miller und Alfred Kinsey, die er als Junge schon
(heimlich) gelesen habe, markiert Thomas seine Neugierde an sexuellen Themen.

---

9   Möchte man Thomas Glauben schenken, muss er die beiden deutschen Übersetzungen,
     die 1954 und 1955 auf den Markt kamen, bereits mit sieben und acht Jahren gelesen ha-
     ben. Fraglich ist auch, wie Thomas sich die Bücher aneignete. Es ist davon auszugehen,
     dass sich einem Kind bzw. Jugendlichen auf dem Dorf nicht so leicht Bezugsquellen an-
     boten.

Im weiteren Politisierungsprozess habe er sein Leserepertoire erweitert (u.a. um Reich, Fridan, Friday), was seine Beteiligung am sexualpolitischen Diskurs der Bewegung verdeutlicht. Dass er sich eigeninitiativ Literatur zusammensuchte, die seinem sexuell-sprachlosen Umfeld das geschriebene Wort entgegensetzen sollte, ist ein weiterer Aspekt, der sich hinsichtlich Thomas' (Sexual-)Politisierung anführen lässt.

Zusammengefasst bemerkte Thomas schon früh die sexualfeindliche Stimmung seiner Umgebung und kritisierte sie als „Doppelmoral", da er sie als widersprüchlich zu seiner „Realität" wahrnahm. Erwachsene verkörperten mit ihrer (Sexual-) Erziehung die gesellschaftliche, „verklemmte" Stimmung, da sie ihm keine adäquate Sexualaufklärung boten und ihm das Zusammensein mit Mädchen auf seinem Zimmer verbaten. Auch in seinem weiteren Umfeld boten sich ihm mehrere Beispiele eines überhöhten Reglements, das die Sexualentwicklung junger Menschen zu unterbinden versuchte. Ein Mitschüler wurde der Schule verwiesen, als er Vater wurde, eine Freundin starb an den Folgen einer klandestinen Abtreibung. Thomas' Kritik an der doppelmoralischen Sicht auf Sexualität wurde durch die Literatur bestätigt, so konnte er beispielsweise dem Kinsey-Report die realen „Zahlen" zu vorehelichem Verkehr, Masturbation und Untreue entnehmen und daraus ableiten, dass die „Realität" die Moral längst überholt hatte.

All diese Beispiele erinnert Thomas als biografische Rahmenbedingungen für seine Kritik an der gesellschaftlichen Sexualmoral. Dass seine Eltern und andere erwachsene Bezugspersonen diese Moral vertraten und ihn dadurch begrenzten, erlebte er als Konflikt, der sich dann in seiner Partizipation an der Studierendenbewegung eine Ausdrucksform schaffte. Thomas' Eintritt ins Studium markierte zugleich seinen Eintritt in die Studierendenbewegung. Deren Ziel der ‚befreiten' Sexualität und Kommunikation darüber, weckte Thomas' Neugierde und ließ ihn zum Befürworter und Akteur werden; andere politische Ziele der Bewegung rund um Frieden, Hochschulpolitik usw. erwähnt Thomas nicht. Im Gegensatz zu anderen ProbandInnen berichtet Thomas nicht detailliert, ob und in welchen Arbeits- und Diskussionsgruppen er sich engagierte. Er berichtet detaillierter über seine Umsetzung der Sexualitäts- und Beziehungstheorie als über (s)eine kognitiv-theoretische Akteurschaft. Inwiefern Thomas' sich mit den Theorien und Praxisideen der ‚68erInnen' identifizieren konnte, wird im Folgenden deutlich werden.

4.3 Umgang mit dem Sexualitäts- und Beziehungskonstrukt

(Kritische) Auseinandersetzung mit den Theorien der ‚68erInnen'
Im Kontext der ‚68erInnen'-Sexualitäts- und Beziehungstheorie erinnert Thomas vor allem die Thesen Wilhelm Reichs und stellt anhand dieser seine Theorieausei-

nandersetzung dar. Andere Namen von Theoretikern nennt Thomas nicht, für ihn ist Reich offenbar der bedeutendste.

In Thomas' Erinnerung stehen Reichs Annahmen zu körperlichen und seelischen Folgen von Triebunterdrückung im Vordergrund. Aus ihnen habe Thomas einige *„Vorgaben"* für sein eigenes Verhalten ableiten können. Wenngleich Thomas Rezeption von Reichs Theorien lückenhaft ist,[10] kann er sich mit den Grundgedanken Reichs identifizieren; Wilhelm Reich habe *„natürlich schon einiges"* für sich gehabt. Die Lehren des Psychoanalytikers habe Thomas vor allem in jenem Punkt sehr nachvollziehen können, der Sexualität positive Effekte zuspricht: *„[...] dass man also selber merkte, dass man ein ausgeglichenerer Mensch [ist], wenn man [...] zu seiner Sexualität gekommen war [...] [und der] Hormonhaushalt okay ist und mein Kopf okay ist."*

Doch trotz der Anerkennung dieser These grenzt sich Thomas gleichlaufend von der Reich'schen Betrachtung von Sexualität ab, da diese ihm zu *„mechanisch"* gewesen sei. Er sei dagegen mehr *„auf das Gefühl aus"* gewesen (vgl. auch Kernaussage 2).

„Aber im Grunde genommen hat mich das nie interessiert, weil ich muss schon sagen, ich war dann doch schon eher auf das Gefühl aus. Ich will nicht behaupten auf die große Liebe, aber dass es irgendwo [...] beiden Spaß machen musste und ein Nehmen und Geben war [...] also das ist mir irgendwo ein bisschen zu mechanisch die ganze Geschichte [...]. ‚Also ich, okay, das brauch ich jetzt, damit mein Hormonhaushalt okay ist und mein Kopf okay ist' und so was, das war eigentlich nur so [...] 'n Nebeneffekt."

Thomas empfindet die direkte Ableitung der Reich'schen Annahme als zu *„mechanisch"*, wenn dies bedeute, dass Sexualität nur aufgrund der positiven Effekte auf den Körper ihre Berechtigung habe. Für ihn seien vielmehr emotionale Bedürfnisse

---

10 Thomas' Aussage, Reich hätte verkündet, dass eine unterdrückte Sexualität sich beim Manne in Aggressionen ausdrücke und *„sogar Weltkriege entstehen können"*, ist nur eine verkürzte Auslegung. Unterdrückte Triebe und Krieg sah der Psychoanalytiker zwar in einem argumentativen Zusammenhang, er stellte sie jedoch nie als kausale Kette dar. Er betrachtete das aggressive Potenzial, das von repressiver Sexualität ausgehe und zudem die Menschen ‚gefügig' mache, schloss daraus jedoch nicht auf das mögliche Entstehen von Kriegen. Reich beschrieb eher die Auswirkungen eines repressiven Staatssystems auf den menschlichen Charakter statt andersherum die durch unterdrückte Sexualität hervorgebrachten Charakterdeformationen als Ursache für Krieg zu interpretieren, wie Thomas es auslegt. Diese Art der Auslegung war in der Studierendenbewegung stark verbreitet und wird durch die Slogans „Make love not war" oder „Fuck for peace" (vgl. u.a. Hecken 2008, S. 116) allegorisiert.

und das zwischenmenschliche „*Nehmen und Geben*" sowie der „*Spaß*" statt körperlicher Effekte wichtig gewesen. Durch diese Auslegung scheint es, als interpretiere Thomas die Reich'sche Theorie dahingehend einseitig, dass sie nur physische
und psychische Vorteile, nicht aber die zwischenmenschlichen Aspekte von Sexualität benenne. Dass Reich nie eine Trennung von Lust und körperlich-seelischer
Freiheit intendiert hatte, scheint Thomas nicht zu erinnern. Durch seine Abgrenzung
von einer „*mechanischen*" Sichtweise auf Sexualität folgert er für sich, dass er sie
nicht in seiner Sexualpraxis umsetzen möchte.

„*Aber das hat man ja nicht direkt auf sich selber übertragen. Also, das kann ich sagen, das
hat mich überhaupt nicht groß beeinflusst in der, in der Hinsicht, 'ne. Also, ich weiß auch
nicht, ob ich typisch bin also in dieser Beziehung zu der damaligen Zeit.*"

Indem Thomas sich von Reichs Theorie abgrenzt, zieht er eine Grenze zu einem
(medial stilisierten) Bild der ‚68erInnen'. In der wissenschaftlichen Aufarbeitung zu
1968 wird Wilhelm Reich als der theoretische Kopf der Bewegung hinsichtlich des
Wunsches nach befreiter Sexualität angesehen (vgl. u.a. Baader 2008, S., Eitler
2007, S. 237 sowie Kapitel III). Indem Thomas sich nun kritisch zu Reich äußert,
grenzt er sich von jenen ‚68erInnen' ab, die Reichs Theorie als direkte Praxisanwei-
sung verstanden (wie der Kommilitone, der per Flugblatt nach Sexualpartnerinnen
warb).

Diese Abgrenzung könnte Thomas während des Erinnerungsprozesses neu hervorgebracht haben. Sie bedeutet nicht, dass er sich Ende der 1960er und Anfang der
1970er Jahre nicht vielleicht doch stärker mit den Theorien Reichs identifizierte, als
er an dieser Stelle anbringt. Die aktuelle Kritik und Gegenposition zu den „*mechanisch[en]*" Theorien Reichs könnten mehrere Funktionen haben: Zum einen wird
Thomas durch seine Abgrenzung nicht mit der Vorstellung eines kulturellen Gedächtnisses in Verbindung gesetzt, das den ‚68erInnen' gefühlslose, „*mechanisch[e]*" Sexualität zuschreibt und nicht als Akteur dieser Lebensform verstanden.
Zum anderen lässt sich seine Kritik auf der Inhaltsebene verstehen, da Thomas
durch seine Kritik an der Reich'schen Theorie sich dem common sense der psychoanalytischen Disziplin anschließt, die ihre Triebtheorie weiterentwickelte und die
Reich'schen Annahmen erweiterte und überarbeitete. Reich gilt bisweilen als überholt, in der psychoanalytischen Ausbildung wird er nur auszugsweise gelehrt (vgl.
DPG-IPV-Curriculum). Durch seine Theoriekritik würde man Thomas also nicht als
jemand ansehen, der einer heute als veraltet angesehenen Theorie aufgesessen sei.

Im Kontext der Anschauung, nach der die ‚68erinnen' unter dem „sozialistischen Bumszwang" (Flugblatt Frankfurter ‚Weiberrat' 1968) der Genossen gelitten
hätten (vgl. Einleitung), entzieht sich Thomas durch seine Schilderung, stets „*eher
aufs Gefühl aus*" gewesen zu sein, auch argumentativ von einem möglichen Vorwurf, Nutznießer der (scheinbar) männlich dominierten ‚68er'-Triebtheorie gewe-

sen zu sein. Diese Abgrenzungs- und Verteidigungshaltung ließ sich bereits bei Walter herausarbeiten. Es scheint, als stünden ehemalige Akteure unter Zugzwang, Vorwürfe bezüglich einer bestimmten Vorstellung des die Sexualtheorie für seine sexuellen Bedürfnisse ausnutzenden ‚68ers', direkt auszuräumen.

Thomas grenzt sich jedoch nicht von allen Facetten der ‚68erInnen'-Sexualtheorie ab. Von den Thesen der ‚68erInnen' zum Thema Pornografie grenzt er sich beispielsweise nicht ab, sondern wiederholt sie ohne kritische Distanzierung.

„[...] was ja 'n ein großes Thema auch war [...] waren die ersten Softpornos [...], die so kamen. Schwedenfilme, oder wie das damals hieß [...]. Die liefen [...] damals noch in den Hauptbahnhöfen [in den so genannten] Aktualitätenkinos [...] und man konnte man nun sagen, das war für die armen Gastarbeiter, die brauchen das [...] zur Triebabfuhr."
„Im letzten Semester, da kamen [...] die Studenten [...] dann mit [...] youporn [...] und [...] da waren die offen, aber auf der anderen Seite total in festen Bindungen drin."

Indem Thomas Pornografie als Mittel *„zur Triebabfuhr"* erkennt, die eigentlich nur dann eingesetzt werde, wenn man nicht in *„festen Bindungen"*, also keine SexualpartnerInnen habe, reproduziert er eine der theoretischen Annahmen der Studierendenbewegung, wie sie auch der ‚68er' Anton-Andreas Guha 1971 zusammenfasste:

„Die starke Nachfrage nach Pornographie lässt auf eine beschädigte, verkümmerte Sexualität schließen. [...] Pornographie [kommt] die Funktion eines Ventils zu, das sexuelle Spannungen milder[t] und auf diese Weise sogar verhütet, daß sich diese Spannungen in kriminellen Delikten äußern." (Guha 1971, S. 152f.)

Auch Arno Plack interpretierte den Konsum von Pornografie als Ausagieren von „Frustration" aufgrund unterdrückter Triebe; quasi als Art ‚Ersatzbefriedigung' (Plack 1969, S. 194): „Die geheime Lust an Schlüpfrigkeiten gedeiht im Dunstkreis der Frustration." (Ebd.)
Dass Thomas diese Thesen übernahm, lässt sich als ein Beispiel dafür anführen, dass er manche Thesen erinnert, von denen er sich im Erzählprozess nicht abgrenzt. Die Pornografieforschung konnte nachweisen, dass eine feste Partnerschaft kein Ausschlusskriterium für den Konsum von Pornos ist (vgl. u.a. Ertel 1990).[11] Dem-

---

11 Die Disziplin Pornografieforschung ist noch recht jung, daher existieren wenig valide Zahlen; zudem sind die Ergebnisse aufgrund von Erhebungsmängeln immer mit Vorsicht zu betrachten. Statistiken zum Pornografiekonsum bei Erwachsenen sind meist unübersichtlich und kaum differenziert in Variablen wie Konsummotivation, -situation und subjektiven Einstellungen. Zudem hat sich die Pornografieforschung in den letzten Jahren

nach zeugt Thomas' Überraschung darüber, dass selbst Menschen in Beziehungen Pornos ansähen, von einer überholten Auffassung.

Anpassung an ,68erInnen'-Normen und Wunsch nach Zugehörigkeit

Auch wenn sich Thomas von der theoretischen Rezeption Reichs abgrenzt, erinnert er sich, dass er sich dennoch auch den *„Vorgaben"* der Bewegung angepasst habe.

„Aber so war das. Man hat halt eben so gelebt in so Vorgaben. [Man] war [...] ja in dem Alter ohnehin noch [...] stärker geprägt [...] von seiner Umwelt, und [...] das heißt, man hat also sehr wenig Mut, zu was Eigenem zu stehen. Man versucht sich anzupassen oder (..) Dinge zu machen, von denen man meint, die sind jetzt angesagt also ganz speziell, wir wollten ja alle anders sein. Anders als unsere Eltern, anders als die ganzen (...) konservativen Muffel."

Thomas entfaltet zwei Gründe für seine Anpassung: Zum einen sei es normal, sich im frühen Erwachsenenalter an die Normen seiner Peer Group anzupassen – die Ergebnisse etlicher soziologischer und psychologischer Studien belegen dies (vgl. u.a. Ecarius 2011, S. 113ff.) – und zum anderen habe er die *„Vorgaben"* und Normen der Bewegung gerne aufgenommen, da er sich von seinen Eltern habe abgrenzen wollen.

Als *„Vorgaben"* definiert Thomas im weiteren Verlauf des Interviews Leitideen, die eine praktische Umsetzung der Idee neuer linker Lebensformen betreffen und in seinem Umfeld als *„angesagt"* galten. Die Leitidee der geschlechterheterogenen Wohngemeinschaften habe er umgesetzt. Als *„linker"* Akteur habe man sich durch das Umsetzen der Leitideen und *„Vorgaben"* beweisen müssen; und der Status ,links' war heiß umkämpft.

„Also [...] die WG ist [...] nach zweieinhalb Jahre[n] [...] gut kaputt gegangen an 'nem unsäglichen Thema: Wir haben uns in die Köppe gekriegt, wer eigentlich linker ist. [lacht] Mmmh, also wenn ich mir das heute überlege, das hat ja so was Groteskes. Wir fanden also alle, dass wir linker waren als die anderen und die fanden das natürlich, dass sie viel linker waren. Darüber ist es dann [...] letztendlich zerbrochen, 'ne. Wir haben uns in die Kappe gekriegt und wollten dann nicht mehr miteinander reden und das war dann das Ende dann ging's ruppel zuppel also. Ein Schwachsinn hoch sieben. Aber so war das. Man hat halt eben so gelebt in so Vorgaben."

---

vor allem auf das Thema „Pornografiekonsum bei Jugendlichen" fokussiert und sich so des Mythos „Generation Porno" (Gernert 2010) angenommen (vgl. die Zusammenfassung bei Hill 2011).

Welche Maßstäbe dem gegenseitigen Abgleich des ‚linken Bewusstsein' zugrunde lagen, ob man sich beispielsweise mit politischen Aktionen oder lediglich über politisches Theoriewissen als ‚links' definierte, schildert Thomas nicht im Einzelnen. Wenngleich er das Ermitteln des politischen Status im Interview als „*Schwachsinn*" beschreibt, folgt interessanterweise genau dieser Passage die Erzählung einer Anekdote, in der er sich und seine Frau als politisch aktiv inszeniert. Dass er diese provokante Szene direkt anschließt, erweckt den Eindruck, er habe im Erzählprozess noch einmal die WG-Diskussion nachempfunden und sich so an seine politisch motivierten Aktionen erinnert, mit denen er seine Zugehörigkeit als ‚68er' jener Zeit habe „*beweisen*" können.

„Ich erinnere mich, [...] damals [...] waren die durchsichtigen Blusen angesagt und dann bin ich tatsächlich mit meiner (...) Frau [...] ausgegangen ins Restaurant und tatsächlich ham wir das gemacht. Wow. Und alle haben geguckt, es war zwar 'ne dunkle aber deutlich 'ne Dursichtige und natürlich, BH trug man natürlich sowieso nicht drunter, also das ham wir durchgezogen. Und heute denke ich ‚Oh mein Gott, was mussten wir uns damit beweisen?'. Das war halt. Wir fanden das halt prima, da konnte man da drüber reden, 'ne."

Das politische Stilmittel, die Öffentlichkeit durch Zurschaustellung von Nacktheit zu provozieren, war bei den ‚68erInnen' beliebt.[12] Thomas und seine Frau griffen diese Form des Protests auf und inszenierten sich in dem Restaurant als ‚68erInnen' und plädierten so für ein neues, freieres Verständnis von Sexualität und Körperlichkeit; anschließend konnten sie vor anderen ‚68erInnen' „*drüber reden*" und den Grad ihres politischen Engagements und ihrer Akteurschaft unter Beweis stellen. Mit dieser ‚Blusen-Aktion' konnte Thomas seinem Umfeld und sich selber „*beweisen*", wie „*links*" er war, als ‚68er' Rechenschaftsbericht über seinen Aktionismus ablegen und zeigen, dass er sich der Ideologie zur sexuellen Freiheit verschrieben hatte, wenngleich in dieser Szene eigentlich nur seine Frau die politische Akteurin war. Mit der Verwendung des Personalpronomens „*wir*" beschreibt Thomas die Aktion jedoch als Gemeinschaftswerk, auch wenn die Besucher des Restaurants vermutlich nur seine Frau ansahen, werden sie dennoch beide als ‚politisches Paar' wahrgenommen haben.

---

12 Beispielsweise provozierten die Mitglieder der Kommune I bei Demonstrationen und anderen Aktionen die Presse und Öffentlichkeit durch Nacktheit. Die Blusen-Aktion von Thomas' Frau erinnert stark an die politische Aktion von Ursula Seppel, die 1968 bei einem Gerichtstermin in durchsichtiger Bluse erschien. Sie hatte Berufung gegen eine Hausfriedensbruch-Klage eingelegt, die sie sich wegen Protest bei einer Gerichtsverhandlung eingehandelt hatte (vgl. Verlinden 2011, S. 91).

Leitbild vieler SexualpartnerInnen

Neben solchen kleinen provokanten Aktionen verschrieb sich Thomas auch im größeren Rahmen den ‚68er'-Ideologien. Er identifizierte sich mit der Norm von wechselnden Partnerschaften und dem Leitbild einer hohen Anzahl von GeschlechtspartnerInnen.

„Das war angesagt, dass man da viel wechselte."

„Ich mein, allen Leuten schmeckt nicht der gleiche Drink, warum soll dann allen Leuten der gleiche Sex schmecken? Der eine macht dieses lieber, der andere mag es lieber schneller und heftiger, der andere 'n bisschen leichter, ich weiß nicht was. Da gibt's halt tausende Unterschiede und das ist ganz normal, aber du musst erst mal was drüber wissen."

„[...] aber insgesamt muss ich sagen, ich find schon, also, ich hab viel ausprobiert (..) ich hab viel gemacht, ich hab genügend Sexpartnerinnen gehabt (...) in meinem Leben. Also ich staune immer, wenn ich diese Zahlen höre, so fünf, sechs bis zehn. Ich denk immer wow, wo sind [die] denn die [...] ganze Zeit gewesen. Also es ist schon erheblich mehr, aber ich bedaure nichts und [...] ich find das okay, ich hab zu 'ner guten Zeit gelebt. (..) Und speziell also wo (...) wo's gezählt hat. Wo's wichtig war."

Durch das Argument, dass die Quantität der SexualpartnerInnen hohe Erfahrungswerte mit sich bringe, wird im Sinne der Kohärenz von Thomas hier als gewinnbringend aus der Norm abgeleitet. Dies könnte aus interaktionistischer Perspektive die Funktion haben, mögliche Negativurteile seiner Beziehungspraxis auszuräumen, indem er ihnen zuvorkommt. Für Thomas stellt das Sammeln von möglichst vielen Erfahrungen mit unterschiedlichen Frauen in unterschiedlichen Settings einen wichtigen Entwicklungsschritt dar, den die Studierendenbewegung mit ihren Beziehungs- und Sexualitätsvisionen in besonderem Maße ermöglicht habe – und daher habe er genau zur passenden, einer *„guten Zeit gelebt"*. Für Thomas steht demnach die Möglichkeit, viele SexpartnerInnen zu haben, in einem direkten Zusammenhang mit ‚1968'. In seiner Argumentation rekonstruiert er nicht, inwiefern seiner Meinung nach diese Entwicklung durch den ‚68erInnen'-Diskurs geprägt wurde und wie sie sich aus Theorien und mit welchen Argumenten zusammensetzte. Er bringt sie jedoch in direkten Zusammenhang mit seiner Akteurschaft als ‚68er' und pointiert sie als die studentenbewegte Praxis.

Polygame Beziehungsführung

Neben der Norm, reichlich SexpartnerInnen gehabt zu haben, führt Thomas noch eine andere Norm an, der er sich verschrieben hatte: das Führen von mehreren sexuellen Beziehungen zur gleichen Zeit. Diese polygame Beziehungsidee habe er gelebt; anhand des Beispiels, in der er neben seiner Ehe eine Beziehung zu einer jungen Frau pflegte, berichtet Thomas von seiner Realisierung dieser Beziehungsform. Dabei sei er seiner Regel gefolgt, stets Klarheit bei allen Beteiligten über den Beziehungsstatus und die einzelnen Positionen walten zu lassen um keine emotionalen „*Verletzungen*" zu riskieren: „*Ich hab mit meiner Frau drüber geredet ‚Das ist so [sic!] mal so,*[13] *du bist meine Primärbeziehung.*'"

Sein polygames Beziehungsarrangement bettet Thomas nicht direkt in ein konkretes ‚68erInnen'-Theoriegerüst (beispielsweise Wegfall des Besitzanspruchs) ein, dennoch hat es für ihn seinen Ausgangspunkt im Beziehungs- und Sexualitätskonstrukt der Bewegung. Zudem wird in Thomas' Argumentation deutlich, dass er sich durchaus einer Theorie bediente, mit der er sein Handeln vor seiner Frau legitimiert; dieser Theorie wird er vermutlich den Begriff „*Primärbeziehung*" entlehnt haben, wenngleich die Bezeichnung „*Primärbeziehung*" kein Begriff der ‚68erInnen'-Theorien ist. Jedenfalls taucht er nicht in Veröffentlichungen über und aus der Studierendenbewegung auf. Da Thomas ihn jedoch als Fachbegriff in seine Argumentation einstreut, lohnt sich ein Blick in den eigentlichen Zusammenhang. Der Ausdruck wird zum einen in der Psychologie verwendet, um die Bindung zwischen Kind und Eltern zu beschreiben (vgl. u.a. Knapp 1988, S. 129ff.). Zum anderen, und hierin könnte die Erklärung für die Begriffsverwendung durch Thomas liegen, verwenden VertreterInnen der so genannten Polyamory-Bewegung die Bezeichnung „Primary Relationship", um Paarbeziehungen in eine Rankingform untergliedern zu können (vgl. Anapol 2010).[14] Da sich die Polyamory-Bewegung erst in den 1980er Jahren entwickelte, lässt sich mutmaßen, dass Thomas diesen Begriff erst in der Retrospektive in den von ihm zitierten Dialog mit seiner Frau einbaut. Vielleicht fungiert der Ausdruck „*Primärbeziehung*" auch als eine Art Ersatzbegriff, da er seine damalige Wortwahl nicht erinnert und ihm nur noch präsent ist, dass er seiner Frau mit einem Fachbegriff ihre Position im Beziehungsgefüge verdeutlichte.

---

13 Hier kann angenommen werden, dass Thomas statt „*so mal so*" eigentlich hätte „*nun mal so*" sagen wollen.

14 Die Polyamory-Bewegung versteht sich als Gegenentwurf der monogamen Zweierbeziehung und als Erweiterung der nichtmonogamen Beziehungsgestaltung, indem sie es den Individuen ermöglicht, mehrere Liebesbeziehungen gleichzeitig zu führen. Die Polyamory verabschiedet sich sowohl von der sexuellen und emotionalen ‚Treue' bzw. Exklusivität an einen Partner oder eine Partnerin. Polyamorös lebende Menschen führen demnach gleichzeitig mehrere Liebesbeziehungen und können, müssen jedoch nicht, mit diesen verschiedenen PartnerInnen sexuell sein; Nichtmonogamie (bspw. die ‚Swinger'-Bewegung) legt in Abgrenzung dazu den Fokus ihrer Mehrfachbeziehungen auf Sexualität (vgl. Klesse 2013, S. 24). Als „primary Relationship" bezeichnen die PolyamoristInnen eine Beziehung, die durch eine Ehe, Kinder, das Zusammenleben oder der intensivsten Bindung über den weiteren Beziehungen steht; zumeist ist sie auch die älteste der verschiedenen polyamoren Beziehungen (vgl. Anapol 2010, S. 51).

Anfänglich stellt sich die Idee der doppelten Beziehungsführung als gutes Arrangement (für Thomas) dar:

„Ich habe eine Studentin [...] kennengelernt. [...] und man war ja damals so fürchterlich progressiv damals und alles. Und ich hab dann damals den Fehler gemacht oder den Schwachsinn aus heutiger Sicht, dass ich einfach irgendwie gedacht hab ‚Mein Gott, hab ich [...] mit meiner Frau drüber geredet. Das ist so [sic!] mal so, du bist meine Primärbeziehung.' Aber das muss doch so sein, dass ich mindestens einen Tag in der Woche bei ihr übernachte, vollkommen okay und so. Und ich hab das auch durchgezogen."

Die Absprache zwischen Thomas, seiner Frau und seiner Freundin, nach der er *„mindestens einen Tag in der Woche"* bei seiner Freundin übernachtete, gestaltete den strukturellen Rahmen seiner *„Dreiecksbeziehung"*, wie er das Arrangement fälschlicherweise[15] beschreibt. Ob und wie sich dieses Abkommen in einem Dialog konzipierte und zwischen den drei Beteiligten diskutiert wurde, lässt sich dieser Passage nicht entnehmen. Dass diese Beziehung nicht unbedingt auf volles Verständnis bei seiner Frau stieß, zeigt sich in Thomas' Aussage, er habe *„das auch durchgezogen"*. Dies impliziert, dass Thomas die *„Dreiecksbeziehung"* in gewisser Weise ohne wirkliches Einvernehmen durchsetzte.

Die Mehrfachbeziehung währte nicht lange. Es traf das ein, was Thomas hatte vermeiden wollen, *„Verletzungen von Menschen"*, obwohl er sein Prinzip der Transparenz befolgt hatte. Thomas resümiert, dass er sich *„überschätzt"* habe – die Idee von problemlosen Mehrfachbeziehungen ging in dieser Konstellation nicht auf. Der *„Krampf"*, den das Arrangement auslöste, regte ein Umdenken bei den Beteiligten an und beide Beziehungen wurden aufgelöst. Wie genau es zur Beendigung der Beziehungen kam, führt Thomas nicht aus, nur, dass er die ausgelösten Ambi-

---

15 Interessanterweise findet Thomas – wie auch Walter – keinen passenden Begriff, um diese Beziehungskonstellation zu beschreiben. *„Dreiecksbeziehung"* trifft nicht den Sachverhalt, der vorliegt, da sich die beteiligten Frauen nicht in einer Beziehung zueinander befinden. Als passend hätte sich vermutlich der Begriff Dreierbeziehung oder „offene Ehe" angeboten. Die Bezeichnung „offene Ehe" ist dem Buch „Die offene Ehe. Konzept für einen neuen Typus der Monogamie" (1972) von Nena und George O'Neill entlehnt, das sich Anfang der 1970er Jahre großer Popularität erfreute. Das Anthropologen-Ehepaar stellte in der Veröffentlichung programmatisch dar, dass das Prinzip sexueller Freiheit eine Ehe durchaus bereichern könne. Dieser „neue Typus der Monogamie" (O'Neill/O'Neill 1972) proklamierte eine freie Entfaltung beider Beteiligten, so auch die sexuelle Entfaltung. Und da Thomas sich in einer Ehe befand, als er Anfang der 1970er Jahre die sexuelle Nebenbeziehung mit der Studentin einging, hätte sich diese Notation durchaus angeboten.

valenzen zum Anlass nahm, an den Umsetzungschancen von *„Dreiecksbeziehungen"* bzw. der polygamen Praxis im Allgemeinen zu zweifeln.

„[...] dass man sich fragt, wo führt das Ganze hin (...) und was bringt es letztendlich? (..)
Weißte, wenn da so 'ne Geschichte gewesen wäre, [...] man liest das ja immer es gibt so diese
Dreiecksbeziehungen. Ist 'n tolles Thema in der Literatur, tolles Thema im Film, aber in der
Praxis (..) ich weiß es nicht. Ich (...) bin da nicht, da nicht mehr ganz so sicher, dass es wirk-
lich funktioniert. (.) Vielleicht [...] geht's bei manchen, aber keine Ahnung. Letztendlich frag
ich mich auch ‚Ja, mein Gott okay. Ja gut, war prima Sex.' (...) so lange es gut ging. Und
dann (...) das war einfach belastet auch, 'ne."

Thomas' Fazit aus dieser Erfahrung besteht darin, dass das Leitbild einer polygamen Praxis, nach der alle Beteiligten das Einverständnis geben und ihre Ansprüche auf Exklusivität aufgeben, sich nicht realisieren lässt. Die im Interview zuvor vertretene Annahme, dass Nebenbeziehungen möglich seien, wüssten alle Beteiligten Bescheid, wurde durch die Realität seiner *„Dreiecksbeziehung"* revidiert. Zum Gelingen von Nebenbeziehungen reichte es demnach nicht aus, wenn die PartnerInnen über die Beziehungsart Bescheid wussten. Dem Gedanken, welche Aspekte die Beziehungen jedoch hätten gelingen lassen, geht Thomas im Interview nicht nach – er hat mit der Idee der polygamen Beziehungsführung bereits abgeschlossen, sodass er über Verbesserungsmöglichkeiten der Umsetzung im Interview nicht mehr nachdenken möchte. Dies würde vermutlich auch die Ambivalenzen seiner Schuldfrage-Dynamik verschärfen.

So fokussiert seine Schilderung der Erfahrungen nicht die Frage nach den ‚Verbesserungsmöglichkeiten' des Arrangements, sondern vielmehr deren Folgeerscheinungen. Die Beendigung des Arrangements erkennt Thomas im Interview abschließend mit einem Erkenntnisgewinn, der sich wie eine Art (neuer) moralischer common sense liest: *„Wenn einer drunter leidet, das kannste nicht bringen."* So passt er seine im Interview präsentierte Einstellung den gemachten (Leid)Erfahrungen an, so, als habe er seine Lektion gelernt, was im Sinne der subtilen Schuldfrage dahingehend von Bedeutung ist, dass sein damaliges Handeln nicht mehr zur Verhandlung gestellt wird, sondern aus Sicht des Geläuterten bereits kohärent reflektiert wird.

Identifikation mit der Norm des Ausprobierens

Von der Idee der Mehrfachbeziehung der ‚68erInnen' verabschiedete sich Thomas nach ihrem Scheitern; mit einer anderen ‚68erInnen'-Norm kann er sich jedoch weiterhin identifizieren. Weiterhin empfindet er es als Muss, dass sich junge Menschen sexuell ausleben und ausprobieren, bevor sie sich in monogamen Beziehungen binden. Dass er diese Meinung noch vertritt, wird darin deutlich, dass er sie im Gespräch mit jüngeren Generationen weiter tradiert.

„Wenn ich das heute bei unseren Studenten mitkriege, die kommen da an mit Mitte 20 mit festen Partnerschaften, schon [so] absolut. Die sind davon überzeugt für immer und ewig, wo ich denk ‚Das darf doch wohl nicht wahr sein‘. [...] die Studenten [...] [sind] total in festen Beziehungen drin, ‚ne. Und das [...] wird auch gar nicht hinterfragt und ich sach ‚Leute, woher wisst ihr das denn?‘ ‚Ja, wieso? Wir sind halt zusammen, wir mögen uns und das, das ist halt so.‘ Und ich sach: ‚Mensch, wollt ihr euch nicht mal n bisschen [ausprobieren], bevor ihr [euch fest bindet]? ‚Nö‘. Also da merk ich dann schon, dass die denken ‚Joa, der alte Knabe hier, der alte 68er oder so was da [...] ist schon etwas seltsam. [5 Sekunden Pause] Aber ich denke, solche Sachen gehen davon ab und (...) ich sehe das auch bei meinem Sohn, also das hat ‚nen ganz anderen Stellenwert als das für uns damals irgendwo hatte."

„[...] die Leute binden sich einfach heute zu früh."

Thomas geht davon aus, dass die Studierenden seine Überzeugung vor dem Hintergrund der ‚1968er‘-Ideologie interpretieren würden. Da sie ihn als *„Alt 68er"* ansähen, verständen sie seine progressive Haltung als Relikt ehemaligen Gedankenguts der Studierendenbewegung. Thomas appelliert an Studierende, sich nicht *„zu früh"* monogam zu binden und sich erst einmal mit verschiedenen Partnern vor allem sexuell auszuprobieren. Würde dieser Entwicklungsschritt übersprungen, erfahre man nicht wirklich, welche sexuellen *„Unterschiede"* es gebe und was man selber sexuell brauche. Bei seinen Diskussionen mit den Studierenden möchte Thomas ihnen zudem verdeutlichen, inwiefern sie von der sexuellen Liberalisierung der letzten Jahrzehnte profitierten. Indem er ihnen den Film „Das Schweigen" zeigt, bei dem der Dorfpfarrer zu seiner Zeit noch bei anrüchigen Szenen den Hut vor die Linse hielt, wohingegen die Studierenden eben jene Szenen nicht als *„schlimm"* erkennen können, beweist er, unter welcher Sexualmoral er gelitten habe.

Da die jüngeren Generationen – insbesondere die Studierenden, mit denen sich Thomas unterhält – diesen Verzicht und die Einschränkung, unter denen seine Generation litt, nicht kennen, werden sie seine Aufforderungen und Appelle vermutlich nicht recht nachvollziehen können. Aufgrund der Lockerung moralischer Normen und dank der allgemeinen Liberalisierung haben junge Menschen, wenn sie wollen, das Recht bzw. die Möglichkeit, sich und ihre Sexualität in seriellen Monogamien, ‚one-night-stands‘, polyamoren Bindungen etc. auszuprobieren. Die schon vor einigen Jahrzehnten eingetretene „Entdramatisierung der Sexualität" ermöglicht es inzwischen denen, die nach der heutigen westlichen Sexualnorm leben (können), über ihre „Sexualität [zu] verfügen [...], sie auf die Tagesordnung zu setzen und wieder runter, ihre Kosten und Gewinne pragmatisch und effektiv zu kalkulieren" (Schmidt 2008c, S. 57). Diese Chance hatte Thomas in seinen Jahren als junger Erwachsener noch nicht und sieht daher seinen Ratschlag an junge Generationen gut investiert.

Der Appell an junge Erwachsene, sich mehr auszuprobieren, kann auch vor dem Hintergrund von Thomas‘ Biografie verstanden werden. Da er beschreibt, dass er in der Zeit seines Heranwachsens eine „*Freizügigkeit*" und Offenheit vermisst und sich oft mehr Möglichkeiten zum Ausprobieren gewünscht habe, erschienen ihm die Theorien der ‚68erInnen' und deren Verheißung der freien Liebe seinem Wunsch nach sexueller Vielfalt Chancen zu bieten. Es verwundert ihn, dass junge Menschen ebenjene Chancen nicht zu nutzen wüssten. Dass Thomas die Studierenden warnt, sich nicht „*zu früh*" zu „*binden*", kann zudem von der Tatsache beeinflusst sein, dass er selbst früh heiratete, was er im Nachhinein kritisch sieht.[16] Und da die Ehe nicht lange hielt, lässt sich vermuten, dass er hier einen Konflikt zwischen früh geschlossener, monogamer Bindung und seinem Ideal des Ausprobierens sieht: Da er sich vor seiner Ehe nicht ausgelebt hat, ging er diesem Bedürfnis dann durch seine sexuelle Beziehung neben der Ehe nach, was wiederum das Ende seiner Ehe nach sich zog. Hätte sich Thomas also vor der Ehe ausprobiert, wäre er nicht in den Konflikt geraten, den er der jungen Generation ersparen möchte.

‚68erInnen' Sexualerziehung
Thomas erlebte die Aufklärung durch seine Mutter und in der Schule als „*verklemmt*". Die Belehrung seiner Mutter sei zum einen „*zu spät*" und zum anderen in falscher Form („*über Bienchen und Blümchen*") geschehen, das sei ihm als Jugendlicher „*nur noch peinlich*" gewesen. Das Konzept der „nichtrepressiven Sexualerziehung" von Helmut Kentler, das sich in den Kreisen der ‚68erInnen' großer Beliebtheit erfreute, lieferte eine Alternative zu eben dieser überholten, konservativen Sexualerziehung, unter der Thomas bis Mitte der 1960er Jahre litt.

Im Nachfrageteil des Interviews wird Thomas auf dieses Alternativkonzept der „nichtrepressiven Sexualerziehung" der ‚68erInnen', das die Sexualität des Kindes respektiert und für eine offene Kommunikation über Sexualität zwischen Kindern und Erwachsenen plädiert, angesprochen. Er erinnert sich nicht daran und berichtet, dass sein Sohn nach der Scheidung bei seiner Mutter aufgewachsen sei, diese also für die Sexualerziehung zuständig gewesen sei; die Aufklärung seiner Tochter aus zweiter Ehe übernehme nun ebenfalls deren Mutter. Hier jedoch habe er frühzeitig darauf hingewiesen, dass das Aufklärungsgespräch nicht zu spät stattfinden solle.

„*Da hab ich im Grunde genommen ich selber überhaupt nichts gemacht, mit meiner Frau schon häufiger, ich hab gesagt ‚Es wird wirklich Zeit' ..., mit ihr da auch mal drüber zu reden, aber das überlass ich ihr natürlich, also ... Was soll ich ihr da erzählen?*"

---

16 Thomas und seine Frau hatten „*ganz kurzfristig [...] geheiratet*", da sie sonst als „*unverheiratete Lehrerin [...] ins tiefste Münsterland oder Sauerland geschickt*" worden wäre. So wie es Thomas schildert, geschah die spontane Eheschließung demnach hauptsächlich aus rationalen Überlegungen.

Auch wenn Thomas sich an das Konzept der „nichtrepressiven Sexualerziehung" nicht konkret erinnern kann, wird deutlich, dass er dennoch deren Grundgedanken befürwortet, dass Aufklärung früh genug beginnen müsse (vgl. Kentler 1967, S. 9ff.), was seiner Erfahrung als Heranwachsender entspricht – den Fehler seiner Mutter möchte er nicht wiederholt wissen.

Was dagegen konträr zu den Vorstellung der „nichtrepressiven Sexualerziehung" der ‚68erInnen' läuft, ist Thomas' Umgang mit der Scham seiner Tochter. Vertreter der „nichtrepressiven Sexualerziehung" sahen in der kindlichen Scham etwas Negatives, dass einer ‚gesunden' Sexualentwicklung gegenwirke (vgl. u.a. Kentler 1975, S. 65ff.). Der Entstehung von Scham, die als sozial konditioniert interpretiert wurde, versuchten sie mit Hilfe von Erziehungsmaßnahmen zuvorzukommen (vgl. u.a. Bookhagen 1969, S. 81 ff. sowie Kentler 1975, S. 65f.).[17] Thomas dagegen akzeptiert das Schamgefühl seiner Tochter:

„Sie ist auch irgendwo 'n bisschen prüder [,] also, sie mag zum Beispiel nicht gerne im Bad sein, wenn wir da drin sind [...]. (...) Aber ich denke, okay, da will ich sie auch in keinster Weise irgendwie [...] drängeln zu irgendwas und wenn sie das so empfindet, in Ordnung, dann ist das halt so."

Was die ersten sexuellen Erfahrungen seiner Tochter angeht, so ist Thomas hier ebenfalls anderer Meinung. Wo die nichtrepressiven SexualerzieherInnen es als wichtig erachteten, jedwede sexuelle Erfahrung Heranwachsender unterstützen zu müssen und von den „Bedürfnissen der Kinder auszugehen" (Auchter 1973, S. 29), wünscht sich Thomas, dass seine Tochter an jemanden gerate, der sie nicht sexuell ausnutze und sich längerfristig an sie binde.

„Oder dass ich das überhaupt nicht als Probleme sehe, äh, wenn sie [die Tochter, Anmerk. KV] irgendwann später 'nen Freund mit nach Hause bringt, dass die auch beieinander übernachten. (...) Nee, also wenn, wenn man das Gefühl hätte natürlich, das ist jetzt [...] jemand vielleicht für eine Nacht oder so, ich denke, da wäre ich dann doch noch konservativ und würde vielleicht versuchen, mit ihr [...] darüber zu reden, dass ich also sage, dass es für sie nun auch nicht das Beste ist."

Bei seiner Tochter legt Thomas seine Forderung nach dem Ausprobieren anders aus als in seiner eigenen Biografie und im Gespräch mit Studierenden. Wenn er bemerke, dass der Übernachtungsgast der Tochter nur ein kurzfristiges (sexuelles) Inte-

---

17 Helmut Kentler betrachtet Scham als „Instrument" der Gesellschaft, „um die sozialen Beziehungen zu regulieren und beim einzelnen Menschen einen bestimmten Sozialcharakter auszuformen" (Kentler 1975, S.65). Schamhafte Kinder seien „ungesellig" (ebd., S. 66).

resse an ihr habe (und sie evtl. an ihm), würde er „*versuchen*", mit ihr darüber zu sprechen, ihr vielleicht vermitteln, dass solche kurzlebigen Beziehungen „*nicht das Beste*" für sie seien. Durch diese Aussage misst Thomas seine eigene Norm des Erfahrungensammelns mit zweierlei Maß: Während es für ihn „*das Beste*" gewesen sei, „*viel ausprobiert*" und „*genügend Sexualpartnerinnen gehabt*" zu haben, sei es hingegen „*vielleicht nicht das Beste*" für seine Tochter. Hier wäre es interessant, zu klären, ob Thomas die unterschiedliche Bewertung aufgrund des ‚Geschlechts' seiner Tochter trifft, er also seinem Sohn sexuelles Ausprobieren eher zugestehen würde als seiner Tochter.

Fazit: Thomas' Umgang mit den Sexualitäts- und Beziehungstheorien der ‚68erInnen'

Thomas erinnert sich als Teil der ‚68erInnen'-Bewegung. Seine Akteurschaft belebt er durch die Erinnerung an seine polygame Praxis, die Schilderung seiner Beteiligung am theoretischen Diskurs fällt dagegen kurz aus. Er habe Wilhelm Reich gelesen und dessen Theorien weitestgehend nachvollziehen können, wenngleich er sie z.T. als zu „*mechanisch*" empfunden habe. Übernommen habe er eher das Leitbild des sexuellen Ausprobierens mit vielen verschiedenen PartnerInnen und das Ideal der polygamen Beziehungsführung. Beide Leitbilder bzw. Normen erprobte er in seinen jungen Erwachsenenjahren, erinnert sich jedoch nicht, sie in einen theoretischen, argumentativen Bezugsrahmen der ‚68erInnen'-Theorie eingeordnet zu haben; vielmehr habe er sie als Normen aus der Beobachtung seiner Umgebung abgeleitet.

Negative Erfahrungen mit dem polygamen Beziehungskonzept brachten Thomas zur kritischen Reflexion von sexuellen Nebenbeziehungen. Nachdem seine „*Dreiecksbeziehung*" zu „*Verletzungen*" geführt habe, sei es zu einem Abschluss mit der alternativen Sexualpraxis der ‚68erInnen' gekommen. Die Bedürfnisse der Frau und Freundin hätten sich nicht vereinen lassen, der Beziehungs„*krampf*" habe sich erst mit Ende des Arrangements gelöst. Heute erkennt Thomas diese Beziehungskonstellation als „*Schwachsinn*".

Das Leitbilder seines ‚68erInnen'-Umfeldes, nach dem es zu einer gelungenen Sexualentwicklung gehöre, eine Phase des Ausprobierens mit unterschiedlichen PartnerInnen zu durchleben, vertritt Thomas dagegen heute noch. Diese Einstellung kolportiert er gegenüber Studierenden, wenn er sie warnt, sich nicht „*zu früh*" in „*feste Bindungen*" zu begeben. Die junge Generation interpretiere diese Einstellung als Restbestand seiner Zeit als ‚68er' und identifiziere ihn als „*alte[n] 68er*".

Im Kontext der „nichtrepressiven Sexualerziehung", resümiert Thomas zum einen, dass er aus der konservativen Sexualerziehung seiner Kindheit die Konsequenz zog, dass Kinder nicht „*zu spät*" aufgeklärt werden sollten (sich selbst traut er diese aufklärenden Gespräche, zumindest mit seiner Tochter, jedoch nicht zu). Zum anderen trifft er jedoch die paradox anmutende Unterscheidung, was seinen Appell hinsichtlich des sexuellen Ausprobierens betrifft: Während er Studierenden empfiehlt, sich nicht „*zu früh*" monogam zu binden und sich erst einmal auszuprobieren, möchte er seiner Tochter diesen Rat nicht geben und sie vielmehr vor jungen Männern, die mit ihr nur sexuelle Erfahrungen sammeln möchten, beschützen. Somit exkludiert er seine Tochter aus der progressiven Devise und Überzeugung sexueller Freiheit und ‚Austobens' und setzt bei ihr andere Maßstäbe an. Somit macht die von ihm nach außen getragene Offenheit hinsichtlich Sexualität und Ausprobieren Halt vor der eigenen Haustüre, da Thomas eine Unterscheidung zwischen seiner sexueller Einstellung und Praxis und dem Verhalten seiner Tochter trifft.

4.4 Beziehungs- und Sexualitätskonstrukt

Nachdem der Frage nachgegangen wurde, wie Thomas praktisch die Theorien zu Sexualität und Beziehung der ‚68erInnen' umsetzte, wird nun im Folgenden untersucht, inwiefern sie seine individuellen Beziehungs- und Sexualitätskonstrukte beeinflussten bzw. wie diese sich im Spiegel der Theorien und Normen der Bewegung darstellten. Dieser Analyse liegt wie der Analyse der anderen Interviews die Annahme zugrunde, dass multiple Faktoren wie frühkindliche Erfahrungen, Sozialisierungssysteme und deren Norm- und Werteskripte Konstrukte zu Beziehung, Sexualität und ‚Geschlecht' beeinflussen; also bereits bevor sich Thomas und die anderen Interviewten mit den Leitbildern der Studierendenbewegung auseinandersetzten. Mithilfe der Betrachtung jener ‚Prä-1968'-Aspekte lässt sich herausarbeiten, inwiefern diese Annahmen und Strukturen durch die Theorien und Normen der ‚68erInnen' geprägt wurden.

„Mechanische", **triebgesteuerte Sexualität vs. gefühlsmotivierte Sexualität**
Wie bereits beschrieben, empfand Thomas die Theorien Wilhelm Reichs als *„mechanisch"*, er selber sei *„eher auf das Gefühl aus"* gewesen. Durch diese Abgrenzung von Reich differenziert Thomas zwei Arten von Sexualität: Sexualität, die ohne Gefühle (und damit *„mechanisch"*) stattfinde, und Sexualität, die durch zwischenmenschliche Gefühle motiviert sei. In Thomas' Befürwortung jener Sexualität, die durch emotionale Nähe und Bindung entsteht, bildet er den gesellschaftlichen common sense zu partnerschaftlicher Sexualität ab, der stets die zwischenmenschlichen, verbindenden und emotionalen Aspekte betont (vgl. u.a. Schmidt/ Dekker 2000, S. 109). Eine rein triebmotivierte, *„mechanisch[e]"* Sexualität, nach dem Verständnis der Triebenergie des Menschen als ‚Dampfkessel',[18] wird zumeist

---

18 Die populäre ‚Dampfkesseltheorie' wird mit einem ‚natürlichen', meist ‚männlich' assoziierten Sexualverhalten in Verbindung gebracht und steht im Kontrast zur These, dass Sexualität lediglich eine „gesellschaftliche Kategorie" sei und sich in der menschlichen

in den (meist sehr polarisierenden und vorurteilsbehafteten) Debatten um Perversionen, Prostitution und anderen unliebsamen ‚Randthemen' von Sexualität diskutiert und dabei meist als abnorm dargestellt (vgl. Heinz-Trossen 1993, S. 23ff., zur Kritik an dieser Auffassung siehe u.a. Sigusch 2007, S. 15). Die Sexualwissenschaft erkennt jedoch die Motivation zur Sexualität nicht (ausschließlich) im (Fortpflanzungs- und Sexual-)Trieb, sondern geht von einem multifaktoriellen Erklärungsmodell für sexuelle Interaktion aus.

Thomas vertritt also die Auffassung, nach der Sexualität erst durch die zwischenmenschliche, emotionale Komponente besonders wird. Jedoch muten die Darstellungen seiner eigenen Sexualerfahrungen und -praxen wenig emotional an, da sie zumeist auf den Spaß- und Prahlfaktor, die Leitidee des Ausprobierens sowie die Anzahl der SexualpartnerInnen anspielen und Thomas in seinen Erinnerungen daran kaum Emotionen anführt:

„Aber das war halt toll, [...] weil mit ihr hab' ich neue Sachen gemacht, die ich von vorher nicht kannte. Also wie gesagt, angefangen von dem Pelzmantel mit nichts drunter [...] Ich hab das erste mal mit ihr im Leben dabei geraucht [,] Joints und so was und ich fand, wow (...), ich fühlte mich göttlich dabei, sie sich auch und (...) wir ham (...) Dreier gemacht mit zwei Mädchen und solche Sachen, also alles Mögliche da ausprobiert."

„Aber insgesamt muss ich sagen, ich find schon also, ich hab viel ausprobiert (..) ich hab viel gemacht ich hab genügend Sexpartnerinnen gehabt (...) in meinem Leben."

„Na ja, ich meine, guck mal, wie das früher so war, in diesen grauen Vorzeiten der 50er/60er Jahre irgendwo (...) noch immer Licht aus, du wusstest von überhaupt nichts (...) Null acht fuffzehn Missionarsstellung vielleicht oder sonst was und [...] jeder weiß [...] inzwischen, es gibt ein paar mehr Stellungen (...) und [...] es gibt ein paar mehr Sachen (.) und dann merkste natürlich auch und ich mein, allen Leuten schmeckt nicht der gleiche Drink, warum soll dann allen Leuten der gleiche Sex schmecken? Der eine macht dieses lieber, der andere mag es lieber schneller und heftiger der andere 'n bisschen leichter, ich weiß nicht was. Da gibt's halt tausende Unterschiede und das ist ganz normal, aber du musst erst mal was drüber wissen."

„Wir essen ja auch nicht jeden Tag [...] Steak."

Was Thomas' Sprache angeht, so fällt auf, dass er wenige Begriffe mit emotionaler Bedeutung (wie beispielsweise Zuneigung, Zärtlichkeit, Liebe) verwendet, um seine sexuelle Praxis zu beschreiben. Emotionale Umschreibungen tauchen somit nicht explizit als Gegengewicht zu der von ihm kritisierten *„mechanischen"* Triebtheorie Reichs auf. Dadurch wird in seinen Sprechakten der Widerspruch von seiner geäu-

---

Sexualität nichts „rein Natürliches" (also beispielsweise der angeborene Sexualtrieb) finden lasse (Sielert 2005, S. 41f.).

ßerten Kritik an einer rein „*mechanisch[en]*" Triebabfuhr, die ihm zu wenig „*Gefühl*" habe und seiner Erinnerungs- und Erzählpraxis deutlich. In dieser schwingt nämlich dennoch oft eine „*mechanische*", konsumorientierte Definition mit, da er Sexualität mehr über Stellungen und Praktiken definiert als über Emotionen und Sinnlichkeit, und Liebe also selber subtrahiert. Hinsichtlich der nicht beschriebenen Emotionen lässt sich jedoch anmerken, dass die rationalen, handlungs- statt emotionsorientierten Sprechakte von Thomas vermutlich auch der Sprachlosigkeit geschuldet sind, die sich in narrativen Interviews zu Sexualität oft beobachten lassen. Die Versprachlichung der eigenen Sexualität findet vielfach nur über eine körperbezogene Sprache statt; Worte über Empfindungen seien selten, so das Resümee qualitativer Sexualforschung (vgl. Brückner 1992, S. 107ff., Sichtermann 1987, S. 18ff. und Schmidt 2003). Ob Thomas die Worte für seine Empfindungen fehlen oder er sie in dem Interview nicht äußern möchte, lässt sich letztlich nicht klären.

Der Vergleich des Bedürfnisses nach Sexualität mit anderen Grundbedürfnissen wie Essen und Trinken,[19] sowie Thomas' Anekdoten über seine sexuellen Erfahrungen verfestigen den Eindruck, Thomas verstehe Sexualität als eine an Qualität und Quantität messbare Größe. Indem Thomas den Spaß, die Abwechslungsmöglichkeit und die Anzahl der SexpartnerInnen als wichtige Erlebnisaspekte von Sexualität betont und emotionale Anteile seiner Erfahrungen unerwähnt lässt, wirkt seine Sexualpraxis letztlich „*mechanisch*" motiviert und somit widersprüchlich zu der ‚Gefühls-Norm', die er durch seine Kritik an Reich eigentlich vertritt.

Dem Bild der (scheinbar) sexuell verklemmten und langweiligen, eintönigen 1950er und 1960er Jahre stellt Thomas das Szenario (s)einer sexuellen Vielfalt und Abenteuerlust gegenüber. Damit akzentuiert er seine Meinung, nach der die

---

19 Die russische Frauenrechtlerin Alexandra Kollontai, die Ende des 19. bzw. Anfang des 20. Jahrhunderts freie Liebe propagierte, verglich bereits Geschlechtsverkehr mit Flüssigkeitsaufnahme. In ihrer, von Lenin abwertend genannten, „Glas-Wasser-Theorie", empfahl sie, den Konsum von Sexualität wie den von Wasser zu gestalten (vgl. Schenk 1987, S. 169ff.).

Im Jahre 1969 zog der amerikanische Paartherapeut Albert Ellis ebenfalls den Vergleich, den Thomas ausführt: „Sex ist wie Essen und Trinken" wusste Ellis in einem Interview mit dem „Spiegel" zu vermelden (Der Spiegel 1969, S. 174). Ellis' Meinung, nach der ‚Seitensprünge' außerhalb der Ehe keine Gefahr für die Liebe darstellten, wurde in der deutschen Presse und Öffentlichkeit diskutiert. Der „Spiegel" unterstrich diese Meinung mit Verweis auf einen deutschen Seelsorger: „Liebe zwischen Eheleuten kann durch einen ästhetischen außerehelichen Intimverkehr nicht im geringsten gestört werden." (Der Spiegel 1969, S. 175) Thomas greift also mit seinem Vergleich von Sexualität und den Grundbedürfnissen Essen und Trinken auf ein Argument aus seiner Zeit als ‚68er' zurück.

,68erInnen' mit ihrer Enttabuisierungsarbeit dem Sexualleben zu neuem Verve verhalfen. So gebraucht Thomas das Argument, vor seiner jungen Erwachsenenzeit habe es *„überhaupt nichts [außer die] null acht fuffzehn Missionarsstellung"* gegeben, um hervorzuheben, wie innovativ seine Sexpraxis gegenüber der der Generationen in *„grauen Vorzeiten"* war.[20]

Dekonstruktion der polaren ,weiblichen' und ,männlichen' Sexualität

Thomas betont mehrfach, dass es in seiner sexuellen Sozialisation einen wichtigen Lerneffekt hinsichtlich weiblicher Sexualität gegeben habe. Die geschlechtssstereotype Zuschreibungen von Frauen, die keine sexuellen Bedürfnisse hätten, habe sich bei ihm aufgelöst, als er durch eine Freundin eines Besseren belehrt worden sei:

„Und [...] diese eine Freundin [...], mit der ich sehr lange zusammen war [...], die hab ich insofern [...] [im] Gedächtnis, als ich da eine ganz wichtige Sache gelernt habe für mein Leben. Dass zwar immer so getan wird, als [hätten] Frauen oder Mädchen keine sexuellen Bedürfnisse [...], was sie aber durchaus haben. Ich erinner' mich (...), es war ja immer nur stundenlanges Gefummel und Geküsse auf dem Weg zum Bus und wenn man sie nach Hause brachte, und dann irgendwann eines Tages hat sie [...] dann von sich aus die Initiative ergriffen [...]. Nicht nur der Mann, der jetzt also immer das Mädchen verführt oder der Junge, der das Mädchen verführen muss [...] da lief's halt genau umgekehrt und das [war] 'ne total befreiende Entdeckung. ,Okay, so why not?' Wenn zwei Leute das wollen, dann ist das halt so und dann muss man sich dazu bekennen und [...] nicht immer so mit so 'nem heimlichen schlechten Gewissen rumschleichen."

---

20 Thomas' Annahme, in den 1950er und 1960er Jahren habe bis zur gesellschaftlichen Liberalisierung der Sexualität lediglich die Missionarsstellung als Sexualpraxis zur Verfügung gestanden, wirkt argumentativ wenig durchdacht. Er bedenkt hierbei nicht, dass es nicht erst der ,sexuellen Revolution' und der ,Sexwelle' Mitte der 1960er Jahre bedurfte, um vielfältige Sexualpraktiken zu erleben. Facettenreiche Sexualpraktiken hat es immer schon gegeben (siehe beispielsweise das Kamasutra aus dem Jahre 200 n. Chr. Oder), wenngleich unterschiedliche sexuelle Spielarten in manchen Epochen und sozialen Schichten verpönt waren. Bis ins 18. Jahrhundert wurde die Missionarsstellung als die ,natürliche Form' des ehelichen Beischlafs angesehen, so der Historiker Jean-Louis Flandrin. „Die eheliche Vereinigung musste zudem in der so genannten ,natürlichen Stellung' erfolgen: die Frau auf dem Rücken liegend, der Mann über ihr. Andere Stellungen galten als schändlich und ,widernatürlich',". (Flandrin 1984, S. 153) Jedoch kann man von solch normativer Ratgeberliteratur nicht umstandslos auf die Praxis schließen, wie es Thomas in seiner Kontrastierung andeutet.

Dass Frauen durchaus sexuelle Bedürfnisse haben und dass sich gemeinsame Sexualität ebenso nach ihren Bedürfnissen und ihrem Begehren richten kann wie nach ‚männlichen', war Thomas eine „*Lektion*", die er in dieser Sequenz erinnert. Indem seine Freundin für ihn überraschenderweise „*die Initiative*" ergriff, habe sich das Leitbild der passiven Sexualität von Frauen „*umgekehrt*". Diese veränderte Sichtweise beobachtete Thomas auch als Aspekt allgemeinen Wandels der Geschlechterverhältnisse (vgl. 5. Kernaussage).

Die Erfahrung mit seiner sexuell aktiven Freundin eröffnete Thomas eine neue Sichtweise auf die Geschlechterzuschreibungen von aktiv und passiv im gesellschaftlichen Sexualitätskonstrukt. Dass er sich an dieser Zuschreibung durch Beteiligung an einem Diskurs abarbeitete, berichtet Thomas nicht; sein Erkenntnisgewinn fand vielmehr über den Lerneffekt aus der Praxis statt. Auch wenn sich annehmen lässt, diese „*Lektion*" habe Thomas' geschlechterdichotomes Sexualitätsskript überschrieben, vermisst man doch in seinen Erzählungen die Beschreibung eines direkten Gegenkonzepts zur sexuell passiven Frau. Die Frauen, die er als sexuell aktiv beschreibt, agieren nämlich weiter im Spiegel der Entscheidungsmacht der Männer, die über befriedigende, ‚gute' (abwechslungsreiche) und ‚schlechte' (beispielsweise zur Abtreibung führende) Sexualität urteilen. Es erscheint, als blieben Frauen doch als passive Genießerinnen einerseits oder als Opfer ‚männlicher' Sexualität andererseits bestehen und hätten letztes Endes keinen Einfluss auf das Resultat, das sich ergibt, wenn sie mit Männern sexuell agieren. Auch die Tatsache, dass Thomas neben seiner „*Primärbeziehung*" eine zweite sexuelle Bindung einging, brachte zwei Frauen hervor, die dieser Konstellation anfangs passiv und duldend gegenüberstehen. Und so gewinnt das von Thomas neu gezeichnete Bild der sexuell aktiven, eingreifenden, selbstbestimmten Teilhabe im Kontext seiner „*Dreiersituation*" nicht an Farbe. Untermauert Thomas im Subtext seiner Erzählungen also letztes Endes doch die traditionelle, patriarchale Sexualnorm mit dem Bild einer passiven Frau? So gilt es zu klären, ob er nur vordergründig Kritik an der Zuschreibung der Frau als sexuell passives Wesen Kritik übt und zugleich doch von einer strategischen ‚männlichen' Überlegenheit ausgeht und die Unterordnung bzw. geringe Mitwirkung von Frauen an sexuellen Situationen reproduziert und tradiert.

Dass Thomas in seiner Narration die Vorstellung von sexuell bedürfnisfreien Frauen missbilligt, muss auch im Kontext der allgemeinen (feministischen) Kritik an ‚männlicher' Sexualität interpretiert werden. Durch die u.a. in der Studierendenbewegung entstandenen feministischen Auseinandersetzungen mit (sexuellen) Geschlechterstereotypen geriet die ‚männliche' Sexualität ins Blickfeld und wurde als weitestgehend ‚negativ' interpretiert – was sehr stereotyp gedacht ist. Die ‚weibliche' Sexualität galt dagegen als „weich", „kommunikativ und zärtlich" und stand so der ‚männlichen' „destruktiv[en]" Sexualität gegenüber (Osswald-Rinner 2011, S. 93).

„Daraus folgt, dass im Zuge der Geschlechterfrage die männlichen Sexualitäten als das Negativ der Frauen in Erscheinung treten. Sie gelten als destruktiv, psychisch impotent, sie wollen ihren Spaß und sind mutmaßlich beziehungsunfähig. Die männliche Sexualität steht für Rückständigkeit und für eine alte, auf Ausbeutung und Unterdrückung beruhende Ordnung, die nun massiv unter Druck gerät." (Osswald-Rinner 2011, S. 93)

Nimmt man dieses negative Bild ‚männlicher' Sexualität, ließe sich die von Thomas berichtete Anekdote mit dem Erkenntnisgewinn und der daraus abgeleiteten Vorstellung über sexuelle Bedürfnisse von Frauen auch so interpretieren, dass er dieses Bild ‚männlicher', egoistischer Sexualität nivellieren und sein Sexualitäts- und Geschlechterskript im Interviewprozess auch im Sinne der sozialen Erwünschtheit präsentieren möchte. Er versucht demnach, seine Sexualität als nicht ‚typisch männlich' darzustellen, indem er beschreibt, dass ihn die sexuellen Bedürfnisse seiner Sexualpartnerinnen durchaus interessierten.

Betonung der (‚interaktionistischen') Sexualkompetenzen
Die beschriebene Einstellung beobachtet die Sexual- und Sozialwissenschaft seit einigen Jahren bei den heranwachsenden Generationen. Es gebe inzwischen die „kollektiven Forderungen nach rücksichtsvollen Männern, die die sexuellen Bedürfnisse ihrer Partnerinnen erfüllen können", so das Ergebnis einer BZgA-Studie (Dannenbeck/Stich 2005, S. 100). In dieser Studie, die 60 Jugendliche und junge Erwachsene zu ihrem Sexualverhalten befragte, fiel bei der ‚männlichen' Stichprobe auf, dass sie bei der Beschreibung ihrer Sexualität den Fokus auf ihr Empathievermögen statt auf ihre Potenz rückten. Männer und Jungen bezögen „ihren Selbstwert als guter Liebhaber [...] weniger aus ihrer sexuellen Potenz denn aus ihrer Einfühlungsfähigkeit" (Dannenbeck/Stich 2005, S. 100). Die Männerforschung geht zumeist davon aus, dass „es für männliches Selbstbewusstsein kaum etwas Bedrohlicheres als die Vorstellung mangelnder Potenz" gebe (Brandes 2001, S. 108) – dagegen scheint das Resümee der BZgA-Studie eine Neuerung zu sein, die auch bei Thomas' Beschreibung seines Sexualitätskonstrukts Einfluss nimmt. Sein Wunsch, seine soziale, ‚interaktionistische Sexualkompetenz'[21] im Interview herauszustellen, ist ein wiederkehrendes Muster (siehe auch Unterkapitel Interaktion).

---

21 Es ist schwierig einen passenden Begriff für das zu finden, was Thomas in dem Interview hinsichtlich seiner sexuellen ‚Leistungsfähigkeit' – auf verschiedenen Ebenen – inszeniert. Der Begriff Potenz – im Sinne der Sexualpotenz – bot sich als erstes an, stellte sich jedoch als zu kurz gegriffen heraus. Denn abgesehen von der Verwendung, in der Potenz Wirkkraft und Ausmaß umschreibt, wird Potenz meist im Sinne seines genuinen Verständnisses verstanden (lateinisch potentia für Macht, Kraft) – als die Zeugungs- und Erektionsfähigkeit des Mannes. Die Sexualwissenschaft und -medizin erweiterte diesen

Der Potenz-Begriff, der sich zumeist ‚nur' auf die körperliche Dimension beschränkt, reicht nicht aus, möchte man die Inszenierung einer allgemeineren sexuellen Potenz, die auch die Interaktionsebene mit einbezieht, beschreiben. Die Benennung der sexuellen Potenz müsste ausdifferenziert werden, wobei sich m.e. die Bezeichnung ‚Sexualkompetenz' anböte. Da der beschriebenen Veränderung des ‚männlichen' Blickwinkels, der sich inzwischen nicht nur auf die biologische Potenz bezieht, bisher noch kein neuer Begriff zugewiesen wurde, könnte sich m.e. der Begriff der ‚interaktionistischen Sexualkompetenz' dienlich zeigen.

Der Begriff ‚Sexualkompetenz' fiel bisher nur in einem Curriculum zur Sexualerziehung und -pädagogik Mitte der 1970er Jahre (vgl. Zitelmann/Carl 1976), wo er das zu erwerbende Fachwissen Heranwachsender zu sexuellen Themen umschreibt. Die Autorin würde diesen Begriff gerne auf eine Ebene bringen, auf der er sich auf handlungs-, gegenstands- und interessenbezogene Praxen von Individuen anwenden lässt. Somit könnte er auch als Selbstbeschreibungsmuster fungieren, wenn Menschen ihre Sexualität konstruieren.

Die ‚Sexualkompetenz' ließe sich in ‚biologische Sexualkompetenz' und ‚interaktionistische Sexualkompetenz' untergliedern. Die eine beträfe die rein körperliche Potenz (beispielsweise Erektions- und Orgasmusfähigkeit) und die andere bezöge zwischenmenschliche Fertigkeiten mit ein (beispielsweise Empathiefähigkeit, sexuelle Kommunikation im Sinne der „Verhandlungsmoral" (Gunter Schmidt). Stünden der Interpretation von Sexualitätskonstrukten in Narrationen diese zwei Sexualkompetenzfelder als Kategorien zur Verfügung, wäre der Ertrag hinsichtlich der Selbstbeschreibung und -inszenierung breiter gefächert als bisher. Zudem könnten die jeweiligen Normen, Zuschreibungen und Erwartungen an die ‚biologische' und an die ‚interaktionistische Sexualkompetenz' einzeln untersucht werden. Auf Thomas' Interview erstmalig angewendet, ließe sich Folgendes beschreiben:

In Thomas' Erzählung überwiegt die Schilderung seiner ‚Sexualkompetenz' auf der ‚interaktionistischen' Ebene, seine ‚biologische Potenz' hat er bereits indirekt durch seine zweifache Vaterschaft unter Beweis gestellt. In dem Verständnis seiner ‚interaktionistischen' und ‚biologischen Sexualkompetenz' beschreibt Thomas seine Normen wie folgt:

„Und natürlich habe ich auch Sachen gehabt, wo ich merke, das hat irgendwie nicht funktioniert. Ich hab' also eine Freundin gehabt, [...] wo ich ewig auf der [sic!] gestanden habe und die eigentlich auch, das hat sich aber nicht [...] ergeben, weil ich in 'ner Bindung war und

---

Begriff zwar inzwischen um die Orgasmusfähigkeit und wendet ihn auch auf andere Geschlechter an, um deren sexuelle Aktivität und Orgasmusfähigkeit zu beschreiben (vgl. u.a. Sigusch 2005, S. 112), jedoch reichte diese Auffassung weiterhin nicht aus, um sie auf Thomas' Erzählpraxis hinsichtlich seines Sexualitätskonstrukts anzuwenden.

dann sie und irgendwann hat's dann doch geklappt, dann sind wir nach Brüssel gefahren ein Wochenende und (...) es war ein Desaster im Bett. Es war ein Desaster im Bett. Weil (...) [lacht] in dem Fall war es einfach so, da kamen zwei Sachen dazu, sie hat also 'ne [...] sexuelle Stellung bevorzugt, bei der ich (...) besonders schnell reagiert habe [...] also diese ganze Aufregung nach den vielen Jahren des Wartens (...) es war'n Desaster. Das war dann auch das Ende".

In dieser Passage beschreibt Thomas seine ‚biologische Sexualkompetenz', an der die Norm geknüpft sei, dass der Mann eigentlich nicht *„besonders schnell reagier[en]"*, also wohl zum Orgasmus kommen, sollte, da sonst die Beteiligten dies als ein *„Desaster im Bett"* verbuchen und nicht befriedigt würden. Zwar bestätigt er im Subtext, dass er durchaus potent und orgasmusfähig sei, er aber dennoch eine Norm seiner ‚interaktionistischen Sexualkompetenz' – die darauf abzielt, stets die Partnerin zu befriedigen – nicht habe einhalten können, obwohl er die Norm, nach der die Partnerin die *„sexuelle Stellung"* bestimmt, befolgt habe. Es scheint, als schiebe Thomas eine Art ‚Teilschuld' seiner Sexpartnerin zu, um diese Anekdote kohärent zu präsentieren. Da die *„Freundin"* eine bestimmte *„sexuelle Stellung bevorzugt"* habe, habe er seine sonstige ‚biologische Sexualkompetenz' nicht in voller Gänze zeigen können. Thomas möchte direkt im Anschluss dieser Sequenz dem etwaigen Eindruck, er böte seinen *„Sexpartnerinnen"* nicht allzeit volle Befriedigung, zuvorkommen, indem er berichtet, dass sich kaum jemand über seine sexuellen Leistungen und Kompetenzen beschwert hätte:

„Ich denke auch nicht, dass [ein] Mädchen, mit dem ich zusammen war oder mit dem ich Sex hatte, dass die wirklich im Nachhinein denkt, ‚Ach, das ist total scheiße und blöde gewesen'. Ich hab versucht, dass es nicht so ist. Ich bilde mir ein, dass es auch ganz gut so geklappt hat."

Mit dieser Aussage bestätigt sich Thomas in seiner ‚interaktionistischen Sexualkompetenz' und zieht *„Mädchen"* als Gewährsfrauen heran, die stets zufrieden mit seiner sexuellen Kompetenz waren und es *„im Nachhinein"* nicht bereuten, sich auf ihn eingelassen zu haben. So hakt er das zuvor geschilderte *„Desaster"* als Einzelfall ab mit Verweis auf viele befriedigte Frauen.

Als weitere Facette seiner ‚interaktionistischen Sexualkompetenz' stellt Thomas seine Offenheit bezüglich verschiedener Sexualpraktiken heraus und sein Interesse, den *„weiblichen Körper zu erforschen"*.

Ein weiterer Faktor seiner ‚interaktionistischer Sexualkompetenz' ist der Leitgedanke, dass er sich und sein Begehren zugunsten des Wohls der Frau zurücknimmt. So wie in der Beziehung zu dem Mädchen, mit dem er aufgrund ihres Alters keinen Beischlaf hat.

„Ich hab 'ne Freundin gehabt [...], die war relativ jung. [...] Und dann hab ich dann eines Tages [...] gedacht [...]: ‚Okay, ich stell das jetzt mal auf 'ne andere Ebene, bleib am Ball sozusagen, warte mal 'n paar Jahre, bis sie ein bisschen älter ist und dann kann man den Ball ja wieder aufpicken'. Und [...] die ist aber mit jemanden zusammen gewesen, der offensichtlich nicht ganz so rücksichtsvoll war wie ich (...) jedenfalls, [...] sie ist an ner verpfuschten Abtreibung gestorben von dem anderen Typen."

In dieser Passage unterstreicht Thomas erneut seine ‚interaktionistische Sexualkompetenz', indem er seine Empathiefähigkeit und Selbstbeherrschung hervorhebt. Seine Rücksicht verdeutlicht den Kontrast zu einem *„Typen"*, der das Mädchen geschwängert und letztlich ihren Tod mitverantwortet habe, da er, wie Thomas sarkastisch betont, *„nicht ganz so rücksichtsvoll war"* wie er. Thomas geht aus dieser Anekdote als Held hervor, da er seine Lust bezwang und im Sinne des Entwicklungsstandes des Mädchens handelte, die noch nicht bereit für Sexualität (bzw. Verhütung) gewesen sei. Hier reproduziert er das traditionelle Stereotyp vom passiven, überwältigten Mädchen.

Zusammengefasst betont Thomas bei der Darstellung seiner ‚interaktionistischen Sexualkompetenz' seine Rücksicht und das Eingehen auf die (vermeintlichen) Bedürfnisse der Partnerin. Diesen Leitsatz inszeniert er ausführlich und bestätigt damit die These, dass sich die ‚männlichen' Einstellungen zu Sexualität immer mehr dem Abtragen einer „historischen Hypothek" verschrieben habe (Müller 2006, S. 234) und es zu einer Neuorientierung der ‚männlichen' – oft als egoistisch und triebgesteuert kritisierten – Sexualnorm kommt. Thomas beteiligt sich durch seine Erzählpraxis und die Darstellung seiner ‚interaktionistischen Sexualkompetenz' an diesem Paradigmenwechsel. Seine ‚biologische Sexualkompetenz' inszeniert er auf zwei Ebenen: Zum einen durch den Subtext, in dem er sich als (biologisch) potent in Szene setzt, und zum anderen durch die Dekonstruktion der Vorstellung, Erwachsene müssten allzeit Lust auf Sexualität haben.

„Du hast ja auch jetzt [...] dieses Klischee, dass es heißt [,] die Männer wollen nicht mehr ab 'nem bestimmten Alter oder ab 'ner bestimmten Länge der Partnerschaft oder so, die Frau will immer. Also ich kann nicht sagen, dass ich das so erlebt hab' in irgend 'ner Form, 'ne. (...) Nee, wenn das [...] so ist, ist natürlich Schitte. (...) Aber [...] speziell Akademiker, du [...] landest ja auch in diesem Metier, sind ja die, die besonders selten ins Bett gehen, wie wir alle wissen, laut statistischen Erhebungen, natürlich viel zu viel Stress im Beruf, das ist das Erste was wegfällt [...] [lacht] zu mindestens, wenn man den Statistikern glauben darf."
„Und [...] das kann ich persönlich überhaupt nicht nachvollziehen, diese Angst. Vor was? (...) Ja, und wenn ich mal schlaff schlaff drauf bin und einfach abgekämpft, dann kann ich das auch sagen ‚Also heute geht's beim besten Willen nicht, ich muss einfach pennen [...]. Dafür geht's halt morgen. [...] Und das muss ich genauso sagen können: ‚Ich bin heut nicht gut drauf [,] heute bringt's nichts. [...] Ja, ich weiß nicht, dafür versteh ich mich nicht als (...)

Stellvertreter irgendwie der (...) männlichen Probandengruppe [...] hier [...]. Das kann ich nur individuell sagen.'"

Die angebliche Norm, nach der man stets allzeit sexuell bereit sein müsse, nimmt Thomas ambivalent auf. Einerseits sieht er sie als überzogen an und verteidigt (seine) partielle Lustlosigkeit als normalen Zustand, andererseits *„geht's"* dafür am nächsten Tag schon wieder.

Thomas geht davon aus, dass der Gedanke an sexuelle Unlust *„Angst"* bei den meisten Menschen auslöse, da sie nicht in ein bestimmtes Bild von sexueller Leistungsfähigkeit passe und verpönt und schambesetzt sei. Er selber lasse sich jedoch von dieser Norm nicht beeindrucken und reflektiert diese selbstbewusste Einstellung als untypisch für die *„männliche Probandengruppe"*. Und auch wenn er betont, dass es ihm nichts ausmache, wenn er mal *„schlaff drauf"* sei, möchte er *„Statistiken"*, nach denen besonders AkademikerInnen (aufgrund ihres Stresses) weniger Sex oder Männer mit zunehmendem Alter (und zunehmender Dauer einer Beziehung) weniger Lust hätten, als falsch entlarven – er selber könne diese *„Klischee[s]"* jedenfalls nicht bestätigen. Um dem Verdacht möglicher Unsicherheit und Impotenz zuvorzukommen, profiliert sich Thomas hier als sexuell potent und bekräftigt somit wieder den Topos der ‚biologischen Sexualkompetenz', indem er unterstreicht, nicht weniger Sex aufgrund seines ‚Geschlechts' oder seines Berufsstandes zu haben; wenngleich er später ‚zugibt', dass es durchaus vorkomme, dass auch ihm sein Schlaf manchmal wichtiger sei als Sex.

Interaktionsdynamisch ist in dieser Sequenz interessant, dass Thomas, als er die Ergebnisse der *„Statistiken"* kritisiert, die Interviewerin konkret in den Kreis derjenigen einbezieht (*„du landest ja auch in diesem Metier"*), die von dem *„Klischee"* betroffen seien, AkademikerInnen hätten generell weniger Sex. Durch diesen Sprechakt räumt er nicht nur in seinem Namen sondern auch zum vermeintlichen Wohle der Interviewerin mit dem Vorurteil von *„Statistikern"* auf und versucht, so ein Bündnis zwischen sich und der Interviewerin zu schaffen.

Thomas' Beziehungskonstrukt: Unterscheidung zwischen ‚sexueller' und ‚struktureller' Beziehungsform

Betrachtet man Thomas' Beschreibungen seiner verschiedenen Beziehungen, so fällt auf, dass er zwischen zwei Arten von Beziehungen differenziert. So gibt es eine, die sich aus seinem Bedürfnis nach sexuellen Erfahrungen, also aus einer sexuellen Motivation heraus, ergibt; im Folgenden wird sie ‚sexuelle Beziehung' bezeichnet. Die andere Art der Beziehung ist eine, die aus rationalen, strukturellen Gründen eingegangen wird, sodass sie folgend ‚strukturelle Beziehung' genannt wird.

Eine ‚sexuelle Beziehung' verband Thomas mit der Studentin. In dieser verkörperte sich besonders die Norm des Spaßes und des Ausprobierens, die sich aus

Thomas' Sexualitätskonstrukt herausarbeiten ließ. Er ging diese sexuelle Nebenbeziehung mit Aussicht auf (sexuelle) Spannung ein (*„war prima Sex"*), doch nachdem die Konstellation zwischen Thomas, seiner Frau und der Freundin nicht aufging, endete die zuvor sexuell aufgeladene Situation in einem *„Krampf"*. Diesen *„Krampf"* erinnert Thomas als Kontrast zu dem Spaß des Ausprobierens, der zuvor in seiner Nebenbeziehung gegenwärtig war und nun dem Alltag wich. Ob die nach der Scheidung entstandene Zweierbeziehung zwischen Thomas und der Studentin aufgrund der ausbleibenden sexuellen Spannung zu Ende ging, lässt sich nur mutmaßen.

Eine ‚strukturelle Beziehung' ist die Ehe, die Thomas mit seiner ersten Frau aus dem rein rationalen Grund schloss, damit sie als Lehrerin nicht versetzt wurde. Diese Beziehung kann auch dahingehend als solche angesehen werden, da Thomas in der Schilderung ebendieser Ehe den Fokus auf Aspekte von Ehe und Elternschaft legt, die in der Regel auf Dauer ausgelegt sind. Sie steht im Kontrast zur ‚sexuellen Beziehung' mit der Studentin.

Thomas sieht eine *„Gefahr"* und Notlage darin, wenn Menschen in einem bestimmten Alter noch keine Partnerschaft (‚sexuell' oder ‚strukturell') eingegangen sind; er kann sich nur schwer vorstellen, dass Menschen sich aus freien Stücken für ein Singleleben entscheiden.

„Nur (...) das ist 'ne Gefahr, die ich seh' bei Frauen und die seh' ich auch in unserem Freundeskreis, irgendwo dieses ganze Singledasein, das geht ja auch nur [...] gut bis zu 'nem bestimmten Alter [...]. Und dann kommt langsam der crash und die Leute stürzen ab, weil [...] dann [...] findste aufm freien Markt nichts mehr. Die Männer, die dann noch über sind, das sind irgendwelche Versager oder [haben] schon kaputte Ehen hinter sich oder [es sind solche,] die vorher keiner haben wollte [...] Da wird's schwierig. Irgendwo läuft's dann nicht mehr so gut. Aber wenn du jünger bist [...], haste noch prima Auswahl, kannste 'nen neuen Partner oder Partnerin finden, da funktioniert das. Aber irgendwo, ich denke [...] 35 [,] da wird's dann schon ein bisschen schwieriger. Wir haben 'ne Bekannte bei uns, sehr hübsch oder sonst was, die hat Pech gehabt mit ihren Männern und [...] das ist schwierig, also was die da echt immer für Leute anschleppt, da denkste ‚Das darf nicht wahr sein'. (....) Ja, aber was anderes [...], das findet se nicht mehr und ich mein, die sitzt in München, da hat se halt freie Auswahl, ne? Sollte man denken, aber (...) das ist schwierig."

Demnach sollen jüngere Menschen (wie beispielsweise Studierende) sich noch nicht in *„feste[n] Partnerschaften"* begeben, sondern eher kurze ‚sexuelle Beziehungen' eingehen oder als Singles sexuelle Erfahrungen sammeln. Nach der Phase des Ausprobierens sollen sich die Menschen, besonders Frauen, dann jedoch bis zu einem Alter von *„35"* in einer ‚strukturellen Partnerschaft' befinden. Werde dieser Zeitpunkt verpasst, sei es *„schwierig"*, man stürze ab und es komme zum *„crash"*, da sich das Angebot potenzieller PartnerInnen mit steigendem Alter verringere. Im jungen Erwachsenenalter sollten wechselnde ‚sexuelle‘ Beziehungen durch eine ‚strukturelle Beziehung‘ ab Mitte 30 ablösen. Thomas ist überzeugt, dass Männer und Frauen in einem gewissen Alter das Singleleben als ein Scheitern erleben; ein zufriedenes Leben als Alleinstehende/r stellt er in Frage.

Zwischenfazit
Gelungene Sexualität ist für Thomas jene, die vielseitig und abenteuerlich ist und sich mit dem Duktus des Ausprobierens verbinden lässt, dabei jedoch keineswegs *„mechanisch"* ist. Gleichförmige Sexualität vergleicht er mit der Vorstellung, immer das gleiche Getränk wie andere oder jeden Tag die gleiche Mahlzeit *(„Steak")* zu sich nehmen zu müssen. Sowohl den allgemeinen Liberalisierungstendenzen als auch insbesondere den ‚68erInnen‘ sei es zu verdanken, dass sich eine sexuelle Neugierde und Vielfalt in deutschen Betten verbreiten konnte; vorher habe es nur die *„Missionarsstellung"* gegeben. Mit Stolz berichtet Thomas dahingehend von seinen Erfahrungen, seinem Ausprobieren, dem er einen wichtigen Entwicklungsschritt beimisst und das er auch in seiner Arbeit mit Studierenden als Norm proklamiert.

Thomas‘ Sexualitätskonstrukt beinhaltet verschiedene Kompetenzerwartungen, die er anhand seiner Erfahrungen rund um seine Zeit als ‚68er‘ darstellt; durch die Einteilung in die (neu geschaffenen) Begriffe ‚biologische‘ vs. ‚interaktionistische Sexualkompetenz‘ lassen sich diese Beschreibungen erfassen. Die Normen und Leitbilder rund um Sexualität, die er in seiner Kindheit und Jugend mitbekommen hatte, bezogen sich zumeist noch auf eine ‚biologische Sexualkompetenz‘ und erfuhren mit wachsender Erfahrung und Reflexion (mit Hilfe der ‚68erInnen‘-Theorien) einen Wandel: Die Vorstellung von ‚interaktionistischer Sexualkompetenz‘ entwickelte er, nachdem er gelernt hatte, dass auch Frauen sexuelle Bedürfnisse und Wünsche haben und den aktiven Part im Sexuellen übernehmen können. So kritisierte er das traditionelle Bild, das Frauen ein sexuell passives Wesen unterstellt, wodurch sie ihre sexuellen Bedürfnisse verheimlichen müssten und erst mit der Akzeptanz des Mannes ihre sexuelle Selbstbestimmung und Autonomie erhielten. Mit dieser Reflexionsarbeit und diesem Erkenntnisgewinn wandelte sich Thomas‘ dichotome Geschlechtereinteilung (männlich = aktiv, weiblich = passiv), und wurde durch eine neue Norm überformt, nach der er sexuelle Interaktion zumeist auf die Bedürfnisse der Sexpartnerinnen ausrichtet. Unter seiner ‚interaktionistischen Sexualkompetenz‘ fasst Thomas also das Erkennen der sexuellen Bedürfnisse des/der Anderen durch ein empathisches, gefühlsbetontes – statt *„mechanisch[es]"* – Aufeinanderzugehen; dieses Einlassen sei jedoch nur möglich, wenn man sich mit vielen verschiedenen SexualpartnerInnen ausprobiere und offen für neue Sexualpraktiken sei. Mit der Entstehung der ‚interaktionistischen Sexualkompetenz‘ sei auch das starre Leitbild von persistenter, omnipräsenter Lust und Potenz des Mannes in den Hintergrund gerückt und dem Eingeständnis von Phasen sexueller Unlust gewichen; obschon Thomas die Existenz seiner Potenz konstant einflicht.

Hinsichtlich Thomas' Beziehungskonstrukts ließ sich herausarbeiten, dass er zwei unterschiedliche Beziehungsmodelle unterscheidet; da er beide Modelle als ,68er' gleichzeitig lebte, konnte diese Unterscheidung abgeleitet werden: die ,strukturelle' und die ,sexuelle Beziehung', die aus unterschiedlichen Motivationen begonnen werden. Die eine entsteht aus rationalen Anlässen wie Ehe, Elternschaft; die andere erwächst aus sexueller Spannung. Hinsichtlich der ,strukturellen Beziehung' vertritt Thomas die Meinung, dass diese nicht zu spät eingegangen werden sollte – das Singleleben von über-30jährigen etikettiert er als *„crash"* und Gefahr. Diese Annahme mutet wie eine Norm zur ständigen Beziehungsführung an und negiert gleichzeitig zufriedene, partnerlose Existenz.

Junge Menschen sollten sich zuvor jedoch noch sexuell ausprobieren und viele ,sexuelle Beziehungen' eingehen, bevor sie ,strukturelle' *„feste Bindungen"* aufnähmen. Diese Norm vom sexuellen Experimentieren heißt Thomas jedoch nicht bei allen Heranwachsenden gut: Während er einerseits junge Menschen zur sexuellen Experimentierphase ermuntert, möchte er andererseits nicht, dass seine Tochter nach diesem Topos lebt.

4.5 Selbstbild

Wie sich bereits in den Interviewanalysen von Brigitte, Miriam und Walter zeigte, wirkt(e) sich die eigene Geschlechtervorstellung auf den Umgang mit den Beziehungs- und Sexualitätskonstrukten der ,68erInnen' aus. Je nachdem, wie sich für die Interviewten Erwartungen an das ,eigene' und ,andere' Geschlechterkonstrukt formulierten, konnten sie sich mit Aspekten der ,68erInnen'-Theorie identifizieren oder eben nicht. So lassen sich auch aus Thomas' narrative Annahmen zu seinem Konstrukt der Geschlechter herausfiltern, die wiederum Rückschlüsse auf sein Agieren mit den alternativen Theorien der Studierendenbewegung zulassen.

Hervorbringung von ,Männlichkeit' durch Darstellung sexueller Kompetenzen

Thomas definiert sich als Mann, als ,männlich', und entfaltet diese geschlechtliche Verortung auf den drei Ebenen „inhaltlich", „formal" und „interaktiv" (vgl. Kapitel I sowie Scholz 2004, S. 13) im besonderen Maße über seine Sexualität, die er als ,männlich' definiert. Wie Connell in seinen Beschreibungen zur hegemonialen Männlichkeit zeigt, steht ,der Mann' unter einer Art Beweispflicht in Abgrenzung zum ,Weiblichen'. Vor dem Hintergrund dieser Theorie beweist Thomas seine Geschlechtszugehörigkeit über das Feld seiner (,männlichen') Sexualität; und so ist in seinem Interview die Gleichung „Thomas = Mann = Vertreter ,männlicher' Sexualität" das Kernstück seines Geschlechterkonstrukts und seiner Subjektkonstitution.

„Interaktiv" konstruiert Thomas sein ‚männliches' Geschlecht, indem er sich subtiler Flirttaktiken bedient und der Interviewerin durch die Darstellung seiner offenen sexuellen Lebenseinstellung zu imponieren versucht. In seiner Inszenierung als sexuell kompetent oder der Nennung zufriedener Liebhaberinnen als Beleg dafür, dass er die sexuellen Bedürfnisse von Frauen befriedigen könne, steckt vielleicht sogar ein Angebot, das wiederum auf die Unterschiede der ‚Geschlechter' von Interviewtem und Interviewender anspielt und mögliche ‚Geschlechtlichkeit' zwischen beiden unausgesprochen suggeriert.

Auch auf der „inhaltlichen" und „formalen" Ebene stellt Thomas sein ‚Geschlecht' über seine ‚biologische' und ‚interaktionistische Sexualkompetenz' dar. Mit der Beschreibung seiner sexuellen Handlungsmuster und -kompetenzen (‚biologisch' und ‚interaktionistisch) konstruiert Thomas sein ‚Geschlecht' und das, was er unter ‚Männlichkeit' versteht. Er inszeniert sich als wissbegierig, neugierig, als intelligenter Verführer[22] und guter Liebhaber.

Die Entwicklung seiner sexuellen Kompetenzen zeichnet Thomas in seinem Interview nach: Von den Beschreibungen seiner ‚biologischen Sexualkompetenz' (kindliche Masturbation im Kollektiv, Beschreibungen der Potenz usw.) zur Entstehung der ‚interaktionistischen Kompetenz' (Empathie, Bedürfnisse der Partnerinnen im Blick, Interesse an sexuellen Abenteuern usw.).

Dabei steht Thomas' ‚biologische Sexualkompetenz' einem Männlichkeitskonstrukt nahe, das im Zusammenhang mit dem Genitalprimat steht. Unter dem Genitalprimat wird der Penis zum Symbol für Männlichkeit und Potenz, „zum zentralen Ausdrucksmittel des männlichen Selbstempfindens" (Pohl 2007, S. 200).[23] Durch

---

22 *„Ich [...] hab' in der damaligen Zeit auch (...) geschrieben. Ich hab angefangen [...] pseudoautobiografisch, was man mit 20 so schreibt [,] zu schreiben und da [...] war eine Szene drin, wo ich auch genau erzähle, [...] wie ich mit einem Mädchen zusammen gewesen bin. Also sehr intim. Und ich kann mich dran erinnern, das war einer der ersten großen Clous, die ich gelandet habe [,] ich hab' das so vorgetragen bei uns in der Clique und ey, alle hörten zu. [...] und später waren 'se alle weg und zehn Minuten später klingelts und dann kam eins von den Mädchen aus der Clique und da ging's zur Sache. Also, die war [...] darauf angespru[ngen] ‚Ach, guck mal' also man kann's auch indirekt machen, man kann also auch irgendwo über Worte und so erreichen, es geht also jetzt nicht nur [...] mit der direkten Anmache."*

23 In dieser Arbeit wird das Verständnis vom Genitalprimat über die Arbeit des Sozialpsychologen Rolf Pohls erarbeitet. Pohl erschließt sich dessen Entwicklung über psychoanalytische Phasenmodelle und verknüpft sie mit aktuelleren Thesen der Männlichkeitsforschung (vgl. Pohl 2004, Pohl 2007). Das mehrschichtige Erklärungsmodell muss an dieser Stelle leider auf ein Minimum komprimiert werden.

das Genitalprimat erfährt die männliche Sexualität „jene dramatische Zuspitzung, die die Ambivalenz [und] Polarität der Geschlechter dauerhaft ‚verlötet' und das fragile männliche Ich in der unbewussten Selbstwahrnehmung gleichsam mit dem Penis zusammenfallen lässt" (Pohl 2004, S. 229). Der britische Soziologe Jeff Hearn, Mitbegründer der kritischen Männlichkeitsforschung, beschreibt, dass das männliche ‚Geschlecht' viel mehr seine Körperlichkeit hervorheben müsse als das weibliche, da deren Körperlichkeit weniger hinterfragt werde (vgl. Hearn 2011, S. 206ff.). Vor dem Hintergrund dieser These ist Thomas' Inszenierung seiner sexuellen Kompetenzen eine seiner Strategien, sein männliches ‚Geschlecht' zu unterstreichen. Während Walter sich mehr über seine akademische Karriere und berufliche Kompetenzen als Mann definiert, spielt bei Thomas seine sexuelle Kompetenz eine entscheidende Rolle im Definitionsprozess seiner ‚Männlichkeit'. Dabei steht sowohl Walters als auch Thomas' Herangehensweise unter dem übergeordneten „Primat der Leistung" (Meuser 2010, S. 265): „Die Leistung, die der einzelne Mensch erbringt, ist für [...] Männer das fundamentale Deutungsmuster, das ihre Wahrnehmung der Geschlechterwirklichkeit strukturiert und deren Bewertung zugrunde liegt." (Ebd.) Mit der Betonung seiner ‚genitalen Leistungsfähigkeit' stellt Thomas leistungsbezogene Aspekte wie „Vitalität, Souveränität und Autonomie" heraus, die zumeist als an sexuelle Energie gekoppelt gedeutet werden (Pohl 2007, S. 200).

Indem Thomas seiner ‚biologischen Sexualkompetenz' noch seine ‚interaktionistische Sexualkompetenz' an die Seite stellt, grenzt er sich von einem ‚männlichen' Antitypus ab, der der traditionellen Sexualmoral folgt, in der Männer sich nicht der sexuellen Bedürfnisse von Frauen bewusst sind bzw. sexuellen Aktivismus von Frauen missbilligen. Dadurch präsentiert Thomas nun zwei Seiten seiner ‚Männlichkeit': Zum einen dekonstruiert er das Bild einer egoistischen ‚männlichen' Machtstellung der traditionellen Sexualmoral, indem er seine ‚interaktionistische Sexualkompetenz' betont, durch die er sich auf die Bedürfnisse seiner Sexualpartnerinnen konzentrieren kann. Zum anderen verweist er jedoch in seiner Erzählung immerzu auf seine (rein hetero)sexuelle Leistungsfähigkeit, die ihm wiederum im Sinne des Genitalprimats eine klare biologisch-körperliche ‚Männlichkeit' zuweist.

Dies geschieht beispielsweise durch Anekdoten, in welchen Thomas sein ‚Geschlecht' durch kollektive, gemeinschaftliche Erfahrungen mit anderen Männern bzw. Jungen unterstreicht. Für Thomas erfährt ‚Männlichkeit' ihre Bestimmung demnach nicht nur über die Gegenüberstellung der ‚weiblichen' Sexualität, sondern auch über ‚männerbündische' Erfahrungen:

„Wir Jungs haben um die Wette masturbiert, wer am weitesten ejakulieren konnte."
„Wir haben damals auch noch ziemlich stark irgendwie Mädchen [...] unterteilt, in die, mit denen man's machen konnte."

„Man hatte so'n paar Tricks, so'n paar Mädels, die man sich auch so empfohlen hatte zum Ausprobieren. "

„Ich habe 'n Kumpel gehabt, [...] der hatte immer viele Mädchen, weil er 'nen kleinen MG Midget fuhr, [...]. Und [...] zwei Mal hat er mich nachts angerufen, weil (...) das konnste alles natürlich zu Hause nicht treiben, du mussteste raus in [sic!] Feld, Wald und Wiese fahren und [...] der Midget, der war tief unten und dann hing der fest [...] und dann hab ich ihn rausgezogen und umgekehrt hab' ich das Gleiche dann auch mal von ihm irgendwo, wenn ich mal so'n Problem hatte. "[24]

Durch das kollektive *„wir"* definiert Thomas hier ein ‚männliches‘ Zusammengehörigkeitsgefühl. Die ‚männliche Solidarität‘, die Thomas etwa gegenüber seinem *„Kumpel"* empfindet, besteht vornehmlich darin, sich gegenseitig zu unterstützen, wenn es um (heimlichen) Beischlaf mit *„Mädels"* ging. Diese ‚männerbündische‘ Solidargemeinschaft konstituiert sich aufgrund des ‚männlichen Geschlechts‘ in Abgrenzung zu Frauen. Frauen kommt in diesen gemeinschaftlichen Aktionen von Thomas und seinen Freunden ein Objektstatus[25] zu; sie wurden aufgesucht, da man es mit ihnen *„treiben"* konnte – den Begriff ‚es zu treiben‘ hatte Thomas anfangs verwendet, um kopulierende Schweine und Kühe zu beschreiben.

Frauen stehen hier also als Differenzkategorie Männern gegenüber. Sie sind allein schon wegen des fehlenden Penis‘ aus der ritualisierten Gruppenejakulation ausgeschlossen und fungieren als ‚Eroberungsobjekte‘ für Männer. Zusammengefasst finden sich bei Thomas‘ Männlichkeitskonstrukt klare Parallelen zu dem Connell‘schen Konzept der Hegemonialen Männlichkeit. Zudem reproduziert er durch die zitierten Anekdoten das Genitalprimat der traditionellen Geschlechterordnung.

Thomas‘ Frauenbild: Tradierung eines dichotomen Weiblichkeitskonstrukts

Sprachlich fällt auf, dass Thomas zumeist von *„Mädchen"* und *„Mädels"* statt von Frauen spricht; jedoch bei dem sich selbst zugeordneten ‚Geschlecht‘ fast immer

---

24 Thomas' doppeldeutige Sprache in dieser Sequenz bietet Interpretationsraum. So wird beim ersten Lesen dieser Anekdote nicht ganz deutlich, ob Thomas von Sexualität respektive einem Penis spricht (*„der war tief"*, *„dann hing der fest"*, *„ich hab ihn dann rausgezogen"*) oder tatsächlich von einem Auto. In dieser Passage fällt zudem auf, dass Thomas Frauen unterstellt, dass sie sich nur aufgrund des fahrbaren Untersatzes auf seinen Bekannten einließen.

25 Der den Frauen zugeschriebene Objektstatus findet sich im Interview gehäuft. So beispielsweise in der Sequenz, in der Thomas von der Freundin seines Sohnes berichtet: *„Er hatte also sogar 'ne Freundin aus Australien sich mitgebracht"* – wie ein Souvenir.

von „*Männern*" und nur selten von Jungen oder Jungs.[26] Durch dieses sprachliches Diminutiv macht Thomas eine erste sichtbare Unterscheidung der ‚Geschlechter'. Insgesamt beschreibt Thomas Frauen in seinem Interview nur sehr oberflächlich. Charakterzüge seiner Exfrau werden kaum genannt, seine aktuelle Ehefrau bekommt gar keine Kontur und für seine Freundin hat er auch nur wenig differenzierende Worte übrig (*„Die Frau klassisch, die Frau war toll"*). Vielmehr reduziert er letztere mehr auf ihre Körperlichkeit, ihre sexuellen Interessen und Ideen (beispielsweise Pelzmantel, *„Dreier"*), den anderen, Aspekten wie der Persönlichkeit dieser Frauen misst er im Interview weniger Bedeutung bei.

Beschreibt Thomas Frauen, schreibt er ihnen gewisse Wesenszüge zu, die sehr konservativen Weiblichkeitsvorstellungen entsprechen. Seine sexistischen Attribuierungen reflektiert er dabei wenig, sondern sieht sie teilweise als allgemein gültige Tatsachen an. *„Sie sagt: ‚Wieso denn, wenn sie's doch schon genau weiß und alles, wieso dann nur eine Nacht und können wir nicht mal am Wochenende?' Weißte, so diese üblichen Spielchen dann"*. Durch diese Aussage tradiert Thomas das Stereotyp, nach dem Frauen Männer mit ihren *„üblichen Spielchen"* manipulieren. Mit dem rhetorischen Einwurf *„weißte"* unterstreicht Thomas dieses Stereotyp als common sense. Eine andere Komponente eines stereotypen Geschlechterbildes findet sich in Thomas' Aussagen über den Pornografiekonsum, der eher ‚Männersache' sei.

„Im letzten Semester, da kamen [...] die Studenten [...] dann mit [...] youporn [...] und die Mädels kannten sich da genauso aus wie ich und ich hab nur gedacht ‚Mein Gott, mein Gott, wo bin ich hier?'"
„Der Pornografie standen sie ziemlich offen gegenüber, da hab ich ja sogar gestaunt, wie offen. (..) In dem Alter und sogar die Mädchen, also (...) Es war nicht nur so, dass die Jungs die Diskussion geführt hätten."

Thomas verwirrt es, dass *„Mädels"* sich in dem Sujet Internetpornografie *„genauso"* auskennen würden wie *„die Jungs"* und er selbst. Thomas scheint davon auszugehen, dass nur Männer Pornos konsumieren bzw. konsumieren sollten. Seine Überraschung darüber, dass auch junge Frauen Pornos konsumierten, könnte darin begründet sein, dass Thomas die Vorstellung hat, Frauen würden in Pornos degradiert und sollten sich diesen Anblick besser ersparen; pornografische Filme seien

---

26 Die Tendenz, Frauen als ‚Mädchen' zu bezeichnen, fand die Autorin auch in den meisten Ausgaben der „pardon" und „konkret" – ausschließlich bei Artikeln, die von Männern verfasst wurden. Es scheint sich also um eine übliche (sexistische) Sprachpraxis von ‚68ern' gehandelt zu haben, die Thomas im Interview aufgreift.

exklusiv für Männeraugen gemacht.[27] Aus wissenschaftlicher Sicht ist das Stereotyp, nach dem ausschließlich Männer Pornos konsumieren, widerlegt. Studien zeigen zwar auf, dass etwa 85% der Pornokonsumenten Männer sind, aber immerhin
geben auch zwischen 10-30% (je nach Studie) aller Frauen an, dass sie regelmäßig
(und freiwillig) Pornos konsumieren (vgl. Ertel 1990, Starke/Weller 1993, Rückert
2000, Alstötter-Gleich 2006).

Thomas' stereotype Weiblichkeitsvorstellungen oszillieren zwischen zwei Extremen – das des ‚leichten Mädchens' und das einer potentiellen Ehefrau. Frauen
habe man „*damals*" noch in diese zwei Gruppen „*unterteilt*", ausschlaggebend für
die Differenzierung sei ihre sexuelle Aktivität gewesen. Die Dichotomie bestand
aus „*Mädels, mit denen man ins Bett geht*", so genannte „*leichte Beute*" und aus
Frauen, „*die man heiratet*". Die „*Mädels*" mit vielen wechselnden Geschlechtspartnern seien nicht angesehen gewesen, sondern abgewertet worden. Ruft man sich
die konträren Beziehungsskizzen ‚sexuell' vs. ‚strukturell' in Erinnerung, die sich
aus Thomas' Beziehungskonstrukt herausarbeiten ließen, so findet man seine beiden Frauenbilder darin wieder. Mit einer Frau, mit der „*man [nur] ins Bett geht*",
führt man eine ‚sexuelle Beziehung', wohingegen man mit der Frau, „*die man heiratet*", eine ‚strukturelle Beziehung' führt. Hier finden sich die beiden Frauenbilder
in den zwei unterschiedlichen Beziehungsmustern wieder. Dass Thomas die Studentin nicht heiratete, nachdem ihre Beziehung den sexuellen Reiz verloren hatte,
bestärkt den Eindruck, dass es sich bei dieser Freundin um ein solches „*Mädchen*"
handelte, mit der „*man ins Bett geht*", das man aber nicht heiratet. Da Thomas sich
der stereotypen Darstellung der ‚sexy Studentin' bewusst zu sein scheint, möchte er
den Verdacht zerstreuen, in dem er betont, dass diese Exfreundin „*inzwischen auch
Professorin*" sei. Aus ihr sei also etwas ‚Anspruchsvolles' geworden; er reduziere
sie nicht (mehr) auf rein sexuelle Attribute. Durch die Betonung der akademischen
Karriere wertet Thomas sich jedoch auch selber auf und präsentiert sich als jemand,
der trotz starken sexuellen Interesses an jungen Frauen auch deren Intellekt zu
schätzen weiß und sie nicht nur auf ihre Körperlichkeit reduziert.

Die Abwertung des „leichten Mädchens" ist ein altes Instrument des Patriarchats, Frauen in ihre Schranken zu weisen und ‚gute', ‚reine' von ‚bösen', ‚sexuell
umtriebigen' Frauen zu unterscheiden und letztere zu stigmatisieren. Dennoch profitierte Thomas von jenen „*Mädels*", die er sich mit Bekannten gegenseitig „*zum*

---

27 Kritische Stimmen erkennen in der Pornografie den Versuch der (meist männlichen) Fil-
memacher, Frauen zu demütigen und den Wunsch vieler Männer nach Macht über Frauen
zu erfüllen. Rolf Pohl deutet mit Hilfe psychoanalytischer Theorie, nach der Männer
Angst vor dem weiblichen ‚Geschlecht' hätten, dass die Erniedrigung von Frauen in Pornos den Zweck verfolge, Frauen zu „unter männlicher Kontrolle stehende[n] Objekte[n]"
zu degradieren (Pohl 2004, S. 288).

Ausprobieren" empfahl (ähnlich wie man sich einen Kinofilm empfiehlt). Der schlechte Ruf dieser Frauen drückt sich in Thomas' abwertender Beschreibung aus, dass man sich bei jenen Frauen *„dann den Tripper geholt"* habe. So wurde Frauen, *„mit denen man's machen konnte"*, auch noch unterstellt, Geschlechtskrankheiten zu verbreiten.

Die Entwertung sexuell aktiver Frauen gehörte zum Zeitgeist der 1950er und Anfang 1960er Jahre. Erziehungs- und Benimmratgeber warnten junge Frauen stets, ihre Jungfräulichkeit leichtfertig aufzugeben bzw. ihre sexuelle Aktivität gut zu überdenken. So legte beispielsweise die Verfasserin des Ratgebers „Einmaleins des guten Tons" (1962), Gertrud Ohmein, ihren Leserinnen nahe, sich keusch zu verhalten und sich so vor Diskreditierung zu schützen: „Denn noch heute gilt das harte Männerwort: ‚Zum Amüsieren ist sie wunderbar, aber heiraten? Niemals.'‚‚ (Oheim 1962, S. 125) Ebendieses „Männerwort" spiegelt sich in Thomas Aussagen wider.

Eine weitere Abwertung von Frauen, die scheinbare Signale sexuellen Interesses äußern, lässt sich in Thomas' Aussagen über die Pille finden: *„Ja und Mädchen, die die Pille nahmen, da wußte man doch schon gleich, in den Kreisen ‚Ggrr, die will was'. (...) Die ist leichte Beute (..), sonst würde die ja nicht die Pille nehmen'. (...) Das war komisch. Aber es ist dann auch so."*
Frauen vorzuwerfen, dass sie die Pille nahmen, mutet widersprüchlich an, da doch eigentlich alle Beteiligten davon profitierten. Doch scheinbar weckten Frauen, die die Pille nahmen, auch das Misstrauen, dass sie möglicherweise polygam leben wollten; und dies war offenbar doch nur ein den Männern vorbehaltenes Recht. Ein weiteres Paradox ist, dass Thomas selber auf *„traumatisch[e]"* Weise erfahren musste, wie eine Freundin an den Folgen einer Abtreibung starb – hier hätte die Einnahme der Pille sie vor der ungewollten Schwangerschaft schützen können.
Die letzten zwei Sätze der zitierten Passage (*„Das war komisch. Aber es ist dann auch so."*) wirken, als verortete Thomas diese Einstellung einerseits zurück in die Zeit der Studierendenbewegung und erkennt sie als durchaus *„komisch"*, erfasst sie jedoch andererseits durch die Präsensformulierung *„ist"* als eine noch heute gültige Tatsache.[28] Die Ambivalenz wird auch in seinen Handlungen und Bewertungen

---

28 Thomas' berichtete Abwertung von Frauen, deren sexuelles Interesse nach außen sichtbar ist, scheint weiterhin ein beobachtbares Phänomen: Frauen, die viele – was immer das heißen mag – SexualpartnerInnen haben, würden oft negativ in den Geschlechtszuschreibungen junger Menschen betrachtet, so die Geschlechterforscherin Margrit Brückner in ihrer Studie „Geschlechterverhältnisse im Spannungsfeld von Liebe, Fürsorge und Gewalt" (2001). Brückner weist auch darauf hin, dass diese Abwertung nur Frauen betreffe, es komme zu keiner Abwertung des Mannes, wenn er viele Sexualpartnerinnen habe.

deutlich: Zwar rät er sowohl jungen Männern und Frauen, die bei ihm studieren, sich sexuell auszuprobieren, bevor sie „*feste Bindungen*" eingehen – macht hier also keinen Unterschied der Geschlechter. Auf der anderen Seite steht sein Wunsch, seine Tochter davor zu schützen, als sexuell interessiertes Wesen wahrgenommen zu werden (und so womöglich als „leichtes Mädchen").

An das Konstrukt des „leichten Mädchens" schließt Thomas die Vorstellung einer Verführerin an. Dieser Aspekt spielt nicht nur im Zusammenhang mit seiner Ambivalenz hinsichtlich seiner ‚Schuldfrage' (s.o.) ein Rolle, sondern auch in der Beschreibung junger Mädchen heute. Nach einer kurzen Unterhaltung mit der Interviewerin darüber, dass erste sexuelle Erfahrungen heute in einem früheren Alter stattfänden als zu der Zeit, als Thomas jung war, beschreibt dieser, inwiefern junge Mädchen heute auch älter aussähen und dadurch Männer auf die ‚falsche Fährte' lockten:

„Ich hab's jetzt nur bei meiner Tochter mitgekriegt in der Klasse [...], fünfte Klasse. [...] Die [...] schminken sich schon, machen sich alle zurecht. [...] Meine Frau ist Lehrerin, die hat zwei achte Klassen im Moment (..) die äh sacht auch, ‚Das ist unglaublich, wenn man die anguckt, die wirken viel älter' und [...], da kannste manchmal schon verstehen [,] was die Männer [...] oder die Jungs meistens als Entschuldigung bringen, dass die das gar nicht mitgekriegt haben, dass [die so] jung sind, und sacht, wenn sie sich manche anguckt, das kann sie glatt glauben, die gehen für achtzehn/neunzehn durch. Völlig problemlos (..) und in Wirklichkeit sind die vierzehn."

Hier beschreibt Thomas – auch durch die Perspektive und Erfahrung seiner Frau als Gewährsfrau – eine Art Lolita-Missverständnis, in dem „*die Männer*" oder „*die Jungs*" Opfer weiblichen ‚Zurechtmachens' würden. Männer seien demnach oft mit Mädchen konfrontiert, die älter aussähen als sie tatsächlich seien, und bekämen so falsche Tatsachen vorgespielt. Käme es durch dieses ‚optische Missverständnis' zu Fehlverhalten[29], trügen die geschminkten und „*zurecht*" gemachten Mädchen dafür auch Verantwortung. In dieser und folgender Äußerung ist die Reduzierung von

„[...] anerkannt werden die Mädchen, die man nicht oder nur sehr schwer besitzen kann, diejenigen, die man – oder gar viele – ‚haben' könne, fallen der Verachtung anheim. Für diese kulturell überhöhte Spaltung gibt es kein Korrelat für Jungen, sie steigen eher in der Achtung ihrer peers und in ihrem eigenen Selbstwertgefühl, wenn sie viele Mädchen erobern." (Brückner 2001, S. 140)

29 Was dieses Fehlverhalten sein könnte, führt Thomas gar nicht erst aus; das Benennen von konkreten sexuellen Handlungen zwischen Männern und 14jährigen würde seine Argumentation vermutlich schwächen.

Frauen auf Äußerlichkeiten enthalten. Attraktivität wird hier als Gradmesser für den Erfolg beim männlichen ‚Geschlecht‘ angesehen.

Selbst *„sehr hübsch[e]"* Singlefrauen mittleren Alters seien nicht davor gefeit, die unvorteilhafte Auswahl auf *„dem freien Markt"* ertragen zu müssen. Thomas nimmt hier das äußere Erscheinungsbild seiner *„Bekannten"* als Maßstab für ihre Chancen bei Männern. Dass attraktive Frauen seltener Single seien, ist eine bei beiden Geschlechtern weit verbreitete Annahme, wie die Sozialwissenschaftlerin Dorothea Krüger, die mit Hilfe von narrativen Interviews Vorurteile der Gesellschaft hinsichtlich alleinstehender und alleinlebender Frauen untersuchte (Krüger 1991). Sie stellt u.a. fest, dass alleinstehende Frauen stets „am weiblichen Schönheitsideal gemessen" (Krüger 1991, S. 160) würden, zudem verlange das Umfeld der Frauen stets, dass sie ihr Single-Sein erklärten. Thomas macht es genauso, indem er das Alleinsein der Bekannten direkt damit rechtfertigt, dass sie immer *„Pech mit ihren Männern"* gehabt habe. Dass sie vielleicht selbstgewählt Single ist, kann er sich vermutlich nur schwer vorstellen.

Ein weiterer Aspekt von Thomas‘ traditionellem Geschlechterbild betrifft die ‚bürgerliche‘ *„Doppelmoral"*. Auch wenn Thomas diese im Interview stets anprangert, so lässt sich doch der doppelmoralische Umstand, nachdem Männern per ‚Geschlecht‘ umtriebiges Sexualverhalten erlaubt und Frauen untersagt ist, auch in seiner Beziehungspraxis wieder finden. Ein weiterer Hinweis auf ein traditionelles, konservatives Geschlechterverständnis.

Thomas erinnert, dass als junger Mann *„ganz toll angesehen"* gewesen sei, wer polygam gelebt und viele verschiedene Sexualpartnerinnen gehabt habe. Sexuell polygame Frauen hätten dagegen einen schlechten Ruf gehabt und seien nicht angesehen gewesen (vgl. 5. Kernaussage). Um den Verdacht doppelmoralischer Züge seiner Beziehungen auszuräumen, betont Thomas, dass seine Beziehungen nicht im Geheimen stattgefunden hätten sowie vor dem Hintergrund der ‚68erInnen‘-Beziehungsvisionen theoretisch legitimiert gewesen seien.

Dennoch zeigt sich ein deutlicher Aspekt der Doppelmoral in seiner *„Primärbeziehung"*-Nebenbeziehungs-Konstellation: Das Nutzen sexueller Nebenbeziehungen ist auf die Geschlechter der Beteiligten ungleich verteilt, da nur er als Mann diese pflegte. Als Thomas im Interview darauf angesprochen wird, ob diese Abmachung formal gesehen auch seiner Frau und seiner Freundin zugestanden hätte, versteht Thomas die Frage nicht auf Anhieb. Der Gedanke, dass auch seine Frau eine Nebenbeziehung hätte eingehen können, scheint ihn sogar (anfänglich) zu verwirren, so fern scheint ihm im ersten Moment diese Vorstellung zu sein.

„KV: ‚Sag mir noch ähm wie‘s gewesen wäre, wäre es andersherum?‘
T: ‚*Wie?*‘
KV: Hätte sie ‘ne Affäre gehabt einmal die Woche.
T: ‚*Meine Frau?*‘

KV: ‚Mmmh‘

T: ‚(...) Ja (...), das ist 'ne sehr berechtigte Frage. Das (...) was immer dahinter steht ist sehr leicht, wenn du in der Situation bist, absolut. (...) Absolut. [6 Sekunden Pause] Also mein Kopf (..) sagt mir natürlich ‚Klar (..) Gleichberechtigung, hätte sie auch so machen können.‘ Ich bin da aber ehrlich gesagt nicht so sicher, 'ne (...) Aber das habe ich auch immer zugegeben.“

In dieser Passage wird deutlich, dass Thomas die Idee sexueller Nebenbeziehungen erst durch zweimaliges Nachfragen auf seine Frau anwenden kann. Er muss erst darüber nachdenken, was es (für ihn) bedeutet hätte, hätte seine Frau ihr Recht ebenso in Anspruch genommen. Seine Antwort fällt vermeintlich selbstreflektiert aus, so als habe er den Widerspruch zu seiner Doppelmoralkritik durchschaut. Demnach hätte er eine sexuelle Nebenbeziehung auch seiner Frau ‚genehmigt‘, jedoch nur mit Unbehagen. Sein Zögern spiegelt eventuell auch (s)ein dichotomes Weiblichkeitskonstrukt wider, nachdem sexuell aktive Frauen mit vielen Geschlechtspartnern jener Kategorie Frauen, „mit denen man ins Bett geht“, angehören und über die weiß er ja: „Aber so angesehen waren die dann halt doch nicht.“

Generell lässt sich bei Thomas jedoch beobachten, dass er Frauen, die sexuelles Interesse zeigen und diesbezüglich Forderungen stellen, nicht immer ablehnt. So begrüßt er ‚weibliches‘ „Selbstbewusstsein“, wenn Frauen sich dank der sexuellen Liberalisierung von der repressiven Sexualmoral ihrer Sozialisation befreien und ihre sexuellen Wünsche formulieren.

Das Aussprechen von Bedürfnissen außerhalb der sexuellen Interaktion findet er befremdlich und anstrengend; die aus der „Dreiecksbeziehung“ entstandenen Forderungen und Ansprüche der beteiligten Frauen empfand er als „Krampf“. Betonte Thomas zuvor, dass es ein Gewinn der ‚68erInnen‘-Bewegung gewesen sei, dass Frauen nun ihre sexuellen Bedürfnisse und Forderungen formulieren konnten und dies gesellschaftlich akzeptiert wurde, so strengt ihn das Einfordern persönlicher, weniger sexueller Bedürfnisse an. Thomas‘ Haltung lässt sich wie folgt zusammenfassen: Frauen, die sexuelle Bedürfnisse äußern und einfordern sind angenehm, wohingegen Frauen, die zwischenmenschliche Bedürfnisse (Monogamie, Treue, mehr Zeit) einfordern, unangenehm sind.

Über allgemeine Bestrebungen eines weiblichen Selbstverständnisses in Form von Gleichberechtigung außerhalb der sexuellen Sphären macht sich Thomas sogar lustig und bedauert machistisch (im Scherz) das Ende des Patriarchats.

„Und [...] ich hasse dieses Wort Gleichberechtigung, weil das so (...) so belastet ist, aber letztlich beide haben das gleiche Recht. Und warum hat die Frau nicht auch das Recht, genauso zu suchen, genauso aktiv zu sein, genauso Anforderungen zu stellen, das ist doch ganz normal (...) ich find das 'ne durchaus positive [Sache]. Auch wenn ich immer lästere, ich *sach ,Mensch, 5000 Jahre lang haben die Männer das Sagen gehabt, ausgerechnet wenn ich lebe, dreht sich das um'. Aber (...) im Grunde genommen ist es doch total okay, absolut, warum denn nicht?"*

Thomas' Einstellung zum Thema Gleichberechtigung scheint hier sehr ambivalent. Nach außen befürwortet er gleiches Recht für alle Geschlechter, lässt sich aber nicht nehmen, eine halbernste Anspielung zu äußern, die man dahingehend deuten könnte, dass er Gleichberechtigung letztlich doch nicht nur begrüßt. Unter dem Deckmantel der Ironie ärgert er sich, dass er gerade zu dem Zeitpunkt lebe, zu dem sich die männliche Vormachtstellung auflöst. Wieso Thomas den Begriff Gleichberechtigung als *„belastet"* ansieht, wird nicht klar; es scheint, als sei diese Bewertung mehr seiner individuellen Verarbeitung des Begriffs geschuldet.

Als die Interviewerin nach dieser ,Stammtisch'-Bemerkung noch einmal nachhakt und speziell den Fokus auf die veränderte Wahrnehmung weiblicher Sexualität lenken möchte, äußert sich Thomas wie folgt:

„Also [...] ich denke, das ist gar nicht was [,] was zielgerichtet [...] irgendwie so aktiv rein kam. Da kamen einfach ein paar Punkte zusammen, die [...] man heute gerne übersieht [...] mit der Pille [wurde beispielsweise] die Möglichkeit [...] geschaffen, [und] dann dieses Bewusstsein, was irgendwo kam, jetzt so 'ne Art Gleichberechtigung von Mann und Frau [...]. Ich denke, das ist einfach ein Prozess, dass das so durchgesickert ist irgendwo (..) und [...] ich denke nicht, dass das jetzt 'ne bewusste politische Haltung war."

In dieser Passage spricht Thomas der Neuen Frauenbewegung und anderen politischen Strömungen, die sich für die Gleichstellung der Geschlechter einsetzten, jegliches Zutun und Wirken ab. Die Bestrebungen zur Gleichberechtigung seien kein politischer Prozess oder eine *„bewusste politische Haltung"* gewesen, sondern lediglich etwas, das *„durchgesickert"* sei. Indem er den emanzipatorischen Bewegungen ihre Erfolge in Abrede stellt, trivialisiert er sie (wenngleich er nicht, wie etwa Brigitte, die Unterdrückung von Frauen gänzlich als Erfindung ansieht).

Man fragt sich, welche Vorteile es für Thomas hat, dass er die Frauenbewegung bagatellisiert? Es ließe sich mutmaßen, dass, wenn er sich eingehender mit den Auslösern der Emanzipationsbewegung beschäftigen würde, er sich vermutlich fragen müsste, ob er zu den Missständen beitrug, die die Neue Frauenbewegung bekämpfen wollte. So müsste er sich eventuell dem oft geäußertem Vorwurf bezüglich des Widerspruchs von der Theorie einer Gleichberechtigung, wie sie oberflächlich in den Debatten der Studierendenbewegung geführt wurde, und der Praxis im Alltag stellen. Schaut man mit dieser Perspektive erneut auf die Passage, in der Thomas gefragt wird, wie es gewesen wäre, wenn auch seine Frau ihr Recht auf eine sexuelle Nebenbeziehung genutzt hätte, so wird deutlich, dass Thomas eben diese Diskrepanz zwischen proklamierter und wirklicher Gleichberechtigung verkörpert.

5. Fazit: „Ich hab während der allerwildesten Jahre gelebt."

Thomas erlebte in seiner Kindheit und Jugend eine repressive Sexualmoral. So hätten sich seine Eltern noch am Kuppeleiparagraphen orientiert und nicht erlaubt, dass „*Mädchen*" bei ihm übernachten. Zudem habe seine Umgebung die Vorstellung vertreten, nach der junge Frauen keine sexuellen Bedürfnisse und Wünsche hätten. Aufgrund dessen erlebte Thomas, dass junge Frauen ihr Begehren stets über das der Männer definierten und sich hinter deren Avancen „*versteck[t]en*". Erwachsene präsentierten sich Thomas als „*verklemmt*", vor allem, was die Sexualaufklärung betraf. Diese Stimmung erlebte Thomas im Kontrast zu den Erfahrungen, die ihm sein Aufwachsen „*aufm Dorf*" bot. Seine Peer Group sei weniger gehemmt mit dem Thema Sexualität umgegangen, sie hätten gemeinsam „*um die Wette masturbiert*" und den Fortpflanzungsakt bei Tieren beobachtet. Der befangene Umgang der Erwachsenen mit sexuellen Themen machte es für Thomas nötig, selber Auskünfte einzuholen und so las er sich die Informationen an, die ihm die Erwachsenenwelt nicht bieten konnte.

Als Thomas dann mit der Studierendenbewegung in Berührung kam, erschien ihm der Kontrast zu seiner sexualrepressiven Kindheit und Jugend groß: Hier wurde offen und ohne Umschweife über Sexualität diskutiert. Durch die Teilhabe an den Diskussionen hätten sich ihm mehr „*Perspektiven*" sexueller Art aufgetan; die vielfältigen Möglichkeiten, sich sexuell „*auszuprobieren*" seien ihm bewusst geworden, die er sodann für sich zu nutzen wusste. Weiter erinnert er, dass es in und durch die ‚68erInnen' einen „*Umbruch [...] der Geschlechter [im] Miteinander*" gegeben habe. Sein wichtigster Lerneffekt sei durch den veränderten Umgang mit Sexualität gekommen und betrifft die Überformung des Bildes einer sexuell passiven Frau in ein Bild der sexuell selbstbestimmten Frau, die durchaus eigene sexuelle Bedürfnisse habe – dieses traditionelle Bild, das ihm in seiner Kindheit und Jugend vermittelt wurde, sei also im Kontext von ‚1968' revidiert worden.

Im Interview fokussiert Thomas seine Auseinandersetzung mit dem Sexualitäts- und Beziehungskonstrukt der ‚68erInnen' mehr über die Schilderung seiner praktischen Erfahrungen als über die Reflexion des politischen Diskurses. Der Schilderung seiner Praxis lässt er dabei zumeist Erkenntnisse folgen, die er als abschließende Feststellungen über die Chiffre ‚1968' präsentiert: So sei etwa die ‚sexuelle Revolution' viel „*profaner*" gewesen, als es die Medien dargestellt hätten oder noch darstellten; die Reich'sche Theorie zum Triebabbau sei „*mechanisch*" und die polygame Beziehungsidee bringe in der Umsetzung „*Verletzte*" hervor. Weiter erinnert er sich, dass es trotz der neu geschaffenen Anerkennung der sexuellen Bedürfnisse von Frauen weiterhin zu einer stereotypen Einteilung von Frauen gekommen sei.

Und wie sich in der Analyse von Thomas' Geschlechterkonstrukt zeigen ließ, sind solche Geschlechterstereotypisierungen in seiner Narration weiterhin präsent. Dies äußert sich u.a. in seinen Konstrukten von ‚Geschlecht' und Beziehung, durch die er eine Differenzlinie zum ‚anderen Geschlecht' zieht: Die Konstrukte bestehen aus einer sich bedingenden Dichotomie, die sich unter den Begriffen ‚potentielle Ehefrau' vs. ‚leichtes Mädchen' und ‚strukturelle Beziehung' vs. ‚sexuelle Beziehung' zusammenfassen ließen. ‚Leichte Mädchen' bzw. die „leichte Beute" bekam in Thomas' studentenbewegtem Umfeld einen Objektstatus zugewiesen; man empfahl sie sich einerseits „zum Ausprobieren", warnte sich jedoch auch gegenseitig, dass man sich bei ihnen „den Tripper" holen könne. Jene Frauen oder „Mädchen" seien nicht „so angesehen" gewesen und hätten im Kontrast zu jenen gestanden, „die man heiratet". Beide Frauenbilder erinnern an basale, archaische Zuschreibungen und unterstreichen sowohl ein traditionelles Frauenbild, das an eine sexuelle Passivität appelliert, als auch die hegemoniale Männlichkeit, die Frauen durch die Zuschreibungen in ihre untergeordneten Positionen weist. Hierzu passt, dass sich Thomas, wenngleich im Scherz, beklagt, dass die Gesellschaft eine Gleichberechtigung der Geschlechter hervorbringen möchte. Weitere stereotype Zuschreibungen finden sich im Interview etwa dort, wo Thomas sich darüber wundert, dass Frauen Pornos schauen, oder er beschreibt, dass junge Mädchen mit viel Schminke ein höheres Alter suggerierten und so Männern eine Falle stellten.

Als roter Faden des Selbstbildes in Thomas' Narration ließ sich seine sexuelle Erlebens- und Erfahrungswelt ausmachen. Dieser Erzählstrang zielt auf die Akzentuierung seiner (‚interaktionistischen' und ‚biologischen') sexuellen Kompetenzen ab, über die er seinen Selbstwert bezieht und gleichzeitig seine ‚Männlichkeit' hervorbringt. Thomas' Resümee über seine Zeit als ‚68er' liest sich demnach wie eine Synopse des Interviews, da es die Argumentationslinie bündelt, die dem gesamten Interview immanent ist.

„Insgesamt muss ich sagen, [...] also ich hab' viel ausprobiert (..) ich hab' viel gemacht, ich hab' genügend Sexpartnerinnen gehabt (...) in meinem Leben. [...] Ich hab zu 'ner guten Zeit gelebt (..) und speziell also wo (..) wo's gezählt hat. Wo's wichtig war [...], die allerwichtigsten Jahre, das war schon ganz prima und das hat alles ziemlich gut gepasst."

Seine sexuellen Erfahrungen stellt Thomas in den Kontext von Abenteuer, Ritual und Selbstbestätigung. Seine Akteurschaft als ‚68er' ermöglichte ihm, seine sexuellen Kompetenzen zu diversifizieren und den von ihm oft geäußerten Topos des ‚Ausprobierens' zu leben. Und diesen Topos resümiert er abschließend als kohärent und sinnvoll, so dass er ihn auch der jüngeren Generation – außer seiner Tochter, die er davor bewahren möchte, sexuell ausgenutzt zu werden – nahelegt, bevor sie sich in monogamen Beziehungen begeben. Auch wenn Thomas das sexuelle Ausprobieren als „alte[r] 68er" seinen Studierenden anpreist, gibt es Passagen im Interview, wo er die Kehrseite der polygamen Idee schildert. So flacht im Mittelteil des Interviews seine Begeisterung und der heroische Pathos über seinen sexuellen Erfahrungsschatz ab, als er schildert, wie er neben seiner Ehe eine sexuelle Nebenbeziehung mit einer Studentin führte, an der letztlich sowohl die Ehe als auch die Affäre scheiterten. In diesem Erzählabschnitt sieht sich Thomas mit dem Scheitern der polygamen Praxis und der im Raum stehenden Frage nach der Schuld konfrontiert, die er mit Darstellung von Läuterung und Reue löst, um Kohärenz zu schaffen. Der Stolz darauf, was er als ‚68er' erlebte, findet jedoch in seinem Abschlussfazit wieder seine Befriedigung: Er habe diese „allerwildesten Jahre" miterleben dürfen.

III. Zusammenführung der Einzelfallanalysen, Fallkontrastierung und Diskussion

1. DAS THEORIEGERÜST DER ‚68ERINNEN' – ERINNERUNGEN DER INTERVIEWTEN

Der Umgang mit Sexualität veränderte sich im Zuge eines kulturellen und sozialen Wandels der bundesrepublikanischen Gesellschaft. Vor allem die „Urbanisierung, Amerikanisierung, demographische Entwicklung sowie medizinische und technische Erfindungen" (Schulze 2003, S. 131) beeinflussten die so genannte Sexwelle mit ihrer Liberalisierung und Kommerzialisierung des Sexuellen. In Kreisen der Studierendenbewegung wurde der neue Blick auf Sexualität jedoch nicht nur durch gesellschaftliche Änderungen gelenkt, sondern durch die Rezeption von nach dem Nationalsozialismus wiederentdeckten Theorietraditionen (beispielsweise Marxismus, Psychoanalyse) und Theorien (beispielsweise marxistische Wirtschaftstheorien zur politischen Ökonomie, psychoanalytische Triebtheorie). Daraus generierten die ‚68erInnen' Belege für ihre Systemkritik aber auch Ideologien und Denkmodelle für das eigene Handeln, die die Ziele der Bewegung erreichbar machen sollten. Die Entwicklung eigener Theorien stand nicht im Vordergrund (vgl. Kraushaar 2001a, S. 15).

Anhand der vier untersuchten Interviews lassen sich Erinnerungen an bestimmte Theorie- und Ideologiekonstrukte der Studierendenbewegung nachzeichnen. Wenngleich es sich dabei – über 40 Jahre später – zumeist um grobe theoretische Skizzen handelt, wird durch die Sprache der Interviewten deutlich, dass sie sich mit den Theorien auseinandersetzten. Im Sinne einer „Erkennungs- und Abgrenzungssymbolik" (Steger 1989, S. 12) findet sich in den Interviews ein charakteristischer ‚1968erInnen'-Terminus.[1] Hierdurch wird sich als (Ex-),68erIn' verortet, welche

---

1 „*Triebunterdrückung*" (Thomas, Walter, Miriam), „*konservativ*" (Brigitte, Walter, Thomas), „*Macht*" (Walter, Thomas, Brigitte), „*Befreiung*" (Walter, Thomas, Brigitte), „*Freiheit*" (Brigitte, Walter, Miriam), „*autoritär*" (Brigitte, Thomas), „*unbewusst*"

bzw. welcher am theoretischen Diskurs um die Neubestimmung von Sexualität und Beziehung teilnahm und sich von ihm heute teilweise distanziert. Alle vier erinnern sich in den Interviews an die Theorie, die einen Besitzanspruch auf den/die PartnerIn verpönte sowie an Wilhelm Reichs Repressionsthese von seelischen und körperlichen Folgen durch die Unterdrückung sexueller Bedürfnisse.[2] Diesen den Interviewten noch präsenten Theorieansätzen und Ideologien soll im Folgenden nachgegangen werden; dabei sollen sie auch vor dem Hintergrund ihrer Entstehungs- und Wirkungsgeschichte diskutiert werden. Der Fokus liegt auf jenen Theorien und Leitfiguren, an die sich die InterviewpartnerInnen erinnern; das gesamte Spektrum an TheoretikerInnen und Thesen der ‚68erInnen'-Bewegung kann somit nicht ausführlich dargestellt werden (vgl. hierzu ausführlich u.a. Weiss 1985, Kraushaar 1998a). Die z.T. im Folgenden verwendeten Rückbezüge zu anderen Theoriekonstrukten beanspruchen demnach keine Ganzheitlichkeit, sondern dienen lediglich der Kontextualisierung.

1.1 Erinnerte Theorien Wilhelm Reichs zu Sexualität, Ehe und Familie

Für die Entwicklung eines Sexualitätskonzepts bedienten sich die ‚68erInnen' bei Theoretikern aus der psychologischen, philosophischen und soziologischen Disziplin. Die bekanntesten Namen waren Wilhelm Reich, Herbert Marcuse, Erich Fromm, Theodor Adorno und Jürgen Habermas (und andere Wirkende aus der Frankfurter Schule).[3] Sie beeinflussten die Denkmodelle zu einem alternativen Beziehungs- und Sexualitätskonzept der ‚68erInnen'.

(Miriam, Brigitte), *„Besitzanspruch"* (Miriam, Walter), *„repressiv"* (Brigitte, Walter), *„Triebabbau, -abfuhr"* (Thomas, Brigitte), *„Zweierbeziehung"* (Thomas, Brigitte), *„Selbstbestimmung"* (Brigitte), *„Triebbefriedigung/Triebsublimierung"* (Brigitte), *„Herrschaft"* (Brigitte), „Gewalt" (Thomas), *„Primärbeziehung"* (Thomas), *„Establishment"* (Thomas) und *„Repressionsopfer"* (Walter).

2 Die Kritik an der Repressionshypothese durch Foucaults Befund zur Diskursivierung der Sexualität hat die Autorin bereits an anderer Stelle dargelegt (vgl. Verlinden 2008, S. 222ff.).

3 Die geringe Zahl weiblicher Theoretikerinnen scheint nicht nur der Tatsache geschuldet zu sein, dass sich mehr männliche Autoren befähigt sahen, aufgrund ihres Fachgebiets zur Sexualpolitik zu veröffentlichen. Dass Schriften von Frauen weniger rezipiert wurden, erklärt Günter Amendt auch mit Sexismus: „Unser Interesse galt vor allem der Psychoanalyse und dem Marxismus. [...] Daß Rosa Luxemburg dort nicht zur Kenntnis genommen wurde, liegt vielleicht auch daran, daß sie eine Frau ist." (Amendt zit. nach Hering/Lützenkirchen 1996, S. 74). Gerade die Ende der 1960er Jahre oft angebrachte Kritik

Die von Miriam, Walter, Thomas und Brigitte erinnerten Theorien zur Repression der Sexualität und wie diese das Individuum negativ präge, entstammten zumeist psychoanalytischen Betrachtungen Wilhelm Reichs, Herbert Marcuses und Erich Fromms, die sie mit soziologischen und marxistischen Aspekten verbanden. Mit den Theorien der Frankfurter Schule wurden sie zur ‚68erInnen‘-Sexualtheorie, die sich im Nachhinein nicht mehr ausdifferenzieren lässt. „Diese [...] Semantiken des Sexualitätsdiskurses um 1968 [lassen sich] nur sehr schwer oder gar nicht [...] unterscheiden. Deutungs- und Argumentationsweisen vermischen und verschränkten sich regelmäßig." (Eitler 2007, S. 240)

Da sich die Interviewten an den kommunistischen Psychoanalytiker und Mediziner Wilhelm Reich (1897-1957) als bedeutenden Theoretiker erinnern und seine Annahmen zur Triebunterdrückung ihr jeweiliges Sexualitätskonstrukt beeinflusst zu haben scheint, soll Reichs Theorie im Fokus des folgenden Kapitels stehen und entlang der Erinnerungen von Brigitte, Thomas, Miriam und Walter dargestellt werden.[4]

Reich fungiert in den Interviews als theoretischer Vater des ‚Überbaus‘. Thomas, Brigitte und Walter erwähnen ihn namentlich und verbinden mit ihm einige wenige, wenngleich wesentliche Aspekte seiner Theorie, die in der Studierendenbewegung diskutiert wurde.

Vorweg muss angemerkt werden, dass sich die AkteurInnen mit Reichs Theorien oftmals nur oberflächlich auseinandersetzten, und Aspekte daraus aus ihrem Zusammenhang rissen um sie für ihre eigene Theoriebildung zu instrumentalisieren. Quellen der Bewegung, die sich mit der ‚Übersetzung‘ der Psychoanalyse befassen, mangelt es an einer gründlichen Auseinandersetzung mit Freuds psychoanalytischer

---

aus dem feministischen Lager gegenüber Studien aus den Federn von Männern zur weiblichen Sexualität, wirft die Frage auf, weshalb sich die ‚68erInnen' nicht auch auf Schriften weiblicher Autorinnen zu Sexualität bezogen, die es bereits seit Anfang des 20. Jahrhunderts gab (vgl. u.a. Stöcker 1903, Elberskirchen 1904 und 1905, Andreas-Salomé 1917, Abraham 1956, Chasseguet-Smirgel 1964/1974, Dräger 1968). Zwar waren etliche dieser Schriften durch den Nationalsozialismus Verschütt gegangen – bspw. wurde Johanna Elberskirchens Werk „Die Liebe des dritten Geschlechts. Homosexualität, eine bisexuelle Varietät, keine Entartung – keine Schuld" (1904) im ‚Dritten Reich' auf die Liste der „schändlichen und unerwünschten" Literatur gesetzt (Herzog 2013, S. 21) – dennoch schafften es die ‚68erInnen' ja auch, andere ‚verschollene' Schriften (vor allem Reichs) wieder aufleben zu lassen.

4   Um Redundanz zu vermeiden, werden die entsprechenden Interviewpassagen dabei nicht erneut dezidiert aufgeführt.

Grundlage, insbesondere mit seinen Annahmen zum Unbewussten. Es lässt sich nicht erschließen, warum dieser maßgebliche Aspekt der Freud'schen Theorie zugunsten einer Überbetonung seiner Triebtheorie missachtet bzw. in nur wenigen Sätzen zusammengefasst wurde. Vorrang bei der Rezeption der Freud'schen und der Reich'schen Theorien lag eindeutig bei den Annahmen zu Trieben und Sexualität (vgl. u.a. Verlinden 2007, S. 39ff. sowie 2008, S. 217f.). Die Interviewten reflektieren die studentische Verkürzung der (psychoanalytischen) Theorien nicht.

Exkurs: Wilhelm Reich, seine Theorien und seine Bedeutung für die ‚68erInnen'

Reichs Theorien orientierten sich anfangs an denen Sigmund Freuds, bei dem er seine Lehranalyse ablegte. Reich arbeitete nach seinem Medizinstudium und seiner Ausbildung zum Psychoanalytiker am „Wiener Psychoanalytischen Ambulatorium für Mittellose". Als Therapeut von Arbeitern und Arbeitslosen, denen er häufig Neurosen als „grobe, unverhüllte Rebellion gegen die seelischen Massaker, die alle beherrscht" diagnostizierte, bezog sich Reich bald auf Ideen des Marxismus (Reich 1927a/1969, S. 76). Aufgrund seiner Klientel musste Reich die sonst auf die sehr elitäre Wiener Elite beschränkte Psychoanalyse also inhaltlich erweitern. Mit Hilfe seiner Patienten, die gesellschaftlich als triebhaft, asozial, defekt und psychotisch normiert wurden, entwickelte er die „Charakteranalyse" (Reich 1933/1970 S. 1ff. und 1925/1977, S. 256), die als „erste Modifikation der kritisierten Psychoanalyse" beschrieben wurde (Dörner 1970, S. 131). Hier glaubte Reich zu erkennen, dass die Lösung psychischer Probleme nur durch Aufbrechen des „Charakterpanzers" und durch die „Überwindung der gesetzten gesellschaftlichen Moral seitens des Patienten" möglich sei (Reich 1933/1970, S. 26). Durch seine intensive Arbeit mit Proletariern kam Reich zu dem Schluss, das Elend komme nicht von innen, sondern von außen, was im Gegensatz zur Freud'schen Lehre stand. Die „charakterliche Struktur [ist ein] erstarrter soziologischer Prozeß einer bestimmten Epoche", so Reich (ebd., S. 16). Der Analytiker versuchte mit der Erkenntnis, dass psychische Störungen durch die autoritär-patriarchalische Kultur entständen, anschließend auch alle von Freud benannten psychosexuellen Störungen mit soziologischen und politischen (Macht-)Prozessen zu begründen (ebd. 1927a/1969, S. 201).

In Freuds und Reichs unterschiedlichen Auffassungen hinsichtlich der Verknüpfung von Politik und psychoanalytischer Triebtheorie liegt auch der Grund, weshalb sich die ‚68erInnen' hauptsächlich auf Reich bezogen. Reich erkannte in Sexualität eine soziale Sprengkraft, während Freud sie nur im Spannungsfeld zwischen Individuum und gesellschaftlich akzeptierter Sublimierung verstanden wissen wollte. Reich begründete seine Forderung, Sexualität politisch zu betrachten, wie folgt:

„Die Frage steht also: Sexuell herumdiskutieren dürfen wir nicht; die sexuelle Frage ausschalten dürfen wir auch nicht; ohne darüber zu sprechen, können wir sie aber nicht klären. Was bleibt also übrig? Wir müssen eben politisch über diese Frage sprechen. Und dann werden wir richtig diskutieren und danach richtig handeln." (Reich 1932, S. 71)

Reich gründete Anfang der 1930er Jahre den „Reichsverband für proletarische Sexualpolitik" (kurz: Sexpol) als eine Untergruppe der KPD, deren Mitglied er war. In der „Weltliga für Sexualreform", in der er sich zuvor engagierte, hatte Reich mit seinen Ideen für eine Neugestaltung des Sexuallebens auf Grundlage sozialistischer und kommunistischer Ideologie kaum Anklang gefunden, weswegen er die Sexpol-Bewegung initiierte (vgl. Reich 1930b/1931, S. 72ff.). Die Sexpol-Bewegung war eines seiner wichtigsten Projekte; wissenschaftliche Grundlage bildeten die Ergebnisse seiner Studien im „Verein sozialistischer Ärzte" (ebenfalls eine Untergruppe der KPD). Hier entstanden die Grundsteine für seine so genannte Sexualökonomie. Diese bündelte soziologische, politische und psychologische Ideen in der Kernaussage, dass sich die „massenhafte Produktion von Neurosen" nur durch präventive ‚politische Psychologie' (und einer mit ihr einhergehenden „Neurosenprophylaxe") verhindern lasse (vgl. Reich 1933/1970, S. 10f.).

1933 kündigte die KPD die Zusammenarbeit mit dem Sexpol. Der „Reichsverband für proletarische Sexualpolitik" hatte sich vermutlich mit seinen unorthodoxen Vorschlägen (etwa einer Gesetzesänderung in Hinsicht auf Schwangerschaftsabbruch) bei der KPD unbeliebt gemacht. Der Politologe Marc Rackelmann hat die Trennung der KPD vom Sexpol erforscht und gefolgert, dass die Partei nicht an Reichs politischer Meinung und seinen Studien interessiert gewesen sei (beispielsweise habe er nie seine Ergebnisse in Veröffentlichungsorganen der KPD publizieren dürfen); Rackelmann vermutet, dass die KPD Reich lediglich zur Rekrutierung neuer Parteimitglieder missbraucht habe (vgl. Rackelmann 1993, S. 51ff.). 1934 wurde Reich dann zum Austritt aus der Psychoanalytischen Vereinigung gedrängt.[5]

---

5   Durch die Vermengung psychoanalytischer Theorien mit politischen Annahmen hatte Reich die bis dahin zumeist ‚unpolitische' Psychoanalyse neu gedeutet und Freuds Unmut auf sich gezogen. Reich wurde unterstellt, er betreibe „die Vergewaltigung der Analyse ins Politische, wo sie nicht hingehör[e]" (Anna Freud 1933 zit. nach Friedrich 1990, S. 164). 1933 soll Sigmund Freud „Befreit mich von Reich" gefordert haben, da dieser das indirekte Gebot Freuds, die Psychoanalyse nicht mit Politischem zu kombinieren, missachtet hatte. Diese Order gab er am 17.04.1933 an Felix Böhm, der zu diesem Zeitpunkt designierter Leiter der Deutschen Psychoanalytischen Gesellschaft war (vgl. Cremerius 2002, S. 147f.). Es kam nie zu einer offenen Diskussion über die sachlichen Differenzen zwischen Freud und Reich. Reich wurde auf dem Psychoanalytischen Kongress im August 1934 in Luzern aus der Psychoanalytischen Vereinigung ausgeschlossen – ein Ausschluss, der offiziell als organisatorische Formalität aufgrund der politischen Lage deklariert wurde (vgl. Laska 1981, S. 56 und 61ff.; Fallend/Nitzschke 2002). In sei-

Von da an veröffentlichte er seine Studienergebnisse in der eigens gegründeten „Zeitschrift für Politische Psychologie und Sexualökonomie" (ZPPS), die er vierteljährlich unter dem Pseudonym Ernst Parell herausgab.

Reichs Schriften aus den 1920er und 1930er Jahren waren nach seiner Emigration in die USA nicht mehr zugänglich, da zum einen sein Wirkkreis durch den Ausschluss aus der Psychoanalytischen Vereinigung kleiner geworden war und zum anderen der Nationalsozialismus die „jüdische Psychoanalyse" verfemte. Im Exil fokussierte Reich dann die Erforschung der Orgon-Energie und experimentierte mit Energiemessverfahren sowie dem Versuch, das Wetter zu beeinflussen (vgl. Laska 1981, S. 110ff.). Reichs Thesen und Versuche waren der amerikanischen Öffentlichkeit suspekt – seine Werke waren bis in die 1960er Jahre verboten und wurden sogar nach gerichtlichem Beschluss komplett verbrannt (vgl. Laska 1981, S. 125ff.). Reich wurde, nachdem er trotz Verbots seine Orgon-Akkumulatoren über die amerikanischen Grenzen transportierte, zu einer Freiheitsstrafe verurteilt. Er starb 1957 im Gefängnis (vgl. Laska 1981, S. 128).

Wilhelm Reich hatte einen enormen Einfluss auf die Studierendenbewegung. Seine Arbeiten, die in den 1920er bis 1940er Jahren entstanden waren, wurden von den ‚68erInnen' wiederentdeckt und fanden Mitte der 1960er bis Anfang der 1970er Jahre reißenden Absatz, zunächst als Raubdrucke, dann als legale Veröffentlichungen. Wer Wilhelm Reichs Schriften in die ‚68erInnen'-Bewegung brachte, ist nicht geklärt.[6] Seine Schriften polarisieren noch heute (vgl. u.a. Micheler 2000, S. 11, Herzog 2005).

---

nem Werk „Massenpsychologie des Faschismus" resümiert Reich: „Freud und die Mehrheit seiner Schüler lehnen die soziologischen Konsequenzen der Psychoanalyse ab und bemühen sich sehr, den Rahmen der bürgerlichen Gesellschaft nicht zu überschreiten." (Reich 1934a/1971, S. 10)

6 Einige Quellen deuten darauf hin, dass die Aktivistin Monika Seifert – Tochter des Psychoanalytikers Alexander Mitscherlich – Wilhelm Reich in die Studierendenbewegung einbrachte. Sie gründete am Frankfurter Institut für Sozialforschung den Arbeitskreis „Autorität und Familie", in dem die Idee der Kinderläden entstand, und legte Werke von Wilhelm Reich ihren AK-Mitgliedern zur Diskussion vor (vgl. Seifert im Interview mit Heinemann/Jainter 1993, S. 73). An die Werke kam sie durch einen amerikanischen Gaststudenten, den Seifert zu dem Arbeitskreis eingeladen hatte und der ihr Reichs „Sexuelle Revolution" (1936) mitgebracht hatte. Anschließend ließ Seifert (womöglich die ersten) Raubdrucke anfertigen. (Vgl. Schmidtke 2003, S. 163, zur Rolle Seiferts und ihren Einfluss auf die ,68erInnen' siehe vor allem Baader 2008, S. 64 und Baader 2011). Bis Reichs Werke den Weg in die Hände aller Interessierten fand, dauerte es noch einige Monate. Insofern stimmt Reimut Reiches Einschätzung nicht, Reich sei „über Nacht" ein-

Die Forderung einer „sexuellen Revolution", die oft mit der Studierendenbewegung in Verbindung gebracht wird, steht in semantischem Zusammenhang mit Reichs bekanntestem Werk „Die sexuelle Revolution" (1936), wenngleich der Psychoanalytiker sich darin auf die ‚sexuelle Revolution' der Sowjetunion nach der Oktoberrevolution bezog.

Reimut Reiche sieht den Grund für den Erfolg der Reich'schen Theorien in dessen überzeugender Argumentation. Zudem hätten seine Thesen den Effekt von „Buttons" gehabt; Reich habe wie eine „Parole" gewirkt, „als Erkennungszeichen, als Metapher für die unbedingte Forderung, mit der ‚Revolution' bei uns selber zu beginnen" (Reiche 1988, S. 55). Reichs enorme Popularität schien das Ergebnis der Begeisterung für seine zentrale These zu sein, die besagt, dass sexuelle Befriedigungsfähigkeit und Neurosen sich gegenseitig ausschließen: „Die Neurose ist Ausdruck einer Störung der Genitalität [...]." (Reich 1927a/1969, S. 115) An der Frankfurter Universitätsmensa hing im Sommer 1968 ein Plakat mit der Aufforderung: „Lest Wilhelm Reich und handelt danach!" (vgl. u.a. Herzog 2000, S. 93), was den Wunsch der AktivistInnen, Reichs Theorien praktisch umzusetzen, in Worte fasst.

Reichs Theorien schienen also über 30 Jahre nach ihrer Niederschrift in den Zeitgeist zu passen. Die ‚68erInnen' würdigten an Reich, dass er ihre Veränderungswünsche hinsichtlich der Sexualpolitik beschrieb und mögliche Erklärungsmuster für die Frage lieferte, wie der Nationalsozialismus entstehen konnte. So bekam die Kritik der Studierenden am bestehenden sexualfeindlichen System durch Reichs Werke eine neue Argumentationsgrundlage, die zudem die Möglichkeit bot, der Generalkritik eine theoriegestützte Entlarvungsdiskussion zur Seite zu stellen. Mit seiner Wiederentdeckung verschaffte Reich dem allgegenwärtigen Slogan der ‚68erInnen'-Bewegung „Make love, not war" zusätzliche (theoretische) Legitimation.

In den größeren Städten Deutschlands gründeten sich im studierendenbewegten Milieu in Anlehnung an Reichs Sexpol-Bewegung der zwanziger Jahre auch Sexpol-Arbeitsgruppen, vor allem Anfang der 1970er Jahre (vgl. u.a. Seibold 1988, S. 98ff., Steffen 1997, S. 134ff.), was etwa Brigitte auch im Interview erwähnt.[7] Manche Sexpol-Arbeitsgruppen veröffentlichten ihre Ergebnisse in der zwischen 1972 und 1973 erscheinenden „Sexpol"-Zeitschrift oder dem Magazin „Sexpol-Info"

---

fach dagewesen (Reiche 1988, S. 55). Als Reich über den Seifert-Arbeitskreis hinaus bekannt wurde, gewann er jedoch tatsächlich sehr rasch an Bedeutung.

7 Brigittes Erinnerungen an Sexpol beziehen sich auf ihre Teilnahme an einer Arbeitsgruppe, in der Reichs marxistischer und psychoanalytischer Ansatz diskutiert wurde. Die Arbeit in dieser Gruppe beschreibt sie als reine Diskussionsarbeit – eine Umsetzung der debattierten Theorien habe (zumeist) nicht im Rahmen der Gruppe stattgefunden und sei auch nicht durch die MitdiskutantInnen eingefordert worden (vgl. Brigitte).

(herausgegeben zwischen 1973 und 1974), das sich vor allem an junge Leser richtete (vgl. Jenrich 1988, S. 116). Die Zeitschrift „konkret" druckte sowohl die „Sexpol-Protokolle" der Westberliner „Gruppe Sexpol-Nord" als auch von den „konkret"-Redakteuren eigens geführte Interviews ab (vgl. beispielsweise „Birgit B., Studentin – 21 Jahre. Ein Sexpol-Protokoll", aufgezeichnet von Wolfgang Röhl, konkret 1969, S. 35ff.). Die – oft in einem reißerisch anmutenden Ton geschriebenen – ‚Analysen' sollten als „Erfahrungsmaterial" dienen und den Schulterschluss von „‚theoretischen' Artikel[n] über Sexualität und Politik" und individueller Aufarbeitung (sexueller) Repressionserfahrungen der Berichtenden ermöglichen (Gruppe Sexpol-Nord 1968/1972, S. 11): „Sexpol-Protokolle sind nicht nur Intimberichte oder Aufzeichnungen politischer Meinungen. Sie sind beides, also gesellschaftliche Fallgeschichten." (Ebd.) In den Protokollen erzählten junge Menschen ihre Erfahrungen mit Sexualität, Sexualerziehung, Problemen mit den Eltern, Abtreibung usw. Wie die Protokolle zustande kamen, ist diesen Veröffentlichungen nicht zu entnehmen. Die Texte sind allerdings interessante Quellen aus der ‚68erInnen'-Bewegung, deren Erforschung durchaus lohnenswert erscheint.

Reichs Theorie zur Sexualität als Lebensenergie und zu den Folgen ihrer Unterdrückung

Reich reduzierte in seinen Annahmen die von Freud entwickelten Thesen von Trieb und Sexualität (zumeist) auf heterosexuelle Sexualität in Form von genitaler, zum Orgasmus führender sexueller Befriedigung im Geschlechtsakt. In der Masturbation des Individuums sah er eine Ersatzhandlung (Reich 1936/1971, S. 98); zur Homosexualität äußerte er sich ambivalent, jedoch weniger homophob, als ihm oftmals unterstellt wird (s.u.).

Reich sah in der Sexualität „die produktivste Lebensenergie schlechthin" (Reich 1936/1971, S. 18) und forderte eine „kollektive Atmosphäre der Sexualbejahung" (Reich 1934a/1971, S. 175), da eine sexuelle Unterdrückung dieser Lebensenergie „nicht nur im ärztlichen Bereich, sondern vielmehr ganz allgemein eine Störung der grundsätzlichen Lebensfunktionen" nach sich ziehe (ebd.). Für eine gesunde Gesellschaft, in der „Natur und Kultur, Individuum und Gesellschaft, Sexualität und Sozialität" (ebd., S. 33) miteinander versöhnt und verschmolzen seien, bedürfe es einer „sexualökonomischen Selbststeuerung" (ebd., S. 47). „Grausame Charakterzüge" fänden sich bei jenen, die sich „im Zustand chronischer sexueller Unbefriedigtheit" befänden, während sich „genital befriedigbare Menschen" durch „Milde und Güte" auszeichneten (Reich 1927a/1969, S. 139). Reichs Hauptthese beinhalte weiter, dass die kapitalistischen Institutionen und ihre repressive Sexualmoral die genitale Befriedigung der Menschen hemme. Diese Repression führe zu Neurosen, die mit autoritärer Unterwürfigkeit und anderen Charakterdeformationen einhergehen könne (vgl. Reich 1932, 1934 und 1933/1970). „Eine sexuell glückliche Bevölkerung wird die beste Garantie der allgemeinen gesellschaftlichen Sicherheit sein.

Sie wird mit Freuden ihr Leben aufbauen und gegen jede reaktionäre Gefahr verteidigen." (Reich 1936/1971, S. 265) Dieser Satz klang für die ‚68erInnen' verhei-
ßungsvoll, da er suggerierte, dass sich die schwarze Ära des Nationalsozialismus
nicht wiederholen könne, wenn die sexuelle Repression überwunden werde.

Reich beschrieb weiter, dass sich der Widerspruch von Triebansprüchen und
kulturellen Anforderungen erst dann auflösen lasse, wenn die Gesellschaftsverhältnisse in Form einer Herrschaft von Menschen über Menschen durch eine Revolution abgeschafft würden. Die repressive Sexualerziehung des kapitalistischen Herr-
schaftssystems ziele auf die Triebunterdrückung des Menschen und somit auf seine
Anpassungsfähigkeit und bewahre so die bestehenden Klassenverhältnisse vor Veränderungen. Nur durch eine sexualfreundliche Erziehung im Kollektiv sei eine Revolutionierung des Individuums möglich, die ein befriedigendes Sexualleben ermögliche. Und nur durch die Auseinandersetzung mit den eigenen Triebregungen,
die Anerkennung und Auslebung dieser sowie der Auflösung der Monogamie werde der Mensch frei und gesund. (Vgl. ebd. 1932, 1933 und 1936/1971)

Reichs Thesen las man ab Ende der 60er Jahre in vielen linken Veröffentlichung
(vgl. u.a. Bookhagen et. al 1969, S. 87; Breitenreicher et al. 1971, S. 16f.; Reiche
1968a; Veröffentlichungen der Berliner Kinderläden 1970; Kentler 1969; Hübner
1977, S. 2249); und so spiegeln sich auch in den vier für diese Arbeit geführten Interviews Aspekte der Reich'schen Theorie:

„Das kommt alles von der unterdrückten Sexualität! Du musst dich befreien!' Ja, das hat uns
auch beschäftigt." (Walter)
„Da musste man sich ja vor allem befreien. Befreien von den ganzen Zwängen" (Walter).
„[...] man wusste, in Männergesellschaften, Armee oder sonst was, wie solch [eine] Triebun-
terdrückung dazu führen [kann], zu Aggressionen und dass da sogar Weltkriege [...] entstehen
können und so, das hat man natürlich schon gesehen." (Thomas)
„Dass eine [...] Unterdrückung oder Verdrängung der Sexualität zu einem autoritären Cha-
rakter führt und entsprechende politische Folgen hat. Von daher [...] war immer klar: Sexua-
lität muss [...] ausgelebt werden und ist Teil der Gesundheit." (Brigitte)
„[...] dass Sexualität für mein Leben [und] für meine Gesundheit, für mein Wohlergehen un-
geheuer entscheidend [...] sei [...] [und] auch immer mit sozialen Folgen verbunden ist."
(Brigitte)
„[...] keinen Besitzanspruch zu haben, dass jeder im Grunde [...] sich ausleben konnte."
(Miriam)

Die Art und Weise, wie die Interviewten die Thesen zu körperlichen und seelischen
Folgen der Unterdrückung sexueller Regungen beschreiben, scheint darauf hinzu-
deuten, dass sie diese Annahmen auch heute noch als nachvollziehbar empfinden.
Während sie sich z.T. von dem Duktus der Besitzanspruchslosigkeit an den/die
PartnerIn sowie dem Gesamtkonstrukt ‚freie Liebe' nachträglich abgrenzen, so wird

hinsichtlich der Reich'schen These zur Triebunterdrückung keine Kritik geäußert, sondern seine Annahmen vielmehr als wissenschaftlich abgesegneter common sense präsentiert; zumal Walter, Thomas und Brigitte für diese Theorie Reichs auch in ihrem eigenen Handeln „allerlei Bestätigung" (Walter) fanden.

Reichs Kritik an der (bürgerlichen) Ehe

Brigitte, Thomas, Miriam und Walter erinnern sich in ihren Erzählungen vor allem an die Norm, nach der Besitzansprüche an den/die PartnerIn als konterrevolutionär galten.

Diese ‚68erInnen'-Norm gründete u.a. auch auf Reichs Thesen,[8] die Kritik an der ehelichen Monogamie übten. Reich beschrieb in seinen Ausführen den repressiven Charakter der „Einehe" (Reich 1936/1971, S. 63ff.): Der Staat, der die Familie zum Fortbestand des politischen Systems benötige, zwinge in das autoritäre Gefüge von Ehe, Familie und somit zur Monogamie (ebd., S. 151 und ders. 1927a/1980, S. 202ff.); daher bezeichnete er die Ehe auch als „Zwangsehe" (ebd., S. 127). Monogame Beziehungen schränkten die Individuen ein, so Reich, da sie der eigentlichen Bedürfnislage des Menschen widersprächen (ebd., S. 50). Die lebenslange monogame Ehe sei zudem zur „Befriedigung der vitalen sexuellen Bedürfnisse der Ehepartner [...] ungeeignet", da die Eheleute zwangsläufig „Sexualverzicht" üben müssten, da ein Ausleben aller Triebregungen in dem Zwangsgefüge der Ehe nicht möglich sei (ebd., S. 108). Die „monogame Ehe" führe zudem zu einer „Abstump-

---

8 Die Ansätze anderer TheoretikerInnen, die als prägend für die ‚68erInnen'-Kritik zum Thema ‚Ehe und Zwang zur Monogamie' gelten können, sollen an dieser Stelle nicht aufgegriffen werden, da sich die vier ProbandInnen nicht auf sie beziehen. Neben Reich ließe sich etwa Alexandra Kollontai als Verfechterin offener Beziehungen nennen. Ihre Vorlesungen zur „Situation der Frau in der gesellschaftlichen Entwicklung" (1921) wurden zu Zeiten der Studierendenbewegung wieder veröffentlicht. Kollontais Hauptargument gegen die Ehe besagt, monogame Ehen könnten emotionale und sexuelle Konflikte der EhepartnerInnen nicht auflösen, die unausweichlich durch den Eheverbund entstünden (vgl. Kollontai 1921/1975). Besonders die Frau leide darunter, dass ihr Mann sie stets „zur willigen Resonanz seines Ichs zu kneten" versuche (Kollontai o.J./1970, S. 31). Die russische Sozialistin sah in einer „erotischen Kameradschaft", in der sich die PartnerInnen nicht als Eigentum betrachteten, eine neue Form der Liebesbeziehung verwirklicht (Kollontai 1921/1975, S. 65). Das Verständnis von der „Einehe" als „Zurichtung" des Individuums greift der Aktivist Reimut Reiche in seinen Veröffentlichungen auf (Reiche 1968a, S. 19, 39, 48, 156 und 162). Hier diskutiert er Wilhelm Reichs Argumente neu und verstärkt seine Thesen, indem er von dem „repressiven Dreieck von Liebe, Sexualität und Ehe" spricht (Reiche 1968a, S. 163). Reiche wollte die Ehe nicht mehr als Monopol sexueller Beziehungen verstehen und sprach sich für eine Alternative aus.

fung der Genitalität" des Ehepaars (Reich 1927a/1980, S. 202). Diese These untermauerte Reich mit Beobachtungen aus seiner psychoanalytischen Arbeit:

„Der Vergleich mit den sexuell verkrüppelten und daher braven kleinbürgerlichen Ehefrauen,
die der Moral folgen können, ferner die relative Leichtigkeit, mit der sexuell gestörte Männer
die Monogamie durchführen [beweist], daß die Schädigung der genitalen Sexualität ehefähig
macht" (Reich 1936/1971, S. 48).

Das moralisch untermauerte Treueprinzip, das den Eheleuten eine „Treue aus Gewissen" (ebd., S. 135) abverlange, stumpfe das „sinnliche Verlangen" der EhepartnerInnen ab (ebd., S. 132), so Reich. Auf Dauer bringe dies negative Emotionen
gegenüber dem/der PartnerIn hervor, die sich in Neurosen und Potenzproblemen
zuspitzten. Zur Prävention dieser Folgen sei es besser, das sexuelle Interesse, das
man gegenüber anderen Menschen außerhalb der Ehe empfinde, nicht zu verdrängen, sondern sie ohne Schuldgefühle auszuleben und sich auf alternative und zusätzliche Beziehungen einzulassen (ebd., S. 133).

Genau mit diesem ‚Befund‘ identifiziert sich Brigitte in ihrer Beziehungspraxis.
Indem sie sich „immer verheiratete Männer" (Brigitte) sucht, die sie „in bestimmten zeitlichen Abständen" (Brigitte) trifft, erhält sie das von Reich beschriebene
„Verlangen" zwischen ihr und ihrem Partner aufrecht, da es nicht durch die bürgerliche Treuemoral konterkariert wird. Durch ihre Praxis stützt Brigitte Reichs Annahme, nach der eine sexuelle Nebenbeziehung das Sexualleben der Ehepartner bereichert und die Liebe zwischen beiden stärkt. Sie konstatiert, dass sie als „Zweitfrau" die Ehe ihres Partners stabilisiere: „Und ich empfinde [...] eine langfristige
Liebschaft als ungeheuer [...] förderlich für Ehen (...) Es stabilisiert eher Ehen (..),
als dass es bedrohlich ist." (Brigitte) Brigitte übernimmt Reichs Forderung nach
der Befreiung der heterosexuellen Paarbeziehung von der „bürgerlichen Ehemoral"
(Reich 1930a) demnach sowohl rational-theoretisch als auch praktisch. Sie spricht
von der gesellschaftlichen „Zurichtung" (Brigitte) des Menschen und dem
„Zwang" (Brigitte) zur „Einehe" (Brigitte). Für Brigitte besteht die „Zurichtung"
darin, dass der Mensch wider seine genetische Ausstattung zur Monogamie gezwungen werde; der Mensch sei „von Natur aus" (Brigitte) nicht auf Monogamie
ausgerichtet. So bringt sie auch Kohärenz hinsichtlich ihres unverheirateten Beziehungsstatus‘ hervor, für den sie sich aus Überzeugung entschieden zu haben
scheint.

Reichs Kritik an der Ehe weiteten die Studierendenbewegten auf alle „Zweierbeziehungen" aus. Damit funktionalisierten sie die Theorie für ihre Revolution. Denn
Reich sah in einer „sexuellen Dauerbeziehung" (Reich 1936/1971, S. 127) – deren
heutiges Pendant wohl am ehesten das Phänomen „serielle Monogamie" ist – die
Lösung der von ihm aufgezeichneten Konflikte, die sich in einer Ehe ergeben könn-

ten. Reich hatte in den 1930er Jahren beobachtet, dass junge Menschen zu früh eine Ehe eingingen, um ihren sexuellen Bedürfnissen nachgehen zu können. Die Eheschließung sei damit nur ein Eingeständnis gegenüber der gesellschaftlichen Sexualmoral. In einer „sexuellen Dauerbeziehung" ohne Trauschein sah Reich die Lösung, da sie noch mit keinen Normen und gesellschaftlichen Erwartungen verknüpft sei und damit der Druck auf die PartnerInnen nicht so groß (vgl. ebd.). Für das Gelingen einer „sexuellen Dauerbeziehung" bedürfe es jedoch „volle orgastische Potenz der Sexualpartner" (ebd., S. 132). Auch sollten sich die PartnerInnen von „unsublimierte[n] Sexualregungen" befreit und somit die „die Grundelemente des Moralismus" überwunden haben (ebd.).

Was die Kritik am gesellschaftlichen Zwang zur Monogamie angeht, so erinnern sich alle vier Interviewten deutlich an die Devise, keinen Besitzanspruch an den/die PartnerIn zu haben. Alle vier lebten zeitweise dieses Konstrukt. Miriam erinnert sich, dass der *„Überbau"* das Ausleben *„mehrerer Beziehungen"* proklamierte. Die Voraussetzung dafür sei gewesen, *„dass man [...] diese Besitzansprüche [...] unterdrückt oder [...] gar nicht erst entwickelt"* (Miriam). Walter rekapituliert: *„Damals gabs die [...] Diskussion darüber, dass man Besitzansprüche stellte [und] mit sexuellen Beziehungen verbinden würde und dass der bürgerliche Anspruch darin bestünde, eben den Partner zu besitzen und davon müsse man sich ja unbedingt befreien."* (Thomas)

Brigitte setzte diesen Anspruch um, indem sie keine Exklusivität für ihre verheirateten Partner beanspruchte. *„Und ich hab nie irgendwie versucht, ihn dazu zu bewegen, dass er seine Familie verlässt oder [...] sich, sich scheiden lässt oder so. Es [...] hat mich auch eher (..) positiv beeinflusst, ich fand das gut [,] dass er eine Ehefrau hatte."* (Brigitte)

Auch Thomas setzte das Gebot des Besitzanspruchsverzichts um und ordnete seine Partnerinnen ein. Seine Ehefrau war demnach seine *„Primärbeziehung"* (T695) und seine Freundin seine Nebenbeziehung. Durch seine sexuelle Nebenbeziehung brach er den von Reich beschriebenen moralischen Zwang zur ehelichen Monogamie, ohne diesen jedoch konkret zu zitieren.

Reichs Fokus auf den Orgasmus

Ein weiterer Aspekt der Reich'schen Theorie, der sich in den vier Interviews mal mehr, mal weniger abzeichnet, sind seine Annahmen zum Orgasmus. Sein Werk „Funktion des Orgasmus" (1927a) und seine „Orgasmusformel" („Anspannung, Aufladung, Entladung, Entspannung" (ebd. 1927b/1980, S. 12)) rückten den sexuellen Höhepunkt ins Zentrum von Sexualität. Nur diejenigen, die eben diesen empfinden könnten, galten in Reichs Theorie als sexuell gesund, da für ihn die „Orgasmusformel [die] Lebensformel schlechthin" (ebd. 1948/1976, S. 198) war. Seelische Gesundheit eines Menschen verband Reich mit der Fähigkeit, beim sexuellen Akt zu einer vollständigen „orgastischen Entladung" zu gelangen (vgl. ebd.

1927a/1969). Zu dieser Erkenntnis gelangte Reich anhand seiner Arbeit mit Neuro-tikerInnen, bei denen er festzustellen glaubte, dass sie besonders häufig unter Stö-rungen des Orgasmuserlebens litten. Mangelnde Potenz führe zu einem chronischen Energierückstau, der wiederum neurotische Verhaltensmuster nach sich ziehe (vgl. ebd.). So verknüpfte Reich die „orgastische Potenz" mit dem Kriterium für seeli-sche Gesundheit.[9] Als „bioelektrische Ladung" (ebd. 1943/1984, S. 12),[10] unterteilt Reich den Orgasmus bei Frauen in ‚gesund‘ und ‚neurotisch‘ (vgl. Reich 1924/ 1977, S. 224f.).

Dass das Fehlen bzw. Ausbleiben von Orgasmen ein Problem darstellt, wurde in den Reihen der ‚68erInnen‘ diskutiert. Darauf weist nicht nur die viel zitierte rheto-rische Frage des Kommunarden Dieter Kunzelmann hin: „Was geht mich der Viet-namkrieg an, solange ich Orgasmusschwierigkeiten habe?" (Reimann 2009, S. 196). Auch die ehemalige Kommunardin Heike erinnert sich an Debatten über die Bedeutung des Orgasmus:

„Zum Beispiel das Gespräch über einen Kommunarden, der allem Anschein nach keine Freundin hat und damit auch keine gelebte Sexualität. Das haben wir dem zum Vorwurf ge-

---

9   Den ‚68erInnen‘-Orgasmus-Diskurs inspirierten neben Wilhelm Reich auch die Studien von Wiliam Masters und Virginia Johnson. Das Forscherpaar konzentrierte sich auf phy-siologische Aspekte, insbesondere den Orgasmus, dem durch eine Darstellung in Sche-mata und Zahlen eine rationale Ebene zugewiesen wurde (vgl. Masters/Johnson 1967). Der Gynäkologe und die Psychologin richteten ihren wissenschaftlichen Blick auf sexuel-le Funktionsstörungen und deren Therapiemöglichkeiten. Frigidität und Impotenz sahen sie als Ergebnis fehlgeleiteter Lernprozesse an (vgl. Masters/Johnson 1973, S. 205ff.), für das sie ein therapeutisches Konzept zur Heilung der Anorgasmie entwickelten. Das Ziel des verhaltenstherapeutischen Therapiekonzeptes war die Orgasmusfähigkeit. Damit er-hoben Masters und Johnson das Erleben eines Orgasmus zu einer Norm sexuellen Ver-haltens, da hauptsächlich der Orgasmus als Indikator für sexuelle Befriedigung ange-nommen wurde. Das methodische Vorgehen lässt sich in vielfacher Weise kritisieren. So lässt sich m.E. das subjektive Empfinden kaum messen und standardisieren. Der Orgas-mus als Norm wirkt in der Arbeit von Masters und Johnson paradox, da sie in dieser Norm selbst eine der Ursachen für Anorgasmie (entstehend durch sexuellen Leistungs-druck) erkannten (vgl. Masters/Johnson 1973, S. 12f.).

10 Diese „elektrischphysiologische Sichtweise" baute Reich in den 1940er Jahren mit ma-thematischen Formeln, Mechanik und Experimenten am menschlichen Objekt aus (vgl. Bergmann 2002, S. 294), etwa indem er Liebesbeziehungen logisch zu erfassen versuch-te. Selbst in einem Kuss fand er ein elektrophysikalisches Gesetz (vgl. Reich 1934/1984, S. 110), was dieser sozialen Situation m.E. jegliche emotionale, erotische Erfahrung nimmt.

macht. Denn Sexualität wurde betrachtet wie eine Energie-Haushalts-Debatte: Man braucht sie, um ausgeglichen und psychisch glatt zu sein, sagten wir uns. Man braucht also auch regelmäßig einen Orgasmus, sonst staut sich was an, und du bist als Persönlichkeit nicht brauchbar, bist politisch nicht brauchbar.'" (zit. nach Porn 1987, S. 172)

Reichs Theorie zum Orgasmus und seinen positiven Folgen finden sich auch in den Interviews von Brigitte, Thomas und Walter.

Inhaltlich pflichten Thomas, Walter und Brigitte Reich bei, indem sie dem Orgasmus Einfluss auf seelische Ausgeglichenheit zuschreiben: Sie berichten, dass sich durch Sexualität seelische und körperliche Zufriedenheit und Gesundheit einstelle. Brigitte erinnert sich auch, wie aufregend es für sie als junge Studentin gewesen sei, im Laden nach dem Buch „Die Funktion des Orgasmus" zu fragen – diese Nachfrage nutzte sie als Provokation, durch die sie sich auch als ‚68erin' öffentlich positionierte.

Reichs Kritik an der Familie

In seiner Patriarchatkritik in „Massenpsychologie des Faschismus" (1933) stellt Reich die Kleinfamilie als „Fabrik autoritärer Ideologien und konservativer Strukturen" dar, in der der autoritäre Vater in der Gestalt eines diktatorischen Führers seine Familie unterjocht (Reich 1933/1971, S. 88f.). Der Mutter, die sich dem Vater unterordnen müsse, bliebe nur die Erfüllung in der Kinderpflege: „Die Frau, deren ganzes Leben sexuell öde und wirtschaftlich abhängig war, hatte in der Aufzucht der Kinder den Sinn ihres Lebens gesehen." (ebd., S. 164) Die Familie erziehe die Kinder zur Selbstunterdrückung und Autoritätsbedürftigkeit (ebd. 1932, S. 111), u.a. indem sie auch von den Kindern eine „Sexualunterdrückung" fordere (ebd. 1935/1966, S. III):

„Die politische Funktion der Familie ist also eine doppelte: 1. Sie reproduziert sich selbst, indem sie die Menschen sexuell verkrüppelt; indem sich die patriarchalische Familie erhält, konserviert sich auch die Sexualunterdrückung mit ihren Folgen: Sexualstörungen, Neurosen, Geisteskrankheiten, Sexualverbrechen. 2. Sie erzeugt den autoritätsfürchtigen, lebensängstlichen Untertanen und schafft derart immer neu die Möglichkeit, daß Massen durch eine Handvoll Machthabender beherrscht werden können." (Reich 1936/1971, S. 95)

Eine Alternative zu diesen festgefahrenen Familienstrukturen sah Reich im Kommunismus und kollektiver Kindererziehung. Wären alle Frauen erwerbstätig, könnten die Bande zwischen Mutter und Kind, die Reich per se als reaktionäre Beziehung ansah, aufgelöst werden (ebd. 1953/1971, S. 158ff. und 1934, S. 95).

Reichs Kritik am System Familie wurde von der Studierendenbewegung breit diskutiert (vgl. Bilstein 2008, S. 212ff., Baader 2008b, S. 58ff.). In den Interviews taucht diese politisierte Dimension der Familie und ihrer Unterdrückungsmechanismen nicht explizit als Theorie auf, sondern nimmt vielmehr durch die Erfahrungen der Interviewten mit einem unterdrückenden, repressiven Erziehungssystem Gestalt an, die Miriam, Brigitte, Thomas und Walter jedoch nicht in den Kontext von Reichs Kritik an der „autoritären Familie" (Reich 1934a/1971, S. 102) stellen.

Brigitte knüpft an das Reich'sche Familienkonstrukt – besonders an die These von der (sexuell) frustrierten Ehefrau – an, wenn sie von ihrer Mutter berichtet, die eine geheime Liebschaft pflegte und sich in dem *„Gefängnis"* des *„Hausfrauendaseins"* nicht selbst verwirklichen konnte. Zudem erinnert sich Brigitte, dass sie Bücher der *„Antiautoritären Pädagogik"* gelesen habe, womit sie also an Reichs Kritik an autoritären Erziehungsmethoden anknüpft. Auch Thomas nimmt nur indirekt Bezug auf Reichs Familienkritik. Er beschreibt, wie sein Vater die repressiven Regeln verkörperte und seine Kinder stets zu Gehorsam ermahnte.

Miriam beschreibt ihre Familie als eine, die den Kindern Anpassung und Leistung abverlangte; jedoch wurden diese Erziehungsziele bzw. gesellschaftlichen Tugenden nicht über einen autoritären Vater vermittelt, sondern vielmehr durch eine ‚freudlose' Mutter verkörpert. Walter erinnert vor allem das Schweigen seiner Eltern und seines Umfelds zu Vorfällen sexueller Gewalt und die *„Tabuisierung"* der Sexualität.

1.2 Weitere Theorien und Themen der ‚68erInnen‘-Bewegung im Spiegel der Erinnerungen

Sexualerziehung

Die Moral der 1950er und beginnenden 1960er Jahre gestand nur Erwachsenen Sexualität zu und billigte den Koitus nur innerhalb der Ehe (vgl. Lenz 2005, S. 115ff.). Dass diese Norm jedoch nicht immer der gelebten Praxis entsprach, konnten die Studien der in den 1950er Jahren noch jungen Disziplin der Sexualwissenschaft nachweisen (vgl. u.a. Friedeburg 1953).

Unter dem Stichwort „nichtrepressive Sexualerziehung" oder auch „emanzipierte Sexualerziehung" (Kentler) vereinte sich die Forderung nach einem Wandel der überholten, Heranwachsende in ihrer sexuellen Entwicklung ausbremsenden Sexualerziehung. Das Konzept geht zurück auf den Psychologen Helmut Kentler, der sich wiederum teilweise an den Thesen Wilhelm Reichs, Wera Schmidts und Sigmund Freuds orientierte (vgl. Verlinden 2007).

Dieses Konzept verstand Sexualerziehung als politische Erziehung und zielte darauf ab, den heranwachsenden Menschen vor Triebunterdrückung und somit vor Neurosen zu bewahren. In der Auseinandersetzung mit den Folgen repressiver Sexualerziehung kam die Frage auf, inwiefern die Übernahme der vermittelten Normen der unterdrückenden Sexualerziehung neurotisches (Sexual-)Verhalten auslöse, und wie sich manipulierbare Charakterzüge, Schuldgefühle und Abhängigkeit verhindern ließen. So sollte „Sexualerziehung bewußt als politische Erziehung" etabliert werden (Freyberg/Freyberg 1971, S. 9). Der/die ErzieherIn musste dafür kindliche und jugendliche Sexualität nicht als ein „zu verschweigendes Übel", sondern als „lebenserhaltende, aufbauende Kraft" für neue Gesellschaftsformen ansehen (Brocher 1968, S. 12). Das Thema Sexualerziehung taucht in den Interviews nicht im politischen Bezugsrahmen auf, den die ‚68erInnen' ihm gaben. Die Interviewten beschreiben vielmehr die selbst erfahrene ‚verklemmte' Sexualerziehung, die sie später deutlich im Kontrast zur offenen Kommunikation der Studierendenbewegung und ihrem Bestreben, die Sexualerziehung zu reformieren, erlebten. Alle vier erinnern, dass in ihrer Kindheit und Jugend Sexualität tabuisiert gewesen sei. In Walters Erinnerung ging das so weit, dass Vorfälle sexualisierter Gewalt durch den Pastor verschwiegen und die Opfer nicht angehört wurden.

Thomas erinnert, dass Dialoge zwischen Heranwachsenden und Erwachsenen über sexuelle Themen ‚verkrampft' gewesen seien. Die vier wurden, wenn überhaupt, über Umwege und Verschleierungen aufgeklärt und sammelten Wissen durch entsprechende Lektüre. Der Topos „Da mich die Erwachsenen nicht informierten, musste ich mir eben selber Informationen anlesen", findet sich gehäuft in den Interviews.[11]

Thomas und Miriam bringen das Gespräch auch auf die Sexualerziehung ihrer eigenen Kinder. Miriam sieht im uneingeschränkten Beantworten von Fragen und frühzeitigen Aufklären ein Muss. Eine Sexualerziehung, die die Grenzen kindlicher und erwachsener Körperlichkeit verwischt, lehnt sie dagegen ab. Doktorspiele, die sie wie die nichtrepressiven SexualerzieherInnen der Studierendenbewegung als wichtigen Erfahrungswert von Kindern anerkennt, sollten in Miriams Verständnis nur zwischen Gleichaltrigen stattfinden. So unterstreicht sie, dass es ihr wichtig sei, zwischen kindlicher und erwachsener Sexualität zu unterscheiden. Sie heiße eine Vermischung dieser beiden Sphären für ungut und unterband auch eine Situation, als sich ihr Sohn für den Penis seines Vaters interessierte und diesen angefasst habe.

Thomas' sexualerzieherische Methoden unterscheiden sich je nach RezipientIn. Während er gegenüber seinen Studierenden einen offenen, lockeren Umgang mit

---

11 Die Lesekultur war ein bedeutender Politisierungsfaktor und lässt sich als gewöhnliche Praxis (sexual)politisch interessierter junger Menschen Ende der 1960er Jahre idcntifizieren. Dabei spielte nicht nur das Nutzen der neuen Möglichkeiten von Informationsaneignung, sondern auch das Zugehörigkeitsgefühl, bestimmte Trend-Werke gelesen zu haben, eine Rolle. So „gab es ein Ideal bzw. einen Anspruch" sich beispielsweise „den ganzen Marx" und andere Autoren wie Reich, Marcuse und Adorno ‚angeeignet' zu haben (vgl. Reiche 1988, S. 49). Die Tragweite der studentenbewegten Lesekultur ist im Sammelband „Die Politisierung des Buchmarkts. 1968 als Branchenereignis" (2007) nachzulesen.

sexuellen Themen pflegt, erscheint die Sexualerziehung seiner Tochter weniger entspannt. Erzieherische Gespräche über Sexualität überlässt er seiner Frau. Was die ersten sexuellen Erfahrungen betrifft, so vertritt er den Standpunkt, seine Tochter (zum Zeitpunkt des Interviews 11 Jahre alt) solle sich damit noch Zeit lassen. Durch diese Meinung zielt seine Sexualerziehung eher auf die Aspekte ‚Bewahren und Beschützen‘ ab, als auf die Förderung „einer unbedingten sexuellen Freiheit“ (Plack 1968, S. 337) – wie die Losung der nichtrepressiven Sexualerziehung im Gegensatz dazu lautete.

Marcuse, Fromm und die kritische Theorie der Frankfurter Schule
Die vielen Verweise in den Interviews auf die Theorien von Wilhelm Reich bestätigen seine Popularität, die ihm hinsichtlich der ‚68erInnen‘-Theorieaneignung stets zugesprochen wird. Doch erinnern sich Miriam, Walter, Thomas und Brigitte auch an andere ‚geistige Väter und Mütter‘ der Bewegung?

Nur bei Brigitte finden sich Bezüge zu anderen Theoretikern. Sie erinnert sich beispielsweise an die „repressive Entsublimierung“, die sie mit einem Partner in einem Beziehungsdisput diskutierte. Der Begriff stammt von Herbert Marcuse, einem Vertreter der „Kritischen Theorie“ der Frankfurter Schule.

Unter „repressiver Entsublimierung“ verstand Marcuse den negativen gesellschaftlichen Einfluss, der beim Individuum sexuelle und aggressive Triebe kontrollierbar mache. Marcuses Gegenkonzept war das der „nicht-repressiven Sublimierung“, das den Mensch befähigen sollte, seine sexuellen Energien in Freiheit auszuleben bzw. in intellektuelle und kulturelle Energie zu verwandeln (vgl. Marcuse 1965b, S. 208): „Die kulturschöpfende Macht des Eros ist nicht-repressive Sublimierung: die Sexualität wird weder abgelenkt noch in ihren Zielen gehemmt; vielmehr transzendiert sie, indem sie ihr Ziel erreicht, auf der Suche nach voller Befriedigung zu weiteren Zielen.“ (ebd.)

Der Philosoph und Politologe Herbert Marcuse gilt nach Reich als wichtigster Nestor der Studierendenbewegung (vgl. Fels 1998, S. 66ff.). In der Diskussion über Triebunterdrückung unterscheiden sich Reich und Marcus darin, dass Marcuse sich nicht für eine vollständige sexuelle Befreiung in einer klassenlosen Gesellschaft aussprach (vgl. Reich 1932, 1933/1970), sondern vielmehr die „Erotisierung der Gesamtpersönlichkeit“ forderte, was auch in Klassenverhältnissen geschehen könne (vgl. Marcuse 1965b, S. 199f.). Laut Marcuse sollten die Triebe „in Tätigkeiten und Beziehungen befriedigt [werden], die nicht im Sinne ‚organisierter‘ genitaler Sexualität sexuell und doch libidinös erotisch“ seien (ebd., S. 206). Dies werde im Rahmen eines neuen Realitätsprinzips erreicht, das eine „nicht-verdrängende Form der Sublimierung“ beinhalten und das Gegenteil der repressiven Entsublimierung darstellen sollte (ebd., S. 168f.). Die „nicht-verdrängenden Sublimierung“ könne mit Hilfe „einer Erweiterung der Libido“ geschehen, die einer repressiven Ablenkung gegenüber stehe (ebd., S. 168).[12] Wie sich dies praktisch umsetzen ließe, beschreibt Marcuse jedoch nicht. An jenen Stellen in seinen Werken, an denen er die Unterdrückungsmechanismen der industriellen Gesellschaft analysierte, wartet er nicht mit konkreten Möglichkeiten zu einer Befreiung durch „Erotisieren" auf (vgl. Marcuse 1967, S. 17), sondern spricht lediglich davon, dass in der Industriegesellschaft „Kräfte und Tendenzen vorhanden" seien, „die diese Eindämmung unterbrechen und die Gesellschaft sprengen könnten" (ebd.), ohne diese näher auszuführen. Außer Brigittes Anmerkung zur „repressiven Entsublimierung" lassen sich in den anderen drei Interviews keine direkten Deutungszusammenhänge zu den Thesen Herbert Marcuses herstellen.

Marcuse und andere Mitglieder der Frankfurter Schule rund um das Institut für Sozialforschung an der Johann-Wolfgang-Goethe-Universität prägten das ‚revolutionäre Verständnis' der Studierendenbewegung (vgl. u.a. Wiggershaus 1997, Kailitz 2007, S. 58ff., Weiss 1985, S. 20ff., Behrmann 1999, S. 318ff.).

In den vier Interviews finden sich nur bei Brigitte Bezüge zur „Kritischen Theorie"[13] der Frankfurter Schule. Sie erinnert beispielsweise den Begriff des *„autoritären Charakters"* (Brigitte), der auf Erich Fromm zurückgeht. Der Psychoanalytiker schuf diesen Begriff im Rahmen seiner Studien in den 1930er Jahren. Seine psychoanalytisch orientierte Sozialpsychologie, die in dem ersten Band der „Zeitschrift für Sozialforschung" (1932) veröffentlicht wurde, prägte maßgeblich die daran anschließenden Forschungsansätze des Frankfurter Instituts bzw. der Frankfurter Schule zur „Autoritären Persönlichkeit" (vgl. u.a. Adorno 1950/1973, S. 45ff., siehe

---

12 Mehr zu Marcuse, seinen Theorien und die Aufnahme und Diskussion dieser bei der Studierendenbewegung findet sich in dem Band „Kritik und Utopie im Werk von Herbert Marcuse" (1992) des Instituts für Sozialforschung.

13 Die Arbeit der ‚Kritischen Theoretiker' der Frankfurter Schule begann, als Max Horkheimer 1931 die Leitung des Instituts für Sozialforschung der Universität Frankfurt übernahm. Als Ausgangspunkte der „Kritischen Theorien" – der Begriff entstammt Horkheimers Werk „Traditionelle und kritische Theorie" (1937) – gelten die Lehren Marx', Hegels und Freuds. Die Aufsatzsammlung „Dialektik der Aufklärung" (1944), die Horkheimer und Adorno im amerikanischen Exil verfassten, gilt als Hauptwerk. In dieser Schrift entstanden erste Annahmen zum „autoritären Charakter" und wie dieser im Zusammenhang mit autoritären Regimes stehe (vgl. Horkheimer/Adorno 1944/1969, S. 26ff., siehe auch Albrecht et al. 1999, S. 12f.). Auch die Fort- und Weiterführung der marxistischen Kategorien nahm einen großen Stellenwert ein (vgl. Weiss 1985, S. 27ff.). Die zentrale, dem Marxismus entlehnte These lautete, dass von der Gesellschaft eine Totalität ausgehe, die das Individuum ausbeute. Manipulation geschehe durch Massenkonsum, die Medien verhinderten, dass der Mensch seine Unterdrückung und Ausbeutung wahrnehme.

auch Walter-Busch 2010, S. 119ff.). Der „autoritäre Charakter" ist, laut Fromm, gekennzeichnet von einem Zuviel an neurotischen Impulsen, die sich in zwanghaf- ter „Ordentlichkeit, Pünktlichkeit, Sparsamkeit" sowie einer „Angst vor allem Fremden und Unbekannten" äußere (Fromm 1936, S. 125f.). Der „autoritäre Cha- rakter" weise sowohl masochistische als auch sadistische Züge auf, weswegen Fromm auch von einem „sado-masochistischen Charakter" sprach (Fromm 1936, S. 118ff.). Der masochistische Anteil passe sich bedingungslos Führungspersönlich- keiten an und erlange Befriedigung durch die „Befreiung von selbständigen Ent- scheidungen" (Fromm 1936, S. 115 und S. 125 f.). Der sadistische Anteil werte sich selber auf, wenn er „andere zum willen- und wehrlosen Instrument des eigenen Willens" mache (Fromm 1936, S. 115).

Das Bild vom unterdrückten, willenlosen, konventionellen aber auch sadisti- schen Nationalsozialisten, das seit 1963 im Rahmen der Frankfurter Auschwitz- Prozesse in den Medien vermittelt wurde, habe den ‚68erInnen' geradezu als Be- weis für Fromms Beschreibungen gedient, so die Historikerin Dagmar Herzog (vgl. Herzog 2005, S. 193). Dieser Zusammenhang findet sich jedoch nicht in den vier Interviews. Allgemein lässt sich konstatieren, dass sich die vier Interviewten kaum an Fallgeschichten der Massenmedien zum Thema ‚1968' bedienen. Anfangs fragte ich mich, ob sich bestimmte Topoi populärwissenschaftlicher Auseinandersetzun- gen mit der Studierendenbewegung in den Narrationen wiederfinden lassen würden. Abschließend kann diese Frage verneint werden, da sich die Interviewten eher auf ihr eigenes Erleben beziehen als auf massenmedial verbreitete Erinnerungsmuster, wie beispielsweise den Mythos des lasterhaften Lebens der Kommune I, aufzugrei- fen.

1.3 Exkurs: Zur Annahme, die ‚68erInnen' hätten den Wunsch nach einer lustbetonten Sexualität aus ihrer Auseinandersetzung mit dem Nationalsozialismus generiert

Bisher verfolgte dieses Kapitel das Ziel, die Theorien, an die sich die Interviewten erinnern, zusammenzufassen und zu erläutern. Es konnte bisher vor allem die These bekräftigt werden, die Wilhelm Reich und seinen Theorien zu Sexualität und Be- ziehungsführung einen bedeutenden Einfluss auf die Studierendenbewegung zu- spricht (vgl. u.a. Kraushaar 1998, Herzog 2005, von Hodenberg/Siegfried 2006, Blask 2008). Reichs Annahmen zu den seelischen und körperlichen Folgen einer Triebunterdrückung reproduzierten alle vier Interviewten. Sein Modell zu Polyga- mie und Orgasmus taucht ebenfalls in drei der vier Interviews auf. Theorieaspekte der Kritischen Schule (hier besonders die von Herbert Marcuse und Erich Fromm) kommen jedoch nur in Brigittes Interview zur Sprache, was wiederum durch ihr Studienfach Soziologie begründet sein kann.

Stellt man die umgekehrte Frage, welche Theorien und Aspekte, die den ‚68erInnen' im Kontext der Sexualitätsdebatte als prägende Themen ‚unterstellt' werden, nicht zur Sprache kommen, so wird deutlich, dass sich die in der Historiographie oft dargestellte scheinbar direkte, untrennbare Verbindung zwischen Kritik am politischen und sexuellen System der Gesellschaft nicht so mittelbar in den Erinnerungen der vier Interviewten wiederfinden lässt.

Die Vorstellung einer befreiten, rein lustorientierten Sexualität der ‚68erInnen', die „frei von allen äußeren Einschränkungen und Verknüpfungen ist und sich nur von ihren eigenen Gesetzen und deren Dynamiken leiten lässt" (Dannecker 2002, S. 23), findet sich in den Interviews nicht wieder. Auch für die Auffassung, die Studierendenbewegung habe „die Lust zum einzigen Sinn von Sexualität erklärt und diese zum Imperativ" (Dannecker 2002, S. 23) gemacht, finden sich keine Beispiele in den Interviews. Der Lustfunktion von Sexualität kommt in den Interviews kein großer Stellenwert zu. Zwar betont Thomas Spaß und Freude am Sex, jedoch ordne ich diese Aussagen in ihrer Funktionalität hinsichtlich seiner Selbstdarstellung ein, da ich sie weniger durch den Lustduktus der Bewegung als durch sein Männlichkeitskonstrukt geprägt interpretiere.

Eine weitere Annahme lässt sich ebenfalls nicht durch die Interviews bestätigen – dass ‚68erInnen' eine lustbetonte Sexualität einer (vermeintlich) repressiven Sexualität der vorherigen Generationen entgegensetzen wollten (vgl. u.a. Herzog 2005, Reiche 1988, Schmidtke 2003, S. 143ff., Fischer/Lorenz 2007, S. 124ff.). VertreterInnen dieser These sehen in Reichs Theorien sowie der Kritischen Theorie, die in unterdrückter Sexualität den Hang zu Hörigkeit und Anpassung des Individuums an autoritäre Systeme erkannte, die argumentative Grundlage des Wunsches der ‚68erInnen', das prüde Sexualverhalten der vorangegangenen Generationen, die den Beischlaf angeblich lediglich aus Fortpflanzungsgründen ausübten und den lust- und glücksspendenden Aspekt von Sexualität ausgeklammerten, umzukehren. Besonders Dagmar Herzog vertritt die These, die ‚68erInnen' hätten ihre Eltern- und Großelterngeneration einer repressiven Sexualpraxis bezichtigt. Der Wunsch der ‚68erInnen' nach einer neuen Sexualmoral sei besonders durch ihre Kritik an der Sexualmoral des Nationalsozialismus, der Prüderie und sexuelle Repression unterstellt wurde, geprägt gewesen, so Herzog (vgl. u.a. Herzog 2005, S. 197ff.). Herzog arbeitet in ihrer beachtlichen Quellenstudie heraus, dass die AkteurInnen der Bewegung den Nationalsozialismus jedoch fälschlicherweise als sexualfeindlich interpretiert und somit auch irrtümlich abgeleitet hätten, dass eine sexualfreundlichere Stimmung Faschismus verhindern könne. Belege dafür findet Herzog sowohl in den Schriften der ‚geistigen Väter' der Bewegung als auch in Quellen von Aktivistinnen und Aktivisten.

Der kausale Zusammenhang, den Herzog erkennt, wenn sie die ‚68erInnen'-Sexualreform zu großen Teilen auf die Aufarbeitung des Nationalsozialismus zurückführt, ist jedoch m.E. kritisch zu betrachten, da andere Länder ohne Faschismus-Vergangenheit ähnliche Entwicklungen vollzogen haben. Zudem fehlt der direkte Hinweis auf den Faschismusaspekt der Kritischen Theorie, die die Historiographie der Studierendenbewegung als wichtigsten Motor zuschreibt, in den Interviews. Brigitte reißt die Faschismusthese kurz an, als sie den „autoritären Charakter" von Fromm benennt, geht jedoch nicht dezidiert darauf ein.

Weitere Gegenargumente zur These, die ‚68erInnen' hätten sich intensiv mit dem Zusammenhang von Triebunterdrückung und nationalsozialistischer Vergangenheit befasst, kommen vom Historiker Detlef Siegfried. Er untersuchte in seiner Monografie „Konsum und Politik in der westdeutschen Jugendkultur der 60er Jahre" (2006) die Publikationsorgane der Studierendenbewegung und stellte fest, dass die Aufarbeitung des Nationalsozialismus in der zweiten Hälfte der 1960er Jahre eher gering ausfiel und die Hauptthemen vielmehr allgemeinpolitischer, aktueller Art waren (vgl. Siegfried 2006, S. 176ff.).[14] Auch der Philosoph Hermann Lübbe hält den Willen zur Aufarbeitung des Nationalsozialismus für einen „Mythos"; die Generation sei viel unkritischer gewesen, als vielfach angenommen werde (Lübbe 1988, S. 17). Weitere Publikationen demontieren die Annahme, die ‚68erInnen' hätten die Vergangenheitsbewältigung vorangetrieben; die AkteurInnen seien nicht derart am Bewältigungsdiskurs interessiert gewesen, wie oft angenommen werde (vgl. ebd. und Bieler 2008, Rusinek 2000, S. 118, Mausbach 2006, Gassert/Steinweis 2006, Reiche 1988).

Ähnliches bestätigen die hier vorliegenden Interviews, mit denen sich Herzogs These ebenso in Frage stellen ließe: Man findet zwar die Erinnerung an Reichs und Fromms Thesen zu den Folgen der Triebunterdrückung, jedoch geht keiner der Interviewten auf das ‚Dritte Reich' ein oder bringt es gar in Zusammenhang mit den Theorien der Sexualrepression, um daraus eine sexuelle Revolution als antifaschistische Strategie abzuleiten. Die Theorien Fromms zum „sado-masochistischen Charakter", der sich bei Faschisten und „kleinbürgerlich autoritären" Menschen finden lasse und aufgrund von Triebunterdrückung entstehe (Fromm 1936, S. 124), wird

---

14 „Während im Kursbuch vom Juni 1965 noch der Auschwitzprozess ausführlicher behandelt wurde [...] standen später andere Problemfelder im Vordergrund [...]. Zwar kam das Thema gelegentlich immer wieder einmal auf, doch interessierte es nur noch am Rande und dann auch eher in seinen Bezügen zu aktuellen, politischen Problemen. Selbst das Politmagazin Konkret, das unter den Blättern links von der SPD den höchsten Verbreitungsgrad hatte [...], hatte [...] sich nicht so sehr dem historischen Phänomen Nationalsozialismus gewidmet." (Siegfried 2006, S. 177) Ähnliches weiß Siegfried von den Magazinen „Underground" und „twen" zu berichten, die bei den ‚68erInnen' beliebt waren und sich gar nicht mehr mit der Aufarbeitung des Nationalsozialismus beschäftigten (vgl. ebd., S. 176ff.).

nicht in den Interviews aufgegriffen; ebenso wenig die Verbindung von Autoritätshörigkeit und repressiver Sexualeinstellung. Zwar ist bei Thomas der Gedanke präsent, dass nicht ausgelebte Sexualimpulse zu Aggressionen führten, jedoch wird dieser Gedanke nicht dahingehend weitergesponnen, dass daraus eine Programmatik folgen müsse, um die Wiederholung des Nationalsozialismus zu verhindern. Auch stellt keiner der Interviewten Bezüge zur Friedensdebatte im Allgemeinen und Speziellen (beispielsweise Vietnamkrieg) her.

Ein weiterer Aspekt, der oft im Zusammenhang mit der These, die ‚68erInnen‘ hätten eine ausführliche NS-Aufarbeitung betrieben, thematisiert wird, ist der des Generationenkonflikts, der als die Wut der ‚68erInnen‘ über die Taten der Eltern im Nationalsozialismus beschrieben wird (vgl. u.a. Schneider 1981, Dudek 1983, S. 148ff., Bude 1992, S. 89, Kilian/Komfort-Hein 1999, S. 201f.). Thomas, Walter und Miriam berichten nichts dergleichen. Die national-sozialistische Vergangenheit der älteren Generation wird nur von Brigitte aufgegriffen, wenn sie ihren Ziehvater und ihren biologischen Vater beschreibt. So idealisiert sie ihren leiblichen Vater, der desertierte und missbilligt die Kriegsbeteiligung ihres Ziehvaters.

Von den ‚68erInnen‘ als „vatergeschädigte Generation" wie Michael Schneider seine Generation nennt, die sich an der Nationalsozialismus-Vergangenheit ihrer Väter abarbeitet (vgl. Schneider 1981, S. 20ff.), kann bei den hier vorgestellten Interviewten also nicht die Rede sein. Jedenfalls nicht in der Hinsicht, dass die Söhne und Töchter ihren Vätern bzw. den Eltern ihre nationalsozialistische Vergangenheit vorwerfen.[15] Zusammengefasst stellt sich die Vater-Tochter und Vater-Sohn-Beziehung in den Erinnerungen von Thomas, Walter und Miriam harmonischer dar, als es der Diskursstrang, der die Konflikte zwischen den ‚68erInnen‘ und ihren Vätern unterstreicht, beschreibt (vgl. Mendel 1972, Schneider 1981, Dudek 1983, Schneider 2002, S. 180f., Radebold 2003, Schildt 2003, Moses 2007, Groppe 2011, Brunner 2011, von der Goltz 2011, Lohl 2011, Stambolis 2013).

Dass die nationalsozialistische Vergangenheit der Eltern- und Großelterngeneration in den Interviews nicht präsent ist, mag auch darin begründet sein, dass das Interview 40 Jahre nach der Akteurschaft der Interviewten stattfindet und mögliche Aufarbeitungsarbeit bereits geleistet wurde oder sich die Kritik an den älteren Generationen und ihrer Teilhabe bereits abgeschwächt hat. Dass nicht auf den Natio-

---

15 Harald Welzer zeigt in seiner Studie „Opa war kein Nazi" (2002), dass in Familien über drei Generationen hinweg ein ‚bereinigtes' Familiengedächtnis weitergetragen wurde, in dem die Großelterngeneration von ihrer (möglichen) Schuld freigesprochen wurde (vgl. Welzer/Moller/Tschuggnall 2002). Welzer zeigt, dass die Konflikte, die sich aus einer möglichen Teilhabe der Großeltern/Eltern an den Taten des Zweiten Weltkriegs ergeben, nur sehr selten zur Sprache kommen. Dass es zur Aufarbeitung und Reflexion kam und kommt, wird jedoch nicht bestritten.

nalsozialismus und die Kriegsgeschichte eingegangen wird, kann auch der For-schungsfrage geschuldet sein: Die Interviewten wurden lediglich aufgefordert, über ihre Zeit als ‚68erIn' im Kontext von Sexualität zu berichten, auf Themen wie Krieg und Faschismus wurden sie nicht explizit angesprochen. Umso deutlicher stellt sich die Tatsache dar, dass die vier Interviewten nicht von selbst die Theorien aufgreifen, die eine Verbindung von Sexualität und Faschismus herausstellen.[16]

Zusammenfassend lässt sich feststellen, dass durchaus eine Diskrepanz herrscht zwischen den Vorstellungen darüber, was die AkteurInnenschaft der Studierenden-bewegung angeblich politisch angestrebt und diskutiert habe, und den in dieser In-terviewgruppe erinnerten politischen Impulsen: Eine intensive Auseinandersetzung mit der repressiven Sexualmoral des Nationalsozialismus, eine kritische Debatte mit der Vergangenheit der Eltern sowie eine angestrebte politische Umwälzung hin zum Kommunismus und Sozialismus erinnern die Interviewten nicht.

Dass Miriam, Brigitte, Thomas und Walter nicht alle Facetten des ‚68erInnen'-Theoriespektrums aufgreifen, mag auch daran liegen, dass sie erst dann AkteurIn-nen der Bewegung wurden, als die „Kognitive Konstitution der Bewegung" bereits abgeschlossen war (Gilcher-Holtey 2001, S. 11). Da sie nicht von Beginn an bei der Entstehung der Theorierezeption der ‚68erInnen' dabei waren, lässt sich annehmen, dass der Diskurs um nationalsozialistische Vergangenheit sowie Kapitalismuskritik bereits abgeschlossen erschien und sich ihr Fokus auf persönlich dringlichere The-men, die die eigene Beziehungsführung betrafen, verschob.

---

16 Auch die kommunistischen und sozialistischen Ideale, die der Studierendenbewegung als Gedankengut und Gesellschaftsvision zugesprochen werden, finden sich in den vier In-terviews nicht. Wissenschaftliche Ausführungen zum Sujet „1968 und Sexualität", be-merken stets, die Umsetzung des sexuellen Revolutionsgedankens sei mit dem Wunsch nach Kommunismus und Sozialismus einhergegangen (vgl. u.a Gilcher-Holtey 2001, S. 14ff., Baier 1988, S. 49f., Vossberg 1979). Jedoch zeigen Quellen nachvollziehbar auf, dass die ursprünglichen Vorstellungen des Kommunismus und Sozialismus von den ‚68erInnen' weitergedacht wurden, da man vom Kommunismus der Sowjetunion, Chinas und Kubas enttäuscht und desillusioniert wurde und man sich mit der Zeit durch den Blick der Kritischen Theorie vielmehr einer neomarxistischen Soziologie zuwandte (vgl. u.a. Kallscheuer 1986, S. 229ff., Vossberg 1979, S. 432f.). Auch die vier Interviews be-ziehen sich kaum auf Marxismus oder sozialistische, kommunistische Gesellschaftsfor-men. So wird der Wunsch nach einer klassenlosen Gesellschaft nicht angesprochen, und die Abschaffung des Privateigentums nur indirekt durch die Aufhebung des Besitzan-spruchs an den/die PartnerIn formuliert und nicht auf materielle Dinge übertragen.

1.4 Diskrepanz zwischen Theorie und Praxis

In den Interviews wurde deutlich, dass eine direkte Umsetzung der Theorien in die Alltagspraxis nicht immer leicht bzw. überhaupt möglich war. Zum einen war dies auf Inkonsistenzen der Theorien zurückzuführen; zum anderen standen die Theorien konträr zu den Bedürfnissen und Vorstellungen der ProtagonistInnen – doch darauf soll später ausführlich eingegangen werden. Zunächst lohnt sich ein Blick auf die Schwierigkeiten, die den Theorien immanent waren und einer Umsetzung im Wege standen.

Fehlende Handlungsanleitungen

Die Schwierigkeit, sich den Theorien Reichs und den Vertretern der Kritischen Theorie auf der Handlungsebene zu nähern, wurde bereits Ende der 1960er und Anfang der 1970er Jahre diskutiert. Die ‚68erInnen‘ warfen den ‚geistigen Vätern‘ – besonders jenen der Frankfurter Schule – vor, ihren Theorien keine Handlungsanweisungen beizufügen. Die „Aktionsphase" (vgl. Reiche 1988, S. 47) der Studierendenbewegung hatte nach der Aneignung der Theorie zum Ziel, diese mit der Praxis zu vereinen. Dabei fiel das Fehlen eines anwendungsbezogenen Theoriemodells auf. Der bekannte SDS-Vorständler Hans-Jürgen Krahl, den 1968 die berühmte Tomate traf, befasste sich in seinem Aufsatz „Das Elend der kritischen Theorie eines kritischen Theoretikers" (1968) mit seiner Unzufriedenheit diesbezüglich. Er sprach für seine GenossInnen, als er die Theoretiker der Kritischen Theorie beschuldigte, ihre Konzepte nicht richtig durchdacht zu haben. Die ‚68erInnen‘ seien auf sich allein gestellt und müssten nun eigenständig praktische Konsequenzen ableiten, da dies die Schriften Adornos, Marcuses, Mitscherlichs, Horkheimers und Habermas‘ nicht hergäben (Krahl 1968/1971, S. 246ff.). Die Kritik war eindeutig: Es mangelte an Hilfestellung zur Entwicklung einer revolutionären Programmatik, auf die die Schriften der Kritischen Theorien eigentlich abzielten. An den 1957 verstorbenen Wilhelm Reich ließ sich der Vorwurf nicht mehr herantragen.

Die ‚68erInnen‘ bemängelten, dass die Vertreter der Kritischen Theorie kein politisches Konzept vorgaben und die selbstgewählten Ableitungen nur ‚Notlösungen‘ seien. Die Kritische Theorie geriet so unter ‚Ideologieverdacht‘, da man annahm, dass das Ausbleiben einer Praxisidee die eigentliche Intention gewesen sei und deren Vertreter gar keine tatsächliche Veränderung gesellschaftlicher Umstände anstrebten:

„Kritische Theorie glaubt, sich am Leben zu erhalten, indem sie sich mit jedem Satz selbst negiert. [...] Sie will nicht beim Wort genommen werden, sondern die zwingenden Schlussfolgerungen so lange deren eigener Methode aussetzen, bis sie sich als die Logik des Zwanges enthüllen können." (Böckelmann 1969, S. 17)

Die Adressaten wiesen diese Kritik jedoch zurück. Es kam zu einem langjährigen Schlagabtausch zwischen AktivistInnen und Theoretikern. Auf unterschiedlichen Kanälen warf man sich gegenseitig Missverständnisse, Stillstand und psychische Störungen vor.[17] Auch in den Interviews wird deutlich, dass die AkteurInnen sich mehr Handlungsempfehlungen erhofft hätten. Walter äußert, dass er die Theorieumsetzung als „anstrengend" und „kompliziert" empfand, da es keine Leitlinien gab, wie mit Konflikten umzugehen war, die durch sexuelle Mehrfachbeziehungen entstanden; er wusste nicht, wie er sich „da [...] rauslavieren" sollte. Besonders hinsichtlich emotionaler Verwirrung sei der/die ‚68erIn' auf sich allein gestellt gewesen. Somit seien die Theorien „defizitär", da sie wenig mit der „Realität" und „Lebenswirklichkeit" zu tun gehabt hätten.

‚Männliche' Theorien?
Neben dem Mangel an Handlungsanleitungen ließe sich noch ein weiterer Aspekt anführen, der die Schwierigkeit verdeutlicht, der ‚68erInnen'-Theorie persönliche Instruktionen zu entnehmen. Raewyn Connell befasste sich mit der Frage, warum sich die Ideologien der ‚68erInnen' nicht so leicht umsetzen ließen. Sie schlussfolgert, dass dies daran gelegen habe, dass es sich um ‚männliche' Theorien handle: Da die Theorien zur Anschauung nur Beispiele aus ‚männlichen' Erfahrungswelten anführten, hätten sich Frauen kaum mit den Theorien identifizieren können (vgl. Connell 2006, S. 36). Mit Blick auf die Veröffentlichungen der vielgelesenen Theoretiker bestätigt sich Connells Vermutung; in den Ausführungen hinsichtlich der politischen und individuellen Folgen der Triebunterdrückung berufen sich Adorno, Horkheimer und Fromm in der Beschreibung des „autoritären Charakters" lediglich

---

17 Jürgen Habermas warf 1968 bei einer Rede auf dem Frankfurter Schüler- und Studentenkongress den ‚Revolutionären' hinsichtlich ihres Theorieverständnisses vor, sie besäßen „Bewusstseinstrübungen", „Wahnvorstellungen" und „lächerliche Potenzphantasien" (Habermas zit. nach Fichter/Lönnendonker 1977, S. 137ff.). Er hielt ihnen vor, sie würden ihr revolutionäres Handeln auf „undifferenzierte Urteile" und „Binsenweisheiten" stützen und sich einem Zwang zum Agieren hingeben. Auch in seinem Aufsatz „Die Scheinrevolution und ihre Kinder" (1968) bat er die Studierenden um mehr Genauigkeit und Klarheit bei der Theorieauswahl und weniger Aktionismus-Druck. „Unter permanentem Handlungsdruck wird auf Analyse verzichtet." (Habermas 1968, S. 13) Auf Habermas' Vorwürfe reagierte die Neue Linke mit einem ganzen Band unter dem Titel „Die Linke antwortet Jürgen Habermas" (1968). Die Auseinandersetzungen zwischen den Gelehrten und ihren SchülerInnen eskalierte Ende 1968, als Studierende das Soziologische Seminar von Adorno, von Friedeburg, Habermas und Mitscherlich besetzten, mit der Solidarität der Professoren rechnend – diese riefen jedoch die Polizei, die das Gebäude räumte (vgl. Gilcher-Holtey 2001, S. 108).

auf ‚männliche' Belege und einen bestimmten Typus von Männlichkeit (vgl. Adorno et al. 1973), in dem sich auch nicht jeder Mann wiederfand. Adorno et al. übernahmen für ihre „Studien zum autoritären Charakter" (1973) aus dem amerikanischen Werk die zwei Fallstudien „Mack" und „Larry", die exemplarisch die Lebenswege von zwei Männern beschrieben. Die rein ‚männlichen' Beispiele könnten eine Identifikation aus ‚weiblicher' Perspektive erschwert haben, so die Vermutung Connells.

„Die berühmtesten psychologischen Werke der Frankfurter Schule [...] listen in Wahrheit Männlichkeiten und die Bedingungen, die sie hervorbringen, auf. [...] Der ‚autoritäre' Typ war eine Art von Männlichkeit, die ausdrücklich an der Aufrechterhaltung des Patriarchats beteiligt war: Hass auf Homosexuelle, Geringschätzung von Frauen, sowie Loyalität gegenüber der Autorität von Mächtigeren und Aggressivität gegen Schwächere." (Connell 2006, S. 36)

Da sich die Theorien auf ‚männliches' Agieren bezögen und von ‚weiblichen' Lebenswelten abwichen, falle es Frauen schwer, etwa die Aggressionstheorie auf ihr eigenes Verhalten zu übertragen, so das Ergebnis des Philosophen Rolf Nölles, der in seiner Analyse von Adorno und Horkheimer-Texten ein stark idealisierendes Geschlechterverständnis findet (vgl. Nölle 2004, S. 220). Das Fazit seiner Analyse von der „Dialektik der Aufklärung" lautet nüchtern:

„Die anthropologisch eingebettete Darstellung von Sexualität und Geschlechtlichkeit könnte als chauvinistisch bezeichnet werden. Jedenfalls geht es hier sehr oberflächlich zu. Frauen werden wie Männer auf stereotype Rollen im gattungsgeschichtlichen Entwicklungsprozess festgelegt, die archetypischen Rollenverständnisse werden bedingungslos idealisiert; die Theorie der Autoren ist in diesem Punkt überraschend undialektisch. [...] Begriffe werden undialektisch hypostasiert, anstatt historisch situiert und in ihrer Verhärtung aufgelöst zu werden." (Nölle 2004, S. 219)

Auch die feministische Kritik zu den Werken der Frankfurter Schule richtete sich seit den 1970er Jahren vor allem gegen ihr undifferenziertes Bild des Geschlechterverhältnisses. Besonders die Arbeiten von Regina Becker-Schmidt, Gudrun-Axeli Knapp und Mechthild Rumpf sollen an dieser Stelle erwähnt werden. Sie erkannten bei Adorno und seinen Kollegen vor allem den Widerspruch zwischen der Verurteilung männlicher Herrschaft und Ausbeutung auf der einen und der gleichzeitigen Idealisierung von Familie und „Harmonisierung von Weiblichkeit und Mütterlichkeit" auf der anderen Seite (Knapp 2010, S. 193).

Diese Kritik findet sich in den Interviews nicht so deutlich. Miriam äußert zwar, dass die Diskussion um besitzanspruchsfreie Beziehungen ihr als eine *„typische Männertheorie"* begegnet sei, dass Männer diese stets ihr gegenüber vertreten und deren Umsetzung eingefordert hätten (siehe Miriam Kernaussage 4). Miriam geht jedoch nicht differenziert darauf ein, ob sie die *„Männertheorie"* als Frau habe nachvollziehen können oder nicht. Brigitte erinnert dagegen, dass sie von den Theorien zur Triebabfuhr als Prävention negativer Folgen *„überzeugt"* gewesen sei und dafür Anhaltspunkte in ihrem Alltag gefunden habe. Sie beschreibt, dass sie sich, wenn sie ihre sexuellen Bedürfnisse nicht auslebte, in einem Charakterpanzer wiedergefunden habe.

2. (NORMIERTE) PRAXIS DER SEXUALITÄTS- UND BEZIEHUNGSTHEORIEN

Als erstes fällt auf, dass die Interviewten die Implementierung der Theorien stets in Gestalt von (Sexual-)Normen bzw. Verhaltenspostulaten erinnern: Alle vier beschreiben, dass die praktischen Konsequenzen aus den Theorien oftmals einen *„normativen Charakter"* (Walter) gehabt hätten. Das ließ sich als ein deutliches Ergebnis der Interviews herausarbeiten: Es gab einen Normcharakter, der großen Einfluss auf die erlebte Praxis hatte. Mit den Begriffen *„Normen"* (Walter), *„Standard[s]"* (Thomas), *„Ansprüche"* (Walter) und *„Forderungen"* (Miriam) erinnern sie jene unausgesprochenen wie ausgesprochenen Regeln (*„das gehörte so"* (Thomas) oder *„das war jetzt so angesagt"* (Thomas), denen man *„im Sinne des 68er-Geistes verpflichtet"* (Brigitte) gewesen sei. Da der Begriff ‚Norm' in unterschiedlichen Varianten und Betrachtungen die Interviews prägt, wird er in der Arbeit aufgegriffen.

Miriam, Walter, Thomas und Brigitte erlebten die ‚68erInnen'-Normen sowohl im Gespräch mit anderen, die sie sprachlich auf die normativen Konzepte hinwiesen, als auch durch das Vorleben dieser. Brigitte erinnert eine Art Kontrolle durch ihre Mitbewohnerinnen, die sie an die Beischlaf-Regeln erinnerten und Thomas musste mit seinen MitbewohnerInnen ausfechten, wer politischer sei und mehr der Norm entsprechend lebe.

Klagen ehemaliger ‚68erInnen', die Bewegung sei mitunter totalitär und autoritär statt antiautoritär gewesen, finden sich des Öfteren (vgl. u.a. Nitsch 1989, Aly 2008, Jörges 2008). Ihnen zufolge habe die Studierendenbewegung „Repression gebracht, keine Freiheit", dies „historisch auszublenden", sei „unverfroren" (Jörges 2008, S. 47); eben diese negative Seite der ‚68erInnen' müsse aufgearbeitet werden.

Neben der Schilderung einer allgemeinen Normativität, mit der politische Theorien den AkteurInnen aufgedrängt worden sei, gibt es auch konkrete Erinnerungen und Quellen, die sich speziell auf das Konstrukt der polygamen Beziehung beziehen; dieses sei als normgebendes Paradigma vermittelt worden (vgl. u.a. Simenauer 1970, S. 529f., Brückner 1970, S. 133ff., Haug 1972, S. 146, Frauengruppe im Revolutionären Kampf 1973, S. 18, Goede 1976, S. 464f., Schallwig 1983, S. 96, Reich 1988, S. 59, Waldmann 1991, S. 231, Heinemann/Jainter 1993, S. 34 und S. 73ff., Krumm/Krumm 2001, S. 89). Der Sozialwissenschaftler Ulrich Schallwig untersuchte in seiner Studie „Die Studentenbewegung der 60er Jahre in den USA und der BRD. Zur sozialwissenschaftlichen Perzeption jugendlichen Protestverhaltens" (1983) den allgemeinen „Konformitätsdruck" innerhalb der „peer-group" (vgl. Schallwig 1983, S. 96). Die Anforderungen an die AkteurInnen, die zu erfüllen waren, um anerkannt zu werden, seien mitunter „unnachgiebiger und intoleranter" gewesen „als jeder außengerichtete Kritizismus", so Schallwig (ebd.).

Eine Frankfurter Frauengruppe beschreibt diesen Druck als „repressive Machttechnik" und resümiert: „Nur wer fröhlich mitmachte, war ‚progressiv', wer nicht, ‚reaktionär'„ (Frauengruppe im Revolutionären Kampf 1973, S. 18). In einem narrativen Interview heißt es, dass ein „ungeheuerlicher Druck" geherrscht habe, „sich sexuell ganz ungeheuer befreit vorzukommen" (Eva M. zit. nach Waldmann 1991, S. 231). Ähnlich beschreiben es Walter und Miriam in ihren Interviews.

Während nach außen die Studierendenbewegung Einigkeit und Gemeinschaftlichkeit präsentierte, schloss sie ‚Unangepasste' aus, wenn sie den gruppeninternen Standards nicht entsprechen wollten. Dieser Konformitätsdruck löste wiederum Konflikte in den Subjekten selber aus. Der Sozialwissenschaftler Karl-Heinz Heinemann erinnert sich: „1968 hatte ich Angst, daß ich den Ansprüchen in der Praxis niemals gerecht werden könnte, meine autoritäre Charakterstruktur und die habituelle Unterdrückung meiner Sexualität zu überwinden." (Heinemann 1993, S. 73)

Den „Widerspruch zwischen Theorie und eigener Lebenspraxis" aufzulösen, um dazuzugehören, habe ihn viel Kraft gekostet, so Heinemann (ebd.). Angesichts dessen, dass der Begriff „Norm" im studentischen Linksmilieu eigentlich zumeist dazu verwendet wurde, die als repressiv erlebten Zustände der Gesellschaft zu kritisieren und die gesellschaftliche Norm mit ihrem Moralsystem in Frage zu stellen, erscheint es paradox, dass derselbe Begriff letztlich auch im ‚inneren' Kreis angewendet wurde, um jene Verhaltenskodizes zu beschreiben, die in den eigenen Reihen der ‚68erInnen' und für die AkteurInnen in Form von Gruppen- und Konformitätsdruck spürbar waren. So zeigt sich auch in den Interviews, dass das Ziel der Überformung der repressiven Sexualmoral zumeist durch neue Normen (z.B. Verbot von Eifersucht) konterkariert wurde.

Auch wenn im Folgenden zumeist das Konflikthafte der ‚68erInnen'-Normen diskutiert wird, so soll auch die positive Funktion von sozialen Normsystemen mitgedacht werden – die richtungsweisende, identitätsstiftende Komponente (vgl. u.a. Luhmann 1984). Zunächst liegt der Fokus auf den Nachteilen, da sich diese in einem mehrdimensionalem Spannungsverhältnis artikulierten, das wiederum kritische Reflexionen des Beziehungs- und Sexualitätskonstrukts bei den ‚68erInnen' initiierte.

Die bedeutendsten Normen müssen betrachtet werden, da sich jene in den Konflikten wiederfinden lassen bzw. die Konfliktlinien beeinflussten. Welche praktischen Ansätze erinnern Thomas, Miriam, Brigitte und Walter? Um die erinnerten Normen greifbar zu machen, bietet sich deren Abgrenzung zu ‚alten' gesellschaftlichen Normen an, von denen sich die ‚reformierten' Normen abgrenzen sollten. Tabelle 3 zeigt, dass sich die Normen der ‚68erInnen' stets durch die Negation bestehender gesellschaftlicher Normen konstituierten.[1] Alles, was als ‚bürgerlich' identifiziert worden war bzw. das Bürgertum symbolisierte, konnotierten die ‚68erInnen' negativ; der Begriff ‚bürgerlich' avancierte damit zum abwertenden Beiwort (vgl. u.a. auch Interview Brigitte).

Die Gesamtheit der von den ‚68erInnen' angeprangerten ‚bürgerlichen' Normen kann hier nicht abgebildet werden (beispielsweise ‚Abneigung gegenüber dem Kapitalismus'), stattdessen sollen jene im Mittelpunkt stehen, an die sich die Interviewten erinnern. Eine ausführlichere Auflistung findet sich bei Rolf Schwendter, dessen Cluster das unten stehende inspirierte (vgl. Schwendter 1971, S. 194f.).

---

1 „Erst die Studentenrevolte ermöglicht eine doppelte Perspektive für den bürgerlichen Typ: 1. die Einsicht, daß die Distanzierung von der bürgerlichen Klasse, politisch begriffen, die Absage an die bürgerliche Gesellschaft als Ganzes ist; 2. die Einsicht, daß die Ablehnung der bürgerlichen Gesellschaft zu kollektivem revolutionärem Handeln führen muß", so Lutz von Werder (v. Werder 1971, S. 150). Johann Schülein erinnert sich, was „einem nicht in dem Kram paßte, [wurde] kurzerhand als ‚bürgerlich' bezeichnet", womit sich jede weitere Diskussion erübrigte (Schülein 1977, S. 107).

Tabelle 3

,Bürgerliche' Normen, Werte, Tugenden & Kritik	Erinnerte, ,neue' Norm der ,68erInnen'	Erinnernde bzw. Erinnernder
Monogamie sexuelle Repression sexualfeindliche Moral	Polygamie sexuelle Freiheit und Selbstbestimmung	Brigitte, Miriam, Irene, Ullrich, Heike, Michael, Sarah, Klaus, Ulla Thomas, Walter
Besitzanspruch exklusive Zweierbeziehung	Kein Besitzanspruch Bindungslosigkeit sexuelle Mehrfachbeziehung	Brigitte, Miriam, Irene, Ullrich, Heike, Michael, Sarah, Klaus, Ulla Thomas, Walter
Treue Doppelmoral	Wegfall des Begriffs Treue Wegfall der Doppelmoral Offenheit und Transparenz bzgl. sexueller Nebenbeziehungen	Brigitte, Miriam, Irene, Ullrich, Heike, Michael, Sarah, Klaus, Ulla Thomas, Walter
Gehorsam Anpassung	Ungehorsam Weigerung Autonomie (scheinbare) Normlosigkeit Bruch mit den Konventionen	Brigitte, Miriam, Thomas, Walter, Heike, Ulla, Irene, Klaus, Michael

2.1 Norm der alternativen Beziehungsführung: Wegfall des Besitzanspruchs und des ,bürgerlichen' Treue-Standards

Die wohl markanteste und in den Interviews durchweg erinnerte Norm ist die der offenen Beziehungsführung. Alle vier lebten diese zumindest zeitweise.

Den theoretischen Hintergrund zur polygamen Beziehung lieferten Reich sowie andere Theoretiker, die das Konstrukt von Monogamie und ,Einehe' in Frage stellten und es im Zusammenhang von seelischer Gesundheit und natürlicher Bestimmung der Polygamie diskutierten (s.o.). Diese Theorien wurden auf die Paarbeziehung angewendet, indem man davon ausging, dass ein/e PartnerIn alleine für die Umsetzung der sexuellen Befriedigung nicht immer ausreiche. Gepaart mit den Annahmen zum bürgerlichen Besitzanspruch wurde die monogame Beziehung zwischen Mann und Frau als ein repressives Konstrukt der Gesellschaft begriffen. Auch das Bestreben, Privateigentum abzuschaffen und eine Gütergemeinschaft zu verwirklichen, beeinflusste die Bewertung des Besitzanspruchs an den/die PartnerIn. Eine monogame Beziehung, in der die PartnerInnen Anrecht auf Exklusivität hatten, wurde als falsch deklariert: „Falsch ist das bürgerliche und illusionäre Eingehen eines Zweier-Verhältnisses, das eben als Unerträgliches nur zwei Leichen produziert." (Kunzelmann zit. nach Mehrmann 1967, S. 21)[2]

Die Themen *„freie Liebe"* (Thomas) und *„Befreien von seinen bürgerlichen Besitzansprüchen"* (Walter) sind in den Interviews sehr präsent, auch das Schlagwort *„Besitzanspruch"* wird von Miriam, Thomas, Walter und Brigitte reproduziert. Von dieser alternativen Beziehungsform ging, so beschreiben es die vier, ein *„normativer Charakter"* (Walter) aus, der als Einschlusskriterium für die Bewegung gegolten habe. Das Ideal bzw. die Norm der Besitzanspruchslosigkeit und deren Praxis (er)lebten die Interviewten unterschiedlich.

Miriams Freunde hatten nebenbei andere Partnerinnen und erwarteten von ihr, im Kontext dieser Norm und Theorie, dass sie dies akzeptiere. Sie habe sich von *„den theoretischen Vorgaben lenken lassen"* und *„dann halt eben mitgemacht"*. Bei ihr selbst sei die Idee von sexuellen Mehrfachbeziehungen zwar *„theoretisch im Kopf vorhanden"* gewesen, jedoch habe sich für sie nie eine sexuelle Nebenbeziehung ergeben. Brigitte berichtet, *„immer polygam gelebt"* zu haben; im Interview konzentriert sie sich jedoch auf die Darstellung der Beziehungen, die sie mit verheirateten Männern hat. Ob sie *neben* diesen aufeinander folgenden Partnerschaften andere sexuelle Beziehungen pflegt oder pflegte, geht aus dem Interview nicht hervor. Für Brigitte ist jedoch von Bedeutung, dass sie keinen Besitzanspruch an ihren Partner hat und das Vorhandensein einer Ehefrau akzeptiert, wenngleich sie das Bild der Ehefrau stark negativ zeichnet. Walter führte in seinem Studium anfangs mehrere sexuelle Beziehungen gleichzeitig. Er habe versucht, sich von dem *„bürgerlichen Anspruch [,] den Partner zu besitzen, [zu] befreien"*. Letztlich internalisiert er diese Norm jedoch nicht, da er ihr Umsetzen als *„Belastung"* erlebte. Thomas berichtet, in seiner Ehe Anfang der 1970er Jahre eine sexuelle Nebenbe-

---

2   Kunzelmann forderte zudem: „Raus aus euren Zweierbeziehungen! Sucht nicht eure Sicherheit und euren Besitzanspruch bei dem anderen! Der Mensch besteht aus einer Vielzahl von Menschen, und in einer Zweierbeziehung findet permanent eine bespiegelte Selbstliebe statt. Die muss zerstört werden!" (Kunzelmann, zitiert nach Enzensberger 2004, S. 70). Auch Herrad Schenk beschreibt die große Bedeutung, die der Besitzanspruch in dem Beziehungsdiskurs der ‚68erInnen' einnahm: „‚Besitzanspruch' blieb bis weit in die siebziger Jahre hinein ein bedeutsames Schlagwort, das auch für weite Kreise der progressiven Mittelschicht Gewicht erhielt. ‚Besitzanspruch' konnte sich gelegentlich schon in der ‚emotionalen Besetzung' einer Beziehung äußern, in dem heimlichen Wunsch oder der geäußerten Absicht, daß sie dauern möge; keine Besitzansprüche haben, galt – vor allem in den Augen der Männer, wenn sie Frauen meinten – als Tugend." (Schenk 1987, S. 198) Und Karin Schrader-Klebert proklamierte 1969 im Kursbuch: „Die Monogamie hat nichts mit Eros zu tun, sondern ist eine ökonomische Zwangsveranstaltung. [...] Treue ist [...] eine erniedrigende Verhaltensvorschrift für lebenden Besitz." (Schrader-Klebert 1969, S. 25f.)

ziehung geführt zu haben, und begründet diese auch mit den theoretischen Konstrukten der ‚68erInnen'-Beziehungsideologie. Alle Interviewten versuchten also, die Idee umzusetzen, dass Beziehungen ohne Besitzanspruch funktionieren müssten. Dass der Wunsch, diese Norm umzusetzen, weit verbreitet war, findet sich auch in anderen (auto)biografischen Quellen (vgl. u.a. Schrader-Klebert 1969, S. 25f., Schenk 1987, Fels 1998, S. 111, Schlothauer 1992, Heinemann/Jainter 1993, S. 106ff., Bruckner 1999, Kätzel 2005).

Die Realisierung der polygamen Norm ging bei Walter und Thomas jedoch mit emotionalen Verwirrungen einher. Walter vermisste *„Treue und Verlässlichkeit"*. Auch bei den anderen Interviewten wird deutlich, wie sie lernen mussten, dass sich der Treue-Anspruch nicht mit reformierten Vorstellungen von Beziehung vereinbaren ließ. Da keine ‚Ausschließlichkeit' mehr zwischen den Paaren herrschte, war auch die Diskussion um Treue als Symbol der ‚bürgerlichen Doppelmoral' obsolet geworden; der Begriff wurde aus dem ‚68erInnen'-Vokabular gestrichen.[3] Obwohl Miriam, Walter und Thomas zeitweise polygam aktiv und/oder passiv lebten und sich in diesen Beziehungsphasen mit der dahinterstehenden politischen Idee identifizieren konnten, bewerten sie diese heute negativ. Miriam und Thomas erziehen ihre Kinder sogar entgegen der ‚68erInnen'-Polygamienorm. Als VertreterInnen der älteren Generation lehren sie sie, sich nicht auf einen/eine PartnerIn einzulassen, der/die es auf sexuelle Abenteuer und einen polygamen Lebensstil abgesehen hat. Damit geben sie eine Moral an ihre Kinder weiter, die ihre Generation einst grundlegend in Frage stellte. Den Interviewten infolgedessen ‚Verrat' an ihren Theorien vorzuwerfen oder, anders gedeutet, davon auszugehen, dass sie zu einer ‚besseren Einsicht' gelangt wären, erscheint an dieser Stelle zu kurz gedacht. Um interpretieren zu können, was es mit diesem Einstellungswandel auf sich hat, müssten die ProtagonistInnen hinsichtlich dieses Widerspruchs ausführlicher befragt werden.

2.2 Norm des Ausprobierens und Sammelns sexueller Erfahrungen mit vielen verschiedenen SexualpartnerInnen

Verbunden mit der Beziehungsnorm war der Anspruch, möglichst viele und unterschiedliche sexuelle Erfahrungen mit verschiedenen SexualpartnerInnen zu sammeln und so das neue Freiheitskonzept zu verwirklichen. An diese Norm erinnert sich in seiner Narration vor allem Thomas. Mit dieser kann/konnte er sich sehr gut identifizieren: Diese Norm des *„Ausprobieren[s]"* verkörpert für ihn *die* Errungen-

---

3   Zwar wurden Begriffe wie Treue und Verlässlichkeit aus den Beziehungsdimensionen subtrahiert, jedoch tauchten sie m.E. wieder auf in der Gestalt einer Verpflichtung zur Treue zu den Theorien der Bewegung. Mitglieder des ‚68erInnen'-Kreises sollten die kollektive Vision gegenüber möglichen KritikerInnen verteidigen.

schaft der Studierendenbewegung, da sie im Kontrast stand zur repressiven Sexualmoral der *„grauen Vorzeiten der 50er/60er Jahre"* (Thomas), die Sexualität nur in einer monogamen Ehe bzw. Beziehung legitimierte und für die es nur die *„Null Acht Fuffzehn Missionarsstellung"* (Thomas) gegeben habe. Thomas (re)präsentiert diese Norm auch heute noch, indem er seinen Studierenden das Sammeln von verschiedenen sexuellen Erlebnissen empfiehlt, bevor sie sich fest binden – im Sinne des Begriffs „Hörner abstoßen". Nur so könne man lernen, welche Sexualität wirklich befriedige.

Ebenso interpretiert Walter sein eigenes sexuelles „Ausprobieren" als Teil eines Lernprozesses, der ihm die Grenzen seiner heutigen Sexualität aufgezeigt habe: *„Ich glaub', da spielt 'ne Rolle, dass man als Mann ja auch der Aktivere sein soll, der die Dinge ausprobieren soll [...]. Das heißt, sie müssen die Dinge auch alle ausprobieren und diese (...) ganzen Grenzen überschreiten."* Hier wird deutlich, dass Walter das ‚Ausprobieren' besonders als eine gesellschaftliche Erwartung an sein ‚Geschlecht' versteht.

Auch bei Thomas findet sich in seinen zum Teil prahlerischen Schilderungen ein Zusammenhang mit (s)einem Männlichkeitskonzept, in dem der „sexuellen Lernzeit" des männlichen ‚Geschlechts' oftmals die Norm zu Grunde liege, „dass ein Mann über sexuelle Erfahrungen mit unterschiedlichen Frauen verfügen muss" (Helfferich 2007, S. 214).

Jedoch bezieht sich auch Brigitte auf die Norm des Ausprobierens, indem sie von vielfältigen sexuellen Erfahrungen berichtet, die sinnvoll für ihre Entwicklung gewesen seien: *„Einfach mal so das Ausprobieren, was dann auch gut war"*. Andere Ehemalige erinnern die Norm des Ausprobierens ebenfalls unabhängig vom ‚Geschlecht' als allgegenwärtig und auch als befreiendes Gefühl. Margrit Bruckner beispielsweise erkennt die neuen Möglichkeiten und Chancen ihrer Generation als etwas Besonderes: „Die Tatsache des Ausprobierens selber war schon Teil des Genusses." (Bruckner 1999, S. 111) Zusammengefasst werden mit dem sexuellen Ausprobieren neue Möglichkeiten und Handlungsspielräume beschrieben, die sich sowohl aufgrund des Aufweichens moralischer Standards in der Gesellschaft als auch aus dem polygamen Duktus der Bewegung ergaben. Das Nutzen dieser neuen Möglichkeiten war in dem Sinne normiert, dass der Gebrauch dieser neuen Freiheit und sexuellen Gestaltungsvielfalt auch über die Zugehörigkeit zum ‚68erInnen'-Kreis entscheiden konnte.

2.3 Norm zum Umgang mit ‚bürgerlichen' Emotionen

Abwertung von Gefühlen: Rationalisierung von Emotionen
Die Kommune II beschrieb 1969 im Kursbuch die Produkte der „durchschnittlichen Kleinfamilie" als „anlehnungsbedürftige, labile, an infantile Bedürfnisse und irrati-

onale Autoritäten fixierte Individuen" (Bookhagen u.a 1969b, S. 149). Auch Sabine Goede, ehemalige Kommunardin, erinnert sich:

„Sensibilität, Empfindsamkeit hatte den Ruch von exklusiver Bürgerlichkeit und reizte bestenfalls zu Interaktionssadismen. [...] Irgendwie, ohne daß man es bemerkte oder vielleicht wollte, setzte sich ein Labeling in Gang, das darin gipfelte, den anderen doch als ,bürgerliches Individuum' festzunageln." (Goede 1976, S. 470ff.)

Die Stigmatisierung bestimmter emotionaler Bedürfnisse als „bürgerlich" führte dazu, dass diese nicht geäußert wurden um dem Verdacht zu entgehen, sich nicht ausreichend von seiner bürgerlichen Erziehung abgegrenzt zu haben. Viele dieser dogmatisch abgewerteten Emotionen waren solche, die sich in zwischenmenschlichen Beziehungen abspielten und konträr zu den Theorien einer polygamen Beziehung standen. Dies erinnern Walter, Thomas, Brigitte und Miriam. In den vier Erzählungen ließen sich unterschiedliche Mechanismen herausarbeiten, mit denen Gefühle, die konträr zum Theoriekonstrukt standen, verdrängt, verleugnet, rationalisiert, abgewertet oder heruntergespielt wurden. Wie aus der Verdrängung von Gefühlen ebenfalls eine Norm wurde, beschreibt Lissi Steffen. Der Abdruck ihres Tagebuchs im Kursbuch 37 zeigt, wie sie bei den Zusammenkünften ihrer Gruppe „Revolutionärer Kampf" die Forderung nach Verdrängung von Gefühlen und eine gewisse ,Emotionslosigkeit' beobachtete:

„[H]aben die Genossen es so gut gelernt, ihre Gefühle zu verbergen? Selbst die Gesichter zu Masken werden lassen? Ich spüre die Tendenz dieser Gruppe an mir selber: sich gleichgültig stellen, sich ruhig stellen, sich sachlich stellen. Keine Emotionen. Das Gesicht ruhig und gelassen machen. Selbst wenn der andere was sagt, das einen mitten ins Herz trifft, das einen empört, das einen zur Rebellion treibt. Die Rebellion im Inneren behalten. Nach außen Unempfindlichkeit, Unberührtheit; ungerührt bleiben. [...] Gestern Abend Theorie-Nebengruppe der Bornheimer Stadtteilgruppe. Am Schluss war ich so verklemmt, eingeklemmt in meine Gefühle, die ich nicht äußern durfte." (Steffen 1973/1974, S. 37ff.)

Die Norm ,bürgerlichen' Emotionen abzusagen am Beispiel der Eifersucht
Alle Interviewten erinnern sich, dass das Gefühl Eifersucht tabuisiert war. Zum Teil internalisierten sie dieses Gefühlsverbot und verdrängten eifersüchtige Affekte bzw. verbaten sich, diese zu äußern, was mit Ambivalenzen einhergehen konnte.

Walter erinnert, dass er Eifersuchtsgefühle „nicht zulassen" wollte, da die „soziale Norm" es so vorsah. Es sei proklamiert worden, dass „nur der [...] eingeschränkte Bourgeois" Eifersucht empfinde und dass sexuelle Nebenbeziehungen des/der PartnerInnen „einen eigentlich gar nicht angehen" sollten. Auch Miriam verbat sich, „wegen irgendwelcher unangenehmen Gefühle oder Eifersüchte oder sonst was, so'n Trara [zu] erzeugen". Brigitte scheint sich noch heute mit dem Ei-

fersuchtsverbot zu identifizieren; sie betont mehrfach, dass sie von der Besitzanspruchslosigkeit überzeugt sei und es nie gewagt habe, einen solchen an ihre Partner zu stellen, da sie erlebte, dass sich die Männer dann abwandten.

Auch andere Quellen zeigen Eifersucht bei den ‚68erInnen' als ein „zu ver-
dammendes Relikt der überwundenen Bürgerlichkeit" (Veiel 2002, S. 78) und als
„sexuelle[r] Niederschlag des Privateigentums" (Bornemann 1979[4], S 16). „Eifersucht [...] war als Ausdruck von ‚Besitzansprüchen' gegenüber dem Partner in diesem ‚linken Moralkatalog' in ähnlicher Weise tabuisiert, wie in dem des Spießbür-
gertums sexuelle Beziehungen jenseits der Ehe." (Waldmann 1991, S. 226)

Eifersucht und Besitzansprüche standen unter dem Verdacht, die Freiheit in Beziehungen und im Individuum selber zu verhindern. Aufgrund dieser Annahme wurde
das Nichtvorhandensein von dem Gefühl Eifersucht zu einem Dogma, einer Norm,
in der die Befreiung des Gefühls Eifersucht vielfach mit der Befreiung des Menschen im Ganzen gleichgesetzt wurde.

Dass Eifersucht ein sozialisiertes Konstrukt des ‚Spießertums' westlicher Gesellschaft und kein genuines Gefühl sei, sahen die Studierenden auch durch die Forschungsergebnisse Margaret Meads bestätigt: Die Anthropologin hatte auf einer
Forschungsreise SamoanerInnen beobachtet und anschließend konstatiert, dass diese keine Eifersucht empfänden; sie hätten nicht einmal einen Begriff für dieses Gefühl. Die liberale und sexuell sehr freizügige Erziehung und Moral der Inselbewoh-
nerInnen bringe Individuen ohne Konkurrenzdenken, Rivalität und Eifersucht hervor – was sich präventiv auf Neurosenbildung, Frigidität und Impotenz auswirke
(vgl. Mead 1928). Die Annahmen Meads, die später von dem Anthropologen Derek
Freeman widerlegt wurden (das samoanische Wort für Eifersucht lautet „Fua", vgl.
Freeman 1983), reproduzierten die ‚68erInnen' immer wieder als Argumentationsgrundlage über die ‚Natur des Menschen' (vgl. u.a. Plack 1968, S. 136ff., Valin
1968, S. 14f., Guha 1971, S. 34ff.).

Eine weitere Theorie zum Thema Eifersucht kam von dem Philosophen Arno
Plack. Dieser sah Eifersuchtsgefühle als unvereinbar mit einer ‚gesunden' Liebe an
(vgl. Plack 1979). Plack grenzte eine „tyrannische, besitzergreifende Liebe", in der
es Eifersucht gebe, von einer ‚gesunden' Liebe ab, in der es keine Besitzansprüche

---

4   ‚68er' Ernest Bornemann, als Jugendlicher Sexualberater in der Reich'schen Sexpol-
    Organisation der 1930er Jahre, befasste sich intensiv mit dem Eifersuchtsthema. Er ver-
    suchte, Eifersucht als ‚falsche' Emotion über das Tierreich zu demontieren. Er folgerte in
    seiner „Genealogie der Eifersucht", dass „Eifersucht [ein rein] menschlicher Affekt" sei,
    bei Tieren käme nämlich „kein Sexualneid" vor (Bornemann 1979, S. 16). Eifersucht sei
    „keineswegs ein angeborener Aspekt der ‚menschlichen Natur', sondern das anerzogne
    Produkt sexualrestriktiver Gesellschaftsordnungen" (Bornemann 1979, S. 23).

und kein Misstrauen gebe (vgl. ebd., S. 107ff.). In seinem Aufsatz „Scheitert sexuelle Befreiung an der Eifersucht?" verglich er das Gefühl von Eifersucht mit Hass und folgerte, dass die Antwort auf seine Frage eindeutig ‚Ja' sei. „Eifersucht ist bereits eine Form des Hasses auf den, den man liebt oder zu lieben meint" (ebd., S. 100). Nur durch gesellschaftliches Umdenken mit der Folge, dass Eifersucht nicht mehr respektiert und nicht mehr als Zeichen von Zuneigung gewertet werde, könne die Weitertradierung von Eifersucht verhindert werden (vgl. ebd., S. 111). Plack forderte zusammenfassend „eine neue Moral der Freizügigkeit", die sich „an der Einsicht orientiere, daß die Bindung an einen Menschen andere Beziehungen [...] und erotische Partnerschaften nicht ausschließt" (ebd., S. 117). In dieser „neuen Moral" würde Eifersucht obsolet, da niemand „die Enttäuschung über uneingelöste Versprechen und über unrealisierbare Glückserwartungen aggressiv am Partner auszutoben" bräuchte (ebd., S. 118).

Doch dass sich Emotionen nicht einfach verdrängen lassen, zeigen sowohl die vorliegenden Interviews als auch andere (auto)biografische Quellen. In einem Interviewband berichtet eine ehemalige Akteurin:

„Und diese Wahnsinnsgeschichten immer mit den Nebenbeziehungen. Jeder wollte es schaffen, daß man halt die tolle freie Beziehung, die verbindliche, zu zweit hat. Trotzdem ganz frei und offen für jeden und alles, der da noch mit reinpaßte. Was natürlich kein Mensch geschafft hat, gell. [Es gab] nach wie vor Probleme in den Beziehungen. [...] Also es wurde praktiziert, aber es hat niemand unbeschadet überstanden. Gell, es gab nach wie vor Eifersucht. Der Anspruch war, daß man nicht eifersüchtig ist." (Ina K. zit. nach Waldman 1991, S. 231)

Auf der Suche nach einer Lösung für das Eifersuchtsproblem, riet „konkret" mit Verweis auf das ‚Regelwerk' einer fünfzehnköpfigen Kopenhagener Kommune:

„Wenn ein Mann seine Frau mit einem anderen sexuell verkehren sieht, so trägt das bestimmt dazu bei, das Gefühl für Eifersucht abzuschwächen. [...] Wir werden nie erwachsen sein, solange wir nicht daneben gesessen haben, wenn unsere Freunde unsere Frauen küssen – ohne daß wir dabei das Gefühl haben, unser Recht auf Eigentum würde verletzt." (Sibton 1969, S. 22f.)

Die Einschätzung, die ‚freie Liebe' scheitere an der Eifersucht, lässt sich ein Stückweit durch die Interviews bestätigen. Das Verbot, das bezüglich dieser und anderer Emotionen propagiert wurde, führte bei Miriam, Walter und Thomas zu einer kritischen Reflexion ihrer Akteurschaft, die wiederum auch die Absage an das Beziehungskonstrukt der Bewegung nach sich ziehen konnte (vgl. vor allem Walter).

3. SPANNUNGSVERHÄLTNIS: SEXUALTHEORETISCHE NORM VS. INDIVIDUELLE BEDÜRFNISSE UND VORSTELLUNGEN

Im Folgenden soll nun der Frage nachgegangen werden, wie sich der Umgang mit den skizzierten Normen gestaltete. Dazu wurden aus den vier Interviewanalysen Konflikte herausgearbeitet, die den ambivalenten Zugang zum Normen- und Wertesystem der Bewegung beschreiben und sich alle in dem Spannungsverhältnis[1] zwischen sexualtheoretischer Norm und individuellen Bedürfnissen und Vorstellungen abspielen. Dieses Spannungsverhältnis und die darin enthaltenen Ambivalenzen wurden in den subjektiven Erfahrungen, an die sich die Interviewten erinnerten, sehr deutlich. Da die vier Interviews im Sinne der Fallkonstrastierung ausgewählt wurden, ließen sich auch die unterschiedlichen Verarbeitungsstrategien bezüglich der Konflikte verdichten. Die Reaktionen der Interviewten auf die Beziehungs- und Sexualnormen reichen von einer klaren Identifikation über das Empfinden eines Anpassungszwangs, um sich als ‚68erIn' bezeichnen zu dürfen, bis hin zum Bruch mit der Bewegung.

Auch wenn drei der vier Interviewten die negative Komponente des *„normativen Charakters"* (Walter) unterstreichen, soll hier bezüglich des von den Interviewten als dogmatisch-präskriptiv beschriebenen Musters der Bewegung kein ‚Generalverdacht' geäußert werden;[2] ähnlich wie er Götz Aly unterstellt wird (vgl. u.a. Schildt 2008), der ‚seiner' Bewegung vorwarf, sie sei totalitär gewesen (vgl. Aly 2008, u.a. S. 8). Auch wenn im Folgenden vor allem Konflikte mit dem *„normativen Charakter"* der Bewegung dargestellt werden, bedeutet dies nicht, dass diese ausschließlich negativ betrachtet werden. Vielmehr soll gezeigt werden, dass aus dem Spannungsverhältnis wesentliche Erkenntnisse und Reifungsschritte der Interviewten folgten.

---

1   Der Begriff Spannungsverhältnis soll die Konflikte der AkteurInnen bündeln. Er erhebt nicht den Anspruch, nur auf den ‚1968er'-Zeitraum und die biografischen Spezifika der Interviews anwendbar zu sein, ebenso ließe er sich auf aktuelle Diskurse mit jeglichen beziehungs- und sexualspezifischen Normen übertragen.

2   Der Hinweis, dass die Autorin keinen Generalverdacht äußern möchte, scheint daher wichtig, da ehemalige ‚68erInnen' sehr sensibel darauf reagieren, wenn ‚ihrer' Revolte für sie nicht nachvollziehbare Aspekte unterstellt werden. Aufgrund der „generationalen Involviertheit" (Baader 2012b) ehemaliger ‚68erInnen' könnte auch die These zum *„normativen Charakter"* (Walter) für Missstimmung sorgen. So bleibt der Autorin, ein weiteres Mal zu betonen, dass das Ziel hier lediglich ist, die Kernaussagen der geführten Interviews zu interpretieren – ohne diese generalisieren zu wollen.

3.1 Wahrnehmung des Widerspruchs von sexualpolitischem Anspruch, individuellen Bedürfnissen und individuellen Vorstellungen von Beziehung und Sexualität

„Es machte Mühe, in die neue Freizügigkeit seelisch hineinzuwachsen. [...] Die Studenten lebten dauernd in der Spannung zwischen Progressivität ihrer Wünsche und dem Konservatismus ihres eigenen Seelenlebens. [...] Die Theorie der Befreiung tauchte die Studentenbewegung unaufhörlich in ein Wechselbad von Ermutigung und Überforderung, von Anregung und Lähmung, von Freispruch und Verurteilung." (Bopp 1984, S. 127f.)

„Der Anspruch [...] freientwickelte Individuen zu bilden [scheiterte] an den objektiven und subjektiven Bedingungen." (Schulz zit. nach Bauer 2010, S. 176).

Die Erinnerung der beiden ehemaligen ‚68er' Jörg Bopp und Hans-Eberhard Schulz schildern die Ambivalenz der Interviewten, die sich aus ihrer Auseinandersetzung mit den skizzierten Normen der Bewegung ergab. Ihre Resümees spiegeln wider, was sich auch aus den Interviews herausarbeiten ließ: Die Differenz zwischen subjektiver Bedingung (individuellen Bedürfnissen und persönlichem Sexualitäts- und Beziehungskonstrukt) und objektiver Bedingung (sexualpolitischem Anspruch). Bereits 1968 äußerte sich Ulrich Enzensberger (Bruder von Hans Magnus Enzensberger), damals noch Mitglied der Kommune I, besorgt über die möglichen Folgen einer normativen Vermittlung des Polygamiegedankens:

„Es stellt sich heraus, daß die sexuelle Chose das schwerste Problem ist. Wir müssen darauf achten, daß es nicht zu einer Vergewaltigung der eigenen Wünschen durch das Programm kommt. Es kommt nur darauf an, daß man kann, wenn man will." (Enzensberger zit. nach Siebenschön 1968, S. 247)

Dieses Fazit sowie die Erinnerungen von Miriam, Walter, Thomas und Brigitte motivierten mich, die Spannung zwischen sexualpolitischer Norm und individuellen Bedürfnissen durch die Prozesse ‚Aneignung'[3] und ‚Subjektwerdung' zu analysieren.

Das Subjekt[4] ist hier definiert als „menschliche Selbstkennzeichnung, die auf Selbstbewusstsein und Selbstbestimmung fokussiert" (Balzer/Ludewig 2012, S. 95)

---

3 Unter Aneignung versteht die Autorin hier die Auseinandersetzung des Individuums mit Theorien Reichs und Fromms zu Sexualität und Beziehung. Sie kann sowohl kritisch-reflektierend als auch rein adaptiv (unkritisch) geschehen.

4 Die oft diskutierte „Frage nach dem Subjekt" (Frank 1988), also ob es DAS Subjekt überhaupt gibt, lässt sich nicht eindeutig und befriedigend lösen (vgl. u.a. Frank/Raulet/ van Reijen 1988, Keller/Schneider/Viehöver 2012, Kleinau 1999 und 2012). Eine Über-

ist. Subjektwerdung ist demnach die Entwicklung des Individuums zu einem Zustand, in dem es sich als weitgehend unabhängig und autonom gegenüber seiner Umwelt erlebt, indem es sie kritisch betrachtet. Der Prozess der Subjektwerdung meint nicht, dass das Subjekt erst durch die Subjektwerdung entsteht, sondern er beschreibt, wie sich das Subjekt individualisiert und sich auf sich selbst beziehend weiterentwickelt, indem es Normansprüche reflektiert, adaptiert, modifiziert und/ oder sich von ihnen abgrenzt.

Aus den vier Interviews ließen sich zwei Arten der Aneignung herausarbeiten:

1. Die Vorstellungen von Beziehungen und Sexualität der ‚68erInnen‘ werden als überzeugend bewertet, da sie mit den eigenen Beziehungsvorstellungen vereinbar erscheinen. Es findet eine Identifikation statt, sie werden in das eigene Beziehungs- und Sexualitätskonstrukt eingeflochten.

2. Die Normen der reformierten Sexualität und Beziehungsgestaltung werden anfangs übernommen, dann jedoch durch negative Erfahrungen und die Erkenntnis, dass sie den eigenen Bedürfnissen widersprechen, kritisch reflektiert. In der Folge werden nur noch jene Sexual- und Beziehungsnormen übernommen, die sich mit der eigenen Bedürfniswelt vereinbaren lassen.

Bei Thomas und Miriam finden wir die Aneignung zweiter Art in unterschiedlicher Tiefe, bei Brigitte die Aneignung erste Art.

Walter nahm – nach kurzer Erprobungsphase – deutlich Abstand von der Umsetzung der Theorien. Besonders Reichs Theorien überforderten ihn: So bezog er die Annahme von der unterdrückten Sexualität als Auslöser somatischer Störungen auf sich selbst und litt unter der Frage, ob seine „Kopfschmerzen" ihn als sexuelles „Repressionsopfer" enttarnten.

Was den Wegfall der Monogamie innerhalb einer Beziehung betraf, erinnert sich Walter: „da fehlte das, was eben [...] viele meiner Bedürfnisse befriedigte". Da er sich „oft als Opfer" der Polygamie erlebte, wenn seine Freundinnen Gebrauch von der besitzanspruchslosen Beziehungsnorm machten, besann er sich im Sinne der Subjektwerdung, die nach einem Autonomiegefühl strebt, wieder auf sein Bedürfnis nach „Treue und Verlässlichkeit". Das Beziehungskonstrukt der ‚68erInnen‘ sah Treue jedoch als ‚ungesund‘ und sozialisiertes, ‚bürgerliches‘ Konstrukt an (s.o.). Walter beendete seine aktive Teilhabe an der Praktizierung der Beziehungstheorie aufgrund der Unvereinbarkeit seiner Bedürfnisse mit den Theorien.

---

sicht der komplexen Abhandlungen zum Verhältnis von Diskursen, Subjekten und deren gegenseitiger Determiniertheit hat Reiner Keller erstellt (vgl. Keller et al. 2012). Das hier vertretene Verständnis von Subjekt geht von dessen Existenz aus.

Er verwirklichte sich kurz darauf in einem Beziehungskonstrukt, das sich stärker am traditionellen, bürgerlichen Ehemodell orientierte.

Miriam erinnert sich, dass sie die Beziehungsnorm der Bewegung oftmals überfordert habe. Sie habe dazu geneigt, eine *„Trennung von Kopf und Gefühlen"* vorzunehmen, was ihr die unkritische Aneignung des Beziehungskonstrukts zunächst erleichtert habe. Sie lebte *„passiv"* die freie Beziehungsart mit Männern, die noch andere sexuelle Nebenbeziehungen pflegten. Für sie habe sich diese Freiheit nie ergeben. Negative Emotionen, die sie in ihren Partnerschaften empfand und die eine kritisch-reflektierende Auseinandersetzung mit den Theorien und Normen einleiteten, habe sie anfangs verdrängt. Miriams Fazit zu ihrer Zeit als ,68erin' lautet abschließend, dass sie sich *„gewünscht hätte, mehr die Macherin gewesen [zu sein]"*. Auch hier lässt sich die Subjektwerdung nachzeichnen: Miriam fand ihre Bedürfnisse nicht ausreichend in den Beziehungsnormen der Bewegung wieder. So lange sie sich mit den Beziehungsidealen der Bewegung identifizierte, erlebte sie sich als heteronome ,Mitmacherin'. Durch eine Abkehr von den Idealen erlangte sie wieder mehr Entscheidungsfreiheit.

Thomas hat Reichs Theorien und die daraus abgeleiteten *„Vorgaben"* der ,68erInnen' *„mechanisch"* erlebt. Bei der Umsetzung einer nichtrepressiven Sexualität habe er sich dann auch *„selber überschätzt"*, indem er den Duktus der besitzanspruchslosen Beziehung in seiner Ehe durchgesetzt habe. Damit habe er eine *„Grenze"* überschritten, und seine Frau, seinen Sohn und seine Freundin *„verletz[t]"*. Sowohl die Leiderfahrung anderer Menschen als auch der Belastung mit den beiden Frauen in Form eines endlosen *„Krampf[es]"*, hätten ihn das Beziehungskonstrukt kritisch überdenken lassen. Hier lief sein Bedürfnis, Menschen nicht zu *„verletzen"* und ihre Gefühle stärker zu respektieren als das politische Wunschbild eines freien Individuums, konträr zu den Normen. Thomas wurde sich dessen bewusst, dass eine Umsetzung der polygamen Idee weit mehr erforderte als eine Ankündigung bei seiner Frau und dass ihm das Projekt ,sexuelle Nebenbeziehung' entglitten war. Von der unkritischen Aneignung wechselte er in eine kritisch-reflektierende, indem bei ihm gemäß der Subjektwerdung der Wunsch aufkam, selbstbestimmt Beziehungen zu gestalten – und nicht auf Grundlage einer Theorie, die bei den Beteiligten *„'ne totale Verletzung"* ausgelöst hatte.

Auch wenn sich Thomas von der Vision und Norm einer polygamen Beziehungsführung abwandte, identifiziert er sich weiterhin mit der ,68erInnen'-Norm, die vor einer festen Bindung sexuelle Erfahrungen mit mehreren SexualpartnerInnen vorsieht. Sexuelles *„Ausprobieren"* deutet Thomas weiterhin als wichtigen Erfahrungsschritt von Heranwachsenden; daher missfällt ihm auch seine Beobachtung, dass junge Menschen sich heutzutage *„viel zu früh"* monogam bänden. An sie appelliert er als Dozent, sexuell erst *„mal n bisschen ausprobieren"*, bevor sie sich zu *„festen Bindungen"* hinreißen ließen.

Miriam, Walter und Thomas empfanden den normativen Duktus der Studierenden-bewegung wie ‚objektive' Prinzipien. Sie beschreiben, dass mit der Übernahme der ‚68erInnen'-Beziehungs- und Sexualnormen eigene Bedürfnisse aus dem Blickfeld geraten konnten. Dies wird Einfluss auf ihre Subjektwerdung gehabt haben, da die erinnerten Normen eine kritisch-reflektierende Abgrenzung erforderten. Alle drei berichten, dass sie sich von der Idee der neuen, besitzanspruchslosen Beziehungs-moral anfangs hätten mitreißen lassen, auch wenn dies konträr zu ihren Bedürfnis-sen gestanden habe (beispielsweise Walter: Treue und Verbindlichkeit, Miriam Ex-klusivität).

Durch das normative Moment der eigenen Programmatik verloren AkteurInnen wie Miriam, Walter und Thomas das eigentliche Ziel der Bewegung nach Autono-mie des Individuums aus den Augen. Die Verhaltensparadigmen schüchterten sie ein und führten dazu, dass sie zunächst ein Stückweit ihre individuellen Bedürfnisse und Gefühle negierten. Durch negative Erfahrungen fanden sie kritischen Abstand zu den Normvorstellungen und ließen ihre zuvor (vermutlich aus dem Wunsch her-aus, dazuzugehören) adaptive Aneignung der Theorien in eine kritisch-reflektie-rende Aneignung übergehen. Konkrete Erfahrungen sowie der Wunsch, sich wieder als autonomes Subjekt zu erleben und die Beziehungsgestaltung als privates Thema neu zu diskutieren, ließen sie die ‚68erInnen'-Kodizes hinterfragen. Rückblickend bezeichnen Walter und Thomas die ‚68erInnen'-Normen als „*Schwachsinn*" (Tho-mas) bzw. „*Unsinn*" (Walter) und unterstreichen dadurch ihre Abgrenzung. Alle außer Brigitte fühlten sich durch die Verhaltensparadigmen ihrer Emotionen, Be-dürfnisse und Beziehungsvorstellungen beraubt. Daraufhin entstand der Wunsch, über Beziehungsaspekte selbst zu entscheiden und nicht kategorisch den gesamten theoretischen „*Überbau*" (Miriam) als Handlungsmaxime anzuerkennen.

Dass die Beziehungsnormen der ‚68erInnen' nicht automatisch Spannungen im Sinne einer kausalen Kette auslösten, zeigt das Interview mit Brigitte. Bei ihr fand die Aneignung erster Art statt. Brigitte beschreibt nicht wie Thomas, Walter und Miriam den „*normativen Charakter*" (Walter) der Bewegung, auch befand sie sich offenbar nie im Abwägungsprozess zwischen theoretischem, politischen Ideal und eigener Bedürfnislage. Sie beschreibt, dass sie die Theorien und ihre Normen „*spie-lerisch*" erlebt habe. Sie erhob nie Besitzanspruch auf ihre Partner und berichtet, als Geliebte die Ehe ihres Partners stets „*stabilisiert*" zu haben. Da sie sich durchweg als autonom empfand, erlebte sie die Normen nicht als bedrohlich und brauchte keine kritisch-reflektierte Distanz zu entwickeln. Sie erkannte die Normen und Theorien der ‚68erInnen'-Bewegung vielmehr als Chance, ihre eigenen Bedürfnisse zu verstehen und ihren Lebensentwurf kohärent zu legitimieren. Noch heute identi-fiziert sie sich als unverheiratete, kinderlose Frau in der Rolle der „*geheimen Ge-liebten irgendeines Genies*" mit den Theorien ihrer ‚68erInnen'-Zeit.

Die Interviewten waren den Normen nicht hilflos ausgeliefert, sondern erlebten sie in ihrem Prozess der Subjektwerdung als eine kritische „Handlungsmacht" (Butler 1991, S. 31).[5] Diese entsprach dem kritischen Selbstverständnis der Bewegung gegenüber der Gesellschaft und wurde nun von den AkteurInnen auch auf die eigenen Normen angewendet: Sie erkannten, dass sie sich durch die Umsetzung neu geschaffener Normen von der Ideologie abhängig machten. Nach konkreten (negativen) Erfahrungen setzte die kritische Aneignung ein, in der sie die Normen an die eigenen Bedürfnisse anpassten. Mit Butler argumentiert entstand in den ‚68erInnen‘, sobald sie sich als vom Beziehungsdiskurs abhängig erlebten, eine kritische Handlungsfähigkeit, die es ihnen ermöglichte, die Normen zu variieren und zu verschieben (vgl. Butler 1997, S. 310ff., vgl. auch Balzer/Ludewig 2012, S. 101ff.). Eben diese Verschiebung und Variation der Normen durch die kritische Aneignung im Prozess der Subjektwerdung finden sich bei den Interviewten in dem aufgezeigten Spannungsverhältnis wieder. Es zeigt sich, dass die interviewten AkteurInnen im Prozess der kritischen Aneignung der Normen diese an ihren eigenen Vorstellungen, Bedürfnissen und Erwartungen maßen, statt sie unkritisch zu übernehmen. Dass die Auseinandersetzung mit den Normen durchaus auch mit dem Gefühl von Ohnmacht einhergehen konnte und die „Handlungsmacht" nicht immer spürbar war, zeigen die Interviews. Letztlich war das Ergebnis der Arbeit an den Normen, dass nur jene Aspekte als sinnvoll erachtet wurden, die sich mit der eigenen Gefühlswelt vereinbaren ließen. Somit entstand eine perspektivische Prüfung der Dogmen auf ihre Alltagstauglichkeit, was wiederum dabei half, Lücken und Widersprüche der Ideale aufzudecken.

Dies steht im Kontrast zu jenen Betrachtungen, die der Bewegung vorwerfen, sie hätte sich über die Bedürfnisse der AkteurInnen hinweggesetzt. Der Vorwurf liegt nicht fern, lassen sich in der Historiographie doch etliche Beispiele finden, in denen politische Ideologien und Systeme meist zwar ‚offiziell‘ die Verbesserung der Lebensumstände der revoltierenden Masse anpreisen, jedoch letztlich den Blick auf das Individuum und dessen Bedürfnisse verlieren. Die Durchsetzung einer politischen Ideologie erfordert zumeist eine ‚Umerziehung‘ des Menschen zum „Kollektivwesen" (Marx), damit er bereit ist, sich und seine individuellen Bedürfnisse der politischen Idee und den ‚Interessen der Gemeinschaft‘ unterzuordnen. Nach Karl Marx wird „die höhere Entwicklung der Individualität durch einen historischen Prozeß erkauft, in dem die Individuen geopfert werden" (Marx 1862/2006, S. 111).

---

5 Diesen Erkenntnisprozess beschreibt auch Judith Butler in „Körper von Gewicht. Die diskursiven Grenzen des Geschlechts." (1995). Das Subjekt sei Normen nie ganz und gar unterworfen, denn es habe stets dahingehend Handlungsmacht, als dass es die Wiederholung von Normen „variieren" (Butler 1991, S. 213) könne. Auch wenn Butlers Thesen die (allgemeineren) Dimensionen von Geschlechter und Machtverhältnissen diskutieren, so lassen sie sich m.E. dennoch auf den hier dargestellten Fall beziehen.

Miriam, Brigitte, Walter und Thomas ließen sich jedoch nicht völlig von den Beziehungsnormen vereinnahmen. Vielmehr ermöglichte die kritische Aneignung und Auseinandersetzung ein Verständnis der eigenen Bedürfnisse.

Die folgende Tabelle stellt die Elemente des Spannungsverhältnisses und die Variablen im Umgang der Interviewten mit dem erlebten Widerspruch zwischen Norm und Bedürfnis zusammen.

Tabelle 4: Variablen des Spannungsverhältnisses

Theorie	→	Spannungsverhältnis	→	Aneignung → Identifikation vs. Abgrenzung
polygame, besitzanspruchslose Beziehungen		Beziehungsideal wird als normativ und widersprüchlich zu den eigenen Bedürfnissen wahrgenommen		beeinflusst durch: - Konformitätsdruck und Selbsteinschränkung - Erkennen von Defiziten der Theorie - Wunsch nach Abgrenzung von der Elterngeneration - Wahrnehmung von konträr zur Norm stehenden Bedürfnissen (*„Treue und Verlässlichkeit"*) - individuellem Geschlechterkonstrukt - Selbstbild

3.2 ‚Geschlecht' als Parameter des Spannungsverhältnisses

Auf die Variable „individuelles Geschlechterkonstrukt", die das Verhältnis der Interviewten zum ‚68erInnen'-Beziehungs- und Sexualitätskonstrukt beeinflusste, ist als Teil der „Deutungsschlacht" (Seiffert 2008, S. 8) eine separate Betrachtung wert.

Individuen nehmen Geschlechtsbilder ihrer Umgebung wahr und fühlen sich dazu aufgefordert, sich zu diesen im Kontext ihres Selbstbildes zu verorten, indem sie vorgegebene Geschlechterkonzepte adaptieren oder verwerfen und neue Konzepte entwickeln (vgl. u.a. Donat/Fröböse/Pates 2009, S. 7). Meike Baaders Resümee, die Studierendenbewegung sei eine „geschlechterpolitische Übergangsphase" (Baader 2008, S. 14) gewesen, soll im Folgenden nachgegangen werden. Auch wenn die Historikerin Ingrid Bauer zu dem Schluss kommt, dass das Thema „Geschlechterhierarchien in der studentischen Neuen Linken [...] in seiner Vielschichtigkeit nur schwer zu fassen" sei (Bauer 2010, S. 182), lassen sich durchaus Anhaltspunkte für Baaders These generieren und Prozesse der Geschlechterreflexion aufzeigen.

Die vier Narrationen verdeutlichen, dass die Interpretation von ‚Geschlecht' den Umgang mit den Sexual- und Beziehungstheorien und -normen der ‚68erInnen'-Bewegung beeinflusste. Diese soziale Kategorie spielt auf mehreren Ebenen eine Rolle: zum einen für die Verortung der Interviewten zu den Theorien und Normen, zum anderen für Persönlichkeitsentwicklung und Kohärenzgeschichte. In den Einzelfallanalysen wurden die Geschlechterkonstrukte von Miriam, Walter, Thomas und Brigitte „inhaltlich", „formal" und „interaktiv" (Scholz 2004, S. 13) unter den Gesichtspunkten der erinnerten Sexualtheorien und -normen der ‚68erInnen'-Bewegung sowie des Selbstbildes analysiert. Die Geschlechterzuschreibungen oszillierten dabei stets zwischen (Re-) Traditionalisierung von Geschlechterstereotypen und ihrer Dekonstruktion.

‚Geschlecht' im Spiegel der Theorien Wilhelm Reichs

Da die vier Interviewten vor allem Wilhelm Reichs Sexualtheorien aufgriffen, soll sich auf diese im Folgenden mit Blick auf die ‚Geschlechterfrage' bezogen werden. Reichs Verständnis weiblicher Sexualität – und damit auch des weiblichen ‚Geschlechts' – mutet aus einer aktuellen, gendersensiblen Sicht vergleichsweise einseitig und damit problematisch an. Auch wenn sich der Psychoanalytiker stets gegen die Zuschreibung wehrte, Frauen sollten sexuelle Zurückhaltung üben (vgl. Reich 1934a/1971, S. 50)[6], wirken manche seiner Thesen dennoch stark normativ. So vor allem seine Annahmen zum vaginalen als einzig ‚gesunden' Orgasmus (vgl. Reich 1924/1977, S. 224ff.). Reich wertete den Klitorisorgasmus als nachteilig, da er unter „so komplizierten psychischen Bedingungen [verlaufe], dass er die ökonomische Funktion des vaginalen Orgasmus nicht ersetzen [könne]" (Reich 1927c/1980, S. 31).

In den Quellen der Studierendenbewegung, aus denen sich eine (wenngleich nur verkürzte) Rezeptionsgeschichte von Wilhelm Reichs Schriften ablesen lässt, wird deutlich, dass Reichs stereotypes Verständnis weiblicher Sexualität von den ‚68erInnen' anfangs ungeprüft übernommen wurde. Inga Buhmann erinnert sich in ihrer Biografie „Ich habe mir eine Geschichte geschrieben" (1983) über die Auswüchse dieser unkritischen Übernahme Reich'scher Thesen:

---

6 Die Kritik an der sozialen Ordnung, die Frauen einen passiven Part in der Sexualität zuschreibt, hatte auch schon Sigmund Freud angemerkt. Diese Norm beeinflusse die weibliche sexuelle Entwicklung negativ, da Frauen dadurch ihre eigenen Bedürfnisse negieren müssten (vgl. Freud 1931/1955, S. 517ff.).

„Ich hatte das Pech, mich gleich zu Beginn in Frankfurt in einen Soziologen, Reimut, zu verlieben, besser: wir verliebten uns ineinander. Und der überschüttete mich mit langen Erörterungen über Psychoanalyse und Sexualität, pries mir Reichs ‚Funktion des Orgasmus‘ und die Genitallibido. [...] Entsetzt über meine bisher praktizierte Sexualität, die alles andere als schwanzbestimmt war, übte er mir ‚genitalgenossenschaftliches‘ Vögeln. Ich muss zugeben, daß ich das Herumhopsen auf ihm als ganz befreiend empfand, fast wie früher das Reiten, und außerdem meine eigene sadistischen Impulse entdeckte. Allerdings schenkte ich dem Primat des Vaginalorgasmus keinen Glauben, was damals gegenüber solchen Theoretikern ganz mutig war, denn Reich war allerorten die große Entdeckung, mit der Frauen eingeschüchtert wurden." (Buhmann 1983, S. 236f.)

Diese normative Vorstellung von der ‚richtigen‘ weiblichen Sexualität löste mit der Zeit Kritik aus, vor allem in den Reihen der (feministischen) Akteurinnen. Die Wertung von ausschließlicher Lustgewinnung innerhalb von Koitussexualität wurde als männlich-machistische Norm identifiziert und als Machtmittel angeprangert (vgl. v.a. Koedt 1970). Unter dem Stichwort „Mythos des vaginalen Orgasmus" (Koedt 1970) prangerte die Neue Frauenbewegung diese Reduktion auf Penetrationssexualität an, die als die einzige Sexvariante zwischen PartnerInnen proklamiert wurde. Diese Norm habe „den Mann auf Kosten der Frau zum ‚Profiteur‘‚ werden lassen (Bauer/Hämmerle/Hauch 2005, S. 19) und die phallische Herrschaft des Mannes untermauert (vgl. u.a. Lenz 2010, S. 395, Kenning 2004, S. 62ff.), so die Argumentation. Die Kritik an der Sexualtheorie Wilhelm Reichs findet sich auch in den Erinnerungen von Thomas, Brigitte, Walter und Miriam wieder. In ihrer Auseinandersetzung mit seinen Thesen lässt sich zeigen, dass sie Reich nicht eins zu eins adaptierten, sondern mit Distanz rezipierten bzw. sich im Erinnerungsprozess (nachträglich) einen kritischen Abstand verschafften. Auch wenn Brigitte angibt, als junge Studentin von den Reich'schen Theorien „völlig überzeugt" gewesen zu sein und seine Theorie des „Charakterpanzers" und der „Triebabfuhr" auf sich angewendet zu haben, grenzt sie sich deutlich von einer phallusfokussierten Sexualität ab. Sie beschreibt, dass sie sich meist alleine zum Orgasmus bringe und Männer nur „zum Aufheizen" gebraucht habe; außerdem habe sie durchaus „lesbischen Kontakt" gehabt. Reichs Orgasmusnorm – nach der der ‚richtige‘ Orgasmus in partnerschaftlich erfahrener Sexualität verortet wird – konterkariert Brigitte demnach auch durch die Darstellung ihrer monosexuellen Praxis. Auch der Vorstellung, die ‚68erInnen‘ seien heteronormativ gewesen (vgl. Roth/Rucht 1991, S. 142ff., Micheler 1999, Koch 1986 und Holy 1998) widerspricht Brigitte durch ihre homoerotische Erfahrung, die sie mit einem selbstverständlichen Impetus berichtet.

Miriam kritisiert die polygame Beziehungsnorm als „Männertheorie", führt jedoch nicht weiter aus, inwiefern die Geschlechter Vor- oder Nachteile der Theorieumsetzung erlebten. Thomas und Walter beziehen sich in ihrer Kritik an der Reich'schen Theorie nicht direkt aufs Geschlecht. Sie bemängeln sie jedoch als zu

„mechanisch" (Thomas), da sie das *„Gefühl"* (Thomas) unberücksichtigt lasse. Zudem sei sie fern der *„Lebenswirklichkeit"* (Walter) gewesen. Walter und Thomas äußern keine konkrete Gender-Kritik am Sexualitätskonstrukt der ‚68erInnen' und nehmen keinen Anteil an der Kritik am patriarchalen, phallusorientierten Sexualitätskonstrukt.

Bisherige Darstellung zum Geschlechterverhältnis
im Kontext der polygamen Beziehungsführung
In den meisten wissenschaftlichen und populärwissenschaftlichen Auseinandersetzungen zum Thema ‚freie Liebe' findet sich die Auffassung, dass Frauen ‚Opfer' der Polygamie gewesen seien. Zumeist auf polemische Art und Weise werden Frauen als unterdrückte Genossinnen dargestellt (vgl. u.a. Schulz 2003, Reimann 2010, S: 229 ff., Haffner 2002, S. 151f., Haustein 2007, S. 48ff., Jäkl 1987, S. 145ff., Baiber 1978, S. 462, Buhmann 1998, S. 143, Düring 1998, S. 110, Herzog 2005, S. 248, Bavaj 2007, S. 69). Diese Einschätzung erkennt in der Studierendenbewegung eine machistische Bewegung: Frauen seien nicht gleichberechtigt gewesen, vor allem das Recht auf sexuelle Nebenbeziehungen sei den Männern vorbehalten gewesen, ihnen sei abverlangt worden „im Kommunebett jedermann ständig zur Verfügung [zu] stehen" (EMMA 1987, S. 23). Frauen hätten sich permanent „freiwillig und aktiv als williges Sexualobjekt" anbieten und sich „zu jeder Zeit und jeder Situation durch ihre Sexualität definieren" müssen, um nicht als „neurotisch, frustriert oder gar repressiv" zu gelten (Sekrutsch zit. n. Herzog 2005, S. 285):

„Der Marktwert der Frau bestimmt sich wie der der Zuchtsau nach Alter, Maßen, Gewicht und Festigkeit des Fleisches [...] weil sie meistens nicht viel gelernt hat [...] [muss sie sich] so verhalten, dass der Mann mit ihr vögeln möchte." (Skerutsch 1974 zit. nach Herzog 2005, S. 284)

Dieser von den Genossen ausgehende Druck sei einem „sozialistischen Bumszwang" (Flugblatt Frankfurter ‚Weiberrat' 1968) gleichgekommen, so die Erinnerung einiger ‚68erinnen'.[7] Ihnen sei doppelmoralisch abverlangt worden, dem „se-

---

7 „Für die meisten Männer waren wir damals Sexualobjekte. [...] Durch diese sexuelle Revolution geriet man stark unter Druck, Sachen zu machen, die man vorher nicht so ohne weiteres gemacht hätte, immer in dem Gefühl, ‚wenn du das nicht machst, bist du ‚ne Bürgerliche!' Es gab ja die Pille, und dadurch wurden Dinge möglich, die vorher mit ziemlich viel Angst besetzt gewesen waren. Eigentlich stellte ich mir Beziehungen anders vor, aber Beziehungen hießen damals abfällig ‚Beziehungskiste' und waren etwas Bürgerliches. Im Grund genommen wurde alles, was man verinnerlicht hatte, so sehr infrage gestellt, dass man schließlich völlig verunsichert war. [...] Deshalb würde ich sagen: Die

xuellen Konsumrausch der Genossen zu Diensten zu sein" (Düring 1998, S. 110), jedoch kaum zugesprochen worden, selber sexuelle Nebenbeziehungen zu führen. Eine ‚68erin' erinnert sich,

„[...] welcher Sturm der Entrüstung ihre Wohngemeinschaft durchtobte, als sie sich das Recht herausnahm, ihre Liebhaber frei zu wählen – und zwar außerhalb der WG. Sie traf ihre Liebhaber heimlich, genauso wie ihre Mutter dreiundzwanzig Jahre zuvor – mit dem Unterschied, daß jetzt nicht einem besitzergreifenden Ehemann auszuweichen war, sondern einem revolutionären männlichen Kommunekollektiv." (Düring 1998, S. 110)

---

sexuelle Revolution ging absolut auf Kosten der Frauen." (Haffner zit. nach Kätzel 2002, S. 151f.)

„Die ersten Zweifel kamen mir im Verlauf der so genannten ‚Sexrevolte', als ich als Aufforderung eines x-beliebigen Genossen, mit ihm ins Bett zu gehen ablehnte und zur Antwort erhielt: ‚Du bist ja frustriert!' Das klang so wie ‚Du bist ja frigide!'. Da war ich stocksauer. [...] Die sexuelle Revolution war (und ist) für die Männerwelt ein gefundenes Fressen, auf das sie sich gierig stürzte, weil sie große Vorteile daraus zog. Für viele Frauen war es ein bitteres Erwachen, sich nach dem befreienden Aufatmen in einer neuen Zwangslage zu sehen: nicht ‚nein' sagen zu dürfen, ohne in konterrevolutionären Verdacht zu geraten. Emanzipiert und anerkannt galt die Frau, die sowohl politisch als auch im Bett aktiv war." (Jäkl 1987, S. 147)

„In einer Stadtteilgruppe waren für das Ressort ‚Genossinnen' drei Genossen zuständig, die untereinander bei jeder Neuen von einem ‚Aufnahmefall' sprachen, wobei das Aufnahmeritual ganz eindeutig gemeint war. Manche Genossin hoffte, sich durch Beischlaf mit einem Obergenossen einen festen Platz in der Gruppe erworben zu haben. Aber diese Hoffnung wurde spätestens durch seinen nächsten ‚Aufnahmefall' enttäuscht und von denjenigen Genossinnen beargwöhnt, die selbst einmal durch die Aufnahme mit einer Beziehung zu einem Obergenossen gerechnet hatte. Nicht immer demonstrierten Obergenossen ihr Sexualmonopol öffentlich. Sexuelle Beziehungen in der Gruppe wurden gelegentlich auf Drängen der Obergenossen von den betroffenen Frauen durch Nichtverhalten verheimlicht. Frauen in der Gruppe wußten daher manchmal gar nicht voneinander, daß sie von demselben Liebhaber hingehalten wurden. Ließen sich bestimmte Zusammenhänge mit der Zeit nicht länger verheimlichen, verließen enttäuschte Genossinnen oft die Gruppe. Nur selten kam es dabei zum Eklat, indem z.B. eine Genossin ihre Probleme in die Gruppensitzung hineintrug und den Typ öffentlich anklagte. Dann mußte der Fall schon besonders dramatisch sein wie der jener Genossin, die sich von einem Obergenossen nicht nur die Krätze holte, sondern auch noch ein Kind von ihm erwartete, für dessen Abtreibung er dann plötzlich weder Interesse zeigte noch Geld zuschoss. Aber die meisten Frauen litten und schwiegen." (Bingen 1974, S. 12)

Solch negativ gefärbten Narrative werden zumeist von Frauen überliefert. Sie beschreiben das Konflikthafte, das sich aus der poylgamen Norm der Bewegung für sie ergab. Nämlich dass sie nur für „Tippen, Haushalt, Vögeln" (Buhmann 1998, S. 143) ausgenutzt worden seien und dass sie es nicht gewagt hätten „der neuen sexuellen Utopie zu widersprechen" (Sozialistischer Frauenbund West-Berlin zit. nach Doormann 1979, S. 132), sondern sich dem institutionalisierten Sexualzwang angepasst hätten. Mit Blick auf Quellen aus der Studierendenbewegung fällt es leicht, dieser Position Glauben zu schenken. Artikel der Studierendenmagazine „pardon", „Agit 883" und „konkret" legen Zeugnis darüber ab, wie sexistisch die polygame Norm umgesetzt wurde (vgl. u.a. Agit 883 1969a, S. 3, Konkret 1969, S. 24ff., Pardon 1967, S. 22f.).

„Es ist wie bei einer Pferdedressur. Erst muss einer das Tier einreiten, dann steht es allen zur Verfügung. Erst ist es Liebe oder so was Ähnliches, nachher nur noch Lust. Der Trick ist schrecklich einfach: Man macht ein Mädchen verliebt, schläft mit ihr und markiert nach einer Weile den Enttäuschten oder Desinteressierten. Dann überläßt man sie der Aufmerksamkeit der anderen und das Ding ist gelaufen. So ist sie ein vollwertiges Mitglied." (Mehrmann in Pardon 1967, S. 22)

Selbst wenn diese Aussage (hoffentlich) satirisch gemeint war, so spiegelt sie eine chauvinistische, frauenverachtende Machtphantasie wider. Die sich in der Neuen Frauenbewegung Luft verschaffende Frustration über die sexistischen Zustände in der Bewegung, ist vor dem Hintergrund solcher Artikel nachvollziehbar. Auch wenn die Deutungshoheit über diese negative Auffassung zur ‚freien Liebe' und Polygamie, nach der die ‚sexuelle Revolte' Ausdruck einer sexistischen, „männerzentrierten Körperlichkeit [ist,] die den Bedürfnissen von Frauen nicht gerecht wurde" (Schulz 2003, S. 132), eindeutig bei ehemaligen ‚68erinnen' liegt, so finden sich auch einige wenige Stimmen von Männern, die diese Sichtweise bestätigen (vgl. Binger 1974, S. 12, Enzensberger 2004, S. 186f.).

Dekonstruktion der Behauptung, Polygamie sei den Männern der Bewegung vorbehalten gewesen

Die These, dass das Recht auf sexuelle Nebenbeziehungen hauptsächlich von männlicher Seite aktiv genutzt wurde, während Frauen dies passiv und monogam verpflichtet ertragen hätten, lässt sich mit Blick auf die Interviews widerlegen. Zwar nutzten und bewerteten die Interviewten das Recht auf sexuelle Mehrfachbeziehungen unterschiedlich, jedoch erinnern alle, dass es von beiden Geschlechtern genutzt wurde (wenn es so gewollt war).

SPANNUNGSVERHÄLTNIS | 367

Thomas, Walter und Brigitte erinnern sich, dass – formal gesehen – Frauen wie Männern sexuelle Nebenbeziehungen zustanden. Thomas beschreibt zwar nicht explizit, wie eine Frau von dieser nominellen Gleichberechtigung Gebrauch machte,[8] Brigitte jedoch erwähnt, dass sie neben ihren Partnern andere sexuelle Beziehungen pflegte und Walter erinnert sich, dass seine Partnerinnen wie er polygam waren.

„[D]as kann ich auch nicht anders sehen, ich habe mich auch oft als Opfer gesehen. Weil, äh, weil da würde ich sagen, da ham sich Frauen genauso (...) gut berechtigt gefühlt, äh, den Partner zu betrügen, mich zu betrügen in der Zeit, nech, also das habe ich auch nicht als Spaß empfunden; 'ne." (Walter.)

Hier wird die These unterstrichen, dass die polygame Beziehungsnorm nicht an ein ‚Geschlecht' gebunden war. Es sei jedoch darauf angekommen, sich dieses Recht auch zu nehmen, egal welchem ‚Geschlecht' man sich zugehörig fühlte. Brigitte hebt diesen Aspekt besonders hervor, indem sie an die weibliche Eigenverantwortlichkeit appelliert und durchscheinen lässt, dass sie kein Verständnis dafür habe, wenn eine Frau *„sich in eine Rolle drängen lässt"* und das *„[C]hancenreich[e]"* an weiblichen Lebensentwürfen nicht zu nutzen wüsste. Brigitte selbst genoss die Möglichkeit, sich ihre SexualpartnerInnen zu nehmen, wann sie es wollte.

„[...] ich bin die, die Beziehungen herstellt. [...] immer schon war mir klar, [...] dass ich eine völlig unabhängige freie [...] dominante Frau bin, die sich [...] ihre Geliebten nimmt."
„Von daher war für mich klar, Sexualität geht von mir aus und ich nehme sie mir."
„Also es gab da Phasen, wo ich offen war, wo ich dachte, jetzt will ich mal wieder einen Partner haben, einen suchen, wo ich zu Feten ging und mir einen mitgenommen habe."

In einer anderen Passage stellt sie der Annahme, Frauen hätten unter dem „sozialistischen Bumszwang" gelitten, ihre These entgegen, *„dass Männer auch [...] diesem Sexualzwang"* ausgeliefert gewesen seien (wobei hier anzumerken ist, dass Brigitte generell die Existenz von Machtungleichheiten der Geschlechter sowie die *„Dominanz des Mannes"* in Frage stellt. Das Fallbeispiel Brigittes relativiert die wissenschaftliche Einschätzung, ‚68erinnen' hätten nur „als Sexualobjekte des Mannes" (Micheler 1999, S. 76) fungiert. Durch Brigittes Aussagen wird deutlich, dass auch

---

8   Zudem gibt Thomas zu, dass ihm der Gedanke, seine Frau – Thomas hatte früh geheiratet, damit seine Frau als Lehrerin eine Stelle in der Nähe seines Studienortes bekam – könnte außerhalb der Ehe eine sexuelle Beziehung führen, Unbehagen bereitete und sich hier rationale Theorieüberzeugung nicht mit seinen normativen Wünschen vereinbaren ließen: *„Also, mein Kopf (..) sagt mir natürlich: ‚Klar (..), Gleichberechtigung, hätte sie auch so machen können.' Ich bin da aber ehrlich gesagt nicht so sicher."*

sie als Frau durchaus Männer als Sexualobjekte ansieht und dass eine sexualisierte Sicht auf das andere ‚Geschlecht' nicht nur eine männliche Perspektive ist.

Auch wenn Miriam sich erinnert, dass sie bei der Idee sexueller Nebenbeziehungen immer nur „*mitgespielt*" habe, wenn der Impuls, neben der Zweierbeziehung noch sexuelle Nebenbeziehungen zu beginnen, „*von Seiten der Männer*" gekommen sei, weist sie darauf hin, dass es ihr durchaus zugestanden hätte, auch polygam zu sein.

„*Also ich, wenn ich mich jetzt daran erinnere, ich weiß auch gar nicht, ob ich für mich persönlich je [...] die Forderung hatte, dass ich mit mehreren Männern gleichzeitig 'ne Beziehung haben könnte oder sollte oder so was, 'ne. (...) Das war dann theoretisch im Kopf vorhanden, dass es gut wäre wenn, aber das ergab sich dann gar nicht.*"

Jedoch findet sich der in der Literatur teilweise beschriebene ‚Opferstatus' der ‚68erinnen' bei Miriam wieder, wenn sie etwa berichtet, dass sie manchmal darunter gelitten habe, wenn ihre Freunde Sex mit anderen Frauen hatten. Dass sie ihre Unzufriedenheit nicht preisgab, begründet sie damit, dass sie sich nicht getraut habe, Kritik am „*Überbau*" zu äußern bzw. es auch gegen die Norm gewesen sei, beispielsweise Eifersüchte zu formulieren. Vor dem Hintergrund von Miriams und Brigittes Erfahrungen wird deutlich, dass es eines gewissen Selbstbewusstseins bedurfte, um nicht unter dem polygamen Beziehungskonstrukt der ‚68erInnen'-Bewegung zu leiden und sich abzugrenzen, wenn es sich nicht mit den eigenen Bedürfnissen vereinbaren ließ.

Die Interviews von Miriam und Brigitte zeigen zugleich die Chancen, die die offene Beziehungsführung bot. Vor allem initiierte bzw. unterstützte sie die Kritik an der bürgerlichen Beziehungsmoral, nach der jede Beziehung, die sexuell geworden war, unweigerlich auf Heirat und Mutterschaft zusteuerte. Da sich sowohl durch die allgemeine Liberalisierung als auch durch das reformierte Beziehungs- und Sexualitätskonstrukt der ‚68erInnen' sexuelle Bindungen schneller eingehen (und wieder auflösen) ließen, erweiterte sich das Spektrum von Weiblichkeitskonstruktionen, die in den traditionell-bürgerlichen Beziehungsskripten und der restriktiven Sexualmoral enthalten waren. Aspekte wie Treue oder Ansprüche an Frauen, dem Mann stets den Rücken frei zu halten und für häusliche Harmonie zu sorgen, ließen sich mit Hilfe der sexuell nicht-exklusiven Beziehungen aufkündigen. Für Miriam und Brigitte ergaben sich neue individuelle Lebenspläne jenseits des Mutter- und Ehefrauendaseins.

„*Also, ich habe Liebe [und Heirat] als Bedrohung für meine intellektuelle Existenz empfunden. Und von daher habe ich, wenn ich einen sexuellen Kontakt hatte, der sich auswuchs zu irgendeiner festen Beziehung, [...] sehr schnell abgebrochen. Und [...] wenn sich herausstellte, dass [...] die Vorstellung der Männer irgendwie in die Richtung ging, mich irgendwie ans*

Haus zu binden oder in eine feste Beziehung hineinzudrücken oder wenn die anfingen, sich in meiner Studentenbude breit zu machen (...) oder wenn die mir gar ihre dreckigen Klamotten anzuvertrauen gesuchten [,] dann war für mich der Punkt erreicht, wo ich so eine Beziehung sofort abgebrochen habe." (Brigitte)

"*Ich mein', ich fand das auch interessant, 'ne, weil ich fand das schon, wenn ich das verglich mit Gleichaltrigen, die bei uns im Dorf weiter gewohnt haben [,] die so meiner Ansicht nach so wirklich [...] die Rollen übernommen haben, die sie von ihren Eltern [...] weitergegeben bekommen haben [, da] fand ich es schon interessanter, anders zu leben. Weil [...] ich fand die Bandbreite an Möglichkeiten war viel größer [,] der Horizont war viel weiter, es war einfach interessanter, sich damit zu beschäftigen oder einfach mehr Informationen zu haben oder zu gucken, wie vielfältig das Leben war [und] mehr zu akzeptieren auch, was möglich ist.*" (Miriam)

Zusammengefasst unterstreichen Brigitte, Walter, Miriam und Thomas, dass die polygame Beziehungsnorm nicht an ein konkretes ‚Geschlecht' gebunden war. Brigitte berichtet hinsichtlich der Behauptung, dass Frauen unter dem Duktus der ‚freien Liebe' gelitten hätten, dass dies keineswegs einseitig zu sehen sei, denn auch Männer hätten lernen müssen, sich von *„diesem Sexualzwang"* abzugrenzen. Es habe eines starken Willens bedurft, um sich von dem Druck, den die polygame Norm mit sich brachte, nicht zu sehr beeinflussen zu lassen und einen eigenen Umgang mit ihr zu finden. Dass sich Miriam und Brigitte zur Zeit der Interviews in Beziehungen mit verheirateten Männern befanden, sich selbst jedoch am „Treue-Standard" (Schmidt 2008a, S. 397) orientieren, zeigt, dass die Idee einer polygamen Beziehung für sie auf Dauer nicht überzeugend war. Das gleiche gilt für Walter und Thomas.

Neben den Belegen aus den Interviews, die der medial vermittelten ‚Opferposition' von Frauen im Beziehungsmuster der ‚freien Liebe' widersprechen, gibt es einige wenige weitere in autobiografischen Zeugnissen weiblicher Autorinnen. Diese argumentieren ähnlich wie die vier Interviewten: Sie betonen den ‚Reflexions- und Lerneffekt', den sie aus dem Sex-Experiment der Bewegung gezogen hätten: Sie seien eigentlich gleichberechtigt gewesen, hätten für sich jedoch erst lernen müssen, diese Rechte zu nutzen. Ulrike Heider, Schriftstellerin und Akteurin der Frankfurter Studierendenszene, sieht die Gepflogenheit, im Nachhinein die sexuellen Szenen der Bewegung als frauenverachtend und ‚ausbeuterisch' zu verbrämen, als heuchlerisch. Sie etikettiert diese einseitige Darstellung als „Gespenst von 1968", das es mittels „harter Geschütze [...] zu vertreiben" gelte (Heider 1988, S. 20, siehe auch Heider 2014). Mit dem „Gespenst" verbindet Heider vor allem eine verfälschte Darstellung der sexuellen ‚Unterwürfigkeit' der Aktivistinnen, die sie in ihren Erlebnissen neu schildert:

„Eine historische Lüge ist es und eine Beleidigung vieler engagierter und wehrhafter Genossinnen von damals, heute zu behaupten, daß die Protestbewegung hauptsächlich aus autoritären, geilen Männerböcken und sexuell willigen, flugblatttippenden Frauenopfern bestanden habe. [...] Die von Feministinnen stereotyp ins Feld geführten ‚Orgasmuszwänge' sind ein Phänomen des Leistungsprinzips, dem man in dieser Gesellschaft nur um den Preis vollständiger Inaktivität entgeht. Und die angebliche ‚sexuelle Verfügbarkeit' der Frauen dank Pille ist ein Problem derer, die über sich verfügen lassen. [...] Das war der berühmt-berüchtigte Kolbkeller, der Ort, an dem sich die Paare der freien Liebe in immer neuen Variationen bildeten. [...] Wer vögeln wollte, ging und tat es, bei hellem Licht und ohne lüsterne Entkleidungszeremonien. Bis in die frühen siebziger Jahre traf sich samstags das ganze linksradikale Frankfurt im Kolbkeller. Fast alle fanden dort zur freien Liebe. Politisch diskutieren, Bier trinken, Haschisch rauchen und Bettgenossen suchen, schloß sich nicht aus. Wer kommunizieren wollte, fand reichlich Gesprächspartner. Wer Sex wollte, bekam ihn. Wer nicht wollte, musste nicht. Es ging human und tolerant zu. Wenn im Morgengrauen die Bar schloß, standen am Ausgang die, die noch allein waren und das nicht bleiben wollten. Die später von Feministinnen behauptete sexuelle Herrschaft der Genossen über die Genossinnen hat es nicht gegeben. Zwang war etwas in der damaligen Moral extrem Verpöntes. Ganz im Gegenteil formulierten die Genossinnen Sexualität als Frauenrecht und verhielten sich entsprechend aktiv. Daß die sich daraus ergebene Praxis nicht immer befriedigend sein konnte, versteht sich von selbst. Das promiskuöse Sexualleben aber brachte alles andere als gefügige Frauen hervor." (Heider 1988, S. 19)

Heider versteht „das verzerrte Geschichtsbild [...] der heutigen Feministinnen" nicht nur als „Ergebnis aus realen Erfahrungen und daraus abgeleiteten Erinnerungen, sondern ebenso auch als Produkt von „68er-‚Bild'-Zeitungslügen vom allnächtlichen Rudelbumsen oder Kommunarden mit ihren nimmersatten Kommunistinnenweibern" (ebd., S. 18). Bedauerlicherweise möchte Heider ihre (scheinbar durchgängig) positiven Erfahrungen mit dem promiskuösen Sexualleben als die einzig mögliche Wahrheit der Studierendenbewegung aufdrängen um das negativ gefärbte Erinnerungsbild anderer Frauen zu vertreiben; damit spricht sie tatsächlich stattgefunden Leiderfahrungen ihren Wahrheitsgehalt und ihre Daseinsberechtigung ab.

Auch die ehemalige ‚68erin' Margrit Bruckner beschreibt in ihrem autobiografischen Essay „Sexuelle Zeiten" (1999) ein eher selbstbestimmtes Bild von ‚68erinnen' im polygamen Kontext.

„Doch wenn junge Frauen von den Männern nur benutzt und bedrängt wurden, weil die Norm war, daß jede mit jedem schlafen muß, dann gibt das weder das Zeitgefühl wieder, noch wird es dieser (meiner) Generation junger Frauen, ihrem aktiven Beitrag, ihren Wünschen und Hoffnungen gerecht. [...] Der sexuelle Druck, den es gab und der erst später klare Konturen annahm, war mindestens ebenso der eigene wie ein von außen gesetzter. [...] Dabei waren diese Grenzen höchst individuell und wurden von jeder Frau anders gesteckt, auch wenn sicher die meisten Studentinnen darin übereinstimmten, daß es jetzt wichtig war, mit mehr als einem Mann geschlafen zu haben, und darunter litten, wenn sie dies nicht getan hatten. Doch die jungen Frauen, die selbst ausbrechen wollten, waren keineswegs Opfer dieser Zeit, sondern Akteurinnen. [...] Liebhaber gesammelt haben beide Geschlechter beinahe gleichermaßen" (Bruckner 1999, S. 110f.)

Arbeit an der traditionellen Weiblichkeitszuschreibung:
sexuell passiv und abwartend
Die Umsetzung polygamer Beziehungsgestaltung beinhaltete, dass Frauen wie Männer sexuelle Nebenbeziehungen führen. Damit einher ging ein Umdenken hinsichtlich weiblicher Sexualität: Während traditionelle Weiblichkeitsmuster Frauen als sexuell passiv und abwartend beschrieben, mussten die ,68erInnen' für die Umsetzung der ,freien Liebe' die zuvor proklamierte Differenz der Geschlechter in der Trieb- und Lustkomponente des Sexuellen aufheben. Die ,68erInnen' kritisierten nach außen das Bild der sexuell zurückhaltenden Frau aufgrund ihrer vermeintlich ,natürlichen Determiniertheit' – Frauen hätten lange genug die repressive Sexual- und Doppelmoral ertragen müssen und sollten sich nun selbstbestimmt ihren sexuellen Bedürfnissen und Wünschen widmen dürfen (vgl. u.a. Reich 1934a/1971, S. 50, Jacobi 1968, S. 169ff., Schwenger 1969, S. 13ff., Kentler 1970, S. 35).[9]

Brigittes Narration zeigt, wie sie den Wandel von der sexuell zurückhaltenden hin zu einer sexuell aktiven Frau vollzog: Sie hatte bereits als Jugendliche eine kritische Haltung gegenüber der den Frauen zugeschriebenen Passivität eingenommen und erlebte dann als Akteurin der Studierendenbewegung, dass diese Kritik in ihrer Generation verbreitet war. Die Polygamie-Idee bot sich für eine Neuordnung der Sexual- und Beziehungszuschreibungen der Geschlechter an. Insbesondere das Ideal der besitzanspruchslosen Beziehung, das offiziell für alle Geschlechter galt, bot sich ihr als Erprobungsmittel eines neuen Weiblichkeitsbildes, was Brigitte für sich zu nutzten wusste. In ihrem sexuellen Verhalten grenzt/e sie sich dabei sowohl von der ,männlichen' Sexualnorm (Penetrationsduktus, Masturbation als Ersatzhandlung, vaginaler Orgasmus, Heteronormativität) als auch von der feministischen ,Gegennorm' (Politisierung des Orgasmus, lesbische Sexualität als ,einziges'[10] Sexualkonzept) ab und entwickelte ihren eigenen sexuellen Spielraum, der selbstbewusst keinem Zuschreibungskomplex angehört. Brigitte *„benutzt[e]"* Männer nur *„so zum Aufheizen"*, einen Orgasmus verschaffte sie sich alleine, sie probierte eine

---

9   Kritik an dem Bild der sexuell passiven Frau gab es schon vor der Studierendenbewegung; beispielsweise setzte Wilhelm Reich der Vorstellung von einer passiven Frau mit all ihren Normen und Gesetzen (Kranzgeld, Kuppeleiparagraph usw.) entgegen, dass Frauen „als Sexualwesen" anerkannt werden sollten statt nur auf ihre Funktion als „Gebärerin" reduziert zu werden (Reich 1934a/1971, S. 50).

10   „Bis nicht alle Frauen lesbisch sind, wird keine grundsätzliche gesellschaftliche Revolution stattfinden." (Johnston 1976, S. 135)

lesbisch-sexuelle Begegnung aus – alles Praxen, die den ‚68erInnen'-Sexualtheorien und deren Umsetzungsideen gegenüberstanden. Brigitte dekonstruierte sie und verkehrte sie in einer Art subversiven Sexualpraxis ins Gegenteil, indem sie ihr ‚Geschlecht' keineswegs als passiv bestätigt sieht.

Auch Thomas und Walter beziehen sich auf das traditionelle Konstrukt weiblicher Zurückhaltung. Thomas erinnert sich, dass ihm der Wandel des Frauenbildes in besonderer Weise bewusst wurde: Ihm sei noch in seiner Kindheit und Jugend vermittelt worden, dass Frauen *„keine sexuellen Bedürfnisse"* hätten bzw. ihr sexuelles Begehren hinter dem der Männer *„verstecken"* müssten. Erst als im Lichte der neuen Beziehungsvisionen der ‚68erInnen' eine Freundin von ihm einmal die sexuelle Initiative ergriff, habe er die gesellschaftlich tradierte Annahme der sexuell passiven Frau für sich revidieren können. Er habe aus *„dieser Lektion"* gelernt, dass Frauen durchaus sexuelle Bedürfnisse hätten. Junge Frauen hätten ihr Begehren bis dato aufgrund des öffentlichen Bildes der zurückhaltenden, abwartenden Frau, das sich auch in den strengen Erziehungsregeln (beispielsweise in Ausgeh- und Übernachtungsregeln) niederschlug, verheimlichen müssen.

Auch wenn Thomas und Walter die Transition des Weiblichkeitsbildes innerhalb und durch die ‚68erInnen'-Bewegung bemerkten, wird sich im Folgenden zeigen, dass ihnen die Praxis schwerer fiel als die Diskussion.

Dass die ‚68erInnen' mit ihrer polygamen Beziehungsidee scheiterten, wird vielfach mit einer „Hartnäckigkeit habitueller Strukturen" (Schulz 2007, S. 249) begründet. So habe in den Reihen der AkteurInnen ein archaisch-traditionelles Geschlechterverständnis geherrscht und man habe nicht vermocht, eine Neubestimmung der Geschlechterverhältnisse herbeizuführen (vgl. u.a. Schulz 1998, 2002 und 2007, Bührmann 1995, Lenz 2008 und 2010, Bauer 2010, L'Homme 2009, Nienhaus 1998). Diese Annahme im Hinterkopf, untersuchte ich die Geschlechterkonstrukte der vier Interviewten, und konnte mit den Ergebnissen die zuvor geschilderte Position teilweise bestätigen: Eine für alle Beteiligten befriedigende Umsetzung der Sexual- und Beziehungsideen der ‚68erInnen' scheiterte bei Thomas, Miriam und Walter, da sie von einer Differenz der Geschlechter ausgingen und mit ihrem binären Geschlechterverständnis die Doppelmoral und „Machtmatrix" (Walgenbach 2007, S. 62) der „hegemonialen Männlichkeit" (weiter)tradierten, was konträr zur polygamen Beziehungsvision sowie dem bereits seit Mitte bis Ende der 1960er Jahre konstituierenden Wunsch Vieler nach Neuverortung der Geschlechterverhältnisse stand.

Die Idee einer Geschlechterdichotomie findet sich in den Interviews sowohl in den Selbstbeschreibungen der AkteurInnen als auch in den Beschreibungen der Theorien, Praxen und Normen selber; diese beiden Ebenen beeinflussten sich bei der Vorstellung unterschiedlicher Geschlechterausstattung.

,Geschlecht' im Spiegel des Selbstbildes

Die traditionellen Geschlechterkonstrukte hatten für die Interviewten nicht nur im speziellen Kontext der ,68erInnen'-Bewegung und ihrer Reformwünsche Bedeutung. Auch in ihren Selbstbildern findet man sie wieder. Am Rande der ideologischen Diskussion orientierten sich alle vier zu großen Teilen (weiterhin) an den traditionellen, bipolaren Zuschreibungen, was ,typisch weiblich' und ,typisch männlich' sei, und bezogen sich z.T. auf das hegemoniale Geschlechtermodell. Die Darlegungen zum Thema ,Geschlecht' geschehen in den Interviews zumeist über die Skizzierung des ,Weiblichen', während das Männlichkeitskonstrukt kaum direkt zum Thema wird. Auffällig ist die von allen vieren getätigte Polarisierung von Frauenbildern.

Die klassische bzw. traditionelle Geschlechtskonstruktion weist der Frau aufgrund ihrer ,natürlichen Eigenschaften' ihren Platz in der privaten Sphäre der Familie zu in der Funktion der Ehefrau und Mutter. Darüber hinaus wahrgenommene Selbstverwirklichungsbestrebungen von Frauen stehen konträr dazu. Die Interviews zeigen, dass dieses traditionelle Weiblichkeitsbild weiterhin die Geschlechterbeschreibungen von Miriam, Brigitte, Thomas und Walter – mit mehr oder weniger kritischer Abgrenzung – beeinflusst. Indem sie die Geschlechterzuschreibungen z.T. unreflektiert aussprechen und sie im Erzählprozess als gegeben akzeptieren, tradieren sie sie.

Thomas beschreibt zwar, dass das Kennenlernen weiblichen Begehrens einer „befreienden Entdeckung" gleichkam, jedoch veränderte diese Einsicht seine traditionelle Sichtweise nicht: Sowohl bei Thomas als auch bei Walter fällt auf, dass sie bei den Beschreibungen von Frauen auf die traditionelle Polarisierung von ,Hure und Heilige' zurückgreifen und sich mit dem Gedanken sexuell selbstbestimmter Frauen nicht wirklich anfreunden können. Sie kategorisieren Frauen entlang der beiden Pole sexuell freizügiger vs. enthaltsamer Frauen, wobei erstere negativ konnotiert sind. Das Stereotyp der sexuell passiven, abwartenden Frau ist bei Thomas und Walter ein Präskriptives: Demnach ,soll' die Frau nicht übermäßig viele sexuelle Kontakte haben, sonst folgt Ablehnung und Ausgrenzung.

Die Abwertung und das geringe Ansehen der sexuell freizügigen Frauen wird in Thomas' Aussagen auch darin deutlich, dass er „den Tripper" symbolhaft als Beweis des moralischen Verderbs anführt. Durch die Klassifizierung von ,Heiliger und Hure' reduzieren Thomas und Walter Frauen auf sexuelles Verhalten. Das binäre Frauenbild erklärt Christa Rohde-Dachser als „Abwehrphantasie" von Männern, in der sie „Ängste, Wünsche, Sehnsüchte und Begierden" verpacken, die sie hinsichtlich weiblicher Sexualität verspüren (Rohde-Dachser 1999, S. 99).[11] Auch Walter äußert sich verunsichert über sexuell *„aggressiv[e]"* Frauen. Seine Irritation ging so weit, dass er sich, nachdem er die ‚freie Liebe' einige Zeit praktizierte, von ihr abwandte. Kaum war er in die Situation gekommen, dass (s)eine Freundin sich sexuelle Nebenbeziehungen suchte, reflektierte er das Konstrukt der offenen Beziehungsführung und wandte sich von ihm ab, da es sich nicht mit seinen *„emotionalen Bedürfnissen"* vereinbaren ließ.

Das negative Bild der sexuell aktiven Frau kontrastieren Thomas und Walter mit dem Bild jener Frauen, die sich in sexueller Zurückhaltung üben und zu der Gruppe Frauen gehören, *„die man heiratet"* (Thomas). Diese beiden Frauenbilder orientieren sich an der traditionelle Geschlechterkonstruktion, die Frauen aufgrund ihrer scheinbar natürlich gegebenen Voraussetzungen den Platz in der Familie als Ehefrau und Mutter zuweist.

Walter moniert, dass eine Gleichberechtigung der Geschlechter die ‚natürlichen' Unterschiede zwischen Mann und Frau auflöse und ein *„wichtiger Kick"* verlorengehe. Walters Sorge betrifft Männer als Verlierer der Gleichberechtigung, wenn die traditionellen Geschlechterzuschreibungen an ein ‚starkes' und ein ‚schwaches Geschlecht' aufgehoben würde und selbstbewusste Frauen die ‚männlichen' *„Bedürfnisse"* nicht mehr berücksichtigten. Doch diese Bedürfnisse entsprächen seit der Gleichberechtigung nicht mehr *„dem öffentlichen Bild"* und gälten als *„politisch nicht korrekt"*.

Mit der Haltung, dass die Gleichberechtigung das männliche ‚Geschlecht' als ‚Opfer' fordere, legitimiert Walter seine Stereotypisierungen und seine (latenten) Sexismen, auf die er als rhetorisches Mittel zurückgreift, um an ‚Urbedürfnisse' der Geschlechter zu appellieren und die Gleichberechtigung als negative Entwicklung darzustellen. Walter konnte der polygamen Beziehungsführung nach einer gewissen Erprobungsphase nichts mehr abgewinnen und wandte sich zum Ende seines Studiums von der Studierendenbewegung ab. Dass mit der ‚freien Liebe' die Reflexion

---

11 Wie die Forschung zeigt, wird eine zögerliche Reaktion auf das Werben von Männern weiterhin als weibliche Tugend verstanden (vgl. u.a. Rubin 1990), wohingegen Männern „sexuelle Abwechslung für ihr körperliches Wohlbefinden zugestanden" wird (Giddens 1993, S. 16, und Rubin 1990). Dass auch Thomas sich wünscht, dass seine Tochter diese Tugend pflegt, zeigt sich in seiner Hoffnung, dass sie sich nicht auf One-Night-Stands einlassen möge. Die amerikanische Anthropologin Sarah Blaffer Hrdy erklärt sich die Abwertung von promisken Frauen durch Männer mit einem genetisch verankerten Selbstschutz in Bezug auf ihre Vaterschaft. Frauen, die ihre Sexualpartner wechseln, könnten das Kind eines anderen austragen und wären keine verlässliche Mutter. (Vgl. Blaffer Hrdy 1999)

und Neuordnung des Geschlechterarrangements einhergehen musste, war Walter *„zu anstrengend"*. Er konnte nicht verstehen, wieso seine GenossInnen nicht einfach *„den Vorteil, den feste Rollen haben"*, einsähen; man bräuchte sie lediglich *„historisch [zu] übernehmen"* . Als männliche *„Rollenbestandteil[e]"* (W615) zählt er auf: *„Beschützerinstinkte"*, Funktion als *„Ernährer [der] Familie"*, Garantie einer *„ökonomischen [...] Verlässlichkeit"*, sowie das Dasein als *„erfolgreicher Bestandteil [in] der Gesellschaft"*. Seiner Ansicht nach missachteten Gleichberechtigungsforderungen biologische Bedürfnisse. Man habe, so Walter, *„mit der Gleichberechtigung das Kind mit dem Bade ausgeschüttet"*.

Kritische, polarisierende Stimmen zur Gleichberechtigung und zur Neuen Frauenbewegung kommen auch von Brigitte und Thomas. Thomas bedauert scherzhaft, dass er ausgerechnet zu der Zeit lebe, wo sich der alleinige Machtstatus der Männer aufzulösen beginne, und Brigitte demontiert die Neue Frauenbewegung als eine *„kleinbürgerliche"* Bewegung von *„Hausfrauen"*, die mit viel *„Gejammere und Geklage"* dafür *„kämpften, [dass] am Sonntag der Mann auch mal mitspült"*. Hierdurch wertet sie die Neue Frauenbewegung enorm ab, gleichzeitig stellt sie die Existenz von Machtungleichverhältnissen zwischen den Geschlechtern generell in Frage.

Sexualität und Körper(lichkeit) spielten bei Thomas nicht nur in der Kategorisierung vom ‚weiblichen Geschlecht' eine Rolle, sondern dienten auch der Konstruktion seiner eigenen Männlichkeit. Die Illustration seiner sexuellen Kompetenzen geschieht dabei aus dem Blickwinkel eines Genitalprimats in Verknüpfung mit ‚biologischer' und ‚interaktionistischer' Sexualkompetenz; Thomas inszeniert sich als Mann, der Frauen Lust bereitet, wobei sein Körper als Beweis für seine Männlichkeit fungiert. Aber auch über die Darstellung von sexuellem Verhalten, das sich aus ‚männerbündischen' Erfahrungen speist, in denen Frauen nur ein Objektstatus zukommt, reproduziert Thomas das Stereotyp des ‚sexuell aktiven Mannes'. Die Kategorisierung der Geschlechter mit Hilfe traditioneller Stereotype lässt sich nicht nur bei Walter und Thomas abbilden. Auch Brigitte und Miriam kategorisieren und stereotypisieren weibliche Lebenskonzepte. Besonders Brigitte teilt Frauen ein in *„Hausfrauen"* und autarke Frauen. Erstere definiert sie als unfreie, *„kleinbürgerliche"* Dienerinnen der Ehemänner, die sich nicht gegen *„diese Zuweisung ‚Frau im Haus',,* zur Wehr setzen wollten bzw. könnten. Jene Frauen seien *„offenbar so sozialisiert"*, sich den traditionellen Zuschreibungen an ihr ‚Geschlecht' anzupassen. Brigittes Aussagen zu *„Hausfrauen"* und *„Ehefrauen"* sind stets von einer starken Ablehnung und Abgrenzung geprägt und spitzen sich in einem sexistischen Gesamtstereotyp zu.[12] Beispielsweise säßen Frauen, die in einer Ehe leben und als Hausfrau tätig seien, naiv der *„Illusion"* bzw. der *„großen Lüge"* auf, in diesem Lebensmodell die *„wahre Liebe"* ihres Mannes zu sein, indem sie seine *„konservativen Bedürfnisse"* erfüllten. Zudem sei es ein *„großer Bluff"*, dass sich in *„gepflegter Häuslichkeit"* durch das Führen eines *„drummen Haushalts [...] Emotionen erfüllen würden"* und sich *„traute Harmonie"* einstelle. Am Beispiel ihrer Mutter skizziert Brigitte jene Aspekte, die sie auf gar keinen Fall wiederholen wollte. Ihre Mutter habe unfreiwillig und unglücklich in einer Ehe gelebt. So habe sich Brigitte bereits als junge Frau geschworen, erfolgreich der *„Bedrohung dieses Hausfrauendaseins"* bzw. *„dem Gefängnis [der] Mutter"* zu entgehen. Sie entwickelte ihr eigenes Lebenskonzept, das sich deutlich von einer Haus- und Ehefrau abgrenzt, indem sie sich stets weiblichen Zuschreibungen des traditionellen Frauenbildes *„verweigert[e]"*. Das *„traditionelle Rollenschema"*, das *„biedere Ehebett"* und ein *„bürgerlicher Haushalt"* seien für sie nie in Frage gekommen. Der Anschluss an die Studierendenbewegung sei für sie ein *„Schlüsselerlebnis"* gewesen und habe ihr den *„Theoriehintergrund"* geliefert, um eine alternative Lebensweise zu entwickeln. Dieses Alternativkonzept orientiert sich stark an einem ‚männlichen' Lebensmodell, das sich ihr als einziges Gegenkonzept zum ‚Weiblichen' anzubieten schien. In diesem zeigt sich ihre Identifikation mit einem ‚männlichen' Idealtypus, der sich zudem in ihren Beschreibungen des Großvaters, des Geliebten und ihres leiblichen Vaters sowie in ihrer Abwertung der Neuen Frauenbewegung und in der Betonung ihres eigenen Habitus (*„dominant"*) zeigt. Brigitte wertet Männer auf, die das Bild der hegemonialen Männlichkeit verkörpern: intellektuell, finanziell unabhängig und einflussreich. Ihre Partner, allesamt Universitätsprofessoren, stellt sie dabei über ihren Ziehvater, der *„nie so [ein] Intellektueller"* gewesen sei, *„nie einen Abschluss gemacht"* habe und zudem seine Familie finanziell nicht ausreichend absichern konnte.

Miriams Männlichkeitskonstrukt ist weniger offensichtlich. Es eröffnet keine Unterschiede von Männlichkeiten wie Brigitte. Ihren Vater, ihren Sohn und ihre Partner umschreibt sie hauptsächlich aus der Perspektive der individuellen Beziehung zu ihnen und weniger aus einer Gesamtsicht auf Männlichkeit. Als Frau scheint sie sich in einer abwartenden Haltung zu positionieren, gemäß ihrem Selbstbild, keine *„Forderungen zu stellen"*. Die Beziehungsgestaltung überlässt sie den Männern. Dafür finden sich diverse Belege, vor allem, was den Aspekt der sexuellen Nebenbeziehungen angeht – denn in ihrem Interview sind es nur Männer, die von der

---

12 Die Einzelfallanalyse konnte hier die biografischen Prozesse diskutieren, die diese deutliche Ablehnung im Sinne des Kohärenzwunsches beeinflusst haben könnte.

‚freien Liebe' Gebrauch machen, tut dies eine Frau (etwa die Freundin ihres Sohnes), zeigt sie sich empört.

Im Gegensatz zum Männerbild finden sich in Miriams Interview deutlich mehr Aspekte zu ihrem Weiblichkeitskonstrukt. Dieses differenziert sie vergleichsweise ausführlich aus, indem sie sich von traditionellen Zuschreibungen distanziert. Als Kind habe sie sich noch in *„Tagträumereien"* den *„Rollen, die [ihr] eigentlich zugedacht waren"* angepasst und über *„heiraten [und] Kinder bekommen"* als einzige Version ihres Erwachsenenlebens nachgedacht. Sie erinnert sich: *„Deine Rolle als Frau war definiert."* Nachdem Miriam in die Großstadt gezogen war und im Kontext der ‚68erInnen'-Theoriediskussion begonnen hatte, sich mit alternativen Lebensmodellen auseinanderzusetzen, erlebte sie ihre Mutter und ihre *„spießige Freundin Gertrud"* als Negativvorbilder. Diese hatten sich den *„üblichen Rollen, die man so hatte als Frau"* angepasst. Miriam dagegen wollte sich nicht einfach unkritisch den *„anerzogenen Forderungen"* der Gesellschaft fügen.

Jedoch entwickeln weder sie noch Brigitte ein alternatives Konzept, dass komplett auf traditionelle Zuschreibungen verzichtet. Letztlich tradieren beide in ihren festen Beziehungen mit verheirateten Männern einen Aspekt des bürgerlichen Geschlechtergefüges, dass die ‚68er'-Losung der ‚freien Liebe' eigentlich versuchte abzuschaffen: die Doppelmoral.

VI. Fazit und Forschungsreflexion

1. METHODENREFLEXION

Sprechen über Sexualität

Interviews, die das Subjekt strukturiert, stoßen an methodische Grenzen. Zum einen kann die Form des narrativen Interviews anfangs überfordern, da den meisten nur das ‚klassische' Interview geläufig ist, in dem der/die Interviewende Fragen stellt. Dass man den Interviewten beim narrativen Interview eine strukturgebende Funktion überträgt und sie als alleinige ImpulsgeberInnen anerkennt, ist für sie ungewohnt. Die Aufforderung durch die offene Fragestellung verunsichert die Interviewten auch dahingehend, ob nun das, was sie erzählen, das ist, was erwartet wird und von Interesse ist. Bei der vorliegenden Arbeit kommt als weiterer Unsicherheitsfaktor die Hürde hinzu, einer fremden Person von der eigenen Sexualität zu berichten. Gerade die Fragestellung dieser Studie erwartete ein hohes Maß an Offenheit und Diskursivierungsbereitschaft der InterviewpartnerInnen. Dass das Sujet Sexualität in den Freierzählungen letztlich vor allem verschwommen und kaum handlungsbezogen thematisiert wurde, ist wohl dieser Unsicherheit geschuldet. M.E. mangelt es hier an ausgereiften methodischen Modellen, die die Unsicherheit der Befragten auffangen könnten, ohne dass das Gespräch in eine therapeutische Situation ausartet. Die Sozialforschung zieht sich hier weitgehend mit anonymisierten Fragebögen aus der Schlinge (beispielsweise die Studien zu Jugendsexualität der BZgA). Hier müsste vor allem die qualitative Sozialforschung eine neue Form der ‚unbefangenen' Interviewführung erschließen und erproben. Als Diskussionsanstoß für erste Lösungsansätze würde sich m.E. das „Embodiment-Konzept" des Anthropologen Thomas Csordas anbieten (vgl. Csordas 1990). Er fordert, die Begriffe bzw. Phänomene ‚Körper' und ‚Leib' getrennt zu betrachten. Mit dem ‚Körper' würden Attribute wie außen, objektiv (bspw. medizinisch-biologische Facetten wie Knochen, Zellen etc.) verbunden und der Leib repräsentiere das Innere, das Subjekterleben (bspw. Lust, Unlust und Begehren) (vgl. Csordas 1990 und 1994). Es ist davon auszugehen, dass es dem Menschen deutlich leichter fällt, objektive, körperliche Gegebenheiten zu beobachten und zu thematisieren (bspw. beim Arztbesuch, bei sportlicher Betätigung etc.) als innere Erfahrungsebenen des Leibes. Möchte man nun das subjektive Erleben von Sexualität außerhalb körperlicher Erlebenswelten thematisieren, muss sich vom Körper weg und zum Leib hinwendet werden. Dies ist vor allem auch damit zu begründen, dass bei Sexualität der Körper nicht die prägendste Dimension dabei ist, sondern der Leib: Das „Sexuelle Ich" findet unabhängig vom Körper statt (vgl. u.a. Quindeau 2010). Doch fehlt es noch an Begriffen und Diskurssträngen, die sich mit leiblichem Erleben auseinandersetzen – so vermisst man bspw. auch in der schulischen Sexualerziehung Hinweise zu Begehren, Lust und Unlust, da der Fokus hauptsächlich auf den Beschreibungen körperlicher Tatsachen liegt.

Die Fragestellung dieser Arbeit bezog sich auf Sexualität im weitgefassten Sinne und wurde den InterviewpartnerInnen gegenüber nicht definiert, so dass es in ihrem eigenen Definitionsrahmen lag, was sie unter Sexualität verstehen bzw. darüber preisgeben mochten. Zusammengefasst lässt sich sagen, dass weniger über sexuelle Handlungsspielräume als über die Beziehungsdimensionen von Sexualität gesprochen wurde. Die Interviewten sprachen demnach zumeist in Unschärfen über Sexualität. Körperliche Sexualpraxis außerhalb der zwischenmenschlich-emotionalen Beziehungsdimension (soweit sich diese überhaupt voneinander trennen lassen) wurde, außer gelegentlich von Thomas und Brigitte, in den Interviews eher durch Umschreibungen beleuchtet. Dadurch lösten sie kaum das komplexe Verhältnis von Sexualität und Beziehungen auf, wie es die ‚68erInnen' in ihrer Theorie eigentlich anstrebten. Deutliche Begriffe, die ‚konkrete' Sexualität und ihre Lustdimension abstecken (beispielsweise wie „miteinander schlafen") fielen gar nicht und wurden unter dem blassen Oberbegriff ‚Sex' gefasst. Grund dafür könnte sein, dass jedem Begriff eine diskursive ‚Wertung' anlastet, der den/die SprecherIn diesbezüglich verortet. Daher erscheint es auch eine nachvollziehbare Reaktion, in einer nichtalltäglichen, speziellen Interviewsituation in einem öffentlichen Sprachraum, ‚übliche Formulierungen' und „leeres Sprechen" zu verwenden, um die individuelle, eigene Sexualität nicht preiszugeben.

Die Vermutung, dem Individuum mangele es an individueller, unvoreingenommener „Sexualsprache" (Kluge 1997, S. 7ff.), weswegen es stets auf bereits wert- und normbesetzte Begriffe zurückgreife, lässt sich in den geführten Interviews also teilweise bestätigen. Die Sprachpraxis von Miriam, Thomas, Walter und Brigitte mit ihrem Fokus auf zwischenmenschlicher Dynamik untermauert die Gleichung, die in der sexualwissenschaftlichen Forschung inzwischen als common sense gilt: Sexualität ist eine soziale Tatsache, und die Beziehungsdimension ist ebenso wichtig wie die Lust- und Fortpflanzungsdimension. Psychosoziale Grundbedürfnis wie Bindung, Nähe, Lustgewinn, Geborgenheit und Akzeptanz spiegeln sich in allen Interviews wider und werden durch das Thema Sexualität transportiert.

Stichprobe

Die Sozialwissenschaftlerin Gabriele Rosenthal, die die biografisch-narrative Interviewtechnik entwickelte, rät dem wissenschaftlichen Nachwuchs stets, in Dissertationsvorhaben nur zwei Interviews zu analysieren. Mit Blick auf das ausführliche Datenmaterial mit seinen grenzenlosen Interpretationsangeboten ist die Anregung Rosenthals nachvollziehbar. Die Autorin entschied sich dennoch dafür, vier Interviews auszuwerten. Dies ist in der Kritik begründet, dass die Studierendenbewegung oft zu einseitig gelesen wird. Schließlich war es das Ziel, die Deutungsangebote komplexer zu machen und zudem erschien die Möglichkeit durch Kontrastierung von mehr als einer ‚männlichen Sichtweise' und einer ‚weiblichen Sichtweise' hierdurch fruchtbarer, vor allem da es bei dem Sujet Sexualität immer auch um Geschlechterkonstruktionen geht. Obwohl selbst vier Fallbeispiele als eine geringe Anzahl erscheint, ließen sich an ihnen dennoch ausführliche sowie akzentuierte Thesen generieren und prüfen, welche Aussagen über die subjektive Wirklichkeiten und somit auch ein neues Deutungsangebot der Chiffre ‚1968' erschloss.

Diskussion der (tiefen)hermeneutischen Analysemethode

Bisher gibt es noch zu wenige wissenschaftliche Beispiele, an denen sich der wissenschaftliche Ertrag dieser Methode ablesen ließe (vgl. u.a. Wilhelm 2010 und Pietig 2013).

Gleichermaßen als Nachteil und Vorteil der verwendeten (tiefen)hermeneutischen Verfahren stellte sich für die Autorin heraus, dass sie eine sehr große Menge Datenmaterial liefern. Der Nachteil ist, dass die Fülle die Vergleichbarkeit der Interpretationen erschweren kann. Das breite Angebot der Interpretationsimpulse kann dazu führen, dass die Anknüpfungspunkte zur Fragestellung verlorengehen. Hier war es für die Autorin unumgänglich, Interpretationsparameter zu entwickeln, um die Fragestellung zu schärfen. Den Methoden nach Leithäuser/Volmerg und Welzer mangelt es an Handreichungen, wie sich die Interviewsegmente in eine eigene Struktur für die Forschungsfrage bringen lassen – für das Emergieren von Codes, Kategorien und Leitfragen boten weder THA noch HDA ein Regelwerk, was erschwerte, das komplexe, ausführliche Material zu greifen.

Die Studie zielte auf gebündelte, für die Generierung weiterverwendbarer Thesen geeignete ‚Erträge' ab. Dafür schienen die zeitintensiven Analysephasen und -ebenen oftmals unverhältnismäßig. Die Methodenreflexion soll jedoch mit dem Hinweis auf den großen Vorteil der gewählten Methode und ihrer Interpretationsangebote abschließen: Die hier vorliegenden Interviewanalysen wären ohne die (tiefen)hermeneutische Sichtweise nicht in ihrer individuellen Tiefenstruktur, den Widersprüchen sowie dem ‚Nicht-Gesagtem' (und daher ‚Doch-Gesagtem') wertgeschätzt worden. Durch die ausführliche Darstellung der subjektiven Sinnstrukturen und der intrapsychischen Phänomene haben sich neue Interpretationsmöglichkeiten für die Deutung der ‚68erInnen' Beziehungs- und Sexualitätskonstrukte ergeben.

Zudem fokussierte die gewählte Methode auch Interaktionsprozesse zwischen den InterviewpartnerInnen (und anderen RezipientInnen der Interviews), was andere Verfahren qualitativer Interviewanalysen oftmals vermissen lassen.

2. ZUSAMMENFASSUNG DER ERGEBNISSE

Die ‚68erInnen' nahmen sich einiges vor: Sie strebten an, das öffentliche *und* private Leben zu revolutionieren. Die vorliegende Arbeit beschäftigte sich mit dem Wunsch der Bewegung, das Beziehungsleben zu verändern. Dies erhoffte man durch den Abbau sexueller Tabus, der repressiven Sexualmoral sowie monogamer Besitzansprüche an den/die Partner/in zu erreichen. Dies sollte dem Individuum sexuelle Autonomie und persönliches Glück bringen.

Diese Visionen machen die Bewegung so faszinierend. Die „Deutungsschlacht" (Seiffert 2008, S. 8) um die Chiffre ‚1968' beeinflusst dabei maßgeblich ihre Anziehungskraft. Die rückblickenden Diskussionen um das Themenspektrum Sexualität und ‚68erInnen' polarisieren. Besonders die Debatte um sexualpolitische Theorie und deren Umsetzung im Alltag wird auf zwei Wegen verkürzt bzw. verklärt diskutiert: Entweder wird die Umsetzung des Sexualitäts- und Beziehungskonstrukts negativ beschrieben und proklamiert, die ‚freie Liebe' sei zu Lasten der Frauen und emotionaler Bedürfnisse gegangen, oder aber es wird positiv resümiert, dass die progressiven Beziehungsvisionen die ProtagonistInnen (u.a. um Selbstkenntnis) bereichert habe.

Diese zwei konträren Standpunkte stützen sich auf stets repetierte Mythen und Interpretationen zur Alltagspraxis der ‚68erInnen' im Spiegel ihrer sexualpolitischen Theorie – Forschungsergebnisse, die diese Diskussionsstränge ergänzen bzw. absichern könnten, existieren bislang kaum. Dieser Lücke nahm sich die vorliegende Studie an, indem sie die erinnerten Alltagspraxen der ‚68erInnen' vor dem Hintergrund ihres Sexualitäts- und Beziehungskonstrukts untersuchte. Durch die qualitative Forschung mit narrativen Interviews ließen sich komplexe Erinnerungsstränge identifizieren, die als Absage an einseitige Sichtweisen zu den ‚68erInnen' zu verstehen sind. Die Erinnerungen der Interviewten weisen eine Vielschichtigkeit auf, die sich auf keine der beiden Interpretationen der ‚freien Liebe' der ‚1968' begrenzen lässt.

Zwar oszillierte auch bei den Interviewten die Bewertung ihrer Zeit als ‚68erIn' zwischen negativer und positiver Deutung in Form von Überzeugung und Abgrenzung vom Sexualitäts- und Beziehungskonstrukt der ‚68erInnen'. Jedoch gelang durch die Betrachtung der dahinterstehenden Strukturen dieser Bewertungen – mit Hilfe der Analyse von Selbstbild, Kohärenzwunsch, Interviewinteraktion und rotem Faden der Biografie des/der Erzählenden – ein stärker differenzierter Zugang. Die

subjektiven Erinnerungen machen Zwischentöne hörbar, die die bisherigen Deutungen der ‚68erInnen‘ im Kontext der so genannten ‚freien Liebe‘ ergänzen, und er-
lauben Einblicke in individuelle und soziale Ebenen, die bei Politisierung, Mediali-
sierung und Emotionalisierung von ‚1968‘ oft übersehen werden oder in der Forschung unbeleuchtet sind.[1]

Eine der Fragen, der bei der Analyse zuerst nachgegangen wurde, war die nach der
Motivation der Interviewten für ihre ‚68erInnen‘-Akteurschaft. Eine wichtige Rolle
hat bei der Politisierung der Interviewten der Wunsch nach Abgrenzung von den
Lebensmodellen der Herkunftsfamilie und der als dörfliche Enge erlebten Umge-
bung gespielt. Miriam, Thomas und Brigitte war zu Beginn des Studiums der
Wunsch gemein, *„anders zu leben"* als ihre Eltern und/oder KlassenkameradInnen.
Die Studierendenbewegung versprach ihnen eine Alternative zum *„konservativen
Muffel"* (Thomas) von Eltern und Bekannten. Die Studierendenbewegung bot eine
„Bandbreite an Möglichkeiten" (Miriam), die sie faszinierte. In den Interviews mit
Miriam und Brigitte zeigte sich das Motiv ‚Abgrenzung‘ deutlicher als bei Thomas
und Walter. Die Frauen strebten stärker zielgerichtet eine nonkonformistische Le-
bensweise an und erkannten die ‚68erInnen‘-Bewegung als Chance, traditionellen
weiblichen Lebensentwürfen zu entkommen.

Ein weiteres Motiv ist die Tabuisierung der Sexualität in der Kindheit. Je ein-
drücklicher die Heranwachsenden eine Nichtthematisierung von Sexualität (auch
sexueller Gewalt) und eine verschleiernde Sexualerziehung erfuhren, desto attrakti-
ver erschien die offene Thematisierung von Sexualität bei den ‚68erInnen‘. Da ihre
Eltern, LehrerInnen und weitere Bezugspersonen Gespräche über Sexualität ver-
mieden oder nicht altersadäquat ausrichteten, suchten Miriam, Walter, Thomas und
Brigitte als Kinder und Jugendliche die Antworten auf ihre Fragen zum Thema Sexualität in Büchern. Als Erwachsene ermöglichten ihnen die Debatten der Studierendenbewegung dann, sich mit dem Themenspektrum weiter zu befassen.

Eindrückliche Erfahrungen (beispielsweise der Tod einer Bekannten durch einen klandestinen Schwangerschaftsabbruch, Filmzensur, strenge Ausgangsregeln,
Leugnung sexueller Bedürfnisse von Frauen), die die ProtagonistInnen auf die repressive Sexualmoral zurückführten, weckten zusätzliches Interesse an der Studierendenbewegung und ihrer Repressionshypothese.

Der in der Historiographie von ‚1968‘ vielfach beschriebene Generationenkonflikt, der sich aus der Aufarbeitung des Nationalsozialismus ergeben und die AkteurInnen der Studierendenbewegung maßgeblich politisiert haben soll, kam in den In-

---

1 Die Erinnerungen werden im Folgenden als Kernthesen komprimiert; für die Tiefenstruktur der Narrationen verweist die Autorin auf die Einzelfallanalysen.

terviews nicht in dem Maße zum Tragen, wie oftmals diskutiert wird.[2] Eher reflektierten die Interviewten (etwa bei der Erinnerung an den Auszug aus dem Elternhaus und den Studienbeginn) die Wertvorstellungen älterer Generationen, was mit entwicklungstypischen Selbstbestimmungs- und Abgrenzungswünschen einherging. Auch das mit dem Verlassen des elterlichen Wirkkreises verbundene Bedürfnis nach sozialen Anknüpfungspunkten und Zugehörigkeit zu Gleichaltrigen ebnete den Weg in die Studierendenbewegung. Die Universität bot die Möglichkeit, politisch zu partizipieren und das politische Bewusstsein im Kontakt zu Gleichgesinnten weiter auszubilden.

Wie sich die Interviewten zu ihrer Zeit als ‚68erIn' verorten, beeinflusst der Wunsch, die aktuelle und zurückliegende Lebensgestaltung sowie das Selbstbild kohärent darzustellen. Brigitte, die als roten Faden ihrer Narration ihre persönliche Autarkie und Freiheit wählte, beschrieb ihre Erfahrungen stets als selbstbestimmt. Miriam dagegen schildert ambivalente Erinnerungen, in denen sie sich als passiv erlebte, insbesondere mit Blick auf ihre oft wiederholte Kopf-Gefühl-Dichotomie und den Wunsch, *„mehr die Macherin"* gewesen zu sein. Walter, der das ‚68erInnen'-Beziehungskonzept hinsichtlich dessen Aufwand und Ertrag bemaß und schlussendlich feststellte, dass es für ihn zu *„anstrengend"* war und nicht seinen Bedürfnissen entsprach, grenzt sich in seiner Narration von seiner ‚68er'-Akteurschaft eher ab als Thomas. Dieser legte den Schwerpunkt im Interview auf die Präsentation seiner vielfältigen Erfahrungen und sexuellen Kompetenzen im Spiegel seiner ‚68er'-Akteurschaft und resümiert diese Zeit hauptsächlich positiv.

Die Frage, auf welche sexualtheoretischen Kontexte und praktischen Visionen die ‚68erInnen' sich bei der Entwicklung ihrer alternativen Lebenskonzepte bezogen, wurde in den Interviews sehr einheitlich beantwortet. Alle vier erinnern, dass die Studierendenbewegung anstrebte, zum einen die Tabuisierung und das Schweigen über Sexualität aufzulösen und mit einer offenen Thematisierung die trotz der so genannten ‚Sexwelle' weiterhin als sexualfeindlich erlebte Stimmung in Westdeutschland aufzuweichen. Zum anderen erinnern sie, dass der Wunsch nach sexueller Befreiung von der Sexualtheorie Wilhelm Reichs untermauert wurde. Die Schilderungen der Interviewten zeigen, dass das Wissen um die Theorien Wilhelm

---

2   Nur Brigitte sprach das Thema Nationalsozialismus im Interview an. Bei Miriam, Walter und Thomas tauchte es gar nicht auf, weder dem Sinne, dass im Zuge der Vergangenheitsbewältigung die Teilhabe der älteren Generationen an den Verbrechen angeprangert wurde, noch im Sinne von Dagmar Herzogs vielfach angeführte These, der von den ‚68erInnen' als sexualrepressiv interpretierte Nationalsozialismus sei eine Grundlage für deren Sexualpolitik gewesen (vgl. u.a. Herzog 2000).

Reichs ein wichtiger Aspekt der ,68erInnen'-Akteurschaft war. Auch wenn nicht vorgeschrieben war, wie sich mit den Theoretikern und ihren Lehren zu befassen war, identifizierte man sich erst über die Zitation bestimmter Schlagworte, Parolen und Namen als ,68erIn'. Der Topos, Reichs Texte gelesen zu haben, findet sich durchgängig in den Interviews. Von einer unreflektierten ,Theorietreue' kann gleichwohl nicht die Rede sein; da die Interviewten auch auf Leerstellen der Reich'schen Annahmen hinwiesen (beispielsweise Mangel an handlungsgeleiteten Gesetzmäßigkeiten oder Kritik am heteronormativen, phallusorientierten Sexualitätsverständnis Reichs).[3]

Zusammenfassend lässt sich die Darstellung, nach der die ,68erInnen' sich bei der Entwicklung eines alternativen Sexualitätsverständnisses hauptsächlich auf Wilhelm Reich bezogen (vgl. v.a. Herzog 2000, S. 187ff.), anhand der Interviews bestätigen. Wie detailreich die konkreten Theorierezeptionen in den Narrationen ausfielen, hing u.a. davon ab, wie intensiv sich die Erzählenden an den theoretischen Debatten der Studierenden beteiligt hatten. Dies spielte sich in einer Spannbreite zwischen Diskussionen im Freundeskreis und einem Engagement in Arbeitsgruppen ab. Ihr Interesse an Reichs Thesen begründen die Interviewten indem sie sie als packend, provozierend und anhand eigener Beobachtungen weitestgehend als „überzeugend" (Brigitte) rekapitulieren.

Als Schlussfolgerung und Deduktion aus Reichs Thesen erinnern die vier Interviewten die Politisierung von Sexualität, die die Abschaffung der repressiven Sexualmoral in der Gesellschaft verfolgte. Ausgehend von dieser Ansicht entstand die Vorstellung, dass das Individuum in einer polygamen Beziehung freier sei. In einer offenen Beziehungsgestaltung verstanden die ,68erInnen' das Gegenkonzept zur ,bürgerlichen' Ehe und/oder monogamen „Zweierbeziehung" (Brigitte), die sie als „Zurichtung" (Brigitte) des Individuums interpretierten. Eine (heterosexuelle) Paarbeziehung als offenes Arrangement, in dem die PartnerInnen sexuelle Nebenbeziehungen mit anderen Menschen eingehen können, sollte durch den Verzicht auf Monogamie und Treueversprechen umgesetzt werden. Dieses Konzept einer besitzanspruchslosen Beziehung sollte die von Reich skizzierten Folgeschäden sexueller Repression umgehen sowie die sexuelle Selbstverwirklichung aller Beteiligten anerkennen und ermöglichen. Auch wenn andere TheoretikerInnen und geisteswissenschaftliche Disziplinen als theoretischer „Überbau" (Miriam) für diese Sexualitäts- und Beziehungspraxis fungierten, erinnern alle vier, dass sie vornehmlich aus den Annahmen Wilhelm Reichs gespeist wurde.

---

3   Je deutlicher sie diese Kritikpunkte auch in eigenen Erfahrungen wahrnahmen, desto eher distanzierten sich die Interviewten rückblickend von Reichs Thesen.

Die Interviewten schildern Erfahrungen mit der offenen, besitzanspruchslosen Beziehungsführung. Alle vier lebten zeitweise dieses Ideal, indem sie und/oder ihr/e PartnerIn sexuelle Nebenbeziehungen führten. Den Interviews zufolge kam der Impuls, eine bestehende Partnerschaft im Sinne des besitzanspruchslosen Beziehungsideals zu öffnen, von beiden Geschlechtern. Auch wenn in den Narrationen in der Summe mehr Männer über die Gestaltung von offenen Beziehungen bestimmten und sich oft eine Doppelmoral feststellen ließ, zeigte sich in den Interviews, dass sich der Befund, Frauen seien ‚Opfer' des „Bumszwangs" gewesen (Flugblatt Frankfurter ‚Weiberrat' 1968), mit diesen Interviews nicht belegen lässt. Ihr Recht auf sexuelle Nebenbeziehungen nutzten sowohl Männer als auch Frauen. Die Erinnerungen zeigen, dass die Leitidee sexueller Nebenbeziehungen in Theorie und Praxis durchaus für alle Beteiligten, gleich welchen Geschlechts, galt. So lässt sich die These, dass sich nur Männer der Polygamie bedienten (vgl. Jäkl 1987, Haffner 2002, Schulz 2003, Haustein 2007, Reimann 2010), in Zweifel ziehen.

Das besitzanspruchslose Beziehungsideal sowie daran geknüpfte Verhaltensprämissen erinnern Miriam, Walter und Thomas (dennoch) als stark normativ, ideologisch eingefärbt, dogmatisch vertreten und von besonderer Ambivalenz und Spannung geprägt. Sie beschreiben, dass in den ‚68erInnen'-Kreisen unmissverständlich vermittelt worden sei, dass eine offene Beziehung gewünscht werde und als Merkmal für ‚68erInnen'-Akteurschaft angesehen werde. Frei und polygam zu sein, erinnern die vier zudem dahingehend als Norm, dass es eine Einteilung in ‚richtige' und ‚falsche' Beziehungen sowie ‚gesunde' und ‚ungesunde' Sexualität gegeben habe. Daraus seien konkret abprüfbare Verhaltenskodizes wie *„Forderungen"* (Miriam), *„Ansprüche"* (Walter) und *„Standards"* (Thomas) abgeleitet worden, die in einem normativen Konformitätsdruck mündeten. Das Verbot, Eifersucht zu empfinden, wird in den Erinnerungen von Thomas, Miriam und Walter als Exempel der Ideologie statuiert, die Verhaltens- und Umgangsweisen für eine ‚richtige' Sexualität und Beziehungsgestaltung anführte. Negative Emotionen, die aufgrund der freien Beziehungsführung entstanden seien, habe man als bürgerliches Konstrukt identifiziert und daher *„nicht zulassen"* (Walter) dürfen, sondern entsprechend verschwiegen und wegrationalisiert. Dass die Erinnerungen an das Verbot von Eifersuchtsgefühlen eine Rolle in der Kohärenzbildung der Interviews spielt, wurde in der Analyse stets mitgedacht. Die Betonung des *„normativen Charakter[s]"* (Walter), mit dem die ‚68erInnen' die besitzanspruchslose Beziehung propagiert erinnern, zeigt, wie sie die Praxis von Sexualität und Beziehung kontrolliert erlebten, da sie zu einem Imperativ wurde. Durch den permanenten Diskurs wurden somit originäre Ziele der Bewegung wie die individuelle Autonomie sexueller Bedürfnisbefriedigung oder die Befreiung der Sexualität von der repressiven Moral ‚bürgerlicher Triebunterdrückung' und ‚Sublimierung' konterkariert – neue repressive Züge entstanden. Den *„Überbau"* nahmen Miriam, Walter und Thomas in besonderem Ausmaß als normativ wahr, da ihnen die Handlungsmaxime der

‚freien Liebe' aufoktroyiert wurde und sie sie nicht als *„spielerisch"* (Brigitte) oder als *„Chance"* (Brigitte) empfanden, wie Brigitte es vermochte.

Aus diesen Erfahrungen ableitend die ‚68erInnen' als ‚Opfer' ihrer eigenen normativen Stimmung festzuschreiben oder ihnen gar Totalität vorzuwerfen (vgl. Aly 2008) wäre jedoch zu kurz gedacht. Den ‚68erInnen' war es durchaus möglich, sich der besitzanspruchslosen Beziehungsnorm zu entziehen und dennoch politisiert genug zu sein, um dazuzugehören. Die Interviews zeigen, dass die AkteurInnen in ihrer Selbstwahrnehmung bzw. -darstellung nie ihre kritische Handlungsfähigkeit verloren. Auch wenn sie sich negativ manipuliert und eingeschränkt fühlten, entwickelten sie durch die Reflexion letztlich Strategien, sich zu lösen und die Beziehungsvorstellungen entweder in ihre Richtungen abzuändern (beispielsweise Brigitte) oder sich gänzlich abzuwenden (beispielsweise Walter).

Ob und wie die Interviewten der normative Druck wahrnahmen, wurde beeinflusst von verschiedene Variablen: etwa das Ausmaß der Identifikation mit dem Theoriegerüst und den daraus abgeleiteten Zielen, aber auch Konformitäts- und Zugehörigkeitswünsche und den Umgang mit den Normen. Dies spielte sich in einem Spektrum zwischen kritischer Distanz und voller Anerkennung der Vorgaben ab. Als eine weitere hervorstechende Variable, die das Verhältnis der Erzählenden zu den Beziehungsnormen der ‚68erInnen' bestimmte, kristallisierte sich ein Konflikt zwischen der besitzanspruchslosen Norm und konträren Bedürfnissen nach Verbindlichkeit und exklusiver Bindung heraus: Daraus entwickelte sich bei Einzelnen ein Spannungsverhältnis, das in dieser Studie als Differenz zwischen sexualtheoretischen Normen, Beziehungspraxis und individuellen Bedürfnissen sowie dem individuellen Konzept von Beziehungsgestaltung, Bindung und ‚Geschlecht' diskutiert wurde. Dieser erfahrene Widerspruch ist in den Interviews von Miriam, Thomas und Walter ein sich wiederholender Topos.

Die Erkenntnis, dass es diese Differenz gibt, kam mit den ersten ‚Erprobungsversuchen'. Anfangs überforderten sich Miriam, Walter und Thomas noch mit dem Beziehungsimperativ, nahmen die Losung von der befreiten Sexualität interessiert auf, indem sie sich zur Toleranz gegenüber sexuellen Nebenbeziehungen der PartnerInnen und zum Verleugnen des Besitzanspruchs und ‚bürgerlicher' Emotionen in ihren Mehrfachbeziehungsarrangements verpflichteten. Dass die Beziehungsideologie Grenzen aufwies, stellten sie in dem Moment fest, als sie die Ideologie und Praxis mit ihren eigentlichen Bedürfnissen abglichen. Miriam beispielsweise erfuhr den Widerspruch von Theorie, Praxis und ihrer Bedürfnislage insofern, dass ihre offenen Beziehungen keine *„Verlässlichkeit und Vertrauen"* garantierten. Walter stellte fest, dass die ‚freie Liebe' seine Beziehungs-*„Grundwerte"* wie *„Treue und Verlässlichkeit"* sowie sein Bedürfnis nach *„Geborgenheit"* nicht abbildete. Thomas und Walter sahen beide keinen Gewinn in Mehrfachbeziehungen, wenn diese *„kompliziert"* (Walter) waren. Thomas erinnert sich, dass seine sexuellen Nebenbeziehungen den Beteiligten *„Verletzungen"* zufügten, was das eigentliche Ziel der offenen Beziehungsführung, freiere, glückliche Menschen hervorzubringen, konterkarierte.

Dass die offene Beziehungsgestaltung sich oftmals nicht mit den Geschlechter-konstrukten der AkteurInnen vereinbaren ließ, zeigten die narrativen Beschreibungen hinsichtlich der Kategorie Geschlecht. Diese orientierten sich in den Interviews stark an traditionellen Zuschreibungen, patriarchalen Imperativen sowie der Struktur hegemonialer Männlichkeit. Besonders an diesem Punkt zeigte sich, dass sich die polygame Beziehungsvision der ‚68erInnen' nicht mit einem polaren, traditionellen Geschlechterverständnis vereinbaren ließ. Die traditionelle Geschlechtervorstellung, die Menschen ihrem ‚Geschlecht' entsprechende Ansprüche und Erwartungen zuschreibt, wurde durch die besitzanspruchslose Beziehungsgestaltung einer Belastungsprobe unterzogen, da das (formal) für alle Geschlechter geltende Recht auf sexuelle Nebenbeziehungen nicht der ‚klassischen' Geschlechterzuschreibung entsprach, nach der Frauen sich sexuell passiv zu verhalten haben, während Männern qua ‚Geschlecht' sexuelle Aktivität mit mehreren Frauen zugesprochen wird. Diese traditionelle Doppelmoral ließ sich in allen vier Interviews finden – doch reflektierten die Interviewten die aufgezeigte Unvereinbarkeit von traditioneller Geschlechtervorstellung und sexualpolitischem Ziel kaum bis gar nicht.

Auch wenn es sich bei dieser Unvereinbarkeit nicht um einen mitreflektierten Aspekt in den Narrationen handelte, konnte die Feinanalyse herausarbeiten, dass die Geschlechterkonzepte der Erzählenden auf den Umgang mit der polygamen Beziehungsführung Einfluss nahmen und (unbewusst) einen wesentlichen Teil des Spannungsverhältnisses ausmachten. Es ließ sich als wichtiges Ergebnis der Interviewanalysen skizzieren, wie verwirrt Walter, Miriam, Thomas und Brigitte angesichts der Wahl zwischen traditionellen Zuschreibungen an ihr ‚Geschlecht' und den sich ihnen durch das offene Beziehungskonzept der ‚68erInnen' neu bietenden Angebote waren. Trotz der Spielräume, die sich durch das veränderte Beziehungskonzept den ‚68erInnen' für die Geschlechterbilder eröffneten, griffen die vier Interviewten in ihren Erzählungen zumeist auf traditionelle, bipolare Zuschreibungen von ‚typisch weiblich' und ‚typisch männlich' zurück.

Walter und Thomas werteten Frauen, die sexuell sehr aktiv waren, als ‚leichte Mädchen' ab, tradierten also mit ihrem dichotomen Geschlechterverständnis die bürgerliche Doppelmoral. Zudem sah Walter in der Auflösung der Abhängigkeit, die das traditionelle Beziehungsmodell Frauen eigentlich zuwies, seine männlichen Bedürfnisse in Gefahr. Miriam und Brigitte nutzten die offene Beziehungsführung, um sich Erwartungen an ihr ‚Geschlecht' sowie der Figur ‚Ehe- und Hausfrau' zu entziehen und sich den eigenen Bedürfnissen und Lebensplänen zu widmen. Für sie waren die Zuschreibungen an ihr ‚Geschlecht' unvereinbar mit ihren individuellen Selbstverwirklichungswünschen. Sie erlebten einen Widerspruch zwischen den sich ihnen neu eröffnenden Möglichkeiten (sexuelle Selbstbestimmung, Bildungs- und Karrieremöglichkeiten, politische Mitbestimmung, persönliche Entfaltung) und den weiterhin existierenden Schranken für jene Frauen, die unter dem Druck des traditionellen Weiblichkeitsbildes standen. Zwar gingen Brigitte und Miriam dank der ‚68erInnen'-Sexual- und Beziehungsdebatte bewusster mit den sich ihnen bietenden Chancen um. Dennoch tradierten sie wiederum deskriptiv Geschlechterzuschreibungen. So beschrieben sie das Konstrukt der Hausfrau sehr stereotyp einseitig abwertend, was in den Feinanalysen als Abgrenzungsarbeit identifiziert wurde. Letztlich initiierten die theoretischen Konstrukte von Gleichberechtigung und alternativer Lebensmodelle der ‚68erInnen' in Miriam und Brigitte das Durchdenken hypothetischer Gegenkonzepte zu den traditionellen Zuschreibungsmustern. Als Resultat bei dieser Arbeit am ‚Geschlecht' identifizierten sie sich letztlich zumeist an ‚männlichen' Mustern. Ein eigenes Alternativkonzept, fernab der Einteilung ‚weiblich' und ‚männlich', entwickelten sie nicht, was sich möglicherweise durch fehlende Vorbilder in ihrem Lebensumfeld erklären lässt.

Das Ideal der besitzanspruchslosen Beziehung bot sich trotz der bipolaren Geschlechterzuschreibungen als Erprobungsmittel alternativer Geschlechterkonstruktionen an und zeigte den ‚68erInnen' Möglichkeiten auf, sich individueller Bedürfnisse bewusst zu werden, die im Spannungsfeld zwischen ‚traditioneller Geschlechterdichotomie und Reflexion der Geschlechterkonstruktionen', ‚Verbindlichkeit und Freiheit' und ‚Monogamie und Autonomie/Selbstverwirklichung' oszillierten. Und so finden sich auch in den Interviews unterschiedliche Beispiele dafür, wie sich die AkteurInnen der Bewegung de- und rekonstruierend, aber auch traditionell-reifizierend mit ihrem eigenen und dem traditionellen Geschlechterkonstrukt auseinandersetzen. Zumeist schwankte diese Auseinandersetzung zwischen dem Wunsch, es bei den traditionellen Geschlechterkonstellationen zu belassen (und sogar die Bestrebungen der Neuen Frauenbewegung zu belächeln), einerseits und dem Wissen und der Einsicht, dass das Beharren auf Geschlechterstereotypen eine Veränderung der Lebensverhältnisse blockiert, andererseits. Nicht immer gelang es den AkteurInnen, aus dem rationalen Wissen über die (die ‚sexuelle Revolution' ausbremsenden) verkrusteten Geschlechterzuschreibungen praktische Konsequenzen zu ziehen und ihnen konzeptuelle Neubestimmungen von ‚Geschlecht' folgen zu lassen. Und so beendeten Thomas und Walter die Umsetzung der Vision einer emanzipiert egalitären, polygamen Beziehungsform, da diese eine Gleichberechtigung der Geschlechter benötigte, um auf Dauer erfolgreich umgesetzt werden zu können. Für Walter und Thomas und all jene ‚68erInnen', die sich letztlich in monogamen eheähnlichen Lebensmodellen banden, lässt sich im Kontext der Frage, wie sich die Geschlechtervorstellungen auf die ‚68erInnen'-Beziehungs- und Sexualitätskonstrukte auswirkten, folgende These generieren: Die polygame Beziehung ließ sich oftmals nicht dauerhaft und für alle Beteiligten befriedigend umsetzen, was sich u.a. damit begründen lässt, dass an traditionellen Geschlechterzuschreibungen festgehalten wurde. Es zeigte sich, dass mit der Beziehungsreform hin zu sexuellen Nebenbeziehungen nicht automatisch und intuitiv die traditionelle

Doppelmoral und traditionelle Geschlechterzuschreibungen folgenreich reflektiert oder aufgelöst wurden. Die zugespitzte Aussage, dass Frauen Leidtragende des „Bumszwang[s]" (Flugblatt Frankfurter ‚Weiberrat' 1968) der ‚68er' gewesen seien, ließe sich mit Hilfe dieser These somit neu formulieren: Es ‚litten' generell diejenigen, die an traditionellen Geschlechterzuschreibungen festhielten, egal welchem ‚Geschlecht' sie angehören. Demnach lassen sich Miriam und Brigitte auch nicht als ‚Opfer' ausmachen, denn sie betrachteten die Möglichkeit genauer, die ihnen die ‚freie Liebe' bot. Sie initiierten zwar keine Geschlechterneuordnung, sondern tradieren sogar in ihren aktuellen geheimen Beziehungen zu verheirateten Männern weiterhin die Doppelmoral, verwirklichen aber dennoch ihren Wunsch, anders zu leben als ihre Mütter.

Bezüglich der Frage, wie die Interviewten das ‚68erInnen'-Sexualitäts- und Beziehungskonstrukt im Kontakt zur jüngeren Generationen vertreten, ließ sich mittels der Interviewanalysen zeigen, dass die Interviewten hierbei Unterschiede je nach ‚Geschlecht' der RezipientInnen vornehmen: Thomas beispielsweise empfiehlt Studierenden sowie seinem erwachsenen Sohn, sich in verschiedenen sexuellen Arrangements auszuprobieren und vor einer monogamen Bindung möglichst viele Erfahrungen zu sammeln. Demgegenüber steht seine Sorge, seine jugendliche Tochter könne durch *One-Night-Stands* ausgenutzt werden. Miriam rät ihrem Sohn, keine zu enge Beziehung mit einer jungen Frau zu führen, die auch Interesse an anderen Männern zeigt. Hinsichtlich „nichtrepressiver Sexualerziehung" adaptierten Miriam, Walter und Thomas den Grundgedanken, dass in der Erziehung ihrer Kinder transparente, nicht verschleiernde Gespräche geführt werden müssen. Der in allen vier Interviews wiederkehrende Topos hierzu ist, dass mit Heranwachsenden offen über Sexualität geredet werden sollte und dass die Tabus, die sie selbst als Kinder erlebten, keinesfalls weiter bestehen sollten.

3. ZUKÜNFTIGE FORSCHUNGSFRAGEN

Die Arbeit mit Narrationen erwies sich hinsichtlich der Fragestellung dieser Studie als fruchtbar, da sie ermöglichte, den bisher sowohl im wissenschaftlichen als auch im medialen Diskurs gleichermaßen polarisierenden wie oberflächlich betrachteten Untersuchungsgegenstand detaillierter darzulegen. Die hier präsentierten Ergebnisse sind induktiv gewonnen worden. Mit weiteren Stichproben sowie in Ergänzung mit weiteren Quellenarten ließen sich zukünftig biografisch fokussierte Forschungsarbeiten vervollständigen.

Um die hier vorgestellten individuellen Biografien weiter zu nutzen, böte sich z.B. an, sie nun noch ausführlicher mit den wenigen (populär)wissenschaftlichen

Thesen, die das Sujet Sexualität und Beziehung der ‚68erInnen' bislang zumeist noch sehr oberflächlich kommentieren, zu vergleichen. Die in dieser Studie gewonnenen subjektiven Erfahrungen von Miriam, Walter, Brigitte und Thomas ließen sich zudem durch weitere Interviews ergänzen, um eine vermeintliche „kollektive Identität" und Gruppenerfahrungen forschend in den Blick zu nehmen. Für solch ein Projekt böten sich die hier herausgearbeiteten Kernaussagen der Interviews als Vergleichsfolien an. Ebenso könnten die entwickelten Interpretationsparameter sowie das Spannungsverhältnis auf andere Quellen angewendet werden – beispielsweise bereits erschlossene, jedoch noch sehr einseitig interpretierte Quellen wie Zeitungsartikel, Quellen des „Apo-Archivs" der Freien Universität Berlin, Veröffentlichungen der Kommunen I und II oder aber auch „Ego-Dokumente" (Schulze 1996) wie Tagebücher (beispielsweise aus dem Deutschen Tagebucharchiv in Emmendingen), Briefwechsel oder weitere Interviews.

So könnte auch die erziehungswissenschaftliche (Familien)Forschung von der Arbeit mit narrativen Interviews profitieren. Beispielsweise wäre die Interviewarbeit mit Kindern von ‚68erInnen' aussichtsreich (hierzu bislang nur Schubert 2011). Hier würde die Forschungsfrage, wie diese die „nichtrepressive Sexualerziehung" oder die besitzanspruchslose Beziehungsgestaltung ihrer Eltern erinnern – auch im Vergleich mit ihrer eigenen Beziehungsgestaltung – zudem einen Gewinn für die Familien- und Beziehungsforschung darstellen. Auch das im Wahlkampf 2013 neu aufgeflammte Interesse an den ‚68erInnen'-SexualerzieherInnen, wie Daniel Cohn-Bendit, dem eine pädosexuelle Neigung unterstellt wurde (vgl. u.a. Dobrindt zit. nach Gaubele 2013.), könnte mit Hilfe von ZeitzeugInnen-Aussagen differenzierter beleuchtet werden (vgl. Baader/Brumlik 2013, S. 17).

Neben der Auseinandersetzung mit Menschen aus dem Kreis der ‚68erInnen'-Bewegung erachte ich es als wichtig, auch dem ‚Blick von außen' mehr Aufmerksamkeit zu schenken. Ausgehend von der Annahme, dass die ‚68erInnen' mit dem Projekt der ‚freien Liebe' Reaktionen bei dem von ihnen angeprangerten ‚Establishment' hervorriefen, wäre zu untersuchen, welche Reaktionen und Gegenbewegungen bei den ‚Gegnern' und politischen Feinden der ‚68erInnen' entstanden. So würde sich beispielsweise anhand einer ausführlichen Quellenstudie von weniger progressiven Zeitschriften, Zeitungen Ende der 1960er/Anfang der 1970er Jahre herausarbeiten lassen, wie die öffentliche Debatte zur ‚freien Liebe' aussah; ob nur moralische, konservative Gegen-Diskussionen geführt wurden (vgl. u.a. Schildt 2004), oder ob es auch Solidaritätsbekundungen gab, Impulse von den ‚68erInnen' aufgegriffen und befürwortet wurden.

Was das spezielle Feld der Sexualitätskonstrukte betrifft, ließe sich im Anschluss weiter zu jenen Aspekten forschen, die ich in den Interviewinterpretationen nur am Rande aufgreifen konnte. Eine genauere Betrachtung hätten etwa die individuellen

Ansichten zu Sexualität verdient. Es fiel auf, dass die Mehrzahl der Interviewten Sexualität lediglich als (zumeist heterosexuellen) Geschlechtsverkehr definierte und durch (‚männliches') Begehren markierte. Ausdifferenzierungen anderer sexueller Varianten, Orientierungen oder die Schilderung von Aspekten wie (‚weibliche') Lust und Sehnsüchten fehlten. Ist oder war die Generation, mit der man wie bei keiner anderen zuvor eine offene Haltung zu Sexualität verbindet, letztlich sexuell doch nicht so offen und kommunikativ? Eine detaillierte Untersuchung der Kommunikation über Sexualität der ‚68erInnen' im Vergleich zu jüngeren und älteren Generationen könnte hierzu Antworten liefern. Vielleicht ergäbe sich sogar der Hinweis darauf, dass die Definition der ‚freien Liebe', die bei erster Ansicht sehr körperbetont erscheint und emotionale Aspekte ausspart, bereits zu Spannungen führte.

Ein weiteres, sich in dieser Arbeit eröffnetes Forschungsfeld ist das aktueller Sexualitäts- und Beziehungsdiskurse im Vergleich zu denen der ‚68erInnen'. Hierzu ließe sich beispielsweise die wachsende Polyamory-Bewegung (oder auch weitere Nichtmonogame-Sexualitätsmuster bspw. ‚Swinging') betrachten. Fragen könnten lauten: Reproduzieren die VertreterInnen von polyamoren und nichtmonogamen Beziehungen Ideen und Theorien des besitzanspruchslosen Beziehungskonzepts der ‚68erInnen'? Lassen sich hier etwa Spuren des Sexualitätsdiskurses der ‚68erInnen' finden? Falls ja, inwiefern dienen die Vorstellungen der ‚68erInnen' zur Abgrenzung oder als Vorbild? Lernte vor allem die Polyamory-Bewegung aus den (vermeintlichen) Fehlern der ‚68erInnen', da sie sich darin auszeichnen möchte, eine „Ethik der Freiheit" zu ermöglichen, indem sie „sich weigert, den organischen Fluss der Liebe einzudämmen oder die menschliche Kapazität zu lieben, zu begrenzen" (Klesse 2013, S. 29)? Da sich die Polyamory-Bewegung darin auszeichnet, dass sie eine stetige Diskursivierung von Kernbegriffen wie ‚Bindung', ‚Bindungsbedürfnisse' und ‚Eifersucht' – Begriffe, die sich bei den ‚68erInnen' als ‚problematisch' herausstellten – forciert (vgl. u.a. Klesse 2007, S. 316ff.), liegt diese Frage nahe.

4. RESÜMEE

Das ‚68erInnen'-Konstrukt von ‚befreiter Sexualität' wirkte sich nachhaltig auf individuelle Lebensentwürfe und -modelle, soziale Prozesse, Einstellungen zu Geschlechterbildern und Beziehungsstrukturen aus; dies belegen die vorliegenden Analysen. Die bisherige Forschung zu ‚1968' bezog Narrationen von ZeitzeugInnen bei der Auseinandersetzung mit dem Sexualitäts- und Beziehungskonzept der ‚68erInnen' bislang nur marginal mit ein, was den Interpretationsrahmen einschränkte und zu einer „Deutungsschlacht" ausuferte.

Zwei Konsequenzen lassen sich aus der vorliegenden Studie für die Auseinandersetzung mit ZeitzeugInnen-Aussagen ziehen: Zum einen ist die Arbeit mit Erinnerungen von Beteiligten unumgänglich, wenn man die Chiffre ‚1968' und ihre Visionen eines alternativen Zusammenlebens diskutieren will. Zum anderen zeigten die Feinanalysen, dass bei der Interpretation von Narrationen perspektivisch auch das Selbstbild, das Geschlechterkonstrukt, der Kohärenzwunsch und der „rote Faden" der Narration der/desjenigen, die/der über ‚1968' spricht, sowie die Interaktionsdynamik des Gesprächs mitanalysiert werden sollten. Wird man diesen Analyseparametern nicht gerecht, gehen wesentliche Aspekte, die die AkteurInnen in ihrem Umgang mit der ‚freien Liebe' beeinflusste, verloren.

Das Projekt ‚freie Liebe' beendeten die Interviewten, als sie feststellten, dass sich die Spannungsverhältnisse nicht aufheben ließen. Das besitzanspruchslose Beziehungskonzept der ‚68erInnen' als komplett gescheitert zu beschreiben (vgl. u.a. Gillen 2007, S. 137), wird den herausgearbeiteten Strukturen der Interviews dennoch nicht gerecht. Gerade weil die Praxis der (mitunter normativ vermittelten) besitzanspruchslosen, offenen Beziehungsgestaltung mit einem Spannungsverhältnis einherging, ermöglichte sie den ProtagonistInnen, ihre eigenen Vorstellungen zu reflektieren und zu entscheiden, inwiefern eine politische Theorie ihre privaten Lebensverhältnisse formen soll. Die Interviews zeigen, dass die AkteurInnen durch die Auseinandersetzung mit dem Duktus der Polygamie einen besonderen Zugang zu ihren Bedürfnissen und für sie passende Lebenskonzepte fanden.

Was tatsächlich gescheitert zu sein scheint, ist m.E. vielmehr der Wunsch der ‚68erInnen', ein alternatives Konzept von Sexualität und Beziehungen zu entwickeln, jenseits von Männlichkeits- und Weiblichkeitsstereotypen, Idealen der Potenz, den Maßstäben der Sexualforschung, dem Triebmodell, jenseits von Wut und Eifersucht und Befangenheit durch sexuelle Repression. Die Konzeption eines ‚neuen Verständnisses von Sexualität scheiterte, da die ‚68erInnen' Handlungsmaxime entwickelten, ohne die genannten Aspekte zu dekonstruieren oder zu modifizieren. Die Interviews haben gezeigt, dass gleichberechtigte, bedürfnis- und affektorientierte Alternativen fehlten, die die aufkommenden Ambivalenzen hätten abfedern können.

Die anvisierte sexuelle Freiheit stellte sich nicht automatisch mit offenen Beziehungen ein, und die „konkreten Utopien" (Enzensberger 1968, S. 110ff.) benötigten viel mehr Möglichkeiten, Aspekte wie Eifersucht, Bindungswünsche, weibliche Sexualität, traditionelle und alternative Geschlechterkonstrukte außerhalb einer sexualpolitischen Norm zu reflektieren. Hätte das in dieser Arbeit besprochene Spannungsverhältnis seinen Weg in die große Debatte der ‚68erInnen' gefunden, ohne dass alle Kritik normativ als ‚bürgerlich' abgetan worden wäre, hätte die offene Beziehungsform vielleicht eine reelle Chance gehabt.

Eine Bilanz aus dem Spannungsverhältnis ließe sich demnach wie folgt formulieren: Sexualität und Beziehungsführung lassen sich nicht in ein programmatisches, normatives Raster bringen, ohne dass emotionale Bedürfnisse, Bindungswünsche und Geschlechterkonstrukte des Individuums mitdiskutiert werden.

Auch wenn die Interviewten die Konflikte mit der besitzanspruchslosen Beziehungsgestaltung und ihre Ambivalenzen mit ihr betonen, unterstreichen alle abschließend kohärent die Erfahrungswerte, die sie aus dieser prägenden Zeit sammelten: Der Widerspruch von Bedürfnissen und politisiertem Blick auf Sexualität veranlasste sie dazu, den emotionalen Bereich, der in dem Sexualitäts- und Beziehungskonstrukt der ‚68erInnen‘ zu kurz kam, neu zu bemessen. Miriam, Walter, Thomas und Brigitte interpretieren ihre Zeit als ‚68erIn‘ als besondere Lebenserfahrung, in der sie wichtige Entscheidungen für ihr Lebenskonzept trafen. Sie ziehen alle zum Ende ihrer Narration ganz im Sinne der Kohärenz ein versöhnliches Fazit und betonen den Lerneffekt sowie die ihnen durch ihre sexualpolitische Akteurschaft dargebotenen Möglichkeiten.

V. Literaturverzeichnis

QUELLEN

Abholz, Heinrich; Dräger, Hanno und Bernhard Witt: Lautloses Platzen. Antibaby-pille für Studentinnen. In: Allgemeiner Studentenausschuss Berlin (Hrsg.): FU-Spiegel. Offizielle Studenten-Zeitschrift an der Freien Universität Berlin. Feb-ruar 1968, S. 24.

Abraham, Hilda: A contribution to the problems of female sexuality. In: The Inter-national Journal of Psychoanalysis. Jg. 37 (1956), Heft 2, S. 351-353.

Adorno, Theodor W. (1937): Brief an Erich Fromm. 16. November 1937. In: Gö-dde, Christoph und Henri Lonitz (Hrsg.): Theodor W. Adorno – Max Hork-heimer. Briefwechsel 1927-1969. Band I: 1927-1937. Frankfurt a.M. 2003, S. 539-545.

Adorno, Theodor W.: Der autoritäre Charakter. Band 1. Studien über Autorität und Vorurteil. (Raubdruck) Amsterdam 1968.

Adorno, Theodor W.; Frenkel-Brunswik, Else; Levinson, Daniel; Sanford, Nevitt: The Authoritarian Personality. New York 1950

Adorno, Theodor W.; Frenkel-Brunswik, Else; Levinson, Daniel; Sanford, Nevitt: Studien zum Autoritären Charakter. Frankfurt a.M. 1973.

Adorno, Theodor W.: Gesammelte Schriften. Band 10.2: Kulturkritik und Gesell-schaft. Hrsg. von Tiedemann, Rolf. Darmstadt 1998.

Agit 883. Jg. 1 (1969a), Heft 41.

Ali, Tariq: Street Fighting Years. Autobiographie eines 68ers. Köln 1998.

Allerbeck, Klaus: Soziologie radikaler Studentenbewegung. Eine vergleichende Untersuchung in der Bundesrepublik Deutschland und den Vereinigten Staaten. München/Wien 1973.

Aly, Götz: Unser Kampf. 1968 – Ein irritierender Blick zurück. Frankfurt a.M. 2008.

Amendt, Günter: Sexfront. Frankfurt a.M. 1970.

Amendt, Günter: Zur sexualpolitischen Entwicklung nach der antiautoritären Schü-ler-und Studentenbewegung. In: Hans-Jochen Gamm und Friedrich Koch

(Hrsg.): Bilanz der Sexualpädagogik. Frankfurt a.m/New York 1977, Seite 17-24.

Ammon, Günter: Beobachtungen über einen psychoanalytischen Kindergarten. Zum Problem der Frustrationsregulierung. Berlin 1969.

Andreas-Salomé, Lou: Psychosexualität. In: Zeitschrift für Sexualwissenschaft. Jg. 9 (1917), Heft 1, S. 1-12 und S. 49-57.

Anger, Hans: Probleme der deutschen Universität. Tübingen 1960.

Arendt, Hannah: Macht und Gewalt. München 1970.

Auchter, Thomas: Zur Kritik der antiautoritären Erziehung. Freiburg 1973. Berliner Kinderläden: Antiautoritäre Erziehung und sozialistischer Kampf. Köln/Berlin 1970.

Bartsch, Günter: Anarchismus in Deutschland. Band II. 1965-1973. Hannover 1973.

Baumann, Bommi: Wie alles anfing. Berlin 1991.

Baumann, Bommi und Christoph Meuler: Rausch und Terror. Ein politischer Erlebnisbericht. Berlin 2008.

Beauvoir, Simone: Das andere Geschlecht. Eine Deutung der Frau. Reinbek b. Hamburg 1960.

Bergmann, Achim und Herbert Fertl: Zur Apathie des neuesten Kritizismus. In: Schoeller, Wilfried (Hrsg.): Die Neue Linke nach Adorno. München 1969, S. 38-54.

Berliner Zeitung (o.A.): Psychiater: ‚Abnorme Persönlichkeiten'. In: B.Z. Berliner Zeitung. Jg. 23 (1968), Ausgabe vom 19.03.1968, S. 15.

Berndt, Heide: Kommune und Familie. In: Enzensberger, Hans Magnus (Hrsg.): Kursbuch: Frau, Familie und Gesellschaft. Jg. 5 (1969), Heft 17, S. 129-146.

Binger, Lothar: Kritisches Plädoyer für die Gruppe. In: Kursbuch: Verkehrsformen II. Emanzipation in der Gruppe und die ‚Kosten' der Solidarität. Jg. 10 (1974), Heft 37, S. 1-25.

Bittner, Günther: Psychoanalyse und soziale Erziehung. 3. Aufl., München 1972.

Bock, Gisela: Lohn für die Hausarbeit und die Macht der Frauen. In: Courage. Jg. 1 (1976), Heft 1, S. 27-28.

Bott, Gerhard (Hrsg.): Erziehung zum Ungehorsam. Kinderläden berichten aus der Praxis der antiautoritären Erziehung. Frankfurt 1970.

Bookhagen, Christel; Hemmer, Eike; Raspe, Jan; Schultz, Eberhard und Marion Stegar: Kommune 2. Versuch der Revolutionierung des bürgerlichen Individuums. Kollektives Leben mit politischer Arbeit verbinden! Berlin 1969a.

Bookhagen, Christel; Hemmer, Eike; Raspe, Jan; Schultz, Eberhard und Marion Stegar: Kommune 2. Kindererziehung in der Kommune. In: Kursbuch: Frau, Familie, Gesellschaft. Jg. 5 (1969b), Heft 17, S. 147-178.

Bornemann, Ernest: Zur Genealogie der Eifersucht. In: Bornemann, Ernest; Körner, Heinz; Lankor, Edith; Plack, Arno und Adalbert Schmidt: Eifersucht. Fellbach 1979, S. 16-23.

Breitenreicher, Hille Jan: Revolution der Erziehung oder Erziehung zur Revolution? Reinbek 1971.

Brocher, Tobias: Kritische Überlegungen zu den Problemen der Sexualerziehung. In: Heydorn, Heinz-Joachim (Hrsg.): Erziehung und Sexualität. Frankfurt a.m./Berlin/Bonn/München 1968, S. 7-30.

Böckelmann, Frank: Die Möglichkeit ist die Unmöglichkeit. Die Unmöglichkeit ist die Möglichkeit Bemerkungen zur Autarkie der Negativen Dialektik Adornos. In: Schoeller, Wilfried (Hrsg.): Die Neue Linke nach Adorno. München 1969, S. 17-37.

Böhme, Wolfgang: Verbot der Pornographie? Gesellschaftsstruktur und sexuelle Sucht. Stuttgart 1968.

Bovet, Theodor: Von Mann zu Mann. Tübingen 1962.

Brot und Rosen (Hrsg.): Frauenhandbuch Nr.1. Abtreibung und Verhütungsmittel. Berlin 1972.

Brzezinski, Zbigniew: Revolution oder Konterrevolution – zum historischen Standort des Revolutionismus der ‚Neuen Linken'. In: Scheuch, Erwin (Hrsg.): Die Wiedertäufer der Wohlstandsgesellschaft. Eine kritische Untersuchung der ‚Neuen Linken' und ihrer Dogmen. Köln 1968, S. 217-222.

Brückner, Peter: Zur Sozialpsychologie des Kapitalismus. Sozialpsychologie der antiautoritären Bewegung. Frankfurt a.m. 1972.

Brückner, Peter: Nachruf auf die Kommunebewegung. In: Kerbs, Diethart (Hrsg.): Die hedonistische Linke. Beiträge zur Subkulturdebatte. Neuwied 1971, S. 124-142.

Brümmerloh, Hannelore: ‚... when I'm sixty-four.' Die 68er in der Lebensphase Alter. Marburg 2012.

Buhmann, Inga (1977): Ich habe mir eine Geschichte geschrieben. 5. Aufl., Frankfurt a.m. 1998.

Bundesverfassungsgericht: Entscheidungen des Bundesverfassungsgerichts. Registerband 6, Tübingen 1957.

Chasseguet-Smirgel, Janine (1964): Freud widersprechende psychoanalytische Ansichten über die weibliche Sexualität. In: Dies. (Hrsg.): Psychoanalyse der weiblichen Sexualität. Frankfurt a.m. 1974, S. 46-67.

Cohn-Bendit, Daniel: Wir haben sie so geliebt, die Revolution. Berlin/Wien 2001.

Dahrendorf, Ralf: Bildung ist Bürgerrecht. Plädoyer für eine aktive Bildungspolitik. Osnabrück 1965.

Dahrendorf, Ralf: Gesellschaft und Demokratie in Deutschland. München 1965.

Dargun, Lothar: Mutterrecht und Raubehe und ihre Reste im germanischen Recht und Leben. Breslau 1883.

Dannecker, Martin und Reimut Reiche: Der gewöhnliche Homosexuelle. Eine soziologische Untersuchung über männliche Homosexuelle in der BRD. Frankfurt a.M. 1974.

Dermitzel, Regine: Thesen zur antiautoritären Erziehung. In: Kursbuch: Frau, Familie und Gesellschaft. Jg. 5 (1969), Heft 17, S. 179-187.

Descartes, René (1628): Regeln zur Ausrichtung der Erkenntniskraft. Hamburg 1973.

Die Welt (o.A.): Gericht will Psychiater heranziehen. In: Die Welt. Jg. 21 (1967), Ausgabe vom 19.03.1967, S. 6.

Dräger, Käthe: Übersicht der psychoanalytische Auffassungen von der Entwicklung der weiblichen Sexualität. In: Psyche. Jg. 22 (1968), Heft 6, S. 410-422.

Dreßen, Wolfgang: Antiautoritäres Lager und Anarchismus. 2. Aufl., Berlin 1968.

Dutschke, Rudi: Diskussion: Das Verhältnis von Theorie und Praxis. In: Anschlag, Jg. 1 (1964), Heft 1. Abgedruckt in: Böckelmann, Frank und Herbert Nagel (Hrsg.): Subversive Aktion. Der Sinn der Organisation ist ihr Scheitern. Frankfurt a.M. 1976, S. 190-195.

Dutschke, Rudi: Zur Literatur des revolutionären Sozialismus von K. Marx bis in die Gegenwart. In: SDS-Korrespondenz Sondernummer. Berlin 1966.

Dutschke, Rudi: Die Widersprüche des Spätkapitalismus. In: Bergmann, Uwe; Dutschke, Rudi; Lefèvre, Wolfgang und Bernd Rabehl: Rebellion der Studenten oder die neue Opposition. Eine Analyse. Reinbek b. Hamburg 1968, S. 33-57.

Dutschke, Rudi: Mein langer Marsch. Reden, Schriften und Tagebücher aus zwanzig Jahren. Reinbek 1980.

Dutschke, Rudi: Aufrecht gehen. Eine fragmentarische Autobiographie. Berlin 1981.

Elberskirchen, Johanna: Die Sexualempfindung bei Weib und Mann. Betrachtet vom Physiologisch-soziologischen Standpunkte. Leipzig 1904.

Elberskirchen, Johanna: Die Liebe des dritten Geschlechts. Homosexualität, eine bisexuelle Varietät, keine Entartung – keine Schuld. Leipzig 1904.

Elberskirchen, Johanna: Geschlechtsleben und Geschlechtsenthaltsamkeit des Weibes. München 1905.

Enzensberger, Hans Magnus: Konkrete Utopie. Zweiundsiebzig Gedanken für die Zukunft. In: Kursbuch: Kritik der Zukunft. Jg. 4 (1968), Heft 14, S. 110-145.

Enzensberger, Hans Magnus: Tumult. Frankfurt a.M. 2014.

Ewert, Christiane; Karsten, Gaby und Dagmar Schultz: Hexengeflüster 2. Frauen greifen zur Selbsthilfe. 2. Aufl., Berlin 1977.

Fischer, Jochen: Nicht Sex, sondern Liebe. Hamburg 1966.

Fischer, Horst: Sexuelles Gruppenverhalten in Deutschland. Hamburg 1968.

Frankfurter Frauen (Hrsg.): Frauenjahrbuch. Band 1, Frankfurt 1975.

Frauengruppe im revolutionäre Kampf: (o.T.). Frankfurt a.M. 1973

Freud, Anna (1937): Das Ich und die Abwehrmechanismen. Frankfurt a.M. 2003.

Freud, Anna und Sophie Dann (1951): Gemeinschaftsleben im frühen Kindesalter. In: Zentralrat der sozialistischen Kinderläden West-Berlin (Hrsg.): Anleitung für eine revolutionäre Erziehung. Band 5: Kinder im Kollektiv. Berlin 1969, S. 33-100.

Freud, Sigmund und Josef Breuer (1895): Studien zur Hysterie. Frankfurt a.M. 1974.

Freud, Sigmund (1901): Zur Psychologie der Traumvorgänge. In: Gesammelte Werke. Band 2 und 3. London 1948, S. 513-626.

Freud, Sigmund (1903): Drei Abhandlungen zur Sexualtheorie. In: Studienausgabe Band 5. Sexualleben. London 1972, S. 27-145.

Freud, Sigmund (1907): Zur sexuellen Aufklärung der Kinder. In: Studienausgabe Band 7. Sexualleben. London 1972, S. 19-27.

Freud, Sigmund (1908a): Die ,kulturelle' Sexualmoral und die moderne Nervosität. Gesammelte Werke. Band 7. London 1955, S. 143-167.

Freud, Sigmund (1908b): Über infantile Sexualtheorien. In: Gesammelte Werke. Band 7. London 1955, S. 171-188.

Freud, Sigmund (1908c): Charakter und Analerotik. In: Gesammelte Werke. Band 7. London 1955, S. 203-209.

Freud, Sigmund (1910): Über wilde Psychoanalyse. Gesammelte Werke. Band 8. London 1955, S. 117-125.

Freud, Sigmund (1912): Über die allgemeinste Erniedrigung des Liebeslebens. In: Gesammelte Werke. Band 8. London 1955, S. 78-91.

Freud, Sigmund (1915): Triebe und Triebschicksale. In: Gesammelte Werke. Band 10. London 1949, S. 210-232.

Freud, Sigmund (1920): Jenseits des Lustprinzips. In: Gesammelte Werke. Band 13. London 1955, S. 3-69.

Freud, Sigmund (1922): ,Psychoanalyse und Libidotheorie'. In: Gesammelte Werke. Band 13. London 1955, S. 211-233.

Freud, Sigmund (1923): Das Ich und das Es. In: Gesammelte Werke. Band 13. London 1955, S. 235-289.

Freud, Sigmund (1924): Das ökonomische Problem des Masochismus. Gesammelte Werke. Band 13. London 1955, S. 369-383.

Freud, Sigmund (1925): Einige psychische folgen anatomischen Geschlechtsunterschieds. In: Gesammelte Werke, Band 14. 7. Aufl., Frankfurt a.M. 1991, S. 17-30.

Freud, Sigmund (1930): Das Unbehagen in der Kultur. In: Gesammelte Werke. Band 14. London 1955, S. 421-506

Freud, Sigmund (1931): Über die weibliche Sexualität. In: Gesammelte Werke. Band 14. London 1955, S. 517-537.

Freud, Sigmund (1938): Abriß der Psychoanalyse. In: Gesammelte Werke. Band 17. London 1955, S. 63-138.

Freyberg, Doris von und Thomas von Freyberg: Zur Kritik der Sexualerziehung. Frankfurt a.M. 1971.

Fricker, Roland und Lerch, Jakob: Zur Theorie der Sexualität und der Sexualerziehung. Weinheim/Basel 1976.

Friedan, Betty: The Feminine Mystique. New York 1963.

Friedeburg, Ludwig von: Umfrage in der Intimsphäre. Stuttgart 1953.

Fries, Margaret: Liebesbedürfnis und Frustrationstoleranz bei der jungen Generation. In: Psyche. Jg. 24 (1970), Heft 7, S. 524-526.

Fromm, Erich: Theoretische Entwürfe über Autorität und Familie: Sozialpsychologischer Teil. In: Fromm, Erich, Horkheimer, Max und Herbert Marcuse (Hrsg.): Studien über Autorität und Familie. Forschungsberichte aus dem Institut für Sozialforschung. Paris 1936, S. 1-228.

Gamm, Hans-Jochen und Friedrich Koch (Hrsg.): Bilanz der Sexualpädagogik. 1. Aufl., Frankfurt a.M./New York 1977.

Gehret, Jens und Carl Weissner (Hrsg.): Gegenkultur heute: Die Alternativ-Bewegung von Woodstock bis Tunix. 2. Aufl., Amsterdam 1979.

Gerstein, Hannelore: Studierende Mädchen. Zum Problem des vorzeitigen Abgangs von der Universität. München 1965.

Giese, Hans und Gunter Schmidt: Studenten-Sexualität. Verhalten und Einstellungen. Eine Umfrage an 12 westdeutschen Universitäten. Reinbek 1968.

Glaser, Hermann: Eros in der Politik. Eine sozialpathologische Untersuchung. Köln 1967.

Glaser, Horst Albert: Pornographie. Dokumentation eines Kapitels literarischer Zensur in der BRD. In: Kaes, Anton und Bernhard Zimmermann (Hrsg.): Literatur für viele. Studien zur Trivialliteratur und Massenkommunikation im 19. und 20. Jahrhundert. Göttingen 1975, S. 173-197.

Goede, Sabine: Gruppendynamische Garküche. In: Böckelmann, Frank und Herbert Nagel (Hrsg.): Subversive Aktion. Der Sinn der Organisation ist ihr Scheitern. Frankfurt a.M. 1976, S. 465-473.

Gruppe Sexpol-Nord (Westberlin, 1968): Sexpol-Protokolle. In: Gente, Hans-Peter (Hrsg.): Marxismus. Psychoanalyse. Sexpol. Band 2: Aktuelle Diskussion. Frankfurt a.M. 1972, S. 10-49.

Guha, Anton-Andreas: Sexualität und Pornographie. Die organisierte Entmündigung. Frankfurt a.M. 1971.

Habermas, Jürgen: Die Scheinrevolution und ihre Kinder. In: Abendroth, Wolfgang (Hrsg.): Die Linke antwortet Jürgen Habermas. Frankfurt 1968a, S. 5-15.

Habermas, Jürgen (1968b): Erkenntnis und Interesse. Frankfurt a.M. 1973.

Habermas, Jürgen: Theorie des kommunikativen Handelns. Band 2. Frankfurt a.M. 1981.

Hartung, Klaus: Über die langandauernde Jugend im linken Getto. Lebensalter und Politik – Aus der Sicht eines 38jährigen. In: Kursbuch: Jugend. Jg. 14 (1978), Heft 54, S. 174–188.

Haug, Wolfgang Fritz (1965): Vorbemerkungen. In: Das Argument. Zeitschrift für Philosophie und Sozialwissenschaften. Jg. 7 (1965), Heft 32, S. 30 – 31.

Haug, Wolfgang Fritz: Sexuelle Verschwörung des Spätkapitalismus? Zur Kritik an Reiches ‚Sexualität und Klassenkampf'. In: Ders.: Warenästhetik, Sexualität und Herrschaft. Frankfurt a.M. 1972, S. 130-154.

Hehr, Inge: Die Kinderfrage – Über den Zusammenhang von ungeschützten Arbeitsverhältnissen und geschlechtshierarchischer Arbeitsteilung. In: Beiträge zur feministischen Theorie und Praxis. Jg. 11 (1988), Heft 21/22, S. 139-152.

Heider, Ulrike: Protestbewegung und Sexrevolte. In: Die Tageszeitung vom 13.08.1988, S. 17-20.

Heider, Ulrike: Vögeln ist schön. Die Sexrevolte von 1968 und was ihr bleibt. Berlin 2014.

Hoffmann-Axthelm, Dieter (Hrsg.): Zwei Kulturen. TUNIX, Mescalero und die Folgen. Berlin 1978.

Horkheimer, Max und Theodor W. Adorno (1944): Dialektik der Aufklärung. Frankfurt a.m. 1969.

Jacobi, Jolande: Frauenprobleme. Eheprobleme. Zürich/Stuttgart 1968.

Johnston, Jill: Lesben Nation. Die feministische Lösung. Berlin 1976.

Kentler, Helmut: Sonne und Amore – Ferienlager-Bericht über einen Typus deutscher Jugendlicher. Teil I bis III In: Frankfurter Hefte: Jg. 18 (1963), Heft 6, S. 401-410, Heft 8, S. 549-558 und Heft 11, S. 764-769.

Kentler, Helmut: Fernhalten und Ablenken. Tendenzen der Aufklärungsliteratur. In: Deutsche Jugend, Jg. 13 (1965), Heft 9, S. 397 ff.

Kentler, Helmut (Hrsg.): Für eine Revision der Sexualpädagogik. 3. Aufl., München 1969.

Kentler, Helmut: Kritik der gegenwärtigen Sexualerziehung. In: Schmidt, Gunter und Volkmar Sigusch (Hrsg.): Tendenzen der Sexualforschung. Stuttgart 1970, S. 23-38.

Kentler, Helmut: Die Wohngruppe als gesellschaftliche Institution. In: Feil, Johannes (Hrsg.): Wohngruppe, Kommune, Großfamilie. Gegenmodelle zur Kleinfamilie. Reinbek 1972, S. 7-19.

Kentler, Helmut (Hrsg.): Texte zur Sozio-Sexualität. Opladen 1973.

Kentler, Helmut: Eltern lernen Sexualerziehung. Reinbek 1975.

Kentler, Helmut: Kindersexualität. In: McBride, Will: Zeig Mal! 4. Aufl., Wuppertal 1979, S. 4-11.

Kinsey, Alfred C. (1953): Das sexuelle Verhalten der Frau. Berlin 1954.

Kinsey, Alfred C. (1948): Das sexuelle Verhalten des Mannes. Berlin 1955.

Koch, Friedrich: Positive und negative Sexualerziehung. Inhaltsanalyse und Kritik zur Didaktik gegenwärtiger Broschürenliteratur für die sexuelle Unterweisung. Hamburg 1970.

Koch, Friedrich: Gegenaufklärung. Zur Kritik restaurativer Tendenzen in der Gegenwartspädagogik. Bensheim 1979.

Koedt, Anne: Der Mythos vom vaginalen Orgasmus. Raubdruck 1971.

König, René: Macht und Reiz der Moderne. Düsseldorf/Wien 1971.

Kollontai, Alexandra Michailowna (1921): Die Situation der Frau in der gesellschaftlichen Entwicklung – Vierzehn Vorlesungen vor Arbeiterinnen und Bäuerinnen an der Sverdlov-Universität 1921. Fulda 1975.

Kollontai, Alexandra Michailowna (o.J.): Autobiographie einer sexuell emanzipierten Kommunistin. München 1970.

Krahl, Hans-Jürgen: Das Elend der kritischen Theorie eines kritischen Theoretikers. In: Ders. (Hrsg.): Konstitutionen und Klassenkampf. Zur historischen Dialektik von bürgerlicher Emanzipation und proletarischer Revolution. Schriften, Reden und Entwürfe aus den Jahren 1966-1970. Frankfurt a.M. 1971, S. 246-254.

Links (o.A.): Interview mit Herbert Marcuse zu ‚Marxismus und Feminismus'. 6. Jg. (1974), Heft 60, S. 9.

Litt, Theodor: Die deutsche Jugend in der Gegenwart. In: Schriften der Deutsche Gesellschaft für Soziologie (Hrsg.): Verhandlungen des deutschen Soziologentages vom 9. bis zum 12. August 1948 in Worms. Tübingen1949, S. 39-49.

Maier, Hans (1972): Aktuelle Tendenzen der politischen Sprache. In: Heringer, Hans Jürgen (Hrsg.): Holzfeuer im hölzernen Ofen. Aufsätze zur politischen Sprachkritik. Tübingen 1982, S. 178-188.

Mannheim, Karl (1928): Das Problem der Generationen. In: Ders. (Hrsg.): Wissenssoziologie – Auswahl aus dem Werk. Berlin/Neuwied 1964.

Marcuse, Herbert (1963): Das Veralten der Psychoanalyse. In: Marcuse, Herbert: Kultur und Gesellschaft. Band 2. Frankfurt a.M. 1965, S. 85-106.

Marcuse, Herbert (1955): Triebstruktur und Gesellschaft. Frankfurt a.M. 1965a.

Marcuse, Herbert: Philosophie und Kritische Theorie. In: Ders.: Kultur und Gesellschaft. Band 1. Frankfurt a.M. 1965b.

Marcuse, Herbert: Der eindimensionale Mensch. Studien zur Ideologie der fortgeschrittenen Industriegesellschaft. Berlin/Neuwied 1967.

Marcuse, Herbert: Der Zwang ein freier Mensch zu sein. Twen-Interview. In: Twen. Jg. 11 (1969), Heft 6, S. 105-109.

Marcuse, Herbert (1969): Versuch über die Befreiung. In: Marcuse, Herbert: Schriften. Band 8 Frankfurt a.M. 1984, S. 237-317.

Marcuse, Herbert: Befreiung von der Überflußgesellschaft. In: Kursbuch: Kulturrevolution. Dialektik der Befreiung. Jg. 5 (1969), Heft 16, S. 185-198.

Marcuse, Herbert (1974): Marxismus und Feminismus. Diskussionsvorlage für eine Diskussion mit Frankfurter Frauen im Institut für Sozialforschung. In: Ders.: Zeit-Messungen. Frankfurt a.M. 1975, S. 9-20.

Marx, Karl und Friedrich Engels (1845): Die deutsche Ideologie. In: Marx, Karl und Friedrich Engels: Werke. Band 3. Berlin 1983.

Marx, Karl (1859): A Contribution to the Critique of Political Economy, New York 1970.

Masters, William und Virginia Johnson: Die sexuelle Reaktion. Frankfurt a.M. 1967.

Masters, William und Virginia Johnson: Impotenz und Anorgasmie. Zur Therapie funktioneller Sexualstörungen. Frankfurt a.M. 1973.

Matussek, Matthias: Als wir jung und schön waren. Frankfurt a.M. 2008.

Marx, Karl (1862): Theorien über den Mehrwert. In: Marx-Engels-Werke. Band 26, Berlin 2006.

Mead, Margaret (1928): Coming of Age in Samoa. A Psychological Study of Primitive Youth for Western Civilization. Harmondsworth 1954.

Mehrmann, Heinrich: Erobern Kommunen Deutschlands Betten? Mehr Sex mit Marx und Mao. In: pardon. Jg. 6 (1967), Heft 8, S. 17-23.

Menne, Lothar: Unter dem Pflaster lagen die Träume. München 2008.

Meves, Christa: Zur Sexualität befreit – zur Abartigkeit verführt. Eine Kritik an modernen Empfehlungen zur Sexualerziehung. In: Meves, Christa: Manipulierte Maßlosigkeit. Psychische Gefahren im technisierten Leben. Freiburg 1971.

Millett, Kate: Sexus und Herrschaft – Die Tyrannei des Mannes in unserer Gesellschaft. München 1971.

Mitscherlich, Alexander: Auf dem Weg zur vaterlosen Gesellschaft. Ideen zur Sozialpsychologie. München 1963.

Mitscherlich, Alexander: Protest und Revolution. In: Psyche, Jg. 24 (1970), Heft 7, S. 510-520.

Mitscherlich, Alexander und Margarete Mitscherlich (1967): Die Unfähigkeit zu trauern. 20. Aufl., München 1988.

Mollenhauer, Klaus: Erziehung und Emanzipation. Polemische Skizzen. Weinheim 1973.

Mosler, Peter: Was wir wollten, was wir wurden. Reinbek 1977.

Muchow, Hans Heinrich: Das geht Dich an! Köln 1963.

Müller, Ludmilla: Frauen als Mütter – Frauen im Alter. Was hat die Emanzipation gebracht? In: Schlaeger, Hilke (Hrsg.): Mein Kopf gehört mir. Zwanzig Jahre Frauenbewegung. München 1988, S. 166-196.

Müller-Lyer, Franz Carl (1911): Die Familie. In: Ders.: Die Entwicklungsstufen der Menschheit. Band 4. München 1921.

Nave-Herz, Rosemarie: Das Dilemma der Frau in unserer Gesellschaft: Der Anachronismus in den Rollenerwartungen. Texte und statistische Daten zur Einführung in eine ‚Geschlechter-Soziologie‘. Neuwied 1972.

Neill, Alexander Sutherland: Theorie und Praxis der antiautoritären Erziehung – Das Beispiel Summerhill. Reinbek b. Hamburg 1969.

Neill, Alexander Sutherland: Das Prinzip Summerhill: Fragen und Antworten – Argumente, Erfahrungen, Ratschläge. Reinbek 1971.

Nitsch, Wolfgang: Hochschule in der Demokratie. Kritische Beiträge zur Erbschaft und Reform der deutschen Universität. Berlin 1965.

Oheim, Gertrud: Einmaleins des guten Tons. 35. Aufl., Gütersloh 1962.

Olenhusen, Götz von und Christa Gnirß: Handbuch der Raubdrucke 2. Theorie und Klassenkampf. München-Pullach 1973.

O'Neill, Nena und George O'Neill: Die offene Ehe. Konzept für einen neuen Typus der Monogamie. Bern/München/Wien 1972.

Osterland, Martin: Lebensbilanzen und Lebensplanung von Industriearbeitern. In: Kohli, Martin (Hrsg.): Soziologie des Lebenslaufs. Darmstadt/Neuwied 1978, S. 272-280.

Parin, Paul; Morgenthaler, Fritz und Parin-Matthèy, Goldy: Die Weißen denken zu viel. Psychoanalytische Untersuchungen bei den Dogon in Westafrika. Zürich 1963.

Plack, Arno: Die Gesellschaft und das Böse. Eine Kritik der herrschenden Moral. 2. verbesserte Aufl., München 1968.

Plack, Arno: Scheitert sexuelle Befreiung an der Eifersucht? In: Bornemann, Ernest; Körner, Heinz; Lankor, Edith; Plack, Arno und Adalbert Schmidt: Eifersucht. Fellbach 1979, S. 99-118.

Pohl, Horst-Erich: Ziele und Auswirkungen progressistischer Sexualpädagogik. In: Medien- & Sexualpädagogik, Jg. 1 (1973), Heft 3, S. 15-21.

Reich, Annie (1932): Für die Befreiung der kindlichen Sexualität! Hg. v. Sozialist. Kinderladen. Anleitung für eine revolutionäre Erziehung. Band 4. Berlin 1969.

Reich, Wilhelm (1925): Der Triebhafte Charakter. In: Frühe Schriften I. Köln 1977, S. 246-340.

Reich, Wilhelm (1927a): Die Funktion des Orgasmus. Sexualökonomische Grundprobleme der biologischen Energie. Köln 1969.

Reich, Wilhelm (1927b): Arbeitsfähigkeit und Sexualbefriedigung. In: Frühe Schriften II. Köln 1980, S. 217-236.

Reich, Wilhelm (1927c): Die orgastische Potenz. In: Frühe Schriften II. Köln 1980, S. 30-45.

Reich, Wilhelm: Geschlechtsreife, Enthaltsamkeit, Ehemoral. Eine Kritik der bürgerlichen Sexualreform. Wien 1930.

Reich, Wilhelm (1930): Die Sexualnot der werktätigen Massen und die Schwierigkeiten der Sexualreform. In: Steiner, Herbert (Hrsg.): Sexualnot und Sexualreform. Verhandlungen der Weltliga für Sexualreform. Wien 1931, S. 72-86.

Reich, Wilhelm: Der sexuelle Kampf der Jugend. Berlin 1932a.

Reich, Wilhelm: Der Einbruch der sexuellen Zwangsmoral. Berlin 1932b.

Reich, Wilhelm (1933): Charakteranalyse. 2. Aufl., Köln 1970.

Reich, Wilhelm (1934a): Die Massenpsychologie des Faschismus. 2. Aufl., Raubdruck 1971.

Reich, Wilhelm (1934b): Die bio-elektrische Untersuchung von Sexualität und Angst. Frankfurt a.M. 1984.

Reich, Wilhelm (1934c): Wie sollen wir zur Frage der Homosexualität in der SA Stellung nehmen? In: Zeitschrift für Politische Psychologie und Sexualökonomie. Jg. 1 (1934), Heft 3/4, S. 271-272.

Reich, Wilhelm (1936): Die sexuelle Revolution. Zur charakterlichen Selbststeuerung des Menschen. Ungekürzte Ausgabe. Frankfurt a.M. 1971.

Reich, Wilhelm (1948): Die Spannungs-Ladungs-Funktion. In: Reich, Wilhelm: Ausgewählte Schriften. Eine Einführung in die Orgonomie. Köln 1976, S. 196-205.

Reich, Wilhelm: Children of the future. In: Orgone Energy Bulletin, Vancouver 1950.

Reiche, Reimut: Sexualität und Klassenkampf. Zur Abwehr repressiver Entsublimierung. In: Probleme sozialistischer Politik. Band 9. Frankfurt 1968a.

Reiche, Reimut (1968b): Wilhelm Reich: Die sexuelle Revolution. In: Neue Kritik. Jg. 9 (1968), Heft 48/49, S. 92-101.

Reiche, Reimut (1968c): Verteidigung der ‚neuen Sensibilität'. In: Abendroth, Wolfgang (Hrsg.): Die Linke antwortet Jürgen Habermas. Frankfurt a.M. 1968, S. 90-103.

Reiche, Reimut: Kritik der gegenwärtigen Sexualwissenschaft. In: Schmidt, Gunter und Volkmar Sigusch (Hrsg.): Tendenzen der Sexualforschung. Stuttgart 1970. S. 1-9.

Röhl, Wolfgang: Birgit B. Studentin, 21 Jahre. Ein Sexpol-Protokoll. Aufgezeichnet von Wolfgang Röhl. In: konkret. Jg. 23 (1969), Heft 13, S. 35-38.

Röhl, Wolfgang: ‚Da hab' ich ihm eine geklebt'. In: konkret. Jg. 23 (1969), Heft 16, S. 46-49.

Rohde-Dachser, Christa: Struktur und Methode der katholischen Sexualerziehung. In: Beiträge zur Sexualforschung. Band 47. Stuttgart 1970.

Runge, Erika: Dossier: Emanzipation. Auszüge aus vier Lebensläufen. Protokolliert von Erika Runge. In: Kursbuch: Frau-Familie-Gesellschaft. Jg. 5 (1969), Heft 17, S. 69-89, 73-77.

Sander, Helke (1968): Rede als Vertreterin des Aktionsrat zur Befreiung der Frauen auf der 23. Delegiertenkonferenz des SDS im September 1968 in Frankfurt a.M. Abrufbar unter: http://www.dhm.de/lemo/html/dokumente/KontinuitaetUndWandel_redeSander ZurNeuenFrauenbewegung/index.html (20.04.2010)

Sander, Helke: Die Kinderfrage seit '68. Mütter sind politische Personen. In: Courage, Heft 9, 1978, S. 38-42.

Schelsky, Helmut: Die skeptische Generation. Eine Soziologie der Jugend. Düsseldorf/Köln 1957a.

Schelsky, Helmut: Schule und Erziehung in der industriellen Gesellschaft. 1. Aufl., Würzburg 1957.

Schelsky, Helmut: Herrschaft durch Sprache. In: Bergsdorf, Wolfgang (Hrsg.): Wörter als Waffen. Sprache als Mittel der Politik. Stuttgart 1979, S. 15-29.

Schmidt, Wera (1924): Die Bedeutung des Brustsaugens und Fingerlutschens für die psychische Entwicklung des Kindes. In: Freud, Sigmund (Hrsg.): Imago – Zeitschrift für Anwendung der Psychoanalyse auf die Geisteswissenschaften. Leipzig/Wien/Zürich 1926, S. 377-392.

Schmidt, Wera: Die Entwicklung des Wisstriebes bei einem Kinde. In: Freud, Sigmund (Hrsg.): Imago- Zeitschrift für Anwendung der Psychoanalyse auf die Geisteswissenschaften. Leipzig/Wien/Zürich 1930, S. 246-289.

Schmidt-Denter, Ulrich: Analyse des Konfliktverhaltens von Kindern aus unterschiedlichen vorschulischen Erziehungseinrichtungen (Elterninitiativ- Gruppen und Kindergärten). Dissertation an der Universität Düsseldorf, Düsseldorf 1977.

Schneider, Peter: Die Sache mit der Männlichkeit. Gibt es eine Emanzipation der Männer? In: Kursbuch: Verkehrsformen. Frauen, Männer, Liebe. Über die Schwierigkeit ihrer Emanzipation. Jg. 10 (1974), Heft 35, S. 103-132.

Schneider, Peter: Nicht der Egoismus verfälscht das politische Engagement, sondern der Versuch, ihn zu verheimlichen. In: Frankfurter Rundschau vom 25. Juni 1977, S. 3.

Schriftenreihe des Bundesministers für Jugend, Familie, Frauen und Gesundheit: Frauen zwischen Familie und Beruf. Stuttgart/Berlin/Köln/Mainz 1978.

Schwarzer, Alice: Der kleine Unterschied und seine großen Folgen. Frankfurt a.M. 1975.

Schwendter, Rolf: Theorie der Subkultur. Köln 1971.

Schwenger, Hannes: Antisexuelle Propaganda. Sexualpolitik in der Kirche. Reinbek b. Hamburg 1969.

Schrader-Klebert, Karin: Die sexuelle Revolution der Frau. In: Kursbuch: Frau – Familie – Gesellschaft. Jg. 5 (1969), Heft 17, S. 1-46.

Schülein, Johann August: Von der Studentenbewegung zur Tendenzwende oder der Rückzug ins Private. Eine sozialpsychologische Analyse. In: Kursbuch: Zehn Jahre danach. Jg. 13 (1977), Heft 48, S. 101-117.

Sesselmann, Matthias: Von der APO zum Opa. Autobiographie und Gedanken eines 68ers. Rinteln 1987.

Sibton, Guy: Liebe ohne Eifersucht. In: konkret. Jg. 23 (1969), Heft 22, S. 22-26.

Siebenschön, Leona: Ehe zwischen Trieb und Trott. Eine frivole Soziologie. München 1968.

Siemenauer, Erich: Der behandlungsbedürftige Proteststudent als ‚Tiqueur‘. In: Psyche. Jg. 24 (1970), Heft 7, S. 526-530.

Seiß, Rudolf: Sexualerziehung zwischen Utopie und Wirklichkeit. Eine kritische Hinterfragung der Fortschrittsgläubigkeit. 2. Aufl., Bad Heilbrunn 1973.

Sontag, Susan: Männer als Kolonialherren, Frauen als Eingeborene. Zur Struktur des Sexismus. In: Neues Forum: Männer wir kommen! Frauenbewegung. Dokumentation. Analyse. März 1973, Heft 230/231, S. 31-33.

Sontheimer, Kurt: Die Sprache linker Theorie. In: Bergsdorf, Wolfgang (Hrsg.): Wörter als Waffen. Sprache als Mittel der Politik. Stuttgart 1979, S. 44-61.

Sozialistischer Frauenbund West-Berlin: Unser Selbstverständnis als Frauengruppe und unsere Kampagne gegen Frauenarbeitslosigkeit. In: Doormann, Lottemi (Hrsg.): Keiner schiebt uns weg. Zwischenbilanz der Frauenbewegung in der Bundesrepublik. Weinheim/Basel 1979, S. 132-137.

Der Spiegel (k.A.): Studenten. Nein Nein Nein. Die aufsässigen Studenten von Berlin. 21. Jg. (1967), Heft 24, S. 46-59.

Der Spiegel (k.A.): Studenten. Der lange Marsch. 21. Jg. (1967), Heft 51, S. 52-66.

Der Spiegel (k.A.): Sex. Fürchte dich nicht. 23. Jg (1969), Heft 39, S. 174-175.

Der Spiegel (k.A.): Die Familienfalle. 24. Jg. (1970), Heft 13, S. 104-109.

Spitz, René A.: Zum Problem des Autoerotismus. In: Psyche, Jg. 18 (1964), Heft 5, S. 241-272.

Spitz, René A.: Vom Säugling zum Kleinkind. Naturgeschichte der Mutter-Kind-Beziehung im ersten Lebensjahr. Stuttgart 1967.

Stefan, Verena: Häutungen. München 1975.

Steffen, Lissi: Meine Schwierigkeiten mit Genossen. Auszüge aus dem Tagebuch 1972/1973. In: Kursbuch Verkehrsformen II. Emanzipation in der Gruppe und die ‚Kosten' der Solidarität. Jg. 10 (1974), Heft 37, S. 27-50.

Stöcker, Helene: Weibliche Erotik. In: Die Zukunft. Band 24 (1903), S. 112-114.

Teufel, Fritz und Rainer Langhans: Klau mich! StPO der Kommune 1. Frankfurt a.M. 1968.

Theweleit, Klaus: Männerphantasien Band 2. Zur Psychoanalyse des Weißen Terrors. Frankfurt a.M. 1978.

Thiersch, Hans: Institutionen Heimerziehung – Pädagogischer Schonraum als totale Institution. In: Giesecke, Hermann und Martin Bonhoeffer (Hrsg.): Offensive Sozialpädagogik. Göttingen 1973, S. 56-69.

Ussel, Jos van: Sexualunterdrückung. Geschichte der Sexualfeindschaft. 2. Aufl., Gießen 1977.

Valin, Claude: Der Prophet des Orgasmus. In: konkret. Jg. 22 (1968), Heft 17, S. 12-15.

Vetter, Hans: Zur Lage der Frau an den westdeutschen Hochschulen. In: Kölner Zeitschrift für Soziologie und Sozialpsychologie. Jg. 13 (1961), Heft 4, S. 644-660.

Washington, John: Depressionen, Allmachtsphantasien und Nicht-Behandelbarkeit bei Proteststudenten. In: Psyche, Jg. 24 (1970), Heft 7, S. 530-532.

Werder, Lutz von: Von der antiautoritären zur proletarischen Erziehung. Frankfurt a.M. 1972.

Witt, Barbara (1968): Die Kinderladenchose. Subjekte, die selbst aufs Vögeln aus sind. In: Schulenburg, Lutz (Hrsg.): Das Leben ändern, die Welt verändern! 1968 – Dokumente und Berichte. Hamburg 1998, S. 300-308.

Wolffheim, Nelly: Psychoanalyse und Kindergarten. In: Zeitschrift für Psychoanalytische Pädagogik. Jg. 4 (1930), Heft 1/2/3/4/, S. 18-27, S. 78-94, S. 63-196 und S. 217-230.

Wolffheim, Nelly: Kinderlieben. In: Kentler, Helmut (Hrsg.): Zur Sozio-Sexualität. Opladen 1973, S. 80-86.

Wolffheim, Nelly: Psychoanalyse und Kindergarten. München 1966.

Wolfschlag, Claus (Hrsg.): Bye-bye '68 ... Renegaten der Linken, APO-Abweichler und allerlei Querdenker berichten. Graz/Stuttgart 1998.

Zentralrat der sozialistischen Kinderläden West-Berlin: Erziehung im Kollektiv oder in der Familie? In: Zentralrat der sozialistischen Kinderläden: Anleitung für eine revolutionäre Erziehung. Band 4. Berlin 1969a, S. 87-100.

Zentralrat der sozialistischen Kinderläden West- Berlin: Kinder im Kollektiv. In: Zentralrat der sozialistischen Kinderläden: Anleitung für eine revolutionäre Erziehung. Band 5. Berlin 1969b.

Zöllner, Christian (Hrsg.): 68 in Erinnerungen. Kiel 1998.

DARSTELLUNGEN

Abels, Heinz: Identität.Wiesbaden 2006.

Adam, Werner: Sehnsucht nach Sinnlichkeit. Eine Untersuchung der theoretischen Ergebnisse von Studentenbewegung und Kulturrevolution und zu den Versuchen, diese in Literatur umzusetzen. Frankfurt a.m. 1984.

Adamaszek, Rainer: Familien-Biografik. Therapeutische Entschlüsselung und Wandlung von Schicksalsbindungen. Korrigierte, erw. Neuaufl., Berlin 2011.

Ahbe, Thomas: Deutsche Generationen nach 1945. In: Bundeszentrale für politische Bildung (Hrsg.): Aus Politik und Zeitgeschichte. Heft 3, Bonn 2007.

Alfermann, Dorothee: Frauen in der Attributionsforschung: Die fleißige Liese und der kluge Hans. In: Krell, Gertraude und Margit Osterloh (Hrsg.): Personalpolitik aus Sicht von Frauen – Frauen aus Sicht der Personalpolitik. 1. Aufl., München 1993, S. 301-317.

Althoff, Martina; Bereswill, Mechthild und Birgit Riegraf: Feministische Methodologien und Methoden. Opladen 2001.

Altstötter-Gleich, Christine: Persönliche Kontakte zu Männern und Frauen in unterschiedlichen sozialen Rollen. In: Pasero, Ursula und Friederike Braun (Hrsg.): Wahrnehmung und Herstellung von Geschlecht. Opladen/Wiesbaden 1999, S. 204-214.

Altstötter-Gleich, Christine: Pornographie und neue Medien. Eine Studie zum Umgang Jugendlicher mit sexuellen Inhalten im Internet. Mainz 2006.

Amendt, Günter: ‚Sexfront' Revisited. In: Zeitschrift für Sexualforschung. Jg. 19 (2006), Heft 2, S. 159-172.

Amendt, Günter: Die sexuelle Revolution. Ein Rückblick. In: Focus Mul – Zeitschrift für Wissenschaft, Forschung und Lehre an der Medizinischen Universität zu Lübeck. Jg. 17 (2000), Heft 4, S. 249-254.

Amos, Karin: Diskurstheoretische Zugänge in der erziehungswissenschaftlichen Geschlechterforschung. In: Glaser, Edith, Klika, Dorle und Annedore Prengel (Hrsg.): Handbuch Gender und Erziehungswissenschaft. Bad Heilbrunn 2004, S. 76-89.

Anapol, Deborah: Polyamory in the 21th Century. Love and Intimicy with Multiple Partners. Lanham 2010.

Andersen, Uwe und Wichard Woyke (Hrsg.): Handwörterbuch des politischen Systems der Bundesrepublik. 5. aktual. Aufl., Opladen 2003.

Angerer, Marie-Luise: Das Zwang zum Bild. In: Stiftung Deutsches Hygiene-Museum (Hrsg.): Sex. Vom Wissen und Wünschen. Begleitbuch zur Ausstellung Sex. Vom Wissen und Wünschen im Deutschen Hygiene-Museum. Ostfildern 2002, S. 141-161.

Antze, Paul und Michael Lambek (Hrsg.): Tense Past. Cultural Essay in Trauma and Memory. New York/London 1997.

Apin, Nina: Missbrauchsvorwürfe gegen ‚konkret'-Gründer. ‚Kleine Lolitas, kokett und gerissen'. In: Die Tageszeitung, 06.05.2010. Abzurufen unter: http://www.taz.de/1/leben/alltag/artikel/1/ kleine-lolitas-kokett-und-gerissen/ (10.05.2010)

Arbeitsgemeinschaft Humane Sexualität e.v. : Sexualität zwischen Kindern und Erwachsenen- Positionspapier von 1988, aktualisiert 1998/99, Schriftenreihe der Arbeitsgemeinschaft Humane Sexualität e.v. http://web.archive.org/web/20050205045852/http://www.ahsonline.de/texte/ks_broschuere.php3#2.2 (10.05.2009, wurde 2011 vom Server genommen)

Arens, Ulla: Offenheit und Scham in der Familie. Wie Eltern und Kinder unbefangen miteinander umgehen. Kreuzlingen/München 2003.

Aresin, Lykke und Kurt Starke: Lexikon der Erotik. München 1996.

Arlow, Jakob: Methodologie und Rekonstruktion. In: Psyche. Jg. 12 (1993), Heft 47, S. 1093-1115.

Aronson, Elliot: Dissonance, hipocrisy, and the self-concept. In: Harmon-Jones, Eddie & Mills, John Stuart (Hrsg.): Cognitive dissonance theory: Revival with revisions and controversies.. Washington 1998, S. 103-106.

Assmann, Aleida: Erinnerungsräume: Formen und Wandlungen des kulturellen Gedächtnisses. München 2006.

Assmann, Jan: Das kulturelle Gedächtnis. Schrift. Erinnerung und politische Identität in früheren Hochkulturen. München 1992.

Aust, Stefan: 1968 und die Medien. In: Jacoby, Edmund und Georg Hafner (Hrsg.): 1968 – Bilderbuch der Revolte. Frankfurt a.m. 1993, S. 81-96.

Aulenbacher, Brigitte (Hrsg.): FrauenMännerGeschlechterforschung. State of the Art. Münster 2006.

Aulenbacher, Brigitte: Die soziale Frage neu gestellt – Gesellschaftsanalysen der Prekarisierungs- und Geschlechterforschung. In: Castel, Robert und Klaus Dörre (Hrsg.): Prekarität, Abstieg, Ausgrenzung. Die soziale Frage am Beginn des 21. Jahrhunderts. Frankfurt a.M. 2009, S. 65-77.

Baader, Meike Sophia: Erziehung ‚gegen Konkurrenzkampf und Leistungsprinzip' als gesellschaftsverändernde Praxis. 1968 und die Pädagogik in kultur-, modernitäts- und professionsgeschichtlichen Perspektiven 1965-1975. In: Zeitschrift für pädagogische Historiographie, Jg. 13 (2007), Heft 2, S. 78-84.

Baader, Meike Sophia: Das Private ist politisch. Der Alltag der Geschlechter, die Lebensformen und die Kinderfrage. In: Baader, Meike Sophia (Hrsg.): ‚Seid realistisch, verlangt das Unmögliche!' Wie 1968 die Pädagogik bewegte. Weinheim/Basel 2008a, S. 153-172.

Baader, Meike Sophia (Hrsg.): ‚Seid realistisch, verlangt das Unmögliche!' Wie 1968 die Pädagogik bewegte. Weinheim/Basel 2008a.

Baader, Meike Sophia: 1968 und die Erziehung. In: Schlaffrik, Tobias und Sebastian Wienges (Hrsg.): 68er-Spätlese – Was bleibt von 68? Münster 2008b, S. 58-77.

Baader, Meike Sophia: ‚An der großen Schaufensterscheibe sollen sich die Kinder von innen und die Passanten von außen die Nase platt drücken.' Kinderläden, Kinderkulturen und Kinder als Akteure im öffentlich-städtischen Raum seit 1968. In: Baader, Meike Sophia und Ulrich Herrmann (Hrsg.): 68 – Engagierte Jugend und Kritische Pädagogik. Impulse und Folgen eines kulturellen Umbruchs in der Geschichte der Bundesrepublik. Weinheim/München 2011, S. 232-251.

Baader, Meike Sophia und Ulrich Herrmann (Hrsg.): 68 – Engagierte Jugend und Kritische Pädagogik. Impulse und Folgen eines kulturellen Umbruchs in der Geschichte der Bundesrepublik. Weinheim/München 2011.

Baader, Meike Sophia: ‚Wir streben Lebensverhältnisse an, die das Konkurrenzverhältnis von Männern und Frauen aufheben.' Zur Kritik von Frauen an Männlichkeitskonstruktionen im Kontext von 1968. In: Baader, Meike Sophia; Bielstein, Johannes und Toni Tholen (Hrsg.): Erziehung, Bildung und Geschlecht. Männlichkeit im Fokus der Gender-Studies. Wiesbaden 2012a, S. 103-116.

Baader, Meike Sophia und Micha Brumlik: Sexualität im Kinderladen. In: Die Tageszeitung. Ausgabe vom 04.06.2013, S. 17.

Baberowski, Jörg: Der Sinn der Geschichte. Geschichtstheorien von Hegel bis Foucault. München 2005.

Bachmann-Medick, Doris: Cultural Turns. Neuorientierungen in den Kulturwissenschaften. Reinbek 2006.

Balzer, Nicole und Katharine Ludewig: Quellen des Subjekts. Judith Butlers Umdeutungen von Handlungsfähigkeit und Widerstand. In: Ricken, Norbert und Nicole Balzer (Hrsg.): Judith Butler: Pädagogische Lektüren. Wiesbaden 2012, S. 95-124.

Bamler, Vera: Sexualität im weiblichen Lebensverlauf. Biografische Konstruktionen und Interpretation alter Frauen. Weinheim 2007.

Bancroft, John: Grundlagen und Probleme menschlicher Sexualität. Stuttgart 1985.

Bange, Dirk: Definition und Häufigkeit von sexuellem Missbrauch. In: Körner, Wilhelm und Albert Lenz: Sexueller Missbrauch. Band 1. Göttingen/Bern/Toronto/Seattle 2004, S. 29-37.

Banse, Rainer; Seise, Jan und Franz Neyer: Individuelle Unterschiede in impliziten und expliziten Einstellungen zur Homosexualität. In: Zeitschrift für Sexualforschung. Jg. 15 (2002), Heft 1, S. 21-42.

Barash, David und Judith Lipton: The Myth of Monogamy. Fidelity and Infidelity in Animals and People. New York 2002.

Bardeleben, Hans; Reimann, Bruno und Peter Schmidt: Studenten, Sexualität und Aids. Erste Ergebnisse einer empirischen Untersuchung. In: Burkel, Ernst (Hrsg.): Der Aids-Komplex. Dimensionen einer Bedrohung. Frankfurt a.M./Berlin 1988, S. 166-195.

Baron, Robert; Vandello, Joseph und Bethany Brunsman: The forgotten variable in conformity research: Impact of task importance on social influence. In: Journal of Personality and Social Psychology. Jg. 71 (1996), Heft 5, S. 912-927.

Barth, Ariane: Eine Infektion der kollektiven Phantasie. In: Der Spiegel. Jg. 41 (1987), Heft 15, S. 114-123.

Bartsch, Kolja; Blatt, Hanspeter; Krämer, Jörg und Wilhelm Weege: Zur aktuellen Diskussion über die Achtundsechzigerbewegung. In: Wissenschaftliche Dienste des Deutschen Bundestages, Fachbereich WD 1: Geschichte, Zeitgeschichte, Politik. Berlin 2008

Bartz, Olaf: Konservative Studenten und die Studentenbewegung. Die Kölner Studentenunion. In: Westfälische Forschungen. Zeitschrift des Westfälischen Instituts für Regionalgeschichte des Landschaftsverband Westfalen-Lippe. Band 48 (1998), S. 241-256.

Bauer, Ingrid; Hämmerle, Christa und Gabriella Hauch (Hrsg.): Liebe und Widerstand. Ambivalenzen historischer Geschlechterbeziehungen. Wien/Köln/Weimar 2005.

Bauer, Ingrid: 1968 und die sex(ual) & gender revolution. Transformations- und Konfliktzone: Geschlechterverhältnisse. In: Rathkolb, Oliver und Friedrich Stadler (Hrsg.): Das Jahr 1968. Ereignis, Symbol, Chiffre. Göttingen 2010, S. 163-186.

Baumgarten, Katrin: Hagestolz und Alte Jungfer. Entwicklung, Instrumentalisierung und Fortleben von Klischees und Stereotypen über Unverheiratetgebliebene. Münster/New York/München/Berlin 1997.

Baur, Nina und Jens Luedtke: Männlichkeit und Erwerbsarbeit bei westdeutschen Männern. In: Baur, Nina und Jens Luedtke (Hrsg.): Die soziale Konstruktion von Männlichkeit. Hegemoniale und marginalisierte Männlichkeiten in Deutschland. Opladen 2008, S. 81-103.

Bauss, Gerhard: Die Studentenbewegung der sechsziger Jahre in der Bundesrepublik und Westberlin. Dissertation an der Universität Marburg, Köln 1977.

Bavaj, Riccardo: ‚68er' versus ‚45er'. Anmerkungen zu einer ‚Generationsrevolte'. In: Hartung, Heike (Hrsg.): Graue Theorie. Die Kategorien Alter und Geschlecht im kulturellen Diskurs. Köln/Weimar/Wien 2007, S. 53-79.

Beauvoir, Simone de: In den besten Jahren. Reinbek b. Hamburg 1961.

Becker-Stoll, Fabienne; Niesel, Renate und Monika Wertfein: Handbuch Kinder in den ersten drei Lebensjahren. Theorie und Praxis für die Kinderbetreuung. Freiburg/Wien/Basel 2009.

Becker, Bärbel: Unbekannte Wesen. Frauen in den sechziger Jahren. Berlin 1987.

Becker, Heinrich: Dörfer heute. Ländliche Lebensverhältnisse im Wandel – 1952, 1972 und 1993/1995. Bonn 1997.

Becker, Ruth und Beate Kortendiek (Hrsg.): Handbuch Frauen- und Geschlechterforschung. Theorien, Methoden, Empirie. 3. erw./aktual. Aufl., Wiesbaden 2010.

Becker, Sophinette: Weibliche und männliche Sexualität. In: Quindeau, Ilka und Volkmar Sigusch (Hrsg.): Freud und das Sexuelle. Neue psychoanalytische und sexualwissenschaftliche Perspektiven. Frankfurt a.m. 2005, S. 63-79.

Becker, Thomas und Ute Schröder: Die Studentenproteste der 60er Jahre. Archivführer, Chronik, Bibliographie. Köln/Weimar/Wien 2000.

Becker, Hartmuth und Stefan Winckler : Die 68er und ihre Gegner. Der Widerstand gegen die Kulturrevolution. Graz 2004.

Becker, Wibke und Axel Schollmeier (Hrsg.): Die wilden Jahre. Münster in Fotos 1968 bis 1977. Münster 2007.

Behrmann, Günther: Kulturrevolution: Zwei Monate im Sommer 1967. In: Albrecht, Clemens; Behrmann, Günther; Bock, Michael; Homann, Harald und Friedrich Tenbruck (Hrsg.): Die intellektuelle Gründung der Bundesrepublik. Eine Wirkungsgeschichte der Frankfurter Schule. Frankfurt a.m./New York 1999, S. 312-386.

Beidenbach-Fronius, Eva: Von der Utopie der sexuellen Befreiung. Abgedruckt in: Salzburger Arbeitskreis für Psychoanalyse. Jg. 7 (2007), Heft 13.

Beier, Klaus Michael (Hrsg.): Sexualmedizin. 2., völlig neu bearb. und erw. Aufl., München 2005.

Bendkowski, Halina (Hrsg.): Wie weit flog die Tomate? Eine 68erinnen-Gala der Reflexion. Berlin 1999.

Benjamin, Jessica: Die Fesseln der Liebe. Psychoanalyse, Feminismus und das Problem der Macht. Basel/Frankfurt a.m. 1990.

Bergmann, Anna: Sexualhygiene, Rassenhygiene und der rationalisierte Tod. Wilhelm Reichs ‚sexuelle Massenhygiene‘ und seine Vision von einer ‚freien Sexualität‘. In: Fallend, Karl und Bernd Nitzschke: Der ‚Fall‘ Wilhelm Reich. Beiträge zum Verhältnis von Psychoanalyse und Politik. Gießen 2002, S. 273-297.

Berlit, Anna Christina: Notstandskampagnen und Rote-Punkt-Aktion. Die Studentenbewegung in Hannover 1967-1969. Gütersloh 2007.

Bernhard, Patrick: Zivildienst zwischen Reform und Revolte. Eine bundesdeutsche Institution im gesellschaftlichen Wandel 1961-1982. München 2005.

Beyer, Susanne und Volker Hage: ‚Weil ich eine Stinkwut hatte‘. In: Der Spiegel. Jg. 64 (2010), Heft 26, S. 109-113.

Bieler, Sandra: Die 68er und ihre Auseinandersetzung mit dem Nationalsozialismus. Erinnerungsbilder in fünf Berichten. In: Blask, Falk und Thomas Friedrich (Hrsg.): Zweitausend8undsechzig. Münster/Hamburg/Berlin/London 2008, S. 117-144.

Bieler, Sandra und Carmen Lind: Die erinnerte Revolte. In: Blask, Falk (Hrsg.): Zweitausend8undsechzig. Münster 2008, S. 110-116.

Bieling, Rainer: Die Tränen der Revolution: Die 68er – Zwanzig Jahre danach. Berlin 1998.

Bilstein, Johannes: Die Wieder-Entdeckung der Psychoanalyse. In: Baader, Meike Sophia (Hrsg.): ‚Seid realistisch, verlangt das Unmögliche!'. Wie 1968 die Pädagogik bewegte. Weinheim/Basel 2008, S. 212-226.

Bischof-Köhler, Doris: Von Natur aus anders: Die Psychologie der Geschlechterunterschiede. 3. überarb. Aufl., Stuttgart 2006.

Bleckwedel, Jan: Systemische Therapie in Aktion: Kreative Methoden in der Arbeit mit Familien und Paaren. Göttingen 2008.

Bock, Gisela: Frauen in der europäischen Geschichte: Vom Mittelalter bis zur Gegenwart. 1. durchges. Aufl., München 2005.

Bocks, Philipp: Mehr Demokratie gewagt? Das Hochschulrahmengesetz und die sozial-liberale Reformpolitik 1969-1976. Bonn 2012.

Bohler, Karl Friedrich: Sozialstruktur. In: Beetz, Stephan, Brauer, Kai und Claudia Neu (Hrsg.): Handwörterbuch zur ländlichen Gesellschaft in Deutschland. Wiesbaden 2005, S. 225-233.

Böhm, Andreas und Robert Rohner: Sexualverhalten von Studenten und Aids. In: Zeitschrift für Sexualforschung. Jg. 2 (1987), Heft 3, S. 222-230.

Bohnenkamp, Björn; Manning, Till und Eva-Maria Silies (Hrsg.): Generation als Erzählung. Neue Perspektiven auf ein kulturelles Deutungsmuster. Göttingen 2009.

Böhnisch, Lothar: Die Entgrenzung der Männlichkeit. Verstörungen und Formierungen des Mannseins im gesellschaftlichen Übergang. Opladen 2003.

Böhnisch, Lothar: Männliche Sozialisation. Eine Einführung. Weinheim/München 2004.

Bohnsack, Ralf: Rekonstruktive Sozialforschung. Eine Einführung in qualitative Methoden. 7. Aufl. Opladen 2008.

Bolz, Norbert: Wir brauchen die Heuchelei, die Illusion, die ‚Politik als-ob'. In: Maresch, Rudolf (Hrsg.): Am Ende vorbei. Gespräche mit Oskar Negt, Norbert Bolz, Gernot Böhme, Friedrich Kittler u.a. Wien 1994, S. 42-71.

Bopp, Jörg: Geliebt und doch gehaßt. Über den Umgang der Studentenbewegung mit Theorie. In: Kursbuch: Lust an der Theorie. Jg. 20 (1984), Heft 20, S. 121-142.

Bopp, Jörg: Die ungekonnte Aggression. In: Hartung, Klaus (Hrsg.): Der blinde Fleck. Die Linke, die RAF und der Staat. Frankfurt a.M. 1987, S. 136-147.

Borutta, Manuel und Nina Verheyen (Hrsg.): Die Präsenz der Gefühle. Männlichkeit und Emotionen in der Moderne. In: Becker, Peter; Caplan, Jane; Geppert, Alexander; Geyer, Martin und Jakob Tanner (Hrsg.): 1800/2000. Kulturgeschichten der Moderne. Bielefeld 2010.

Bourdieu, Pierre: Die männliche Herrschaft. In: Dölling, Irene und Beate Krais (Hrsg.): Ein alltägliches Spiel. Geschlechterkonstruktion in der sozialen Praxis. Frankfurt a.M. 1997b.

Bourdieu, Pierre: Widersprüche des Erbes. In: Ders. (Hrsg.): Das Elend der Welt. Konstanz 1997a, S. 651-658.

Bothien, Horst: Protest und Provokation. Bonner Studenten 1967/68. Essen 2007.

Bowlby, John: Über das Wesen der Mutter-Kind-Bindung. In: Psyche. Jg. 13 (1959), Heft 1, S. 415-456.

Brandes, Holger: Der männliche Habitus. Band 1: Männer unter sich. Männergruppen und männliche Identitäten. Opladen 2001.

Braun, Christina von und Inge Stephan (Hrsg.): Gender@Wissen. Ein Handbuch der Gender-Theorien. Köln/Weimar/Wien 2005.

Braun, Gisela: Ich sag NEIN. Arbeitsmaterialien gegen den sexuellen Missbrauch an Mädchen und Jungen. Mülheim a.d. Ruhr 1992.

Breger, Claudia: Identität. In: Braun, Christina von und Inge Stephan (Hrsg.): Gender@Wissen. Ein Handbuch der Gender-Theorien. Köln/Wien/Weimar 2005, S. 47-65.

Brendebach, Elisabeth: Zur Lebenssituation lediger, kinderloser, älterer und alter Frauen. Dissertation an der Universität Kassel, Kassel 2004.

Brieglieb, Klaus: 1968. Literatur und Revolte. Frankfurt a.m. 1993.

Brieler, Ulrich: Die Unerbitterlichkeit der Historizität. Foucault als Historiker. Köln/Weimar/Wien 1998.

Brill, Heinz (Hrsg.): Aufbruch in die andere Republik? Kurzschlüsse und Langzeitwirkungen der 68er Bewegung. In: Blätter für deutsche und internationale Politik. Jg. 33 (1988), Heft 5.

Brink, Cornelia: Gute Gründe, verrückt zu werden? (Anti-)Psychiatrie und Politik. In: Faber, Richard und Erhard Stölting (Hrsg.): Die Phantasie an die Macht. 1968 – Versuch einer Bilanz. Hamburg 2002, S. 125-156.

Brockhaus, Gudrun: ‚Was ich (mir) nie verzeihen werde‘ – Deutungskampf um die ‚68er‘. In: Ästhetik und Kommunikation: Die Revolte. Themen und Motive der Studentenbewegung. Jg. 39 (2008), Heft 140/141, S. 159-171.

Brückner, Margrit: Zwischen Kühnheit und Selbstbeschränkung: Von der Schwierigkeit des weiblichen Begehrens. In: Vogt, Irmgard und Monika Bormann (Hrsg.): Frauen-Körper. Lust und Last. Tübingen 1992, S. 107-135.

Brückner, Margrit: Sexuelle Zeiten. In: Garbrecht, Annette (Hrsg.): Wer vor mir liegt, ist ungewiß. Ein Frauenlesebuch. München 1999, S. 99-115.

Brückner, Margrit: Geschlechterverhältnisse im Spannungsfeld von Liebe, Fürsorge und Gewalt. In: Brückner, Margrit und Lothar Böhnisch (Hrsg.): Geschlechterverhältnisse. Gesellschaftliche Konstruktionen und Perspektiven ihrer Veränderung. Weinheim/München 2001, S. 119-178.

Brunkhorst, Hauke und Gertrud Koch: Herbert Marcuse zur Einführung. Gießen 1989.

Brunner, Markus (Hrsg.): Unheimliche Wiedergänger? Zur politischen Psychologie des NS-Erbes in der 68er-Generation. Gießen 2011.

Brymann, Julia: Mixing methods: qualitative and quantitative research. Avebury 1992.

Bude, Heinz: Bilanz einer Nachfolge. Die Bundesrepublik und der Nationalsozialismus. Frankfurt a.m. 1992.

Bude, Heinz: Das Altern einer Generation. Die Jahrgänge 1938-1948. Berlin/Frankfurt a.m. 1997.

Bueb, Bernhard: Disziplin und Liberalität: Werterziehung und die Folgen von 1968. In: Rödder, Andreas und Wolfgang Elz (Hrsg.): Alte Werte – neue Werte? Schlaglichter des Wertewandels. Göttingen 2008a, S. 49-55.

Bueb, Bernhard: Lob der Disziplin. Eine Streitschrift. Berlin 2008b.

Büchner, Peter: Vom Befehlen und Gehorchen zum Verhandeln. Entwicklungstendenzen von Verhaltensstandards und Umgangsformen seit 1945. In: Preuss-Lausitz, Ulf; Büchner, Peter und Marina Fischer-Kowalski (Hrsg.): Kriegskinder, Konsumkinder, Krisenkinder. Zur Sozialisationsgeschichte seit dem Zweiten Weltkrieg. 3. unveränd. Auflg. Weinheim/Basel 1991, S. 196-212.

Bührmann, Andrea und Sabine Mehlmann: Sexualität: Probleme, Analysen und Transformationen. In: Becker, Ruth und Beate Kortendiek (Hrsg.): Handbuch Frauen- und Geschlechterforschung. Theorien, Methoden, Empirie. 2. erw./aktual. Aufl., Wiesbaden 2008, S. 608-615.

Bührmann, Andrea: Das authentische Geschlecht. Die Sexualitätsdebatte der Neuen Frauenbewegung und die Foucaultsche Machtanalyse. Münster 1995.

Bührmann, Andrea: Von der Konstatierung einer unterdrückten weiblichen Sexualität zur Frage nach der Konstitution weiblichen Begehrens. In: Bührmann, Andrea; Diezinger, Angelika und Sigrid Metz-Göckel (Hrsg.): Arbeit, Sozialisation, Sexualität: Zentrale Felder der Frauen- und Geschlechterforschung. Opladen 2000, S. 193-197.

Bundeszentrale für gesundheitliche Aufklärung (Hrsg.): Learn to love: Dokumentation der 1. Europäischen Fachtagung ‚Sexualaufklärung für Jugendliche' der BZgA. Köln 1995.

Bundeszentrale für gesundheitliche Aufklärung (Hrsg.): Richtlinien und Lehrpläne zur Sexualerziehung. Köln 2004.

Busche, Jürgen: Die 68er. Biographie einer Generation. Berlin 2003.

Butler, Judith: Das Unbehagen der Geschlechter. Frankfurt a.m. 1991.

Butler, Judith: Körper von Gewicht. Die diskursiven Grenzen des Geschlechts. 6. Aufl., Berlin 1997.

Butler, Judith: Psyche der Macht. Das Subjekt der Unterwerfung. Frankfurt a.M. 2001.

Bütow, Birgit und Iris Nentwig-Gesemann: Mädchen – Cliquen – Öffentliche Räume. In: Hammer, Veronika und Ronald Lutz (Hrsg.): Weibliche Lebenslagen und soziale Benachteiligung. Theoretische Ansätze und empirische Beispiele. Frankfurt a.m. 2002, S. 192-236.

Cailloux, Bernd: Das Geschäftsjahr 1968/69. Frankfurt a.m. 2005.

Chambers, Julie; Power, Kevin; Loucks, Nancy und Vivien Swanso: Psychometric properties of the Parental Bonding Instrument and its association with psychological distress in a group of incarcerated young offenders in Scotland. In: Social Psychiatry and Psychiatric Epidemiology, Jg. 35 (2000), Heft 7, S. 318–325.

Chapman, Mim: What does Polyamory looks like? Polydiverse Patterns of Loving and Living in Modern Polyamorous Relationships. Santa Fe 2010.

Clemens, Bärbel: Töchter der Alma Marter. Frauen in der Berufs- und Hochschulforschung. Frankfurt a.M. 1986.

Cofer, Charles N.: Motivation und Emotion. München 1979.

Connell, Robert (1999): Der gemachte Mann. Konstruktion und Krise von Männlichkeiten. 3. Aufl., Wiesbaden 2006.

Connell, Robert: Masculinities. Cambridge/Oxford 1995.

Connell, Raewyn und James Messerschmidt: Hegemonic Masculinity. Rethinking the Concept. In: Gender & Society. Jg. 16 (2005), Heft 6, S. 829-859.

Conti, Christoph: Abschied vom Bürgertum. Alternative Bewegungen in Deutschland von 1890 bis heute. Reinbek 1984.

Cooper, Lynne; Pioli, Mark; Levitt, Ash; Talley, Amelia; Micheas, Lada und Nancy Collins: Attachment Styles, Sex Motives, and Sexual Behavior: Evidence for Gender-Specific Expressions of Attachment Dynamics. Dynamics of romantic love: Attachment, caregiving, and sex. In:Mikulincer, Mario und Gail Goodman (Hrsg.): Dynamics of romantic love: Attachment, caregiving, and sex. New York 2006, S. 243-274.

Cremerius, Johannes: Der ‚Fall‘ Reich, ein Exempel für Freuds Umgang mit abweichenden Standpunkten eines besonderen Schülertyps. In: Fallen, Karl (Hrsg.): Der ‚Fall‘ Wilhelm Reich. Beiträge zum Verhältnis von Psychoanalyse und Politik. Überarb. Neuaufl., Giessen 2002, S. 131-166.

Csordas, Thomas: Embodiment as a Paradigm for Anthropolgy. In: Ethos. Jg. 18 (1990), Heft 1, S. 5-47.

Csordas, Thomas: Introduction: The Body as a representation of being-in-the-world. In: ders. (Hrsg.): Embodiment and Experience. The Existential Ground of Culture and Self. Cambridge University Press. S. 1-24.

Dahrendorf, Ralf: Lebenschancen. Anläufe zur sozialen und politischen Theorie. Frankfurt a.M. 1979.

Daiber, Brigit: Kommentare zehn Jahre später. In: Böckelmann, Frank und Herbert Nagel (Hrsg.): Subversive Aktion. Frankfurt a.M. 1978, S. 460-463.

Damasio, Antonio: Descartes' Irrtum. München/Leipzig 1995.

Damasio, Antonio: Ich fühle, also bin ich. Die Entschlüsselung des Bewusstseins. München 2000.

Damasio, Antonio und Gil Carvalho: The nature of feelings: Evolutionary and neurobiological origins. In: Nature Reviews Neuroscience. Jg. 14 (2013), Heft 2, S. 143-152.

Dannecker, Martin: Die Apotheose der Paarsexualität. In: Stiftung Deutsches Hygiene-Museum (Hrsg.): Sex. Vom Wissen und Wünschen. Begleitbuch zur Ausstellung Sex. Vom Wissen und Wünschen im Deutschen Hygiene-Museum. Ostfildern 2002, S. 19-41.

Dannecker, Martin: Repräsentativumfrage ‚Haben Sie Angst vor Aids?‘. In: Sexualmedizin. Jg. 16 (1987), Heft 7, S. 294-298.

Dannenbeck, Clemens und Jutta Stich: Sexuelle Erfahrungen im Jugendalter. Aushandlungsprozesse im Geschlechterverhältnis. Eine qualitative Studie im Auftrag der BZgA. 3. unveränd. Aufl., Köln 2005.

Dausien, Bettina: Biografie und Geschlecht. Zur biografischen Konstruktion sozialer Wirklichkeit in Frauenlebensgeschichten. Bremen 1996.

Dausien, Bettina: Erzähltes Leben – erzähltes Geschlecht? Aspekte der narrativen Konstruktion von Geschlecht im Kontext der Biographieforschung. In: Feministische Studien, Jg. 19 (2001), Heft 2, S. 57-73.

Dausien, Bettina: Biographieforschung. Theoretische Perspektiven und methodologische Konzepte für eine re-konstruktive Geschlechterforschung. In: Becker, Ruth und Beate Kortendiek (Hrsg.): Handbuch Frauen- und Geschlechterforschung. Theorien, Methoden, Empirie. 2. erw./aktual. Aufl., Wiesbaden 2008, S. 354-367.

Dausien, Bettina: Differenz und Selbst-Verortung. Die soziale Konstruktion von Geschlecht in Biographien als Forschungskonzept. In: Aulenbacher, Brigitte und Birgit Riegraf (Hrsg.): Erkenntnis und Methode. Geschlechterforschung in Zeiten des Umbruchs. Wiesbaden 2009, S. 157-177.

Dausien, Bettina: ‚Weibliche Lebensmuster‘ zwischen Erfahrung, Deutung und Tradition. In: Mansel, Jürgen, Rosenthal, Gabriele und Angelika Tölke (Hrsg.): Generationen-Beziehungen. Austausch und Tradierung. Oplade 1997, S. 231-243.

Deaux, Kay und Marianne LaFrance: Gender. In: Gilbert, Daniel; Fiske, Susan und Lindzey Gardner (Hrsg.): The Handbook of Social Psychology. New York 1998, S. 788-827.

Deci, Edward und Richard Ryan: A Motivational Approach to Self: Integration in Personality. In: Dienstbier, Richard (Hrsg.): Perspectives on Motivation. Nebraska Symposium on Motivation. Lincoln 1991, S. 237-288.

Degele, Nina und Dominique Schirmer: Selbstverständlich heteronormativ: Zum Problem der Reifizierung in der Geschlechterforschung. In: Buchen, Sylvia; Helfferich, Cornelia und Maja S. Maier (Hrsg.): Gender methodologisch. Empirische Forschung in der Informationsgesellschaft vor neuen Herausforderungen. Wiesbaden 2004.

Dehnavi, Morvarid und Andrea Wienhaus: 40 Jahre ‚1968‘ – Rückblicke, Einblicke, Ausblicke. In: Sektion Historische Bildungsforschung der Deutschen Gesellschaft für Erziehungswissenschaft (Hrsg.): Jahrbuch für Historische Bildungsforschung. Band 15, Bad Heilbrunn 2010, S. 307-333.

Dehnavi, Morvarid: Das politisierte Geschlecht. Biographische Wege zum Studentinnenprotest von ‚1968‘ und zur Neuen Frauenbewegung. Bielefeld 2013.

Deines, Stefan: Über die Grenzen des Verfügbaren. Zu den Bedingungen und Möglichkeiten kritischer Handlungsfähigkeit. In: Deines, Stefan; Jaeger, Stephan und Ansgar Nünning (Hrsg.): Historisierte Subjekte – Subjektivierte Historie. Zur Verfügbarkeit und Unverfügbarkeit von Geschichte. Berlin 2003, S. 63-76.

Della Porta, Donatella: ‚1968' – Zwischennationale Diffusion und Transnationale Strukturen. Eine Forschungsagenda. In: Gilcher-Holtey, Ingrid (Hrsg.): 1968. Vom Ereignis zum Gegenstand der Geschichtswissenschaft. Göttingen 1998, S. 131-149.

Deutsch, Werner und Schneider, Hartmut (Hrsg.): Sexualität. Sexuelle Identitäten. 56. Psychotherapie-Seminar-Freudenstadt. Heidelberg 2000.

Dewey, John (1916): Demokratie und Erziehung. Eine Einleitung in die philosophische Pädagogik. Hrsg. Jürgen Oelkers. Weinheim/Basel 1993.

Dewey John (1929): Die Suche nach Gewißheit. Frankfurt a.M. 1998.

Diekmann, Kai: Der große Selbstbetrug. Wie wir um unsere Zukunft gebracht werden. München 2007.

Dilthey, Wilhelm: Die geistige Welt. Einleitung in die Philosophie des Lebens. Hälfte Eins: Abhandlung zur Grundlegung der Geisteswissenschaften. Gesammelte Schriften. Band 5. Leipzig/Berlin 1924.

Dinges, Martin: ‚Hegemoniale Männlichkeit' – ein Konzept steht auf dem Prüfstand. In: Ders. (Hrsg.): Männer – Macht – Körper. Hegemoniale Männlichkeit vom Mittelalter bis heute. Frankfurt 2005, S. 7-35.

Dinné, Olaf (Hrsg.): 68 in Bremen. Anno dunnemals. Bremen 1998.

Dion, Karen und Kenneth Dion: Gender and ethnocultural comparisons in styles of love. In: Psychology of Woman Quarterly, Jg. 17 (1993), Heft 4, S. 463-473.

Dittmar, Norbert: Trankription. Ein Leitfaden mit Aufgaben für Studenten, Forscher und Laien. 2. Aufl., Wiesbaden 2004.

Doering-Manteuffel, Anselm und Lutz Raphael: Nach dem Boom. Perspektiven auf die Zeitgeschichte seit 1970. 3. Aufl., Göttingen 2012.

Dohms, Peter und Johann Paul: Die Studentenbewegung von 1968 in Nordrhein-Westfalen. Siegburg 2008.

Dolto, Francoise (1982): Weibliche Sexualität: Die Libido und ihr weibliches Schicksal. Stuttgart 2000.

Donat, Esther; Froböse, Ulrike und Rebecca Pates (Hrsg.): ‚Nie wieder Sex'. Geschlechterforschung am Ende des Geschlechts. Wiesbaden 2009.

Doormann, Lottemi (Hrsg.): Keiner schiebt uns weg. Zwischenbilanz der Frauenbewegung in der Bundesrepublik. Weinheim/Basel 1979.

Dudeck, Anne und Rainer Marbach (Hrsg.): Greifen nach den Sternen und Steinen. Zum Lernprozeß und zur Selbstreflexion der Neuen Sozialen Bewegung (1968-1988). Frankfurt a.M./Hannover 1989.

Dudek, Peter: Linke Väter und vätergeschädigte Linke. In: Gerspach, Manfred und Benno Hafeneger (Hrsg.): Das Väterbuch. 2. Aufl., Frankfurt a.M. 1983, S. 148-160.

Duden, Barbara: Frauen-,Körper': Erfahrung und Diskurs (1970-2004). In: Becker, Ruth und Beate Kortendiek (Hrsg.): Handbuch Frauen- und Geschlechterforschung. Theorien, Methoden, Empirie. 2. erw./aktual. Aufl., Wiesbaden 2008, S. 593-607.

Düring, Sonja: Sexuelle Befreiung. In: Landgrebe, Christiane und Jörg Path (Hrsg.): `68 und die Folgen. Ein unvollständiges Lexikon. Berlin 1998, S. 109-112.

Durrer, Lorenz: Born to be wild: Rockmusik und Protestkultur in den 1960er Jahren. In: Klimke, Martin und Joachim Scharloth (Hrsg.): 1968. Handbuch zur Kultur- und Mediengeschichte der Studentenbewegung. Stuttgart 2007, S. 175-186.

Durzak, Manfred: Nach der Studentenbewegung: Neue literarische Konzepte und Erzählentwürfe in den siebziger Jahren. In: Barner, Wilfried (Hrsg.): Geschichte der deutschen Literatur von 1945 bis zur Gegenwart. 2. aktual. Aufl., München 2006, S. 602-657.

Dworok, Gerrit und Christoph Weißmann (Hrsg.): 1968 und die 68er. Ereignisse, Wirkungen und Kontroversen in der Bundesrepublik. Wien/Köln/Weimar 2012.

Eagly, Alice; Wood, Wendy und Amanda Diekman: Social Role Theory of Sex Differences and Similarities: A Current Appraisal. In: Eckes, Thomas und Hanns Trautner (Hrsg.): The Developmental Social Psychology of Gender. Mahwah 2000, S. 123-174.

Ebbinghaus, Angelika: ,1968' und seine Hypotheken. In: Deutschland Archiv. Jg. 41 (2008), Heft 4, S. 719-721.

Ebbinghaus, Angelika (Hrsg.): Die 68er. Schlüsseltexte der globalen Revolte. Wien 2008.

Ebbinghaus, Angelika; Henninger, Max und Marcel van der Linden (Hrsg.): 1968. Ein Blick auf die Protestbewegung 40 Jahre danach aus globaler Perspektive. Wien 2009.

Ecarius, Jutta; Eulenbach, Marcel; Fuchs, Thorsten und Katharina Walgenbach: Jugend und Sozialisation. Wiesbaden 2011.

Ecarius, Jutta: Biographieforschung und Lernen. In: Krüger, Heinz-Hermann und Winfried Marotzki (Hrsg): Handbuch erziehungswissenschaftliche Biographieforschung. Opladen, 1999, S. 89-105.

Eckart, Christel: Zur Einleitung. Die aufklärerische Dynamik der Gefühle. In: Flick, Sabine und Annabelle Hornung (Hrsg.): Emotionen in Geschlechterverhältnissen. Affektregulierung und Gefühlsinszenierung im historischen Wandel. Bielefeld 2009, S. 9-20.

Eckes, Thomas: Geschlechterstereotype: Von Rollen, Identitäten und Vorurteilen. In: Becker, Ruth und Beate Kortendiek (Hrsg.): Handbuch Frauen- und Geschlechterforschung. Theorien, Methoden, Empirie. 3. erw./aktual. Aufl., Wiesbaden 2010, S. 178-189.

Eder, Franz X.: Die ,sexuelle Revolution' – Befreiung und/oder Repression? In: Bauer, Ingrid; Hämmerle, Christa und Gabrielle Hauch (Hrsg.): Liebe und Widerstand. Ambivalenzen historischer Geschlechterbeziehungen. Wien/Köln/ Weimar 2005, S. 397-414.

Eisenhardt, Hermann: Klassenbegriff und Praxisverfall in der neuen Linken. Zur Geschichte der Studentenbewegung in der Bundesrepublik. München 1975.

Eitler, Pascal: Die ‚sexuelle Revolution‘ – Körperpolitik um 1968. In: Klimke, Martin und Joachim Scharloth (Hrsg.): 1968. Handbuch zur Kultur- und Mediengeschichte der Studentenbewegung. Stuttgart 2007, S. 235-245.

Eitler, Pascal: ‚Gott ist tot – Gott ist rot‘. Max Horkheimer und die Politisierung der Religion um 1968. Frankfurt a.M. 2009.

EMMA: Freibrief für Pädophile. In: EMMA. Jg. 20 (1997), Heft 1, S. 124-125.

EMMA: Überrollt die Psychowelle das Recht? In: EMMA. Jg. 20 (1997), Heft 6, S. 30-41.

Enzensberger, Ulrich: Die Jahre der Kommune I. Berlin 1967-1969. Köln 2004.

Enzensberger, Hans-Magnus und Rainer Barbey (Hrsg.): Zu große Fragen. Interviews und Gespräche 2005-1970. Frankfurt a.M. 2007.

Etzemüller, Thomas: 1968 – ein Riss in der Geschichte? Gesellschaftlicher Umbruch und 68er-Bewegungen in Westdeutschland und Schweden. Konstanz 2005.

Erikson, Erik Homburger (1957): Kindheit und Gesellschaft. Stuttgart 1971.

Erikson, Erik Homburger (1959): Identität und Lebenszyklus. Drei Aufsätze. Frankfurt a.M. 1974.

Erikson, Erik Homburger (1964): Einsicht und Verantwortung. Die Rolle des Ethischen in der Psychoanalyse. Frankfurt a.M. 1971.

Erikson, Erik Homburger (1968): Jugend und Krise. Stuttgart 1998.

Erikson, Erik Homburger (1975): Lebensgeschichte und historischer Augenblick. Frankfurt a.M. 1977.

Ertel, Henner: Erotika und Pornografie. Repräsentative Befragung und psychophysiologische Langzeitstudie zu Konsum und Wirkung. München 1990.

Faber, Richard und Erhard Stölting (Hrsg.): Die Phantasie an die Macht. 1968 – Versuch einer Bilanz. Hamburg 2002.

Fahlenbrach, Kathrin: Protestinszenierungen. Visuelle Kommunikation und kollektive Identitäten in Protestbewegungen. Wiesbaden 2002.

Fahlenbrach, Kathrin: Protestinszenierungen: Die Studentenbewegung im Spannungsfeld von Kultur-Revolution und Medien-Evolution. In: Klimke, Martin und Joachim Scharloth (Hrsg.): 1968. Handbuch zur Kultur- und Mediengeschichte der Studentenbewegung. Stuttgart 2007, S. 11-23.

Fallend, Karl: Der ‚Fall‘ Wilhelm Reich. Beiträge zum Verständnis von Psychoanalyse und Politik. Giessen 2002.

Faludi, Susan: Männer, das betrogene Geschlecht. Reinbek 2001.

Faustrich-Wieland, Hannelore: Einführung in Genderstudien. Opladen 2003.

Felden, Heide von: Biographieforschung – Erziehungwissenschaft – Genderfor-
schung. In: Glaser, Edith, Klika, Dorle und Annedore Prengel (Hrsg.): Handbuch Gender und Erziehungswissenschaft. Bad Heilbrunn 2004, S. 650-661.

Fels, Gerhard: Der Aufruhr der 68er. Zu den geistigen Grundlagen der Studentenbewegung und der RAF. Bonn 1998.

Fend, Helmut: Eltern und Freunde. Soziale Entwicklung im Jugendalter. In: Fend,
Helmut: Entwicklungspsychologie der Adoleszenz in der Moderne. Band 5.
Göttingen/Bern/Toronto/Seattle 1998.

Fend, Helmut: Entwicklungspsychologie des Jugendalters. 3. durchges. Aufl., Opladen 2003.

Fend, Helmut: Identitätsentwicklung in der Adoleszenz: Lebensentwürfe, Selbstfin-
dung und Weltaneignung in beruflichen, familiären und politisch-
weltanschaulichen Bereichen. Bern 1991.

Fichter, Tilman und Siegward Lönnendonker: Kleine Geschichte des SDS. Der Sozialistische Studentenbund von 1946 bis zur Selbstauflösung. Berlin 1977.

Fichtner, Jörg: Über Männer und Verhütung. Der Sinn kontrazeptiver Praxis für
Partnerschaftsstile und Geschlechterverhältnis. Münster 1999.

Fielding, Nigel und Jane L. Fielding: Linking Data. Beverly Hills 1986.

Fink, Carole; Gassert, Philipp und Detlef Junker (Hrsg.): 1968: The World Transformed. Cambridge/New York 1998.

Fischer, Torben und Matthias Lorenz (Hrsg.): Lexikon der ‚Vergangenheitsbewältigung‘ in Deutschland. Debatten- und Diskursgeschichte des Nationalsozialismus nach 1945. Bielefeld 2007.

Flandrin, Jean-Louis: Das Geschlechtsleben der Eheleute in der alten Gesellschaft:
Von der kirchlichen Lehre zum realen Verhalten. In: Ariès, Philippe und André
Béjin (Hrsg.): Die Masken des Begehrens und die Metamorphosen der Sinnlichkeit. Zur Geschichte der Sexualität im Abendland. Frankfurt a.M. 1984, S.
147-164.

Fleck, Robert: Die Mühl-Kommune. Freie Sexualität und Aktionismus. Geschichte
eines Experiments. Köln 2003.

Flego, Gvozden: Erotisierte Einzelne – Erotisierte Gesellschaft. In: Flego, Gvozden
und Wolfdietrich Schmied- Kowarzik (Hrsg.): Herbert Marcuse – Eros und
Emanzipation. Gießen 1989, S. 127-189.

Flick, Uwe (Hrsg.): Handbuch qualitative Sozialforschung. Grundlagen, Konzepte,
Methoden und Anwendungen. 2. Aufl., Weinheim 1995.

Fooken, Insa und Inken Lind: Vielfalt und Widersprüche weiblicher Lebensmuster.
Frauen im Spiegel sozialwissenschaftlicher Forschung. Frankfurt a.M. 1994.

Foucault, Michel: Überwachen und Strafen. Die Geburt des Gefängnisses. Frankfurt
a.M. 1976.

Foucault, Michel: Der Wille zum Wissen. Band 1: Sexualität und Wahrheit. Frankfurt a.M. 1983.

Foucault, Michel (1972): Die Ordnung des Diskurses. Frankfurt a.m./Berlin/Wien 1991.

Frank, Manfred (Hrsg.): Die Frage nach dem Subjekt. Frankfurt a.m. 1988.

Frazier, Lessie Jo (Hrsg.): Gender and Sexuality in 1968. Transformative Politics in the Cultural Imagination. New York 2009.

Freeman, Derek: Margaret Mead and Samoa: The Making and Unmaking of an Anthropological Myth. Cambridge 1983.

Frei, Norbert: 1968. Jugendrevolte und globaler Protest. München 2008a.

Frei, Norbert: Warum Mitscherlich? Eine Einführung. In: Freimüller, Tobias (Hrsg.): Psychoanalyse und Protest: Alexander Mitscherlich und die ‚Achtundsechziger‘. Göttingen 2008b, S. 7-16.

Freimüller, Tobias (Hrsg.): Psychoanalyse und Protest. Alexander Mitscherlich und die ‚Achtundsechziger‘. Göttingen 2008.

Frevert, Ute: ‚Mann und Weib, und Weib und Mann‘. Geschlechter-Differenzen in der Moderne. München 1995.

Frevert, Ute: Umbruch der Geschlechterverhältnisse? Die 60er Jahre als geschlechterpolitischer Experimentierraum. In: Schildt, Axel; Siegfried, Detlef und Karl Christian Lammers (Hrsg.): Dynamische Zeiten. Die 60er Jahre in den beiden deutschen Gesellschaften. Hamburg 2000, S. 642-660.

Frevert, Ute: Gefühlvolle Männlichkeiten. Eine historische Skizze. In: Borutta, Manuel und Nina Verheyen (Hrsg.): Die Präsenz der Gefühle. Männlichkeit und Emotionen in der Moderne. Bielefeld 2010, S. 305-330.

Friebel, Harry; Epskamp, Heinrich; Knobloch, Brigitte; Montag, Stefanie und Stephan Toth: Bildungsbeteiligung: Chancen und Risiken. Eine Längsschnittstudie über Bildungs- und Weiterbildungskarrieren in der ‚Moderne‘. Opladen 2000.

Fried, Lilian: Frühkindliche Sexualität. In: Deutscher Familienverband (Hrsg.): Handbuch Elternbildung. Band 2: Wissenswertes im zweiten bis vierten Lebensjahr des Kindes. Opladen 1999, S. 111-122.

Fried, Lilian: Hilf mir bitte, für mich selbst zu sprechen! In: Kinderzeit. Jg. 4 (1990), Heft 12, S. 13-15.

Fried, Lilian: Sexualerziehung in der Familie. In: Paetzold Bettina und Lilian Fried (Hrsg.): Einführung in die Familienpädagogik. Weinheim 1989, S. 106-125.

Friedrich, Volker: Der 13. Internationale Psychoanalytische Kongreß 1934. Seine Bedeutung in der psychoanalytischen Bewegung. Dokumentation. In: Gidal, Tim (Hrsg.): Die Freudianer auf dem 13. Internationalen Psychoanalytischen Kongreß 1934 in Luzern. München 1990, S. 154-171.

Frohnhaus, Gabriele: Feminismus und Mutterschaft: Eine Analyse theoretischer Konzepte und der Mütterbewegung in Deutschland. Weinheim 1994.

Fuchs, Werner: Biographische Forschung. Eine Einführung in Praxis und Methoden. Opladen 1984.

Füssel, Stephan (Hrsg.): Die Politisierung des Buchmarkts. 1968 als Branchenereignis. Wiesbaden 2007.

Funk, Heide und Karl Lenz (Hrsg.): Sexualitäten. Diskurse und Handlungsmuster im Wandel. Weinheim/München 2005.

Funk, Heide: Sexuelle Erfahrungen von Frauen. Befreiungen und neue Beschränkungen. In: Ders. und Karl Lenz (Hrsg.): Sexualitäten. Diskurse und Handlungsmuster im Wandel. Weinheim/München 2005, S. 213-234.

Gäsche, Daniel: Die 68er und die Musik. Leipzig 2008.

Gage, Nathaniel; Berliner, David und Gerhard Bach (Hrgs.): Pädagogische Psychologie. 5. vollständig überarbeitete Aufl., Weinheim 1996.

Galuske, Michael: Nach dem Ende des sozialpädagogischen Jahrhunderts – Soziale Arbeit zwischen Aktivierung und Ökonomisierung. In: Knopp, Reinhold und Thomas Münch (Hrsg.): Zurück zur Armutspolizey? Soziale Arbeit zwischen Hilfe und Kontrolle. Berlin 2007, S. 9-32.

Gaschke, Susanne: Die Erziehungskatastrophe. Kinder brauchen starke Eltern. 5. Aufl., München 2001.

Gass-Bohm, Torsten: Das Gymnasium 1945-1980. Bildungsreform und gesellschaftlicher Wandel in Westdeutschland. Göttingen 2005.

Gassert, Philipp und Alan Steinweis (Hrsg.): Coping with the Nazi Past. West German Debates on Nazism as an Generational Conflict, 1955-1975. New York 2006.

Gassert, Philipp (2007): Rezension zu: Kießling, Simon: Die antiautoritäre Revolte der 68er. Postindustrielle Konsumgesellschaft und säkulare Religionsgeschichte der Moderne. Köln 2006, in: H-Soz-u-Kult, 25.06.2007 http://hsozkult. geschichte.hu-berlin.de/rezensionen/2007-2-183 (08.06.2012)

Gebauer, Jochen; Haddock, Geoffrey; Broemer, Philip und Ulrich von Hecker: The Role of Semantic Self-Perceptions in Temporal Distance Perceptions Toward Autobiographical Events: The Semantic Congruence Model. In: Journal of Personality and Social Psychology. Jg. 105 (2013), Heft 3, S. 452-502.

Geißler, Rainer: Die Sozialstruktur Deutschlands zur gesellschaftlichen Entwicklung mit einer Bilanz zur Vereinigung. 5. durchges. Aufl., Wiesbaden 2008.

Gerhard, Ute: Unerhört. Die Geschichte der deutschen Frauenbewegung. Reinbek 1990.

Gerwien, Tilmann: Die 68er. Flegeljahre verwöhnter Wohlstandkinder. In: Der Stern vom 05.12.2007, S. 38 einsehbar unter: http://www.stern.de/politik/geschichte/die-68er-flegeljahre-verwoehnter-wohlstandskinder-604556.html (19.03.2010)

Gester, Jochen (Hrsg.): 1968 – und dann? Erfahrungen, Lernprozesse und Utopien von Bewegten der 68er-Revolte. Bremen 2002.

Gibbons, Frederick X.; Eggleston, Tami und Alida Benthin: Cognitive Reactions to Smoking Relapse: The Reciprocal Relationship between Dissonance and Self-Esteem. In: Journal of Personality and Social Psychology Jg. 72 (1997), Heft 1, S. 184-195.

Giddens, Anthony: The Transformation of Intimacy. Sexuality, Love and Eroticism in modern societies. Stanford 1992.

Gilcher-Holtey, Ingrid (Hrsg.): 1968. Vom Ereignis zum Gegenstand der Geschichtswissenschaft. Göttingen 1998.

Gilcher-Holtey, Ingrid: Die 68er-Bewegung: Deutschland – Westeuropa – USA. München 2001.

Gilcher-Holtey, Ingrid: 1968. Eine Zeitreise. Frankfurt a.M. 2008.

Gilcher-Holtey, Ingrid: ‚1968‘ – Eine Wahrnehmungsrevolution? Horizont-Verschiebungen des Politischen in den 1960er und 1970er Jahren. München 2013.

Gillen, Gabriele: Das Wunder der Liebe. Eine kleine Geschichte der sexuellen Revolution. In: Cohn-Bendit, Daniel und Rüdiger Dammann (Hrsg.): 1968. Die Revolte. Frankfurt a.M. 2007, S. 109-137.

Girnth, Heiko: Sprache und Sprachwendung in der Politik. Eine Einführung in die linguistische Analyse öffentlich-politischer Kommunikation. Tübingen 2002.

Glinka, Hans-Jürgen: Das narrative Interview. Eine Einführung für Sozialpädagogen. Weinheim/München 1998.

Glomb, Ronald: Auf nach Tunix. Collagierte Notizen zur Legitimationskrise des Staates. In: Gehret, Jens (Hrgs.): Gegenkultur heute. Die Alternativbewegung von Woodstock bis Tunix. Amsterdam 1979, S. 137-144.

Glüse, Ruth: Interview ‚Grete H.‘ und Interviewauswertung. In: Meyer-Lenz, Johanna (Hrsg.): Die Ordnung des Paares ist unbehaglich. Irritationen am und im Geschlechterdiskurs nach 1945. Münster/Hamburg/London 2000, S. 173-214.

Göbel, Alexander: Zwischen Mythos und Medienwirklichkeit – Eine Analyse der Darstellung und Vermittlung von ‚1968‘ und den Folgen im Fernsehen. In: Konrad-Adenauer-Stiftung e.V. (Hrsg.): Arbeitspapiere. Heft 65, Sankt Augustin 2002.

Goffman, Erving (1977): Das Arrangement der Geschlechter. In: Goffman, Erving (Hrsg.): Interaktion und Geschlecht. Frankfurt a.M. 1994, S. 105-159.

Goltz, Anna von der: ‚Talkin‘ ‘bout my generation.‘ Conflicts of Generation Building and Europe‘s ‚1968‘. Göttingen 2011.

Gonschorek, Gernot: Erziehung und Sozialisation im Internat. Ziele, Funktionen, Strukturen und Prozesse komplexer Sozialisationsorganisationen. München1979.

Gould, Stephen Jay: Freudian Slip. In: Natural History. Jg. 96 (1987), Heft 2, S. 14-21.

Greenstein, Fred: Children and Politics. New Haven 1965.

Grele, Ronald J.: Ziellose Bewegung – Methodologische und theoretische Probleme der Oral History. In: Niethammer, Lutz (Hrsg.): Lebenserfahrung und kollektives Gedächtnis: Die Praxis der ‚Oral History‘. Frankfurt a.M. 1985, S. 195-220.

Gremliza, Hermann (Hrsg.): 30 Jahre konkret. Hamburg 1987.

Grimm, Fred: ‚Wir wollen eine andere Welt.' Jugend in Deutschland 1900-2010. Berlin 2010.

Groppe, Carola: Universität, Generationenverhältnisse und Generationenkonflikte um ‚1968'. Vom Wandel der Institution und der Radikalisierung politischer Aktivität. In: Baader, Meike Sophia und Ulrich Herrmann (Hrsg.): 68 – Engagierte Jugend und Kritische Pädagogik. Impulse und Folgen eines kulturellen Umbruchs in der Geschichte der Bundesrepublik. Weinheim/München 2011, S. 129-147.

Grossmann, Klaus und Karin Grossmann (Hrsg.): Bindung und menschliche Entwicklung: John Bowlby, Mary Ainsworth und die Grundlagen der Bindungstheorie. Stuttgart 2009.

Grossmann, Klaus und Karin Grossmann: Elternbindung und Entwicklung des Kindes in Beziehungen. In: Herpertz-Dahlmann, Beate; Resch, Franz; Schulte-Markwort, Michael und Andreas Warnke (Hrsg.): Entwicklungspsychiatrie: Biopsychologische Grundlagen und die Entwicklung psychischer Störung. 2. Aufl., 2008, S. 221-240.

Grossmann, Wilma: Kindergarten. Eine historisch-systematische Einführung in seine Entwicklung und Pädagogik. Weinheim/Basel 1987.

Grundmann, Matthias: Familienstruktur und Lebensverlauf. Historische und gesellschaftliche Bedingungen der individuellen Entwicklung. Frankfurt a.M. 1992.

Grundmann, Matthias: Sozialisation – Erziehung – Bildung: Eine kritische Begriffsbestimmung. In: Becker, Rolf (Hrsg.): Lehrbuch der Bildungssoziologie. Wiesbaden 2009, S. 61-84.

Haeberle, Erwin: Anfänge der Sexualwissenschaft. Historische Dokumente. Berlin/New York 1983.

Haffner, Sarah: ‚Die Frauen waren der revolutionärste Teil dieser etwas revolutionären Bewegung.' Interview mit Ute Kätzel. In: Kätzel, Ute: Die 68erinnen. Portrait einer rebellischen Frauengeneration. Berlin 2002, S. 141-160.

Häfner Chotjewitz, Renate: Die große schöne Liebe ersäuft in der kleinen Scheiße. In: Elefanten Press (Hrsg.): Hart und Zart. Frauenleben 1920-1970. Berlin 1990, S. 429-432.

Hage, Angela: Westdeutscher Protestantismus und Studentenbewegung. In: Hermle, Siegfried; Lepp, Claudia und Harry Oelke (Hrsg.): Umbrüche: Der deutsche Protestantismus und die sozialen Bewegungen in den 1960er und 70er Jahren. Göttingen 2007, S. 111-130.

Hagemann-White, Carol: Sozialisation. Männlich-Weiblich? Opladen 1984.

Hahn, Cornelia und Günter Burkart (Hrsg.): Liebe am Ende des 20. Jahrhunderts. Studien zur Soziologie intimer Beziehungen. Opladen 1998.

Hahne, Peter: Schluss mit lustig. Das Ende der Spaßgesellschaft. Lahr 2008.

Halbwachs, Maurice: Das kollektive Gedächtnis. Frankfurt a.M. 1991.

Hannover, Irmela und Cordt Schnibben (Hrsg.): I can't get no. Ein paar 68er treffen sich wieder und rechnen ab. Köln 2007.

Hark, Sabine (Hrsg.): Dis/Kontinuitäten: Feministische Theorie. 2. erw./aktual. Aufl., Wiesbaden 2007.

Hark, Sabine: Deviante Subjekte. Normalisierung und Subjektformung. In: Sohn, Werner und Herbert Mertens (Hrsg.): Normalität und Abweichung. Studien zur Theorie und Geschichte der Normalisierungsgesellschaft. Opladen/Wiesbaden 1999, S. 65-84.

Harmon-Jones, Eddie und Cindy Harmon-Jones: Cognitive Dissonance. Theory after 50 years of development. In: Zeitschrift für Sozialpsychologie. Jg. 38 (2007), Heft 1, S. 7-16.

Hartmann, Jutta; Klesse, Christian; Wagenknecht, Peter; Fritzsche, Bettina und Kristina Hackmann (Hrsg.): Heteronormativität. Empirische Studien zu Geschlecht, Sexualität und Macht. Wiesbaden 2007.

Hartmann, Jutta: Vielfältige Lebensweisen: Dynamisierung in der Triade Geschlecht – Sexualität – Lebensform. Kritisch-dekonstruktive Perspektiven für die Pädagogik. Opladen 2002.

Hartmann, Michael: Gesellschaftliche Ungleichheit und Bildung. Die Debatte in den 1960er Jahren und heute. In: Bernhard, Armin (Hrsg.): Jahrbuch für Pädagogik 2008. 1968 und die neue Restauration. Jg. 17 (2009), S. 209-220.

Haubl, Rolf: Modelle psychoanalytischer Textinterpretation. In: Flick, Uwe (Hrsg.): Handbuch qualitative Sozialforschung. Grundlagen, Konzepte, Methoden und Anwendungen. 2. Aufl., Weinheim 1995, S. 219-223.

Hausen, Karin: Die Polarisierung der ‚Geschlechtscharaktere‘. Eine Spiegelung der Dissoziation von Erwerbs- und Familienleben. In: Conze, Werner (Hrsg.): Sozialgeschichte der Familie in der Neuzeit Europas. Stuttgart 1976, S. 363-401.

Haustein, Petra: Zwischen Freiheitsutopie und männlicher Definitionsmacht. Zu den theoretischen Grundlagen der 68erinnen. In: Ariadne. Forum für Frauen- und Geschlechtergeschichte. Jg. 23 (2007), Heft 52, S. 48-55.

Hawkes, Gail: A Sociology of Sex and Sexuality. Philadelphia 1996.

Hearn, Jeff: The Materiality of Men, Bodies, and Towards the Abolition of ‚Men‘. In: Läubli, Martina und Sabrina Sahli (Hrsg.): Männlichkeiten denken. Aktuelle Perspektiven der kulturwissenschaftlichen Masculinity Studies. Bielefeld 2011, S. 195-215.

Hecken, Thomas: 1968. Von Texten und Theorien aus einer Zeit euphorischer Kritik. Bielefeld 2008.

Heinemann, Karl-Heinz und Thomas Jainter (Hrsg.): Ein langer Marsch. 1968 und die Folgen. Köln 1993.

Heinl, Peter: ‚Maikäfer flieg, dein Vater ist im Krieg ...‘ Seelische Wunden aus der Kriegskindheit. München 1994.

Heinrich, Michael: Kritik der politischen Ökonomie. Eine Einführung. Stuttgart 2004.

Heinrichs, Gesa: Bildung, Identität und Geschlecht. Eine (postfeministische) Einführung. Königstein/Taunus 2001.

Heinz-Trossen, Alfons: Prostitution und Gesundheitspolitik. Prostituiertenbetreuung als pädagogischer Auftrag des Gesetzgebers an die Gesundheitsämter. Frankfurt a.m. 1993.

Heinzel, Friederike: Generationentheorien und erziehungswissenschaftliche Frauen- und Geschlechterforschung. In: Glaser, Edith, Klika, Dorle und Annedore Prengel (Hrsg.): Handbuch Gender und Erziehungswissenschaft. Bad Heilbrunn 2004, S. 157-174.

Heinzel, Friederike: Wiederholte Gesprächsinteraktion und tiefenhermeneutische Analyse. In: Friebertshäuser, Barbara und Annedore Prengel: Handbuch Qualitative Forschungsmethoden in der Erziehungswissenschaft. München/Weinheim 1997, S. 396-413.

Helduser, Urte; Marx, Daniela; Paulitz, Tanja und Katharina Pühl (Hrsg.): Under Construction? Konstruktivistische Perspektiven in feministischer Theorie und Forschungspraxis. Frankfurt a.m./New York 2004.

Helfferich, Cornelia: Die Qualität qualitativer Daten. Manual für die Durchführung qualitativer Interviews. Wiesbaden 2004.

Helfferich, Cornelia: Männlichkeit in sexuellen und familialen Beziehungen: Differenz, Dominanz und Gemeinschaftlichkeit. In: Bereswill, Mechthild; Meuser, Michael und Sylka Scholz (Hrsg.): Dimensionen der Kategorie Geschlecht: Der Fall Männlichkeit. Münster 2007, S. 206-222.

Helwig, Paul: Charakterologie. Freiburg 1967.

Hemler, Stefan: Von Kurt Faltlhauser zu Rolf Pohle. Die Entwicklung der studentischen Unruhen an der Ludwig-Maximilian-Universität München in der zweiten Hälfte der sechziger Jahre. In: Schubert, Vernanz (Hrsg.): 1968. 30 Jahre danach. St. Otilien 1999, S. 209-242.

Hengstenberg, Heike und Gabriele Sturm: sex macht lust. Das Thema Sexualität in der neuen deutschen Frauenbewegung. In: Interdisziplinären Forschungsgruppe Frauenforschung der Universität Bielefeld (Hrsg.): Liebes- und Lebensverhältnisse. Sexualität im feministischen Diskurs. Frankfurt a.M. 1990, S. 61-82

Hentig, Hartmut von: Bildung. 2. Aufl., Weinheim/Basel 2007.

Herding, Klaus: 1968. Kunst – Kunstgeschichte – Politik. Frankfurt a.m. 2008.

Hering, Sabine und Hans-Georg Lützenkirchen: Wohin führt der lange Marsch? Die politische Erwachsenenbildung der 68er. Gespräche. Frankfurt a.m. 1996.

Herlitz, Hans-Georg; Hopf, Wulf und Hartmut Titze: Deutsche Schulgeschichte von 1800 bis zur Gegenwart. Königstein im Taunus 1981.

Hermanns, Harry: Die Auswertung narrativer Interviews. Ein Beispiel für qualitative Verfahren. In: Hoffmeyer-Zlotnik, Jürgen (Hrsg.): Analyse verbaler Daten. Über den Umgang mit qualitativen Daten. Opladen 1992, S. 110-141.

Hermanns, Harry: Narratives Interview. In: Flick, Uwe (Hrsg.): Handbuch qualitative Sozialforschung. Grundlagen, Konzepte, Methoden und Anwendungen. 2. Aufl., Weinheim 1995, S. 182-185.

Herrath, Frank; Richter, Pim; Sielert, Uwe und Christa Wanzeck-Sielert (Hrsg.): Sechs mal Sex und mehr... Weinheim/Basel 1994.

Herrmann, Ulrich: Schulische Berufsbildung für die weibliche Jugend. In: Zeitschrift für Erziehungswissenschaft, Jg. 9 (2006), Beiheft 7, S. 105-126.

Herzog, Dagmar: Sexuelle Revolution und Vergangenheitsbewältigung. In: Zeitschrift für Sexualforschung. Jg. 13 (2000), S. 87-103.

Herzog, Dagmar: Die Politisierung der Lust. Sexualität in der deutschen Geschichte des zwanzigsten Jahrhunderts. München 2005.

Herzog, Dagmar: Paradoxien der sexuellen Liberalisierung. Göttingen 2013.

Hess, Robert und Judith Torney: The Development of Political Attitudes in Children, Chicago 1970.

Hiekel, Jörn Peter (Hrsg.): Die Kunst des Überwinterns. Musik und Literatur um 1968. Wien/Köln/Weimar 2010.

Hildebrandt, Dietrich: ‚... und die Studenten freuen sich!‘ Studentenbewegung in Heidelberg 1967-1973. Heidelberg 1991.

Hill, Andrea: Pornografiekonsum bei Jugendlichen. Ein Überblick über die empirische Wirkungsforschung. In: Zeitschrift für Sexualforschung. Jg. 24 (2011), Heft 4, S. 379-396.

Hirsch, Nele; Krivine, Alain; Notz, Gisela und Thomas Seibert (Hrsg.): ‚Die letzte Schlacht gewinnen wir.‘ 40 Jahre 1968. Bilanz und Perspektiven. Hamburg 2008.

Hodenberg, Christina von und Detlef Siegfried (Hrsg.): Wo ‚1968‘ liegt. Reform und Revolte in der Geschichte der Bundesrepublik. Göttingen 2006.

Hodenberg, Christina von: Konsens und Krise. Eine Geschichte der westdeutschen Medienöffentlichkeit. 1945-1973. Göttingen 2006.

Hoevels, Fritz Erik: Marxismus, Psychoanalyse, Politik. Freiburg 1983.

Hofferer, Manfred: Selbsterfahrungsgestützte Theorieaneignung. Denkanstoß und ihre Methode für die Ausbildung in pädagogischen Berufen. Wien 1999.

Hoffmann, Stephanie: ‚Darüber spricht man nicht?‘ Die öffentliche Diskussion über die Sexualmoral in den 50er Jahren im Spiegel der Frauenzeitschrift ‚Constanze‘. In: Meyer-Lenz, Johanna (Hrsg.): Die Ordnung des Paares ist unbehaglich. Irritationen am und um Geschlechterdiskurs nach 1945. Münster/Hamburg/London 2000, S. 57-83.

Hohage, Roderich: Analytisch orientierte Psychotherapie in der Praxis. 4. Aufl., Stuttgart 2004.

Holl, Peter: Studien zu einer Geschichte der Sexualerziehung. Dissertation an der Universität- Gesamthochschule-Essen 1986.

Holl, Kurt (Hrsg.): 1968 am Rhein. Köln 1998.

Holland-Cunz, Barbara: Utopien der neuen Frauenbewegung. Meitingen 1988.

Holland-Cunz, Barbara: Die alte neue Frauenfrage. Frankfurt a.M. 2003.

Hollstein, Walter: Was vom Manne übrig blieb. Krise und Zukunft des starken Geschlechts. Berlin 2008.

Holodynski, Manfred: Emotionen – Entwicklung und Regulation. Heidelberg 2006.

Holweg, Heiko: Methodologie der qualitativen Sozialforschung: Eine Kritik. Bern 2005.

Holy, Michael: Lange hieß es, Homosexualität sei gegen die Ordnung. Die westdeutsche Schwulenbewegung (1969-1980). In: Herzer, Manfred (Hrsg.): 100 Jahre Schwulenbewegung – Dokumentation einer Vortragsreihe in der Akademie der Künste. Berlin 1998, S. 83-109.

Honneth, Axel: Herbert Marcuse und die Frankfurter Schule. In: Leviathan. Berliner Zeitschrift für Sozialwissenschaft. Jg. 31 (2003) Heft 4 , S. 496-504.

Horlacher, Stefan: Überlegungen zur theoretischen Konzeption männlicher Identität aus kulturwissenschaftlicher Perspektive. In: Ders. (Hrsg.): ‚Wann ist die Frau eine Frau?' ‚Wann ist der Mann ein Mann?'. Konstruktionen von Geschlechtlichkeit von der Antike bis ins 21. Jahrhundert. Würzburg 2010, S. 195-234.

Horvath, Peter: Die inszenierte Revolte. Hinter den Kulissen von ‘68. München 2010.

Hrdy, Sarah: Mutter Natur. Die weibliche Seite der Evolution. Berlin 2000.

Hübner, Raoul: ‚Klau mich' oder die Veränderung von Verkehrsformen. Anstöße der Studentenbewegung. In: Lüdke, Martin (Hrsg.): Literatur und Studentenbewegung. Eine Zwischenbilanz. Opladen 1977, S. 219-247.

Hüwelmeier, Gertrud: Närrinnen Gottes. Lebenswelten von Ordensfrauen. Münster/New York/München/Berlin 2004.

ID-Archiv im IISG, Amsterdam (Hrsg.): Die Früchte des Zorns. Texte und Materialien zur Geschichte der revolutionären Zellen und der roten Zora. Berlin 1993.

Ijzendoorn, Marinus van: Adult attachment representation, parental responsiveness and infant attachment: A meta-analysis on the predictive validity of the Adult Attachment Interview. In: Target, Mary (Hrsg.): Psychoanalyse und die Psychopathologie der Entwicklung. Stuttgart 2006, S. 387-403.

Ijzendoorn, Marius van und Marianne Wolff: In search of the absent father: Meta-analyses of infant-father attachment. A rejoinder to our discussants. In: Child Development, Jg. 68 (1997), Heft 4, S. 604-609.

Institut für Sozialforschung der Goethe-Universität Frankfurt am Main (Hrsg.): Kritik und Utopie im Werk von Herbert Marcuse. Frankfurt a.M. 1992.

Jäger, Margarete: Diskursanalyse: Ein Verfahren zur kritischen Rekonstruktion von Machtbeziehungen. In: Becker, Ruth und Beate Kortendiek (Hrsg.): Handbuch Frauen- und Geschlechterforschung. Theorien, Methoden, Empirie. 2. erw./aktual. Aufl., Wiesbaden 2008, S. 378-383.

Jäkl, Reingard: Eine kleine radikale Minderheit. In: Becker, Bärbel (Hrsg.): Unbekannte Wesen. Frauen in den 60er Jahren. Berlin 1987, S. 145-148.

Jamieson, Lynn: Intimacy transformed? A critical look at the ‚pure relationship'. In: Sociology. Jg. 33 (1999), Heft 3, S. 477–494.

Jamieson, Lynn: Intimacy. Cambridge 1998.

Jansen, Mechthild; Baringhorst, Sigrid und Martina Ritter (Hrsg.): Frauen in der Defensive? Zur Backlash-Debatte in Deutschland. Münster 1995.

Jaspers, Rudolf: Überlegungen zur Öffnung sexueller Sprach- und Fantasiebilder in der Psychoanalytischen Behandlung. In: Springer, Anne; Münch, Carsten und Dietrich Munz (Hrsg.): Sexualitäten. Gießen 2008, S. 169-180.

Jenrich, Holger: Anarchistische Presse in Deutschland 1945-1985. Grafenau-Döfflingen 1988.

Jensen, Heike: Sexualität. In: Braun, Christina von und Inge Stephan (Hrsg.): Gender@Wissen. Ein Handbuch der Gender-Theorien. Köln/Wien/Weimar 2005, S. 100-115.

Jörges, Ulrich: Irrweg. Schluss mit Mythen von 68! In: Vogel, Bernhard (Hrsg.): 40 Jahre 1968. Alte und neue Mythen. Eine Streitschrift. Freiburg 2008, S. 40-47.

Jureit, Ulrike: Generationenforschung. In: Hettling, Manfred; Sabrow, Martin und Hans-Ulrich Thames (Hrsg.): Grundkurs Neue Geschichte. Göttingen 2006.

Kailitz, Susanne: Von den Worten zu den Waffen? Frankfurter Schule, Studentenbewegung, RAF und die Gewaltfrage. Wiesbaden 2007.

Kaiser, Peter: Transgenerationale Interaktion und Partnerschaft. In: Grau, Ina und Hans-Werner Bierhoff (Hrsg.): Sozialpsychologie der Partnerschaft. Berlin/Heidelberg/New York 2003, S. 111-136.

Kallmeyer, Werner und Fritz Schütze: Zur Konstitution von Kommunikationsschemata der Sachverhaltensdarstellung. In: Wegner, Dirk (Hrsg.): Gesprächsanalysen. Hamburg 1977, S. 159-274.

Kallscheuer, Otto: Marxismus und Erkenntnistheorie in Westeuropa. Eine politische Philosophiegeschichte. Frankfurt a.M. 1986.

Kämper, Gudrun: Der Schulddiskurs in der frühen Nachkriegszeit: ein Beitrag zur Geschichte des sprachlichen Umbruchs nach 1945. Berlin 2005.

Kämper, Heidrun; Scharloth, Joachim und Martin Wengeler (Hrsg.): 1968. Eine sprachwissenschaftliche Zwischenbilanz. Berlin/Boston 2012.

Kätzel, Ute: Die 68erinnen. Porträt einer rebellischen Frauengeneration. Berlin 2002.

Kätzel, Ute: Mehr als Bräute der Revolte. In: EMMA. Jg. 31 (2008), Heft 3, S. 84-85.

Kamya, Julienne: Studentenbewegung, Literatur und die Neuentdeckung der Fremde. Zum ethnographischen Blick im Romanwerk Uwe Timms. Frankfurt a.M./Berlin/Bern/New York/Oxford/Wien 2005.

Keilitz, Susanne: Von den Worten zu den Waffen? Frankfurter Schule, Studentenbewegung, RAF und die Gewaltfrage. Wiesbaden 2007.

Keim, Wolfgang: Gesamtschule: 1968 und die Gesamtschule. Vergessene, verdrängte, unabgegoltene Zusammenhänge. In: Jahrbuch für Pädagogik 2008: 1968 und die neue Restauration. Jg. 17 (2009), S. 221-237.

Kelle, Udo und Susann Kluge: Vom Einzelfall zum Typus. Fallvergleich und Fall-
konstratierung in der qualitativen Sozialforschung. 2. überarb. Aufl., Wiesbaden
2010.

Kellein, Thomas (Hrsg.): 1968. Die große Unschuld. Köln 2009.

Keller, Mitra: Geheimnisse und ihre lebensgeschichtliche Bedeutung. Eine empirische Studie. Berlin 2007.

Keller, Reiner; Schneider, Werner und Willy Viehöver (Hrsg.): Diskurs, Macht und
Subjekt. Theorie und Empirie von Subjektivierung in der Diskursforschung.
Wiesbaden 2012.

Kentler, Helmut: So fing es an. In: Pro Familia Magazin, Jg. 25 (1997), Heft 5, S.4-
6.

Kentler, Helmut: Täterinnen und Täter beim sexuelle Missbrauch von Jungen. In:
Rutschky, Katharina und Reinhart Wolff (Hrsg.): Handbuch sexueller Missbrauch. Hamburg 1994, S. 143-156.

Kersting, Franz-Werner: Entzauberung des Mythos? Ausgangsbedingungen und
Tendenzen einer gesellschaftlichen Standortbestimmung der westdeutschen
,68er'-Bewegung. In: Westfälische Forschung Band 48 (1998), S. 1-19.

Keupp, Heiner (Hrsg.): Identitätskonstruktionen. Das Patchwork der Identitäten in
der Spätmoderne. Hamburg 1999.

Keupp, Heiner: Eine Gesellschaft der Ichlinge? Zum bürgerlichen Engagement von
Heranwachsenden. München 2000.

Kießling, Simon: Die antiautoritäre Revolte der 68er. Postindustrielle Konsumgesellschaft und säkuläre Religionsgeschichte der Moderne. Köln 2006.

Kilian, Eveline und Komfort-Hein, Susanne (Hrsg.): GeNarrationen. Variationen
zum Verhältnis von Generation und Geschlecht. Tübingen 1999.

Kittel, Manfred: Marsch durch die Institutionen? Politik und Kultur in Frankfurt
nach 1968. München 2011.

Kimmel, Michael: Studentenbewegungen der 60er Jahre. Frankreich, BRD und
USA im Vergleich. Wien 1998.

King, Vera: Vater-Tochter-Beziehungen. Symbolische Repräsentanz und familiäre
Interaktion. In: Bereswill, Mechthild; Scheiwe, Kirsten und Anja Wolde
(Hrsg.): Vaterschaft im Wandel. Multidisziplinäre Analysen und Perspektiven
aus geschlechtertheoretischer Sicht. Weinheim/München 2006, S. 137-153.

Klafki, Wolfgang (1971): Hermeneutische Verfahren in der Erziehungswissenschaft. In: Rittelmeyer, Christian und Michael Parmentier (Hrsg.): Einführung
in die pädagogische Hermeneutik. Darmstadt 2007, S. 125-148.

Klages, Helmut: Wertorientierungen im Wandel. Rückblick, Gegenwartsanalyse,
Prognosen. Frankfurt a.M. 1984.

Klages, Helmut; Gensicke, Thomas und Rita Süssmuth: Die 68er: Aufbruch einer
Generation, Umbruch einer Gesellschaft. Eine Protestbewegung mit widersprüchen Folgen. Sachsenheim 1994.

Kleemann, Frank; Krähnke, Uwe und Ingo Matuschek (Hrsg.): Interpretative Sozialforschung. Eine praxisorientierte Einführung. Wiesbaden 2009.

Klein, Christian (Hrsg.): Handbuch Biographie. Methoden, Traditionen, Theorien. Stuttgart/Weimar 2009.

Klein, Melanie (1962): Das Seelenleben des Kleinkindes und andere Beiträge der Psychoanalyse. 8. Aufl., Stuttgart 2006.

Klein, Melanie: Envy and Gratitude. A Study of Unconscious Sources. New York 1957.

Klein, Regina: Am Anfang steht das letzte Wort. Eine Annäherung an die ‚Wahrheit‘ der tiefenhermeneutischen Erkenntnis. In: BIOS – Zeitschrift für Biographieforschung und Oral History. Jg. 13 (2000), Heft 1, S. 77-97.

Klein, Regina: Tiefenhermeneutische Zugänge. In: Glaser, Edith; Klika, Dorle und Annedore Prengel (Hrsg.): Handbuch Gender und Erziehungswissenschaft. Bad Heilbrunn 2004, S. 622-634.

Kleinau, Elke: Lust und Last der ‚freien Liebe‘. Sexualität in den Theorien des frühen Sozialismus. In: Interdisziplinäre Forschungsgruppe Frauenforschung (Hrsg.) Liebes- und Lebensverhältnisse. Sexualität in der feministischen Diskussion. Frankfurt a.M. 1990, S. 9-26.

Kleinau, Elke: Diskurs und Realität. Zum Verhältnis von Sozialgeschichte und Diskursanalyse. In: Aegerter, Veronika (Hrsg.): Geschlecht hat Methode. Ansätze und Perspektiven in der Frauen- und Geschlechtergeschichte. Zürich 1999, S. 31-47.

Kleinau, Elke: ‚Sind Frauen zum Studium befähigt und berechtigt?‘ Der Diskurs für und wider das Frauenstudium gegen Ende des 19. Jahrhunderts. In: Küllchen, Hildegard; Koch, Sonja; Schober, Brigitte und Susanne Schötz (Hrsg.): Frauen in der Wissenschaft – Frauen an der TU Dresden. Tagung aus Anlass der Zulassung von Frauen im Studium in Dresden vor 100 Jahren. Leipzig 2010, S. 79-98.

Kleinau, Elke: ‚Ordnung der Natur. Macht der Tradition. Geschlechterverhältnisse an der Universität. In: Dies.;Schulz, Dirk und Susanne Völker (Hrsg.): Gender in Bewegung. Aktuelle Spannungsfelder der Gender und Queer Studies. Bielefeld 2013, S. 35-48.

Klesse, Christian: Über den Gleichheitsmythos: Lesben und Schwule als Avantgarde emotionaler und sexueller Demokratisierung? In: Zeitschrift für Sexualforschung, Jg. 19 (2006), Heft 1, S. 15-54.

Klesse, Christian: Weibliche bisexuelle Nicht-Monogamie, Biphobie und Promiskuitätsvorwürfe. In: Hartmann, Jutta; Klesse, Christian; Peter, Wagenknecht und Bettina Fritzsche (Hrsg.): Heteronormativität. Empirische Studien zu Geschlecht, Sexualität und Macht. Wiesbaden 2007, S. 291-308.

Klesse, Christian: Autoethnografie als Methode kritischer Sexualforschung. In: Zeitschrift für Sexualforschung. Jg. 22 (2009), Heft 4, S. 353-358.

Klesse, Christian: Spielarten der Liebe. Eine Betrachtung zur Polyamory. In: Zeitschrift für Sexualforschung. Jg. 26 (2013), Heft 1, S. 19-33.

Klessmann, Christoph: 1968 – Studentenrevolte oder Kulturrevolution? In: Hettling, Manfred (Hrsg.): Revolution in Deutschland? 1789-1989. Göttingen 1991, S. 90.105.

Klika, Dorle: Das Generationenverhältnis – Ein pädagogisches Grundproblem. In: Behnken, Imbke und Jana Mikota (Hrsg.): Sozialisation, Biografie und Lebenslauf: Eine Einführung. München/Weinheim 2009, S. 140-152.

Klimke, Martin und Joachim Scharloth (Hrsg.): 1968. Handbuch zur Kultur- und Mediengeschichte der Studentenbewegung. Stuttgart 2007.

Kluge, Norbert (Hrsg.): Handbuch der Sexualpädagogik. Band 2. Aufgaben, Probleme und Erfahrungshorizonte der Sexualerziehung in relevanten Praxisfeldern. Düsseldorf 1984.

Kluge, Norbert (Hrsg.): Sexualpädagogische Forschung: Aufgaben, Schwerpunkte, Ergebnisse. Paderborn/München/Wien/Zürich 1981.

Kluge, Norbert (Hrsg.): Studien zur Sexualpädagogik. Bd 1: Sexualerziehung statt Sexualaufklärung. Von der biologistischen zur mehrpespektivistisch-integrativen Betrachtungsweise sexualerziehlicher Programme. Frankfurt a.M./New York 1985.

Knabel, Klaudia, Rieger, Dietmar und Stephanie Wodianka (Hrsg.): Nationale Mythen – kollektive Symbole. Funktionen, Konstruktionen und Medien der Erinnerung. In: Oesterle, Günter (Hrsg.): Formen der Erinnerung. Band 23, Göttingen 2005.

Knäper, Marie-Theres: Feminismus – Autonomie – Subjektivität. Tendenzen und Widersprüche in der Neuen Frauenbewegung. Bochum 1984.

Knapp, Gudrun-Axeli: Kritische Theorie: Ein selbstreflexives Denken in Vermittlungen. In: Becker, Ruth und Beate Kortendiek (Hrsg.): Handbuch Frauen- und Geschlechterforschung. Theorie, Methoden, Empirie. 3. erw./aktual. Aufl., Wiesbaden 2010.

Knapp, Guntram: Narzißmus und Primärbeziehung. Psychoanalytisch-anthropologische Grundlagen für ein neues Verständnis von Kindheit. Berlin/Heidelberg/New York 1988.

Knoll, August Maria: Glaube zwischen Herrschaftsordnung und Heilserwartung. Wien/Köln/Weimar 1996.

Koch, Friedrich: Sexualität, Erziehung und Gesellschaft. Von der geschlechtlichen Unterweisung zur emanzipatorischen Sexualpädagogik. Frankfurt a.M./Berlin/Brüssel/New York/Oxford/Wien 2000.

Koch, Friedrich: Sexuelle Denunziation. Die Sexualität in der politischen Auseinandersetzung. Frankfurt a.M. 1986.

Koellreuter, Anna: Das Tabu des Begehrens. Zur Verflüchtigung des Sexuellen in Theorie und Praxis der feministischen Psychoanalyse. Gießen 2000.

Koenen, Gerd: Das rote Jahrzehnt. Unsere kleine Deutsche Kulturrevolution 1967-1977. Köln 2001.

Koepcke, Cordula: Wege zur Freiheit. Emanzipatorische Bewegung der Neuzeit. München 1979.

Konitzer, Martin: Wilhelm Reich zur Einführung. 2. überarb. Aufl., Hamburg 1992.

Körbitz, Ulrike: Zur Aktualität sexualpolitischer Aufklärung im post-sexuellen Zeitalter. In: Fallend, Karl und Bernd Nitzschke (Hrsg.): Der ‚Fall' Wilhelm Reich. Beiträge zum Verständnis von Psychoanalyse und Politik. Gießen 2002, S. 253-271.

Kozicki, Norbert: Aufbruch in NRW. 1968 und die Folgen. Essen 2008.

Krämer, Silke und Burkhard Müller: ‚Das Private ist politisch'. Frauen und Studentenbewegung. Ursachen für die Entstehung der Neuen Frauenbewegung. Hildesheim 1998.

Kraft, Andreas: Über Väter und Großväter – Die Lehre der Ambivalenztoleranz in der deutschen ‚Generationenliteratur' nach 1945. In: Bunner, José (Hrsg.): Tel Aviver Jahrbuch für deutsche Geschichte XXXVI. Mütterliche Macht und väterliche Autorität. Elternbilder im deutschen Diskurs. Göttingen 2008, S. 165-181.

Kraft, Sandra: Vom Hörsaal auf die Anklagebank. Die 68er und das Establishment in Deutschland und den USA. Frankfurt a.M. 2010.

Kraushaar, Wolfgang: Objektiver Faktor Student. Zur Bedeutung studentischen Protestformen im Rationalisierungsprozess des Studiums. Frankfurt a.M. 1982.

Kraushaar, Wolfgang (Hrsg.): Frankfurter Schule und Studentenbewegung. Von der Flaschenpost zum Molotowcocktail 1946-1995. Band 1: Chronik. Hamburg 1998a

Kraushaar, Wolfgang (Hrsg.): Frankfurter Schule und Studentenbewegung. Von der Flaschenpost zum Molotowcocktail 1946-1995. Band 2: Dokumente. München/Frankfurt a.M. 1998b.

Kraushaar, Wolfgang (Hrsg.): Frankfurter Schule und Studentenbewegung. Von der Flaschenpost zum Molotowcocktail 1946-1995. Band 3: Aufsätze und Kommentare, Register. München/Frankfurt a.M. 1998c.

Kraushaar, Wolfgang: 1968 als Mythos, Chiffre und Zäsur. Hamburg 2000.

Kraushaar, Wolfgang: Denkmodelle der 68er-Bewegung. In: Aus Politik und Zeitgeschichte. Band 22-23, Bonn 2001a, S. 14-27.

Kraushaar, Wolfgang: 1968 und die Massenmedien. In: Friedrich-Ebert-Stiftung (Hrsg.): Archiv für Sozialgeschichte. Band 41 (2001), S. 317-347.

Kraushaar, Wolfgang: ‚Die Kräfte des Rausches für die Revolution gewinnen.' Die antiautoritäre Bewegung als Fest. In: Danuser, Hermann und Herfried Münkler (Hrsg.): Kunst-Fest-Kanon. Inklusion und Exklusion in Gesellschaft und Kultur. Schliengen 2004, S. 98-111.

Kraushaar, Wolfgang; Wieland, Karin und Jan-Philipp Reemtsma (Hrsg.): Rudi Dutschke, Andreas Baader und die RAF. Hamburg 2005.

Kraushaar, Wolfgang: Achtundsechzig. Eine Bilanz. Berlin 2008.

Krauss, Marita: 1968 und die Frauenbewegung. In: Venanz Schubert (Hrsg.): 1968 – 30 Jahre danach. Ringvorlesung der Ludwig-Maximilians-Universität München. St. Ottilien 1999, S. 129-155.

Kriesten, Anja: Die Revolution der Geschlechterbeziehungen? Männer und Frauen in der 68er-Bewegung. In: Lutz, Alexandra (Hrsg.): Geschlechterbeziehungen in der Neuzeit. Studien aus dem norddeutschen Raum. Neumünster 2005, S. 247-256.

Krovoza, Alfred; Oestmann, Axel und Klaus Ottomeyer (Hrsg.): Zum Beispiel Peter Brückner. Treue zum Staat und kritische Wissenschaft. Europäische Verlagsanstalt, Frankfurt a.m. 1981.

Krüger, Dorothea: Alleinleben in einer paarorientierten Gesellschaft. Pfaffenweiler 1990.

Krüger, Helga: Lebenslauf: Dynamiken zwischen Biographie und Geschlechterverhältnis. In: Becker, Ruth und Beate Kortendiek (Hrsg.): Handbuch Frauen- und Geschlechterforschung. Theorien, Methoden, Empirie. 2. erw./aktual. Aufl., Wiesbaden 2008, S. 212-219.

Krumm, Ingrid und Helmut Krumm (Hrsg.): Die Ideale der 68er – 33 Jahre später. Wangen/Allgäu 2001.

Kühberger, Christoph: Emotionaler Rausch: Zu den Mechanismen der Gefühlsmobilisierung auf faschistischen und nationalsozialistischen Festen. In: Klimó, Árpád von und Malte Rolf (Hrsg.): Rausch und Diktatur. Inszenierung, Mobilisierung und Kontrolle in totalitären Systemen. Frankfurt a.M. 2006, S. 177-192.

Künemund, Harald und Marc Szydlik: Generationen aus der Sicht der Soziologie. In: Dies. (Hrsg.): Generationen. Multidisziplinäre Perspektiven. Wiesbaden 2009, S. 7-22.

Kuckuck, Margareth: Student und Klassenkampf. Studentenbewegung in der BRD seit 1967. Hamburg 1974.

Kuhn, Annette: Oral History und Erinnerungsarbeit. Zur mündlichen Geschichtsschreibung und historischen Erinnerungskultur. In: Becker, Ruth und Beate Kortendiek (Hrsg.): Handbuch Frauen- und Geschlechterforschung. Theorien, Methoden, Empirie. 2. erw./aktual. Aufl., Wiesbaden 2008, S. 351-353.

Kuhn, Bärbel und Christiane Kohser-Spohn: Befreite Liebe. In: Dülmen, Richard von (Hrsg.): Die Entdeckung des Ich. Die Geschichte der Individualisierung vom Mittelalter bis zur Gegenwart. Köln 2001, S. 489-516.

Kulke, Christine: Geschlechterverhältnis und politischer Aufbruch von Frauen: Wandlungsprozesse zwischen Herausforderungen und Verhinderungen. In: Claußen, Bernhard und Rainer Geißler (Hrsg.): Die Politisierung des Menschen, Instanzen der politischen Sozialisation. Ein Handbuch. Opladen 1996, S. 485-494.

Kunzelmann, Dieter: Leisten sie keinen Widerstand! Bilder aus meinem Leben. Berlin 1998.

Kühn, Andreas: Stalins Enkel, Maos Söhne. Die Lebenswelt der K-Gruppen in der Bundesrepublik der 70er Jahre. Frankfurt a.m./New York 2005.

Küsters, Ivonne: Narrative Interviews. Grundlagen und Anwendungen. 2. Aufl., Wiesbaden 2009.

Kutschke, Beate (Hrsg.): Musikkulturen in der Revolte. Studien zu Rock, Avantgarde und Klassik im Umfeld von ,1968'. Stuttgart 2008.

Lammertz, Norbert: Sexualstrafrecht. In: Koch, Friedrich und Karlheinz Luttzmann (Hrsg.): Stichwörter zur Sexualerziehung. 2. Überarb. Aufl., Weinheim/Basel 1989, S. 186-188.

Lamnek, Siegfried: Qualitative Sozialforschung. Band I. Methodologie. Weinheim 1995.

Landweer, Hilge: Sexualität als Ort der Wahrheit? Heterosexuelle Normalität und Identitätszwang. In: Interdisziplinäre Forschungsgruppe Frauenforschung (Hrsg.) Liebes- und Lebensverhältnisse. Sexualität in der feministischen Diskussion. Frankfurt a.m. 1990, S. 83-100.

Languth, Gerd: Die ,68er'-Bewegung und gesellschaftlicher Wandel in der Bundesrepublik – Motor, Katalysator oder Profiteur? Wien/Köln/Weimar 2012, S. 171-192.

Langhans, Rainer: Ich bin's. Die ersten 68 Jahre. München 2008.

Laplanche, Jean und Jean-Betrand Pontalis: Das Vokabular der Psychoanalyse. Frankfurt a.m. 1972.

Laska, Bernd: Wilhelm Reich. Reinbek bei Hamburg 1981.

Latané, Bibb: The Psychology of social impact. In: American Psychologist, Jg. 36 (1981), Heft 4, S. 343-356.

Laugsch, Helga: Der Matriarchat-Diskurs (in) der zweiten deutschen Frauenbewegung: Die (Wider)Rede von der ,anderen' Gesellschaft und vom ,anderen' Geschlecht. Genese, Geschichte, Grundlagen, Positionen, Probleme, Implikationen, Ideologien. München 1995.

Lautmann, Rüdiger: Die gesellschaftliche Tabuisierung der Sexualität. In: Pfäfflin, Friedemann und Eberhard Schorsch (Hrsg.): Sexualpolitische Kontroversen. Stuttgart 1987, S. 18-28.

Lautmann, Rüdiger: Soziologie der Sexualität. Erotische Körper, intimes Handeln und Sexualkultur. Weinheim/München 2002.

Lazarus, Richard: Emotion and Adaption. London 1991.

LeDoux, Joseph: Das Netz der Gefühle. Wie Emotionen entstehen. Stuttgart 1998.

Leggewie, Claus: 1968 – Ein transatlantisches Ereignis und seine Folgen. In: Detlef Junker (Hrsg.): Die USA und Deutschland im Zeitalter des Kalten Krieges. Ein Handbuch. Band 2, 1968-1990, Stuttgart 2001, S. 632-643.

Lehnhardt, Karl-Heinz und Ludger Volmer: Politik zwischen Kopf und Bauch: Zur Relevanz der Persönlichkeitsbildung in den politischen Konzepten der Studentenbewegung in der BRD. Bochum 1979.

Leise, Werner: Die Literatur und Ästhetik der Studentenbewegung (1967-73). Berlin 1979.

Leithäuser, Thomas und Birgit Volmerg: Anleitung zur empirischen Hermeneutik. Psychoanalytische Textinterpretation als sozialwissenschaftliches Verfahren. Frankfurt a.M. 1979.

Leithäuser, Thomas und Birgit Volmerg: Psychoanalyse in der Sozialforschung. Eine Einführung am Beispiel einer Sozialpsychologie der Arbeit. Opladen 1988.

Leithäuser, Thomas: Psychoanalytische Methoden in der Sozialforschung. In: Flick, Uwe (Hrsg.): Handbuch qualitative Sozialforschung. Grundlagen, Konzepte, Methoden und Anwendungen. 2. Aufl., Weinheim 1995, S. 278-281.

Lengerer, Andrea: Partnerlosigkeit in Deutschland. Entwicklung und soziale Unterschiede. Wiesbaden 2011.

Lenz, Ilse: Aufbruch ins Reich der Sinne nach dem Überdruss im Käfig der Anforderungen. Der Wandel der Thematisierung von Sexualität und Körper in der Entwicklung der Neuen Frauenbewegung in Deutschland. In: Lenz, Ilse, Mense, Lisa und Charlotte Ullrich (Hrsg.): Reflexive Körper? Zur Modernisierung von Sexualität und Reproduktion. Opladen 2004, S. 17-50.

Lenz, Ilse: Cherchez les Hommes. Männer und die Neue Frauenbewegung. In: Bührmann, Andrea; Kößler, Reinhart; Puls, Wichard; Späte, Katrin; Thien, Hans-Günter; Tuider, Elisabeth (Hrsg.): Gesellschaftstheorie und die Heterogenität empirischer Sozialforschung. Münster 2005, S. 123-141.

Lenz, Ilse (Hrsg.): Die neue Frauenbewegung in Deutschland. Abschied vom kleinen Unterschied. Eine Quellensammlung. Wiesbaden 2008.

Lenz, Ilse: Das Private ist Politisch!? Zum Verhältnis von Frauenbewegung und alternativem Milieu. In: Reichardt, Sven und Detlef Siegfried (Hrsg.): Das alternative Milieu. Antibürgerlicher Lebensstil und linke Politik in der Bundesrepublik Deutschland und Europa 1968-1983. Göttingen 2010, S. 375-404.

Lenz, Karl: Paare in der Aufbauphase. In: Lenz, Karl und Frank Nestmann (Hrsg.): Handbuch persönliche Beziehungen. Weinheim/München 2009, S. 189-220.

Lenz, Karl: Wie Paare sexuell werden. Wandlungstendenzen und Geschlechterunterschiede. In: Funk, Heide und Karl Lenz (Hrsg.): Sexualitäten. Diskurse und Handlungsmuster im Wandel. Weinheim/München 2005, S. 115-149.

Lethen, Helmut: Suche nach dem Handorakel. Ein Bericht. Göttingen 2012.

Levine, John: Reaction to opinion deviance in small groups. In: Paulus, Paul (Hrsg.): Psychology of group influence. Hillsdale 1989, S. 187-231.

L'Homme. Europäische Zeitschrift für Feministische Geschichtswissenschaft: Gender & 1968. Jg. 20 (2009), Heft 2.

Liebold, Renate: ‚Meine Kinder fragen mich schon lange nichts mehr' – Die Kehrseite einer beruflichen Erfolgsbiografie. In: Zahlmann, Stefan und Sylka Scholz (Hrsg.): Scheitern und Biografie. Die andere Seite moderner Lebensgeschichten. Wiesbaden 2005, S. 89-106.

Liebsch, Katharina: Panik und Puritanismus. Über die Herstellung traditionalen und religiösen Sinns. Opladen 2001.

Liehr, Dorothee: Ereignisinszenierung im Medienformat. Proteststrategien und Öffentlichkeit. Eine Typologie. In: Klimke, Martin und Joachim Scharloth (Hrsg.): 1968. Handbuch zur Kultur- und Mediengeschichte der Studentenbewegung. Stuttgart/Weimar 2007, S. 23-36.

Linde, Charlotte: Life Stories. The Creation of Coherence. New York/Oxford 1993.

Lippe, Rudolf zur: Bürgerliche Subjektivität. Autonomie als Selbstzerstörung. Frankfurt a.M. 1975.

Litwin, Dorothy: Autonomie: Ein Konflikt für Frauen. In: Alpert, Judith (Hrsg.): Psychoanalyse der Frau jenseits von Freud. Berlin/Heidelberg 1992, S. 194-225.

Lohl, Jan: 68er-Bashing als ‚Vergangenheitsbewältigung‘. Kritische Anmerkungen zu Götz Alys ‚Unser Kampf‘. In: Werkblatt. Jg. 26 (2009), Heft 2, S. 123-147.

Lohl, Jan: Gefühlserbschaft und Rechtsextremismus. Eine sozialpsychologische Studie zur Generationengeschichte des Nationalsozialismus. Gießen 2010.

Lohl, Jan: ‚... die ganze Nazi-Scheiße von gestern ...‘. Protest und Phantom – Die Protestbewegung der 1960er Jahre aus der Perspektive der psychoanalytischen Generationenforschung. In: Psychosozial. Jg. (34), Heft 2, S. 11-25.

Lönnendonker, Siegward (Hg.): Linksintellektueller Aufbruch zwischen ‚Kulturrevolution‘ und ‚Kultureller Zerstörung‘. Der SDS in der Nachkriegsgeschichte (1946-1969). Ein Symposium. Wiesbaden 1998.

Lopata, Helena und Barrie Thorne: On the term ‚sex roles‘. In: Signs. Jg. 3 (1978), S. 718-721.

Lorenz, Robert und Franz Walter (Hrsg.): 1964. Das Jahr, mit dem ‚68‘ begann. Bielefeld 2014.

Lorenzer, Alfred: Sprachzerstörung und Rekonstruktion. Frankfurt a.M. 1970.

Lorenzer, Alfred: Symbol, Interaktion und Praxis. In: Ders. (Hrsg.): Psychoanalyse als Sozialwissenschaft. Frankfurt a.M. 1971.

Lorenzer, Alfred: Zur Begründung einer materialistischen Sozialisationstheorie. Frankfurt a.M. 1972.

Lorenzer, Alfred: Die Wahrheit der psychoanalytischen Erkenntnis. Ein historisch-materialistischer Entwurf. Frankfurt a.M. 1974.

Lorenzer, Alfred: Der Gegenstand psychoanalytischer Textinterpretation. In: Goeppert, Sebastian (Hrsg.): Perspektiven psychoanalytischer Literaturkritik. Freiburg 1978, S. 71-81.

Lorenzer, Alfred: Das Konzil der Buchhalter. Die Zerstörung der Sinnlichkeit. Eine Religionskritik. Frankfurt a.M. 1984.

Lorenzer, Alfred: Tiefenhermeneutische Kulturanalyse. In: König, Hans-Dieter (Hrsg.): Kultur-Analysen. Psychoanalytische Studien zur Kultur. Frankfurt a.M. 1986.

Lucius-Hoene, Gabriele und Arnulf Deppermann: Rekonstruktion narrativer Identität. Ein Arbeitsbuch zur Analyse narrativer Interviews. Opladen 2002.

Lucke, Albrecht von: 68 oder neues Biedermeier. Der Kampf um die Deutungs-macht. Berlin 2008.

Lübbe, Hermann: Der Mythos der ‚kritischen Generation'. Ein Rückblick. In: Aus Politik und Zeitschgeschichte. Band 20 (1988), S. 17-25.

Lüders, Christian und Jo Reichertz (1986): Wissenschaftliche Praxis ist, wenn alles funktioniert und keiner weiß warum – Anmerkungen zur Entwicklung qualitati-ver Sozialforschung. In: Sozialwissenschaftliche Literaturrundschau. Jg. 10, (1987), Heft 12, S. 90-102.

Lüdke, Martin (Hrsg.): Literatur und Studentenbewegung. Eine Zwischenbilanz. Opladen 1977.

Luhmann, Niklas: Soziale Systeme. Frankfurt a.m. 1984.

Lupfer, Gilbert: Geschichte und Gesellschaft im Bild. Figurative Malerei mit politi-schem Inhalt in der Bundesrepublik Deutschland zwischen 1961 und 1989. Dresden 2002.

Maaß, Rainer: Die Studentenschaft der Technischen Hochschule Braunschweig in der Nachkriegszeit. Husum 1998.

Mack, Hans-Joachim: Das Kriegsende in Rheinland-Pfalz. Kämpfe und Besetzung 1945. München 2001.

Mackie, Diane: Systematic and nonsystematic processing of majority and minority persuasive communications. In: Journal of Personality and Social Psychology. Jg. 53 (1987),Heft 1, S. 41-52.

Main, Mary; Cassidy Jude und Philip Shaver: Handbook of Attachment: Theory, Research and Clinical Applications. New York 1999.

Malinowski, Stephan und Alexander Sendlmaier: ‚1968' als Katalysator der Kon-sumgesellschaft. Performative Regelverstöße, kommerzielle Adaptionen und ih-re gegenseitige Durchdringung. In: Geschichte und Gesellschaft. Jg. 32 (2006), Heft 2, S. 238-267.

Mann, Torsten: Rot-Grüne Lebenslügen. Wie die 68er Deutschland an die Wand gefahren haben. Rottenburg 2005.

Marham, Jules: Domestic Discipline. Toronto 2007.

Markowitsch, Hans und Harald Welzer: Das autobiographische Gedächtnis. Hirn-organische Grundlagen und biosoziale Entwicklungen. Stuttgart 2005.

Marmulla, Henning: Enzensbergers Kursbuch. Eine Zeitschrift um 68. Berlin 2011.

Maslow, Abraham: A Theory of Human Motivation. In: Psychological Revue, No. 50 (1943), S. 370-396.

Maslow, Abraham: Self-actualizing people. A study of psychological health. In: Ders.: Motivation and Personality. 2. Aufg. New York 1970, S. 149-202.

Matthiesen, Silja: Wandel von Liebesbeziehungen und Sexualität. Empirische und theoretische Analysen. Gießen 2007.

Matz, Ulrich: Über gesellschaftliche und politische Bedingungen des deutschen Terrorismus. In: Ders. und Gerhard Schmidtchen (Hrsg.): Gewalt und Legitimi-tät. Opladen 1983, S. 16-103.

Maurer, Susanne: Gespaltenes Gedächtnis? ‚1968 und die Frauen‘ in Deutschland. In: L'Homme. Europäische Zeitschrift für Feministische Geschichtswissenschaft. Jg. 20 (2009), Heft 2, S. 118-128.

Mausbach, Wilfred: Wende um 360 Grad? Nationalsozialismus und Judenvernichtung in der ‚Zweiten Gründungsphase‘ der Bundesrepublik. In: Hodenberg, Christian von und Detlef Siegfried (Hrsg.): Wo ‚68‘ liegt. Reform und Revolte in der Geschichte der Bundesrepublik. Göttingen 2006, S. 15-47.

Mayring, Philipp: Einführung in die qualitative Sozialforschung: Eine Anleitung zu qualitativem Denken. Weinheim/Basel/Berlin 2002.

Mendel, Gérard: Die Generationenkrise. Frankfurt a.M. 1972.

Menne, Ferdinand: Die Untergeher der Abschreibungsgesellschaft. Widerworte. In: Die neue Gesellschaft. Frankfurter Hefte. Jg. 35 (1988), Heft 11, S. 997-1013.

Menschl, Elisabeth: Theoretische Perspektiven zur Analyse der Kategorie Geschlecht. In: Bidwill-Steiner, Marlen und Karin Wozonig (Hrsg.): Die Kategorie Geschlecht im Streit der Disziplinen. Innsbruck 2005, S. 29-46.

Menzel, Annette: Sexualität und Frauenbefreiung. In: Baxmann, Inge; Laudowitz, Edith und Annette Menzel (Hrsg.): Texte, Taten, Träume. Wie weiter mit der Frauenbewegung. Köln 1984, S. 160-209.

Metselaar Berthold, Barbara: Kratzen am Beton. 68er in der DDR? Jena 2008.

Meuser, Michael: Geschlecht und Männlichkeit. Soziologische Theorien und kulturelle Deutungsmuster. 2. überarb./aktual. Aufl., Wiesbaden 2010.

Meuser, Michael: Gewalt, hegemoniale Männlichkeit und ‚doing masculinity‘. In: Krimonologisches Journal, 7. Beiheft (1999), S. 171-176.

Meuser, Michael: Junge Männer: Aneignung und Reproduktion von Männlichkeit. In: Becker, Ruth und Beate Kortendiek (Hrsg.): Handbuch Frauen- und Geschlechterforschung. Theorien, Methoden, Empirie. 2. erw./aktual. Aufl., Wiesbaden 2008, S. 420-427.

Meves, Christa: Kindgerechte Sexualerziehung. Erziehung zur Liebe. Vollst. Überar. Neuaufl., Holzgerlingen 2001.

Meves, Christa: Verführt. Manipuliert. Pervertiert. Die Gesellschaft in der Falle modischer Irrlehren. Ursachen, Folgen, Auswege. Gräfelfing 2007.

Mey, Günther: Adoleszenz, Identität, Erzählung. Theoretische, methodologische und empirische Erkundungen. Berlin 1999.

Meyer, Ulrich: Politische Sozialisation. In: Andersen, Uwe und Wichard Woke (Hrsg.): Handwörterbuch des politischen Systems der Bundesrepublik. 5. aktual. Aufl., Opladen 2003, S. 521-523.

Micheler, Stefan: Heteronormativität, Homophobie und Sexualdenunziation in der deutschen Studierendenbewegung. In: Fachverband Homosexualität und Geschichte (Hrsg.): Invertito. Jahrbuch zur Geschichte der Homosexualität. Jg. 1 (1999), Heft 1, S. 70-101.

Micheler, Stefan: Der Sexualitätsdiskurs in der deutschen Studierendenbewegung der 1960er Jahre. In: Zeitschrift für Sexualforschung. Jg. 13 (2000), Heft 1, S. 1-39.

Miermeister, Jürgen und Jochen Staadt: Provokationen. Die Studenten- und Jugendrevolte in ihren Flugblättern 1965-1971. Darmstadt/Neuwied 1980.

Milhoffer, Petra (Hrsg.): Sexualerziehung, die ankommt. Ein Leitfaden für Schule und außerschulische Jugendarbeit zur Sexualerziehung. Köln 1999.

Milhoffer, Petra und Brigitte Maier (Hrsg.): Sexualerziehung zwischen Elternhaus und Grundschule. In: Beiträge zur Reform der Grundschule – Band 70. Frankfurt a.M. 1988.

Misik, Robert: 68 liquidieren. In: die tageszeitung, Berlin 09.05.2007.

Mohr, Reinhard: Der diskrete Charme der Rebellion. Ein Leben mit den 68ern. Berlin 2008.

Möller, Heidi: Menschen, die getötet haben. Tiefenhermeneutische Analysen von Tötungsdelinquenten. Opladen 1996.

Moscovici, Serge: Toward a theory of conversion behavior. In: Berkowitz, Len (Hrsg.): Advances in experimental social psychology. Jg. 13 (1980), Heft 1, New York, S. 209-230.

Moses, Dirk: German Intellectuals and the Nazi Past. Cambridge/New York 2007.

Mühler, Kurt: Sozialisation. Eine soziologische Einführung. Paderborn 2008.

Müller, Michael: Berlin 1968. Die andere Perspektive. Berlin 2008.

Müller-Küppers, Manfred: Aus den Anfängen der Kinderanalyse. In: Praxis der Kinderpsychologie und Kinderpsychiatrie. Jg. 41 (1992), Heft 6, S. 200 – 206.

Müller-Pozzi, Heinz: Eine Triebtheorie für unsere Zeit. Sexualität und Konflikt in der Psychoanalyse. Bern 2008.

Müller, Annette: Die sexuelle Sozialisation in der weiblichen Adoleszenz. Mädchen und junge Frauen deutscher und türkischer Herkunft im Vergleich. Münster 2006.

Müller, Juliane: Persönlichkeit und Paarbeziehung: Autonomie und Verbundenheit in Liebesbeziehungen von Jugendlichen und jungen Erwachsenen. Norderstedt 2008.

Mündemann, Tobias: Die 68er ... und was aus ihnen geworden ist. München 1988.

Nagel, Katja: Die Provinz in Bewegung. Studentenunruhen in Heidelberg. 1967-1973. Heidelberg 2009.

Nail, Norbert: Go in/Go out: Kontinuität und Wandel in der deutschen Studentensprache des 19. und 20. Jahrhunderts – Ein Versuch. In: Braun, Angelika (Hrsg.): Beiträge zu Linguistik und Phonetik. Festschrift für Joachim Göschel zum 70. Geburtstag. Stuttgart 2001, S. 135-153.

Nave-Herz, Rosemarie: Die Geschichte der Frauenbewegung in Deutschland. 3. erw./überarb. Aufl., Hannover 1989.

Nave-Herz, Rosemarie: Ehe- und Familiensoziologie. Eine Einführung in Geschichte, theoretische Ansätze und empirische Befunde. Weinheim/München 2004.

Neckel, Sighard: Gewinner-Verlierer. In: Lessenich, Stephan und Frank Nullmeier (Hrsg.): Deutschland – Eine gespaltene Gesellschaft. Köln 2006. S. 353-371.

Nelson, Katherine: The psychological and social origins of autobiographical memory. In: Psychological Science. Jg. 4 (1993), Heft 1, S. 7-14.

Nestvogel, Renate: Sozialisationstheorien: Traditionslinien, Debatten und Perspektiven. In: Becker, Ruth und Beate Kortendiek (Hrsg.): Handbuch Frauen- und Geschlechterforschung. Theorien, Methoden, Empirie. 2. erw./aktual. Aufl., Wiesbaden 2008, S. 159-170.

Neumann, Dieter: Die 68er-Bewegung und ihre pädagogischen Mythen. Auswirkungen auf Erziehung und Bildung. St. Augustin 2008.

Newmark, Catherine: Vernünftige Gefühle? Männliche Rationalität und Emotionalität von der frühneuzeitlichen Moralphilosophie bis zum bürgerlichen Zeitalter. In: Borutta, Manuel und Nina Verheyen (Hrsg.): Die Präsenz der Gefühle. Männlichkeit und Emotion in der Moderne. Bielefeld 2010, S. 41-55.

Nieberle, Sigrid und Elisabeth Strowick (Hrsg.): Narration und Geschlecht. Texte – Medien – Episteme. Köln/Weimar/Wien 2006.

Niehuss, Merith: Familie, Frau und Gesellschaft. Studien zur Strukturgeschichte der Familie in Westdeutschland 1945-1960. Göttingen 2001.

Nienhaus, Ursula: Frauen erhebt euch...! In: Färber, Christine und Henrike Hülsbergen (Hrsg.): Selbstbewusst und frei. 50 Jahre Frauen an der Freien Universität Berlin. Königstein Taunus 1998, S. 84-119.

Nitsch, Wolfgang: 20 Jahre Student/inn/enbewegung – Kein Grund zum Feiern. Oldenburg 1989.

Nölle, Rolf: Sozialphilosophische Variablen. Individuum und Gesellschaft bei Horkheimer/Adorno, Marcuse, Popper und Gehlen. Münster 2004.

Oehler, Klaus: Blicke aus dem Philosophenturm. Eine Rückschau. Hildesheim/New York/Zürich 2007.

Offe, Claus: Vier Hypothesen über historische Folgen der Studentenbewegung. In: Leviathan. Zeitschrift für Sozialwissenschaft. Jg. 26 (1998), Heft 4, S. 550-556.

Öhlschläger, Claudia: Gedächtnis. In: Braun, Christina von und Inge Stephan (Hrsg.): Gender@Wissen. Ein Handbuch der Gender-Theorien. Köln/Wien/Weimar 2005, S. 239-259.

Olles, Werner: Sex 68. In: Sezession, Jg. 7 (2010), Heft 36, S. 16-20.

Opitz-Belakhal, Claudia: Geschlechtergeschichte. Frankfurt a.M. 2010.

Osswald-Rinner, Iris: Oversexed und underfucked. Über die gesellschaftliche Konstruktion von Lust. Wiesbaden 2011.

Otto, Karl: Die außerparlamentarische Opposition in Quellen und Dokumenten (1969-1970). Köln 1989.

Otto, Karl: Vom Ostermarsch zur APO: Geschichte der außerparlamentarischen Opposition in der Bundesrepublik 1960-1970. Frankfurt a.M./New York 1982.

Paulus, Julia und Anne Neugebauer: Das Ringen um die Eingliederung der Frau in eine sich wandelnde Welt. Westfälische Frauenvereine und -organisationen um

1968 zwischen 'alter' und 'neuer' Frauenbewegung. In: Treppe, Karl (Hrsg.): Westfälische Forschung. Zeitschrift des Westfälischen Instituts für Regionalgeschichte des Landschaftsverband Westfalen-Lippe. Band 48 (1998), S. 69-95.

Paulus, Julia; Silies, Eva-Maria und Kerstin Wolff (Hrsg.): Zeitgeschichte als Geschlechtergeschichte. Neue Perspektiven auf die Bundesrepublik. Frankfurt a.M. 2012.

Pawelka, Peter: Politische Sozialisation. Wiesbaden 1977.

Philipps, Robert: Sozialdemokratie. 68er-Bewegung und gesellschaftlicher Wandel 1959-1969. Baden-Baden 2012.

Pelusi, Nando: Good Girls, Bad Girls. In: Psychology Today, Jg. 41 (2008), Heft 6, S. 60-61.

Pevny, Wilhelm: Die vergessenen Ziele. Wollen sich die 68er davonstehlen? Haan-Gruiten 1988.

Pfäfflin, Friedemann und Eberhard Schorsch (Hrsg.): Sexualpolitische Kontroversen. Ergebnisse der 15. wissenschaftlichen Tagung der Deutschen Gesellschaft für Sexualforschung. In: Dannecker, Martin; Schmidt, Gunter; Schorsch, Eberhard und Volkmar Sigusch: Beiträge zur Sexualforschung. Stuttgart 1987.

Pflitsch, Andreas und Manuel Gogos: 1968. Kurzer Sommer – lange Wirkung. München 2008.

Pieper, Werner (Hrsg.): Alles schien möglich... 60 Sechziger über die 60er Jahre und was aus ihnen wurde. Löhrbach 2009.

Pietig, Claudia: Mein Leben ist wie eine Piñata – Identifikationen, Brüche und Widerstände von Studentinnen indigener Herkunft aus Oaxaca, Mexiko. Opladen 2014.

Plato, Alexander von: Zeitzeugen und historische Zukunft. Erinnerung, kommunikative Tradierung und kollektives Gedächtnis in der qualitativen Geschichtswissenschaft – ein Problemaufriss. In: BIOS. Zeitschrift für Biographieforschung und Oral History. Jg. 13 (2000), Heft 1, S. 5-29.

Pohl, Rolf: Feindbild Frau. Männliche Sexualität, Gewalt und die Abwehr des Weiblichen. Hannover 2004.

Pohl, Rolf: Genitalität und Geschlecht. Überlegungen zur Konstitution der männlichen Sexualität. In: Bereswill, Mechthild; Meuser, Michael und Sylka Scholz (Hrsg.): Dimensionen der Kategorie Geschlecht: Der Fall Männlichkeit. Münster 2007, S. 186-205.

Pohl, Rolf: Männliche Sexualität und ihre Krisen. In: Pohl, Rolf; Meier, Ulrich und Reinhold Hermann Schäfer (Hrsg.): Männliche Sexualität. Drama und Entwicklungschancen. Esslingen 2010, S. 7-33.

Popper, Karl (1949): Naturgesetze und theoretische Systeme. In: Albert, Hans (Hrsg.): Theorie und Realität. Ausgewählte Aufsätze zur Wissenschaftslehre der Sozialwissenschaften. Tübingen 1964, S. 87-102.

Popper, Karl: Alles Leben ist Problemlösen. Über Erkenntnis, Geschichte und Politik. 6. Aufl., München 1995.

Popper, Karl: Objektive Erkenntnis. Ein evolutionärer Entwurf. Hamburg 1973.

Porn, Sabine: Kollektiv-Beischlaf und Steinwurf-Terror. Die Frauen der ersten Kommunen. In: Becker, Bärbel (Hrsg.): Unbekannte Wesen: Frauen in den sechziger Jahren. Berlin 1987, S. 169-174.

Prengel, Annedore: Zwischen Gender-Gesichtspunkten gleiten – Perspektivtheoretische Beiträge. In: Glaser, Edith; Klika, Dorle und Annedore Prengel (Hrsg.): Handbuch Gender und Erziehungswissenschaft. Bad Heilbrunn 2004, S. 90-101.

Pynoos, Robert und Kathi Nader: Children's Memory and proximity to violence. In: Journal of the American Academy of Child and Adolescent Psychiatry. Jg. 28 (1989), Heft 2, S. 236-241.

Quante, Michael: Person. Aus der Reihe: Grundthemen Philosophie. Berlin 2007.

Quindeau, Ilka: Die Entstehung des Sexuellen oder wie die Lust in den Körper kommt. In: Imagination. Jg. 32 (2010), Heft 2, S. 5-18.

Rabehl, Bernd: Rudi Dutschke. Revolutionär im geteilten Deutschland. Dresden 2002.

Rackelmann, Marc: Was war die Sexpol? Wilhelm Reich und der Einheitsverband für proletarische Sexualreform und Mutterschutz. In: Mitteilungen der Magnus-Hirschfeld-Gesellschaft. Jg. 10 (1993), Heft 19, S. 51-72.

Raden, Rolf von: Im Griff der Medien. Krisenproduktion und Subjektivierungseffekte. Münster 2011.

Radebold, Hartmut: Die vaterlosen 68er und ihr Erbe. Identitätsfindung bei Nachkommen der NS-Generation. Entwurf eines intergenerativ und narrativ orientierten Konzeptes zum Verständnis rechtsextremistischer gewalttätiger Jugendlicher. Heidelberg 2003.

Radebold, Hartmut: Die dunklen Schatten unserer Vergangenheit. Ältere Menschen in Beratung, Psychotherapie, Seelsorge und Pflege. Stuttgart 2005.

Reichardt, Sven: Von ‚Beziehungskisten‘ und ‚offener Sexualität‘. In: Reichardt, Sven und Detlef Siegfried (Hrsg.): Das alternative Milieu. Antibürgerlicher Lebensstil und linke Politik in der Bundesrepublik Deutschland und Europa 1968-1983. Göttingen 2010, S. 267-289.

Reiche, Reimut: Sexuelle Revolution – Erinnerungen an einen Mythos. In: Baier, Lothar (Hrsg.): Die Früchte der Revolte. Über die Veränderungen der politischen Kultur durch die Studentenbewegung. Berlin 1988, S. 45-71.

Reimann, Aribert: Dieter Kunzelmann: Avantgardist, Protestler, Radikaler. Göttingen 2009.

Reimann, Aribert: Zwischen Machismo und Coolness. Männlichkeiten und Emotion in der westdeutschen ‚Kulturrevolution‘ der 1960r- und 1970er-Jahre. In: Borutta, Manuel und Nina Verheyen (Hrsg.): Die Präsenz der Gefühle. Männlichkeit und Emotion in der Moderne. Bielefeld 2010, S. 229-253.

Reimers, Christian und Gerd Burzig: Zur Psychoanalytischen Psychologie der Latenzzeit. In: Praxis der Kinderpsychologie und Kinderpsychiatrie. Zeitschrift für analytische Kinder- und Jugendpsychologie, Psychotherapie, Psychagogik und Familientherapie in Praxis und Forschung. Jg. 30 (1981), Heft 2, S. 33-38.

Reiter, Margit: Vaterbilder und Mutterbilder. Geschlechtsspezifische Zuschreibungen von Täterschaft und Schuld in der NS-Nachfolgegeneration. In: Figge, Maja; Hanitzsch, Konstanze und Nadine Teuber (Hrsg.): Scham und Schuld. Geschlechter(sub)texte der Shoa. Bielefeld 2010, S. 61-80.

Rendtorff, Barbara: Theorien der Differenz – Anregungen aus Philosophie und Psychoanalyse. In: Glaser, Edith; Klika, Dorle und Annedore Prengel (Hrsg.): Handbuch Gender und Erziehungswissenschaft. Bad Heilbrunn 2004, S. 102-111.

Rendtorff, Barbara: ‚Blöde Weiber, wollt ihr ewig Hausarbeit machen?!‘. Über gewonnene und zerronnene Veränderungen im Geschlechterverhältnis. In: Jahrbuch für Pädagogik 2008: 1968 und die neue Restauration. Jg. 17 (2009), S. 135-152.

Richter-Appelt, Hertha: Männerfantasien: Heilige und Hure. In: Bick, Martina; Borchard, Beatrox; Hottmann, Katharina und Kristina Warnke (Hrsg.): Modell Maria. Beiträge der Vortragsreihe Gender Studies 2004-2006 an der Hochschule für Musik und Theater Hamburg. Hamburg 2007, S. 217-222.

Rödder, Andreas: Die Bundesrepublik Deutschland 1969-1990. München 2004.

Rohde-Dachser, Christa: Über töchterliche Existenz. Offene Fragen zum weiblichen Ödipuskomplex. In: Zeitschrift für Psychosomatische Medizin und Psychoanalyse. Heft 36, Jg. 4 (1990), S. 303-315.

Rohde-Dachser, Christa: Expedition in den dunklen Kontinent. Weiblichkeit im Diskurs der Psychoanalyse. Frankfurt a.M. 1999.

Röhl, Klaus Rainer: Linke Lebenslügen. Eine überfällige Abrechnung. Überarb. Neuaufl., München 2001.

Rohlje Uwe: Autoerotik und Gesundheit. Untersuchungen zur gesellschaftliche Entstehung und Funktion der Masturbationsbekämpfung im 18. Jahrhundert. Münster/New York 1991.

Rohstock, Anne: Nur ein Nebenschauplatz. Zur Bedeutung der ‚68er‘-Protesbewegung für die westdeutsche Hochschulpolitik. In: Wengst, Udo (Hrsg.): Reform und Revolte. Politischer und gesellschaftlicher Wandel in der Bundesrepublik Deutschland vor und nach 1968. München 2011, S. 45-60.

Ronneberger Franz: Besprechung des Buches ‚Propaganda. Grundlagen, Prinzipien, Materialien, Quellen‘ von Carl Hundhausen. In: Publizistik, Jg. 22 (1977), Heft 1, S. 100.

Rorty, Richard: Kontingenz, Ironie und Solidarität. Frankfurt a.M. 1989.

Roseman, Mark: Generationen als ‚Imagined Communities‘. Mythen, generationelle Identitäten und Generationenkonflikte in Deutschland vom 18. bis 20. Jahrhundert. In: Jureit, Ulrike und Michael Wildt (Hrsg.): Generationen. Zur Relevanz eines wissenschaftlichen Grundbegriffs. Hamburg 2005, S. 180-199.

Rosenberg, Marshall: Konflikt lösen durch gewaltfreie Kommunikation. Ein Gespräch mit Gabriele Seils. Freiburg 2004.

Rosenthal, Gabriele: Erlebte und erzählte Lebensgeschichte. Gestalt und Struktur biographischer Selbstbeschreibungen. Frankfurt a.M. 1995.

Rosenthal, Gabriele: Interpretative Sozialforschung. Eine Einführung. Weinheim/München 2005.

Rosenwald, Georg und Richard Ochberg: Storied Lives: The Cultural Politics Of Self-Understanding. New Haven 1992.

Rossum, Walter van: Simone de Beauvoir und Jean-Paul Sartre. Die Kunst der Nähe. Berlin 1998.

Roth, Roland und Dieter Rucht: Neue soziale Bewegungen in der Bundesrepublik Deutschland. Bonn 1991.

Rubin, Lilian: Erotic Wars. What happened to the Sexual Revolution? New York 1990.

Ruck, Michael: Ein kurzer Sommer der konkreten Utopie? Zur westdeutschen Planungsgeschichte der langen 60er Jahre. In: Schildt, Axel; Siegfried, Detlef und Karl Christian Lammers (Hrsg.): Dynamische Zeiten. Die 60er Jahre in den beiden deutschen Gesellschaften. 2. Aufl., Hamburg 2003, S. 362-401.

Rückert, Corinna: Frauenpornographie. Pornographie von Frauen für Frauen. Frankfurt a.M. 2000.

Rudolph, Iris: Ist die sexuelle Revolution schon vorbei? Spezifisch menschliche Sexualität als Ausdruck unserer gesellschaftlichen Natur sowie Hetero- und Homosexualität in männlicher und weiblicher Spielart heute. Erw. Neuaufl., Frankfurt a.M. 2004.

Runge, Erika: Ein Riß ging durch das Jahr. In: Faecke, Peter (Hrsg.): Über die allmähliche Entfernung aus dem Lande. Die Jahre 1968-1982. Düsseldorf 1983, S. 75-95.

Rupp, Heather und Kim Wallen: Sex Differences in Response to Visual Sexual Stimuli: A Review. In: Archives of Sexual Behavior. Jg. 37 (2008), Heft 2, S. 206-218.

Rusinek, Bernd: Von der Entdeckung der NS-Vergangenheit zum generellen Faschismusverdacht – akademische Diskurse in der Bundesrepublik der 60er Jahre. In: Schildt, Axel; Siegfried, Detlef und Karl Christian Lammers (Hrsg.): Dynamische Zeiten. Die 60er Jahre in den beiden deutschen Gesellschaften. Hamburg 2000, S. 114-147.

Sager, Christin: Das Ende der kindlichen Unschuld. Die Sexualerziehung der 68er-Bewegung. In: Baader, Meike Sophia (Hrsg.): ‚Seid realistisch, verlangt das Unmögliche!'. Wie 1968 die Pädagogik bewegte. Weinheim/Basel 2008, S. 56-68.

Sahmel, Karl-Heinz: Die kritische Theorie. Bruchstücke. Würzburg 1988.

Sarbin, Theodore: Narrative Psychology. The Storied Nature of Human Conduct. New York 1986.

Scanzoni, John und Karen Polonko: The Sexual Bond. Rethinking Families and Close Relationships. Newbury Park 1989.

Schacter, Daniel; Norman, Kenneth und Wilma Koutstaal: The cognitive neuroscience of constructive memory. In: Anual Review of Psychology. Jg. 48, (1998), Heft 49, S. 289-318.

Schacter, Daniel: Searching for Memory. The Brain, the Mind and the Past. New York 1996.

Schaeffer-Hegel, Barbara: Säulen des Patriarchats. Zur Kritik patriarchaler Konzepte von Wissenschaft, Weiblichkeit, Sexualität und Macht. In: Ders. (Hrsg.): Feministische Theorien und Politik. Band 9. Pfaffenweiler 1996.

Schäfer, Michael: Geschichte des Bürgertums. Eine Einführung. Köln/Weimar/Wien 2009.

Schäfer, Thomas und Bettina Völter: Subjektive-Positionen. Michel Foucault und die Biografieforschung. In: Völter, Bettina; Dausien, Bettina; Lutz, Helma und Gabriele Rosenthal (Hrsg.): Biografieforschung im Diskurs. 2. Aufl., Wiesbaden 2009, S. 161-188.

Schallwig, Ulrich: Die Studentenbewegung der 60er Jahre in den USA und der BRD. Zur sozialwissenschaftlichen Perzeption jugendlichen Protestverhaltens. Duisburg 1983.

Scharloth, Joachim: Sprache der Revolte. Linke Wörter und avantgardistische Kommunikationsstile. In: Klimke, Martin und Joachim Scharloth (Hrsg.): 1968. Handbuch zur Kultur- und Mediengeschichte der Studentenbewegung. Stuttgart/Weimar 2007, S. 223-234.

Scheel, Christine: Eigentum – Was geht das den Staat an? In: Stürmer, Michael (Hrsg.): Kultur des Eigentums. Berlin/Heidelberg/New York 2006, S. 179-194.

Schelsky, Helmut: Wandlungen der Deutschen Familie in der Gegenwart. Stuttgart 1953.

Schenk, Herrad: Freie Liebe – Wilde Ehe. Über die allmähliche Auflösung der Ehe durch die Liebe. München 1987.

Schenk, Herrad: Die sexuelle Revolution. In: Dülmen, Richard von: Erfindungen des Menschen. Schöpfungsträume und Körperbilder 1500-2000. Wien/Köln/Weimar 1998, S. 483-504.

Scherb, Ute: Ich steh in der Sonne und fühle, wie meine Flügel wachsen. Studentinnen und Wissenschaftlerinnen an der Freiburger Universität von 1900 bis in die Gegenwart. Königstein/Taunus 2002.

Scherke, Katharina: Emotionen als Forschungsgegenstand der Soziologie. Wiesbaden 2009.

Schetsche, Michael und Renate-Berenike Schmidt: Sexuelle Sozialisation. Sechs Annäherungen. Berlin 2009.

Schildt, Axel; Siegfried, Detlef und Karl Christian Lammers (Hrsg.): Dynamische Zeiten. Die 60er Jahre in beiden deutschen Gesellschaften. Hamburg 2000.

Schildt, Axel: Die Eltern auf der Anklagebank? Zur Thematisierung der NS-Vergangenheit im Generationenkonflikt der bundesrepublikanischen 60er Jahre. In: Cornelißen, Christoph; Klinkhammer, Lutz und Wolfgang Schwendtker (Hrsg.): Erinnerungskulturen. Deutschland, Italien, Japan seit 1945. Frankfurt a.M. 2003, S. 317-332.

Schildt, Axel: ‚Die Kräfte der Gegenreform sind auf breiter Front angetreten.‘ Zur konservativen Tendenzwende in den Siebzigerjahren. In: Archiv für Sozialgeschichte. Band 44 (2004), S. 449-472.

Schildt, Axel: Wüten gegen die eigene Generation. In: Die Zeit. 21.02.2008, S. 54.

Schildt, Axel: Überbewertet? Macht objektiver Entwicklungen und zur Wirkungslosigkeit der ‚68er‘. In: Wengst, Udo (Hrsg.): Reform und Revolte. Politischer und gesellschaftlicher Wandel in der Bundesrepublik Deutschland vor und nach 1968. München 2011, S. 89-102.

Schimpf, Silke: Sprache im Bereich der Sexualität. Versuch einer linguistischen Einordnung. In: Hoberg, Rudolf (Hrsg.): Sprache – Erotik – Sexualität. Berlin 2001, S. 62-81.

Schlothauer, Andreas: Die Diktatur der freien Sexualität. AAO, Mühl-Kommune, Friedrichshof. Wien 1992.

Schlüter, Anne: Pionierinnen, Feministinnen, Karrierefrauen? Zur Geschichte des Frauenstudiums in Deutschland. Pfaffenweiler 1992.

Schmid, Pia: Wie die antiautoritäre Erziehung für einige Jahre in städtische Kindertagesstätten gelangte. Das Frankfurter Modellprojekt Kita 3000, 1972-1978. In: Baader, Meike Sophia (Hrsg.): ‚Seid realistisch, verlangt das Unmögliche.‘ Wie 1968 die Pädagogik bewegte. Weinheim/Basel 2008, S. 36-55.

Schmidbauer, Wolfgang: Paartherapie. Konflikte verstehen, Lösungen finden. Gütersloh 2010.

Schmidt-Harzbach, Ingrid: Tradition und Weiterentwicklung der Frauenkämpfe des 19. Jahrhunderts durch die autonomen Frauengruppen. In: Dokumentation: Erste Berliner Frauenkonferenz der traditionellen Frauenverbände und der autonomen Frauengruppen vom 16.-18.9.1977. Berlin 1978, S. 30-43.

Schmidt, Christian: Wir sind die Wahnsinnigen. Joschka Fischer und seine Frankfurter Gang. München/Düsseldorf 1999.

Schmidt, Eberhardt: Arbeiterbewegung. In: Roth, Roland und Dieter Rucht (Hrsg.): Die sozialen Bewegungen in Deutschland seit 1945. Ein Handbuch. Frankfurt a.M. 2008b, S. 157-186.

Schmidt, Gunter: Jenseits des Triebprinzips. Überlegungen zur sexuellen Motivation. In: Scarbath, Horst und Bernhard Tewes (Hrsg.): Sexualerziehung und Persönlichkeitsentfaltung. München/Wien/Baltimore 1982, S. 27-39.

Schmidt, Gunter: Sexuelle Motivation und Kontrolle. In: Fischer, Wolfgang (Hrsg.): Inhaltsprobleme in der Sexualpädagogik. Heidelberg 1973, S. 45-61.

Schmidt, Gunter: Motivationale Grundlagen sexuellen Verhaltens. In: Thomae, Hans: Enzyklopädie der Psychologie. Band 2 der Serie Motivation und Emotion. Göttingen 1983, S. 70-108.

Schmidt, Gunter (1995): Über den Wandel heterosexueller Beziehungen. In: Zeitschrift für Sexualforschung. Jg. 8 (1995), Heft 1, S. 1-11.

Schmidt, Gunter: Das Verschwinden der Sexualmoral. Hamburg 1996.

Schmidt, Gunter (1998): Changes in student's sexual behavior. 1966 – 1981 – 1996. A first report on a longitudinal study in West Germany. In: Scandinavian Journal of Sexology, Jg. 1 (1998), Heft 3, S. 157-173.

Schmidt, Gunter: Das Hamburger Projekt zum sozialen Wandel studentischer Sexualität. In: Ders. (Hrsg.): Kinder der sexuellen Revolution. Gießen 2000a, S. 17-37.

Schmidt, Gunter und Arne Dekker: Kinder der sexuellen Revolution. Kontinuität und Wandel studentischer Sexualität 1966-1996. Eine empirische Untersuchung. Gießen 2000.

Schmidt, Gunter: Das neue DerDieDas: Über die Modernisierung des Sexuellen. Gießen 2004.

Schmidt, Gunter: Kindersexualität – Konturen eines dunklen Kontinents. In: Zeitschrift für Sexualforschung. Jg. 14 (2004), Heft 17, S. 312-322.

Schmidt, Gunter: Sexualität. In: Schaffrik, Tobias (Hrsg.): 68er Spätlese. Was bleibt von 1968? Berlin 2008a, S. 46-57.

Schmidt, Gunter: Sexualität. Rede an die Nachgeborenen. In: Vorgänge. Zeitschrift für Bürgerrechte und Gesellschaftspolitik. Jg. 47 (2008b), Heft 1, S. 37-46.

Schmidt, Uta: ,Alle reden vom Wetter – wir nicht.' Das Plakat als Medium. In: Ruppert, Wolfgang (Hrsg.): Um 1968. Die Repräsentation der Dinge. Marburg 1998, S. 47-64.

Schmidt, Renate-Berenike und Michael Schetsche: Jugendsexualität und Schulalltag. Opladen 1998.

Schmidt, Renate-Berenike: Lebensthema Sexualität. Sexuelle Einstellungen, Erfahrungen und Karrieren jüngerer Frauen. Opladen 2003.

Schmidt, Renate-Berenike: Sexualität als Lebensthema im Übergang vom Jugend- zum Erwachsenenalter bei Mädchen und jungen Frauen. In: Schmidt, Renate-Berenike und Uwe Sielert (Hrsg.): Handbuch Sexualpädagogik und sexuelle Bildung. Weinheim/München 2008a, S. 385-398.

Schmidtke, Michael: Der Aufbruch der jungen Intelligenz. Die 68er Jahre in der Bundesrepublik und den USA. Frankfurt a.M. 2003.

Schnack, Dieter und Rainer Neutzling: Kleine Helden in Not. Jungen auf der Suche nach Männlichkeit. Reinbek 1994.

Schneider, Michael: Väter und Söhne posthum. Über das beschädigte Verhältnis zweier Generationen. In: Ders.: Den Kopf verkehrt aufgesetzt oder die melancholische Linke. Neuwied 1981.

Schneider, Beth und Peter Nardi: John H. Gagnon und William Simon's ‚Sexual Conduct: The Social Sources of Human Sexuality'. A 25th Anniversary Retrospective by the Authors. In: Sexualities, Jg. 2 (1999), Heft 1, S. 113-133.

Schneider, Beth und Valerie Jenness: Social Control, Civil Liberties, and Women's Sexuality. In: Williams, Christine und Arlene Stein (Hrsg.): Sexuality and Gender. Massachusetts 2002, S. 408-424.

Schneider, Franz: Sprache. In: Schneider, Franz (Hrsg.): Dienstjubiläum einer Revolte. ‚1968' und 25 Jahre danach. München 1993, S. 71-79.

Schneider, Franz (Hrsg.): Dienstjubiläum einer Revolte. ‚1968' und 25 Jahre danach. München 1993.

Schneider, Peter: Rebellion und Wahn. Mein 68. Eine autobiographische Erzählung. Köln 2008.

Schöler-Macher, Bärbel: Die Fremdheit der Politik. Erfahrungen von Frauen in Parteien und Parlamenten, Weinheim 1994.

Scholz, Sylka: Männlichkeit erzählen. Lebensgeschichtliche Identitätskonstruktionen ostdeutscher Männer. Münster 2004.

Scholz, Sylka: Männlichkeit und Erwerbsarbeit bei ostdeutschen Männern. Paradoxe Identitätskonstruktionen. In: Baur, Nina und Jens Luedtke (Hrsg.): Die soziale Konstruktion von Männlichkeit. Hegemoniale und marginalisierte Männlichkeiten in Deutschland. Opladen 2008, S. 105 – 121.

Schubert, Inge: Generationentransfer, Generativität und Ablösung. Weibliche Beziehungsdynamiken in einer Mehrgenerationen-Perspektive. In: Psychosozial. Jg. 34 (2011), Heft 2, S. 87-101.

Schubert, Vernanz (Hrsg.): 1968. 30 Jahre danach. St. Ottilien 1999.

Schulenburg, Lutz (Hrsg.): Das Leben verändern, die Welt verändern.1968, Dokumentation und Bericht. Hamburg 1998.

Schulz von Thun, Friedemann: Miteinander Reden II. Stile, Werte und Persönlichkeitsentwicklung. Reinbek 1989.

Schulz, Kristina: Vom Buch zur ‚Bibel' der Frauenbewegung: ‚Das andere Geschlecht' in der Bundesrepublik Deutschland. In: Deutsch-Französisches Institut (Hrsg.): Frankreich Jahrbuch 1999. Politik, Wirtschaft, Gesellschaft, Geschichte, Kultur. Opladen 1999, S. 179-194.

Schulz, Kristina: ‚Bräute der Revolution': Kollektive und individuelle Interventionen von Frauen in der 68er-Bewegung und ihre Bedeutung für die Formierung der neuen Frauenbewegung. In: Treppe, Karl (Hrsg.): Westfälische Forschung. Zeitschrift des Westfälischen Instituts für Regionalgeschichte des Landschaftsverband Westfalen-Lippe. Band 48 (1998), S. 97-125.

Schulz, Kristina: 1968: Lesarten der ‚sexuellen Revolution'. In: Freese, Martin; Paulus, Julia und Karl Treppe (Hrsg.): Demokratisierung und gesellschaftlicher Aufbruch. Die sechziger Jahre als Wendezeit der Bundesrepublik. Paderborn/München/Wien/Zürich 2003, S. 121-133.

Schulz, Kristina: Der lange Atem der Provokation. Die Frauenbewegung in der Bundesrepublik und Frankreich 1968-1976. Frankfurt a.M. 2002.

Schulz, Kristina: Frauen in Bewegung. Mit der Neuen linken über die Linke(n) hinaus. In: Klimke, Martin und Joachim Scharloth (Hrsg.): 1968. Handbuch zur Kultur- und Mediengeschichte der Studentenbewegung. Stuttgart/Weimar 2007, S. 247-258.

Schulz, Kristina: Studentische Bewegungen und Protestkampagnen. In: Roth, Roland und Dieter Rucht (Hrsg.): Die sozialen Bewegungen in Deutschland seit 1945. Ein Handbuch. Frankfurt a.M. 2008, S. 417-446.

Schulz, Ulrike: Die Revolte in der Revolte. In: Politik Orange und Bundeszentrale für Politische Bildung (Hrsg.): Mythos 68. Bonn 2008, S. 8.

Schulze, Theodor: Biografisch orientierte Pädagogik. In: Baacke, Dieter und Theodor Schulze (Hrsg.): Aus Geschichte lernen. Zur Einübung pädagogischen Verstehens. Weinheim/München 1993, S. 13-40.

Schulze, Theodor: Erziehungswissenschaftliche Biographieforschung. Anfänge – Fortschritte – Ausblicke. In: Krüger, Heinz-Hermann und Winfried Marotzki (Hrsg): Handbuch erziehungswissenschaftliche Biographieforschung. Opladen, 1999, S. 33-55.

Schulze, Theodor: Interpretation von autobiographischen Texten. In: Friebertshäuser, Barbara und Annedore Prengel (Hrsg.): Handbuch qualitative Forschungsmethoden in der Erziehungswissenschaft. Weinheim/München 2003, S. 323-340.

Schulze, Winfried (Hrsg.): Ego-Dokumente. Annäherungen an den Menschen in der Geschichte. Berlin 1996.

Schütze, Fritz: Die Technik des narrativen Interviews in Interaktionsfeldstudien. Dargestellt an einem Projekt zur Erforschung von kommunalen Machtstrukturen. Bielefeld 1977.

Schütze, Fritz: Biographieforschung und narratives Interview. In: Neue Praxis. Jg. 13 (1983), Heft 3, S. 283-293.

Schütze, Fritz: Kognitive Figuren des autobiographischen Stehgreiferzählens. In: Kohli, Martin und Günther Robert: Biographie und soziale Wirklichkeit – Neuere Beiträge und Forschungsperspektiven. Stuttgart 1984, S. 78-117.

Schütze, Yvonne: Geschwisterbeziehungen. In: Nave-Herz, Rosemarie und Manfred Markefka: Handbuch der Familien- und Jugendforschung. Band 1. Neuwied 1989, S. 311-324.

Schütze, Yvonne und Dieter Geulen: Die ‚Kriegskinder‘ und die ‚Konsumkinder‘. Kindheitsverläufe zweier Generationen. In: Preuss-Lausitz, Ulf (Hrsg.): Kriegskinder, Konsumkinder, Krisenkinder. Zur Sozialisationsgeschichte seit dem Zweiten Weltkrieg. 3. unveränd. Aufl. Weinheim/Basel 1991, S. 29-52.

Schütze, Yvonne: Zur Veränderung im Eltern-Kind-Verhältnis seit der Nachkriegszeit. In: Nave-Herz, Rosemarie (Hrsg.): Kontinuität und Wandel in der Familie Deutschlands. Eine zeitgeschichtliche Analyse. Stuttgart 2002, S. 71-98.

Schwartz, Pepper: Creating Sexual Pleasure ans Sexual Justice. In: Contemporary Sociology, Jg. 29 (2000), Heft 1, S. 213-219.

Schwarz, Uta: Wochenschau, westdeutsche Identität und Geschlecht in den fünfziger Jahren. Frankfurt a.M. 2002.

Schwiter, Karin: ‚Ich hätte gerne Kinder. Aber es muss passen.‘ Wie junge Erwachsene über ihre Zukunft und übers Kinderkriegen sprechen. In: Zeitschrift für Frauen- und Geschlechterstudien. Jg. 25 (2007), Heft 3/4, S. 85-97.

Segal, Lynne: Slow Motion: Maculinities in Context. In: Theory and Society. Jg. 5 (1990), Heft 22, S. 625-641.

Seibert, Nils: Vergessene Proteste. Internationalismus und Antirassismus 1964-1983. Münster 2008.

Seibold, Carsten (Hrsg.): Die 68er. Das Fest der Rebellion. München 1988.

Seidl, Florian: Die APO und der Konflikt mit der ‚Vatergeneration‘: NS-Vergangenheit im Diskurs der ‚68er‘ Studentenbewegung. Nürnberg 2006.

Seifert, Claudia: ‚Wenn du lächelst, bist du schöner.‘ Kindheit in den 50er und 60er Jahren. München 2004.

Seifert, Uta: Aus Kindern werden Leute, aus Mädchen werden Bräute: Die 50er und 60er Jahre. München 2004.

Seiffert, Jeanette: ‚Marsch durch die Institutionen?‘ Die ‚68er‘ in der SPD. Marburg 2008.

Seitenbrecher, Manuel: Den deutschen ‚Cäsar‘ bezwingen. Die 1960er und die Kampagnen gegen Springer. Marburg 2008.

Sheff, Elisabeth: Polyamorous Women, sexual subjectivity and power. In: Journal of Contemporary Ethnography. Jg 34 (2005), Heft 3, S. 251-283.

Sheff, Elisabeth: Poly-hegemonic masculanities. In: Sexualities. Jg 9 (2006), Heft 5, S. 621-642.

Sichtermann, Barbara: Wer ist wie? Über den Unterschied der Geschlechter. Berlin 1987.

Siebenschön, Leona: Wenn du die Freiheit hast ... Die antiautoritäre Generation wird erwachsen. Köln 1986.

Siefer, Gregor (1988): Irritationen der Sexualität in der heutigen Gesellschaft. In: Ders.: Bruchstücke. Soziologische Streifzüge. Berlin 2011, S. 261-278.

Siegel, Daniel: Entwicklungspsychologische, interpersonelle und neurobiologische Dimensionen des Gedächtnisses. Ein Überblick. In: Welzer, Harald und Hans J. Markowitsch (Hrsg.): Warum Menschen erinnern können. Fortschritte der interdisziplinären Gedächtnisforschung. Stuttgart 2006, S. 19-49.

Siegfried, Detlef: ‚Trau keinem über 30‘. Konsens und Konflikt der Generationen in der Bundesrepublik der langen sechziger Jahre. In: Aus Politik und Zeitgeschichte. Band 45 (2003), S. 25-32.

Siegfried, Detlef: Sound der Revolte. Studien zur Kulturrevolution um 1968. Weinheim/München 2008.

Siegfried, Detlef: Time is on My Side. Konsum und Politik in der westdeutschen Jugendkultur der 60er Jahre. Göttingen 2006.

Siegfried, Detlef: Furor und Wissenschaft. 40 Jahre nach ‚1968'. In: Zeithistorische Forschungen, Jg. 5 (2008), Heft 1, S. 130-141.

Sielert, Uwe: Einführung in die Sexualpädagogik. Weinheim/Basel 2005.

Siepmann, Eckhard (Hrsg.): Heiss und kalt. Die Jahre 1949-1969. 4. Aufl., Berlin 1993.

Sievers, Rudolf: 1968. Eine Enzyklopädie. Frankfurt a.M. 2004.

Siggelkow, Bernd und Wolfgang Büscher: Deutschlands sexuelle Tragödie. Wenn Kinder nicht mehr lernen, was Liebe ist. Asslar 2008.

Sigusch, Volkmar: Die neosexuelle Revolution. Über gesellschaftliche Transformationen der Sexualität in den letzten Jahrzehnten. In: Psyche. Heft 12 (1998). S. 1192-1234.

Sigusch, Volkmar: Die Trümmer der Sexuellen Revolution. In: Die Zeit. 1996 Heft 41.

Sigusch, Volkmar: Praktische Sexualmedizin. Eine Einführung. Köln 2005.

Sigusch, Volkmar: Kultureller Wandel der Sexualität. In: Ders. (Hrsg.): Sexuelle Störungen und ihre Behandlung. 4. überarb./erw. Aufl., Stuttgart 2007.

Sigusch, Volkmar: Strukturwandel der Sexualität in den letzten Jahrzehnten. In: Fortschritte der Neurologie und Psychiatrie Jg. 68 (2000), Heft 3, S. 97-106.

Sigusch, Volkmar: Vom König Sex zum Selfsex. Über gegenwärtige Transformationen der kulturellen Geschlechts- und Sexualformen. In: Schmerl, Christiane; Soine, Stephanie; Stein-Hilbers, Marlene; Wrede, Brigitta (Hrsg.): Sexuelle Szenen. Inszenierungen von Geschlecht und Sexualität in modernen Gesellschaften. Opladen 2000, S. 230-249.

Sigusch, Volkmar: Von der Wollust zur Wohllust. Über das Sexualleben der Jugend. In: Pro Familia Magazin Jg. 31 (2003), Heft 3, S. 4-7.

Sigusch, Volkmar: Neosexualitäten. Über den kulturellen Wandel von Liebe und Perversion. Frankfurt a.M./New York 2005.

Sigusch, Volkmar: Auf der Suche nach der sexuellen Freiheit. Über Sexualforschung und Politik. Frankfurt a.M. 2011.

Silies, Eva-Maria: Liebe, Lust und Last. Die Pille als weibliche Generationserfahrung in der Bundesrepublik Deutschland 1960-1980. Göttingen 2010.

Simon, William und John H. Gagnon: Sexual Scripts: Permanence and Change. In: Archives of Sexual Behavior. Jg. 15 (1986), Heft 2, 1986, S. 97-120.

Singer, Sela: ‚Damals war eine Frau einfach Luft.' In: die tageszeitung. Beilage der Serie: Es war einmal: 1968. Die Revolution. 1. Teil. 11.04.1988, S. 15.

Sloterdijk, Peter: Die Freigabe aller Dinge. Peter Sloterdijk im Gespräch mit Michael Klonovsky. In: Focus. Jg. 12 (2005), Heft 31, S. 51-53.

Soeller, Alfons: 1968 – eine Nachlese. In: Mittelweg 36. Jg. 26 (2008), Heft 6, S. 33-60.

Spix, Bruno: Abschied vom Elfenbeinturm? Politisches Verhalten Studierender 1957-1967, Berlin und Nordrhein-Westfalen im Vergleich. Essen 2008.

Staib, Klaus: Rockmusik und die 68er Bewegung. Eine historisch-musikwissenschaftliche Analyse. Hamburg 2009.

Stangel, Johann: Das annullierte Individuum. Sozialisationskritik als Gesellschafts-analyse in der aktuellen Frauenliteratur. Zu Texten von Frischmuth, Jelinek, Mitgutsch, Schutting, Schwaiger und anderen. Frankfurt a.M. 1988.

Statistisches Landesamt Rheinland-Pfalz: 1947-2007. Ein Streifzug durch sechs Jahrzehnte. Bad Ems 2007.

Steffen, Mona (1997): SDS, Weiberräte, Feminismus? In: Kraushaar, Wolfgang (Hrsg.): Frankfurter Schule und Studentenbewegung. Von der Flaschenpost zum Molotowcocktail. Band 3, Aufsätze und Register. Frankfurt a.M. 1998, S. 126-137.

Steger, Hugo: Sprache im Wandel. In: Benz, Wolfgang (Hrsg.): Die Bundesrepub-lik Deutschland. Band 3: Kultur. Frankfurt 1983, S. 15-46.

Stein-Hilbers, Marlene: Sexuell werden. Sexuelle Sozialisation und Geschlechter-verhältnisse. Opladen 2000.

Steinbach, Lothar: Lebenslauf, Sozialisation und ,erinnerte Geschichte'. In: Niethammer, Lutz (Hrsg.): Lebenserfahrung und kollektives Gedächtnis: die Praxis der ,Oral History'. Frankfurt a.M. 1985, S. 393-495.

Sternberg, Robert und Anne Beall: How can we know what love is? An epistemo-logical analysis. In: Fletcher, Garth und Frank Fincham (Hrsg.): Cognition in close relationships. Hillsdale 1991, S. 257-280.

Sternberg, Robert: A triangular theory of love. In: Psychological Review, Jg. 93 (1986), Heft 2, S. 119-135.

Sternberg, Robert: Construct validation of a triangular love scale. In: European Journal of Social Psychology, Jg. 27 (1997), Heft 3, S. 313-335.

Sternberg, Robert: The triangle of love. New York 1988.

Stich, Jutta: Alleinleben – Chance oder Defizit. In: DJI-Reihe Gender. Band 13. Opladen 2002.

Stötzel, Georg und Martin Wengeler (Hrsg.): Kontroverse Begriffe. Geschichte des öffentlichen Sprachgebrauchs in der Bundesrepublik Deutschland. Berlin/New York 1995.

Strauss, Anselm L.: Spiegel und Masken. Die Suche nach Identität. Frankfurt a.M. 1968.

Strauss, Anselm und Juliet Corbin: Grounded Theory. Grundlagen qualitativer So-zialforschung. Weinheim 1996.

Strauss, Anselm: Grundlagen qualitativer Sozialforschung. 2. Aufl., München 1998.

Strobl, Ingrid: Strange Fruit. Bevölkerungspolitik, Ideologien, Ziele, Methoden, Widerstand. 3. Aufl. Berlin 1993.

Strogies, Lothar: Die außerparlamentarische Opposition in Nürnberg und Erlangen. Erlangen 1996.

Studer, Brigitte: 1968 und die Formung des feministischen Subjekts. Wien 2011.

Sulloway, Frank: Freud, Biologe der Seele. Köln 1982.

Suls, Jerry und Ladd Wheeler (Hrsg.): Handbook of social comparison: Theory and research. New York 2000.

Swim, Janet; Aikin, Kathryn; Hall, Wayne und Barbara Hunter: Sexism ans Racism. Oldfashioned and Modern Prejudices. In: Journal of Personality ans Social Psychology. Jg. 68 (1995), Heft 2, S. 199-214.

Syring, Marie Luise (Hrsg.): Um 1968. Konkrete Utopien in Kunst und Gesellschaft. Düsseldorf 1990.

Tesser, Abraham: Toward a self-evaluation maintenance model of social behavior. In: Berkowitz, Len (Hrsg.): Advances in experimental social psychology. Band 21. New York 1988, S. 181-227.

Theweleit, Klaus: Ghosts. Drei leicht inkorrekte Vorträge. Frankfurt a.M. 1998.

Thielen, Marc: Wo anders leben? Migration, Männlichkeit und Sexualität in biografischen Erzählungen iranischer Männer in Deutschland. Frankfurt a.M. 2008.

Thiessen, Barbara: Feminismus. Differenzen und Kontroversen. In: Becker, Ruth und Beate Kortendiek (Hrsg.): Handbuch Frauen- und Geschlechterforschung. Theorien, Methoden, Empirie. 2. erw./aktual. Aufl., Wiesbaden 2008, S. 37-44.

Thiessen, Malte: Generation ‚Feuersturm' oder Generation Lebensmittelkarte? ‚Generationen' als biografisches Argument und lebensgeschichtliche Erfahrung in Zeitzeugen-Interviews, in: Björn Bohnenkamp; Manning, Till und Eva Maria Silies (Hrsg.): Generation als Erzählung. Neue Perspektiven auf ein kulturelles Deutungsmuster. Göttingen 2009, S. 33-52.

Tholen, Toni: Homosozialität – Agonaler Code – Aggressive Selbstexklusion. Konstruktionen von Männlichkeit in der Literatur um 1968. In: Baader, Meike Sophia; Bielstein, Johannes und Toni Tholen (Hrsg.): Erziehung, Bildung und Geschlecht. Männlichkeit im Fokus der Gender-Studies. Wiesbaden 2012, S. 117-126.

Thürmer-Rohr, Christina: Mittäterschaft von Frauen. Die Komplizenschaft mit der Unterdrückung. In: Becker, Ruth und Beate Kortendiek (Hrsg.): Handbuch Frauen- und Geschlechterforschung. Theorien, Methoden, Empirie. 3. erw./aktual. Aufl., Wiesbaden 2010, S. 88-93.

Timmermanns, Stefan: Vorsicht Baustelle! Schwule und Lesben haften für ihre Aufklärung. Schwul-lesbische Aufklärungsprojekte in Zeiten der Dekonstruktion. In: Tuider, Elisabeth (Hrsg.): Querverbindungen. Interdisziplinäre Annäherungen an Geschlecht, Sexualität und Ethnizität. Berlin 2008, S. 89-110.

Tönnesen, Cornelia: Die Terminologie der Sexual- und Partnerschaftsethik im Wandel. In: Stötzel, Georg und Martin Wengeler (Hrsg.): Kontroverse Begriffe. Geschichte des öffentlichen Sprachgebrauchs in der Bundesrepublik Deutschland. Berlin/New York 1995, S. 593-618.

Treptow, Eva: Bildungsbiografien von Lehrerinnen und Lehrern. Eine empirische Untersuchung unter Berücksichtigung geschlechterspezifischer Unterschiede. Münster 2006.

Treusch-Dieter, Gerburg: Frauen. In: Landgrebe, Christiane und Jörg Plath (Hrsg.): '68 und die Folgen. Ein unvollständiges Lexikon. Berlin 1998, S. 39-44.

Trommsdorff, Gisela: Eltern-Kind-Beziehungen über die Lebensspanne und im kulturellen Kontext. In: Fuhrer, Urs und Haci-Halil Uslucan (Hrsg.): Familie, Akkuration und Erziehung. Stuttgart 2005, S. 40-58.

Turner, John: Social Influence. Pacific Grove 1991.

Tyson, Phyllis und Robert Tyson: Lehrbuch der psychoanalytischen Entwicklungspsychologie. 3. Aufl., Stuttgart 2009.

Uesseler, Rolf: Die 68er. ‚Macht kaputt, was Euch kaputt macht!' APO, Marx und freie Liebe. München 1998.

Valtl, Karlheinz: Sexualpädagogik in der Schule. Didaktische Analysen und Materialien für die Praxis. Weinheim/Basel 1998.

Veiel, Andres: Black Box BRD. München 2002.

Vendrell Ferran, Ingrid: Die Emotionen. Gefühle in der realistischen Phänomenologie. Berlin 2008.

Verlinden, Karla: ‚Befreit die kindliche Sexualität!' – Politisierung der Sexualerziehung durch die 1968er-Bewegung. In: Hoff, Walburga, Kleinau, Elke und Schmid, Pia (Hrsg.): Gender-Geschichte/n. Ergebnisse bildungshistorischer Frauen- und Geschlechterforschung. Köln/Weimar/Wien 2008, S. 217-240.

Verlinden, Karla: ‚Wir können (...) nicht auf die Zeit nach der Revolution warten!' Frauen in der Studentenbewegung. In: Kleinau, Elke; Maurer, Susanne und Astrid Messerschmidt (Hrsg.): Ambivalente Erfahrungen – (Re-)Politisierung der Geschlechter. Opladen 2011, S. 89-100.

Villa, Paula-Irene: Judith Butler. Frankfurt a.M. 2003.

Vilmar, Fritz: Die Ambivalenz der Studentenbewegung und eine ihrer produktivsten Auswirkungen: Die Selbsthilfegruppen. In: Faber, Richard und Erhard Stölting (Hrsg.): Die Phantasie an die Macht. 1968 – Versuch einer Bilanz. Hamburg 2002, S. 107-124.

Vogel, Bernhard und Matthias Kutsch (Hrsg.): 40 Jahre 1968. Alte und neue Mythen – Eine Streitschrift. Freiburg 2008.

Vogel, Meike: Unruhe im Fernsehen. Protestbewegung und öffentlich-rechtliche Berichterstattung in den 1960er Jahren. Göttingen 2010.

Voland, Eckart und Claudia Engel: Menschliche Reproduktion aus verhaltensökonomischer Perspektive. In: Mueller, Ulrich; Nauck, Bernhard und Andreas Diekmann (Hrsg.): Handbuch der Demographie. Berlin/Heidelberg/New York 2000, S. 387-437.

Volmerg, Birgit, Senghaas-Knobloch, Eva und Thomas Leithäuser: Betriebliche Lebenswelt. Eine Sozialpsychologie industrieller Arbeitsverhältnisse. Opladen 1986.

Völter, Bettina: Die Herstellung von Biografie(n). Lebensgeschichtliche Selbstprä-
sentationen und ihre produktive Wirkung. In: Burkart, Günter (Hrsg.): Die
Ausweitung der Bekenntniskultur – Neue Formen der Selbstthematisierung?
Wiesbaden 2006, S. 261-284.

Vossberg, Henning: Studentenrevolte und Marxismus. Zur Marxrezeption in der
Studentenbewegung auf Grundlage ihrer politischen Sozialisationsgeschichte.
München 1979.

Vossler, Otto: Geschichte als Sinn. Frankfurt a.M. 1979.

Wackwitz, Stephan: Neue Menschen. Frankfurt a.M. 2005.

Wagenheim, Bettina von (Hrsg.): Vokabular der Erinnerungen. Zum Werk von Hil-
de Domin. Frankfurt a.M. 1998.

Wagner, Brooke: Sexuell werden – Vom Überwinden der Grenzen weiblicher Sexualität. In: Zeitschrift für Sexualforschung, Jg. 19 (2009), Heft 4, S. 297-317.

Waldmann, Sabine: ‚Es muss alles anders werden, wurscht was!‘ Die Entwicklung
politischen Denkens und Handelns bei ehemaligen ApO-Studenten. München
1991.

Walgenbach, Katharina: Gender als interprendente Kategorie. In: Walgenbach, Katharina; Dietze, Gabriele; Hornscheidt, Antje und Kerstin Palm (Hrsg.): Gender
als interpendente Kategorie. Neue Perspektiven auf Intersektionalität, Diversität
und Heterogenität. Opladen 2007, S. 23-64.

Walter-Busch, Emil: Geschichte der Frankfurter Schule. Kritische Theorie und Politik. München 2010.

Wasmund, Klaus (1982a): Jugendliche – Neue Bewusstseinsformen und politische
Verhaltensweisen. Stuttgart 1982.

Wasmund, Klaus (1982b): Ist der politische Einfluss der Familie ein Mythos oder
eine Realität? In: Claussen, Bernhard und Klaus Wasmund (Hrsg.): Handbuch
der politischen Sozialisation. Braunschweig 1982.

Watson, John B.: Psychology as the Behaviorist Views it. In: Psychological Review, Jg. 20 (1913), Heft 1 S.158-177

Wattanasuwan, Kritsadarat, Buber, Renate und Michael Meyer: Das narrative Inter-
view und die narrative Analyse. In: Buber, Renate und Hartmut Holzmüller
(Hrsg.): Qualitative Marktforschung. Konzepte, Methoden, Analysen. 2. Aufl.,
Wiesbaden 2009, S. 359-380.

Wehler, Hans-Ulrich: Deutsche Gesellschaftsgeschichte. Band 5: Bundesrepublik
und DDR, 1949-1990. München 2008.

Wehler, Hans-Ulrich: Die Herausforderung der Kulturgeschichte. München 1998.

Weigel, Sigrid: Vorwort. In: Weigel, Sigrid; Parnes, Ohad; Vedder, Ulrike und Stefan Willer (Hrsg.): Generation. Zur Genealogie des Konzepts – Konzepte von
Genealogie. München 2005, S. 7-11.

Weiss, Hildegard: Die Ideologieentwicklung in der deutschen Studentenbewegung.
München 1985.

Weiß, Edgar: 1968: Impulse aus der kritischen Theorie. In: Jahrbuch für Pädagogik 2008: 1968 und die neue Restauration. Jg. 17 (2009), S. 25-36.

Weissberg, Robert: Political Learning, political choice and democratic citizenship. Englewood Cliffs 1974.

Welzer, Harald; Moller, Sabine und Karoline Tschuggnall: ‚Opa war kein Nazi.' Nationalsozialismus und Holocaust im Familiengedächtnis. Frankfurt a.M. 2002.

Welzer, Harald: Das Interview als Artefakt. Zur Kritik der Zeitzeugenforschung. In: Bios – Zeitschrift für Biographieforschung und Oral History. Jg. 13 (2000), Heft 1, S. 51-63.

Welzer, Harald: Das kommunikative Gedächtnis. Eine Theorie der Erinnerung. 2. Aufl., München 2008.

Welzer, Harald: Nervtötende Erzählungen. Die Bewältigung der Vergangenheit in Deutschland gilt als vorbildlich. Was bewältigt ist? Gar nichts. In: Beilage ‚Deutschland danach' der Frankfurter Rundschau vom 07.05.2005, S. 1.

Welzig, Elisabeth: Die 68er. Karrieren einer rebellischen Generation. Wien 1985.

Wendt, Eva-Verena: Sexualität und Bindung. Qualität und Motivation sexueller Paarbeziehungen im Jugend- und jungen Erwachsenenalter. Weinheim 2009.

Wengeler, Martin: ‚1968' als sprachgeschichtliche Zäsur. In: Stötzel, Georg und Martin Wengeler (Hrsg.): Kontroverse Begriffe. Geschichte des öffentlichen Sprachgebrauchs in der Bundesrepublik Deutschland. Berlin/New York 1995, S. 383-404.

Wengst, Udo (Hrsg.): Reform und Revolte. Politischer und gesellschaftlicher Wandel in der Bundesrepublik Deutschland vor und nach 1968. München 2011.

Werle, Gerhard und Thomas Wandres: Auschwitz vor Gericht. Völkermord und bundesdeutsche Strafjustiz. München 1995.

Wesel, Uwe: Die verspielte Revolution. 1968 und die Folgen. München 2002.

West, Candace und Don Zimmerman: Doing Gender. In: Gender & Society. Jg. 1 (1987), Heft 2, S. 125-151.

Wiggershaus, Rolf: Die Frankfurter Schule. Geschichte Theoretische Entwicklung Politische Bedeutung. 5. Aufl., München 1997.

Willinger, Markus: Die identitäre Generation. Eine Kriegserklärung an die 68er. London 2013.

Winter, Sebastian: ‚Die Nazis, die war'n ja schlimmer wie die Juden!' Sexualitätsentwürfe als Medium von Kontinuität und Bruch zwischen Volksgemeinschaft und postnazistischer Gesellschaft. In: Figge, Maja; Hanitzsch, Konstanze und Nadine Teuber (Hrsg.): Scham und Schuld. Geschlechte(sub)texte der Shoa. Bielefeld 2010, S. 273-299.

Winterhagen-Schmid, Luise: Geschlecht als psychische Realität – Psychoanalytische Beiträge. In: Glaser, Edith, Klika, Dorle und Annedore Prengel (Hrsg.): Handbuch Gender und Erziehungswissenschaft. Bad Heilbrunn 2004, S. 127-145.

Wissemann, Matthias und Rudolf Hauck (Hrsg.): Jugendprotest im demokratischen Staat. Enquete-Kommission des Deutschen Bundestages. Stuttgart 1983.

Wolf, Doris: Wenn der Partner geht: Wege zur Bewältigung von Trennung und Scheidung. Mannheim 2004.

Wolff, Frank und Eberhard Windhaus (Hrsg.): Studentenbewegung 1967-1969. Protokolle und Materialien. Frankfurt a.m. 1977.

Wolffsohn, Michael: Kinder der Nazi-Eltern? Vergangenheitsbewältigung, Antisemitismus und die 68er. In: Vernanz, Schubert (Hrsg.): 1968. 30 Jahre danach. St. Ottilien 1999, S. 163-183.

Wolle, Stefan: Der Traum der Revolte. Die DDR 1968. Berlin 2008.

Wollseiffen, Siegfried: Herrschaft und Entfremdung. Eine Untersuchung der Grundlagen am Werk von Karl Marx. Kiel 1976.

Wollseiffen, Siegfried: Starrer Ablauf. Frankfurt a.M. 1979.

Wulff-Bräutigam, Katharina: Ich hätte mir manchmal mehr Struktur gewünscht. In: Psychologie Heute. Jg. 31 (2005), Heft 11, S. 28-33.

Wurzbacher, Gerhard: Das Dorf im Spannungsfeld industrieller Entwicklung. Untersuchung an den 45 Dörfern und Weilern einer westdeutschen ländlichen Gemeinde. Stuttgart 1954a.

Wurzbacher, Gerhard: Leitbilder gegenwärtigen deutschen Familienlebens. Methoden, Ergebnisse und sozialpädagogische Forderungen einer soziologischen Analyse von 164 Familienmonographien. 2. Aufl., Stuttgart 1954b.

Zepf, Siegfried und Johannes Nicolas Zepf: Wilhelm Reich – Ein blinder Seher? Verspäteter Nachtrag zu seinem 100. Geburtstag. In: Forum der Psychoanalyse: Zeitschrift für klinische Theorie und Praxis. Jg. 26 (2010), Heft 1, S. 71-86.

Ziehe, Thomas: Die alltägliche Verteidigung der Korrektheit. In: Deutscher Werkbund e.V. und Württembergischer Kunstverein Stuttgart (Hrsg.): Schock und Schöpfung. Jugendästhetik im 20. Jahrhundert. Darmstadt 1986, S. 254-258.

Zitelmann, Arnulf und Terese Carl: Didaktik der Sexualerziehung. Handbuch für das 1. bis 13. Schuljahr nach den Empfehlungen der Kultusministerkonferenz. Weinheim 1976.

Zimmermann, Peter: Von Bindungserfahrungen zur individuellen Emotionsregulation: Das entwicklungs-psychopathologische Konzept von der Bindungstheorie. In: Bade, Ulla; Buchheim, Anna und Horst Kächele (Hrsg.): Klinische Bindungsforschung: Theorien – Methoden – Ergebnisse. Stuttgart 2002, S. 147-161.

INTERNETQUELLEN

Besoldungstabellen der 1950er Jahre:
http://oeffentlicher-dienst.info/c/t/rechner/beamte/bund/archiv/1956?id=beamte-bund-1956&matrix=1 (03.02.2009)

Bundeszentrale für gesundheitliche Aufklärung
http://www.bzga.de/?uid=cd1b08c20e9eb109b14f53cc28f8759d&id=profil
(10.07.2010)

Bürgerliches Gesetzbuch, 4. Buch Familienrecht, 1. Abschnitt: Bürgerliche Ehe, 1.Titel: Verlöbnis: http://dejure.org/gesetze/0BGB010102/1300.html (10.01. 2012)

Gaubele, Jochen: ‚Mit den Grünen kann man nicht koalieren.' Im Gespräch mit CSU-Generalsekretärin Alexander Dobrindt. Die Welt, 28.07.2013
http://www.welt.de/politik/deutschland/article118456779/Mit-den-Gruenen-kann-man-nicht-koalieren.html (28.07.2013)

Gassert, Philipp (2010): Das kurze ‚1968' zwischen Geschichtswissenschaft und Erinnerungskultur: Neuere Forschungen zur Protestgeschichte der 1960er Jahre. Forschungsbericht. In: H-Soz-u-Kult. Kommunikation und Fachinformation für die Geschichtswissenschaften. http://hsozkult.geschichte.hu-berlin.de/forum/ 2010-04-001 (7.01.2011)

Hauch, Gabriela: Wir, die wir viele Geschichten haben. Zur Genese der historischen Frauenforschung im gesellschaftlichen und wissenschaftlichen Kontext, http://vgs.univie.ac.at/_TCgi_Images/vgs/20050615161550_QS14HauchFrauen forschung.pdf (22.11.2009)

Heirats- und Geburtenzahlen: ehelich/unehelich geborene Kinder von 1946-2009, Statistisches Bundesamt, Wiesbaden 2010
www.destatis.de/.../EheschliessungenScheidungen/.../EheschliessungenGeboren eGestorbene,property=file.xls (10.03.2010)

Herman, Eva: Mitschnitt Rede zur Buchpräsentation, 2007. http://www.duesseldorf -blog.de/audio/Eva_Herman.mp3 (13.5.2011)

Huntemann, Georg: Aids – Strafe Gottes? 2006 http://www.horst-koch.de/kultur revolution-106/aids-strafe-gottes.html (13.06.2013)

Jensen, Olaf: Zur gemeinsamen Verfestigung von Text in der Forschungssituation. In: Forum: Qualitative Sozialforschung. Forum Qualitative Sozialforschung (Online Journal), Jg. 1 (2000), Heft 2 www.qualitativ-research.net (18.11.2010)

Jensen, Olaf und Welzer, Harald: Ein Wort gibt das andere oder: Selbstreflexivität als Methode. In: Forum: Qualitative Sozialforschung. Forum Qualitative Sozial-forschung (Online Journal), Jg. 4 (2003), Heft 2. Verfügbar über: www.qualitative-research.net (18.11.2010)

Kemp, Tonje Tangen: Regionale, nationale und globale Aspekte einer Studenten-bewegung. Oslo 2012. https://www.duo.uio.no/bitstream/handle/10852/ 25610/kemp_master.pdf?sequence=1 (10.07.2013)

Leggewie, Claus (1993): Plädoyer eines Demokraten. http://www.zeit.de/online/ 2007/10/zeitgeschichte-plaedoyer (10.12.2012)

Professoren und Professorinnen an deutschen Hochschulen: http://www.destatis.de/ jetspeed/portal/cms/Sites/destatis/Internet/DE/Presse/pm/2010/ 07/PD10__235__213.psml (01.02.2011)

Lönnendonker, Siegward und Jochen Staadt (Hrsg.): 1968. Vorgeschichte und Konsequenzen, Dokumentation der Ringvorlesung vom Sommersemester 1988 an der Freien Universität Berlin. Einsehbar unter: http://www.glasnost.de/hist/ apo/apo881.html (10.11.2010)

Maletzke, Elsemarie: Bloß keine Eifersucht! Eine Pardon-Redakteurin erinnert sich. In: Frankfurter Rundschau, 19.03.2010. http://www.fr-online.de/panorama/eine- -pardon--redakteurin-erinnert-sich-bloss-keine-eifersucht- ,1472782,3086880.html (10.09.2011)

Marek, Michael: Der Teufel grüßt nicht mehr. In: Bundeszentrale für Politische Bildung (Hrsg.): Das Parlament. Heft 43 (2007). Abzurufen unter: http://www.bundestag.de/dasparlament/ (13.05.2011)

Marek, Michael: Spaßguerilla mit spitzer Feder – Die Satirezeitschrift ‚pardon‘. In: Deutsche Welle – DW-World. 17.07.2009, http://www.dw-world.de/dw/ article/0,,4250222,00.html (15.03.2010)

Meyer, Michael: Medienhetzer und Politgammler. Springer und die 68er. http://www.dradio.de/dlf/sendungen/hintergrundpolitik/1108222/ (20.12.2012)

Relation der Lehrer und Lehrerinnen nach Schularten, Schuljahr 2003/2004 http://www.bmfsfj.de/Publikationen/genderreport/1-Bildung-ausbildung-und- weiterbildung/1-4-Schulische-bildung/1-4-4-lehrkraefte.html (01.10.2010)

Scharloth, Joachim: Revolution der Sprache? Die Sprache der 68er. 2008 http://www.bpb.de/politik/grundfragen/sprache-und-politik/42776/sprache-der- 68er?p=all (12.07.2013)

Schlag, Beatrice: Im Bett mit Mick Jagger? ‚Yoh, machte Spaß.‘ http://www.tages spiegel.de/zeitung/im-bett-mit-mick-jagger-yoh-machte-spass/798510.html (04. 03.2012)

Schröder, Jürgen: Materialien zur Analyse von Studentenbewegung und Hochschulpolitik bis Ende 1972. 2009 Veröffentlichung der Materialien auf http://www.mao-projekt.de/ (14.4.2012)

Schwarzer, Alice: Mein Leben. Zwei, drei autobiographische Bemerkungen. http://www.aliceschwarzer.de/zur-person/alice-autobiografischetexte/ anmerkungen-zu-meinem-leben/ (13.12.2011)

Statistisches Bundesamt, Tabelle zu Durchschnittsbruttogehältern ab 1914 in Westdeutschland: http://www.destatis.de/jetspeed/portal/cms/Sites/destatis/Internet/DE/Content/Statis tiken/VerdiensteArbeitskosten/VerdiensteBranchen/Tabellen/Content50/ LangeReiheFB__1913.psml (3.6.2011)

Theweleit, Klaus: ... damit künftige Generationen nicht auf dumme Gedanken kommen. In: Der Freitag. Jg. 11 (2001): http://www.freitag.de/autoren/der-freitag/damit-kunftige-generationen-nicht-auf-dumme-gedanken-kommen (08.07.2011)

Walter, Franz: Warum ich kein ‚68er' bin. Spiegelonline http://www.spiegel.de/politik/debatte/0,1518,433784,00.html (10.10.2011)

UNVERÖFFENTLICHTE SCHRIFTEN

Baader, Meike Sophia: Forschung zur Kinderladenbewegung. Unveröffentlichter Vortrag anlässlich eines Forschungskolloquium der Universität Wuppertal im März 2012b.

Bohnstädt, Stefanie: Geschlechtsspezifische sexuelle Diskordanzen in lang andauernden Beziehungen. Unveröffentlichte Dissertation, Osnabrück 2011.

Grabowski, Sven: Die Kieler Studentenbewegung 1968-1969 und ihr Hintergrund. Magisterarbeit, Universität Kiel 2000.

Mailänder Koslov, Elissa: Skript zum Workshop: Hermeneutische Dialoganalyse. Workshop gehalten 2009 an der Universität zu Köln, unveröffentlichtes Skript.

Scheuermann, Antonius: Sexualbiographien. Eine empirische Studie zur biographischen Konstruktion von Sexualität am Beispiel homosexueller Männer. Unveröffentlichte Dissertation. Bremen 1997.

Starke, Kurt und Konrad Weller: Bedürfnis nach Normalität. Die Bedeutung von Pornographie für die Entwicklung der Sexualität – Ostdeutsche Erfahrungen vor, während und nach der Grenzöffnung. Vortrag auf der Fachtagung ‚Pornographie' des PRO FAMILIA Landesverbandes Niedersachsen am 10.12. 1993.

Verlinden, Karla: Nichtrepressive Sexualerziehung der 1968er-Bewegung: Entstehung, Methoden und Umsetzung. Unveröffentlichte Diplomarbeit, Köln 2007.

Wilhelm, Inka: ‚Eine nie vergessene Geschichte'. Die Tradierung von Erlebnissen des 2. Weltkriegs – Am Beispiel von Flucht und Vertreibung aus den ehemals deutschen Ostgebieten. Unveröffentlichte Diplomarbeit, Köln 2010.

ABKÜRZUNGSVERZEICHNIS

AIDS   Acquired Immune Deficiency Syndrome

APO   Außerparlamentarische Opposition

AS   African Students Association

Bafög   Bundesausbildungsförderungsgesetz

BGB   Bürgerliches Gesetzbuch

BRD   Bundesrepublik Deutschland

DDR   Deutsche Demokratische Republik

DPG   Deutsche Psychoanalytische Gesellschaft

ESG   Evangelische Studentengemeinde

FU   Freie Universität

HDA   Hermeneutische Dialoganalyse (nach Harald Welzer)

HIV   Humane Immundefizienz-Virus

KPD   Kommunistische Partei Deutschlands

SDS   Sozialistischer Deutscher Studentenbund

THA   Tiefenhermeneutische Analyse (nach Thomas Leithäuser und Birgit Volmerg)

WG   Wohngemeinschaft

Histoire

Stefan Brakensiek, Claudia Claridge (Hg.)
Fiasko – Scheitern in der Frühen Neuzeit
Beiträge zur Kulturgeschichte des Misserfolgs

April 2015, ca. 230 Seiten, kart., zahlr. Abb., ca. 29,99 €,
ISBN 978-3-8376-2782-4

Torben Fischer, Matthias N. Lorenz (Hg.)
**Lexikon der »Vergangenheitsbewältigung«
in Deutschland**
Debatten- und Diskursgeschichte
des Nationalsozialismus nach 1945
(3., überarbeitete und erweiterte Auflage)

April 2015, 398 Seiten, kart., 29,80 €,
ISBN 978-3-8376-2366-6

Cornelia Geißler
**Individuum und Masse – Zur Vermittlung
des Holocaust in deutschen Gedenkstätten-
ausstellungen**

September 2015, ca. 390 Seiten, kart., zahlr. Abb., ca. 36,99 €,
ISBN 978-3-8376-2864-7

**Leseproben, weitere Informationen und Bestellmöglichkeiten
finden Sie unter www.transcript-verlag.de**

Histoire

Alexa Geisthövel, Bodo Mrozek (Hg.)
Popgeschichte
Band 1: Konzepte und Methoden

November 2014, 280 Seiten, kart., 29,99 €,
ISBN 978-3-8376-2528-8

Debora Gerstenberger, Joël Glasman (Hg.)
Techniken der Globalisierung
Globalgeschichte meets
Akteur-Netzwerk-Theorie

Juni 2015, ca. 310 Seiten, kart., ca. 29,99 €,
ISBN 978-3-8376-3021-3

Detlev Mares, Dieter Schott (Hg.)
Das Jahr 1913
Aufbrüche und Krisenwahrnehmungen am
Vorabend des Ersten Weltkriegs

September 2014, 288 Seiten, kart., zahlr. Abb., 27,99 €,
ISBN 978-3-8376-2787-9

Leseproben, weitere Informationen und Bestellmöglichkeiten
finden Sie unter www.transcript-verlag.de

Histoire

Sophie Gerber
Küche, Kühlschrank, Kilowatt
Zur Geschichte des privaten
Energiekonsums in Deutschland,
1945-1990
Dezember 2014, 356 Seiten,
kart., zahlr. Abb., 34,99 €,
ISBN 978-3-8376-2867-8

Katharina Gerund, Heike Paul (Hg.)
**Die amerikanische
Reeducation-Politik nach 1945**
Interdisziplinäre Perspektiven auf
»America's Germany«
Januar 2015, 306 Seiten, kart.,
zahlr. z.T. farb. Abb., 29,99 €,
ISBN 978-3-8376-2632-2

Ulrike Kändler
Entdeckung des Urbanen
Die Sozialforschungsstelle Dortmund
und die soziologische Stadtforschung
in Deutschland, 1930 bis 1960
März 2015, ca. 420 Seiten, kart., ca. 39,99 €,
ISBN 978-3-8376-2676-6

Sebastian Klinge
1989 und wir
Geschichtspolitik
und Erinnerungskultur
nach dem Mauerfall
März 2015, ca. 440 Seiten,
kart., z.T. farb. Abb., ca. 38,99 €,
ISBN 978-3-8376-2741-1

Anne Katherine Kohlrausch
Beobachtbare Sprachen
Gehörlose in der französischen
Spätaufklärung.
Eine Wissensgeschichte
März 2015, ca. 320 Seiten, kart., ca. 39,99 €,
ISBN 978-3-8376-2847-0

Felix Krämer
Moral Leaders
Medien, Gender und Glaube in den
USA der 1970er und 1980er Jahre
Januar 2015, 418 Seiten, kart., 34,99 €,
ISBN 978-3-8376-2645-2

Nora Kreuzenbeck
Hoffnung auf Freiheit
Über die Migration von African
Americans nach Haiti, 1850-1865
Februar 2014, 322 Seiten,
kart., 32,99 €,
ISBN 978-3-8376-2435-9

Wolfgang Kruse (Hg.)
Andere Modernen
Beiträge zu einer Historisierung
des Moderne-Begriffs
Februar 2015, 294 Seiten, kart.,
zahlr. z.T. farb. Abb., 34,99 €,
ISBN 978-3-8376-2626-1

Nino Kühnis
Anarchisten!
Von Vorläufern und Erleuchteten,
von Ungeziefer und Läusen –
zur kollektiven Identität einer
radikalen Gemeinschaft in der
Schweiz, 1885-1914
März 2015, ca. 620 Seiten, kart.,
zahlr. Abb., ca. 44,99 €,
ISBN 978-3-8376-2928-6

*Bodo Mrozek, Alexa Geisthövel,
Jürgen Danyel (Hg.)*
Popgeschichte
Band 2: Zeithistorische Fallstudien
1958-1988
November 2014, 384 Seiten,
kart., zahlr. Abb., 34,99 €,
ISBN 978-3-8376-2529-5